Werner Filthaut
Haftpflichtgesetz

Beck'sche Kurz-Kommentare

Band 39

Haftpflichtgesetz

Kommentar

von

Dr. Werner Filthaut
Rechtsanwalt in Essen

C.H. BECK'SCHE VERLAGSBUCHHANDLUNG
MÜNCHEN 1982

CIP-Kurztitelaufnahme der Deutschen Bibliothek

Filthaut, Werner:
Haftpflichtgesetz: Kommentar/von Werner
Filthaut. – München: Beck, 1982.
(Beck'sche Kurz-Kommentare; Bd. 39)
ISBN 3 406 08168 1
NE: GT

ISBN 3 406 08168 1

Druck der C. H. Beck'schen Buchdruckerei Nördlingen

Vorwort

Das Haftpflichtgesetz (früher Reichshaftpflichtgesetz genannt) regelt als eines der ältesten Zivilgesetze wichtige Teilgebiete des Haftpflichtrechts, seit 1871 die Bahnhaftung (§ 1) und die Haftung für bestimmte gefährliche Betriebe (§ 3), seit 1943 auch die Haftung für bestimmte gefährliche Anlagen (§ 2). Die Tatbestände des Gesetzes, die im wesentlichen eine Gefährdungshaftung begründen, sind in der langen Zeit der Geltung des Haftpflichtgesetzes Gegenstand zahlreicher gerichtlicher Entscheidungen und juristischer Erörterungen gewesen. Nach dem Erscheinen der letzten Kommentare zum Haftpflichtgesetz zu Anfang der 50er Jahre hat sich diese Meinungsbildung selbstverständlich fortgesetzt. Auch hat sich mit der Veränderung der Technik das Schwergewicht der Haftungsfragen teilweise verlagert. So verkehren Straßenbahnen und Eisenbahnen heute unter wesentlich anderen technischen Bedingungen als damals. Die Anlagenhaftung hat mit der Verbreitung der Leitungsnetze an Bedeutung gewonnen. Auch das Gesetz selbst wurde weitgehend umgestaltet. Mit Wirkung vom 1. 1. 1978 wurden die bisher getrennten Regelungen der Haftung für Personenschäden im RHG und für Sachschäden im SHG zusammengefaßt und die Voraussetzungen der Bahn- und der Anlagenhaftung geändert. Dies alles begründet ein Bedürfnis für eine neue Kommentierung der Vorschriften.

Das vorliegende Werk soll als Kurzkommentar vor allem dem Praktiker dienen. Rechtspolitische oder rechtstheoretische Probleme konnten innerhalb dieser Zielsetzung nicht oder nur knapp behandelt werden. Der Praktiker prüft die Haftungsfrage einheitlich, unter Heranziehung aller in Betracht kommenden Haftungsgrundlagen. Es erschien deshalb geboten, auch einige der außerhalb des HG geregelten Haftungstatbestände, insbesondere die deliktische und die vertragliche Haftung, in die Kommentierung einzubeziehen.

Der Kommentar befindet sich auf dem Stand von Anfang 1982. Anregungen und Hinweise aus dem Leserkreis nimmt der Verfasser gern entgegen.

Essen, im Juli 1982

Der Verfasser

Inhaltsverzeichnis

Kommentar

Anhang

Abkürzungs- und Schrifttumsverzeichnis

(Weiteres Schrifttum ist im Text des Kommentars angegeben)

a.	auch
a. A.	anderer Ansicht
aaO.	am angegebenen Ort
ABB	Allgemeine Beförderungsbedingungen, VO über die Allgemeinen Beförderungsbedingungen für Straßenbahn- und Obusverkehr sowie für den Linienverkehr mit Kraftfahrzeugen v. 27. 2. 1970, BGBl. I, 230
abl.	ablehnend
Abs.	Absatz, Absätze
AbzG	Gesetz betr. die Abzahlungsgeschäfte v. 16. 5. 1964, RGBl. I, 450, i. d. F. v. 13. 12. 1976, BGBl. I, 3281
AcP	Archiv für civilistische Praxis (Band und Seite)
a. F.	alte Fassung
AFG.	Arbeitsförderungsgesetz v. 25. 6. 1969, BGBl. I, 582
AG	Aktiengesellschaft, Amtsgericht
AGB-Gesetz.	Gesetz zur Regelung des Rechts der Allgemeinen Geschäftsbedingungen (ABG-Gesetz) v. 19. 12. 1976, BGBl. I, 3317
Akad. f. DR	Zeitschrift der Akademie für Deutsches Recht (Jahr und Seite)
ALR.	Allgemeines Landrecht für die Preußischen Staaten von 1794
amtl.	amtlich
AN	Arbeitnehmer
Anh.	Anhang
Anl.	Anlage
Anm.	Anmerkung
AnwBl	Anwaltsblatt (Jahr und Seite)
ArbG	Arbeitgeber
ArchÖffR	Archiv für öffentliches Recht (Band und Seite)
ArchPF	Archiv für Post- und Fernmeldewesen (Jahr und Seite)
Art.	Artikel
AtG	Gesetz über die friedliche Verwendung der Kernenergie und den Schutz gegen ihre Gefahren (Atomgesetz) i. d. F. v. 31. 10. 1976, BGBl. I, 3056
Aufl.	Auflage
AVB	Allgemeine Versorgungsbedingungen
AVBEltV	VO über Allgemeine Bedingungen für die Elektrizitätsversorgung von Tarifkunden v. 21. 6. 1979, BGBl. I, 684
AVBFernwärmeV	VO über Allgemeine Bedingungen für die Versorgung mit Fernwärme v. 20. 6. 1980, BGBl. I, 742
AVBGasV	VO über Allgemeine Bedingungen für die Gasversorgung von Tarifkunden v. 21. 6. 1979, BGBl. I, 676
AVBWasserV.	VO über Allgemeine Bedingungen für die Versorgung mit Wasser v. 20. 6. 1980, BGBl. I, 750

Abkürzungen

AVG . . . . Angestelltenversicherungsgesetz v. 28. 5. 1924, RGBl. I, 563

B. . . . . Beschluß
BADK-Inf. . . . . . Informationen der Bundesarbeitsgemeinschaft Deutscher Kommunalversicherer (Jahr und Seite)
BAG . . . . Bundesarbeitsgericht
Bassenge . . . . s. Palandt
Baumbach/Duden . . . . Handelsgesetz, Kommentar, 24. Aufl., München 1980
BayEBG . . . . Gesetz über die Rechtsverhältnisse der zum Netz der Deutschen Bundesbahn gehörenden Eisenbahnen und Bergbahnen in Bayern v. 17. 11. 1966, BayerGVBl. 249
BayerGVBl. . . . . . Bayerisches Gesetz- und Verordnungsblatt
BayerObLG . . . . . Bayerisches Oberstes Landesgericht
BB. . . . . Der Betriebsberater (Jahr und Seite)
BBahn . . . . Die Bundesbahn (Jahr und Seite)
BBahnG . . . . Bundesbahngesetz v. 13. 11. 1951, BGBl. I, 955, i. d. F. v. 21. 12. 1970, BGBl. I, 1765
BBG . . . . Bundesbeamtengesetz i. d. F. v. 3. 1. 1977, BGBl. I, 795
Bd. . . . . Band
BDE . . . . Bundesverband Deutscher Eisenbahnen
BeamtVG . . . . . . Gesetz über die Versorgung der Beamten und Richter in Bund und Ländern (Beamtenversorgungsgesetz) v. 24. 8. 1976, BGBl. I, 2485
Becker . . . . Kraftverkehrs-Haftpflichtschäden, 14. Aufl., Heidelberg-Karlsruhe 1980
Begr. . . . . Begründung
Beil. . . . . Beilage
BfA . . . . Bundesanstalt für Angestelltenversicherung
BfH . . . . Bundesfinanzhof
BGB . . . . Bürgerliches Gesetzbuch v. 18. 8. 1896, RGBl. 195
BGBl.. . . . . Bundesgesetzblatt
BGB-RGRK . . . . Das Bürgerliche Gesetzbuch mit besonderer Berücksichtigung der Rechtsprechung des Reichsgerichtes und des Bundesgerichtshofes, 12. Aufl., Berlin–New York 1978
BGH . . . . Bundesgerichtshof, auch Entscheidungen in Zivilsachen (Band und Seite)
BGH GrZS . . . . . Bundesgerichtshof, Großer Senat in Zivilsachen
BGHSt . . . . Entscheidungen des Bundesgerichtshofs in Strafsachen (Band und Seite)
Biermann . . . . . . Das Reichshaftpflichtgesetz, Kommentar, 2. Aufl., Münster 1956
Biermann . . . . . . Das Gesetz über die Haftpflicht der Eisenbahnen und Straßenbahnen für Sachschaden, Kommentar, 3. Aufl., Münster 1953
BOStrab . . . . VO über den Bau und Betrieb v. Straßenbahnen (Straßenbahn-Bau- und Betriebsordnung) v. 31. 8. 1965, BGBl. I, 1513
Böhmer . . . . Das Reichshaftpflichtgesetz, Kommentar, Berlin 1950

Abkürzungen

Böhmer	Das Sachschadenhaftpflichtgesetz, Kommentar, Berlin 1954
BR-Drucks.	Bundesratsdrucksache
BRRG	Bundesrechtsrahmengesetz i. d. F. v. 3. 1. 1977, BGBl. I, 24
BSCHG	Gesetz betreffend die privatrechtlichen Verhältnisse der Binnenschiffahrt (Binnenschiffahrtsgesetz) v. 15. 6. 1895, RGBl. 301
BSHG	Bundessozialhilfegesetz i. d. F. v. 13. 2. 1976, BGBl. I, 289
BT-Drucks.	Bundestagsdrucksache
BVerfG.	Bundesverfassungsgericht
BVersG.	Bundesversorgungsgesetz v. 6. 6. 1956, BGBl. I, 469
BVerwG	Bundesverwaltungsgericht, auch Entscheidungen des Bundesverwaltungsgerichts (Band und Seite)
CIM.	Internationales Übereinkommen über den Eisenbahnfrachtverkehr v. 7. 2. 1970, BGBl. 1974 II, 381
CIV	Internationales Übereinkommen über den Eisenbahn-Personen- und Gepäckverkehr v. 7. 2. 1970, BGBl. 1974 II, 495
Danckelmann	s. Palandt
DAR	Deutsches Autorecht (Jahr und Seite)
Darge/Melchinger/ Rumpf	Energiewirtschaftsgesetz, Kommentar, I. Teil, Berlin 1936
DB	Der Betrieb (Jahr und Seite), auch Deutsche Bundesbahn
DBP.	Deutsche Bundespost
dergl.	dergleichen
Deutsch	Haftungsrecht, 1. Bd.: Allgemeine Lehren, Köln–Berlin–Bonn–München 1976
DFStrab	Dienstanweisung für den Fahrdienst mit Straßenbahnen, Ausgabe 1977
DIN.	Deutsche Industrienorm
DJ	Deutsche Justiz (Jahr und Seite)
DJZ	Deutsche Juristen-Zeitung (Jahr und Seite)
DM	Deutsche Mark
DNotZ	Deutsche Notar-Zeitschrift (Jahr und Seite)
DöD	Der öffentliche Dienst (Jahr und Seite)
DÖV	Die öffentliche Verwaltung (Jahr und Seite)
DR	Deutsches Recht (Jahr und Seite)
Drees/Kuckuk/ Werny	Straßenverkehrsrecht, Kommentar, 4. Aufl., Münster 1981
Dreher/Tröndle ..	Strafgesetzbuch und Nebengesetze, Kommentar, 38. Aufl., München 1978
DRiZ	Deutsche Richterzeitung (Jahr und Seite)
DruckgasV	VO über ortsbewegliche Behälter und über Füllanlagen für Druckgase (Druckgasverordnung) v. 20. 6. 1968, BGBl. I, 730, i. d. F. v. 21. 6. 1976, BGBl. I, 1889

Abkürzungen

DRZ . . . . bis 1935 Deutsche Richterzeitung, ab 1946 Deutsche Rechtszeitschrift (Jahr und Seite)
DVBl. . . . . Deutsches Verwaltungsblatt (Jahr und Seite)
DVGW . . . . Deutscher Verein der Gas- und Wasserfachmänner, auch Bestimmungen des Deutschen Vereins der Gas- und Wasserfachmänner
DVO . . . . Durchführungsverordnung
DWW. . . . . Deutsche Wohnungswirtschaft (Jahr und Seite)

EBO . . . . Eisenbahn-Bau- und Betriebsordnung v. 8. 5. 1967, BGBl. II, 1563, i. d. F. v. 10. 6. 1969, BGBl. II, 1141
EE . . . . Eisenbahn- und Verkehrsrechtliche Entscheidungen und Abhandlungen (Band und Seite)
eG . . . . eingetragene Genossenschaft
EG. . . . . Eisenbahngesetze
EGBGB . . . . Einführungsgesetz zum Bürgerlichen Gesetzbuch vom 18. 8. 1896, RGBl. 604
Eger. . . . . Das Reichshaftpflichtgesetz, Kommentar, 7. Aufl., Hannover 1912
EheG . . . . Ehegesetz v. 20. 6. 1946, BGBl. III 4 Nr. 401–1
Einf.. . . . . Einführung
Einführungsrichtlinien . . . . Richtlinien über die Einführung öffentlicher Bahnen in Bahnhöfe einer anderen Verwaltung v. 1. 10/10. 11. 1970
Einl.. . . . . Einleitung
Eiser/Riederer/Obernolte/Danner. . . . . Energiewirtschaftsrecht, Kommentar, 14. Ergänzung, München 1981
Elsner. . . . . Handbuch für den öffentlichen Personen-Nahverkehr, herausgegeben von Groche und Thiemer, Darmstadt 1980
ElWirtsch . . . . . . Elektrizitätswirtschaft (Jahr und Seite)
ElWirtsch RB . . . . Rechtsbeilage der Zeitschrift Elektrizitätswirtschaft (Jahr und Seite), ab 1979 RdE
EnergG. . . . . Gesetz zur Förderung der Energiewirtschaft (Energiewirtschaftsgesetz) v. 13. 12. 1935, RGBl. I, 1451
EnergWR . . . . . . Energiewirtschaftsrecht
Erl. . . . . Erläuterung
Esser . . . . Grundlagen und Entwicklung der Gefährdungshaftung, 2. Aufl., München 1969
EStG . . . . Einkommensteuergesetz v. 6. 12. 1981, BGBl. I, 1251
EVO . . . . Eisenbahnverkehrsordnung v. 8. 9. 1938, RGBl. II, 663, i. d. F. v. 10. 5. 1982, BGBl. I, 611
EVU . . . . Elektrizitätsversorgungsunternehmen

FAG. . . . . Gesetz über Fernmeldeanlagen i. d. Bekanntmachung v. 17. 3. 1977, BGBl. I, 459, 573
FamRZ . . . . Ehe und Familie im privaten und öffentlichen Recht, Zeitschrift für das gesamte Familienrecht (Jahr und Seite)

v. Feldmann	s. MünchKomm.
Filthaut	Haftung und Haftpflichtversicherung im öffentlichen Personennahverkehr, Handbuch öffentlicher Personen-Nahverkehrs-Unternehmen, Düsseldorf 1978
Finger	Eisenbahngesetze, Textsammlung mit Erläuterung, 6. Aufl., München 1970
Finger	Eisenbahnverkehrsordnung, Kommentar, 15. Aufl., München, Stand 1. 3. 1981
Fischerhof	Energiewirtschaft- und Atomenergierecht, i. Verwaltungsgesetze des Bundes und der Länder, Bd. III, herausgegeben von v. Brauchitsch, neu herausgegeben v. Ule, Köln–Berlin–Bonn–München 1964/66
Forsthoff	Lehrbuch des Verwaltungsrechts, 1. Bd., Allgemeiner Teil, 10. Aufl., München 1973
Friese	Reichshaftpflichtgesetz, Kommentar, München–Berlin 1950
Fröhler	s. Landmann/Rohmer
Full	Zivilrechtliche Haftung im Straßenverkehr, Großkommentar zu §§ 7–20 Straßenverkehrsgesetz und zum Haftpflichtgesetz, Berlin–New York 1980
Full/Möhl/Rüth ..	Straßenverkehrsrecht, Kommentar, Berlin–New York 1980
Fußn.	Fußnote
GBO	Grundbuchordnung i. d. F. v. 5. 8. 1935, RGBl. I, 1073
Geigel (+ jeweiliger Sachbearbeiter)	Der Haftpflichtprozeß mit Einschluß des materiellen Haftpflichtrechts, 17. Aufl., München 1979
Gessler	s. Schlegelberger
GewO	Gewerbeordnung i. d. F. v. 26. 7. 1900, RGBl. I, 871
GG	Grundgesetz f. d. Bundesrepublik Deutschland v. 23. 5. 1949, BGBl. I, 1
Gieseke/Wiedemann/Czychowski	Wasserhaushaltsgesetz, Kommentar, 3. Aufl., München 1979
GKG	Gerichtskostengesetz i. d. F. v. 15. 12. 1975, BGBl. I, 3047
Glanzmann	s. BGB-RGRK
GmbH	Gesellschaft mit beschränkter Haftung
Goldschmidt'sZ ..	Zeitschrift für das gesamte Handelsrecht, begründet v. Goldschmidt (Band und Seite)
Goltermann/Konow	Eisenbahn-Verkehrsordnung, Kommentar, 3. Aufl., Berlin 1959, Stand 14. 9. 1981
Gruchot	Beiträge zur Erläuterung des Deutschen Rechts, begr. v. Gruchot (Band und Seite)
GrünhutsZ.	Zeitschrift für das private und öffentliche Recht der Gegenwart, begr. v. Grünhut (Band und Seite)
Grunsky	s. MünchKomm.
GS	Preußische Gesetzessammlung
GüBed	Allgemeine Bedingungen über die gemeinsame Benut-

	zung der Güterwagen und Lademittel durch die Deutsche Bundesbahn und die nichtbundeseigenen Eisenbahnen des öffentlichen Verkehrs v. 7. 2. 1968
gwf	Gas- und Wasserfach, Ausgabe Wasser-Abwasser (Jahr und Seite)
HaftpflG, HG	Haftpflichtgesetz i. d. F. v. 4. 1. 1978, BGBl. I, 146
Heinrichs	s. Palandt
HG	s. HaftpflG
HGB	Handelsgesetzbuch v. 10. 5. 1897, RGBl. I, 219
Himmelreich/Klimke	Kfz-Schadenregulierung, 9. Ergänzung, Düsseldorf 1981
h. A.	herrschende Auffassung
h. L.	herrschende Lehre
h. M.	herrschende Meinung
Holch	s. MünchKomm.
Horn	s. Rudolphi
HRR	Höchstrichterliche Rechtsprechung (Jahr und Nummer)
i.	im, in
i. d. F.	in der Fassung
i. S.	im Sinne
i. Verb.	in Verbindung
Jagusch	Straßenverkehrsrecht, Kommentar, 25. Aufl., München 1980
JR	Juristische Rundschau (Jahr und Seite, Rechtsprechungsbeilage 1925–1936 nach Nr.)
JuS	Juristische Schulung (Jahr und Seite)
JW	Juristische Wochenschrift (Jahr und Seite)
JZ	Juristen-Zeitung (Jahr und Seite)
KFG	Gesetz über den Verkehr mit Kraftfahrzeugen v. 3. 5. 1909, RGBl. I, 437
Kfz	Kraftfahrzeug
KG	Kammergericht, Kommanditgesellschaft
KGaA	Kommanditgesellschaft auf Aktien
Komm.	Kommentar
Kpt.	Kapitel
Kramer	s. MünchKomm.
krit.	kritisch
Krumme (+ jeweiliger Bearbeiter)	Straßenverkehrsgesetz, Kommentar, Köln-Bonn-Berlin-München 1977
KVR v. A–Z	Kraftverkehrsrecht von A–Z, Handlexikon des Straßenverkehrsrechts
L	Leitsatz
Landmann/Rohmer (+ jeweiliger Bearbeiter)	Gewerbeordnung und ergänzende Vorschriften, Kommentar, 13. Aufl., München 1979

Lang.	s. Geigel
LFZG	Gesetz über die Fortzahlung des Arbeitsentgeltes im Krankheitsfalle (Lohnfortzahlungsgesetz) v. 27. 7. 1969, BGBl. I, 946
LG	Landgericht
List	Energierecht, 2. Aufl., Wiesbaden 1932
LK (+ jeweiliger Bearbeiter)	Leipziger Kommentar, Strafgesetzbuch, Bd. III, 9. Aufl., Berlin 1977
LM	Das Nachschlagewerk des Bundesgerichtshofs in Zivilsachen, herausgegeben von Lindenmaier und Möhring (Gesetzesstelle und Entscheidungsnummer)
Ludwig/Cordt/ Stech/Odenthal	Recht der Elektrizitäts-, Gas- und Wasserversorgung, Kommentar, 16. Ergänzung, Frankfurt 1981
LVA	Landesversicherungsanstalt
LVG	Luftverkehrsgesetz i. d. F. v. 14. 1. 1981, BGBl. I, 61
LZ	Leipziger Zeitschrift für Deutsches Recht (Jahr und Spalte)
MaschG	Gesetz über technische Arbeitsmittel (Maschinenschutzgesetz) v. 24. 6. 1968, BGBl. I, 717
Mattern/Raisch	Atomgesetz, Erläuterung, Berlin-Frankfurt 1961
Mayer	Allgemeines Verwaltungsrecht, 4. Aufl., Stuttgart – München – Hannover, 1977
MDR	Monatszeitschrift für Deutsches Recht (Jahr und Seite)
Mertens	s. MünchKomm.
Mitt.	Mitteilung, en
Möhl	s. Full u. Soergel
Mösl	s. LK
Mot.	Motive zum BGB
MünchKomm. (+ jeweiliger Bearbeiter)	Münchener Kommentar, München 1978–1981
MWSt	s. UStG
NdsRpfl.	Niedersächsische Rechtspflege (Jahr und Seite)
NJ	Neue Justiz (Jahr und Seite)
NJW	Neue Juristische Wochenschrift (Jahr und Seite)
Nr.	Nummer
NRW	Nordrhein-Westfalen
OGH	Oberster Gerichtshof f. d. britische Zone, auch Sammlung der Entscheidungen (Band und Seite)
OHG	Offene Handelsgesellschaft
OLG	Oberlandesgericht, auch Die Rechtsprechung der Oberlandesgerichte auf dem Gebiete des Zivilrechtes (Band und Seite) und Entscheidungen der Oberlandesgerichte in Zivilsachen (Jahr und Seite)
OVG	Oberverwaltungsgericht
PAB	Allgemeine Bedingungen für Privatanschlußgleise i. d. F. v. 1. 7. 1973

Abkürzungen

Palandt (+ jeweiliger Bearbeiter) . . .	Bürgerliches Gesetzbuch, Kommentar, 40. Aufl., München 1981
PBefG	Gesetz über die Beförderungen von Personen zu Lande (Personenbeförderungsgesetz) v. 21. 3. 1961, BGBl. I, 241
Pecher	s. MünchKomm.
PflVersG	Gesetz über die Pflichtversicherung für Kraftfahrzeughalter (Pflichtversicherungsgesetz) v. 5. 4. 1965, BGBl. I, 213
PostVerwG	Gesetz über die Verwaltung der Deutschen Bundespost (Postverwaltungsgesetz) v. 24. 7. 1953, BGBl. I, 676, i. d. F. v. 21. 12. 1970, BGBl. I, 1765
Pr., pr.	Preußisch
PrEisenbG	Preußisches Gesetz über die Eisenbahnunternehmungen v. 3. 11. 1838, GS 505
Putzo	s. Palandt
RAG	Reichsarbeitsgericht, auch Sammlung der Entscheidungen (Band und Seite)
RAnz	Deutscher Reichsanzeiger
RdE	Recht der Elektrizitätswirtschaft, Jahr und Seite, bis 1978 Rechtsbeilage zur Zeitschrift Elektrizitätswirtschaft (ElWirtschRB)
RdK	Recht des Kraftfahrers (Jahr und Seite)
RdL	Recht der Landwirtschaft (Jahr und Seite)
Rdz.	Randziffer
Recht	Das Recht (Jahr und Nr., bei Aufsätzen Jahr und Seite)
RG.	Reichsgericht, auch Entscheidungen in Zivilsachen (Band und Seite)
RGBl..	Reichsgesetzblatt
RGSt	Reichsgerichtsrechtsprechung in Strafsachen (Band und Seite)
RHG	Gesetz betr. die Verbindlichkeit zum Schadenersatz für die bei dem Betrieb von Eisenbahnen, Bergwerken usw. herbeigeführten Tötungen und Körperverletzungen (Reichshaftpflichtgesetz) vom 7. 6. 1871, RGBl. 207
ROHG	Reichsoberhandelsgericht, auch Entscheidungssammlung (Band und Seite)
Rudolphi (+ jeweiliger Bearbeiter) . .	Systematischer Kommentar zum Strafgesetzbuch, Bd. 2, Besonderer Teil, Frankfurt 1978
Rüth.	s. LK und Full
RVA	Reichsversicherungsamt
RVO	Reichsversicherungsordnung v. 19. 7. 1911, RGBl. I, 509, i. d. F. d. Unfallversicherungs-Neuregelungsgesetzes v. 30. 4. 1963, RGBl. I, 241
S.	Seite
s. a.	siehe auch
Schäfer	s. Staudinger

ScheckG	Scheckgesetz v. 14. 8. 1933, RGBl. I, 597
Scheuten/Tegethoff	Das Recht der öffentlichen Energieversorgung, Kommentar, Gräfelfing-München, Stand Dezember 1978
Schlegelberger . . .	Handelsgesetzbuch, Kommentar, 5. Aufl., München 1973 bis 1977
Schlegelmilch	s. Geigel
Schloen/Steinfeltz .	Regulierung von Personenschäden, Handbuch und Formularbuch für die Praxis, Köln–Berlin–Bonn–München 1978
Selb	s. MünchKomm.
Seligsohn	Haftpflichtgesetz, Kommentar, 2. Aufl., Berlin–Leipzig 1931
SeuffA	Seufferts Archiv für Entscheidungen der obersten Gerichte in den deutschen Staaten (Band und Nr.)
SG	Gesetz über die Rechtsstellung der Soldaten i. d. F. v. 19. 8. 1975, BGBl. I, 2273
SGB	Sozialgesetzbuch – Allg. Teil – v. 11. 12. 1975, BGBl. I, 3015
SHG	Gesetz über die Haftpflicht der Eisenbahnen und Straßenbahnen für Sachschaden (Sachschadenhaftpflichtgesetz) v. 29. 4. 1940, RGBl. I, 691
SJZ	Süddeutsche Juristenzeitschrift (Jahr und Seite, ab 1947 Spalte)
Soergel-Siebert (+ jeweiliger Bearbeiter).	BGB, Kommentar, Bd. 3 Schuldrecht II, 10. Aufl., Stuttgart–Berlin–Köln–Mainz, Stand Februar 1969
sog.	sogenannte(r)
Sp..	Spalte
st.	ständig
Staudinger (+ jeweiliger Bearbeiter).	Kommentar zum BGB, Bd. II Recht der Schuldverhältnisse, 5. Teil, 10./11. Aufl., Berlin 1975
Steffen	s. Krumme
StGB	Strafgesetzbuch i. d. F. v. 2. 1. 1975, BGBl. I, 1
StHG	Staatshaftungsgesetz v. 26. 6. 1981, BGBl. I, 553
Strab.	Straßenbahn
str..	streitig
StVG	Straßenverkehrsgesetz v. 19. 12. 1952, BGBl. I, 837
StVO	Straßenverkehrs-Ordnung v. 16. 11. 1970, BGBl. I, 1565
StVR	Straßenverkehrsrecht
StVZO	Straßenverkehrs-Zulassungs-Ordnung i. d. F. v. 15. 11. 1974, BGBl. I, 3193
SVT.	Sozialversicherungsträger
Thomas	s. Palandt
transpR.	Transport- u. Speditionsrecht (Jahr und Seite)
Tz	Textziffer

Abkürzungen

UHR	Unfallhaftpflichtrecht, s. a. Wussow
unveröffentl.	unveröffentlicht
Urt.	Urteil
UStG	Umsatzsteuergesetz (Mehrwertsteuer) v. 29. 5. 1967, BGBl. I, 545
V + T.	Verkehr und Technik (Jahr und Seite)
VAE	Verkehrsrechtliche Abhandlungen und Entscheidungen (Band und Seite)
Vaubel	s. Eiser/Riederer/Obernolte/Danner
VbF	Verordnung über brennbare Flüssigkeiten v. 18. 2. 1960, BGBl. I, 83
VDE	Verband Deutscher Elektrotechniker, auch Richtlinien des Verbandes Deutscher Elektrotechniker
VDEW	Vereinigung Deutscher Elektrizitätswerke e. V.
VDGW	Verband Deutscher Gas- und Wasserfachmänner e. V.
VEnerG	Veröffentlichungen des Instituts für Energierecht a. d. Universität zu Köln (Band und Seite)
Verf.	Verfasser
vgl.	vergleiche
VGT	Veröffentlichungen des Deutschen Verkehrsgerichtstages
VerkBl.	Verkehrsblatt (Jahr und Seite)
VerkMitt.	Verkehrsrechtliche Mitteilungen (Jahr und Nummer)
VersN	Der Versicherungsnehmer (Jahr und Seite)
VersW	Versicherungswirtschaft (Jahr und Seite)
VP.	Die Versicherungspraxis (Jahr und Seite)
VR.	Verkehrsrechtliche Rundschau (Band und Seite)
VRS.	Verkehrsrechtssammlung (Band und Seite)
VVG	Versicherungsvertragsgesetz v. 30. 5. 1908, BGBl. I, 263
Vwv.	Verwaltungsvorschrift zur StVO
WHG	Wasserhaushaltsgesetz i. d. F. v. 16. 10. 1976, BGBl. I, 3017
WI	Wussow-Informationen (Jahr und Seite)
Wörner	s. Elsner
Wussow	Das Unfallhaftpflichtrecht, 12. Aufl., Köln – Berlin – Bonn – München 1975, Stand 1. 1. 1975
ZfS	Zeitschrift für Schadensrecht (Jahr und Seite)
ZRP.	Zeitschrift für Rechtspolitik (Jahr und Seite)
ZÜ	Zusatzübereinkommen zum Internationalen Übereinkommen über den Eisenbahn-Personen- und Gepäckverkehr (CIV) v. 25. 2. 1961 über die Haftung der Eisenbahn für Tötung und Verletzung von Reisenden v. 26. 2. 1966, RGBl. 1974 II, 361
zZt.	zur Zeit

Haftpflichtgesetz*

In der Fassung der Bekanntmachung vom 4. Januar 1978 (BGBl. I, 145)

§ 1 Haftung des Bahnbetriebsunternehmers*

(1) Wird bei dem Betrieb einer Schienenbahn oder einer Schwebebahn ein Mensch getötet, der Körper oder die Gesundheit eines Menschen verletzt oder eine Sache beschädigt, so ist der Betriebsunternehmer dem Geschädigten zum Ersatz des daraus entstehenden Schadens verpflichtet.

(2) [1]Die Ersatzpflicht ist ausgeschlossen, wenn der Unfall durch höhere Gewalt verursacht ist. [2]Soweit jedoch die Schienenbahn innerhalb des Verkehrsraumes einer öffentlichen Straße betrieben wird, ist die Ersatzpflicht ausgeschlossen, wenn der Unfall durch ein unabwendbares Ereignis verursacht ist, das weder auf einem Fehler in der Beschaffenheit der Fahrzeuge oder Anlagen der Schienenbahn noch auf einem Versagen ihrer Verrichtungen beruht. [3]Als unabwendbar gilt ein Ereignis insbesondere dann, wenn es auf das Verhalten des Geschädigten oder eines nicht bei dem Betrieb beschäftigten Dritten oder eines Tieres zurückzuführen ist und sowohl der Betriebsunternehmer als auch die beim Betrieb tätigen Personen jede nach den Umständen des Falles gebotene Sorgfalt beobachtet haben.

(3) Die Ersatzpflicht ist ferner ausgeschlossen, wenn eine

1. zur Aufbewahrung angenommene Sache beschädigt wird;
2. beförderte Sache beschädigt wird, es sei denn, daß ein Fahrgast sie an sich trägt oder mit sich führt.

§ 2 Haftung des Inhabers einer gefährlichen Anlage

(1) [1]Wird durch die Wirkungen von Elektrizität, Gasen, Dämpfen oder Flüssigkeiten, die von einer Stromleitungs- oder Rohrleitungsanlage oder einer Anlage zur Abgabe der bezeichneten Energien oder Stoffe ausgehen, ein Mensch getötet, der Körper oder die Gesundheit eines Menschen verletzt oder eine Sache beschädigt, so ist der Inhaber der Anlage verpflichtet, den daraus entstehenden Schaden zu ersetzen. [2]Das gleiche gilt, wenn der Schaden, ohne auf den Wirkungen der Elektrizität, der Gase, Dämpfe oder Flüssigkeiten zu beruhen, auf das Vorhandensein einer solchen Anlage zurückzuführen ist, es sei denn, daß sich diese zur Zeit der Schadensverursachung in ordnungsmäßigem Zustand befand. [3]Ordnungsmäßig ist eine Anlage, solange sie den anerkannten Regeln der Technik entspricht und unversehrt ist.

(2) Absatz 1 gilt nicht für Anlagen, die lediglich der Übertragung von Zeichen oder Lauten dienen.

(3) Die Ersatzpflicht nach Absatz 1 ist ausgeschlossen,

1. wenn der Schaden innerhalb eines Gebäudes entstanden und auf eine darin befindliche Anlage (Absatz 1) zurückzuführen oder wenn er innerhalb eines im Besitz des Inhabers der Anlage stehenden befriedeten Grundstücks entstanden ist;

---

* Die Paragraphenüberschriften sind nicht amtlich.

2. wenn ein Energieverbrauchgerät oder eine sonstige Einrichtung zum Verbrauch oder zur Abnahme der in Absatz 1 bezeichneten Stoffe beschädigt oder durch eine solche Einrichtung ein Schaden verursacht worden ist;
3. wenn der Schaden durch höhere Gewalt verursacht worden ist, es sei denn, daß er auf das Herabfallen von Leitungsdrähten zurückzuführen ist.

§ 3 Haftung des Unternehmers eines gefährlichen Betriebes

Wer ein Bergwerk, einen Steinbruch, eine Gräberei (Grube) oder eine Fabrik betreibt, haftet, wenn ein Bevollmächtigter oder ein Repräsentant oder eine zur Leitung oder Beaufsichtigung des Betriebes oder der Arbeiter angenommene Person durch ein Verschulden in Ausführung der Dienstverrichtungen den Tod oder die Körperverletzung eines Menschen herbeigeführt hat, für den dadurch entstandenen Schaden.

§ 4 Mitwirkendes Verschulden

Hat bei der Entstehung des Schadens ein Verschulden des Geschädigten mitgewirkt, so gilt § 254 des Bürgerlichen Gesetzbuches; bei Beschädigung einer Sache steht das Verschulden desjenigen, der die tatsächliche Gewalt über die Sache ausübt, dem Verschulden des Geschädigten gleich.

§ 5 Umfang des Schadensersatzes bei Tötung

(1) [1] Im Falle der Tötung ist der Schadensersatz (§§ 1, 2 und 3) durch Ersatz der Kosten einer versuchten Heilung sowie des Vermögensnachteils zu leisten, den der Getötete dadurch erlitten hat, daß während der Krankheit seine Erwerbsfähigkeit aufgehoben oder gemindert oder eine Vermehrung seiner Bedürfnisse eingetreten war. [2] Der Ersatzpflichtige hat außerdem die Kosten der Beerdigung demjenigen zu ersetzen, dem die Verpflichtung obliegt, diese Kosten zu tragen.

(2) [1] Stand der Getötete zur Zeit der Verletzung zu einem Dritten in einem Verhältnisse, vermöge dessen er diesem gegenüber kraft Gesetzes unterhaltspflichtig war oder unterhaltspflichtig werden konnte und ist dem Dritten infolge der Tötung das Recht auf den Unterhalt entzogen, so hat der Ersatzpflichtige dem Dritten insoweit Schadensersatz zu leisten, als der Getötete während der mutmaßlichen Dauer seines Lebens zur Gewährung des Unterhalts verpflichtet gewesen sein würde. [2] Die Ersatzpflicht tritt auch dann ein, wenn der Dritte zur Zeit der Verletzung erzeugt, aber noch nicht geboren war.

§ 6 Umfang des Schadensersatzes bei Körperverletzung

Im Falle einer Körperverletzung ist der Schadensersatz (§§ 1, 2 und 3) durch Ersatz der Kosten der Heilung sowie des Vermögensnachteils zu leisten, den der Verletzte dadurch erleidet, daß infolge der Verletzung zeitweise oder dauernd seine Erwerbsfähigkeit aufgehoben oder gemindert oder eine Vermehrung seiner Bedürfnisse eingetreten ist.

§ 7 Unabdingbarkeit der Haftung

[1] Die Ersatzpflicht nach den §§ 1 bis 3 dieses Gesetzes darf, soweit es sich um Personenschäden handelt, im voraus weder ausgeschlossen noch beschränkt werden. [2] Das gleiche gilt für die Ersatzpflicht nach § 2 dieses Geset-

zes wegen Sachschäden, es sei denn, daß der Haftungsausschluß oder die Haftungsbeschränkung zwischen dem Inhaber der Anlage und einer juristischen Person des öffentlichen Rechts, einem öffentlich-rechtlichen Sondervermögen oder einem Kaufmann im Rahmen eines zum Betriebe seines Handelsgewerbes gehörenden Vertrages vereinbart worden ist. [3]Entgegenstehende Bestimmungen und Vereinbarungen sind nichtig.

§ 8 Ersatz durch Geldrente

(1) Der Schadensersatz wegen Aufhebung oder Minderung der Erwerbsfähigkeit und wegen Vermehrung der Bedürfnisse des Verletzten sowie der nach § 5 Abs. 2 einem Dritten zu gewährende Schadensersatz ist für die Zukunft durch Entrichtung einer Geldrente zu leisten.

(2) Die Vorschriften des § 843 Abs. 2 bis 4 des Bürgerlichen Gesetzbuchs finden entsprechende Anwendung.

(3) Ist bei der Verurteilung des Verpflichteten zur Entrichtung einer Geldrente nicht auf Sicherheitsleistung erkannt worden, so kann der Berechtigte gleichwohl Sicherheitsleistung verlangen, wenn die Vermögensverhältnisse des Verpflichteten sich erheblich verschlechtert haben; unter der gleichen Voraussetzung kann er eine Erhöhung der in dem Urteile bestimmten Sicherheit verlangen.

§ 9 Haftungsgrenze für Personenschäden

Der Unternehmer oder der in § 2 bezeichnete Inhaber der Anlage haftet im Falle des § 8 Abs. 1 nur bis zu einer Jahresrente von dreißigtausend Deutsche Mark für jede getötete oder verletzte Person.

§ 10 Haftungsgrenze für Sachschäden

(1) Der Unternehmer oder der in § 2 bezeichnete Inhaber der Anlage haftet für Sachschäden nur bis zum Betrag von einhunderttausend Deutsche Mark, auch wenn durch dasselbe Ereignis mehrere Sachen beschädigt werden.

(2) Sind auf Grund desselben Ereignisses an mehreren Personen Entschädigungen zu leisten, die insgesamt den Höchstbetrag von einhunderttausend Deutsche Mark übersteigen, so verringern sich die einzelnen Entschädigungen in dem Verhältnis, in dem ihr Gesamtbetrag zu dem Höchstbetrag steht.

(3) Die Absätze 1 und 2 gelten nicht für die Beschädigung von Grundstücken.

§ 11 Verjährung

Auf die Verjährung finden die für unerlaubte Handlungen geltenden Verjährungsvorschriften des Bürgerlichen Gesetzbuchs entsprechende Anwendung.

§ 12 Haftpflicht aufgrund sonstigen Rechtes

Unberührt bleiben gesetzliche Vorschriften, nach denen ein Ersatzpflichtiger in weiterem Umfang als nach den Vorschriften dieses Gesetzes haftet oder nach denen ein anderer für den Schaden verantwortlich ist.

§ 13 Mehrere Haftpflichtige

(1) [1] Sind nach den §§ 1, 2 mehrere einem Dritten zum Schadensersatz verpflichtet, so hängt im Verhältnis der Ersatzpflichtigen untereinander Pflicht und Umfang zum Ersatz von den Umständen, insbesondere davon ab, wie weit der Schaden überwiegend von dem einen oder dem anderen verursacht worden ist. [2] Dasselbe gilt, wenn der Schaden einem der Ersatzpflichtigen entstanden ist, von der Haftpflicht, die einen anderen von ihnen trifft.

(2) Absatz 1 gilt entsprechend, wenn neben den nach den §§ 1, 2 Ersatzpflichtigen ein anderer für den Schaden kraft Gesetzes verantwortlich ist.

§ 14 Örtliche Zuständigkeit

Für Klagen, die auf Grund dieses Gesetzes erhoben werden, ist auch das Gericht zuständig, in dessen Bezirk das schädigende Ereignis stattgefunden hat.

Einleitung

Übersicht

Schrifttum: *Böhmer,* Grundsätzliches zur Frage der Verursachungshaftung der Eisenbahnen, VersR 1960, 385; Ein verfehlter Angriff auf § 1 RHG, VersR 1962, 119; Nochmals: Ein verfehlter Angriff auf § 1 RHG, VersR 1962, 940; Zur Frage der Haftpflicht der Eisenbahnen für Personenschäden, JR 1968, 178; Höhere Gewalt oder unabwendbares Ereignis, JR 1972, 367; Gedanken zur Gefährdungshaftung bei Kraftfahrzeugen und Eisenbahnen, DAR 1974, 155; *Füchsel,* Verkehrshaftpflichtrecht am Scheidewege, DAR 1961, 293; Nochmals: Ein verfehlter Angriff auf den § 1 RHG, VersR 1962, 498; *Himer,* Nochmals: Ein verfehlter Angriff auf den § 1 RHG, VersR 1962, 497; *Lemhöfer,* Viel Licht, mancher Schatten, VersR 1967, 1126; *Stammberger,* Gedanken zur Reform des Haftpflichtrechts aus der Sicht des Kraftfahrers, DAR 1962, 329; *Weitnauer,* Nochmals: Ein verfehlter Angriff auf den § 1 RHG, VersR 1962, 487; Aktuelle Fragen des Haftpflichtrechts, VersR 1970, 585.

A. Bedeutung des Haftpflichtgesetzes

1 Das Haftpflichtgesetz (HG) regelt als Sondergesetz ein wichtiges Teilgebiet des **Haftpflichtrechts** (zum Begriff des Haftpflichtrechts vgl. *Wussow,* UHR, Tz. 1 ff.): Die Haftung des Betriebsunternehmers einer Schienen- oder Schwebebahn (§ 1), des Inhabers bestimmter gefährlicher Anlagen (§ 2) und des Betreibers eines Bergwerks, eines Steinbruchs, einer Gräberei oder einer Fabrik für das Verschulden bestimmter Personen (§ 3). Während die zuletzt genannte Regelung kaum noch praktisch wird und im Rahmen künftiger Reformen entfallen dürfte, ist von der schon vor über 100 Jahren eingeführten besonderen **Bahnhaftung** festzustellen, daß sie sich in der Vergangenheit bewährt hat und auch heute unverzichtbar erscheint. Dieser Annahme widerspricht es nicht, daß sich in den letzten Jahrzehnten – als Folge verminderter Beförderungsleistungen und verbesserter Sicherheitsvorkehrungen – die Unfälle im Bahnverkehr verringert haben und die Anwendung der Haftung dadurch zurückgegangen ist. Demgegenüber hat die **Anlagenhaftung** an Bedeutung gewonnen. Ihr Geltungsbereich hat sich in tatsächlicher Hinsicht durch den zunehmenden Bau von Leitungen erweitert und wurde zum 1. 1. 1978 auch rechtlich wesentlich ausgedehnt (vgl. Rdz. 1 f. zu § 2).

B. Gefährdungshaftung

2 Das HG legt dem Betriebsunternehmer einer Schienen- oder Schwebebahn (§ 1) und dem Inhaber einer gefährlichen Anlage (§ 2) eine vom Verschulden unabhängige Haftung auf. Der Grund für diese Haftung ist nicht verbotenes Verhalten, sondern das Einstehenmüssen für eine **besondere Gefahr** (vgl. *Deutsch,* Haftungsrecht, Bd. 1 S. 363ff., i. VersR 1971, 1 u. i. JuS 1981, 317; *Larenz* i. VersR 1963, 593, 596ff.). Die **amtl. Begr.** (BT-Drucks. 8/108, 6) des **Gesetzes zur Änderung schadensersatzrechtlicher Vorschriften** v. 16. 8. 1977 (BGBl. I, 1577), durch das das HG zuletzt neu gefaßt wurde, führt hierzu aus: „Maßgebend für die verschärfte Haftung ist die Überlegung, daß bei den heutigen, durch die technische Entwicklung entscheidend beeinflußten Lebensverhältnissen bestimmte Tätigkeiten und Einrichtungen zwar unentbehrlich sind und daher zugelassen werden müssen, obgleich die davon ausgehende Gefährdung trotz Anwendung der erforderlichen Sorgfalt nicht gänzlich beherrscht und Schädigungen Dritter nicht immer vermieden werden können. Wer im Bewußtsein dieser Risiken eine solche Gefahrenquelle eröffnet, muß auch bereit sein, den daraus entstehenden Schaden zu ersetzen, ohne daß es darauf ankommen darf, ob im Einzelfall ein Verschulden nachweisbar ist. Dies ist dem Unternehmer eines solchen Betriebes um so eher zuzumuten, als er am ehesten in der Lage ist, die Risiken zu beurteilen und für etwaige Schadensfälle – insbesondere durch Versicherungen – vorzusorgen. Im Unterschied zum Deliktsrecht, das Ersatz des vollen Schadens gewährt, sind die Ansprüche aus Gefährdungshaftung im allgemeinen – mit Ausnahme z. B. der §§ 833 BGB, 53 LuftVG, 22 WHG – der Höhe nach beschränkt. Für den Schädiger, der unter erleichterten Voraussetzungen haftet, wird dadurch das Risiko eher überschaubar."

C. Entwicklungstendenzen

3 Der schon durch das Gesetz „betreffend die Verbindlichkeit zum Schadenersatz für die bei dem Betrieb von Eisenbahnen, Bergwerken usw. herbeigeführten Tötungen und Körperverletzungen" (RHG) v. 7. 6. 1871 (RGBl. 207) eingeführten Haftung des **Eisenbahnbetriebsunternehmers** folgte mit dem Aufkommen des Kraftfahrzeugverkehrs die ebenfalls als Gefährdungshaftung ausgestaltete Haftung des **Kraftfahrzeughalters** (§ 7 des Gesetzes über den Verkehr mit Kraftfahrzeugen, RGBl. I, 437, später § 7 StVG v. 19. 12. 1952, BGBl. I, 837). Voraussetzungen und Umfang der Haftung wurden jedoch unterschiedlich gestaltet. Von der Bahnhaftung unterschied sich die Kraftfahrzeughaftung insbesondere dadurch, daß sie nicht erst bei höherer Gewalt entfiel, sondern schon bei Vorliegen eines unabwendbaren Ereignisses. Dies führte wiederholt zu der Forderung, die Haftung beider Verkehrsmittel dadurch **anzugleichen,** daß auch die Bahnhaftung durch das **unabwendbare Ereignis** begrenzt werde. Wie insbesondere ein Vergleich der Unfallhäufig-

keit zeige, sei der Betrieb einer Eisenbahn heute im Prinzip nicht gefährlicher als der eines Kraftfahrzeugs (vgl. *Füchsel* i. DAR 1961, 293 u. i. VersR 1962, 498; *Himer* i. VersR 1962, 497; abl. *Böhmer* i. VersR 1960, 385, 1962, 119, 940, JR 1968, 178 u. 1972, 367; *Weitnauer* i. VersR 1962, 687). Hiergegen wurde mit Recht eingewandt, die strengere Bahnhaftung finde ihre sachliche Berechtigung vor allem in der **Schwere** der im Bahnbetrieb vorkommenden Unfälle; daß es nicht wesentlich auf die Häufigkeit der Schadenfälle ankomme, zeige die Einführung der Gefährdungshaftung für gefährliche Anlagen (§ 2 HG) und für Atomreaktoren (§ 25 AtG; vgl. *Böhmer* u. *Weitnauer* aaO.). Auch die Gesetzgebung ist diesen Bestrebungen nicht gefolgt. Vielmehr wurde – zunächst beschränkt auf die Haftung für Sachschäden und später durch das Gesetz zur Änderung schadensersatzrechtlicher Vorschriften auf die Haftung für Personenschäden erweitert – eine Angleichung an die Kraftfahrzeughaftung nur vorgenommen, soweit die **Schienenfahrzeuge wie Kraftfahrzeuge** im **öffentlichen Straßenraum** verkehren und damit auch gleiche Gefahren bewirken (vgl. a. Rdz. 3 zu § 1). In diesem Zusammenhang sei allerdings darauf verwiesen, daß der Gesetzgeber den Weg der Angleichung **nicht konsequent** weitergegangen ist. Auch dann, wenn die Bahn am öffentlichen Straßenverkehr teilnimmt, haftet der Betriebsunternehmer mit höheren Beträgen als der Kraftfahrzeughalter sowie uneingeschränkt auch gegenüber den beim Betrieb tätigen Personen (vgl. § 8 StVG) und ohne die Möglichkeit, sich auf Verwirkung berufen zu können (vgl. § 15 StVG). Während die ungünstigere Höchsthaftungsregelung mit dem höheren Schadensrisiko der Schienenbahnen begründet werden könnte, sind im übrigen sachliche Gründe für die unterschiedliche Behandlung nicht zu erkennen.

4 Für den Bereich der **internationalen Bahnhaftung** (vgl. Rdz. 176ff. zu § 12) regelt Art. 2 § 2 des Zusatzabkommens v. 26. 2. 1966 zum Internationalen Übereinkommen über den Eisenbahn-, Personen- und Gepäckverkehr v. 25. 2. 1961 (CIV) über die Haftung der Eisenbahnen für Tötung und Verletzungen von Reisenden (BGBl. 1974 II, 361), daß die Eisenbahn von der Haftung befreit ist, wenn der Unfall durch „außerhalb des Betriebs gelegene Umstände verursacht worden ist und die Eisenbahn diese Umstände trotz Anwendung der nach Lage des Falles gebotenen Sorgfalt nicht vermeiden und deren Folgen nicht abwenden konnte.“ Der Gesetzgeber hat die Anwendung dieser Formel im Rahmen der Haftung nach dem HG abgelehnt, weil ihm fraglich erschien, ob sie im Ergebnis zu einer anderen Haftung führte als der Begriff der höheren Gewalt, und weil auch zunächst abgewartet werden sollte, welche Entwicklung die Begrenzung der Haftpflicht in anderen Bereichen, z. B. in der Kraftfahrzeughaftung aufgrund des Übereinkommens des Europarates vom Mai 1973, nahm (BT-Drucks. 8/108, 8; vgl. a. Rdz. 161 zu § 1).

5 Der Referentenentwurf eines Gesetzes zur Änderung und Ergänzung schadensersatzrechtlicher Vorschriften – sog. Haftungsnovelle – von 1967 sah eine Erweiterung der **Anlagenhaftung** auf **Druckgefäße** und **Druckleitungen** sowie auf **feuergefährliche, explosionsgefährliche** und **giftige** Stoffe vor. Dieser Zielsetzung ist das Gesetz zur Änderung schadensersatzrechtlicher Vorschriften v. 16. 8. 1977 (BGBl. I, 1577, Art. 1

Nr. 2) nicht gefolgt. Die Haftung wurde auf Anlagen zum **Transport** oder zur **Abgabe** von **Gasen** aller Art von **Dämpfen** oder von **Flüssigkeiten** ausgedehnt (vgl. Rdz. 1ff. z. § 2). Ob die Anlagenhaftung damit schon ihre endgültige Ausgestaltung erfahren hat, bleibt abzuwarten.

D. Geltungsbereich

6 Das Haftpflichtgesetz gilt in der **Bundesrepublik Deutschland** und in **Westberlin** (Art. 7 des Gesetzes zur Änderung schadensersatzrechtlicher Vorschriften v. 16. 8. 1977; in Berlin veröffentl. d. Bekanntm. v. 25. 11. 1978, GVBl. 686).

7 Die durch das Gesetz zur Änderung schadensersatzrechtlicher Vorschriften v. 16. 8. 1977 neu gefaßten Vorschriften sind am **1. 1. 1978** in Kraft getreten (BGBl. I, 145, Art. 8 Abs. 1). Auf schädigende Ereignisse, die **vor** diesem Zeitpunkt eingetreten sind, finden die Vorschriften mit Ausnahme von § 11 (Verjährung) **keine** Anwendung (Art. 5 Abs. 1). Ist jedoch nach den Vorschriften des RHG wegen der Tötung oder Verletzung eines Menschen Schadenersatz zu leisten, so kann der Ersatzberechtigte, soweit es nach seinen Verhältnissen aus **Billigkeitsgründen** erforderlich ist und dem Ersatzpflichtigen **zugemutet** werden kann, Schadenersatz bis zur Höhe der in §§ 9 u. 10 HG bestimmten Beträge auch dann verlangen, wenn sich der Schaden **vor** dem 1. 1. 1978 ereignet hat. Dies gilt nicht, soweit nach dem RHG eine Schadenersatzpflicht bisher nicht bestand. Im übrigen findet Art. 7 des Gesetzes über Maßnahmen auf dem Gebiete des Verkehrsrechts und des Verkehrshaftpflichtrechts – Maßnahmengesetz – v. 16. 7. 1957 (BGBl. I, 710; vgl. Anh. 6) sinngemäße Anwendung (Art. 5 Abs. 2; vgl. a. Rdz. 11ff. zu § 9).

E. Versicherung

8 Die Risiken der Bahnhaftung und der Anlagenhaftung können im Rahmen einer **Haftpflichtversicherung** für **Landfahrzeuge** (ohne Kraftfahrzeuge) oder der **allgemeinen** (Betriebs-)**Haftpflichtversicherung** versichert werden. Anders als für die Kraftfahrzeughaftpflicht (vgl. Pflichtversicherungsgesetz v. 5. 4. 1965, BGBl. I, 213) gibt es grundsätzlich **keine Versicherungspflicht.** Nur das Land **Bayern** hat den ,,Betreibern" von privaten Eisenbahnen, Bergbahnen und Seilbahnen den Abschluß einer Haftpflichtversicherung zur Erfüllung von Schadenersatzverpflichtungen, die durch den Betrieb der Bahn entstehen, auferlegt (Art. 14 des Gesetzes über die Rechtsverhältnisse der nicht zum Netz der Deutschen Bundesbahn gehörenden Eisenbahnen und der Bergbahnen in Bayern – BayEBG – v. 17. 11. 1966, BayerGVBl. 429). Dabei sind Mindestversicherungssummen zu vereinbaren, deren Höhe sich nach der Art des Betriebes und dem Umfang der Beförderungsleistungen richtet (§ 7 der Ersten Verordnung zur Durchführung des Bayerischen Eisenbahnen- und Bergbahn-Gesetzes – EbV – v. 4. 3. 1970, BayerGVBl. 98).

Haftpflichtgesetz

In der Fassung der Bekanntmachung vom 4. Januar 1978 (BGBl. I, 145)

Haftung des Bahnbetriebsunternehmers

1 (1) **Wird bei dem Betrieb einer Schienenbahn oder einer Schwebebahn ein Mensch getötet, der Körper oder die Gesundheit eines Menschen verletzt oder eine Sache beschädigt, so ist der Betriebsunternehmer dem Geschädigten zum Ersatz des daraus entstehenden Schadens verpflichtet.**

(2) [1] **Die Ersatzpflicht ist ausgeschlossen, wenn der Unfall durch höhere Gewalt verursacht ist.** [2] **Soweit jedoch die Schienenbahn innerhalb des Verkehrsraumes einer öffentlichen Straße betrieben wird, ist die Ersatzpflicht ausgeschlossen, wenn der Unfall durch ein unabwendbares Ereignis verursacht ist, das weder auf einem Fehler in der Beschaffenheit der Fahrzeuge oder Anlagen der Schienenbahn noch auf einem Versagen ihrer Verrichtungen beruht.** [3] **Als unabwendbar gilt ein Ereignis insbesondere dann, wenn es auf das Verhalten des Geschädigten oder eines nicht bei dem Betrieb beschäftigten Dritten oder eines Tieres zurückzuführen ist und sowohl der Betriebsunternehmer als auch die beim Betrieb tätigen Personen jede nach den Umständen des Falles gebotene Sorgfalt beobachtet haben.**

(3) **Die Ersatzpflicht ist ferner ausgeschlossen, wenn eine**

1. **zur Aufbewahrung angenommene Sache beschädigt wird;**
2. **beförderte Sache beschädigt wird, es sei denn, daß ein Fahrgast sie an sich trägt oder mit sich führt.**

Übersicht

A. Entstehung und Bedeutung der Bahnhaftung

Schrifttum: *Böhmer,* Gesetzliche Benachteiligung der Verkehrsopfer?, VersR 1978, 807; *Däubler,* Das Gesetz über die Haftpflicht der Eisenbahnen und Straßenbahnen für Sachschaden vom 29. 4. 1940, DJ 1940, 996; *Deutsch,* Haftungsrecht, 1. Band: Allgemeine Lehren, Köln-Berlin-Bonn-München 1976; Methode und Konzept der Gefährdungshaftung, VersR 1971, 1; Gefährdungshaftung: Tatbestand und Schutzbereich, JuS 1981, 317; *Finger,* Schadenhaftung der Eisenbahnen bei der Personenbeförderung, transpR. 1980, 82; *Hillermeier,* Nochmals: Sinn und Unsinn einer Haftungsneuregelung beim Skischleppliftbetrieb, ZRP 1981, 160; *Klimke,* Auswirkungen des Gesetzes zur Änderung schadenersatzrechtlicher Vorschriften auf geltendes Haftpflichtrecht, ZfV 1977, 675; 1978, 17, 53, 110, 194, 223; *Koffka,* Die Haftung der Eisenbahnen für Sachschäden, DJ 1940, 538; *Schulz,* Neuregelung der Gefährdungshaftung, NJW 1978, 255; *Wachendorf,* Sinn und Unsinn einer Haftungsneuregelung im Skischleppbetrieb, ZRP 1981, 77; Die Haftpflichtlage bei dem Betrieb von Berg- und Seilbahnen und Schleppliften in den Alpenländern, VersR 1982, 117.

1 Das Gesetz zur Änderung schadensersatzrechtlicher Vorschriften vom 16. 8. 1977 (BGBl. I, 1577, Art. 1 Nr. 1, in der Bekanntmachung des Gesetzes vom 14. 1. 1978, BGBl. I, 145) hat in § 1 die bisherige getrennte Regelung der Haftung nach § 1 des Gesetzes „betreffend die Verbindlichkeit zum Schadenersatz für die bei dem Betrieb von Eisenbahnen, Bergwerken usw. herbeigeführten Tötungen und Körperverletzungen" (Reichshaftpflichtgesetz – RHG –) vom 7. 6. 1871 (RGBl. 207, wiedergegeben i. Anh. 1) und nach §§ 1 und 2 des Gesetzes „über die Haftpflicht der Eisenbahnen und Straßenbahnen für Sachschäden (Sachschadenhaftpflichtgesetz – SHG –) vom 29. 4. 1940 (RGBl. I, 691, wiedergegeben i. Anh. 2) **zusammengefaßt.** Für Personen- und Sachschäden, die sich beim Betrieb von Eisenbahnen oder Schwebebahnen ereignen, gibt es seitdem eine **einheitliche Haftungsgrundlage.**

2 Die Haftung nach § 1 des **Reichshaftpflichtgesetzes** (RHG) vom 7. 6. 1871 ging auf § 25 des **preußischen Gesetzes über Eisenbahnunternehmen** (PrEisenbG) vom 3. 11. 1838 (GS 505) zurück. Diese Vorschrift, die auch in anderen Bundesstaaten gesetzliche Geltung erlangte, bestimmte: „Die Gesellschaft ist zum Ersatz verpflichtet für allen Schaden, welcher bei der Beförderung auf der Bahn an den auf derselben beförderten Personen und Gütern oder auch an anderen Personen und deren Sachen, entsteht und sie kann sich von dieser Verpflichtung nur durch den Beweis befreien, daß der Schaden entweder durch die eigene Schuld des Beschädigten oder durch einen unabwendbaren äußeren Zufall bewirkt worden ist. Die gefährliche Natur der Unternehmung selbst ist als solcher, von dem Schadenersatz befreiender Zufall nicht zu betrachten." Bei den Beratungen über eine **reichseinheitliche Regelung** der Eisenbahnhaftung durch das RHG wurde als Grund dieser von einem Verschuldensnachweis unabhängigen Haftung hervorgehoben, daß die Haftung „der Größe der mit dem Eisenbahnbetrieb verbundenen **Gefahr** und dem **Vertrauen,** mit dem das Publikum auf die Einrichtungen und Anordnungen der Eisenbahnverwaltungen sich zu verlassen genötigt ist, das höchste Maß an **Verantwortlichkeit** auf seiten des Unternehmers entsprechen müsse". Weiter wurde auf die **Monopolstellung** der Eisenbahngesellschaften und auf die ihnen zu Gebote stehenden Möglichkeiten hingewiesen, ein Unglück **abzuwenden** und für den **Schaden aufzukommen,** sowie auf den **Beweisnotstand** des Geschädigten (vgl. Biermann, RHG, Fußn. 14 zu § 1). Während sich § 25 PrEisenbG nur auf landesherrlich genehmigte und für den öffentlichen Verkehr bestimmte Eisenbahn bezog, und damit insbesondere nicht auf Straßenbahnen, Kleinbahnen und industrielle Anschlußbahnen, unterstellte § 1 RHG **alle Eisenbahnen** der Gefährdungshaftung und machte die Haftung nur davon abhängig, daß sich der Unfall **„beim Betrieb"** der Eisenbahn ereignete. Diese, gegenüber § 25 PrEisenbG engere Fassung („bei der Beförderung") stellte sicher, daß der Betriebsunternehmer **nicht nur** für Unfälle zu haften hatte, die sich **während** der **eigentlichen Beförderung** ereigneten, sondern auch für solche, die bei der **Vorbereitung** oder dem **Abschluß** der Beförderung verursacht wurden (vgl. *Eger,* RHG, Anm. 2 zu § 1; *Seligsohn,* RHG, Anm. 22 zu § 1; *Biermann,* RHG, Anm. II zu § 1; *Friese,* RHG, § 1 B I 2).

3 Der Anwendungsbereich des RHG beschränkte sich auf die Haftung für **Personenschäden.** Die Eisenbahnhaftung für **Sachschäden** blieb Gegenstand der **Landesgesetzgebung,** was zu unterschiedlichen Haftungsregelungen in den einzelnen Ländern führte. Dieser Zustand wurde als unbefriedigend empfunden und durch Erlaß des Gesetzes ,,über die Haftpflicht der Eisenbahnen und Straßenbahnen für Sachschäden" (Sachschadenhaftpflichtgesetz – SHG –) vom 29. 4. 1940 (RGBl. I, 691, ergänzt durch VO vom 6. 5. 1941, RGBl. I, 252; vgl. Anh. 2) beseitigt. Auch beim SHG bildete **höhere Gewalt** die allgemeine Haftungsgrenze. Soweit jedoch die Bahn innerhalb des **Verkehrsraums einer öffentlichen Straße** lag und damit in ihrer Gefährlichkeit einem Kraftfahrzeug gleichkam, entfiel die Haftung analog § 7 StVG schon beim Vorliegen eines **unabwendbaren Ereignisses** (§ 2 SHG; vgl. im übrigen amtl. Begr. i. DJ 1940, 544, *Däubler* i. DJ 1940, 996 und *Koffka* i. DJ 1940, 538). Die schon im SHG vorgesehene **Zusammenfassung** mit dem RHG wurde erst durch das Gesetz zur Änderung schadensersatzrechtlicher Vorschriften vom 16. 8. 1977 BGBl. I, 1677) verwirklicht. Dabei wurde die Haftung für Personen- und Sachschäden vereinheitlicht. Soweit eine Schienenbahn innerhalb des Verkehrsraums einer öffentlichen Straße betrieben wird, ist die Ersatzpflicht jetzt **auch für Personenschäden** bei Vorliegen eines **unabwendbaren Ereignisses** ausgeschlossen (vgl. amtl. Begr. i. BT-Drucks. 8/108, 10; krit. *Böhmer* i. VersR 1978, 807). Sonst blieb die Bahnhaftung im wesentlichen unverändert. – Auf Antrag des Freistaates Bayern wurde im Deutschen Bundesrat ein Gesetzentwurf eingebracht, durch den **Schlepplifte** (gemeint sind insbesondere Skischlepplifte; vgl. Rdz. 19) in die Gefährdungshaftung einbezogen werden sollen (BR-Drucks. 507/80). Der Entwurf wurde nach abschließender Behandlung im Bundesrat den zuständigen Ausschüssen des Bundestages zugeleitet. Er sieht vor, daß Schlepplifte Eisenbahnen und Schwebebahnen gleichgestellt werden, daß jedoch die Ersatzpflicht – wie bei Schienenbahnen innerhalb des Verkehrsraums einer öffentlichen Straße – ausgeschlossen ist, wenn der Unfall durch ein unabwendbares Ereignis verursacht ist, das weder ,,auf einen Fehler der Anlagen des Schleppliftes noch auf einem Versagen seiner Verrichtungen beruht". Dabei soll der Zustand der Schleppspur nicht als Beschaffenheit der Anlagen anzusehen sein; insoweit soll es bei der Verschuldungshaftung verbleiben. Dagegen sollen auch Unfälle unter die Gefährdungshaftung fallen, die der Benutzer des Schleppliftes durch einen anderen Fahrgast erleidet (krit. hierzu Wachendorf i. ZRP 1981, 77 u. Hinw. a. d. engere Regelung des österr. Eisenbahn- und Kraftfahrzeughaftpflichtgesetzes v. 14. 12. 1977; befürwort. Hillermeier i. ZRP 1981, 160). Ob, wann und in welcher Weise der Entwurf Gesetzeskraft erlangt, ist z. Z. der Drucklegung dieses Kommentars nicht abzusehen.

B. Voraussetzungen der Bahnhaftung

I. Schienenbahn, Schwebebahn

Schrifttum: *Böhmer,* Fabrik- und Werkbahnen fallen unter § 1 RHG, JR 1957, 136; *Goltermann,* Gefährdungshaftung bei Seilbahnen, MDR 1957, 20; *Meyer,* Neue spurengebundene Personenverkehrsmittel, V + T 1973, 427; *Schmalzl,* Skiliftanlagen und ihre haftungsrechtliche Bedeutung, VersW 1954, 528; *Scholten,* Haftung bei Skiunfällen, NJW 1960, 558; *Weiss,* Automatische Transportsysteme in den USA, Mitt. d. Instituts zur Erforschung technischer Entwicklungslinien Nr. 10/1972; *Wörner* i. Elsner, Handbuch für öffentlichen Personen-Nahverkehr, 115.

Der Haftung nach § 1 unterliegen **Schienenbahnen** und **Schwebebahnen.**

1. Allgemeines

4 Die neuen Bezeichnungen haben die bisherigen Begriffe **„Eisenbahn"** und **„Straßenbahn"** (§ 1 RHG, § 1 SHG) ersetzt. Damit wurde keine sachliche Änderung vorgenommen. Die neue Wortfassung soll nur klarstellen, daß außer den Eisenbahnen im klassischen Sinne alle Bahnen gemeint sind, die dem Transport von Personen oder Gütern dienen, z. B. auch **Straßenbahnen, Zahnradbahnen, Untergrundbahnen** und sonstige Bahnen besonderer Bauart, und daß es nicht darauf ankommt, ob die Bahn als **Schienenbahn** auf Schienen verkehrt oder als Schwebebahn an Schienen – **Schienenschwebebahn** – oder an Seilen – **Seilschwebebahn** – „schwebend" befördert (vgl. die amtl. Begr. i. BT-Drucks. 8/108, 10). Die Kriterien, die Rechtsprechung und Schrifttum mangels einer gesetzlichen Definition zur Auslegung des **Eisenbahnbegriffs** entwickelt haben, können deshalb im Prinzip weiter herangezogen werden. Hiernach gehören zu den wesentlichen Eigenschaften einer **Eisenbahn,** daß sie auf **metallener Grundlage erhebliche Gewichte über nicht ganz unbedeutende Entfernungen mit beträchtlicher Geschwindigkeit befördert, wobei sie sich zur Herbeiführung der Transportbewegung der Naturkräfte bedient** (RG, Urt. v. 17. 3. 1879 i. RG 1, 247, 252 u. Urt. v. 4. 1. 1915 i. RG 86, 94 = JW 1915, 239). In Zweifelsfällen ist zu fragen, ob mit dem Betrieb der Anlage die **gleichen Gefahren** verbunden sind, wie sie dem **Eisenbahnbetrieb eigentümlich** sind. Dabei sind als besondere Gefahrenmerkmale vornehmlich die Fortbewegung von Personen oder Sachen auf **Schienen,** die ein **Ausweichen** unmöglich machen, die **hohe Geschwindigkeit,** die ein rasches Anhalten erschwert, der Transport großer **Gewichtsmassen** und die dadurch wie auch durch die beträchtliche Geschwindigkeit hervorgerufene Wucht der Fahrzeuge, die Möglichkeit des **Entgleisens** und des Zusammenstoßens mit anderen Fahrzeugen und der vielfach herrschende **Massenandrang** als Folge der Massenbeförderung anzusehen (RG aaO.; BGH, Urt. v. 29. 4. 1960 i. VersR 1960, 642 = NJW 1960, 1345; OLG Hamburg, Urt. v. 22. 12. 1917 i. LZ 1918 Sp. 789; *Friese,* RHG, § 1 B I 1; *Böhmer,* SHG, Anm. 6 zu § 1). Im ganzen

hat der Begriff eine verhältnismäßig **weite,** dem jeweiligen Fortschritt der Technik angepaßte Auslegung erfahren. Er entwickelte sich zu einem eigenständigen **haftungsrechtlichen** Eisenbahnbegriff, der von den ähnlich oder gleich lautenden Begriffen des öffentlichen Eisenbahnrechts und des Strafrechts wegen der unterschiedlichen gesetzgeberischen Zielsetzung zu unterscheiden ist, und sich deshalb auch nach anderen Merkmalen beurteilt (vgl. RG, Urt. v. 19. 5. 1885 i. RGSt. 12, 205 u. Urt. v. 19. 12. 1887 i. RGSt. 16, 431; *Heine* i. EE 34, 153; *Finger,* Eisenbahngesetze, Anm. 2c zu Art. 74 GG).

5 **Zeitlich** kommt es für die Beurteilung der Frage, ob eine Anlage als Schienenbahn oder als Schwebebahn zu beurteilen ist, auf den **Unfall** an (BGH aaO.).

2. Schienenbahn

a) Bindung an Gleise

6 Kennzeichnend für eine Schienenbahn ist, daß die Fahrzeuge an **Schienen** (Gleise) **gebunden** sind. **Wo** die Schienen liegen, ist unerheblich. Sie können sich, wie im allgemeinen bei der **Eisenbahn,** auf einem eigenen Fahrweg (Bahnkörper) befinden oder, wie meistens bei der **Straßenbahn,** in die öffentliche Fahrbahn eingefügt oder auf Bahnkörpern innerhalb des Straßenverkehrsraums verlegt sein. Es kommt auch nicht darauf an, ob die Schienen auf dem **normalen Niveau** verlaufen oder, wie bei **Hochbahnen,** auf Rampen oder Brücken oder, wie bei **U-Bahnen, U-Straßenbahnen** und **Bergwerksbahnen,** unter der Erde (LG Berlin, Urt. v. 6. 2. 1932 i. JW 1932, 2105; *Friese,* RHG, § 1 B I 1; *Böhmer,* SHG, Anm. 8 zu § 1. Für Bergwerksbahnen gilt dies allerdings nur mit der Einschränkung, daß sie ähnliche Gefahren begründen wie eine für den allgemeinen Verkehr bestimmte Bahn, vgl. RG, Urt. v. 8. 4. 1885 i. RG 13, 17 u. Urt. v. 24. 4. 1902 i. EE 19, 61; *Friese,* RHG, § 1 B I 2c; a. A. *Seligsohn,* RHG, Anm. 14 zu § 1; *Biermann,* SHG, Fußn. 26 zu § 1; vgl. a. Rdz. 14). Auch **Zahnradbahnen,** bei denen wegen der starken Steigung Zahnräder in die Fahrzeuge und Zahnstangen zwischen die Schienen eingebaut werden, sind Schienenbahnen (vgl. hierzu *Goltermann* i. MDR 1957, 20); ferner **Standseilbahnen,** bei den zwei ausbalancierte Wagen an einem Drahtseil auf Schienen über eine Trommel auf- und ablaufen (vgl. *Goltermann* aaO. und *Geigel/Schlegelmilch,* Haftpflichtprozeß, Kpt. 22 Rdz. 4. Seltener sind Seilbahnen mit einem Fahrzeug. Dabei wird das Zugseil bergseitig über eine Antriebstrommel aufgewickelt oder abgelassen, vgl. *Wörner* in *Elsner,* Handb. f. öffentl. Personen-Nahverkehr, 115, 135), und **Schmalspurbahnen** (RG, Urt. v. 24. 5. 1909 i. RG 71, 208 u. Urt. v. 22. 3. 1915 i. EE 32, 103).

Kraftfahrzeuge scheiden mangels einer Bindung an Schienen aus dem Anwendungsbereich des § 1 aus (vgl. a. die Definition in § 1 Abs. 2 StVG); sie unterliegen der Haftung nach dem StVG (vgl. Rdz. 195 ff. zu § 12). Das gilt auch, wenn die Kraftfahrzeuge als Hilfsfahrzeuge dem Bahnbetrieb dienen oder Schienenverkehre ergänzen oder ersetzen wie beim Schienenparallel- oder -ersatzverkehr mit Omnibussen (vgl. § 13 Abs. 2

Nr. 2c Sätze 2 u. 3 PBefG; ebenso *Friese,* RHG, § 1 B I 1a). Dagegen rechnen Kraftfahrzeuge, die **auf Schienen fahren,** ebenso wie **Schienenbusse** und **Dräsinen** zum Bahnbetrieb (*Friese* aaO.; *Full* i. *Full/Möhl/Rüth,* StVR, Rdz. 14 zu § 1 StVG). Omnibusse mit elektrischer Oberleitung – **Obusse** – sind keine Schienenfahrzeuge, sondern Kraftfahrzeuge. Sie entnehmen zwar den Strom einer festen Leitung, sind jedoch in ihrem Fahrweg nicht spurgebunden (OLG Colmar, Urt. v. 29. 6. 1910 i. EE 1928, 175; OLG Karlsruhe, Urt. v. 23. 9. 1955 i. VRS 10, 81).

8 **Rolltreppen** und **bewegliche Gehsteige** (auch ,,Fahrsteige" oder ,,Rollsteige" genannt) sind keine Schienenbahnen, weil sie nicht auf Gleisen befördern. Sie sind auch keine Bestandteile des Bahnbetriebs, wenn sie zu oder von den **Bahnsteigen** einer Bahn führen (vgl. LG Hamburg, Urt. v. 6. 1. 1978 i. VersR 1979, 922 mit zust. Anm. v. *Klimke*).

9 Daß die Schienen wie bei der herkömmlichen Eisenbahn aus **Metall** sind, ist nicht erforderlich (so schon *Seligsohn,* RHG, Anm. 6 zu § 1; anders die früher in Rechtsprechung und Schrifttum herrschende Auffassung, vgl. RG, Urt. v. 17. 3. 1879 i. RG 1, 247, 252; *Friese,* RHG, § 1 B I 1; *Böhmer,* SHG, Anm. 8 zu § 1; ebenso *Full* i. *Full/Möhl/Rüth,* StVR, Rdz. 14 zu § 1 StVG). So sind auch Bahnen, die mit Gummirädern auf Betonschienen verkehren (wie die U-Bahnen in Paris, Montreal und Mexiko City und die frühere Allweg-Bahn), als Schienenbahnen anzusehen (ebenso *Rüth* i. LK, Bd. III, Rdz. 5 zu § 315 StGB; *Tröndle/Dreher,* StGB, Anm. 3 zu § 315 StGB). Auch sie verfügen über einen festen, mit den Fahrzeugen mechanisch verbundenen **Spurweg** und begründen **Gefahren,** die dem Bahnverkehr **eigentümlich** sind (vgl. a. Rdz. 22f.).

10 Daß der Transport **insgesamt** auf Schienen abgewickelt wird, ist nicht erforderlich. Der Schienenbahnhaftung unterliegt z. B. auch ein Verkehr, bei dem ein Straßenbahntriebwagen zur Materialbeförderung LKW oder Anhänger zieht, die ihrerseits nicht an Schienen gebunden sind (*Friese,* RHG, § 1 B I 2a). Ebenso verhält es sich bei **Treidelbahnen,** bei denen Zugmaschinen auf Schienen am Uferweg Schiffe ziehen (*Friese,* RHG, § 1 B I 2g). Wird ein auf Schienen laufendes Fahrzeug von einem **Kraftfahrzeug gezogen,** handelt es sich nach der Auffassung von *Friese* (aaO.) im ganzen um eine Schienenbahn, weil die Antriebskraft nicht entscheidend sei. Es fragt sich jedoch, ob nicht auch die Kraftfahrzeughaftung bestehen bleibt, weil das ziehende Fahrzeug seine Eigenschaft als Kraftfahrzeug nicht dadurch verliert, daß das gezogene Fahrzeug an Schienen gebunden ist (so im Ergebnis a. *Full* i. *Full/Möhl/Rüth,* StVR, Rdz. 14 zu § 1 StVG). Der in Rechtsprechung und Schrifttum vorherrschenden Meinung, auch **Eisenbahnfähren** (Trajekte) seien als Bahnen anzusehen (RG, Urt. v. 16. 5. 1882 i. EE 2, 272; OLG Stettin, Urt. v. 30. 10. 1905 i. OLG 13, 13; *Böhmer,* SHG, Anm. 8 zu § 1; *Friese,* RHG, § 1 B I 2f.), kann in dieser Allgemeinheit nicht gefolgt werden. Nur wenn die Fähren mit den am Land befindlichen Eisenbahnanlagen in Verbindung stehen, sind sie dem Bahnbetrieb zuzurechnen, nicht jedoch, wenn sie sich von diesen gelöst haben und sich wie andere Schiffe auf dem Wasser bewegen. Daß sich die Züge auch innerhalb der Schiffe auf Schienen befinden, macht die letzteren noch nicht zu Schienenbahnen (ebenso *Wussow,* UHR, Tz. 628).

b) Beförderung von Personen oder Sachen

11 Die Bahn muß der wiederholten **Beförderung** von Personen oder Sachen oder von beiden dienen. **Kräne,** die auf Schienen laufen, sind meistens schon deshalb nicht als Schienenbahnen anzusehen, weil sie während des Fahrens auf den Schienen **keine Transportfunktion** ausüben; die Schiene dient nur der Fortbewegung des Kranes selbst und nicht der vom Kran bewegten Güter (ebenso *Friese,* RHG, § 1 B I 2a; *Böhmer,* RHG, Anm. II 12 zu § 1; *Full* i. *Full/Möhl/Rüth,* StVR, Rdz. 2 zu § 1 HG u. *Rüth* i. LK, Bd. III, Rdz. 5 zu § 315 StGB; unr. LG Dortmund, Urt. v. 6. 11. 1970 i. VersR 1971, 630). Aber auch dort, wo Kräne nicht nur als Ladegeräte dienen, sondern auch Beförderungsmittel darstellen, scheitert ihre Einordnung als Schienenbahnen in der Regel daran, daß die **Länge** der Schienenstrecke zu **gering** ist (vgl. a. Rdz. 13).

12 **Vergnügungsbahnen** auf Volksfesten oder in Vergnügungsparks, wie Berg- und Talbahnen (Achterbahnen), Grottenbahnen, Gespensterbahnen und ähnliche **Fahrgeschäfte,** scheiden als Schienenbahnen aus. Sie dienen nicht der Fortbewegung, sondern der **Unterhaltung** (KG, Urt. v. 4. 11. 1910 i. DJZ 1911, 933; *Friese,* RHG, § 1 B I 2b; *Goltermann* i. MDR 1957, 31; *Full* i. *Full/Möhl/Rüth,* StVR, Rdz. 7 zu § 1 HG). Davon sind Bahnen zu unterscheiden, die in Ausstellungsgeländen oder größeren Vergnügungsparks verkehren und bei denen die **Transportfunktion** überwiegt, mögen sie auch gleichzeitig ein gewisses Unterhaltungsbedürfnis befriedigen, wie z. B. die sog. **Lilliputbahnen**. Hier sprechen insbesondere eine größere Streckenlänge und die Einrichtung von Haltepunkten für den Schienenbahncharakter (vgl. *Friese,* RHG, § 1 B I 2e).

c) Beförderung erheblicher Gewichte mit beträchtlicher Geschwindigkeit über längere Schienenstrecken

13 Ein hohes **Gewicht** der Fahrzeuge und der bewegten Lasten stellt ein typisches Gefahrenmoment des Bahnverkehrs dar; es erschwert die Bremsung und bewirkt eine starke Aufprallwucht (vgl. RG, Urt. v. 22. 6. 1880 i. RG 2, 8 u. Urt. v. 13. 6. 1912 i. EE 29, 213: bejaht für Schienenverkehr mit Pferdewagen; Urt. v. 2. 2. 1884 i. EE 3, 178 u. Urt. v. 22. 3. 1915 i. EE 32, 103 sowie OLG Hamburg, Urt. v. 22. 12. 1917 i. LZ 1918 Sp. 789: verneint für Schienenbeförderung mit Hunden (Loren) in einem Bergwerksbetrieb). Auch der erzielbaren **Geschwindigkeit** kommt eine gewisse Bedeutung bei (vgl. RG, Urt. v. 11. 6. 1880 i. RG 2, 38, Urt. v. 24. 4. 1902 i. EE 19, 61 u. Urt. v. 13. 6. 1912 i. EE 29, 213: ausreichend Geschwindigkeiten von 7–8 km/h). Da sich die typischen Bahngefahren nur bei der ,,Fahrt" auswirken können, muß die Bahn über eine **längere Strecke** verfügen (RG, Urt. v. 31. 8. 1982 i. EE 2, 257: verneint für Dampframme, die im Laufe der Arbeit nur wenige Schritte vorgerückt wurde; Urt. v. 22. 6. 1880 i. RG 2, 38: bejaht für Schienenstrecke von 1¼ km; vgl. a. OLG Celle, Urt. v. 5. 11. 1956 i. VerR 1958, 342; *Böhmer,* SHG, Anm. 7 zu § 1 u. Anm. zu Urt. des OLG Celle a. a. O. S. 446; *Wussow,* UHR, Tz. 628). Schon an diesem Merkmal scheitert meistens die Einordnung von Vergnügungsbahnen, Kränen, Rolltreppen und Rollsteigen als Schienenbahnen (vgl. Rdz. 8, 12).

d) Öffentliche Beförderung

14 Daß die Bahn jedem zur Personen- oder Güterbeförderung offensteht, d. h. dem **öffentlichen Verkehr** dient, ist **nicht** erforderlich. Auch Bahnen des **nichtöffentlichen Verkehrs,** die nur einem beschränkten Benutzerkreis zur Verfügung stehen, können Schienenbahnen i. S. v. § 1 sein. Hier wird jedoch vorausgesetzt, daß ihr Betrieb **gleichartige Gefahren** mit sich bringt wie der Betrieb einer dem öffentlichen Verkehr dienenden Bahn (h. A.: RG, Urt. v. 17. 3. 1880 i. RG 1, 247 = EE 1, 136 u. Urt. v. 8. 4. 1885 i. RG 13, 17; BGH, Urt. v. 27. 4. 1956 i. VersR 1956, 777 = VRS 11, 416; *Böhmer,* SHG, Anm. 11 zu § 1, VersR 1955, 92, 398 u. JR 1957, 136; *Friese,* RHG, § 1 B I 2a und b; *Biermann,* SHG, Anm. I 11 zu § 1; unr. OLG Nürnberg, Urt. v. 10. 11. 1954 i. VersR 1955, 315 mit abl. Anm. v. *Böhmer* S. 398; LG Aschaffenburg, Urt. v. 22. 12. 1953 i. VersR 1953, 127). Ob dies zutrifft, ist im **Einzelfall** zu prüfen. Entscheidend sind die Bauart der Bahn und die Art und Weise des Transportes. Zu berücksichtigen sind nicht nur die Gefahren, die fremden, sich im Betrieb aufhaltenden Personen drohen; vielmehr ist auch an den Schutz der im Betrieb beschäftigten Arbeitnehmer zu denken (RG, Urt. v. 8. 4. 1885 aaO. u. BGH aaO.). In Betracht kommen **Privatanschlußbahnen** (das sind Bahnen, die einen Übergang auf öffentliche Bahnen haben: RG, Urt. v. 10. 6. 1904 i. RG 58, 264, 271 u. Urt. v. 7. 1. 1907 i. RG 65, 69), **Hafenbahnen** (RG, Urt. v. 18. 9. 1911 i. EE 28, 241 = Warn. 1911 Nr. 438 u. Urt. v. 26. 8. 1918 i. LZ 1923 Sp. 398 = EE 40, 220; OLG Bremen, Urt. v. 11. 3. 1953 i. VersR 1953, 308), **Fabrik-** und **Werkbahnen** (RG, Urt. v. 16. 5. 1882 i. RG 7, 40; BGH aaO.; unr. OLG Nürnberg, Urt. v. 10. 11. 1954 i. VersR 1955, 315; OLG Celle, Urt. v. 5. 11. 1956 i. VersR 1958, 342; LG Aschaffenburg, Urt. v. 22. 12. 1953 i. VersR 1955, 92), **Bergwerks-** und **Zechenbahnen** (RG, Urt. v. 16. 5. 1882 i. RG 7, 40; BGH aaO.) und **Feldbahnen** (das sind Bahnen, die der Beförderung von landwirtschaftlichen Erzeugnissen, Holz, Steinen, Kies oder Erde dienen, RG, Urt. v. 4. 3. 1898 i. EE 15, 221 u. Urt. v. 30. 1. 1906 i. EE 23, 123, 131; LG Münster, Urt. v. 21. 10. 1947 i. VersW 1949, 304 mit zust. Anm. v. *Cuntz*).

e) Rechtliche Selbständigkeit

15 Es ist nicht erforderlich, daß die Schienenbahn **rechtlich selbständig** ist. Vielmehr genügt es, wenn die Bahn Bestandteil eines anderen Unternehmens ist, wie es bei den meisten der unter Rdz. 14 angeführten Bahnen der Fall ist (h. A., vgl. RG, Urt. v. 17. 3. 1880 i. RG 1, 247 = EE 1, 136 u. Urt. v. 16. 5. 1882 i. RG 7, 40; *Friese,* RHG, § 1 B I 1; *Finger,* EG, Anm. 1e zu § 1 RHG; *Böhmer,* SHG, Anm. 8 zu § 1, i. VersR 1955, 398, 446 und i. JR 1957, 136). Die gegenteilige Auffassung (*Seligsohn,* RHG, Anm. 13 zu § 1; *Biermann,* SHG, Fußn. 26 zu § 1; OLG Nürnberg, Urt. v. 10. 11. 1954 i. VersR 1955, 315; OLG Celle, Urt. v. 5. 11. 1956 i. VersR 1958, 342; LG Aschaffenburg, Urt. v. 22. 12. 1953 i. VersR 1955, 92) verkennt, daß der Gesetzgeber die Unternehmereigenschaft nur auf den bahntechnischen Teil des Unternehmens bezogen hat (vgl. Rdz. 37ff.).

f) Dauer, zeitlicher Beginn

16 Daß es sich bei der Bahn um eine **dauernde** Anlage handelt, wird nicht vorausgesetzt. So sind auch **Bau-** und **Arbeitsbahnen,** die nur vorübergehend in Betrieb sind, z. B. für den Bahnbau, als Schienenbahnen anzusehen, wenn sie im übrigen die Erfordernisse des Schienenverkehrs erfüllen (RG, Urt. v. 17. 3. 1880 i. RG 1, 247 = EE 1, 136, Urt. v. 16. 4. 1880 i. RG 1, 279 = EE 1, 152, Urt. v. 5. 5. 1880 i. EE 1, 164, Urt. v. 11. 6. 1880 i. RG 2, 38 = EE 1, 212, Urt. v. 24. 5. 1892 i. EE 10, 11 u. Urt. v. 22. 3. 1915 i. JW 1915, 585 = EE 32, 103; *Friese,* RHG, § 1 B I 1; *Böhmer,* SHG, Anm. 12 zu § 1; *Biermann,* SHG, Anm. I 9 zu § 1). Auch Unfälle bei **Probefahrten** vor Beendigung des Bahnbaus bzw. **vor der förmlichen Eröffnung** des Bahnbetriebs können nach h. A. die Haftung nach dem HG begründen. Es genügt, wenn die gleichen Gefahren wirksam werden wie bei einer im Betrieb befindlichen Bahn (RG, Urt. v. 17. 3. 1879 i. RG 1, 247 = EE 1, 136, Urt. v. 11. 3. 1898 i. JW 1898, 267 = EE 15, 129, Urt. v. 20. 1. 1919 i. JW 1919, 316 = EE 37, 179; *Friese,* RHG, § 1 B I 1; *Böhmer,* SHG, Anm. 13 zu § 1; *Biermann,* SHG, Fußn. 25 zu § 1; *Finger,* EG, Anm. 1b zu § 1 RHG; a. A. *von der Leyen* Anm. zu Urt. des RG v. 20. 1. 1919 i. JW 1919, 316).

g) Antriebskraft

17 Die Beförderung muß durch **Naturkräfte** herbeigeführt werden. Welcher Art diese sind, ist unerheblich (RG, Urt. v. 17. 3. 1880 i. RG 1, 247 = EE 1, 136; *Seligsohn,* RHG, Anm. 8 zu § 1; *Friese,* RHG, § 1 B I 1; *Böhmer,* SHG, Anm. 10 zu § 1; anderes gilt für den strafrechtlichen Begriff der Schienenbahn, der motorische oder mechanische Kräfte erfordert: RG, Urt. v. 19. 5. 1885 i. RGSt 12, 205 u. Urt. v. 9. 12. 1877 i. RGSt 16, 431; OLG Köln, Urt. v. 28. 3. 1958 i. VRS 15, 50; *Rüth* i. LK, Bd. III, Rdz. 7 zu § 315 StGB). In Betracht kommen **Dampf** und **Elektrizität** (RG, Urt. v. 17. 3. 1880 i. RG 1, 247 = EE 1, 136, Urt. v. 11. 6. 1880 i. RG 2, 38 u. Urt. v. 22. 3. 1915 i. EE 32, 103), **Benzin** und **Dieselöl,** aber auch **tierische** Kraft (auch Pferdebahnen wurden als Eisenbahnen angesehen: RG, Urt. v. 11. 6. 1880 i. RG 2, 38, Urt. v. 22. 6. 1880 i. RG 2, 8 u. Urt. v. 9. 11. 1903 i. RG 56, 154) und **menschliche Muskelkraft** (Schieben der Wagen durch Arbeiter: vgl. RG, Urt. v. 15. 1. 1881 i. EE 1, 357, Urt. v. 16. 5. 1882 i. RG 7, 40 u. Urt. v. 2. 2. 1884 i. RG 14, 27 = EE 3, 178). Auch die **Ausnutzung der Schwerkraft** der Wagen und ihrer Ladung reicht aus (RG, Urt. v. 17. 3. 1880 i. RG 1, 247, 252, Urt. v. 14. 5. 1881 i. SeuffA 37 Nr. 433 u. Urt. v. 24. 4. 1902 i. EE 19, 61).

3. Schwebebahn

18 **Schwebebahnen** unterscheiden sich von Schienenbahnen dadurch, daß die Fahrzeuge nicht die Erde berühren, sondern sich an Schienen – **Schienenschwebebahnen** – oder an Drahtseilen – **Seilschwebebahnen** (auch Luftseilbahnen genannt) – fortbewegen. Beide Arten von Schwebebahnen galten nach den früheren Haftungsgesetzen als „Eisenbahnen" (RG, Urt. v. 2. 2. 1884 i. RG 14, 27 = EE 3, 178, Urt. v. 20. 1. 1910 i. JW

1910, 234, Urt. v. 4. 1. 1915 i. RG 86, 94 = JW 1915, 239 u. Urt. v. 22. 3. 1915 i. JW 1915, 585 = EE 32, 320; *Friese,* RHG, § 1 B I 2c; *Geigel/ Schlegelmilch,* Haftpflichtprozeß, Kpt. 22 Rdz. 4). Die Merkmale, nach denen sich dieser Begriff beurteilt, gelten deshalb für Schwebebahnen entsprechend (vgl. Rdz. 6ff.).

19 Auch Schwebebahnen müssen der **Beförderung** von Personen oder Gütern oder von beiden dienen. Das trifft für **Schienenschwebebahnen** und für mit **Gondeln** oder **Kabinen** betriebene **Seilbahnen** unzweifelhaft zu und ist auch für **Sesselbahnen** (auch Sessellifte genannt) zu bejahen, obwohl hier das ,,Fahrzeug" nicht über das Seil rollt, sondern mit ihm fest verbunden ist und es kein besonderes Zugseil gibt (*Goltermann* i. MDR 1957, 20; a. A. OLG Zweibrücken, Urt. v. 31. 5. 1974 i. VersR 1975, 1013). Dagegen fehlt es bei einem **Schlepplift** (Schleppaufzug) schon an einem **Fahrzeug,** das den Benutzer ,,befördert". Dieser bleibt, z. B. als Skifahrer durch die Skier, mit dem Boden verbunden. Sein Gewicht ruht auf der Erde, nicht auf dem Beförderungsmittel. Er vertraut sich diesem nicht passiv an, sondern **wirkt** bei der **Beförderung mit.** Auch sind mit dem Betrieb von Schleppliften **nicht Gefahren** verbunden, die dem Eisenbahnbetrieb **eigentümlich** sind. Diese schon früher in Rechtsprechung und Schrifttum vertretene Auffassung (vgl. BGH, Urt. v. 29. 4. 1960 i. VersR 1960, 642 = NJW 1960, 1345; OLG Zweibrücken aaO.; OLG München, Urt. v. 16. 4. 1959 i. VersR 1959, 838; LG Freiburg, Urt. v. 7. 8. 1979 i. VersR 1980, 148; *Schmalzl* i. VersW 1954, 528; *Scholten* i. NJW 1960, 558, 560; *Schlegelmilch/Geigel* aaO., Rdz. 1 u. 4; *Wussow* i. WI 1955, 155 u. 1960, 107 u. i. UHR, Tz. 627; *Weimar* i. VersN 1961, 23; *Schulz* i. NJW 1978, 255) hat sich der Gesetzgeber erkennbar zu eigen gemacht (vgl. die amtl. Begr. i. BT-Drucks. 8/108, 10). Zur Zeit der Drucklegung dieses Kommentars gibt es jedoch Bestrebungen, Schlepplifte im Rahmen einer **Gesetzesänderung** der Gefährdungshaftung nach § 1 zu unterstellen (vgl. Rdz. 3).

20 Die Frage, ob **Sessellifte** als Bahnen anzusehen sind, ist umstritten (verneinend OLG Zweibrücken, Urt. v. 31. 5. 1974 i. VersR 1975, 1013; bejahend *Schmalzl* i. VersN 1954, 528; *Goltermann* i. MdR 1957, 20; *Wussow* aaO.; vgl. a. *Rüth* i. LK, Bd. III, Rdz. 8 zu § 315; *Dreher/Tröndle,* Kom. z. StGB, Anm. 3 B zu § 315 StGB). Ebenso wie Schlepplifte fahren Sessellifte mit geringer Geschwindigkeit und befördern verhältnismäßig leichte Lasten. Andererseits ist jedoch ein nicht unbeträchtliches Gefahrenmoment darin zu sehen, daß der Betrieb beim Ein- und Aussteigen nicht abgeschaltet wird und daß dies, insbesondere bei starkem Andrang, Fahrgastunfälle begünstigt. Gegen die Einordnung als Schienenbahn spricht auch nicht, daß Unfälle während der Fahrt hauptsächlich auf Ungeschicklichkeiten der Fahrgäste zurückzuführen sind und daß ein Zusammenstoß der Fahrzeuge ausgeschlossen ist (so OLG Zweibrücken aaO.). Das gilt im Prinzip für alle Schwebebahnen (vgl. hierzu RG, Urt. v. 4. 1. 1915 i. RG 86, 96 = JW 1915, 239) und auch für die meisten modernen Schienenbahnen (z. B. für U-Bahnen). Die **typische** Gefahr dieser Bahnen besteht darin, daß sich ihr Haftungsrisiko verhältnismäßig selten verwirklicht, jedoch dann zu besonders **schwerwiegenden Schäden** führt, wie z. B. der Absturz eines Fahrgastes von einer Sesselbahn infolge menschlichen oder technischen Versagens. Auch Sessellifte sind deshalb, wenn nicht besondere Umstände eine andere Beurteilung rechtfertigen (z. B. ein gefahrloser Abstand zum Erdboden), als Schwebebahnen anzusehen.

21 **Fahrstühle** (Aufzüge) in Häusern oder Türmen, an Berghängen oder in Bergwerken sind trotz ihres Antriebs mit Seilen (die Schienen haben nur die Aufgabe, Pendelbewegungen auszuschließen) keine Schwebebahnen, weil sie nur eine unbedeutende Streckenlänge haben (vgl. *Friese,* RHG, § 1 B I 2a; *Goltermann* i. MDR 1957, 20, 21; vgl. a. Rdz. 13).

4. Neue Bahnsysteme

22 Bestrebungen, die Leistungsfähigkeit des Bahnverkehrs zu steigern, haben zur Entwicklung **neuer Verkehrstechnologien** geführt. Da angenommen werden kann, daß einige von ihnen in absehbarer Zeit in der Bundesrepublik die herkömmlichen Technologien ersetzen oder ergänzen werden, soll auf die Frage eingegangen werden, wie sich dies auf die Haftung nach dem HG auswirkt. Für alle neuen Bahnsysteme und z. T. auch für die konventionellen Bahnen, z. B. für U-Bahnen, wird die Einführung des **vollautomatischen Betriebs,** d. h. des Fahrens ohne Fahrer und Beifahrer, geplant. Als ein schon praktiziertes Beispiel seien die seit einigen Jahren auf dem Flughafen Tampan in den USA betriebenen **Horizontalfahrstühle** (Westinghouse-System) erwähnt. Hierbei handelt es sich um gummibereifte, mit Elektromotoren betriebene Fahrzeuge, die auf Stahlträgern, die mit einer Betonfahrbahn abgedeckt sind, fahren. Die Fahrzeuge werden an einer Leitschiene geführt und von den Fahrgästen durch Knopfdruck angefordert und an den Stationen automatisch abgebremst, wobei sich die Türen – wie bei Fahrstühlen – automatisch öffnen und schließen (vgl. *Weiß* i. Mitt. d. Instituts zur Erforschung technischer Entwicklungslinien, Nr. 10/1972). Die automatische Betriebsweise trägt zur Erhöhung der Sicherheit bei, weil menschliches Versagen als Unfallursache zurücktritt; sie läßt jedoch die **typische Bahngefahr** – hohe Geschwindigkeit , große Gewichtsmassen, Andrang beim Ein- und Aussteigen – bestehen. Es erscheint deshalb unbedenklich, daß auch solche Bahnen der Haftung nach § 1 HG unterliegen.

23 Ein weitergehender technischer Schritt liegt in der Änderung der **Technik des Tragens** (Aufnahme der Vertikalkräfte) und des **Führens** (Aufnahme der Horizontalkräfte) der Transportmittel auf der Fahrbahn. Beim herkömmlichen **Rad/Schiene-System** besteht sie darin, daß das drehende Rad die ihm vom Antrieb übermittelte Vortriebskraft durch Haftreibung (Adhäsion) auf die Schiene überträgt. Bei der neuen **Luftkissentechnik** wird das Fahrzeug durch verdichtete oder evakuierte Luft auf seiner Fahrbahn getragen und geführt (Anwendung: Hovertrain in Großbritannien, Aerotrain in Frankreich). Die **Magnetschwebetechnik** bewirkt ein elektromagnetisches Schweben. Es beruht auf der Anziehung zwischen Elektromagneten am Fahrzeug und ferromagnetischen Ankerschienen in der Fahrbahn (voraussichtliche Anwendung: Hochleistungsschnellbahn – HSB – in der BRD). Bei beiden Systemen, die auch in Verbindung mit Röhren (als Fahrbahn) angewandt werden können,

kommt es zu keiner Berührung zwischen dem Fahrzeug und der Fahrbahn. Als neue **Vortriebstechnik** ist der **Linearmotor** hervorzuheben. Dieser Motor besteht aus zwei Teilen, von denen sich einer am Fahrweg (Stator) und der andere im Fahrzeug (Rotor) befindet. Das Wirkungsprinzip besteht darin, daß sich der stromdurchflossene Teil (Rotor) an der Reaktionsschiene vorwärtszieht und auf diese Weise die Bewegung des Fahrzeugs erzeugt. Auch hier gibt es keine mechanische Berührung des Weges; allerdings ist die Stromzufuhr zum Fahrzeug nur durch Berührung möglich (vgl. *Meyer* i. V + T 1973, 427; *Wörner* i. Elsner, Handb. f. öffent. Personen-Nahverkehr, 150ff.). In all diesen Fällen handelt es sich nicht um Schienenbahnen, weil Gleise nicht vorhanden sind. Man kann auch nicht von Schwebebahnen sprechen, weil dieser Begriff voraussetzt, daß das Fahrzeug an der „Fahrbahn", der Schiene oder dem Seil, „hängt", d. h. mit ihm mechanisch verbunden ist, was hier nicht zutrifft. Jedoch spricht für eine analoge Anwendung des HG, daß es sich wie bei Schienen- und Schwebebahnen um **spurgebundene** Verkehre handelt und daß die Gefährlichkeit ähnlich wie bei den herkömmlichen Bahnen zu beurteilen ist.

24 Schließlich ist noch auf den schon in der praktischen Erprobung befindlichen **Dual-Mode-Bus** (Zwei-Wege-Bus) hinzuweisen. Es handelt sich hierbei um ein Fahrzeug, das teils ohne Fahrer allein oder zusammen mit anderen Fahrzeugen mittels einer Leitspur automatisch betrieben wird, teils mit Fahrer als normaler Bus verkehrt. Auch an eine Verkleinerung des Fahrzeugs auf Pkw-Größe ist gedacht. Bei diesem System richtet es sich nach der **jeweiligen Betriebsweise,** ob § 1 HG oder § 7 StVG als Haftungsgrundlage in Betracht kommt.

5. Beweis

25 Daß eine Anlage als Schienen- oder Schwebebahn anzusehen ist, hat der Geschädigte **nachzuweisen.** Maßgeblich sind dabei die Verhältnisse **zur Zeit des Unfalles** (BGH, Urt. v. 29. 4. 1960 i. VersR 1960, 642 = NJW 1960, 1345).

II. Betriebsunternehmer

Schrifttum: *Biermann,* Der Betriebsunternehmer im Eisenbahnhaftpflichtrecht, DR 1944, 222; *Goltermann,* Haftbarkeitsansprüche gegen die Deutsche Bundesbahn, VRS 1, 161; *Vowinckel,* Betrachtungen zur Ablieferung bei Zustellung im Privatanschlußgleis und zum Begriff Betriebsunternehmer, BBahn 1962, 226.

1. Vorbemerkung

26 Die Haftung obliegt dem **Betriebsunternehmer.** Eine Ersatzpflicht anderer Personen begründet das HG nicht. Es kennt auch keine besondere Haftung für den **Führer** eines Bahnfahrzeugs (anders § 18 StVG für die Kraftfahrzeugführerhaftung). Personen, die nicht Betriebsunternehmer sind, haften nur nach den allgemeinen Vorschriften (vgl. § 12).

2. Person des Betriebsunternehmers

27 Betriebsunternehmer können **natürliche** oder **juristische** Personen sein. Zu den natürlichen Personen gehören auch Personenmehrheiten (Gesellschaft des BGB, Erbengemeinschaft, eheliche Gütergemeinschaft) und die Personengesellschaften des Handelsrechts (OHG, KG). Bei den juristischen Personen kann es sich um Personen des privaten Rechts (GmbH., AG, KG auf Aktien, eingetragene Genossenschaft, Stiftung) oder des öffentlichen Rechts (Bundesrepublik Deutschland, die Länder, Gemeinden, Gemeindeverbände) handeln.

3. Mehrere Betriebsunternehmer

28 Für einen Unfall können **mehrere** Unternehmer von Schienen- oder Schwebebahnen nach dem HG haften. Die beteiligten Unternehmer haben dann für den Schaden als **Gesamtschuldner** einzustehen (§ 840 BGB). Der Unfall kann sich bei einem gemeinschaftlich betriebenen Bahnverkehr ereignen (vgl. hierzu Rdz. 44). Er kann aber auch durch Bahnen verursacht werden, die selbständig betrieben werden (*Seligsohn,* RHG, Anm. 127 zu § 1; RG, Urt. v. 26. 9. 1883 i. EE 1, 108: Unfall zwischen zwei parallel liegenden Eisenbahngleisen; RG, Urt. v. 29. 1. 1900 i. EE 17, 139 u. v. 29. 5. 1905 i. RG 61, 56: Unfall eines Fahrgastes beim Zusammenstoß zweier Bahnen auf einer Kreuzung).

4. Begriff des Betriebsunternehmers

a) Allgemeines

29 Wer Betriebsunternehmer ist, richtet sich nach der **tatsächlichen betrieblichen** Gestaltung (vgl. insbes. BGH, Urt. v. 14. 2. 1963 i. VersR 1963, 745 = VRS 25, 99) **zur Zeit des Unfalls** (keine Haftung der Reichsbahn bzw. der Bundesbahn als Rechtsnachfolgerin für Unfälle kurz nach Beendigung des Krieges: OLG Frankfurt, Urt. v. 23. 3. 1950 i. VRS 2, 222 und OLG Celle, B. v. 5. 6. 1952 i. VRS 5, 33; vgl. a. RG, Urt. v. 9. 3. 1911 i. Warn. 1911 Nr. 285 = EE 27, 437).

30 Das **Eigentum** an den Bahnanlagen und den übrigen Betriebsmitteln kann ein Indiz für die Unternehmereigenschaft sein; es ist jedoch allein nicht entscheidend (RG, Urt. v. 28. 12. 1894 i. EE 12, 207; *Seligsohn,* RHG, Anm. 117 zu § 1; *Biermann* i. DR 1944, 222, 223; *Friese,* RHG, § 1 B III 1). Auch kommt es nicht darauf an, ob dem Unternehmer der Betrieb ausdrücklich **übertragen** wurde oder ob er den **Willen** hatte, den Betrieb zu übernehmen (BGH, Urt. v. 4. 2. 1963 i. VersR 1963, 745 = VRS 25, 99; *Vowinckel* i. BBahn 1962, 226, 229).

31 Öffentliche **Verlautbarungen** oder vertragliche **Vereinbarungen** können nicht jemanden mit Wirkung gegenüber Dritten zum Betriebsunternehmer machen. Vertragliche Abmachungen können aber die **tatsächlichen** betrieblichen Verhältnisse widerspiegeln und insoweit näheren Aufschluß darüber geben, ob jemand als Betriebsunternehmer anzusehen ist (RG, Urt. v. 8. 11. 1888 i. EE 6, 436, Urt. v. 6. 11. 1896 i. EE 13, 330, Urt. v. 26. 2. 1923 i. EE 40, 220 = LZ 1923 Sp. 398, Urt. v. 10. 1. 1935 i. RG 146, 340, 343; BGH, Urt. v. 14. 2. 1963 i. VersR 1963, 745 = VRS

25, 99; OLG Düsseldorf, Urt. v. 23. 11. 1954 i. VRS 9, 432, 434; *Seligsohn,* RHG, Anm. 121 zu § 1; *Biermann* i. DR 1944, 222, 224; *Friese,* RHG, § 1 B III, Einl.).

b) Merkmale im einzelnen

32 Die Grundsätze, die Rechtsprechung und Schrifttum zu dem gleichlautenden Begriff in § 1 RHG und § 1 SHG entwickelt haben, sind nach wie vor gültig. Hiernach ist Betriebsunternehmer, wer eine Bahn **für eigene Rechnung benutzt und über den Betrieb die Verfügung hat.** Beide Erfordernisse müssen sich dabei auf den **eigentlichen** Bahnbetrieb beziehen (vgl. Rdz. 59ff.).

aa) Benutzung für eigene Rechnung

33 Zu dem Begriff des Betriebsunternehmers gehört zunächst, daß der Betrieb **auf seine Rechnung** geht. Für eigene Rechnung betreibt eine Bahn derjenige, dem die Einnahmen und Ausgaben zufallen, dem das **wirtschaftliche Ergebnis** des Betriebes zum **Vorteil** oder zum **Nachteil** gereicht (RG, Urt. v. 1. 3. 1882 i. EE 2, 226, Urt. v. 29. 5. 1892 i. EE 10, 11, Urt. v. 3. 11. 1910 i. RG 75, 7 = JW 1911, 62 = Recht 1911 Nr. 241 = EE 27, 425 u. Urt. v. 19. 2. 1912 i. Recht 1912 Nr. 1247 = Warn. 1912 Nr. 245 = EE 29, 90; BGH, Urt. v. 14. 2. 1963 i. VersR 1963, 745 = VRS 25, 99; *Seligsohn,* RHG, Anm. 116f. zu § 1; *Friese,* RHG, § 1 B III 1; *Vowinckel* i. BBahn 1962, 226, 230). Die Erlangung eines **mittelbaren** Vorteils genügt (RG, Urt. v. 29. 5. 1892 aaO.). Daß Überschüsse erzielt werden, ist nicht erforderlich (RG, Urt. v. 19. 2. 1912 aaO. u. *Vowinckel* aaO. S. 232). Es dürfen jedoch bei dem Betrieb nicht nur Ausgaben anfallen (OLG Düsseldorf, Urt. v. 23. 11. 1954 i. VRS 9, 432). Daraus, daß die Deutsche Bundesbahn für eine Fahrt im **grenzüberschreitenden Verkehr** eine durchgehende Fahrkarte ausstellt und den gesamten Fahrpreis vereinnahmt, läßt sich nicht herleiten, daß auch der Eisenbahnverkehr auf der ausländischen Strecke auf ihre Rechnung betrieben wird, weil die Bundesbahn insoweit nur als Erfüllungsgehilfin der ausländischen Eisenbahnverwaltung handelt und den entsprechenden Fahrpreisanteil an diese abführt (vgl. BGH, Urt. v. 29. 4. 1953 i. BGH 9, 311 = VRS 5, 425 = LM Nr. 7 zu § 1 HaftpflG m. zust. Anm. v. *Delbrück;* LG Saarbrücken, Urt. v. 25. 11. 1953 i. VRS 7, 278).

34 Das Merkmal des Betreibens auf **eigene** Rechnung fehlt den im Bahnbetrieb **beschäftigten Personen,** auch solchen, die in leitender Position tätig sind, wie Mitgliedern der **Unternehmensorgane** oder denjenigen, die für den technischen Betrieb eine besondere Verantwortung tragen, wie **Betriebsleitern** (vgl. §§ 47 Abs. 1 Nr. 1 u. 60 Abs. 1 Nr. 2a EBO und § 7 BOStrab).

35 Betriebsunternehmer ist auch nicht der **Betriebsführer,** der im Rahmen eines Geschäftsbesorgungsvertrages einen Bahnbetrieb im Namen des Unternehmers und auf dessen Rechnung betreibt (RG, Urt. v. 14. 11. 1879 i. EE 1, 5, Urt. v. 6. 2. 1885 i. EE 4, 127, Urt. v. 18. 11. 1888 i. EE 6, 436, Urt. v. 18. 12. 1894 i. EE 12, 207, Urt. v. 6. 11. 1896 i. EE 13, 330, Urt. v. 13. 6. 1912 i. EE 29, 213; *Friese,* RHG, § 1 B III 2d). So besorgt die Deutsche Bundesbahn in manchen Fällen den Eisenbahnbe-

trieb auf einem Privatgleisanschluß auf Rechnung des Anschließers (vgl. *Vowinckel* i. BBahn 1962, 226, 233). Es kann aber auch zwischen der betriebsführenden Bahn und dem Bahneigentümer vereinbart sein, daß der Betrieb auf Rechnung beider Unternehmen geführt wird. In einem solchen Fall, in dem zwischen den Bahnen gesellschaftsrechtliche Beziehungen bestanden, hat das RG auch beiden Unternehmen die Betriebsunternehmereigenschaft zuerkannt (Urt. v. 7. 9. 1943 i. DR 1944, 36 m. zust. Anm. v. *Wussow*).

36 Eine Benutzung auf eigene Rechnung setzt **nicht Eigentum** an den Betriebsmitteln voraus. Der **Pächter** einer Bahnanlage, der den Betrieb für eigene Rechnung führt und über ihn Verfügungsgewalt hat, ist deshalb als Betriebsunternehmer anzusehen und nicht der verpachtende Eigentümer (RG, Urt. v. 9. 3. 1911 i. Warn. 1911 Nr. 285 u. Urt. v. 18. 9. 1911 i. Warn. 1911 Nr. 438 = EE 28, 241; *Seligsohn,* RHG, Anm. 117 zu § 1; *Biermann* i. DR 1944, 222f.; *Friese,* RHG, § 1 B III 2f.). Ebenso ist die Rechtslage zu beurteilen, wenn eine Gemeinde ihrem rechtlich selbständigen Schienenverkehrsunternehmen **Anlagen** oder **Fahrzeuge unentgeltlich** zur Benutzung überläßt. In diesen Fällen haftet die Gemeinde als Eigentümer nicht nach dem HG, sondern kann sich allenfalls wegen schuldhafter Verletzung der Verkehrssicherungspflicht nach § 823 Abs. 1 BGB haftpflichtig machen (vgl. Rdz. 6f. zu § 12).

bb) Verfügung über den Betrieb

37 Als weiteres Merkmal muß hinzukommen, daß der Unternehmer die **Verfügungsgewalt** über den Bahnbetrieb hat. In Zweifelsfällen ist diesem Erfordernis die größere Bedeutung beizumessen, weil es „den Inhaber der Gewalt instandsetzt und verpflichtet, den Schaden des Betriebes abzuwenden oder zu verringern" (RG, Urt. v. 19. 2. 1912 i. Warn. 1912 Nr. 221 = Recht 1912 Nr. 1247 u. Urt. v. 12. 7. 1919 i. RG 96, 204, 209; BGH, Urt. v. 8. 3. 1951 i. VRS 3, 217 = NJW 1951, 110).

38 Die Verfügungsgewalt ist regelmäßig darin zu sehen, daß der Unternehmer über die Bahnstrecke mit Zubehör, wie Bahnhöfe und Signale, über die Fahrzeuge und das Fahrpersonal die **Herrschaft** hat und die für den Verkehr notwendigen **Anweisungen** erläßt und die **Fahrpläne** festsetzt (RG, Urt. v. 10. 1. 1935 i. RG 146, 340). Das setzt nicht notwendig voraus, daß die Betriebsmittel im **Eigentum** des Unternehmers stehen (unklar insoweit LG Heidelberg, Urt. v. 15. 11. 1972 i. VersR 1973, 1079). So hat das RG einem Bauunternehmen die Betriebsunternehmereigenschaft zuerkannt, das für den Neubau einer Eisenbahnstrecke mit Bauzügen Material beförderte, die ihm die auftraggebende Eisenbahnverwaltung mit dem notwendigen Personal zur Verfügung gestellt hatte. Es hielt es für entscheidend, daß das Bauunternehmen den Einsatz der Materialzüge **selbständig** bestimmt hatte (Urt. v. 14. 10. 1907 i. RG 66, 376 = EE 24, 185 u. Urt. v. 3. 11. 1910 i. RG 75, 5 = JW 1911, 62 = Recht 1911 Nr. 241 = EE 27, 425; vgl. allerdings a. RG, Urt. v. 10. 1. 1935 i. RG 146, 340, 342: Ablehnung bei nur einmaligem Einsatz für Baufirma). Der **Postfiskus,** der Postsachen auf einer Straßenbahnstrecke mit straßenbahneigenen Fahrzeugen befördern ließ, wurde als Betriebsunternehmer angesehen, weil er die Postwagen ausschließlich nach

seinen Bedürfnissen und nach Maßgabe einer von ihm selbst erlassenen Dienstanweisung verkehren ließ (Urt. v. 1. 10. 1914 i. LZ 1915 Sp. 53 = Recht 1915 Nr. 237).

39 Der Annahme, daß jemand die selbständige Verfügung über den Bahnbetrieb hat, steht auch nicht entgegen, daß einem anderen gewisse **Aufsichts-** und **Kontrollrechte** zustehen. Dieser wird nicht schon allein dadurch zum Betriebsunternehmer (RG, Urt. v. 14. 10. 1907 i. RG 66, 376 = EE 24, 185, Urt. v. 9. 3. 1911 i. Warn. 1911 Nr. 285, Urt. v. 19. 2. 1912 i. Warn. 1912 Nr. 245 = Recht 1912 Nr. 1247 = EE 29, 90 u. Urt. v. 5. 7. 1920 i. JW 1921, 170 mit zust. Anm. v. *von der Leyen* = EE 38, 149; BGH, Urt. v. 8. 3. 1951 i. VRS 3, 217 = NJW 1951, 110; *Friese,* RHG, § 1 B III 1). Wenn das Merkmal des Betreibens auf eigene Rechnung einwandfrei erfüllt ist, reicht es sogar aus, daß der Unternehmer nur über einen **Teil des Betriebes** die Herrschaft hat (RG, Urt. v. 10. 10. 1907 i. RG 66, 376 = EE 24, 185; BGH, Urt. v. 8. 3. 1951 i. VRS 3, 217 = NJW 1951, 110 u. Urt. v. 29. 4. 1953 i. VRS 5, 425; OLG Düsseldorf, Urt. v. 23. 11. 1954 i. VRS 9, 432). Entscheidend ist, daß er gerade von dem seiner Herrschaft unterworfenen Teil die vom Betrieb ausgehenden Gefahren abwenden oder verringern kann. Diese Voraussetzung hat der BGH für ein Bahnunternehmen bejaht, das den Verkehr mit eigenen Fahrzeugen und eigenem Personal bediente und die Fahrpläne festsetzte, während das andere Unternehmen über die Bahnstrecke mit Zubehör, die Bahnhöfe und Signale, und das ortsgebundene Personal verfügte und bei der Festsetzung der Fahrpläne zu beteiligen war (Urt. v. 8. 3. 1951 i. VRS 3, 217 = NJW 1951, 110). Andererseits genügt es für die Begründung der Unternehmereigenschaft nicht, daß jemandem eine Bahnanlage nur zur Ausführung **einzelner Transporte** überlassen wird (RG, Urt. v. 29. 5. 1892 i. EE 10, 11, Urt. v. 11. 3. 1898 i. EE 15, 129 u. Urt. v. 10. 1. 1935 i. RG 146, 340, 342; *Seligsohn,* RHG, Anm. 118 zu § 1; *Biermann* i. DR 1944, 222, 223; *Friese,* RHG, § 1 B III 1). Ein Verein von **„Eisenbahnfreunden"**, der an den Wochenenden Museumsbahnen mit wenigen Umläufen auf einer fremden Strecke verkehren läßt, haftet deshalb nicht nach § 1. Vielmehr obliegt die Haftung allein dem Unternehmer der Bahn, der die Anlagen zur Verfügung gestellt hat. Anders verhält es sich in den seltener vorkommenden Fällen, in denen solche Vereine den Verkehr auf eigenen oder zur alleinigen Benutzung gepachteten Bahnanlagen betreiben.

40 Die Rechtsprechung und der überwiegende Teil des Schrifttums haben es auch abgelehnt, denjenigen als Betriebsunternehmer anzusehen, der **Privatgüterwagen, Speisewagen, Schlafwagen** oder sonstige mit eigenem Personal besetzte **Sonderwagen** in fahrplanmäßige Züge einstellt (RG, Urt. v. 12. 10. 1900 i. RG 47, 54, Urt. v. 4. 11. 1901 i. EE 18, 327, Urt. v. 12. 7. 1919 i. RG 96, 204, 209 u. Urt. v. 21. 6. 1920 i. RG 99, 227; *Seligsohn,* RHG, Anm. 119 zu § 1; *Biermann* i. DR 1944, 222f.; *Friese,* RHG, § 1 B III 2g; *Böhmer,* SHG, Anm. 51 zu § 1; *Wussow,* UHR, Tz. 628). Die gegenteilige Meinung, die annimmt, solche Verkehre würden von den Gesellschaften und den Bahnverwaltungen gemeinsam betrieben, weshalb beide als Betriebsunternehmer anzusehen seien (*Reindl* i. EE 18, 367, EE 19, 88 u. EE 24, 195 u. 319), verkennt, daß es allein auf die

bahntechnische Betriebsführung ankommt und daß diese nur dem Bahnunternehmen obliegt. Das gilt auch, wenn es sich um vollständige **Sonderzüge** handelt, z. B. um einen aus Schlaf-, Salon-, Speise- und Gepäckwagen zusammengestellten Luxuszug oder um einen Zug, mit dem ein Reisebürounternehmen Reisen veranstaltet (*Friese* aaO.; *Finger,* Eisenbahngesetze, Anm. 2d zu § 1 RHG). Ob die Fahrzeuge im Eigentum des Veranstalters oder der Bahn stehen, ist dabei unerheblich (*Friese* aaO.). Ebenso ist die **Beförderung von Postsachen** in Postwagen oder Postzügen regelmäßig nur der Verfügung des Bahnunternehmers unterworfen, so daß allein er als Betriebsunternehmer anzusehen ist (*Seligsohn,* RHG, Anm. 128 zu § 1, *Biermann* i. DR 1944, 222f.; *Friese,* RHG, § 1 B III 2 h; *Böhmer,* SHG, Anm. 51 zu § 1). Anders ist zu entscheiden, wenn die Postverwaltung den Fahrplan bestimmt und die Postsachen mit besonderen Wagen und eigenen Beamten befördert (vgl. RG, Urt. v. 1. 10. 1914 i. LZ 1915 Sp. 52 = Recht 1915 Nr. 237).

41 Für die **erste Zeit nach Beendigung des zweiten Weltkrieges** hat die Rechtsprechung angenommen, die Bundesbahn hafte nicht als Rechtsnachfolgerin der Deutschen Reichsbahn, weil die Verfügungsgewalt über den Bahnbetrieb der Besatzungsmacht zugestanden habe (OLG Frankfurt, Urt. v. 23. 3. 1950 i. VRS 2, 222 und OLG Celle, B. v. 5. 6. 1952 i. VRS 5, 33 für Juni 1945; *Böhmer,* SHG, Anm. 50 zu § 1; vgl. a. *Goltermann* i. VRS 1, 161).

Wegen des **grenzüberschreitenden Verkehrs** vgl. Rdz. 47.

cc) Verschiedene Personen

42 Manchmal entfallen die Merkmale „Benutzung für eigene Rechnung" und „Innehabung der Verfügungsgewalt" auf **verschiedene Personen.** In diesen Fällen darf die Prüfung nicht zu dem Ergebnis führen, daß niemand als Betriebsunternehmer anzusehen ist. Vielmehr ist abzuwägen, welches Merkmal mit Rücksicht auf die besonderen Umstände des Falles als **ausschlaggebend** anzusehen ist. Dabei ist im Zweifel das entscheidende Gewicht auf das Merkmal der **Verfügungsgewalt** zu legen (RG, Urt. v. 14. 10. 1907 i. RG 66, 376 = EE 24, 185 u. Urt. v. 30. 11. 1908 i. JW 1909, 59, Urt. v. 3. 11. 1910 i. RG 75, 7 = JW 1911, 62 = Recht 1911 Nr. 241 = EE 27, 425, Urt. v. 9. 3. 1911 i. Warn. 1911 Nr. 285, Urt. v. 18. 9. 1911 i. Warn. 1911 Nr. 438 = EE 28, 241, Urt. v. 16. 2. 1920 i. JW 1920, 556 m. zust. Anm. v. *Seligsohn,* Urt. v. 26. 2. 1923 i. LZ 1923 Sp. 398 = EE 40, 220; BGH, Urt. v. 8. 3. 1951 i. VRS 3, 217 = NJW 1951, 110; OLG Bremen, Urt. v. 3. 11. 1953 i. VersR 1953, 308; LG Heidelberg, Urt. v. 15. 11. 1972 i. VersR 1973, 1079; *Seligsohn,* RHG, Anm. 121 zu § 1; *Friese,* RHG, § 1 B III 1; a. A. *Vowinckel* i. BBahn 1962, 226, 231, der Gesichtspunkte der wirtschaftlichen Zuordnung für vorrangig hält), was jedoch nicht dazu führen darf, daß dem Merkmal der Verfügungsgewalt eine einseitige Bedeutung beigemessen und von einer Gesamtbetrachtung aller Umstände abgesehen wird (insoweit zutr. *Vowinckel* aaO.).

43 Liegen **beide** Merkmale jeweils in einer Person vor, sind **beide Personen** als Betriebsunternehmer anzusehen (vgl. hierzu Rdz. 44).

5. Besondere betriebliche Gestaltungen

44 Die Frage, wer als Betriebsunternehmer i. S. v. § 1 anzusehen ist, stellt sich in der Praxis insbesondere bei den folgenden **Betriebsformen:**

a) Gemeinschaftsbetrieb

Mehrere Personen können eine Bahn für **gemeinschaftliche** Rechnung **betreiben** und die Verfügung auch **gemeinschaftlich ausüben** (RG, Urt. v. 7. 9. 1943 i. DR 1944, 36 mit zust. Anm. v. *Wussow* S. 38; *Seligsohn,* RHG, Anm. 123; *Biermann* i. DR 1944, 223f.; *Friese,* RHG, § 1 B III 2a). Sie sind dann jeweils Betriebsunternehmer und haften für einen Unfall **gesamtschuldnerisch** (§ 840 BGB). Ob ein solches Gemeinschaftsverhältnis vorliegt, richtet sich wesentlich nach den Vorschriften des **Betriebsvertrages** (RG aaO.). Ein historisches Beispiel ist die Preußisch-Hessische Eisenbahngemeinschaft. Vom Gemeinschaftsbetrieb ist der unter Rdz. 28 erwähnte Fall zu unterscheiden, daß jemand durch mehrere, **nicht** gemeinschaftlich geführte Bahnunternehmen geschädigt wird.

b) Geteilter Betrieb (Konkurrenzbetrieb)

45 Von einem **geteilten Betrieb** oder **Konkurrenzbetrieb** spricht man, wenn sich mehrere Unternehmer eine Bahnstrecke ohne Rücksicht auf das Eigentum an den Bahnanlagen in der Benutzung teilen. *Friese* (RHG, § 1 B III 2b) verwendet auch die Bezeichnung **Mitbenutzungsbetrieb.** Bei dieser Betriebsform, die sich häufig auf Gemeinschaftsbahnhöfen (auch auf Grenzbahnhöfen) und Gemeinschaftsstrecken findet (vgl. *Seligsohn,* RHG, Anm. 125 zu § 1; *Vowinckel* i. BBahn 1962, 226, 233), bleibt anders als beim Gemeinschaftsbetrieb jeder Vertragspartner wirtschaftlich und betrieblich **selbständig.** Da der Betrieb geteilt ist, gilt hier der Grundsatz, daß jeder Unternehmer für die Unfälle haftet, die sich – wenn auch auf fremder Strecke – **bei seinem Betrieb** ereignen. Das ist der Unternehmer, in dessen **Interesse** die für den **Unfall ursächliche Betriebshandlung** erfolgt ist (RG, Urt. v. 19. 5. 1880 i. EE 1, 174, Urt. v. 21. 1. 1911 i. JW 1911, 332 = Warn. 1911 Nr. 197 = EE 27, 433, Urt. v. 19. 2. 1912 i. Warn. 1912 Nr. 221 = Recht 1912 Nr. 1247; BGH, Urt. v. 14. 2. 1963 i. VersR 1963, 745 = VRS 25, 99; *Seligsohn,* RHG, Anm. 125 zu § 1; *Friese,* RHG, § 1 B III 2b; vgl. a. Rdz. 53). Läßt sich dies im Einzelfall nicht ermitteln – es wird z. B. jemand von einem Zug überfahren, ohne daß festgestellt werden kann, durch wessen Betrieb der Unfall verursacht wurde –, ist jeder der Bahnbetriebsunternehmer haftpflichtig, weil die Regelung des § 830 Abs. 1 Satz 2 BGB eingreift (so a. *Seligsohn,* RHG, Anm. 125 zu § 1; im Ergebnis ebenso *Friese,* RHG, § 1 B III 2b; vgl. a. BGH, Urt. v. 23. 9. 1969 i. NJW 1969, 2136).

c) Durchgehende Züge (Anschlußbetrieb)

46 Als **durchgehende Züge** oder **Anschlußbetrieb** bezeichnet man eine Betriebsform, bei der sich mehrere Unternehmer die gegenseitige Mitbenutzung ihrer Anlagen zur Erzielung eines **Durchgangsverkehrs** in der Weise gestatten, daß die Fahrzeuge des einen Unternehmers von dem

anderen Unternehmer auf eigene Rechnung übernommen und weiter betrieben werden. Dabei kann es vorkommen, daß an den Übergangsstellen das Fahrpersonal ausgewechselt oder ganz oder teilweise beibehalten wird. Vom **Gemeinschaftsbetrieb** (Rdz. 44) unterscheidet sich der Anschlußbetrieb dadurch, daß jede Bahn für ihren Bereich selbständiger Betriebsunternehmer bleibt, vom **Konkurrenzbetrieb** (Rdz. 45) dadurch, daß der Betrieb von dem die Betriebsmittel übernehmenden Partner auf eigene Rechnung geführt wird und daß auf ihn auch die Verfügung übergeht (vgl. *Seligsohn,* RHG, Anm. 126 zu § 1; *Biermann* i. DR 1944, 222, 225; *Friese,* RHG, § 1 B III 2c). Betriebsunternehmer ist hier derjenige, **auf dessen Strecke** sich der Unfall ereignet hat (RG, Urt. v. 14. 11. 1879 i. EE 1, 5, Urt. v. 6. 12. 1885 i. RG 12, 145 = EE 3, 441, Urt. v. 11. 12. 1896 i. RG 38, 90 = EE 14, 123; BGH, Urt. v. 29. 4. 1953 i. BGH 9, 311 = VRS 5, 425 = LM Nr. 7 zu § 1 HaftpflG m. zust. Anm. v. *Delbrück*). Der Auffassung von *Friese* (RHG, § 1 B III 2c), der Betrieb müsse als einheitliches Ganzes angesehen werden, weshalb beide Bahnen Betriebsunternehmer seien, kann nicht zugestimmt werden. Ein solcher Grundsatz kann auch nicht aus dem Urteil des RG v. 7. 9. 1943 (DR 1944, 36), auf das sich *Friese* beruft, hergeleitet werden (ebenso BGH aaO.; *Vowinckel* aaO. S. 233).

47 Wenn nicht Staatsverträge etwas Abweichendes bestimmen (vgl. Rdz. 176ff. zu § 12), gilt auch für den das **Bundesgebiet überschreitenden Eisenbahnverkehr,** daß maßgebend für die Haftung die **Strecke** ist, **auf der sich der Unfall ereignet** hat (vgl. RG, Urt. v. 25. 2. 1929 i. RG 124, 204; LG Saarbrücken, Urt. v. 25. 11. 1953 i. VRS 7, 278; *Biermann* i. DR 1944, 222, 225; *Vowinckel* i. BBahn 1962, 226). Auf den Ort, an dem die Betriebsmittel gewechselt werden, kommt es dagegen nicht an. So haftet z. B. die Deutsche Bundesbahn für einen Unfall, der sich auf ihrer Strecke ereignet hat, auch dann, wenn der aus dem Ausland kommende Zug auf dem Grenzabschnitt noch von einer Lok der ausländischen Eisenbahn befördert und von deren Personal begleitet wurde (so zutr. *Vowinckel* aaO. S. 233). Hat sich dagegen der Unfall auf der Strecke **zwischen** der **Grenze** und einem sog. **Gemeinschaftsbahnhof** ereignet, die die fremde Bahnverwaltung **angepachtet** hat, ist die Haftung davon abhängig, bei wessen **Betrieb** sich der Unfall zugetragen hat (vgl. Rdz. 45). Ist es zu dem Unfall außerhalb des Bundesgebietes im Rahmen einer **Sonderfahrt** gekommen, die die Deutsche Bundesbahn mit eigenem Bahnwagen und eigenem Begleitpersonal veranstaltet hat, so rechtfertigt dies keine abweichende Beurteilung (so für einen Unfall in der früheren Ostzone OLG Düsseldorf, Urt. v. 30. 8. 1951 i. MDR 1952, 51, best. durch BGH, Urt. v. 29. 4. 1953 i. BGH 9, 311 = VRS 5, 435 = LM Nr. 7 zu § 1 HaftpflG m. zust. Anm. v. *Delbrück*).

d) Anschlußgleis

48 Von einem **Anschlußgleis** spricht man, wenn ein Bahnanlieger (Anschließer), meistens ein Industrieunternehmen, ein Verbindungsgleis zu einer Bahn des öffentlichen Verkehrs hat. Es handelt sich nicht um eine rechtliche Betriebsform, sondern um einen bloßen **tatsächlichen** Zustand, der allerdings verschiedene rechtliche Betriebsformen zuläßt.

49 Für die Frage, wer Betriebsunternehmer auf einem Anschlußgleis ist, ist ebenfalls maßgebend, auf wessen **Rechnung** der Betrieb geführt wird und wem die **Verfügungsgewalt** zusteht (vgl. Rdz. 33ff.). Die zwischen der Hauptbahn und dem Anschließer vereinbarten **Gleisanschlußverträge** geben hierüber oft näheren Aufschluß (*Seligsohn,* RHG, Anm. 122 zu § 1; *Biermann* i. DR 1944, 222, 225; *Friese,* RHG, § 1 B III 2e; *Vowinckel* i. BBahn 1962, 226, 232).

Folgende Gestaltungen kommen in Betracht:

aa) Anlieger als alleiniger Betriebsunternehmer

50 Läßt der **Anlieger** die Fahrzeuge auf **seine alleinige Rechnung** vom Hauptgleis durch seine Leute abholen und zurückbringen, ist er auf dem Anschlußgleis Betriebsunternehmer. Das gilt auch, wenn die Hauptbahn die **Aufsicht** über den Betrieb führt und die Anlagen in ihrem **Eigentum** stehen (RG, Urt. v. 1. 5. 1883 i. EE 3, 73 u. Urt. v. 27. 4. 1886 i. EE 5, 34; *Seligsohn,* RHG, Anm. 122 zu § 1; *Biermann* i. DR 1944, 222, 225; *Friese,* RHG, § 1 B III 2e). Die Betriebsunternehmereigenschaft des Anliegers wird auch nicht berührt, wenn es die Hauptbahn im Rahmen eines Betriebsführungsvertrages übernimmt, die Fahrten für den Anlieger auf dessen Gleis auf seine Rechnung und nach seinen Anweisungen durchzuführen (RG, Urt. v. 28. 12. 1894 i. EE 12, 207; *Vowinckel* i. BBahn 1962, 226, 233).

bb) Hauptbahn als alleiniger Betriebsunternehmer

51 **Befördert** dagegen die **Hauptbahn** zu den tarifmäßigen Gebühren mit **eigenem Personal** die Fahrzeuge vom Hauptgleis zum Werk und zurück, so ist sie als Betriebsunternehmer anzusehen (RG, Urt. v. 19. 6. 1894 i. EE 12, 197 u. Urt. v. 30. 11. 1908 i. JW 1909, 59 = EE 25, 315; OLG Bremen, Urt. v. 11. 3. 1953 i. VersR 1953, 308; *Seligsohn,* RHG, Anm. 122 zu § 1; *Biermann* i. DR 1944, 222, 225; *Friese,* RHG, § 1 B III 2e).

cc) Anlieger und Hauptbahn als Betriebsunternehmer

52 Der Betrieb auf einem Anschlußgleis kann auch in der Weise geregelt sein, daß die Hauptbahn die leeren Wagen bis zu einem **bestimmten Punkt** des Anschlußgleises (Merkpfahl) befördert und die beladenen Wagen dort wieder abholt. In diesem Falle wird häufig auf dem einen Teil des Gleises die Bahnverwaltung als Betriebsunternehmer anzusehen sein und auf dem anderen der Inhaber des Privatanschlusses (RG, Urt. v. 27. 4. 1886 i. EE 5, 34, Urt. v. 27. 6. 1907 i. EE 24, 171, Urt. v. 13. 1. 1910 i. Recht 1911 Nr. 786 u. Urt. v. 18. 9. 1911 i. Warn. 1911 Nr. 438 = EE 28, 241; *Seligsohn,* RHG, Anm. 122 zu § 1; *Biermann* i. DR 1944, 222, 225; *Friese,* RHG, § 1 B III 2e).

53 Eine nähere Würdigung der betrieblichen Gestaltung kann aber auch zu dem Ergebnis führen, daß beide Seiten den Anschluß auf der gesamten Strecke oder einer Teilstrecke in der Art eines **Konkurrenzbetriebes zu verschiedenen Zeiten** führen. Als Unternehmer haftet dann derjenige, durch dessen Betriebstätigkeit der Unfall herbeigeführt wurde (RG, Urt. v. 16. 9. 1889 i. EE 7, 306; BGH, Urt. v. 14. 2. 1963 i. VersR 1963, 745 = VRS 25, 29 = BB 1964, 103 m. zust. Anm. v. *Wesemann; Seligsohn,*

RHG, Anm. 122 zu § 1; *Biermann* i. DR 1944, 222, 225; *Friese,* RHG, § 1 B III 2e; *Vowinckel* i. BBahn 1962, 222, 226). Bei der Prüfung im Einzelfall sind die Regelungen des **Gleisanschlußvertrages** und auch die Vorschriften der **Allgemeinen Bedingungen für Privatanschlußgleise – PAB –** (zuletzt in der Fassung vom 1. 7. 1973, auszugsweise wiedergegeben im Anh. 3; vgl. a. Rdz. 56), die diesen Verträgen meistens zugrunde gelegt werden, heranzuziehen. So hat der BGH (aaO.) die Betriebsunternehmereigenschaft der Bundesbahn für einen an einer Übergabestelle eines Privatanschlußgleises abgestellten Kesselwagen verneint, weil sich aus den vereinbarten PAB ergab, daß die Bundesbahn nur für Zustell- und Abholfahrten auf dem Gleis Betriebsunternehmer war, im übrigen aber der Inhaber des Gleisanschlusses Betriebsunternehmer geblieben war.

dd) Hafenbahnen

54 Wer Betriebsunternehmer einer **Hafenbahn** ist, beurteilt sich nach ähnlichen Kriterien, wie sie für den Betrieb auf **Anschlußgleisen** gelten (vgl. RG. Urt. v. 28. 12. 1894 i. EE 12, 207, Urt. v. 18. 9. 1911 i. Warn. 1911 Nr. 438 = EE 28, 241 u. Urt. v. 26. 2. 1923 i. LZ 1923 Sp 398 = EE 40, 220; OLG Bremen, Urt. v. 11. 3. 1953 i. VersR 1953, 308; *Vowinckel* i. BBahn 1962, 226, 233).

6. Interne Haftungsvereinbarungen

55 Die Betriebsunternehmereigenschaft richtet sich allein nach der **tatsächlichen** betrieblichen Gestaltung. **Vertragliche Vereinbarungen,** mit denen die Unternehmer die Haftung untereinander abweichend von § 1 HG regeln, können deshalb keine unmittelbare Wirkung gegenüber Dritten entfalten (vgl. a. Rdz. 29ff.). Solche Vereinbarungen sind dennoch weit verbreitet und von erheblicher praktischer Bedeutung.

56 Meistens handelt es sich dabei um die Anwendung von Musterbedingungen, wie die schon erwähnten **Allgemeinen Bedingungen für Privatanschlußgleise – PAB –** (auszugsweise wiedergegeben i. Anh. 3). So bestimmt § 26 Abs. 1 Satz 1 PAB in der Fassung v. 1. 7. 1973, daß für alle durch den Anschlußbetrieb verursachten Personen- oder Sachschäden im Verhältnis zwischen Anschließer und Bundesbahn der **Anschließer** aufzukommen hat, außer wenn es sich um Schäden handelt, die die **Bundesbahn** oder einer ihrer **Bediensteten verschuldet** hat. Der Anschließer hat somit unter diesen Voraussetzungen intern für einen solchen Schaden auch dann einzutreten, wenn die Bundesbahn als Betriebsunternehmer nach § 1 HG anzusehen ist. In Satz 3 dieser Vorschrift wird weiter geregelt, daß der **Anschließer,** wenn die **Bundesbahn** den **Betrieb** auf dem Anschluß **führt** und ihre dabei eingesetzten Bediensteten durch Unfall einen Schaden erleiden, dafür nur aufzukommen hat, wenn er den Unfall **schuldhaft** verursacht hat.

57 Auch die zwischen der Deutschen Bundesbahn und dem Bundesverband Deutscher Eisenbahnen e. V. (BDE) vereinbarten **Richtlinien über die Einführung öffentlicher Bahnen in Bahnhöfe einer anderen Verwaltung (Einführungsrichtlinien)** v. 1. 10./10. 11. 1970 (auszugsweise wiedergegeben i. Anh. 4) dienen der **internen Haftungsabgrenzung.**

Nach Ziff. 18.1 der Richtlinien trägt im **Güterzugverkehr** die **übergebende** Verwaltung alle Schäden, die bis zur **Bereitstellung** des Wagens im Übergabegleis eintreten. Alle Schäden, die **danach** eintreten, trägt die **übernehmende** Verwaltung. Für den **Reisezugverkehr** regelt Ziff. 18.2, daß die **übergebende** Verwaltung alle Schäden trägt, die bis zum **Halt** des Zuges am Bahnsteig des Einführungsbahnhofs eintreten. Alle Schäden **danach** gehen zu Lasten der **übernehmenden** Verwaltung. Die **übernehmende** Verwaltung haftet jedoch auch für Schäden, die ein **Reisender,** der **nicht** Fahrgast der übernehmenden Eisenbahnverwaltung ist, nach dem Halt des Zuges erleidet. Bei Betriebsabläufen, die weder dem Güterzug- noch dem Reisezugverkehr zugeordnet werden können, tritt für einen Schaden die Eisenbahnverwaltung ein, deren **Aufgaben bei** der Schadenverursachung **besorgt** worden sind. Sind bei der Schadenverursachung **zugleich** Aufgaben der Bundesbahn **und** der anderen Bahn besorgt worden oder ist **nicht festzustellen,** für welche der beiden Verwaltungen die Aufgaben besorgt worden sind, so tragen die Bundesbahn und die andere Bahn den Schaden je zur **Hälfte** (Ziff. 18.3). Tritt ein Schaden infolge von **Mängel** an **Anlagen, Einrichtungen, Geräten** oder **Fahrzeugen** ein, so trägt ihn die Verwaltung, die diese Gegenstände **unterhält** (Ziff. 18.4). Die Haftung für die **gemeinsame** Benutzung der **Güterwagen** und **Lademittel** durch die Deutsche Bundesbahn und die nichtbundeseigenen Eisenbahnen des öffentlichen Verkehrs regelt sich nach § 7 der **Benutzungsbedingungen** (GüBed) v. 7. 2. 1968.

58 **7. Beweis**

Nach der allgemeinen Regel hat derjenige, der einen Anspruch nach § 1 geltend macht, nachzuweisen, daß der in Anspruch Genommene Betriebsunternehmer im Sinne von § 1 ist.

III. Bei dem Betrieb

Schrifttum: *Biermann,* Unfälle, die durch das Hinausstrecken von Gegenständen aus fahrenden Zügen oder durch das Schleudern von Gegenständen gegen einen fahrenden Zug verursacht werden, sind keine Unfälle beim Betrieb der Eisenbahn, VAE 13, 106; *Böhmer,* Unzulässige Ausweitung des Begriffs der Eisenbahnbetriebsgefahr, MDR 1965, 266 u. JR 1966, 18; Unfälle durch Eisenbahnschranken, VersR 1960, 197; Überspannung der Eisenbahnhaftung, VersR 1965, 422; *v. Caemmerer,* Die Bedeutung des Schutzbereichs einer Rechtsnorm für die Geltendmachung von Schadenersatzansprüchen aus Verkehrsunfällen, DAR 1970, 283; *Kröner,* Haftung der Eisenbahn für Unfälle beim Ein- und Aussteigen, VAE 15, 41; *Seligsohn,* Die Haftung der Eisenbahnen für vorsätzliche Tötungen und Körperverletzungen nach dem Reichshaftpflichtgesetz, Goldschmidt's Z. 71, 163; *Staks,* Anormale Körperzustände und § 1 Reichshaftpflichtgesetz, VAE 11, 85; *R. Weimar,* Hast und Eile im Eisenbahnbetrieb, MDR 1964, 286; *W. Weimar,* Greift die Gefährdungshaftung Platz, wenn aus der Eisenbahn oder dem Kraftfahrzeug Flaschen hinausgeworfen werden?, MDR 1958, 746; Wer haftet bei Fahrgastschäden durch Gepäckwagen der Post auf Bahnsteigen der Bundesbahn?, VP 1963, 180; Unzulässige Ausweitung des Begriffs der Eisenbahnbetriebsgefahr, MDR 1965,

540; Verletzungen durch Tiere als Betriebsunfälle der Eisenbahn, JR 1965, 14; Übelkeit als Betriebsunfall, VersN 1964, 122.

1. Allgemeines

59 Es genügt nicht, daß der Betriebsunternehmer den Unfall **verursacht** hat. Der Unfall muß sich **„bei dem Betrieb"** der Bahn ereignet haben. Durch diese Einschränkung scheiden von vornherein Unfälle aus, die **anderen Unternehmensteilen,** z. B. einem mit dem Eisenbahnbetrieb verbundenen Omnibusbetrieb zuzurechnen sind. Welche Vorgänge im übrigen zum **„Betrieb"** einer Bahn gehören, läßt sich dem HG nicht entnehmen und ist auch nicht mit wenigen Worten zu umschreiben.

a) Bahnverkehr

60 Unter **Betrieb** ist **nicht** der **gesamte** Bereich des Bahnunternehmens zu verstehen. Der Gesetzgeber hat dem Bahnunternehmer die strengere Haftung auferlegt, weil der Betrieb einer Bahn mit **besonderen Gefahren** verbunden ist. Diese verwirklichen sich in **typischer** Weise im **verkehrlichen** (bahntechnischen) Teil des Bahnunternehmens, vornehmlich bei den **Beförderungen** und den sie **unmittelbar vorbereitenden** und **abschließenden Vorgängen,** wozu insbesondere das **Ein-** und **Aussteigen** und das **Rangieren** gehören. Gerade hier begünstigen die **Eigentümlichkeiten** des **Bahnverkehrs** – Bindung an Schienen oder Seile, die ein Ausweichen unmöglich machen; hohe Geschwindigkeit und Bewegung schwerer Massen, die ein rechtzeitiges Anhalten erschweren und bei Zusammenstößen eine starke Aufprallwucht bewirken; Massenbeförderungen (meistens) im Rahmen eines Fahrplans, die vor allem beim Ein-, Aus- und Umsteigen mit Eile, Hast und Gedränge verbunden sind – erfahrungsgemäß das **Entstehen** von **Unfällen** (vgl. insbes. RG, Urt. v. 22. 10. 1908 i. RG 69, 357 = EE 25, 305). Rechtsprechung und Schrifttum haben deshalb aus der Entstehungsgeschichte und dem Zweck des RHG zutreffend gefolgert, daß sich die besondere Bahnhaftung auf Unfälle **beschränkt,** die diesen Vorgängen zuzurechnen sind (vgl. RG, Urt. v. 29. 6. 1903 i. RG 55, 229, Urt. v. 2. 3. 1908 i. RG 68, 47, Urt. v. 30. 1. 1911 i. RG 75, 284, Urt. v. 30. 10. 1929 i. RG 126, 137 = EE 49, 171 u. Urt. v. 26. 3. 1934 i. RG 144, 206 = JW 1934, 1648 = EE 56, 89; BGH, Urt. v. 11. 12. 1950 i. BGH 1, 17 = VRS 3, 149 = NJW 1951, 110, Urt. v. 30. 6. 1952 i. VRS 4, 506, Urt. v. 13. 11. 1954 i. VersR 1955, 81 = VRS 8, 177, Urt. v. 2. 6. 1958 i. VersR 1958, 609, Urt. v. 5. 3. 1963 i. VersR 1963, 583 = VRS 24, 414 u. Urt. v. 15. 1. 1963 i. VersR 1963, 291 = VRS 24, 173 = NJW 1963, 711; OLG Breslau, Urt. v. 16. 8. 1938 i. VAE 8, 323; OLG Braunschweig, Urt. v. 13. 2. 1951 i. VRS 3, 390; BayerObLG, Urt. v. 30. 7. 1954 i. VersR 1954, 531; *Seligsohn,* RHG, Anm. 26ff. zu § 1 u. i. Goldschmidt's Z. 71, 163; *Friese,* RHG, § 1 B II 2a; *Böhmer,* SHG, Anm. 14f. zu § 1; *Biermann,* SHG, Anm. III u. Fußn. 33 zu § 1).

b) Innerer und äußerer Zusammenhang; Beweis

61 Der Ausdruck **„bei dem Betrieb"** beinhaltet **zweierlei:** Es muß einmal ein **innerer,** d. h. **kausaler** Zusammenhang, mit einer bestimmten

Betriebshandlung oder -einrichtung gegeben sein, wobei es genügt, daß diese **eine** der mitwirkenden Ursachen war. Weiter muß, worauf das Wort **„bei“** hinweist, auch ein **äußerer,** d. h. ein näherer **zeitlicher** und **örtlicher** Zusammenhang mit einem bestimmten Betriebsvorgang bestehen. Dieser Zusammenhang ist ohne weiteres zu bejahen, wenn sich der Unfall bei der eigentlichen **Beförderungstätigkeit – Betrieb im engeren Sinne –** ereignet hat.

62 In diesem Falle braucht nicht **nachgewiesen** zu werden, daß der Unfall auf eine dem Bahnverkehr **eigentümliche Gefahr** zurückzuführen ist (das RG hat seine in der ersten Zeit nach dem Inkrafttreten des RHG vertretene gegenteilige Auffassung später aufgegeben, vgl. Urt. v. 20. 1. 1882 i. RG 6, 37 = JW 1882, 78, Urt. v. 29. 3. 1884 i. RG 11, 146 = EE 3, 333, Urt. v. 30. 9. 1894 i. EE 10, 377; Urt. v. 18. 6. 1903 i. EE 21, 351 u. Urt. v. 22. 10. 1908 i. RG 9, 357 = EE 25, 305; ausführl. hierzu *Seligsohn,* RHG, Anm. 22ff. zu § 1; *Friese,* RHG, § 1 B 2 1). Es genügt, daß die **Möglichkeit** eines inneren Zusammenhangs besteht. Anders verhält es sich, wenn der Zusammenhang mit dem Betrieb von vornherein ausgeschlossen ist (vgl. RG, Urt. v. 29. 4. 1907 i. JW 1907, 394 = EE 24, 60). Hat sich der Unfall nicht bei der eigentlichen Beförderungstätigkeit ereignet, jedoch bei der **Vorbereitung** oder **Abwicklung** der Beförderung – **Betrieb im weiteren Sinne** –, hat der Geschädigte den **Nachweis** zu führen, daß ein ursächlicher Zusammenhang zwischen dem Unfall und einer dem Bahnbetrieb **eigentümlichen Gefahr** besteht (vgl. RG, Urt. v. 29. 6. 1903 i. RG 55, 229, Urt. v. 10. 12. 1910 i. JW 1911, 192 = EE 27, 339, Urt. v. 4. 2. 1921 i. EE 39, 208, Urt. v. 30. 10. 1929 i. RG 126, 137 = EE 49, 171 u. Urt. v. 26. 3. 1934 i. RG 144, 206 = JW 1934, 1648 = EE 56, 89; LG Hamburg, Urt. v. 6. 1. 1978 i. VersR 1979, 922 m. zust. Anm. v. *Klimke; Seligsohn,* RHG, Anm. 84 u. 86 zu § 1; *Böhmer,* SHG, Anm. 42ff. zu § 1; *Friese,* RHG, § 1 B II 2e).

2. Betrieb im engeren Sinne

63 Zum Betrieb im **engeren Sinne** gehört die eigentliche **Beförderungstätigkeit,** der Transport von Personen oder Gütern mit den Bahnfahrzeugen. Demnach haftet der Betriebsunternehmer für Unfälle, die sich bei der **Beförderung** ereignen.

a) Fortbewegung der Fahrzeuge

64 Zur Beförderungstätigkeit rechnet in erster Linie die **Bewegung der Beförderungsmittel.** Typische Betriebsunfälle sind deshalb Unfälle, die sich während der Beförderung selbst ereignen, z. B. der Sturz eines Fahrgastes aus einem fahrenden Zug (RG, Urt. v. 17. 6. 1935 i. EE 58, 378), die Verletzung eines Fußgängers durch eine vorbeifahrende Bahn oder eines Fahrgastes oder eines Dritten bei einem Zusammenstoß der Bahn mit einer anderen Bahn oder einem Straßenfahrzeug (vgl. RG, Urt. v. 29. 1. 1900 i. JW 1900, 188 = EE 17, 139; BGH, Urt. v. 13. 11. 1966 i. VersR 1967, 138; OLG Neustadt, Urt. v. 2. 7. 1954 i. VRS 7, 336).

65 Daß es zu einer **Berührung** mit den Betriebsmitteln der Bahn kommt, ist nicht erforderlich. Ein Betriebsunfall liegt z. B. auch vor, wenn Koh-

lenstaub aus einer vorbeifahrenden Lok eine Augenentzündung (RG, Urt. v. 29. 3. 1884 i. RG 11, 146 = EE 3, 333) oder wenn Dampf aus einer Lok eine Verbrennung verursacht (OLG Breslau, Urt. v. 9. 5. 1939 i. VAE 8, 356) oder Dampf oder Rauch einer Lok die Sicht eines Kraftfahrers beeinträchtigen und bewirken, daß er von der Fahrbahn abkommt (BGH, Urt. v. 21. 11. 1953 i. VersR 1954, 60; OLG Hamburg, Urt. v. 22. 2. 1940 i. VAE 9, 110 u. Urt. v. 25. 8. 1942 i. VAE 15, 26; OLG Köln, Urt. v. 2. 4. 1936 i. VAE 5, 59; OLG Hamm, Urt. v. 12. 5. 1941 i. VAE 12, 246 u. Urt. v. 25. 5. 1955 i. VersR 1955, 541; vgl. a. Rdz. 91, 126).

b) Halten

66 Die Beförderung **dauert** so lange, wie das Beförderungsmittel zu Transportzwecken benutzt wird. Ein **vorübergehendes Anhalten** – sei es auf der Station, an der Haltestelle oder auf der Strecke – unterbricht den Betrieb nicht (RG, Urt. v. 8. 10. 1903 i. JW 1903, 403 u. Urt. v. 30. 10. 1929 i. RG 126, 137 = EE 49, 271; BGH, Urt. v. 1. 6. 1976 i. VersR 1976, 963; OLG Stuttgart, Urt. v. 26. 5. 1976 i. VersR 1977, 383; *Seligsohn,* RHG, Anm. 37f. zu § 1; *Friese,* RHG, § 1 B II 3a; *Böhmer,* SHG, Anm. 18 zu § 1; *Biermann,* SHG, Anm. III 2 zu § 1). Deshalb fallen auch Unfälle unter § 1, die sich während des **Haltens** der in Betrieb gesetzten Beförderungsmittel ereignen (vgl. RG, Urt. v. 21. 11. 1885 i. EE 4; 378, Urt. v. 8. 12. 1890 i. EE 8, 87 u. Urt. v. 22. 3. 1905 i. EE 23, 236). Auch der unmittelbare Vorgang des **Ein-** oder **Aussteigens** gehört noch zur Beförderung und damit zum Betrieb im engeren Sinne (RG, Urt. v. 30. 10. 1929 i. RG 126, 137 = EE 49, 271; BGH, Urt. v. 11. 12. 1950 i. BGH 1, 17 = VRS 3, 149 = NJW 1951, 110, Urt. v. 29. 10. 1957 i. VersR 1957, 809 u. Urt. v. 24. 11. 1969 i. VersR 1970, 179 zu § 7 StVG; BayerObLG, Urt. v. 30. 7. 1954 i. VersR 1954, 539 = NJW 1955, 105; *Seligsohn,* RHG, Anm. 39 zu § 1; *Friese,* RHG, § 1 B II 3b; *Böhmer,* SHG, Anm. 18, 28f. zu § 1; Näheres Rdz. 105ff.); ebenso das **Be-** und **Entladen** von Gütern während des betriebsmäßigen Transports (vgl. hierzu BGH, Urt. v. 18. 12. 1956 i. VersR 1957, 112; *Friese,* RHG, § 1 B II 3c; Näheres Rdz. 117ff.).

3. Betrieb im weiteren Sinne

a) Vorbereitung, Durchführung und Abschluß der Beförderung

67 Zum **weiteren Betrieb** der Bahn gehören die Vorgänge, die der **Vorbereitung** oder dem **Abschluß** der Beförderung dienen (RG, Urt. v. 1. 2. 1913 i. EE 30, 90 u. Urt. v. 13. 10. 1913 i. EE 30, 488; BGH, Urt. v. 18. 12. 1956 i. VersR 1957, 112, Urt. v. 5. 1. 1963 i. VersR 1963, 583 = VRS 24, 414 = NJW 1963, 1107 u. Urt. v. 15. 1. 1963 i. VersR 1963, 291 = VRS 24, 173 = NJW 1963, 711; *Seligsohn,* RHG, Anm. 35 u. 42 zu § 1; *Friese,* RHG, § 1 B II 3c; *Biermann,* SHG, Anm. Vb zu § 1). Der Betrieb beginnt schon **vor** der Aufnahme der Beförderung mit der **Inbetriebnahme** der Fahrzeuge. Auch Unfälle, die sich bei sog. **Leerfahrten** vom Depot zum Einsatzort oder beim **Rangieren** ereignen, fallen unter § 1 (RG, Urt. v. 22. 6. 1880 i. RG 2, 8, Urt. v. 4. 1. 1887 i. EE 5, 229,

Urt. v. 16. 9. 1895 i. EE 8, 51 u. Urt. v. 12. 5. 1902 i. EE 19, 63; ebenso *Friese,* RHG, § 1 B II 3c, der zu Recht darauf hinweist, daß es keinen Unterschied begründet, ob das Rangieren unmittelbar dem Transport dient oder etwa zu Reparaturzwecken vorgenommen wird; a. A. *Seligsohn,* RHG, Anm. 35 zu § 1). Der Betrieb **endet** mit der Außerbetriebsetzung der Beförderungsmittel, dem vorschriftsmäßigen und gesicherten **Abstellen** im Depot oder auf dem Verladegleis (vgl. BGH, Urt. v. 1. 6. 1976 i. VersR 1976, 963 u. OLG Neustadt, Urt. v. 2. 7. 1954 i. VRS 7, 338; *Wussow* i. WI 1976, 119). Die beim Güterverkehr erst nach dem Erreichen des Zielortes beginnende Entladung gehört nicht mehr zum Betrieb (RG, Urt. v. 17. 6. 1907 i. EE 24, 162; vgl. jedoch Rdz. 118).

68 Zum Betrieb gehören ferner die Maßnahmen, die der **Durchführung** der Beförderung dienen, sofern sie im Zusammenhang mit **wirklich ablaufenden Betriebsvorgängen** stehen, wie die betriebsmäßige Betätigung von **Signalen, Weichen, Bahnschranken** oder **Drehscheiben** (vgl. RG, Urt. v. 12. 3. 1900 i. EE 17, 225, Urt. v. 29. 9. 1905 i. EE 23, 309, Urt. v. 9. 11. 1906 i. EE 17, 133, Urt. v. 8. 3. 1909 i. RG 46, 23, Urt. v. 13. 10. 1913 i. JW 1914, 95 = EE 30, 489, Urt. v. 29. 3. 1915 i. EE 32, 106 u. Urt. v. 13. 10. 1930 i. EE 30, 488; BGH, Urt. v. 5. 3. 1963 i. VersR 1963, 583 = VRS 24, 414 = NJW 1963, 1106 u. Urt. v. 7. 10. 1966 i. VersR 1967, 132; Näheres Rdz. 119ff.).

b) Betriebskraft

69 Auch die Einwirkungen der verwendeten **Betriebskraft** (Dampf, Strom usw.) sind zum Betrieb zu rechnen. Dabei braucht ein **konkreter Zusammenhang** mit einer **Beförderungstätigkeit nicht** gegeben zu sein (vgl. Rdz. 70). Es genügt, daß die Betriebskraft zum Zwecke der Beförderung wirksam sein sollte oder wirksam war (vgl. *Seligsohn,* RHG, Anm. 40f. zu § 1; *Friese,* RHG, § 1 B II 3c u. g; *Biermann,* SHG, Anm. III 1 zu § 1 u. Fußn. 44 zu § 1). So hat das RG Schäden durch die Explosion von **Dampfkesseln** von Loks, die angeheizt waren, um für den Einsatz verfügbar zu sein, oder deren Verwendung als Betriebsmittel schon beendet war, als Betriebsunfälle gewertet (Urt. v. 13. 4. 1881 i. EE 2, 12, Urt. v. 3. 12. 1903 i. RG 56, 265 = EE 20, 334; OLG München, Urt. v. 9. 6. 1905 i. EE 22, 173). Der Hauptanwendungsfall ist die Einwirkung von **Strom** bei elektrischen Bahnbetrieben, z. B. die Verletzung eines Passanten durch die Berührung einer herabgefallenen, unter Strom stehenden Oberleitung einer Straßenbahn (vgl. RG, Urt. v. 15. 1. 1900 i. JW 1900, 158 = EE 17, 57; vgl. a. RG, Urt. v. 19. 11. 1917 i. JW 1918, 176 = EE 36, 74: elektrischer Schlag beim Anfassen eines unter Strom stehenden Teils einer Straßenbahn; BGH, Urt. v. 19. 11. 1964 i. VersR 1965, 136: Stromschlag bei Arbeiten an Fahrleitungsmasten der DB).

70 Daß z. Zt. des Unfalls eine **Beförderung stattfindet,** ist **nicht** erforderlich (RG, Urt. v. 3. 12. 1903 i. RG 56, 265 = EE 20, 334). Ein Stromunfall ist deshalb auch dann als Betriebsunfall i. S. von § 1 anzusehen, wenn er sich nachts oder in sonstigen Zeiten der **Betriebsruhe** ereignet. Auch reicht es aus, daß die Verletzung **mittelbar** eintritt, etwa dadurch, daß der Draht einer anderen Leitung reißt, auf die stromführende Oberleitung einer Bahn fällt und so den Strom überträgt (RG, Urt. v. 30. 4. 1906

i. JW 1906, 376 = EE 23, 59 u. Urt. v. 1. 10. 1906 i. JW 1906, 706 = EE 23, 187; OLG München, Urt. v. 9. 6. 1905 i. EE 22, 173). Fällt jedoch umgekehrt der stromlose Draht der Oberleitung einer Straßenbahn auf eine andere, stromführende Leitung und überträgt von dieser Strom auf einen Menschen, so handelt es sich nicht um einen Betriebsunfall, weil hier nicht die Betriebskraft der Bahn wirksam geworden ist (so zutr. *Friese* aaO.; vgl. a. Rdz. 14, 48 zu § 2).

4. Betriebsvorgang

a) Bestimmter Betriebsvorgang

71 Es muß stets ein Zusammenhang zwischen dem Unfall und einem **bestimmten** Betriebsvorgang, d. h. einer **Betriebstätigkeit** oder einer **Betriebseinrichtung** bestehen.

72 Daß der Unfall **allgemein** auf den Beförderungsbetrieb der Bahn zurückzuführen ist, genügt **nicht** (RG, Urt. v. 18. 6. 1903 i. EE 21, 351, Urt. v. 29. 6. 1903 i. RG 55, 229, Urt. v. 6. 7. 1903 i. JW 1903, 345, Urt. v. 3. 12. 1903 i. RG 56, 265 = EE 20, 334, Urt. v. 13. 7. 1904 i. JW 1904, 487 = EE 21, 179, Urt. v. 30. 1. 1911 i. RG 75, 284, Urt. v. 19. 10. 1916 i. Warn. 1916 Nr. 309, Urt. v. 30. 5. 1918 i. RG 93, 66, Urt. v. 1. 11. 1923 i. VR 1924 Nr. 288 u. Urt. v. 30. 10. 1929 i. RG 126, 137 = EE 49, 271; BGH, Urt. v. 30. 6. 1952 i. VRS 4, 506, Urt. v. 2. 6. 1958 i. VersR 1958, 609, Urt. v. 5. 3. 1963 i. VersR 1963, 583 = VRS 24, 412 = NJW 1963, 1107 u. Urt. v. 15. 1. 1963 i. VersR 1963, 291 = VRS 24, 173 = NJW 1963, 711; *Seligsohn,* RHG, Anm. 54 zu § 1; *Friese,* RHG, § 1 B II 2a u. 3; *Biermann,* SHG, Anm. III 3 zu § 1). So liegt z. B. kein Betriebsunfall vor, wenn jemand durch ein Ziegelstück verletzt wird, das vom Dachgesims eines Bahnhofsgebäudes herabgefallen und das Glasdach des Bahnsteigs durchschlagen hat (RG, Urt. v. 29. 6. 1903 i. RG 55, 229). Das gilt auch dann, wenn das Herabfallen auf Erschütterungen zurückzuführen ist, die vorbeifahrende Züge hervorgerufen haben, es aber an einer erkennbaren Beziehung zu einem **bestimmten** Betriebsvorgang fehlt. Ein solcher Zusammenhang ist aber z. B. in dem vom RG (aaO.) angeführten Beispielsfall gegeben, in dem eine Lok über den Prellbock hinausspringend die Wand des Bahnhofsgebäudes durchbricht und ein sich aus der Mauer lösender Stein einen Menschen trifft. Ebenso ist er zu bejahen, wenn jemand einen Unfall durch das Herabfallen der Bekrönung eines Straßenbahnmastes erleidet und dies darauf zurückzuführen ist, daß ein Straßenbahnwagen beim Vorbeifahren die Drähte ins Schwingen gebracht hat (RG, Urt. v. 18. 6. 1903 i. EE 21, 351). Dagegen ist ein Zusammenhang mit einem bestimmten Betriebsvorgang zu verneinen, wenn ein herabstürzendes Gesimsstück jemanden verletzt, nachdem der Zug nach der Einfahrt schon einige Minuten ruhig im Bahnhof gestanden hat (RG, Urt. v. 13. 7. 1904 i. JW 1904, 487 = EE 21, 179; abl. *Seligsohn,* RHG, Anm. 34, 80f. zu § 1); dasselbe gilt, wenn jemand beim Abladen eines Waggons durch das Herabstürzen von Holzstämmen infolge des Zerbrechens einer Runge verletzt wird, die während des Transports durch die Erschütterungen und Bewegungen bei der Beförderung

angebrochen war (RG, Urt. v. 28. 2. 1906 i. JW 1907, 276 = EE 23, 397; vgl. a. RG, Urt. v. 8. 3. 1900 i. RG 46, 23; AG Hannover, Urt. v. 31. 8. 1957 i. VersR 1959, 542).

b) Zustand einer Betriebseinrichtung

73 Wird der Unfall durch eine **Betriebseinrichtung** ausgelöst, ist zu fordern, daß – zumindest mittelbar – ein **Zusammenhang** mit wirklich ablaufenden **Beförderungsvorgängen** besteht (RG, Urt. v. 29. 6. 1903 i. RG 55, 229 u. Urt. v. 6. 7. 1903 i. JW 1903, 345; BGH, Urt. v. 8. 4. 1954 i. VRS 7, 20, Urt. v. 2. 6. 1958 i. VersR 1958, 609, Urt. v. 5. 3. 1963 i. VersR 1963, 583 = VRS 24, 414 = NJW 1963, 1107 u. Urt. v. 15. 1. 1963 i. VersR 1963, 291 = VRS 24, 173 = NJW 1963, 711; OLG Karlsruhe, Urt. v. 21. 5. 1952 i. VersR 1952, 434; *Friese,* RHG, § 1 B II 2a u. 3). Daß der Unfall **allein** auf den **Zustand** einer Betriebsanlage zurückzuführen ist und nicht auch auf eine Betriebsfunktion, reicht zur Begründung einer Haftung nach § 1 **nicht** aus.

74 Das Erfordernis eines Zusammenhang mit einer Betriebstätigkeit fehlt insbesondere, wenn sich der Unfall während einer **Betriebsruhe** ereignet oder auf einer **stillgelegten** oder wegen einer Störung **gesperrten** Strecke (vgl. BGH, Urt. v. 15. 1. 1963 aaO.; *Seligsohn,* RHG, Anm. 80 zu § 1; Friese aaO.). Ein Betriebsunfall liegt aber auch dann nicht vor, wenn zwar Beförderungen durchgeführt werden, jedoch ein **konkreter** Zusammenhang zwischen ihnen und dem Unfall fehlt. Keinen Betriebsunfall erleidet deshalb z. B. derjenige, der beim Begehen oder Befahren von Gleisen verunglückt, ohne daß sich zur Zeit des Unfalls ein **Zug nähert** (RG, Urt. v. 23. 4. 1900 i. EE 17, 244 u. Urt. v. 18. 10. 1906 i. JW 1906, 747; BGH, Urt. v. 8. 4. 1954 i. VRS 7, 20 u. Urt. v. 2. 6. 1958 i. VersR 1958, 609; OLG Köln, Urt. v. 17. 5. 1934 i. EE 56, 398; OLG Celle, Urt. v. 18. 2. 1939 i. VAE 7, 199, *Friese,* RHG, § 1 B II 2a; *Biermann,* RHG, Anm. V zu § 1; *Böhmer,* SHG, Anm. 33; *Finger,* Eisenbahngesetze, Anm. 3a zu § 1 RHG).

75 Dagegen handelt es sich um einen Betriebsunfall, wenn ein Fußgänger beim Überschreiten eines Gleises zu Fall kommt, weil er durch das **Herannahen des Zuges** zum eiligen Überschreiten des Bahnübergangs veranlaßt wurde (OLG Frankfurt, Urt. v. 2. 6. 1927 i. JW 1928, 3192; OLG Köln, Urt. v. 17. 5. 1934 i. EE 56, 398). Bei Unfällen durch Bahnschranken oder Weichen kommt es darauf an, ob diese **im Hinblick** auf einen **Beförderungsvorgang** in Betrieb genommen wurden oder ob nur die Anlage als solche den Unfall bewirkt hat (vgl. RG, Urt. v. 1. 2. 1913 i. EE 30, 90: kein Betriebsunfall bei Verletzung durch herabstürzende Bahnschranke, die nicht in Benutzung war; RG, Urt. v. 13. 10. 1913 i. EE 30, 489 u. BGH, Urt. v. 5. 3. 1963 i. VersR 1963, 583 = VRS 24, 414 = NJW 1963, 1107: Betriebsunfall, wenn Bahnschranke wegen eines sich nähernden Zuges in Funktion getreten war; RG, Urt. v. 8. 3. 1909 i. RG 46, 23: Haftung bejaht für Unfall durch Umschlagen einer Weiche beim Betrieb, verneint für Unfall beim Reinigen einer Weiche). Unfälle, die sich beim Beschreiten des **Bahnsteigs** ereignen, sind nicht als Betriebsunfälle anzusehen, wenn ihre Ursache allein in einem **verkehrswidrigen Zustand** des **Bahnsteigs** besteht und nicht zumindest auch auf eine Betriebsfunktion zurückzuführen ist. So sind Unfälle, die sich wegen Regen- oder Schneeglätte oder sonstigen Mängeln der Bahnsteigflächen ereignen, nicht als Betriebsunfälle zu werten (RG, Urt. v. 30. 1. 1924 i. EE 45, 86, Urt. v. 30. 11. 1933 i. EE 56, 86 u. Urt. v. 19. 10. 1934 i. EE 57, 222; BGH, Urt. v. 13. 11. 1954 i. VersR 1955, 81 = VRS 8, 117; OLG Celle, Urt. v. 13. 7. 1957 i. VersR 1957, 607; *Friese,* RHG, § 1 B II 3c β; *Böhmer,* SHG, Anm. 3 zu § 1), es sei denn, daß ein **Betriebsvorgang mitgewirkt** hat, z. B. die Glätte durch den Wasserdampf einer Lok verursacht wurde (RG, Urt. v. 10. 7. 1911 i. JW 1911, 824) oder ein enger Zusammenhang mit dem Ein- oder Aussteigen bestand (RG, Urt. v. 30. 10. 1929 i. RG 126, 137 = EE 49, 271; BGH, Urt. v. 11. 12. 1950 i. BGH 1, 17 = VRS 3, 149; Österr. OGH, Urt. v. 23. 5. 1956 i. VRS 13, 312; *Friese* aaO.; Näheres Rdz. 119ff.; vgl. a. Rdz. 36f. u. 121 zu § 12).

c) Gewollter Betriebsvorgang

76 Daß es sich um einen Betriebsvorgang handelt, den die dazu berufenen Personen des Bahnpersonals als solchen veranlaßt haben, ist nicht erforderlich. Setzt sich z. B. ein abgestelltes Schienenfahrzeugs von selbst in Bewegung und verursacht es einen Unfall, so begründet dies die Haftung nach § 1 (vgl. RG, Urt. v. 11. 3. 1898 i. JW 1898, 267 = EE 15, 129 u. Urt. v. 28. 2. 1907 i. JW 1907, 276 = EE 23, 397; vgl. a. RG, Urt. v. 12. 1. 1909 i. EE 17, 213; BGH, Urt. v. 1. 6. 1976 i. VersR 1976, 963 = VRS 51, 333 = MDR 1976, 921; OLG Neustadt, Urt. v. 2. 7. 1954 i. VRS 7, 336; *Seligsohn,* RHG, Anm. 27, 36 zu § 1). Wie der BGH (aaO.) zutreffend festgestellt hat, kann es dabei keinen Unterschied begründen, ob technisches oder menschliches Versagen dafür ursächlich war, daß das Fahrzeug in Bewegung gesetzt wurde (z. B. unzureichendes Anziehen der Bremsen, keine Unterlegung von Schuhen) oder ob es sich um Eingriffe **Unbefugter** gehandelt hat (z. B. Sabotageakte, Lösung der Bremsen durch spielende Kinder, ,,Schwarzfahrt" mit einer Straßenbahn). Das RG machte die Haftung für Unfälle durch Eingriffe Unbefugter zunächst davon abhängig, daß der Unternehmer diese ermöglicht hatte (vgl. Urt. v. 11. 3. 1898 i. JW 1898, 267 = EE 15, 129, Urt. v. 14. 11. 1918 i. JW 1919, 244 = EE 37, 178, Urt. v. 18. 4. 1907 i. EE 24, 59 u. Urt. v. 10. 6. 1915 i. Warn. 1915 Nr. 112 = EE 32, 455); später stellte es zutreffend nur noch darauf ab, ob sich das von dem Unbefugten in Bewegung gesetzte Fahrzeug **„an sicherer Stelle völlig außerhalb des Betriebes"** befunden hatte (RG, Urt. v. 6. 12. 1898 i. EE 15, 334, Urt. v. 18. 4. 1907 i. EE 24, 59 u. Urt. v. 14. 10. 1918 i. JW 1919, 244 = EE 37, 138); letzterenfalls befindet sich das Fahrzeug nicht mehr im Betrieb, so daß eine Haftung nach § 1 schon aus diesem Grunde ausscheidet (vgl. BGH, Urt. v. 18. 12. 1956 i. VersR 1957, 112 u. Urt. v. 1. 6. 1976 aaO.; vgl. a. Rdz. 118). Bedient ein **Unbefugter** eine Betriebseinrichtung, die der Vorbereitung, Abwicklung oder Durchführung der Beförderung dient, z. B. eine Bahnschranke, so scheitert die Haftung für einen hierdurch verursachten Unfall daran, daß es an dem erforderlichen Zusammenhang mit einem **bestimmten** Betriebsvorgang fehlt (vgl. Rdz. 72).

5. Kausaler Zusammenhang mit dem Bahnbetrieb

77 Die Worte „beim Betrieb" beinhalten auch, daß ein Betriebsvorgang den Schaden **adäquat verursacht** hat. Neben dem äußeren muß stets auch ein **innerer** Zusammenhang gegeben sein (*Seligsohn,* RHG, Anm. 82 zu § 1; *Friese,* RHG, § 1 B II 2c; *Böhmer,* SHG, Anm. 20f. zu § 1; *Biermann,* SHG, Fußn. 33 zu § 1).

a) Adäquate Verursachung

78 Die im Haftpflichtrecht geltende Lehre von der **adäquaten Verursachung** ist auch für die Haftung nach § 1 HG maßgebend. Sie stellt eine doppelte Voraussetzung auf: Zunächst ist festzustellen, ob das ursächliche Ereignis hinweggedacht werden kann, ohne daß der schädliche Erfolg (Schaden) entfiele oder doch eine wesentliche Änderung erlitte (conditio sine qua non). Insoweit ist auch die sog. **Äquivalenz- (Bedingungs-) Theorie** zu beachten. Ist eine solche Ursächlichkeit nicht gegeben, so braucht nicht mehr geprüft zu werden, ob das Ereignis nach der sog. **Adäquanztheorie** als Ursache anzusehen ist (BGH, Urt. v. 11. 5. 1951 i. BGH 2, 138 = NJW 1951, 711; *Full* i. *Full/Möhl/Rüth,* StVR, Rdz. 102 zu § 7 StVG; *Wussow,* UHR, Tz. 76). Erleidet z. B. ein Fahrgast während der Fahrt mit einer Eisenbahn infolge einer älteren Erkrankung einen Schlaganfall, so ist dieser Unfall unabhängig vom Bahnbetrieb eingetreten; er war nicht einmal i. S. der Äquivalenztheorie kausal (*Seligsohn,* RHG, Anm. 82 zu § 1; *Wussow,* UHR, Tz. 642).

79 Erst wenn eine solche kausale Beziehung zwischen einem Betriebsvorgang und dem Schaden zu bejahen ist, ist weiter zu fragen, ob er eine **adäquate Ursache** gebildet hat. Das Erfordernis der Adäquanz scheidet diejenigen Kausalverläufe aus, die dem Verantwortlichen billigerweise rechtlich nicht mehr zugerechnet werden können. Dabei ist zu unterscheiden, ob es sich um eine Haftung aus einer Verletzung der im Verkehr erforderlichen Sorgfalt handelt (insbesondere fahrlässige Verstöße gegen § 823 Abs. 1 BGB, vgl. Rdz. 3ff. zu § 12) oder um die hier in Frage stehende **Gefährdungshaftung.** Bei der letzteren kommt es nicht darauf an, ob der Schadenfall auf Grund der bisherigen Erfahrungen vorausgesehen werden mußte; maßgebend ist vielmehr nur, ob es sich um eine **spezifische** Auswirkung derjenigen **Gefahren** handelt, hinsichtlich derer der Verkehr nach dem **Sinn** der **Haftungsvorschrift** schadlos gehalten werden soll (BGH, Urt. v. 3. 7. 1962 i. VersR 1962, 829 = NJW 1962, 1676 u. Urt. v. 27. 1. 1981 i. VersR 1981, 676 = NJW 1981, 983; *Deutsch,* Haftungsrecht, § 5 V 11; *Lange,* Schadenersatz, § 3 X 9; *Krumme/Steffen* StVG, Rdz. 11 zu § 7 StVG; krit. *Schünemann* i. NJW 1981, 2796).

80 Eine Haftung scheidet demnach aus, wenn Anlagen oder Einrichtungen der Bahn nur der zufällige Schauplatz des Unfalls waren und sich der Unfall an jedem anderen Ort in gleicher Weise hätte ereignen können (RG, Urt. v. 3. 7. 1913 i. JW 1913, 995 = EE 30, 232; BGH, Urt. v. 30. 6. 1952 i. VRS 4, 506; *Friese,* RHG, § 1 B II 2a). Zutreffend wurde auch der **innere Zusammenhang** mit dem Bahnbetrieb für folgende Unfälle **verneint:** Tod eines Reisenden nach einem Wortwechsel mit dem

Zugschaffner im Aufsichtsbüro (OLG Karlsruhe, Urt. v. 28. 10. 1942 i. VAE 15, 70; *Böhmer,* SHG, Anm. 41 zu § 1); Sturz einer Reisenden, die sich aus dem Fenster eines ruhig auf der Station stehenden Eisenbahnwagens hinausbeugt, um eine Erfrischung zu erlangen (RG, Urt. v. 6. 10. 1913 i. EE 30, 360; *Friese,* RHG, § 1 B II 3b; a. A. *Seligsohn,* RHG, Anm. 38 zu § 1); Unfall eines Reisenden, der während eines Zugaufenthaltes auf dem Gang zum Abort stürzt, wobei die für den Unfall mitursächliche Eile nicht auf den Bahnbetrieb, sondern auf persönliche Gründe zurückzuführen ist (RG, Urt. v. 7. 11. 1907 i. EE 24, 280; *Friese* aaO.); Tötung eines auf der Hinterplattform eines Straßenbahnwagens stehenden Fahrgastes durch einen Blitzschlag (*Eger,* RHG, S. 138; *Friese* i. JR 1950, 333, 335); Verletzung eines in einem haltenden Zug sitzenden Fahrgastes durch von einem Sturm losgelöste Teile eines in Bahnhofsnähe errichteten Schuppens (OLG Frankfurt, Urt. v. 6. 4. 1978 i. VersR 1978, 967; vgl. a. Rdz. 87).

b) Eigentümliche Betriebsgefahr, Schutzzweck

81 Der Unfall muß auf eine dem **Bahnbetrieb eigentümliche Gefahr** zurückzuführen sein, wobei, wenn sich der Unfall bei der eigentlichen Beförderungstätigkeit ereignet, die **Möglichkeit** eines solchen Zusammenhanges genügt (RG, Urt. v. 7. 6. 1871 i. RG 55, 229, 231; Urt. v. 30. 6. 1880 i. EE 1, 243, Urt. v. 9. 1. 1902 i. RG 50, 92 u. Urt. v. 12. 7. 1926 i. RG 114, 291; *Seligsohn,* RHG, Anm. 53 u. 83 zu § 1; *Friese,* RHG, § 1 B II 2a, vgl. a. Rdz. 62). Nicht notwendig ist, daß der Unfall auf einer Gefahr beruht, die dem Bahnbetrieb **ausschließlich** eigentümlich ist. So stand z. B. nach der Auffassung des RG der Annahme, daß sich ein Unfall, den jemand durch die Explosion eines Dampfkessels einer Lok erleidet, „beim Betrieb" ereignet, nicht entgegen, daß solche Explosionen auch bei anderen Dampfmaschinen vorkommen (RG, Urt. v. 20. 1. 1882 i. RG 6, 37; vgl. auch RG, Urt. v. 26. 3. 1934 i. RG 144, 206, 208 = JW 1934, 1648 = EE 56, 89).

82 Eine weitere Einschränkung folgt aus dem **Schutzzweck** der Vorschrift (vgl. BGH, Urt. v. 23. 11. 1955 i. VersR 1956, 36 = NJW 1956, 217, Urt. v. 17. 5. 1956 i. VersR 1957, 599 = NJW 1957, 1593, Urt. v. 24. 9. 1957 i. VersR 1957, 719 = NJW 1957, 1878, Urt. v. 22. 4. 1958 i. NJW 1958, 1041, Urt. v. 20. 5. 1958 i. NJW 1958, 1044, Urt. v. 3. 7. 1962 i. VersR 1962, 829 = NJW 1962, 1676, Urt. v. 7. 6. 1968 i. VersR 1968, 800, Urt. v. 9. 12. 1969 i. NJW 1970, 421, Urt. v. 15. 12. 1970 i. NJW 1971, 459 u. Urt. v. 22. 6. 1971 i. NJW 1971, 1887; v. *Caemmerer* i. DAR 1970, 283; *Lange,* Schadenersatz, § 3 X; *Deutsch,* Haftungsrecht, § 11 V 11). Auch im Rahmen der Gefährdungshaftung nach § 1 ist zu fragen, ob es sich bei dem Schaden um eine Folge handelt, die in den Bereich der Gefahren fällt, um derentwillen die Rechtsnorm erlassen worden ist (BGH, Urt. v. 3. 7. 1962 i. VersR 1962, 829 = NJW 1962, 1676; vgl. a. RG, Urt. v. 22. 10. 1908 i. RG 69, 357: keine Haftung für Mord im Eisenbahnabteil; vgl. a. RG, Urt. v. 4. 7. 1938 i. RG 158, 34, 39). Die Begrenzung durch den Schutzzweck hat allerdings nicht die gleiche Bedeutung wie bei Haftungstatbeständen, denen Verhaltenspflichten zugrunde liegen (vgl. Rdz. 79).

c) Andere Ursachen

83 Der Betrieb muß **nicht** die **notwendige** und auch **nicht** die **alleinige** Ursache des Unfalls sein (RG, Urt. v. 30. 10. 1929 i. RG 126, 137 = EE 49, 271, Urt. v. 16. 10. 1924 i. LZ 1925 Sp. 595 = EE 41, 344; *Seligsohn,* RHG, Anm. 83 zu § 1; *Friese,* RHG, § 1 B II 2a; *Böhmer,* SHG, Anm. 22 zu § 1; *Biermann,* SHG, Anm. IX zu § 1; vgl. a. RG, Urt. v. 3. 7. 1913 i. JW 1913, 995 = EE 30, 232). Daß der Betrieb **eine** der mitwirkenden Ursachen ist, reicht grundsätzlich aus. Verunglückt z. B. ein Fahrgast während der Fahrt infolge eines **Ohnmachts-** oder **Schwindelanfalles** oder einer sonstigen **körperlichen Störung,** so ist zu fragen, ob hierfür **ausschließlich** Gründe ursächlich waren, die in der gesundheitlichen Konstitution des Fahrgastes lagen – in diesem Falle fehlt ein kausaler Zusammenhang mit dem Betrieb – oder ob **auch** der Betrieb bei der Entstehung des Anfalls (schlechte Luft, rüttelnde Fahrbewegungen) mitgewirkt hat. Letzteres reicht für die Annahme einer adäquaten Verursachung durch den Betrieb aus (*Seligsohn* i. Goldschmidt's Z. 71, 163, 179; *Friese,* RHG, § 1 B II 3b; *W. Weimar* i. VersN 1964, 122; *Wussow,* UHR, Tz. 642). Die Mitursächlichkeit des Bahnbetriebs kann auch darin begründet sein, daß der Fahrgast infolge einer körperlichen Schwäche aus dem fahrenden Zug stürzt und erst hierdurch eine Verletzung eintritt, die an einem anderen Ort nicht oder doch jedenfalls mit wesentlich geringeren Folgen eingetreten wäre (vgl. RG, Urt. v. 4. 3. 1907 i. EE 23, 398, Urt. v. 1. 11. 1915 i. EE 33, 208, Urt. v. 4. 3. 1920 i. EE 38, 69, Urt. v. 7. 6. 1921 i. JW 1922, 1124 m. zust. Anm. v. *Seligsohn*, Urt. v. 29. 4. 1935 i. JW 1935, 2354 u. Urt. v. 15. 2. 1944 i. DR 1944, 587 = DNotZ 1944, 146 L; *Seligsohn* i. Goldschmidts'Z. 71, 163, 179; a. A. *Staks* i. VAE 11, 85; *Friese* u. *Wussow* aaO.; ebenso für Unfälle durch Schlaftrunkenheit des Verletzten: RG, Urt. v. 11. 7. 1914 i. EE 32, 92, Urt. v. 19. 3. 1917 i. EE 34, 144 u. Urt. v. 18. 2. 1935 i. EE 57, 471; Epilepsie: RG, Urt. v. 2. 4. 1936 i. VAE 2, 332; Wahnvorstellung: RG, Urt. v. 4. 11. 1918 i. JW 1919, 38). Bleibt bei einem Sturz aus einem fahrenden Zug **unklar,** ob hierfür Gründe ursächlich waren, die allein in der Person des Geschädigten lagen, so geht diese Unklarheit zu Lasten des Bahnbetriebsunternehmers (RG, Urt. v. 18. 2. 1935 i. EE 57, 471 u. Urt. v. 7. 6. 1935 i. EE 58, 378; OLG Hamburg, Urt. v. 30. 10. 1940 i. VAE 11, 5; OLG Stuttgart, Urt. v. 28. 3. 1979 i. VersR 1979, 1038; vgl. a. Rdz. 62. Rechtsprechung und Schrifttum haben auch einen Anscheinsbeweis für ein Verschulden des Fahrgastes in solchen Fällen abgelehnt, vgl. Rdz. 218 zu § 12).

Ein innerer Zusammenhang mit dem Bahnbetrieb kann auch dadurch gegeben sein, daß die für diesen Verkehr typische **räumliche Enge,** insbesondere auf den **Bahnsteigen** (vgl. RG, Urt. v. 10. 11. 1921 i. JW 1922, 388, Urt. v. 18. 10. 1921 i. EE 39, 140 u. Urt. v. 13. 11. 1924 i. RG 109, 172 = JW 1925, 619 m. Anm. v. *Schmidt-Ernsthausen*) oder in den **Fahrzeugen** zum Entstehen des Unfalls beigetragen hat, indem sie besondere **Gefahren** begründet oder andere Gefahren verstärkt oder es erschwert hat, diesen Gefahren auszuweichen. Ein solcher **Zusammenhang** wurde z. B. in den folgenden Fällen **bejaht:** Verletzung eines Fahrgastes durch eine wegen des beschränkten Raumes ungünstig angebrachte Speisewagentür (RG, Urt. v. 3. 7. 1913 i. JW 1913, 995 = EE 30, 232), Unfall durch Stolpern über einen Koffer im Gang eines D-Zuges (RG, Urt. v. 22. 2. 1915 i. Warn. 1915 Nr. 125 = EE 32, 99; OLG Naumburg, Urt. v. 2. 11. 1931 i. EE 52, 382; *Friese,* RHG, § 1 B II 3b α; *Biermann,* SHG, Fußn. 95 zu § 1; a. A. *von Kienitz* i. EE 52, 384), Brand oder Explosion von Gegenständen, die ein Mitreisender in das Zugabteil eingebracht hat (RG, Urt. v. 22. 4. 1920 i. Warn. 1921 Nr. 172 = EE 38, 72, Urt. v. 23. 12. 1920 i. JW 1921, 343 m. Anm. *v. Schmidt-Ernsthausen* = LZ 1921 Sp. 271 u. Urt. v. 13. 10. 1924 i. EE 42, 206; *Seligsohn,* RHG, Anm. 32 zu § 1; *Friese,* RHG, § 1 B II 3b α zu § 1; *Biermann,* SHG, Anm. IX zu § 1; *Böhmer,* SHG, Anm. 39 zu § 1; vgl. a. RG, Urt. v. 13. 11. 1924 i. RG 109, 172; AG Erfurth, Urt. v. 12. 12. 1946 i. JR 1946, 190). Dem Bedenken von *Schmidt-Ernsthausen* (aaO.), die räumliche Enge spiele auch bei der Beförderung mit anderen Verkehrsmitteln eine Rolle, kann nicht gefolgt werden, weil § 1 nicht voraussetzt, daß der Unfall durch Gefahren verursacht wurde, die dem Bahnbetrieb **ausschließlich** eigentümlich sind (vgl. RG, Urt. v. 26. 3. 1934 i. RG 144, 206, 208 = JW 1934, 1648 = EE 56, 89 sowie Rdz. 81). Es kann jedoch im Einzelfall ein **adäquater Zusammenhang fehlen.** Dieser wurde z. B. zutreffend für den Unfall eines weiblichen Fahrgastes verneint, der eine Nervenerschütterung dadurch erlitt, daß er im Inneren des Fahrzeuges die verhältnismäßig harmlose Explosion eines auf der Hinterplattform der Straßenbahn in Brand geratenen Kartons mit Filmmaterial miterlebte (KG, Urt. v. 22. 9. 1928 i. EE 48, 182; *Biermann,* SHG, Fußn. 86 zu § 1; a. A. *Böhmer,* RHG, Anm. V 35 zu § 1 u. SHG, Anm. 39 zu § 1). Umstritten ist, ob die **Bißverletzung** eines Reisenden durch einen im Abteil mitbeförderten **Hund** als Unfall „beim Betrieb" anzusehen ist (bejahend OLG Köln, Urt. v. 5. 5. 1938 i. VR 12, 771; *Friese,* RHG, § 1 B II 3b α; *Geigel/Schlegelmilch,* Haftpflichtprozeß, Kpt. 22 Rdz. 21; *W. Weimar* i. JR 1965, 14 u. i. MDR 1965, 540; abl. *Böhmer* i. MDR 1965, 266, i. VersR 1965, 422 u. i. JR 1966, 18). Die Entscheidung hängt davon ab, ob die Bissigkeit des Hundes durch die Beförderung (Einschränkung der Bewegungsfreiheit durch die Enge des Abteils, ungewohnte Geräusche und Erschütterungen, fremde Umgebung) hervorgerufen wurde oder ob sie ohnehin bestand. Das ist eine Beweisfrage, bei der zu beachten ist, daß für die Annahme eines Betriebsunfalls ausreicht, daß ersteres möglich erscheint (vgl. Rdz. 62).

85 Die **Massenansammlung** von Menschen auf den (oft schmalen) **Bahnsteigen** und das dabei entstehende **Gedränge** sowie die **Hast** und **Eile** der Fahrgäste begründen ebenfalls **typische Bahngefahren.** Sie können bewirken, daß insbesondere Unfälle, die die Fahrgäste unmittelbar **vor** dem Einsteigen oder unmittelbar **nach** dem Aussteigen erleiden, noch in einem inneren Zusammenhang mit der Beförderungstätigkeit der Bahn stehen und dadurch ausnahmsweise noch zum „Betrieb" der Bahn rechnen (RG, Urt. v. 14. 3. 1907 i. EE 24, 50, Urt. v. 10. 11. 1921 i. JW 1922, 388, Urt. v. 30. 10. 1929 i. RG 126, 137 = EE 49, 271 u. Urt. v. 18. 5. 1933 i. EE 55, 176; BGH, Urt. v. 13. 11. 1954 i. VersR 1955, 81 = VRS 8, 117, KG, B. v. 18. 4. 1955 i. NJW 1955, 714; OLG Celle, Urt. v. 13. 2. 1957 i. VersR 1957, 607; *Seligsohn,* RHG, Anm. 46f. zu § 1; *Friese,* RHG,

§ 1 B II 3b; *Böhmer,* SHG, Anm. 43 zu § 1; krit. *Meyer* i. VAE 1, 209 u. 2, 412; *Biermann,* SHG, Anm. IX zu § 1; *R. Weimar* i. MDR 1964, 286; Näheres Rdz. 110ff.).

d) Verschulden des Geschädigten oder Dritter

86 **Fahrlässiges** oder **vorsätzliches Verhalten** des **Geschädigten** oder eines **Dritten** „unterbrechen" den Kausalzusammenhang nicht, sofern nach den allgemeinen Regeln eine adäquate Verursachung gegeben ist (RG, Urt. v. 3. 7. 1913 i. JW 1913, 995 = EE 30, 332, Urt. v. 12. 7. 1926 i. RG 114, 291, Urt. v. 23. 11. 1937 i. RG 156, 257, Urt. v. 28. 5. 1938 i. JW 1938, 2357; BGH, Urt. v. 21. 11. 1953 i. VersR 1954, 60 u. Urt. v. 3. 7. 1962 i. VersR 1962, 829 = NJW 1962, 1676; *Seligsohn,* RHG, Anm. 75, 85 zu § 1; *Friese,* RHG, § 1 B II 2c; *Full* i. *Full/Möhl/Rüth,* StVR, Rdz. 120 zu § 7 StVG u. *Palandt/Heinrichs,* Komm. z. BGB, Vorbem. 5e aa v. § 249). Selbst derjenige, der sich in **selbstmörderischer Absicht** vor einen einfahrenden Zug stürzt oder der sich **leichtsinnig** in Gefahr begibt, erleidet den Unfall „beim Betrieb" der Bahn (vgl. OLG Karlsruhe, B. v. 5. 5. 1958 i. VersR 1959, 569; OLG Frankfurt, B. v. 5. 5. 1975, best. durch BGH, B. v. 6. 12. 1977 i. VersR 1979, 451; *Wussow* i. WJ 1978, 77). Im ersteren Falle scheidet jedoch die Haftung der Bahn aus, weil **„höhere Gewalt"** vorliegt (vgl. Rdz. 173). Auch kann ein Verschulden des Geschädigten bei der nach §§ 4 HG, 254 Abs. 1 BGB vorzunehmenden Abwägung zu dem Ergebnis führen, daß sich die Haftung des Betriebsunternehmers dem Umfange nach mindert oder völlig entfällt,

87 Werden Reisende während der Fahrt durch **Dritte vorsätzlich** geschädigt, kann der Kausalzusammenhang mit dem Bahnbetrieb zweifelhaft sein. So hat das RG (Urt. v. 22. 10. 1908 i. RG 69, 357 = EE 25, 305) die Haftung der Bahn für die Ermordung eines Reisenden während der Fahrt in einem Abteil mit der Begründung abgelehnt, schon der adäquate Zusammenhang zwischen dem Bahnbetrieb und dem Ereignis erscheine fraglich. Auch könne abgesehen hiervon nicht angenommen werden, daß der Gesetzgeber dem Bahnunternehmer die Haftung für solche Gefahren habe auferlegen wollen (krit. *Seligsohn,* RHG, Anm. 33 zu § 1 u. i. Goldschmidt'sZ. 71, 163, 180). Auch bei sonstigen an Reisenden vorsätzlich verübten Delikten, wie Beraubungen, Notzuchtverbrechen, Körperverletzungen u. dergl. kann im allgemeinen davon ausgegangen werden, daß nur ein äußerer Zusammenhang mit dem Bahnbetrieb bestand, daß dieser also nur der zufällige Schauplatz des Geschehens war (vgl. a. *Böhmer,* RHG, Anm. XII 3 zu § 1 sowie Rdz. 80). Anders sind Verbrechen zu beurteilen, deren Ausführung durch den **Bahnbetrieb begünstigt** wird, z. B. eine Tötung, die dadurch herbeigeführt wird, daß der Reisende aus dem fahrenden Zug geworfen oder auf die Schienen gelegt wird, um überfahren zu werden (vgl. a. RG, Urt. v. 13. 11. 1924 i. RG 109, 172 = JW 1925, 619 mit zust. Anm. v. *Schmidt-Ernsthausen:* Haftung für Unfall einer Frau, die vor verbrecherischem Angriff eines Mitreisenden flüchtet, indem sie vor Furcht und Schrecken aus dem fahrenden Zug springt und sich verletzt; Urt. v. 11. 2. 1907 i. EE 23, 396: Haftung für einen Unfall, den ein bei einer Schlägerei in einem Eisenbahnabteil unbeteiligter Rei-

sender dadurch erleidet, daß er aus dem fahrenden Wagen gedrängt wird.) Auch ist der adäquate Zusammenhang mit dem Bahnbetrieb stets gegeben, wenn das **Bahnpersonal** die schädigende Handlung in **betrieblicher Ausübung** vorgenommen hat (RG, Urt. v. 8. 10. 1903 i. JW 1903, 403: Haftung für Unfall eines Fahrgastes, der durch das Personal aus einer kurzfristig anhaltenden Straßenbahn hinausgeworfen wird und sich dabei verletzt; a. A. *Seligsohn,* RHG, Anm. 38 zu § 1; *Friese,* RHG, § 1 B II 3b; vgl. a. RG, Urt. v. 9. 4. 1880 i. EE 1, 145 u. OLG Hamm, Urt. v. 6. 4. 1927 i. VR 6, 500. Wegen des Wegfalls der Haftung in diesen Fällen durch „höhere Gewalt" vgl. Rdz. 168f.).

88 Wird jemand dadurch geschädigt, daß **Gegenstände in einen fahrenden** oder **haltenden Zug geworfen** werden, ist eine adäquate Verursachung zu **verneinen** (*Friese,* RHG, § 1 B II 3c; *Biermann* i. VAE 13, 106 u. RHG, Anm. IX 5 zu § 1; *Neumann-Duesberg* i. AcP 1951, 285, 287; vgl. a. OLG Frankfurt, Urt. v. 6. 4. 1978 i. VersR 1978, 668; offen gelassen OLG Hamm, Urt. v. 4. 11. 1926 i. EE 45, 93 u. OLG Hamburg, Urt. v. 13. 6. 1927 i. EE 46, 95; a. A. LG Hamburg, Urt. v. 16. 11. 1926 i. EE 45, 377 mit der nicht überzeugenden Begründung, der fahrende Zug biete einen Anreiz zum Werfen. Der vom RG (aaO.) angestellten Erwägung, der Bahnbetrieb sei möglicherweise insoweit ursächlich gewesen, als die Bewegung des Steins durch die Bewegung des Fahrzeugs verstärkt worden sei, kann ebenfalls nicht gefolgt werden). Anders ist zu entscheiden, wenn der Stein, der die Verletzung verursacht hat, durch ein Bahnfahrzeug hochgeschleudert wird (vgl. OLG Hamm aaO. u. LG München, Urt. v. 10. 5. 1939 i. VAE 8, 394) oder wenn ein von einem Stein getroffener Fahrgast aus dem fahrenden Zug stürzt und erst hierdurch die Verletzungsfolgen eintreten. Das RG (Urt. v. 16. 4. 1914 i. EE 34, 238) hat auch zutreffend die adäquate Verursachung für einen Unfall bejaht, den ein Fahrgast dadurch erlitt, daß er in einem fahrenden Zug von einem Felsstück getroffen wurde, das durch eine Sprengung, die der Bahnunternehmer auf der Strecke hatte vornehmen lassen, hochgeschleudert worden war. Eine Ursache des Unfalls liege in der Schienenbindung der Bahn, die eine Verlegung der Beförderung außerhalb der Gefahrenzone unmöglich mache (ebenso *Seligsohn,* RHG, Anm. 31 zu § 1; *Friese,* RHG, § 1 B II 3b; abl. *Biermann* i. VAE 13, 106 u. RHG, Anm. IX 5 zu § 1; zu weitgehend OLG Königsberg, Urt. v. 30. 11. 1939 i. VAE 9, 43: Jemand verursacht dadurch eine Verletzung, daß er zur Begrüßung eines Durchreisenden einen Blumentopf in das offene Fenster eines schon in Bewegung befindlichen Zuges wirft; abl. a. *Friese,* RHG, § 1 B II 3b; vom Gericht wurde jedoch die Haftung wegen höherer Gewalt verneint; vgl. a. Rdz. 169).

89 Ist der Unfall darauf zurückzuführen, daß **Gegenstände aus einem fahrenden Zug geworfen** wurden, so steht dies in einem inneren Zusammenhang mit dem Bahnverkehr, wenn ein **Bahnbediensteter** die Handlung vorgenommen hat (Urt. v. 9. 4. 1880 i. EE 1, 145; *Seligsohn,* RHG, Anm. 31 zu § 1; *Biermann,* SHG, Fußn. 119 zu § 1; vgl. a. RG, Urt. v. 8. 10. 1903 i. JW 1903, 403) oder wenn der **Betrieb** in anderer Weise **mitgewirkt** hat, z. B. dadurch, daß die Geschwindigkeit des in Fahrt befindlichen Zuges die Wucht und die Richtung einer Flasche, die ein

Reisender aus dem Abteilfenster geworfen hat, beeinflußt (RG, Urt. v. 13. 4. 1880 i. RG 1, 253, Urt. v. 15. 5. 1905 i. EE 22, 72, Urt. v. 8. 12. 1910 i. RG 75, 185 u. Urt. v. 28. 5. 1938 i. JW 1938, 2357 = VAE 6, 337; *Seligsohn,* RHG, Anm. 30 zu § 1; *Böhmer,* SHG, Anm. 37 zu § 1; *W. Weimar* i. MDR 1958, 746; *Finger,* Eisenbahngesetze, Anm. 3g zu § 1 RHG; *Neumann-Duesberg* i. AcP 150, 285, 287; abl. *Meyer* i. VAE 6, 337; *Friese,* RHG, § 1 B II 3b; *Biermann* i. VAE 13, 106 u. RHG, Anm. IX 4 zu § 1; *Wussow,* UHR, Tz. 640) oder der Fahrtwind die Glut eines aus dem Fenster geworfenen Zigarettenrestes verstärkt und dadurch das Entstehen eines Wiesenbrandes begünstigt hat.

90 Ergreift ein **Dritter** Maßnahmen zum Schutz einer durch einen Betriebsvorgang gefährdeten Person und hat das Eingreifen deren Tod oder Verletzung zur Folge, so ist dies auf den Bahnbetrieb ursächlich zurückzuführen (*Seligsohn,* RHG, Anm. 85 zu § 1; *Friese,* RHG, § 1 B II 2c). Erfaßt z. B. jemand die Zügel eines durch den Bahnbetrieb scheu gewordenen Pferdes und hat dies zur Folge, daß das Pferd durchgeht und eine Person, die sich in dem gezogenem Fahrzeug befindet, verletzt wird, so „unterbricht" die **Rettungshandlung** des Dritten nicht den Kausalzusammenhang (RG, Urt. v. 24. 11. 1902 i. RG 53, 114 = EE 20, 122 u. Urt. v. 1. 7. 1915 i. EE 32, 460). Dagegen entfällt der Kausalzusammenhang, wenn sich der Dritte in ganz ungewöhnlicher und unsachgemäßer Weise eingeschaltet hat und erst hierdurch der Schaden entstanden ist (RG aaO.; vgl. a. RG, Urt. v. 9. 2. 1922 i. EE 39, 280; BGH, Urt. v. 23. 10. 1951 i. BGH 3, 261; *Seligsohn,* RHG, Anm. 75, 85 zu § 1; *Friese,* RHG, § 1 B II 2d u. 3b Rdz. 144).

e) Psychische Wirkung, mittelbare Verursachung

91 Es reicht aus, daß der Unfall durch den Bahnbetrieb **psychisch** vermittelt wird, etwa dadurch, daß er dem Geschädigten Furcht oder Schrecken einflößt oder ihn sonst unsicher macht. „Beim Betrieb" einer Bahn hat sich z. B. auch ein Unfall ereignet, den jemand dadurch erleidet, daß er wegen des raschen Herannahens eines Bahnfahrzeugs erschrickt, zur Seite springt und in eine Vertiefung stürzt (RG, Urt. v. 14. 10. 1907, zitiert i. Urt. v. 30. 1. 1911 i. RG 75, 284; vgl. a. den dort entschiedenen Fall und die dort weiter zitierten Urteile des RG v. 29. 9. 1904 u. v. 5. 1. 1911 sowie RG, Urt. v. 11. 3. 1935 i. EE 58, 204 u. OLG Darmstadt, Urt. v. 13. 4. 1933 i. EE 56, 35; *Böhmer,* SHG, Anm. 21 zu § 1; sowie zu § 7 KFG, jetzt StVG OGH Köln, Urt. v. 11. 4. 1949 i. VRS 1, 107). Der Unfall braucht auch **nicht** die **unmittelbare** Folge eines Betriebsvorgangs zu sein, wie es z. B. der Fall ist, wenn jemand von einem Zug angefahren und verletzt wird. Auch dann, wenn der Betriebsvorgang **zunächst** ein **anderes Ereignis** herbeiführt und erst dieses den Unfall unmittelbar bewirkt, hat sich dieser „beim Betrieb" der Bahn ereignet, sofern der Zusammenhang adäquat ist und der Schaden unter den Schutzzweck von § 1 fällt. Das trifft z. B. zu, wenn jemand durch ein Pferd verletzt wird, das zuvor durch eine Betriebstätigkeit der Bahn erschreckt worden war (RG, Urt. v. 5. 7. 1899 i. RG 53, 114 = EE 17, 113), oder wenn ein Motorradfahrer, durch das Herannahen der Bahn erschreckt, die Gewalt über sein

Fahrzeug verliert und hiermit einen Dritten erfaßt (RG, Urt. v. 15. 4. 1918 i. EE 37, 69).

92 Im Rahmen der Adäquanz kann auch ein psychisch vermittelter Schaden liegen, den ein **Dritter** dadurch erleidet, daß er den **Unfall eines anderen miterlebt** oder die **Nachricht** hiervon erhält – **Schockschaden –.** Dabei muß jedoch vorausgesetzt werden, daß es sich um die Tötung oder Verletzung eines **nahen Angehörigen** des zweiten Geschädigten handelt und daß die Schädigung nach **Art** und **Schwere** über das **hinausgeht,** was nahe Angehörige in derartigen Fällen erfahrungsgemäß an gesundheitlichen Beeinträchtigungen erleiden (RG, Urt. v. 21. 9. 1931 i. RG 133, 274 = JW 1932, 3709, Urt. v. 20. 9. 1934 i. JW 1934, 2973, Urt. v. 15. 1. 1938 i. RG 157, 11 u. B. v. 8. 1. 1940 i. RG 162, 321; BGH, Urt. v. 9. 11. 1965 i. VersR 1966, 283 u. Urt. v. 11. 5. 1971 i. VersR 1971, 905 = NJW 1971, 1883; OLG Dresden, Urt. v. 6. 11. 1941 i. VAE 13, 51; OLG München, Urt. v. 4. 3. 1958 i. VersR 1959, 59 = NJW 1959, 819; OLG Düsseldorf, Urt. v. 21. 4. 1977 i. VersR 1977, 1011; LG Stuttgart, Urt. v. 5. 9. 1972 i. VersR 1973, 643; *Scherbauer* i. NJW 1959, 819; *Weimar* i. MDR 1964, 987; *von Hippel* i. NJW 1965, 1890; noch weitergehend *Wussow,* UHR, Tz. 94; krit. *Herkner* i. VersR 1971, 905). Der Auffassung, daß dies zwar für die Haftung nach § 823 Abs. 1 u. 2 BGB, nicht jedoch für die Gefährdungshaftung zu gelten habe, kann nicht zugestimmt werden, weil Gründe, die eine unterschiedliche Behandlung rechtfertigen könnten, nicht erkennbar sind (so a. *Böhmer,* SHG, Anm. 23 zu § 1; *Full* i. *Full/Möhl/Rüth,* StVR, Rdz. 125 zu § 7 StVG; *Finger,* Eisenbahngesetze, Anm. 3a zu § 1 RHG; *W. Weimar* i. MDR 1964, 987; a. A. RG, Urt. v. 30. 1. 1911 i. RG 75, 284 = JW 1911, 333: keine Haftung für eine Nervenerschütterung, die Reisende erleidet, weil sie miterlebt, daß ihr Kind aus dem fahrenden Zug stürzt; sowie zu § 7 KFG – jetzt StVG – Urt. v. 21. 9. 1931 i. RG 133, 27 = JW 1932, 3709 u. B. v. 8. 1. 1940 i. RG 162, 321; abl. a. *Seligsohn,* RHG, Anm. 84 zu § 1; *Friese,* RHG, § 1 B II 2c). War der Geschädigte nicht unmittelbar bei dem Unfall zugegen, sondern tritt die Schockwirkung erst durch die **Nachricht** von dem Unglück ein, so fehlt es allerdings an dem notwendigen **zeitlichen** und **örtlichen Zusammenhang** mit dem Bahnbetrieb (vgl. RG, Urt. v. 2. 3. 1908 i. RG 68, 47: keine Haftung, wenn Vater in Geisteskrankheit verfällt, nachdem er im Wartesaal von dem Eisenbahnunfall seiner Tochter erfahren hat; ebenso *Seligsohn, Friese, Böhmer, Finger* u. *Weimar* aaO.; a. A. OLG Köln, Urt. v. 5. 2. 1931 i. JW 1931, 1502 u. *Neumann-Duesberg* i. AcP 150, 285f., der eine analoge Anwendung befürwortet; vgl. a. Rdz. 94f.).

6. Äußerer Zusammenhang mit dem Bahnbetrieb

93 Außer dem kausalen muß ein naher **äußerer – örtlicher** und **zeitlicher** – Zusammenhang zwischen dem Unfall und dem Bahnbetrieb gegeben sein.

a) Örtlicher Zusammenhang

94 Es muß eine **enge räumliche** Beziehung zur Betriebstätigkeit der Bahn bestehen. Daran fehlt es von vornherein, wenn sich der Unfall nicht auf

dem Betriebsgelände der Bahn ereignet hat, z. B. beim Entladen eines bereits auf dem Grundstück eines Bahnanliegers befindlichen Eisenbahnwaggons (RG, Urt. v. 17. 6. 1907 i. EE 24, 162; BGH, Urt. v. 8. 12. 1956 i. VersR 1957, 112; *Seligsohn,* RHG, Anm. 43 zu § 1) oder nach dem Verlassen des Bahnhofsgebäudes (RG, Urt. v. 8. 5. 1931 i. Warn. 1931 Nr. 123). Der erforderliche räumliche Zusammenhang ist aber auch nicht gegeben, wenn jemand einen Unfall in Anlagen oder Gebäuden des Bahnunternehmens erleidet, die vom eigentlichen Beförderungsbetrieb der Bahn getrennt sind, wie **Verwaltungsgebäude** und **Lagerräume** (*Friese,* RHG, § 1 B II 2c; *Böhmer,* SHG, Anm. 14f. zu § 1), **Zollabfertigungsräume** (RG, Urt. v. 21. 1. 1896 i. JW 1896, 111 = EE 13, 40), **Eisenbahnexpeditionsgebäude** (RG, Urt. v. 22. 4. 1885 i. EE 4, 144), **Elektrizitätswerke** und **Transformatorenhäuser** (OLG Hamm, Urt. v. 12. 5. 1939 i. VAE 8, 357), **Bahnhofsgaststätten** und **Wartesäle** (RG, Urt. v. 21. 1. 1896 i. EE 13, 40, Urt. v. 2. 2. 1908 i. RG 68, 47, Urt. v. 18. 2. 1916 i. JW 1916, 737; KG, Urt. v. 23. 9. 1922 i. JW 1924, 1380 m. zust. Anm. v. *Hanow;* vgl. a. BGH, Urt. v. 13. 11. 1954 i. VersR 1955, 81 = VRS 8, 117). Bei Unfällen in Betriebsteilen, die zum Bahnverkehr in einer gewissen räumlichen Verbindung stehen (insbesondere durch das Schienennetz), wie **Bahnhöfen, Depots** für Fahrzeuge und **Werkstätten,** kommt es darauf an, ob in ihnen eine **Betriebstätigkeit** der Bahn im Hinblick auf die Beförderung entfaltet wird (*Friese,* RHG, § 1 B II 2b). So ist z. B. ein Betriebsunfall zu verneinen, wenn jemand in der Werkstatt durch die Arbeit eines Schmiedes an einer Kugelkette verletzt wird (RG, Urt. v. 11. 2. 1889 i. RG 7, 62) oder durch den Sturz von einer im Maschinenschuppen abgestellten Lok verunglückt (RG, Urt. v. 1. 10. 1907 i. EE 24, 183), und z. B. zu bejahen, wenn es zu dem Unfall beim Herausfahren einer Lok aus dem Unterstellraum kommt (RG, Urt. v. 4. 1. 1887 i. EE 5, 229, Urt. v. 16. 9. 1890 i. EE 8, 51 u. Urt. v. 12. 5. 1902 i. EE 19, 63; vgl. a. Rdz. 92, 117).

b) Zeitlicher Zusammenhang

95 Der Unfall muß weiter in einer **nahen zeitlichen Beziehung** zu einer Betriebstätigkeit stehen (vgl. *Seligsohn,* RHG, Anm. 44, 80, 84 zu § 1; *Friese,* RHG, § 1 B II 2b; *Böhmer,* SHG, Anm. 41 zu § 1; vgl. a. Rdz. 92, 117). Daran kann es insbesondere bei Unfällen fehlen, die sich **vor** oder **nach** der eigentlichen **Beförderungstätigkeit** ereignen, z. B. beim **Reinigen** oder **Reparieren** der außer Betrieb gestellten Fahrzeuge (RG, Urt. v. 7. 12. 1881 i. EE 2, 163, Urt. v. 29. 1. 1886 i. EE 4, 404, Urt. v. 18. 11. 1886 i. EE 5, 20, Urt. v. 22. 2. 1887 i. EE 5, 240 u. Urt. v. 10. 3. 1887 i. EE 5, 259; *Friese* u. *Böhmer* aaO.) oder bei **Verwaltungs-** oder **Baumaßnahmen,** z. B. bei der Vorführung eines Reisenden im Aufsichtsbüro (OLG Karlsruhe, Urt. v. 28. 10. 1942 i. VAE 15, 70) oder bei Gleisausbesserungsarbeiten (RG, Urt. v. 16. 10. 1885 i. EE 4, 311; OLG Kiel, Urt. v. 15. 10. 1883 i. EE 3, 290 u. LG Hagen, Urt. v. 17. 9. 1948 i. VRS 2, 137). Der geforderte nahe zeitliche Zusammenhang kann andererseits noch gegeben sein, wenn sich die **Wirkung** einer betrieblichen Tätigkeit, die der Unfall auslöst, über **längere Zeit** erstreckt. Wird z. B. ein Pferd durch eine Lok scheu und rast es eine größere Strecke durch eine Ort-

schaft, ehe es einen Menschen erfaßt und verletzt, so steht dies der Annahme eines Betriebsunfalls nicht entgegen; es genügt, daß sich das gesamte Geschehen bei natürlicher Betrachtung als **einheitlicher** Vorgang darstellt (OLG Zweibrücken, Urt. v. 5. 7. 1899 i. EE 17, 113; *Seligsohn,* RHG, Anm. 81 zu § 1; *Friese,* RHG, § 1 B II 2b; vgl. a. RG, Urt. v. 10. 7. 1911 i. JW 1911, 824: Unfall durch Glatteis auf dem Bahnsteig, das durch Wasser entstanden ist, das von der Lok eines zuvor eingelaufenen Zuges abgelassen worden war; Hans. OLG, Urt. v. 22. 2. 1940 i. VAE 9, 110: Niedersenkung der Rauch- und Dampfwolken einer Lok auf die Fahrbahn einer Straße, wo sie den Zusammenstoß zweier Kraftfahrzeuge bewirken).

7. Einzelfälle

a) Unfälle während der Fahrt

96 Als **Betriebsunfälle** sind anzusehen: Unfälle, die Fahrgäste, Fahrbedienstete oder Dritte dadurch erleiden, daß sie von fahrenden Bahnfahrzeugen **erfaßt** oder **überfahren** werden, z. B. durch zu dichtes Herantreten an die Gleise oder beim Überschreiten der Gleise (RG, Urt. v. 17. 3. 1904 i. EE 21, 52, Urt. v. 23. 3. 1910 i. EE 27, 70, Urt. v. 14. 12. 1922 i. EE 40, 295, Urt. v. 24. 8. 1936 in VAE 2, 560 u. Urt. v. 17. 11. 1942 i. VAE 15, 24; BGH, Urt. v. 15. 11. 1966 i. VersR 1967, 138; OLG Düsseldorf, Urt. v. 27. 11. 1967 i. VersR 1968, 652; OLG Frankfurt, Urt. v. 3. 10. 1974 i. VersR 1976, 1135; OLG Karlsruhe, Urt. v. 14. 4. 1978 i. VersR 1978, 876; OLG Oldenburg, Urt. v. 9. 1. 1978 i. VersR 1979, 629); Unfälle durch **Entgleisung** von Bahnfahrzeugen (BGH, Urt. v. 11. 6. 1963 i. VersR 1963, 1050 = VRS 25, 93 = NJW 1963, 1381) oder durch **Zusammenstöße** zwischen Bahnfahrzeugen oder von Bahnfahrzeugen mit Straßenfahrzeugen, insbesondere Kraftfahrzeugen (RG, Urt. v. 8. 12. 1890 i. EE 8, 87, Urt. v. 27. 10. 1892 i. EE 9, 368, Urt. v. 29. 1. 1900 i. JW 1900, 188 = EE 17, 139, Urt. v. 9. 1. 1902 i. EE 19, 18, Urt. v. 29. 5. 1902 i. RG 61, 56 u. Urt. v. 1. 10. 1903 i. JW 1903, 403 = EE 20, 249; BGH, Urt. v. 19. 3. 1968 i. VersR 1968, 852 = VRS 34, 412; OLG Hamburg, Urt. v. 18. 4. 1940 i. VAE 10, 163; OLG Neustadt, Urt. v. 2. 7. 1954 i. VRS 7, 336); **Brandschäden** durch glühende Kohle- oder Ascheteilchen (Funkenflug) aus einer vorbeifahrenden Lok (unter der Voraussetzung, daß es sich um ein unfallartiges Ereignis gehandelt hat, vgl. BGH, Urt. v. 30. 6. 1952 i. VRS 4, 506 u. Urt. v. 28. 4. 1954 i. VersR 1954, 297 = VRS 6, 403 u. Urt. v. 17. 2. 1956 i. VersR 1956, 255; *Genrich,* Anm. zu Urt. des RG v. 22. 2. 1940 i. DR 1940, 985; *Böhmer* i. MDR 1970, 299 u. VersR 1970, 214; vgl. a. Rdz. 126); Unfälle durch **vom Fahrzeug weggeschleuderte Teile** (AG Hannover, Urt. v. 31. 8. 1957 i. VersR 1959, 552) oder durch einen vom Fahrzeug **emporgeschleuderten Stein** (LG München, Urt. v. 10. 5. 1939 i. VAE 8, 394).

97 Verletzung oder Tötung eines Fahrgastes durch **Sturz aus dem fahrenden Zug** (RG, Urt. v. 11. 2. 1907 i. Recht 1907 Nr. 819, Urt. v. 8. 4. 1914 i. Recht 1914 Nr. 1739, Urt. v. 2. 12. 1924 i. JW 1925, 1140, Urt. v. 18. 2. 1935 i. EE 57, 471 u. Urt. v. 5. 1. 1943 i. VAE 15, 68; BGH, Urt. v. 7. 7. 1954 i. VRS 7, 201 u. Urt. v. 26. 1. 1955 i. VersR 1955, 188; OLG

Nürnberg, Urt. v. 28. 8. 1936 i. VAE 3, 155; OLG Hamburg, Urt. v. 30. 10. 1940 i. VAE 11, 5; KG, Urt. v. 16. 4. 1942 i. VAE 14, 175; OLG Stuttgart, Urt. v. 28. 3. 1979 i. VersR 1979, 1038); **Hinabstoßen eines Fahrgastes** aus dem fahrenden oder haltenden Zug infolge von Tätlichkeiten unter Reisenden (RG, Urt. v. 11. 2. 1907 i. Recht 1907 Nr. 819) oder durch das Personal (RG, Urt. v. 8. 10. 1903 i. JW 1903, 403); **Berührung des Fahrgastes mit** einem **im Fahrbereich befindlichen Gegenstand,** durch Mitfahren auf dem Trittbrett (BGH, Urt. v. 21. 11. 1953 i. VersR 1954, 60) oder durch Hinausstrecken des Kopfes oder der Hand aus dem Fenster (OLG Hamm, Urt. v. 24. 11. 1930 i. EE 52, 84, OLG Köln, Urt. v. 3. 5. 1934 i. EE 56, 393; LG Wiesbaden, Urt. v. 12. 8. 1936 i. VAE 2, 559; LG Berlin, Urt. v. 5. 4. 1940 i. VAE 10, 177); Herbeiführung eines Unfalls durch ein **Tier,** z. B. ein Pferd, das infolge des Vorbeifahrens eines Zuges, insbesondere der Geräusche, der Signale oder Erschütterungen, scheut (RG, Urt. v. 17. 11. 1885 i. EE 4, 346, Urt. v. 21. 3. 1894 i. EE 12, 8, Urt. v. 17. 2. 1899 i. JW 1899, 185 = EE 16, 51, Urt. v. 12. 5. 1902 i. Recht 1902 Nr. 1627 = EE 19, 63, Urt. v. 29. 4. 1907 i. JW 1907, 369 = EE 24, 61 u. Urt. v. 9. 11. 1911 i. JW 1912, 71 = EE 28, 356; der Unfall steht jedoch nicht in einem inneren Zusammenhang mit dem Betrieb der Bahn, wenn nicht ein betrieblicher Vorgang, sondern die äußere Form einer haltenden Lok das Scheuen des Tieres bewirkt hat, RG, Urt. v. 10. 5. 1907 i. JW 1907, 394 = EE 24, 66; *Friese,* RHG, § 1 B II 3b; a. A. *Biermann,* RHG, Fußn. 103 zu § 1; *Böhmer,* RHG, Anm. VI 43 zu § 1).

98 Unfälle durch **Gepäckstücke,** die infolge von rüttelnden Fahrbewegungen, Bremsungen oder Rangierstößen aus dem Gepäcknetz fallen (RG, Urt. v. 23. 11. 1907 i. Warn. 1908 Nr. 83, Urt. v. 28. 11. 1907 i. Warn. 1908 Nr. 83 = EE 24, 286, Urt. v. 3. 2. 1912 i. EE 29, 85, Urt. v. 22. 2. 1915 i. EE 32, 99 u. Urt. v. 17. 4. 1942 i. VAE 14, 136; OLG Köln, Urt. v. 28. 12. 1906 i. EE 24, 25; OLG München, Urt. v. 28. 8. 1941 i. VAE 13, 6; OLG Oldenburg, Urt. v. 9. 6. 1954 i. DAR 1954, 206 u. LG München, Urt. v. 13. 2. 1934 i. EE 55, 377; dagegen ist der Zusammenhang mit dem Betrieb zu verneinen, wenn das Gepäckstück allein deshalb herabstürzt, weil es der Reisende unsachgemäß abgelegt hat, Österr. OGH, Urt. v. 30. 1. 1912 i. EE 32, 189); Unfälle durch **Explosion** oder **Brand** von **Reisegepäck** oder anderen von Reisenden mitgebrachten **Gegenständen** (RG, Urt. v. 29. 4. 1920 i. Warn. 1921 Nr. 172 = EE 38, 72, Urt. v. 23. 12. 1920 i. JW 1921, 343 = LZ 1921 Sp. 271, Urt. v. 13. 10. 1924 i. EE 42, 206 u. Urt. v. 16. 10. 1924 i. LZ 1925 Sp. 595 = EE 41, 374; KG, Urt. v. 15. 7. 1949 i. VRS 1, 217; AG Erfurth, Urt. v. 12. 12. 1946 i. JR 1948, 190; vgl. a. Rdz. 84).

99 Unfälle durch **Öffnen** oder **Schließen** eines **Fensters** (RG, Urt. v. 26. 9. 1934 i. RG 144, 206 = JW 1934, 1648 m. zust. Anm. v. *A. Müller*) oder einer **Fahrzeugtür** (RG, Urt. v. 1. 2. 1895 i. JW 1895, 128 = EE 12, 52, Urt. v. 25. 2. 1907 i. EE 24, 43, Urt. v. 1. 2. 1909 i. EE 25, 403, Urt. v. 27. 6. 1921 i. EE 39, 66 u. Urt. v. 30. 1. 1930 i. EE 50, 90; BGH, Urt. v. 11. 12. 1950 i. VRS 3, 213; OLG Stuttgart, Urt. v. 26. 5. 1976 i. VersR 1977, 383; LG Aachen, Urt. v. 7. 11. 1952 i. VersR 1953, 214; dabei ist es unerheblich, ob das Fenster oder die Tür durch einen Bahnbediensteten oder einen Reisenden geöffnet oder geschlossen wird, vgl. BGH, Urt. v. 11. 12. 1950 aaO.), durch **Sturz eines Fahrgastes im Wageninneren,** z. B. beim Ausgleiten auf einer von einem Dritten auf dem Fußboden verschütteten fettigen Masse (KG, Urt. v. 13. 9. 1935 i. VAE 1, 48), Stolpern über einen im Seitengang des Zuges abgestellten Koffer (RG, Urt. v. 22. 2. 1915 i. Warn. 1915, 215 = EE 32, 99; OLG Naumburg, Urt. v. 2. 11. 1931 i. EE 52, 382) oder durch Schwankungen, die ruckhaftes Anfahren, heftiges Bremsen oder zu schnelles Fahren in engen Kurven hervorrufen (RG, Urt. v. 17. 12. 1942 i. VAE 14, 130; OLG Hamburg, Urt. v. 5. 3. 1954 i. VersR 1954, 368; OLG Hamm, Urt. v. 22. 6. 1971 i. VersR 1972, 405; OLG Celle, Urt. v. 21. 2. 1974 i. VersR 1975, 1122; vgl. a. BGH, Urt. v. 11. 5. 1976 i. VersR 1976, 932; zu der Frage eines Mitverschuldens des Fahrgastes vgl. Rdz. 32f. zu § 4).

100 Auch eine **Erkrankung,** die sich ein Fahrgast oder ein Betriebsbediensteter bei der Beförderungstätigkeit zuzieht, kann ein Betriebsunfall sein, z. B. die plötzliche Verschlimmerung des Herzleidens eines Fahrgastes, der einen heftigen Schreck erleidet, weil das Fenster seines Abteils durch ein loses Brett eines Gegenzuges zertrümmert wird (RG, Urt. v. 8. 5. 1942 i. VAE 14, 174), die Rauchgasvergiftung eines Lokführers beim Fahren durch einen Tunnel (RG, Urt. v. 7. 2. 1944 i. DR 1944, 585), Erfrierungen, die ein Bremser während der Bahnfahrt davonträgt (RG, Urt. v. 28. 11. 1884 i. EE 3, 418; die beiden zuletzt genannten Arbeitsunfälle fallen heute unter einen gesetzlichen Haftungsausschluß, vgl. Rdz. 228ff.). Die im älteren Schrifttum (vgl. hierzu *Friese,* RHG, § 1 B II 3d) als Folge der schlingernden Fahrbewegungen oder der Zugluft erwähnten Übelkeiten, Magenkrämpfe und Erkältungen von Fahrgästen werden wegen der besseren technischen Ausstattung der Fahrzeuge und des Oberbaus nur noch ausnahmsweise, z. B. bei technischen Störungen, auftreten. Ist z. B. die Erkältung oder Lungenentzündung eines Reisenden darauf zurückzuführen, daß wegen Fehlens einer Verglasung oder wegen mangelhaft abgedichteter Fenster Zugluft entstanden ist, so handelt es sich um einen Betriebsunfall, weil ein innerer Zusammenhang mit dem Bahnbetrieb (Erzeugung des Fahrtwindes durch die schnelle Fortbewegung und die für den Bahnbetrieb eigentümliche Art und Anordnung der Fenster und Abteile) gegeben ist (*Seligsohn,* RHG, Anm. 32 zu § 1; *Friese,* RHG, § 1 B II 3b; *Böhmer,* RHG, Anm. VII 3 zu § 1; *W. Weimar* i. VersN 1964, 123; a. A. *Eger,* RHG, Anm. 5 zu § 1; OLG Celle, Urt. v. 5. 10. 1898 i. EE 16, 24 mit der unzutreffenden Begründung, es müsse sich um eine dem Eisenbahnverkehr ausschließlich eigentümliche Gefahr handeln, vgl. hierzu Rdz. 81). Eine Erkrankung wegen fehlender oder nicht genügender **Beheizung** von Personenzügen wird überwiegend nicht als Betriebsunfall gewertet (*Eger,* RHG, Anm. 5 zu § 1; *Seligsohn,* RHG, Anm. 32 zu § 1; *Friese,* RHG, § 1 B II 3b; a. A. *Böhmer,* RHG, Anm. VII 3 zu § 1; offengelassen RG, Urt. v. 21. 3. 1944 i. VAE 17, 44); die Funktion der Heizung rechne nicht zur Betriebstätigkeit. Diese Abgrenzung erscheint jedoch gekünstelt. Es besteht ein adäquater Zusammenhang mit dem Fahrbetrieb, weil die Abgeschlossenheit während der Fahrt es dem Reisenden unmöglich macht oder erschwert, sich der Kälte zu entziehen. Als Betriebsunfall ist es auch anzusehen, wenn ein

Straßenbahnfahrgast durch eine unter dem Fahrgastsitz angebrachte Heizung Verbrennungen am Körper oder an der Kleidung erleidet, weil die Isolierung zwischen dem Sitz und der Heizung mangelhaft ist; diese Art der Anordnung der Heizung ist durch die für Straßenbahnfahrzeuge typische Enge bedingt.

b) Unfälle beim Ein- oder Aussteigen

101 Die meisten Fahrgastunfälle ereignen sich beim **Ein-** oder **Aussteigen.** Es ist zwischen Unfällen zu unterscheiden, die sich **unmittelbar** beim Ein- und Aussteigen ereignen, und solchen, die sich **vor** dem Einsteigen oder **nach** dem Aussteigen zutragen.

aa) Unfälle unmittelbar beim Ein- oder Aussteigen

102 Das Ein- und Aussteigen der Fahrgäste gehört noch zur Beförderungstätigkeit. Unfälle, die **unmittelbar** beim Ein- oder Aussteigen vorkommen, rechnen deshalb **stets** zum **„Betrieb“** der Bahn, ohne daß es darauf ankommt, ob sich besondere, den Unfall ursächlich beeinflußende und sich aus der Gefährlichkeit des Bahnbetriebs ergebende Umstände (z. B. Gedränge, Eile) nachweisen lassen (RG, Urt. v. 30. 4. 1894 i. EE 10, 377, Urt. v. 3. 4. 1911 i. EE 27, 443, Urt. v. 12. 6. 1913 i. EE 30, 225, Urt. v. 4. 2. 1921 i. EE 39, 208 u. Urt. v. 30. 10. 1929 i. RG 126, 137 = EE 49, 271; BGH, Urt. v. 13. 11. 1954 i. VersR 1955, 81 = VRS 8, 117; BayerObLG, Urt. v. 30. 7. 1954 i. VersR 1954, 539). Auch kommt es für die Frage, ob ein Betriebsunfall vorliegt, nicht darauf an, ob der Fahrgast am Anfangs- oder Endpunkt der Fahrt oder auf einer Zwischenstation ein- oder aussteigt (vgl. RG, Urt. v. 21. 3. 1913 i. EE 30, 106) oder ob das Ein- oder Aussteigen vorschriftswidrig erfolgt, z. B. auf der falschen Seite oder eigenmächtig außerhalb des Bahnhofs oder des Bahnsteigs (vgl. RG, Urt. v. 1. 4. 1940 i. VAE 10, 165; LG Oldenburg, Urt. v. 14. 12. 1949 i. VRS 3, 220) oder während der Fahrt durch Auf- oder Abspringen (vgl. hierzu Rdz. 104). Ebenso ist es unerheblich, ob der Fahrgast den Unfall selbst erleidet oder ein Dritter, z. B. jemand, der, auf dem Bahnsteig wartend, von einem aussteigenden Fahrgast umgestoßen wird. Auch im letzteren Falle ist ein innerer und äußerer Zusammenhang mit dem Bahnbetrieb gegeben. Der Annahme eines Betriebsunfalles steht es grundsätzlich auch nicht entgegen, daß bei dem Unfall das Verhalten eines **Dritten** mitwirkt, z. B. ein aussteigender Fahrgast von einem einsteigenden Fahrgast zur Seite gedrängt wird und verunglückt (OLG Köln, Urt. v. 18. 5. 1933 i. EE 55, 176; *Friese,* RHG, § 1 B II 3b; vgl. Rdz. 86ff.).

103 Das **Einsteigen beginnt** mit dem Erfassen der Haltestange oder des Türgriffs oder mit dem Betreten der ersten Trittstufe. Das **Aussteigen endet,** wenn sich der Fahrgast vollständig vom Fahrzeug (Trittbrett, Haltestange, Griff) gelöst und wenn er mit beiden Beinen den Boden des Bahnsteigs oder der Haltestellenfläche (Straße, Bürgersteig) erreicht und dort sicheren Halt gefunden hat (vgl. RG, Urt. v. 30. 10. 1929 i. RG 126, 137, 140; BGH, Urt. v. 24. 11. 1969 i. VersR 1970, 179 u. Urt. v. 18. 12. 1972 i. VersR 1973, 346; BayerObLG, Urt. v. 30. 7. 1954 i. VersR 1954,

531 = NJW 1955, 105). Auch das vom Boden aus erfolgende **Schließen** der **Tür** durch den Fahrgast rechnet noch zum „Betrieb" (BGH, Urt. v. 29. 10. 1957 i. VersR 1957, 809); ebenso die **Hilfeleistung** durch **Dritte** oder das **Bahnpersonal** (RG, Urt. v. 4. 3. 1920 i. RG 126, 137 = JW 1930, 1936 m. Anm. v. *Hanow;* vgl. a. RG, Urt. v. 27. 11. 1913 i. EE 29, 466). Wird ein **Dritter,** der einem beim Einsteigen gefährdeten Fahrgast behilflich sein will, hierbei verletzt, ist dies ebenfalls als Betriebsunfall anzusehen (RG, Urt. v. 27. 2. 1913 i. EE 29, 466). Bemerkt ein Fahrgast nicht das Anhalten des Zuges an der Endstation und verunglückt er beim Aussteigen aus dem bereits auf dem **Nebengleis abgestellten** Zug, ist dieser Unfall nicht mehr zum Betrieb zu rechnen, weil der erforderliche örtliche und zeitliche Zusammenhang mit der Beförderung fehlt (*Friese,* RHG, § 1 B II 3b; *Kröner* i. VAE 15, 41; *Meyer* in VAE 8, 134; a. A. *Böhmer,* RHG, Anm. VI 6 zu § 1 u. SHG, Anm. 29 zu § 1 mit der nicht überzeugenden Begründung, die Sorge des Personals, daß der Zug an der Endstation von allen Fahrgästen verlassen werde, habe „nachgewirkt"; im Ergebnis ebenso OLG Düsseldorf, Urt. v. 13. 10. 1938 i. VAE 7, 135 m. zust. Anm. v. *Boos*).

104 **Unmittelbar** mit dem Ein- oder Aussteigen verbunden sind z. B. Unfälle, die sich bei der Betätigung von **Türschließvorrichtungen** (RG, Urt. v. 1. 2. 1909 in EE 25, 403; OLG Oldenburg, Urt. v. 11. 12. 1955 in VRS 10, 421 = DAR 1956, 245; vgl. a. RG, Urt. v. 19. 11. 1917 i. JW 1918, 176 = EE 36, 74: elektrischer Schlag beim Anfassen der Haltestange einer Straßenbahn), durch Verfehlen oder Abgleiten von den **Trittstufen** (RG, Urt. v. 9. 3. 1894 i. EE 10, 363, Urt. v. 13. 6. 1907 i. EE 24, 71 u. Urt. v. 10. 1. 1935 i. EE 57, 463; BGH, Urt. v. 12. 10. 1956 i. VersR 1956, 765; KG, Urt. v. 8. 2. 1935 i. EE 57, 343; OLG Darmstadt, Urt. v. 3. 2. 1938 i. VAE 5, 143; LG Essen, Urt. v. 27. 10. 1942 i. VAE 15, 92; LG Düsseldorf, Urt. v. 23. 11. 1977 i. VersR 1979, 106), durch **Hängenbleiben** mit Schuhen oder Kleidung (LG Düsseldorf, Urt. v. 19. 7. 1933 i. EE 55, 82), **vorzeitiges Abfahren** (RG, Urt. v. 27. 2. 1913 i. EE 29, 466; BGH, Urt. v. 26. 9. 1961 i. VersR 1961, 1020 u. Urt. v. 25. 11. 1969 i. VersR 1970, 140 = VRS 38, 81; OLG Hamburg, Urt. v. 24. 1. 1918 i. JW 1918, 572; OLG Schleswig, Urt. v. 30. 8. 1951 i. VkBl. 1952, 286), oder beim **Aufspringen** auf einen schon fahrenden Zug (RG, Urt. v. 23. 3. 1915 i. EE 32, 104, Urt. v. 17. 9. 1917 i. EE 35, 267, Urt. v. 14. 12. 1924 i. EE 42, 104, Urt. v. 5. 12. 1927 i. EE 46, 408, Urt. v. 14. 12. 1927 i. EE 47, 176 u. Urt. v. 14. 11. 1929 i. EE 50, 88; BGH, Urt. v. 21. 12. 1955 i. VRS 10, 332, Urt. v. 6. 2. 1959 i. VersR 1959, 632 u. Urt. v. 19. 1. 1962 i. VersR 1962, 375; OLG Düsseldorf, Urt. v. 21. 12. 1978, best. d. BGH, B. v. 17. 3. 1981 i. VersR 1981, 486) oder beim **Abspringen** von einem noch fahrenden Zug (RG, Urt. v. 17. 4. 1928 i. EE 48, 83; BGH, Urt. v. 26. 3. 1957 i. VersR 1957, 372; KG, Urt. v. 7. 4. 1975 i. VersR 1976, 93. Das Auf- und Abspringen, das wegen der Ausstattung der Fahrzeuge mit automatisch schließenden und sich öffnenden Türen nur noch selten vorkommt, begründet in der Regel ein so erhebliches Verschulden des Fahrgastes, daß die Haftung der Bahn nach § 4 entfällt, vgl. Rdz. 39 zu § 4) ereignen.

bb) Unfälle vor dem Einsteigen oder nach dem Aussteigen

105 Unfälle, die Fahrgäste auf dem Weg zu oder von den Fahrzeugen erleiden, **bevor** sie mit dem **Einsteigen** begonnen oder **nachdem** sie das **Aussteigen** abgeschlossen haben, sind in der Regel **nicht** als Betriebsunfälle anzusehen.

106 Ereignet sich der Unfall **außerhalb des Bereichs der Bahnanlagen,** z. B. auf dem Bahnhofsvorplatz oder auf der Straße, scheidet von vornherein eine Haftung des Bahnunternehmers nach § 1 aus (vgl. BGH, Urt. v. 13. 11. 1954 i. VersR 1955, 81; OLG Karlsruhe, Urt. v. 21. 5. 1952 i. VersR 1952, 434 u. LG Trier, Urt. v. 31. 1. 1939 i. VAE 7, 163; *Seligsohn,* RHG, Anm. 43 zu § 1; *Friese,* RHG, § 1 B II 3b; *Böhmer,* SHG, Anm. 30 zu § 1; vgl. a. zu § 7 StVG LG Karlsruhe, Urt. v. 29. 4. 1980 i. VersR 1981, 143). Stürzt ein Straßenbahnfahrgast **auf dem Weg** von oder zur Straßenbahn **auf** der **Straße** oder dem **Bürgersteig** oder wird er auf diesem Weg von einem vorbeifahrenden Kraftfahrzeug erfaßt, ist der Unfall **nicht** dem „Betrieb" der Straßenbahn zuzurechnen. Die genannten Flächen sind nicht als Betriebseinrichtungen der Bahn anzusehen, weil sie – anders als z. B. Straßenbahnhaltestelleninseln – nach ihrer baulichen Gestaltung und ihrer Zweckbestimmung weder ganz noch überwiegend dem Aufenthalt von Fahrgästen dienen, sondern auch anderen Verkehrsteilnehmern zugänglich sind (vgl. RG, Urt. v. 19. 11. 1906 i. EE 23, 381 u. Urt. v. 20. 2. 1919 i. Warn. 1919 Nr. 73; BGH, Urt. v. 13. 11. 1954 i. VersR 1955, 81 = VRS 8, 117; BayerObLG, Urt. v. 30. 7. 1954 i. VersR 1954, 539 = NJW 1955, 105; *Finger,* Eisenbahngesetze, Anm. 3c zu § 1 RHG; *Wussow* i. WI 1953, 179; vgl. a. zu § 7 StVG BGH, Urt. v. 24. 11. 1969 i. VersR 1970, 179 u. Urt. v. 18. 12. 1972 i. VersR 1973, 346; OLG Frankfurt, Urt. v. 12. 7. 1972 i. VersR 1975, 381 L; a. A. *Friese,* RHG, § 1 B II 3b; *Seligsohn,* RHG, Anm. 50 zu § 1, die zu Unrecht die vom Straßenverkehr ausgehende Gefahr dem Beförderungsbetrieb der Strab. zurechnen). Anders verhält es sich, wenn in den genannten Fällen im Augenblick des Unfalls der Vorgang des Einsteigens schon begonnen hatte oder der des Aussteigens noch nicht abgeschlossen war (*Friese,* RHG, § 1 B II 3b).

107 Auch dann, wenn ein Fahrgast **innerhalb** des **räumlichen Bereichs** der **Bahnanlagen** verunglückt, z. B. auf den Flächen von Straßenbahnhaltestelleninseln oder -wartehallen oder auf dem Bahnhofsgelände einer Eisenbahn, ist die Haftung nach § 1 HG in aller Regel nicht gegeben, sondern kann allenfalls aus einer schuldhaften Verletzung der Verkehrssicherungspflicht des Betriebsunternehmers oder der Pflichten aus dem Beförderungsvertrag hergeleitet werden (vgl. Rdz. 6ff. u. 95ff. zu § 12). So ist eine Haftung nach § 1 zu verneinen, wenn ein Fahrgast **allein** wegen eines verkehrswidrigen Zustandes der Bahnanlagen (Winter- oder Regenglätte, mangelnde Beleuchtung, Vertiefungen, Hindernisse u. dergl.) oder aus einem anderen, mit einem bestimmten Betriebsvorgang nicht in Zusammenhang stehenden Grund verunglückt, was regelmäßig anzunehmen ist, wenn zu der Beförderungstätigkeit nur eine **entfernte räumliche Beziehung** besteht, wie bei Unfällen in den **Diensträumen des Bahnhofsgebäudes** (RG, Urt. v. 22. 4. 1885 i. EE 4, 144 u. Urt. v. 21. 1. 1896 i. EE 13, 40; OLG Köln, Urt. v. 28. 10. 1942 i. VAE 15, 70), in der

Schalterhalle (OLG Stuttgart, Urt. v. 21. 1. 1930 i. JW 1931, 84 = EE 50, 89; KG, Urt. v. 12. 12. 1933 i. EE 56, 88 m. zust. Anm. v. *Hanow* u. OLG Kiel, Urt. v. 5. 12. 1941 i. VAE 13, 90), in der **Abortanlage** (OLG München, Urt. v. 28. 10. 1925 i. EE 43, 328), in der **Wartehalle** eines Straßenbahnbetriebes (OLG Celle, Urt. v. 18. 10. 1914 i. VAE 11, 93; OLG Hamburg, Urt. v. 19. 3. 1926 i. EE 44, 240), auf der **Böschung eines Bahndamms** (RG, Urt. v. 10. 4. 1913 i. EE 30, 108), in einer **Bahnunterführung** (RG, Urt. v. 26. 1. 1910 i. EE 26, 333 u. Urt. v. 5. 2. 1928 i. RG 121, 382; OLG Düsseldorf, Urt. v. 20. 1. 1936 i. VAE 2, 410 u. Urt. v. 9. 2. 1940 i. VAE 9, 72) oder auf **Treppen** zu oder von den Ein- oder Ausgängen oder den Bahnsteigen (RG, Urt. v. 17. 12. 1915 i. EE 33, 213; KG, Urt. v. 27. 10. 1931 i. EE 53, 184; OLG Köln, Urt. v. 23. 4. 1937 i. VAE 4, 317 u. Urt. v. 27. 8. 1942 i. VAE 15, 27; OLG Tübingen, Urt. v. 29. 5. 1953 i. VersR 1953, 264; LG Wuppertal, Urt. v. 15. 9. 1936 i. VAE 4, 317; LG Bautzen, Urt. v. 1. 6. 1939 i. VAE 8, 427). Ereignet sich der Unfall auf einer in einem Bahnhof befindlichen **Rolltreppe,** so erfordert dies keine grundsätzlich abweichende Beurteilung; die sich für die Benutzer solcher Einrichtungen ergebenden besonderen Gefahren sind keine Eigentümlichkeiten des Bahnverkehrs (vgl. KG, B. v. 18. 4. 1955 i. NJW 1956, 714; LG Berlin, Urt. v. 23. 4. 1932 i. EE 53, 195 u. Urt. v. 16. 5. 1936 i. VAE 38, 141; LG Hamburg, Urt. v. 6. 1. 1978 i. VersR 1979, 922 mit zust. Anm. v. *Klimke*; vgl. jedoch Rdz. 110ff.).

108 Der Grundsatz, daß Unfälle vor dem Einsteigen und nach dem Aussteigen nicht die Haftung nach § 1 auslösen, gilt auch, wenn ein Fahrgast beim Beschreiten von **Bahnsteig-** oder **Haltestellenflächen** oder **Gleisübergängen** also von Anlagen, die in einer **nahen örtlichen Beziehung** zum Fahrbetrieb stehen, einen Unfall erleidet, z. B. durch Sturz bei Winterglätte (RG, Urt. v. 30. 1. 1910 i. EE 28, 165, Urt. v. 30. 1. 1911 i. EE 28, 88 u. Urt. v. 22. 3. 1926 i. EE 45, 86; OLG Celle, Urt. v. 13. 7. 1957 i. VersR 1957, 607 u. OLG Frankfurt, Urt. v. 12. 7. 1972 i. VersR 1975, 381 L), wegen einer Bodenvertiefung (RG, Urt. v. 30. 11. 1933 i. EE 56, 86; OLG Naumburg, Urt. v. 2. 12. 1929 i. JW 1931, 835 m. krit. Anm. v. *von der Leyen*), Obstabfällen (AG Münster, Urt. v. 1. 11. 1931 i. VAE 7, 14 u. AG Naumburg, Urt. v. 3. 3. 1941 i. VAE 11, 67) oder sonstiger Hindernisse (RG, Urt. v. 28. 12. 1929 i. EE 52, 73: Senkschachtdeckel; RG, Urt. v. 17. 1. 1896 i. JW 1896, 111 = EE 12, 351: liegende Leiter; RG, Urt. v. 19. 10. 1934 i. EE 57, 222: dünne Eisenplatte; RG, Urt. v. 14. 3. 1907 i. JW 1907, 315 = EE 24, 50: Anstoßen an Gerüst) oder ohne ersichtlichen Grund (RG, Urt. v. 1. 4. 1904 i. JW 1904, 484; LG Stuttgart, Urt. v. 15. 3. 1938 i. VAE 6, 283, vgl. jedoch Rdz. 110ff. u. Rdz. 29ff. zu § 12).

109 Dagegen ist die Haftung grundsätzlich zu bejahen, wenn der Unfall **allein** oder doch zumindest **auch** auf einen **Betriebsvorgang** zurückzuführen ist, wie z. B. in den folgenden Fällen: Ein zu nahe an die Bahnsteigkante getretener Fahrgast wird durch die **hervorragenden Teile** des einfahrenden Zuges **erfaßt** und verletzt (RG, Urt. v. 17. 11. 1942 i. VAE 15, 24); die Glätte, auf der der Fahrgast verunglückt ist, hat sich durch den **Wasserdampf** einer kurz zuvor eingefahrenen **Lok** gebildet (RG, Urt. v. 10. 7. 1911 i. JW 1911, 24); ein Fahrgast stürzt vom Bahnsteig auf die Gleise, weil er infolge Fehlens eines Bordsteins von der Bahnsteigkante abgeglitten ist, nachdem er der **Aufforderung** des **Bahnpersonals,** sich nach vorwärts zu bewegen, gefolgt war (BGH, Urt. v. 11. 12. 1950 i. BGH 1, 17 = VRS 3, 149 = NJW 1951, 110; vgl. a. OLG Hamm, Urt. v. 14. 1. 1977 i. VersR 1978, 64 L); ein Fahrgast verunglückt durch einen **Gepäckkarren,** der wegen eines einfahrenden oder abfahrtbereiten Zuges mit Eile in Bewegung gesetzt wurde (RG, Urt. v. 24. 6. 1902 i. JW 1902, 426 = EE 19, 65 u. Urt. v. 30. 10. 1929 i. RG 126, 137 = EE 49, 271; OLG Braunschweig, Urt. v. 13. 2. 1951 i. VRS 3, 390; *Böhmer,* SHG, Anm. 30 zu § 1; *W. Weimar* i. VP 1963, 180; einschr. RG, Urt. v. 9. 1. 1908 i. Warn. 1908 Nr. 184 = EE 24, 382 u. Urt. v. 5. 12. 1918 i. EE 37, 170).

110 Zu den Eigentümlichkeiten des Bahnverkehrs gehört es, daß er der **Massenbeförderung** dient und daß im Rahmen eines **Fahrplans** feste Ankunfts- und Abfahrtzeiten mit oft nur kurzen Zwischenaufenthalten auf den Stationen eingehalten werden müssen. Eine zügige und pünktliche Verkehrsbedienung setzt voraus, daß der **Fahrgastwechsel** beim **Ein- und Aussteigen beschleunigt** abgewickelt wird. Die hierdurch bewirkte **Eile** bei der Abfertigung auf den Haltestationen und das Bestreben der Fahrgäste, die Züge rechtzeitig zu erreichen oder wieder verlassen zu können oder einen Sitzplatz zu bekommen, begründen – häufig im Zusammenhang mit **Gedränge** durch Menschenansammlungen und der **räumlichen Enge** auf den Bahnanlagen, insbesondere bei der Benutzung der Bahnsteig- und Haltestellenflächen und der zu ihnen führenden Ausgänge und Treppen – **typische Bahngefahren,** die sich auch schon **vor** dem Einsteigen und auch noch **nach** dem Aussteigen auswirken können. Haben diese Gefahren den Unfall verursacht, so hat er sich nach h. A. **„beim Betrieb"** der Bahn ereignet (RG, Urt. v. 7. 1. 1901 i. JW 1901, 84 = EE 18, 42, Urt. v. 24. 6. 1902 i. JW 1902, 426 = EE 19, 65, Urt. v. 1. 7. 1904 i. JW 1904, 484 = EE 21, 178, Urt. v. 14. 3. 1907 i. JW 1907, 315 = EE 24, 50, Urt. v. 12. 7. 1912 i. JW 1912, 920, Urt. v. 15. 3. 1915 i. RG 86, 321 = JW 1915, 585 = EE 32, 336, Urt. v. 13. 3. 1922 i. EE 39, 281 u. Urt. v. 23 1. 1932 i. JW 1932, 1728 m. abl. Anm. v. *Fritsch;* OLG Köln, Urt. v. 18. 5. 1933 i. JW 1933, 2401 m. zust. Anm. v. *Bosch* u. Urt. v. 23. 4. 1937 i. VAE 4, 317; OLG Düsseldorf, Urt. v. 20. 1. 1936 i. VAE 2, 410; *Seligsohn,* RHG, Anm. 49f. zu § 1; *Friese* RHG, § 1 B II 3b; *Böhmer,* RHG, Anm. VI 16 zu § 1 u. SHG, Anm. 30 zu § 1). Daß Eile und Gedränge auch bei anderen Verkehrsarten auftreten, rechtfertigt keine abweichende Beurteilung (a. A. *Meyer,* Anm. zu Urt. des KG v. 18. 11. 1935 i. VAE 1, 209 u. zu Urt. des OLG Düsseldorf v. 20. 1. 1936 i. VAE 2, 412; *Biermann,* RHG, Anm. IX 3 zu § 1; *R. Weimar* i. MDR 1964, 286), weil auch sonst nicht zu fordern ist, daß es sich um Gefahren handelt, die dem Bahnverkehr **ausschließlich** eigentümlich sind (vgl. Rdz. 81).

111 Die Annahme, daß eine für den Bahnverkehr typische **Eile** bewirkt hat, daß der Unfall „beim Betrieb" der Bahn eingetreten ist, setzt voraus, daß die Eile **im Hinblick auf eine Beförderungstätigkeit** der Bahn entwickelt wurde, was z. B. zutrifft, wenn ein Reisender, vom Schaffner zur Eile aufgefordert, bei dem Versuch, einen wegen Verspätung nur kurzfristig angehaltenen Zug zu erreichen, auf dem Bahnsteig stürzt (RG, Urt. v. 8. 11. 1894 i. EE 11, 338, Urt. v. 24. 6. 1902 i. JW 1902, 426 = EE 19, 65, Urt. v. 10. 11. 1921 i. JW 1922, 388 u. Urt. v. 23. 1. 1932 i. JW 1932, 1728). Ist ein solcher Zusammenhang gegeben, so ist **nicht** entscheidend, ob die Eile **objektiv erforderlich** war. Es genügt, daß der Fahrgast die Eile für erforderlich **gehalten** hat und zu dieser Annahme durch **bestimmte** Betriebsvorgänge veranlaßt wurde (RG, Urt. v. 16. 4. 1886 i. EE, 4, 45, Urt. v. 2. 2. 1914 i. JW 1914, 407 = Warn. 1914 Nr. 128 u. Urt. v. 23. 1. 1932 i. JW 1932, 1728 m. abl. Anm. v. *Fritsch*. Die Annahme des Verunglückten braucht nicht unverschuldet zu sein; ein etwaiges Verschulden kann jedoch eine Mithaftung nach §§ 4 HG, 254 Abs. 1 BGB begründen, vgl. hierzu RG, Urt. v. 2. 2. 1914 aaO.). Auch ist nicht erforderlich, daß sich die Eile beim Fahrgast **äußerlich,** z. B. durch Laufen bemerkbar macht. Entscheidend ist die **„seelische Einwirkung einer gewissen Hast, welche die Aufmerksamkeit auf Gefahren und Hindernisse zu vermeiden geeignet ist“** (RG, Urt. v. 23. 1. 1932 aaO. zum Fall einer durch Eile verunglückten körperbehinderten älteren Frau; abl. *Fritsch* aaO.; wie hier *Friese,* RHG, § 1 B II 2b; *Böhmer,* RHG, Anm. VI 8 zu § 1).

112 Dagegen **fehlt** der innere Zusammenhang mit dem Bahnbetrieb, wenn die Eile des Fahrgastes durch **persönliche Gründe** bestimmt wurde, z. B. durch **zu spätes** Kommen zum Bahnhof (RG, Urt. v. 8. 2. 1939 i. VAE 7, 149 m. zust. Anm. v. *Meyer;* LG Hamburg, Urt. v. 6. 1. 1978 i. VersR 1979, 922 m. zust. Anm. v. *Klimke*; a. A. *Wussow* in WI 1980, 66) oder **nach Erreichen** der Endstation durch das Verlangen, schnell die Toilette aufzusuchen (RG, Urt. v. 14. 3. 1907 i. JW 1907, 315 = EE 24, 50; LG Stuttgart, Urt. v. 15. 3. 1938 i. VAE 6, 283; a. A. *Seligsohn,* RHG, Anm. 50 zu § 1) oder den Zug und das Gedränge hinter sich zu lassen (RG, Urt. v. 14. 3. 1907 i. JW 1907, 315 = EE 24, 50; KG, Urt. v. 23. 12. 1932 i. JW 1933, 785, Urt. v. 24. 2. 1936 i. VAE 2, 478; B. v. 18. 4. 1955 i. NJW 1956, 714; *Seligsohn,* RHG, Anm. 50 zu § 1; *Friese,* RHG, § 1 B II 3b; *Böhmer,* RHG, Anm. VI 18 zu § 1). Der Auffassung von *Friese* (aaO.), im **Nahverkehr** könne Eile vernünftigerweise nicht für erforderlich gehalten werden, kann nicht zugestimmt werden. Dem Benutzer des Nahverkehrs steht zwar häufig ein reichhaltigeres Fahrtenangebot zur Verfügung, er ist jedoch andererseits in stärkerem Maße darauf angewiesen, im Rahmen seines Zeitplans pünktlich am Zielort (Arbeitsstelle, Arztbesuch u. dergl.) einzutreffen; die vom Fahrgast des Nahverkehrs gezeigte Eile kann deshalb nicht von vornherein als verkehrlich unnötig angesehen werden. Es kommt hinzu, daß die Zwischenaufenthalte hier im allgemeinen wesentlich kürzer sind als im übrigen Bahnverkehr. Verunglückt ein Fahrgast durch die Eile eines **anderen Fahrgastes,** so reicht dies für die Annahme eines Betriebsunfalles aus (RG, Urt. v. 14. 3. 1907 aaO.; OLG Köln, Urt. v. 18. 5. 1933 i. EE 55, 176; *Friese,* RHG, § 1 B II 3b); auch genügt Eile, die **Bahnbedienstete** im Hinblick auf eine Beförderung entwickeln (vgl. RG, Urt. v. 30. 10. 1929 i. RG 126, 137 = EE 49, 211; *Seligsohn,* RHG, Anm. 47 zu § 1; *Böhmer,* RHG, Anm. VI 22 zu § 1 u. SHG, Anm. 30 zu § 1; a. A. RG, Urt. v. 11. 7. 1912 i. JW 1912, 919; *Friese,* RHG, § 1 B II 3b).

113 **Gedränge** der Fahrgäste kann einen inneren Kausalzusammenhang zwischen dem Betrieb und dem Unfall begründen, wenn es **unmittelbar** durch die **Beförderungstätigkeit** der Bahn erzeugt wird und im **nahen örtlichen** und **zeitlichen** Zusammenhang zu ihr steht, wie insbesondere auf den **Bahnsteigen** und **Haltestellenflächen,** kurze Zeit vor dem Eintreffen oder dem Abfahren der Züge oder Fahrzeuge (RG, Urt. v. 8. 11. 1894 i. EE 11, 338, Urt. v. 7. 11. 1901 i. EE 18, 42, Urt. v. 14. 3. 1907 i. EE 24, 50, Urt. v. 30. 1. 1910 i. EE 28, 165, Urt. v. 16. 6. 1919 i. EE 37, 264 u. Urt. v. 13. 3. 1922 i. EE 39, 281; *Seligsohn,* RHG, Anm. 46 zu § 1; *Friese,* RHG, § 1 B II 3b; *Böhmer,* RHG, Anm. VI 16 zu § 1). Das RG (Urt. v. 10. 11. 1921 i. JW 1922, 388) hat die Haftung sogar für den Unfall eines Fahrgastes auf dem Weg von der Sperre zum Zug bejaht, der dadurch ausgelöst worden war, daß sich hinter der Sperre eine größere Menschenmenge angesammelt hatte, die bei der Öffnung der Sperre plötzlich auf den Bahnsteig drängte (zust. a. *Friese* u. *Böhmer* aaO.). Die hieran von *von der Leyen* (Anm. zu Urt. des RG v. 10. 11. 1921 i. JW 1922, 388) geäußerte Kritik, der Zug sei planmäßig erst eine Stunde nach Öffnung der Sperre abgefahren, so daß der Unfall vor Beginn des Betriebes stattgefunden habe, verkennt, daß es für die Bejahung des Zusammenhanges ausreicht, daß der Zug bereits auf dem Bahnsteig stand und die Reisenden zu dem Zug strebten, um Sitzplätze zu erhalten. Dagegen kann in dem Öffnen der Sperre kein Betriebsvorgang gesehen werden, wie *Friese* (aaO.) meint. Anders ist zu entscheiden, wenn die Menschenansammlung auf Ursachen zurückgeht, die mit dem Bahnverkehr nichts zu tun haben, es strömt z. B. eine größere Menge nach Schluß einer Veranstaltung (Theater, Fußballspiel u. dergl.) auf den Bahnsteig, auf dem sich kein Zug befindet oder in Kürze zu erwarten ist.

114 Auch ein **nach dem Aussteigen** auf den Bahnsteigen oder den Haltestellenflächen entstehendes Gedränge kann dazu führen, daß sich ein Unfall noch „beim Betrieb" der Bahn ereignet. Beim Verlassen der Bahnsteige fehlt es jedoch in der Regel an dem erforderlichen **örtlichen Zusammenhang** mit einem **Betriebsvorgang.** Zu eng erscheint die Auffassung des RG (Urt. v. 11. 7. 1912 i. JW 1912, 919), das die Haftung für Unfall eines Fahrgastes verneinte, der auf dem Weg zum Zuge durch das Gedränge ausgestiegener Fahrgäste verunglückte, indem es auf den persönlichen Grund der Eile der Fahrgäste abstellte. Auf dieses Kriterium kann es, wenn nicht Eile, sondern Gedränge unfallursächlich ist, **nicht** ankommen (*Seligsohn,* RHG, Anm. 46 zu § 1; a. A. *Friese,* RHG, § 1 B II 3b). Auch erscheint es unerheblich, ob es sich bei dem durch das Gedränge Geschädigten um einen **Fahrgast** oder um einen **Dritten,** an der Beförderung nicht Beteiligten handelt; auch im letzteren Falle ist eine innere Verbindung mit dem Bahnbetrieb gegeben (*Seligsohn* aaO.; a. A. *Friese* aaO.).

c) Unfälle beim Umsteigen

115 Aus den zuvor dargestellten Gründen (Rdz. 110ff.) können ausnahmsweise auch Unfälle zum Betrieb gerechnet werden, die sich beim **Umsteigen,** d. h. **nach** vollendetem Aussteigen und noch **vor** dem Einsteigen auf dem **Wege** zu einem anderen **Zug** oder **Fahrzeug** ereignen (RG, Urt.

v. 22. 5. 1891 i. EE 9, 59, Urt. v. 17. 12. 1895 i. JW 1896, 80 = EE 12, 344, Urt. v. 30. 1. 1910 i. EE 28, 165, Urt. v. 6. 6. 1910 i. Warn. 1910 Nr. 290 = EE 27, 93, Urt. v. 30. 6. 1913 i. Warn. 1913 Nr. 522, Urt. v. 2. 2. 1914 i. JW 1914, 407 = Warn. 1914 Nr. 128, Urt. v. 1. 11. 1923 i. Recht 1924 Nr. 228 u. Urt. v. 30. 10. 1929 i. RG 126, 137 = EE 49, 271; OLG Kassel, Urt. v. 10. 6. 1904 i. EE 22, 14; OLG Naumburg, Urt. v. 2. 12. 1929 i. JW 1931, 895; OLG Stettin, Urt. v. 21. 1. 1930 i. EE 50, 89; KG, Urt. v. 11. 5. 1942 i. VAE 2, 127 m. Anm. *v. Meyer* u. B. v. 18. 4. 1955 i. NJW 1956, 714; *Seligsohn,* RHG, Anm. 49 zu § 1; *Friese,* RHG, § 1 B II 3; *Böhmer,* RHG, Anm. VI 24 zu § 1). Voraussetzung ist einmal, daß eine **nahe räumliche Beziehung** zwischen dem **Aussteige-** und dem **Einsteigeort** besteht (RG, Urt. v. 1. 11. 1923 aaO.). Diese müssen sich regelmäßig **innerhalb** eines **Bahnhofsgeländes** befinden, so daß es sich nur um den Weg von einem Bahnsteig zu einem anderen Bahnsteig handelt. Die Haftung ist deshalb abzulehnen, wenn zwischen zwei zu benutzenden Bahnen eine außerhalb des Bahngeländes befindliche Strekke zurückzulegen ist (vgl. OLG Naumburg, Urt. v. 26. 10. 1931 i. EE 53, 287 u. *Friese* aaO.). Bei **Straßenbahnen** muß sich das Umsteigen innerhalb einer **Haltestelleneinrichtung** der Bahn, z. B. einer Straßenbahninsel als Doppelhaltestelle, vollziehen. Daß der Fahrgast auf dem Weg zwischen zwei voneinander getrennten Haltestellen verunglückt, reicht nicht aus (anders wohl RG, Urt. v. 6. 6. 1910 aaO.: Bejahung der Haftung für Unfall eines Straßenbahnfahrgastes, der auf dem Weg von der Haltestelle zu einer anderen Haltestelle in einen Graben stürzt; abl. a. *Seligsohn* u. *Friese* aaO.). Auch ein Unfall, der sich bei einem wegen einer **Störung** angeordneten Umsteigens auf der Strecke ereignet, kann noch in dem erforderlichen räumlichen Zusammenhang zum Bahnbetrieb stehen. Dieser fehlt jedoch, wenn die Fahrgäste eine **längere** Wegestrecke zurücklegen müssen (OLG Naumburg, Urt. v. 26. 10. 1931 i. EE 52, 287; unr. LG Hannover, Urt. v. 25. 8. 1948 i. NdsRpfl. 1948, 106, das einen Betriebsunfall selbst dann noch annimmt, wenn der Fahrgast einen Umsteigeweg von einer halben Stunde zurückzulegen hat).

116 Es muß hinzu kommen, daß sich das Umsteigen in **Eile** vollzieht, weil dem Fahrgast nur eine **kurze Umsteigezeit** zur Verfügung steht (RG, Urt. v. 17. 12. 1895 i. JW 1896, 80 = EE 12, 344 u. Urt. v. 28. 12. 1929 i. EE 52, 73; OLG Naumburg, Urt. v. 2. 12. 1929 i. JW 1931, 895; KG, Urt. v. 1. 7. 1932 i. EE 53, 382; LG Hamburg, Urt. v. 16. 1. 1978 i. VersR 1979, 922 m. zust. Anm. von *Klimke*), z. B. bei einem angeordneten außerplanmäßigen Umsteigen (RG, Urt. v. 22. 5. 1891 i. EE 9, 59) oder weil der Zug verspätet eintrifft (OLG Kassel, Urt. v. 10. 6. 1904 i. EE 22, 14; zu weitgehend erscheint es, wenn das RG einen Zwischenaufenthalt von 25 Minuten noch für ausreichend erachtet, Urt. v. 6. 6. 1910 i. Warn. 1910 Nr. 290 = EE 27, 93). Daß es sich bei der zweiten Verbindung um einen planmäßigen Anschlußzug handelt, ist nicht erforderlich (KG, Urt. v. 11. 5. 1942 i. VAE 14, 177 m. abl. Anm. v. *Meyer*). Aus den schon erwähnten Gründen (vgl. Rdz. 112) kann auch nicht anerkannt werden, daß bei Unfällen, die sich während des Umsteigens im **Nahverkehr** ereignen, der notwendige Zusammenhang mit dem Bahnbetrieb von vornherein nicht gegeben sein soll (so *Friese* aaO.; wie hier KG, Urt.

v. 11. 5. 1942 i. VAE 2, 127 u. B. v. 18. 4. 1955 i. NJW 1956, 714; LG Hamburg, Urt. v. 6. 1. 1978 m. zust. Anm. v. *Klimke* aaO.).

d) Unfälle beim Be- oder Entladen

117 Unfälle beim **Be-** oder **Entladen** sind zweifelsfrei dem Bahnbetrieb zuzuordnen, wenn sich die Fahrzeuge während des Verladens **in Bewegung** befinden, z. B. jemand dadurch verletzt wird, daß ein zur Ladung bestimmtes stillstehendes Fahrzeug durch die Rangierbewegungen anderer Fahrzeuge angestoßen wird (RG, Urt. v. 28. 2. 1907 i. JW 1907, 276 = EE 23, 397 u. Urt. v. 2. 3. 1911 i. EE 28, 210; BGH, Urt. v. 18. 12. 1956 i. VersR 1957, 112). Ein unmittelbarer Zusammenhang mit einer Beförderungstätigkeit ist weiter gegeben, wenn es zu dem Unfall beim Be- oder Entladen eines Fahrzeuges auf einer **Zwischenstation** während eines planmäßigen Transportes, z. B. eines Postwagens auf einem Bahnhof, kommt. Das vorübergehende Anhalten unterbricht diesen Zusammenhang nicht (RG, Urt. v. 20. 1. 1882 i. RG 6, 37 = JW 1882, 78 = EE 2, 182, Urt. v. 8. 6. 1883 i. EE 3, 76, Urt. v. 17. 6. 1886 i. JW 1886, 225 = EE 5, 281, Urt. v. 29. 2. 1892 i. EE 9, 163 u. Urt. v. 9. 4. 1932 i. EE 53, 287; vgl. a. Rdz. 66). Wegen des engen zeitlichen und örtlichen Zusammenhangs des Verladens mit der eigentlichen Beförderungstätigkeit muß **nicht nachgewiesen** werden, daß der Unfall auf eine dem Bahnbetrieb **eigentümliche Gefahr** zurückzuführen ist. Es braucht deshalb auch nicht nachgewiesen zu werden, daß beim Be- oder Entladen besondere **Eile** entwickelt werden mußte (RG, Urt. v. 20. 1. 1882 i. RG 6, 37 = JW 1882, 78 = EE 2, 182, Urt. v. 8. 6. 1883 i. EE 3, 76, Urt. v. 17. 6. 1886 i. EE 5, 281 u. Urt. v. 9. 4. 1932 i. EE 53, 287; *Friese,* RHG, § 1 B II 3c; a. A. *Seligsohn,* RHG, Anm. 48 zu § 1; *Böhmer,* RHG, Anm. VI 76 zu § 1 u. SHG, Anm. 40 zu § 1; *Biermann,* RHG, Anm. XIII u. Fußn. 93 zu § 1 u. SHG, Anm. III u. Fußn. 64 zu § 1). Der Zusammenhang mit dem Betrieb bleibt gewahrt, wenn während des Stationsaufenthaltes eines Güterzuges ein Wagen **vorübergehend** auf ein **Nebengleis** gesetzt wird, von dem er nach der Zuladung sogleich wieder für den weiterlaufenden Zug abgeholt wird. Auch kann ein Unfall bei einer die Beladung **vorbereitenden** Handlung, z. B. beim Anlegen der Verladerampe an das Fahrzeug, schon zum Betrieb rechnen (RG, Urt. v. 9. 4. 1932 i. EE 53, 287; vgl. jedoch a. OLG Breslau, Urt. v. 12. 11. 1937 i. VAE 5, 30; LG Rostock, Urt. v. 4. 8. 1937 i. VAE 4, 413: keine Haftung für Unfälle durch Kräne oder Hebevorrichtungen vor oder nach dem Transport). Dagegen ist die Haftung **abzulehnen,** wenn der Unfall nur **allgemein** auf den Beförderungsbetrieb der Bahn zurückgeführt werden kann, nicht jedoch auf eine **bestimmte** Betriebstätigkeit. Jemand wird z. B. beim Abladen eines Waggons durch das Herabstürzen von Holzstämmen infolge des Zerbrechens einer Runge verletzt, die während des Transports durch die Erschütterungen und Bewegungen bei der Beförderung abgebrochen war (RG, Urt. v. 28. 2. 1907 i. JW 1907, 276 = EE 23, 397; vgl. a. RG, Urt. v. 29. 4. 1912 i. JW 1912, 805 u. Urt. v. 20. 6. 1916 i. LZ 1916 Sp. 1295 = EE 33, 424).

118 Ebenso ist zu entscheiden, wenn das Ladegeschäft vor der Aufnahme oder nach der Beendigung des Transportes von **stillstehenden** Fahrzeugen betrieben wird, z. B. beim Be- oder Entladen von Arbeitszügen auf den Baustellen oder von Güterwaggons auf den Verladegleisen (vgl. RG, Urt. v. 4. 12. 1880 i. EE 1, 323, Urt. v. 20. 6. 1916 i. LZ 1916 Sp. 1295 = EE 33, 424, Urt. v. 26. 1. 1916 i. JW 1916, 586 m. zust. Anm. v. *von der Leyen* = EE 33, 320, Urt. v. 9. 4. 1932 i. EE 53, 287; BGH, Urt. v. 18. 12. 1956 i. VersR 1957, 112). Diese, die eigentliche Beförderungstätigkeit nur vorbereitenden oder abschließenden Maßnahmen können eine Haftung nur begründen, wenn **nachweislich** ein **Zusammenhang** zwischen dem Unfall und einer dem **Bahnbetrieb eigentümlichen Gefahr** gegeben ist. Das ist zu bejahen, wenn das Be- oder Entladen im Hinblick auf eine bevorstehende Beförderungstätigkeit in **Eile** erfolgen muß, z. B. Schienen aus einem Arbeitszug wegen des Heranfahrens eines anderen Zuges schnell abgeladen werden müssen (RG, Urt. v. 28. 12. 1880 i. RG 3, 20 = EE 1, 343, Urt. v. 3. 1. 1883 i. EE 2, 435, Urt. v. 8. 6. 1883 i. EE 3, 76, Urt. v. 23. 6. 1885 i. EE 4, 199, Urt. v. 16. 4. 1886 i. JW 1886, 255 = EE 4, 445, Urt. v. 24. 5. 1888 i. JW 1888, 274 = EE 6, 304 u. Urt. v. 29. 2. 1892 i. EE 9, 163). Daß die Eile nach den Umständen für **geboten gehalten** werden konnte, reicht dabei aus (RG, Urt. v. 16. 4. 1886 aaO.). Es muß jedoch stets ein Zusammenhang mit einer **bestimmten** Betriebstätigkeit gegeben sein. Daran fehlt es, wenn es sich nur um die **Eile** handelt, die der **Verladebetrieb an und für sich** hervorruft (BGH, Urt. v. 18. 12. 1956 aaO.) oder wenn nur ein **gefährlicher Zustand** einer Bahnanlage, z. B. die hohe Lage der äußeren Schiene in einer Kurve, mitgewirkt hat (*Seligsohn,* RHG, Anm. 48 zu § 1; *Friese,* RHG, § 1 B II 3c; anders RG, Urt. v. 16. 4. 1886 i. JW 1886, 255 = EE 4, 445). Daß die Bahn zum Be- oder Entladen besondere Vorrichtungen zur Verfügung gestellt hat, rechtfertigt keine andere Beurteilung (RG, Urt. v. 27. 2. 1911 i. JW 1911, 412; OLG Breslau, Urt. v. 2. 11. 1937 i. VAE 5, 30; LG Rostock, Urt. v. 4. 8. 1937 i. VAE 4, 413; *Böhmer,* SHG, Anm. 40 zu § 1). Hat sich das Bahnfahrzeug z. Zt. des Unfalls bereits außerhalb der Bahnanlagen befunden, z. B. auf dem Gleis des Verladers, und ist es erst dort in Bewegung gesetzt worden, so ist der erforderliche nahe örtliche und zeitliche Zusammenhang mit dem Bahnbetrieb nicht mehr gegeben (RG, Urt. v. 6. 12. 1898 i. JW 1898, 64 = EE 15, 334 u. Urt. v. 14. 11. 1918 i. JW 1919, 224; BGH, Urt. v. 18. 12. 1956 aaO.).

e) Unfälle bei der Vorbereitung, Durchführung oder Abwicklung der Beförderung

119 Bei Unfällen, die sich bei der **Vorbereitung, Durchführung** oder **Abwicklung** der Beförderung ereignen, ist im Einzelfall zu prüfen, ob ein naher **örtlicher, zeitlicher** sowie **innerer** Zusammenhang mit einem Betriebsvorgang oder einer Betriebstätigkeit besteht. Das ist regelmäßig zu verneinen, wenn es sich um **Bau-** oder **Unterhaltungsmaßnahmen** an Fahrzeugen oder Bahnanlagen oder um sonstige **Verwaltungsmaßnahmen** handelt. Hierzu rechnen z. B. das **Reinigen** oder **Schmieren** der Fahrzeuge oder Schienen (RG, Urt. v. 7. 12. 1881 i. EE 7, 163, Urt. v. 29. 1. 1886 i. EE 4, 404, Urt. v. 18. 11. 1886 i. EE 5, 205, Urt. v. 2. 2. 1887 i. EE 5, 240 u. Urt. v. 10. 3. 1887 i. JW 1887, 119 = EE 5, 259; KG,

Urt. v. 31. 5. 1930 i. EE 51, 356), **Gleisausbesserungsarbeiten** (RG, Urt. v. 15. 10. 1883 i. EE 3, 290 u. Urt. v. 16. 10. 1885 i. EE 4, 311; LG Hagen, Urt. v. 17. 9. 1948 i. VRS 2, 137), das **Aufgleisen** einer entgleisten Lokomotive (RG, Urt. v. 29. 9. 1880 i. EE 1, 280), die **Räumung** eines Hindernisses von einer stillgelegten Bahnstrecke (BGH, Urt. v. 5. 1. 1963 i. VersR 1963, 291 = VRS 24, 173 = NJW 1963, 711), die Anfertigung einer Kugelkette in einer **Werkstatt** (RG, Urt. v. 11. 2. 1889 i. EE 7, 62), der Sturz von einer Lok **nach Dienstschluß** (RG, Urt. v. 1. 10. 1907 i. EE 24, 183); das Verschließen der Tür eines **Lokschuppens** (RG, Urt. v. 14. 11. 1879 i. EE 1, 8), das Aufstellen von **Kohlekörben** zur Speisung einer Lokomotive (RG, Urt. v. 11. 7. 1885 i. EE 4, 214), Tätigkeiten in **Verwaltungsräumen** des **Bahnhofsgebäudes** (RG, Urt. v. 21. 1. 1896 i. JW 1896, 100 = EE 13, 40; OLG Karlsruhe, Urt. v. 28. 10. 1942 i. VAE 15, 70; vgl. a. Rdz. 94f.).

120 Ist der Unfall darauf zurückzuführen, daß eine **Bahnschranke** betätigt wurde, hat er sich ,,beim Betrieb" ereignet, wenn die Schranke wegen eines sich dem Übergang **nähernden Zuges** bedient wurde. Daß die Bedienung mit besonderer **Eile** verbunden war, ist **nicht** erforderlich (RG, Urt. v. 2. 1. 1882 i. EE 2, 171, Urt. v. 2. 1. 1883 i. EE 2, 429 u. Urt. v. 13. 10. 1913 i. JW 1914, 95 = EE 30, 488; BGH, Urt. v. 5. 3. 1963 i. VersR 1963, 583 = VRS 24, 414 = NJW 1963, 1107 u. Urt. v. 7. 10. 1966 i. VersR 1967, 132; OLG Breslau, Urt. v. 11. 10. 1940 i. VAE 11, 93; *Friese,* RHG, § 1 B II 3; *Böhmer,* RHG, Anm. VI 26 zu § 1, SHG, Anm. 33 zu § 1 u. i. MDR 1960, 197; *Wussow* i. WJ 1978, 177). Die Haftung nach § 1 ist jedoch nicht gegeben, wenn die Schranke durch einen **Unbefugten** bedient wurde (RG, Urt. v. 28. 2. 1916 i. JW 1916, 747 m. zust. Anm. v. *von der Leyen* = EE 32, 323) oder wenn z. Zt. der Bedienung überhaupt **keine Beförderung** stattfand und z. B. die hochgezogene Schranke wegen eines baulichen Fehlers herabgestürzt ist und jemanden verletzt hat (RG, Urt. v. 1. 2. 1913 i. EE 30, 90 u. Urt. v. 13. 10. 1913 i. JW 1914, 95 = EE 30, 489; OLG Frankfurt, Urt. v. 22. 12. 1932 i. EE 54, 353; OLG Breslau, Urt. v. 16. 8. 1938 i. VAE 8, 323; OLG Neustadt, Urt. v. 11. 10. 1952 i. NJW 1953, 387 m. zust. Anm. von *Goltermann;* unr. LG Oldenburg, Urt. v. 19. 5. 1953 i. VersR 1954, 40 L = MDR 1954, 38 = NdsRpfl. 1954, 12). Umstritten ist, ob ein Betriebsunfall auch vorliegt, wenn jemand durch eine **herabgelassene Bahnschranke** geschädigt wird (bejahend BGH aaO; OLG Königsberg, Urt. v. 14. 6. 1937 i. HRR 1937 Nr. 1527 u. OLG Hamm, Urt. v. 1. 10. 1959 i. MDR 1960, 140; *Finger,* Eisenbahngesetze, Anm. 3a zu § 1 RHG, *Goltermann* i. KVR v. A–Z, Eisenbahnübergang, Zivilrechtliche Haftung, Erl. B I 4; *Wussow,* UHR, Tz. 632 u. i. WI 1978, 177; verneinend RG, Urt. v. 27. 5. 1909 i. Warn. 1909 Nr. 459 = EE 26, 178; OLG Neustadt aaO. m. zust. Anm. v. *Goltermann;* LG Hamburg, Urt. v. 26. 3. 1943 i. VAE 15, 110; LG Braunschweig, Urt. v. 21. 5. 1948 i. VRS 1, 9 m. zust. Anm. v. *Goltermann; Friese,* RHG, § 1 B II 2a; *Biermann,* RHG, Anm. V zu § 1; *Böhmer,* SHG, Anm. 33 zu § 1 u. i. MDR 1960, 197). Zu Unrecht vergleicht das RG (aaO.) die geschlossene Schranke mit einem ,,in der Nacht herabgelassenen Zollschlagbaum der Landstraße". Das Herablassen der Schranke ist ein **einheitlicher** Vorgang, der bis zum Wiederöffnen der Schranke andauert. Entscheidend ist allein, ob der Bahnübergang wegen eines sich **nähernden Zuges** abgesperrt wurde oder ob dies aus anderen Gründen geschah; ersterenfalls ist die Haftung nach § 1 gegeben.

121 Ebenso ist die Haftung zu beurteilen, wenn sich Unfälle durch die Bedienung von **Weichen, Signalmasten, Drehscheiben** oder anderen Anlagen des technischen Bahnbetriebes ereignen. So ist die Haftung zu verneinen, wenn jemand beim **Reinigen** oder **Ausprobieren** von Weichen (RG, Urt. v. 8. 3. 1900 i. RG 46, 23 = JW 1900, 315 u. Urt. v. 12. 3. 1900 i. EE 17, 225), beim **Richten** einer Signalstange oder **Reißen** des Drahtes eines Signalmastes (RG, Urt. v. 10. 2. 1880 i. RG 1, 52 = EE 1, 157 u. Urt. v. 20. 4. 1886 i. EE 5, 33) oder dadurch verunglückt, daß **spielende Kinder Drehscheiben** betätigen (RG, Urt. v. 9. 11. 1900 i. EE 17, 133; OLG Bamberg, Urt. v. 29. 9. 1905 i. EE 22, 369). Dagegen ist die Haftung zu bejahen, wenn die genannten Einrichtungen **im Hinblick** auf **Beförderungsvorgänge** bedient wurden, z. B. eine Weiche wegen eines gemeldeten Zuges umgeschlagen und hierdurch der Unfall verursacht wurde (RG, Urt. v. 8. 3. 1909 i. RG 46, 23 = JW 1900, 315).

IV. Schadensersatz

Schrifttum: *Böhmer,* Haftet die Eisenbahn für Sachschaden durch Funkenflug nach § 1 SHG?, MDR 1970, 299; Zur Auslegung des § 9 SHG, VersR 1970, 214; *v. Caemmerer,* Die Bedeutung des Schutzbereichs einer Rechtsnorm für die Geltendmachung von Schadenersatzansprüchen aus Verkehrsunfällen, DAR 1970, 283; *Klimke,* Der Entwertungsschaden aus haftungsrechtlicher Sicht, VersR 1973, 492; Notwendige Hilfserwägungen bei der Abgrenzung des Anwendungsbereichs bei der Gefährdungshaftung aus § 7 Abs. 1 StVG und des Kreises der „betriebstätigen Personen" i. S. v. § 8 StVG, VersR 1978, 988; *W. Weimar,* Zweifelsfragen zur Ersatzpflicht gegenüber drittbeteiligten Verkehrsteilnehmern, MDR 1960, 900; *Wilke,* Selbstmord als Unfallfolge, VersR 1956, 146; *Witter,* Zur rechtlichen Beurteilung sogenannter Neurosen – Neurose und Versicherung –, VersR 1981, 301.

122 Der Anspruch auf Schadenersatz setzt voraus, daß beim Betrieb ein **Mensch getötet,** der **Körper** oder die **Gesundheit** eines **Menschen verletzt** oder eine **Sache beschädigt** wird.

1. Unfall

123 Wie der Wortlaut von § 1 Abs. 2 Satz 1 HG zeigt („. . . wenn der Unfall durch höhere Gewalt verursacht ist . . ."), hat der Gesetzgeber an dem Erfordernis der §§ 1 RHG und 1 SHG, daß die Schädigung durch einen **Unfall** verursacht sein muß, festgehalten (vgl. a. die amtl. Begr. zu dem insoweit anders gestalteten § 2 HG i. BT-Drucks. 8/108 S. 12 sowie zum früheren Recht BGH, Urt. v. 28. 4. 1954 i. VersR 1954, 297 = VRS 6, 403).

124 Ein Unfall ist die **plötzliche Einwirkung** eines äußeren Tatbestandes auf einen Menschen oder eine Sache, die eine Schädigung zur Folge hat

(RG, Urt. v. 4. 7. 1938 i. RG 158, 34; BGH aaO.; vgl. a. OLG Düsseldorf, Urt. v. 8. 5. 1967 i. NJW 1968, 555). Bei dem äußeren Tatbestand muß es sich um ein von außen kommendes, mit dem Betrieb in einem inneren Zusammenhang stehendes Ereignis handeln, wobei es nicht darauf ankommt, ob es dem **ordnungsgemäßen Betrieb** widerspricht, wie z. B. ein Zugzusammenstoß, oder einen **normalen betrieblichen Vorgang** darstellt, wie z. B. das Schließen einer Abteiltür durch einen Bahnbediensteten (RG, Urt. v. 3. 7. 1899 i. RG 44, 254, 260, Urt. v. 14. 7. 1938 aaO. u. Urt. v. 7. 2. 1944 i. DR 1944, 585; *Friese,* RHG, § 1 B IV 2c; *Böhmer,* RHG, Anm. VII 1 zu § 1; *Biermann,* RHG, Anm. XIV zu § 1 u. SHG, Anm. I zu § 2). Auch ein **vorsätzlich** herbeigeführtes Schadenereignis ist ein Unfall (RG, Urt. v. 13. 11. 1924 i. RG 109, 172; BGH, Urt. v. 20. 9. 1956 i. VRS 11, 425 = NJW 1956, 1806 u. Urt. v. 3. 7. 1962 i. VersR 1962, 829 = NJW 1962, 1676; OLG Hamm, Urt. v. 19. 5. 1978 i. VersR 1978, 1109; OLG Frankfurt, Urt. v. 27. 3. 1980 i. VersR 1980, 978). Das für den Unfallbegriff des Versicherungsrechtes aufgestellte Erfordernis, daß die Einwirkung von dem Betroffenen **nicht gewollt** war, gilt für das Haftpflichtrecht nicht (vgl. BGH, Urt. v. 13. 2. 1977 – VI ZR 206/75 – i. VersR 1978, 862 u. Urt. v. 13. 12. 1977 – VI ZR 36/76 – i. VersR 1978, 865; OLG Karlsruhe, B. v. 5. 5. 1958 i. VersR 1959, 569; OLG Frankfurt, B. v. 5. 5. 1975, best. d. BGH, B. v. 6. 12. 1977 i. VersR 1979, 451 u. Urt. v. 6. 6. 1977 i. VRS 55, 110; *Seligsohn,* RHG, Anm. 62 zu § 1; *Weber,* Anm. zu Urt. des OLG Frankfurt v. 22. 10. 1980 i. VersR 1981, 163; a. A. OLG Köln, Urt. v. 26. 5. 1975 i. VersR 1975, 1128, aufgeh. d. Urt. d. BGH v. 13. 12. 1977 – VI ZR 206/75 – aaO.) Die **Einwilligung** des **Geschädigten** ist nur insoweit erheblich, als sie zum Fortfall der Ersatzberechtigung führen kann, wenn sie auf freiem und mangelfreiem Willensentschluß beruht und nicht gegen das Gesetz oder gegen die guten Sitten verstößt. Ihre Voraussetzungen hat der Betriebsunternehmer zu beweisen, während der Nachweis, ob eine Schädigung durch einen Unfall gegeben ist, dem Geschädigten obliegt (vgl. hierzu BGH, Urt. v. 13. 12. 1977 – VI ZR 206/75 – aaO. u. Rdz. 153).

125 Entscheidend ist, daß das Ereignis **plötzlich einwirkt** (die schädigenden Folgen selbst brauchen nicht sofort einzutreten, vgl. RG, Urt. v. 6. 7. 1888 i. RG 21, 78) und daß es sich um einen zeitlich **bestimmten** oder **bestimmbaren** (wenn auch nicht unbedingt einmaligen) Vorgang handelt. Den Gegensatz hierzu bilden nachteilige Einwirkungen, die sich über einen **längeren Zeitraum** erstrecken und mit dem **gewöhnlichen Betrieb** verbunden sind (RG, Urt. v. 28. 11. 1884 i. EE 3, 418, Urt. v. 4. 7. 1887 i. EE 5, 432, Urt. v. 6. 7. 1888 i. RG 21, 78, Urt. v. 24. 3. 1892 i. RG 29, 42 = JW 1892, 220, Urt. v. 8. 2. 1898 i. EE 14, 358, Urt. v. 7. 10. 1901 i. JW 1901, 759, Urt. v. 24. 6. 1902 i. RG 52, 76, Urt. v. 24. 6. 1910 i. JW 1910, 843 = EE 27, 296, Urt. v. 4. 7. 1938 i. RG 158, 34 u. Urt. v. 7. 2. 1944 i. DR 1944, 585). Die praktische Bedeutung dieser Haftungseinschränkung ist heute gering. Bevor der **gesetzliche Haftungsausschluß** für **Arbeits-** und **Dienstunfälle** eingeführt wurde (vgl. Rdz. 227 ff.), hing die Haftung des Betriebsunternehmers für einen Personenschaden, den ein **Bahnbediensteter** während der Ausführung seines Dienstes erlitt, davon ab, ob der Schaden auf einem **unfallartigen Ereig-**

nis beruhte oder ob es sich um eine sog. **Berufs-** oder **Gewerbekrankheit** handelte. Der Schaden wurde als Betriebsunfall anerkannt, wenn er auf eine **bestimmte** Fahrt zurückgeführt werden konnte (vgl. RG, Urt. v. 28. 11. 1884 aaO.: Erfrierungen und Nierenleiden eines Bremsers; RG, Urt. v. 6. 7. 1888 aaO.: Schlaganfall eines Lokführers durch Kesselhitze, der später zur Geisteskrankheit führt; RG, Urt. v. 7. 2. 1944 aaO.: Rauchgasvergiftung eines Lokführers beim Befahren eines Tunnels; vgl. a. RG, Urt. v. 24. 6. 1902 aaO.). Stellte er sich dagegen als Folge einer **längeren** dienstlichen Tätigkeit dar, wurde die Haftung abgelehnt (RG, Urt. v. 24. 3. 1892 aaO.: chronisches Nervenleiden durch Bodenerschütterung in einer Werkstatt; RG, Urt. v. 4. 7. 1887 aaO.: Muskelarthrophie eines Heizers, der längere Zeit der Winterkälte und der Zugluft ausgesetzt war; vgl. a. RG, Urt. v. 8. 2. 1898 u. Urt. v. 24. 6. 1910 aaO.).

126 Schäden durch die Zuführung von Gasen, Dämpfen, Gerüchen, Ruß, Wärme, Geräuschen, Erschütterungen und ähnliche Einwirkungen (z. B. Funkenflug), **Immissionen** genannt (vgl. § 906 Abs. 1 BGB), begründen die Haftung nach § 1 nicht, wenn es sich, wie im Regelfall, um **Dauerbeeinträchtigungen** handelt, z. B. um Schäden durch vagabundierende Ströme (vgl. Rdz. 33 zu § 2); Gesundheitsschäden, die Anlieger von Bahnanlagen dadurch erleiden, daß sie ständig durch die Fahrgeräusche in ihrer Nachtruhe gestört werden, oder Schäden durch Risse an Gebäuden, die durch die Erschütterung eines U-Bahnbetriebes oder durch die Schwingungen einer an den Häuserfronten befestigten Straßenbahnoberleitung entstehen (hier sind u. U. bürgerlich-rechtliche Ausgleichsansprüche nach § 906 Abs. 2 Satz 2 BGB oder öffentlich-rechtliche Entschädigungsansprüche wegen enteignungsgleichem Eingriffs oder aus einer Aufopferung gegeben. Näheres hierzu *Geigel/Wagner,* Haftpflichtprozeß, Kpt. 21; vgl. a. RG, Urt. v. 8. 7. 1931 i. RG 133, 152: Erschütterungen durch Betrieb einer Omnibuslinie; BGH, Urt. v. 22. 3. 1968 i. VRS 34, 410: Geräuschimmissionen durch eine Straßenbahnkehre). In aller Regel fehlt in diesen Fällen ein Zusammenhang mit einem **bestimmten** Betriebsvorgang, so daß schon das Erfordernis der Schädigung „beim Betrieb" nicht erfüllt ist (vgl. Rdz. 71). Ausnahmsweise kann jedoch eine Immission, z. B. Funkenflug aus einer Lokomotive bei einer bestimmten Fahrt, ein **unfallartiges Ereignis** sein und damit für den hierdurch ausgelösten Schaden (z. B. einen Brand) die Haftung nach § 1 begründen (BGH, Urt. v. 30. 6. 1952 i. VRS 4, 506, Urt. v. 28. 4. 1954 i. VersR 1954, 297 = VRS 6, 403, Urt. v. 7. 7. 1954 i. VRS 7, 260 u. Urt. v. 26. 1. 1955 i. VersR 1955, 188; KG, Urt. v. 5. 7. 1949 i. VRS 1, 217; OLG Schleswig, Urt. v. 24. 4. 1952 i. NJW 1953, 106; *Genrich,* Anm. zu Urt. des RG v. 22. 2. 1940 i. DR 1940, 985; *Böhmer* i. MDR 1970, 299 u. i. VersR 1970, 214; der frühere Meinungsstreit, ob § 9 SHG die Haftung für Funkenflugschäden stets ausschloß – verneinend *Genrich* u. *Böhmer* aaO., bejahend *Schack* i. NJW 1965, 1702, *Däubler* i. DR 1940, 996 u. *Koffka* i. DJ 1940, 530 – hat sich erledigt, weil das HG die Regelung des § 9 SHG nicht übernommen hat). Ein Betriebsunfall liegt z. B. auch vor, wenn während der Fahrt einer Lok Kohlenstaub oder Dampf Verletzungen herbeiführen oder Dampf oder Rauch die Sicht behindern und dadurch einen Unfall bewirken (vgl. Rdz. 65).

2. Schadenszufügung

127 Nicht jede Schadenszufügung begründet eine Ersatzpflicht nach § 1. Es muß ein **Mensch getötet** oder der **Körper** oder die **Gesundheit** eines **Menschen verletzt** worden sein.

a) Tötung eines Menschen

128 Eine **Tötung** ist die Vernichtung des Lebens eines **rechtsfähigen** Menschen (§ 1 BGB). Sie liegt deshalb nicht vor, wenn ein Unfall bewirkt, daß eine **Leibesfrucht** tot geboren wird. Der Tod braucht **nicht** die **unmittelbare** Folge des Unfalls zu sein. Auch wenn er aufgrund einer bei dem Unfall erlittenen Verletzung erst **später** eintritt, handelt es sich um eine Tötung i. S. v. § 1 (vgl. hierzu a. § 5 Abs. 1 Satz 1 sowie RG, Urt. v. 3. 10. 1921 i. EE 39, 68 u. Urt. v. 30. 9. 1941 i. VAE 13, 20).

b) Verletzung des Körpers oder der Gesundheit eines Menschen

129 Eine **Verletzung** des **Körpers** ist jeder **äußere Eingriff** in die **körperliche Unversehrtheit.** Der Eingriff darf nicht ganz unerheblich sein; jedoch ist nicht erforderlich, daß der Verletzte Schmerzen fühlt oder körperliches Unbehagen verspürt (RG, Urt. v. 16. 4. 1889 i. RGSt 19, 136 u. Urt. v. 11. 4. 1899 i. RGSt 32, 113; BGH, Urt. v. 25. 9. 1952 i. NJW 1953, 1440). Wie in § 823 Abs. 1 BGB wird neben der Körperverletzung die **Gesundheitsverletzung** erwähnt, während in § 1 RHG nur die Körperverletzung angeführt war. Darin liegt jedoch keine sachliche Erweiterung der Haftung, weil der letztere Begriff auch die Gesundheitsverletzung umfaßte (vgl. RG, Urt. v. 29. 9. 1904 i. EE 21, 183; *Seligsohn,* RHG, Anm. 66 zu § 1; *Friese,* RHG, § 1 B IV 2b). Eine Gesundheitsverletzung ist jede **Störung** der **inneren Lebensvorgänge,** mag sie **körperlicher** oder **seelischer** Natur sein. Sie liegt auch dann vor, wenn eine Krankheit zwar nicht hervorgerufen, aber **gesteigert** wird (BGH, Urt. v. 21. 6. 1960 i. NJW 1960, 2253) oder wenn es sich nur um Übelkeit, Erbrechen, Schlaflosigkeit oder Schwindel handelt (BayerObLG, Urt. v. 7. 10. 1930 i. DJZ 1931, 368). Eine bloße Beeinträchtigung des seelischen Wohlbefindens reicht jedoch nicht aus (OLG Hamm, Urt. v. 20. 12. 1977 i. VersR 1977, 579). Keine Gesundheitsbeschädigung ist deshalb ein Erschrecken ohne weitere gesundheitliche Folgen (BayerObLG, Urt. v. 7. 10. 1930 aaO.; *Weimar* i. MDR 1964, 987; *Full* i. *Full/Möhl/Rüth,* StVR, Rdz. 145 zu § 7 StVG; *Schneider* i. VersR 1970, 508; anders der sog. Unfallschock, bei dem es sich um eine Kreislaufstörung handelt, vgl. OLG Frankfurt, Urt. v. 26. 2. 1969 i. VRS 38, 49). Bei einer **psychisch vermittelten** gesundheitlichen Beeinträchtigung, die vom Täter nicht gewollt war, ist darüber hinaus eine Beschränkung auf solche Schäden erforderlich, die nicht nur in medizinischer Hinsicht, sondern nach **allgemeiner Verkehrsauffassung** als Verletzung des Körpers oder der Gesundheit betrachtet werden. So bilden leichte Nachteile für das gesundheitliche Allgemeinbefinden, die erfahrungsgemäß mit einem **tiefempfundenen Trauerfall** verbunden sind, regelmäßig keine selbständige Grundlage für einen Schadenersatzanspruch (BGH, Urt. v. 11. 5. 1971 i. VersR 1971, 905 = NJW 1971, 1883; LG Zweibrücken, Urt. v. 12. 5. 1978 i. VersR 1979, 242).

130 Daß der Körper oder die Gesundheit eines **Menschen** verletzt wird, setzt nicht voraus, daß der Verletzte **im Zeitpunkt** des **Unfalls rechtsfähig** sein muß. Auch eine **Leibesfrucht,** die mit einem Körperschaden geboren wird, der auf einen Unfall der Mutter während der Schwangerschaft zurückzuführen ist, ist ein Mensch i. S. v. § 1 (BGH, Urt. v. 11. 1. 1972 i. NJW 1972, 1126 = LM Nr. 32a zu § 823 BGB m. zust. Anm. v. *Weber;* ausführl. hierzu *Staudinger/Schäfer,* Komm. z. BGB, Bd. II, 5. Teil, Rdz. 19ff. zu § 823). Der BGH hat eine Körperverletzung sogar für den Fall bejaht, daß die Leibesfrucht im Zeitpunkt des Unfalls nicht einmal vorhanden war (Urt. v. 20. 12. 1952 i. NJW 1953, 417; ebenso OLG Schleswig, Urt. v. 18. 10. 1949 i. NJW 1950, 388 m. zust. Anm. v. *Geigel*).

c) Beschädigung einer Sache

131 Es muß eine **Sache** beschädigt sein. Als eine Sache kommt nur ein **körperlicher Gegenstand** in Betracht (§ 90 BGB). Der körperliche Gegenstand kann fest, aber auch flüssig oder gasförmig sein. **Keine Sachen** sind: elektrischer Strom (darauf weist der besondere Tatbestand des § 248c StGB hin), freie Luft und fließendes Wasser (hier fehlt es an der räumlichen Abgrenzung, vgl. RG, Urt. v. 28. 11. 1902 i. RG 53, 98 u. Urt. v. 12. 1. 1918 i. RG 92, 46; vgl. jedoch a. BayerObLG, Urt. v. 22. 1. 1965 i. NJW 1965, 973: abgegrenztes Grundwasser als Sache), Rechte (anders die sie verbriefenden Urkunden, RG, Urt. v. 17. 11. 1917 i. RG 91, 157), Rechtsgesamtheiten (z. B. Vermögen, Nachlässe), der Körper des lebenden Menschen (anders der Leichnam, vgl. LG Dortmund, Urt. v. 30. 8. 1957 i. NJW 1958, 265) und seine ungetrennten Teile. **Künstliche Körperteile** sind Sachen, wenn sie mit dem Körper **nicht fest** verbunden sind, wie Brillen, Prothesen, Perücken, künstliche Gebisse (vgl. *Finger,* Eisenbahngesetze, Anm. 3e zu § 1 RHG; *Wussow* i. WI 1968, 69 u. 1976, 112 u. i. UHR, Tz. 1196a). Sind sie dagegen mit dem Körper **fest** verbunden, wie eine Zahnplombe oder -brücke, ein künstliches Gelenk oder ein im Körper eingesetzter Herzschrittmacher, so sind sie nicht als Sachen anzusehen (vgl. *MünchKomm.-Holch,* Rdz. 30 zu § 90 BGB; unr. RG, Urt. v. 19. 5. 1924 i. JW 1924, 1870, das den Verlust von 3 natürlichen Zähnen und einer Goldbrücke als „einheitlichen Sachschaden" gewertet hat). Dagegen sind andere lebende Wesen, wie Tiere, Sachen (vgl. OLG Kiel, Urt. v. 16. 7. 1943 i. VAE 17, 7; OLG Naumburg, Urt. v. 29. 9. 1920 i. JW 1921, 178 u. OLG Breslau, Urt. v. 9. 11. 1942 i. DR 1943, 312). Unerheblich ist, ob es sich um **bewegliche** oder **unbewegliche** Sachen (Grundstücke) handelt (vgl. a. § 10 Abs. 3). Die Schadenersatzpflicht tritt deshalb z. B. auch ein, wenn durch den Funkenflug einer vorbeifahrenden Lokomotive ein Haus angezündet wird und abbrennt (vgl. OLG Kiel, Urt. v. 24. 4. 1952 i. NJW 1953, 106) oder wenn ein Haus durch die Erschütterung des Zugverkehrs beschädigt wird (RG, Urt. v. 4. 12. 1929 i. Recht 1930 Nr. 83).

132 Eine **Beschädigung** ist jede **belangreiche Veränderung** der **äußeren Erscheinung** oder **Form** einer Sache (RG, Urt. v. 27. 6. 1930 i. RGSt 64, 250 u. Urt. v. 18. 11. 1939 i. RGSt 74, 14). Eine Beschmutzung oder Verunreinigung der Sache genügt (BGH, Urt. v. 25. 11. 1971 i. VersR

1972, 274: Verunreinigung des Erdreichs durch auslaufendes Öl; Urt. v. 16. 11. 1963 i. DB 1964, 65: Verschmutzung durch Zuführung von Ruß und Rauch auf ein Grundstück; vgl. a. OLG Karlsruhe, Urt. v. 10. 4. 1974 i. NJW 1974, 1824 u. LG Bonn, Urt. v. 15. 6. 1973 i. NJW 1973, 2292). Auch ohne Beeinträchtigung der Substanz kann eine Sachbeschädigung gegeben sein, wenn die Sache ihrem bestimmungsgemäßen Gebrauch entzogen wird (BGH, Urt. v. 21. 12. 1970 i. BGH 55, 153 = NJW 1971, 886; *Neumann-Duesberg* i. NJW 1972, 133: Einschließung eines Schiffes ohne Veränderung der Substanz; anders bei nur vorübergehender Bestimmungsentziehung, vgl. RG, Urt. v. 11. 12. 1906 i. RGSt 39, 328). Dagegen reicht eine bloße **Gefährdung** nicht aus (RG, Urt. v. 24. 2. 1902 i. RG 50, 225).

133 Zweifelhaft ist, ob der Begriff des ,,Beschädigens" auch den Fall umfaßt, daß eine Sache dem Berechtigten – durch **Verlust** oder **Entwendung – unwiederbringlich entzogen** wird (abl. *Finger,* Eisenbahngesetze, Anm. 3e zu § 1 SHG; gegen Erstreckung auch auf den Fall der Entwendung *Full* i. *Full/Möhl/Rüth,* StVR und Zivilr. Haft., Rdz. 9 zu § 1 HG). Ein Kfz-Insasse verliert z. B. durch die Aufprallwucht bei einem Zusammenstoß des Kfz mit einer Bahn ein mitgeführtes Schmuckstück, wobei ungeklärt bleibt, ob es in den Fahrzeugtrümmern nicht mehr auffindbar ist oder gestohlen wurde. Da der Verlust einer totalen Beschädigung wirtschaftlich gleichkommt, erscheint es unbillig, den Anspruch nach § 1 HG nicht zu gewähren oder, der von *Full* (aaO.) vertretenen Auffassung folgend, von dem in der Praxis nur schwerlich zu führenden Nachweis abhängig zu machen, daß die Sache nicht entwendet wurde. Handelt es sich bei dem Geschädigten um einen Fahrgast der Bahn, so kann allerdings der Verlust nach dem **Beförderungsvertrag** auch als **Vermögensschaden** geltend gemacht werden (vgl. Rdz. 125 zu § 12). Der hier behandelte Fall ist auch von demjenigen zu unterscheiden, in dem der Verlust zu ersetzen ist, weil er sich als **adäquate Folge** eines **unmittelbar** bei einem Bahnunfall erlittenen **Personen-** oder **Sachschaden** darstellt, z. B. die Unfallverletzung eines Fahrgastes den Diebstahl eines von ihm mitgeführten Wertgegenstandes begünstigt hat (vgl. RG, Urt. v. 19. 3. 1936, i. VAE 1, 278; BGH, Urt. v. 16. 2. 1972 i. NJW 1972, 904 u. Urt. v. 3. 10. 1978 i. VersR 1978, 1161 = NJW 1979, 712; OLG München, Urt. v. 15. 6. 1978 i. VersR 1979, 1066; vgl. a. Rdz. 142). Zum Ausschluß der Ersatzpflicht für **aufbewahrte** und **beförderte Sachen** nach § 1 Abs. 3 vgl. Rdz. 225ff.

3. Schaden

134 Die Ersatzpflicht tritt nur ein, wenn der Tod, die Körper- oder Gesundheitsbeschädigung oder die Sachbeschädigung einen **Schaden** bewirkt hat. Schaden ist jeder Nachteil, den jemand durch ein bestimmtes Ereignis an seinem Vermögen oder seinen sonstigen rechtlich geschützten Gütern erleidet (vgl. *Palandt/Heinrichs,* BGB, Vorb. 2 v. § 249). Er besteht in der **Differenz** zwischen dem Vermögensstand ohne das schädigende Ereignis und dem durch das schädigende Ereignis geschaffenen (vgl. § 249 Satz 1 BGB) – sog. **Differenzhypothese.** In bestimmten Fällen nimmt jedoch die h. A. einen Schaden an, wenn sich keine Minderung feststellen läßt, indem sie die Differenzberechnung **normativ** korrigiert (vgl. z. B. BGH, Urt. v. 5. 5. 1970 i. VersR 1970, 766 = VRS 39, 163 = NJW 1970, 1411; vgl. a. Rdz. 18 zu § 6). Dies führt im Ergebnis zu einem **dualistischen** Schadenbegriff. Nicht notwendig ist, daß der Schaden sofort in vollem Umfange erkennbar ist. So ist bei schweren Verletzungen, insbesondere bei Kindern oft nicht vorauszusehen, ob und wann sie zu einen Vermögensschaden in der Form eines Verdienstausfalles führen. Zum **Umfang** der **Schadenersatzpflicht** vgl. Rdz. 236ff., Ausf. zu §§ 5 u. 6 u. Rdz. 8ff. zu § 10).

4. Kausalzusammenhang zwischen Unfall und Schaden

a) Adäquate Verursachung, Schutzzweck

135 Der Kausalzusammenhang muß in doppelter Hinsicht gegeben sein. Einmal muß, wie bereits dargestellt wurde (Rdz. 77ff.), das Unfallereignis „beim Betrieb" eingetreten, d. h. durch einen Betriebsvorgang adäquat verursacht worden sein – **haftungsbegründende Kausalität.** Ein solcher Kausalzusammenhang muß aber auch zwischen dem **Unfall** und dem **Personen-** oder **Sachschaden** bestehen, sog. **haftungsausfüllende Kausalität.** Auch bei der letzteren ist zu fragen, ob es sich bei dem Schaden um eine Auswirkung derj. Gefahren handelt, hinsichtlich derer der Verkehr nach dem **Sinn** der **Haftungsvorschrift** schadlos gehalten werden soll. Die Grenze liegt dort, wo es sich nicht mehr um die Folgen gerade der Gefahren handelt, für die die Haftungsvorschrift einen Ausgleich darstellt (vgl. Rdz. 79). So ist eine Haftung mangels adäquater Verursachung nicht gegeben, wenn ein bei objektiver Betrachtung ungefährlicher Vorgang infolge einer ganz ungewöhnlichen Veranlagung des Betroffenen eine Verletzung bewirkt (vgl. RG, Urt. v. 9. 12. 1907 i. JW 1908, 41: Sturz als Folge einer Nervenschwäche, die durch harmloses Bellen eines Hundes ausgelöst wird; BGH, Urt. v. 3. 2. 1976 i. NJW 1976, 1143: Hirnschaden als Folge einer Beleidigung; OLG Dresden, Urt. v. 6. 11. 1941 i. VAE 13, 51: Nachricht vom ungefährlichen Unfall des Sohnes bewirkt Tod des Vaters durch Herzschwäche; OLG Karlsruhe, Urt. v. 25. 1. 1966 i. VersR 1966, 241: Oberschenkelamputation als Folge eines einfachen Tritts auf den Fuß; a. A. *v. Caemmerer* i. DAR 1970, 283, 292; vgl. a. OLG Stuttgart, Urt. v. 14. 9. 1961 i. VersR 1962, 1117: adäquate Verursachung für Aufspringen auf fahrende Strab., das Blutkrankheit bewirkt).

136 Nicht entscheidend ist, ob der Schaden nur die **mittelbare** Folge des Unfalls ist, ob es sich um eine **psychische** oder **physische** Einwirkung handelt (vgl. Rdz. 91ff.). Auch wenn ein adäquater Zusammenhang gegeben ist, kann die Ersatzpflicht entfallen, wenn der Schaden nicht mehr in den **Schutzbereich** des Gesetzes fällt (vgl. BGH, Urt. v. 13. 7. 1971 i. VersR 1971, 962 = NJW 1971, 1981; *v. Caemmerer* i. DAR 1970, 283, 292; vgl. im übrigen Rdz. 81f.). Folgende Grundsätze wurden von Rechtsprechung und Schrifttum entwickelt:

b) Auslösung oder Verschlimmerung einer Anlage oder Krankheit

137 Ein adäquater Kausalzusammenhang ist auch gegeben, wenn der Unfall ein in der Anlage bereits **vorhandenes Leiden auslöst** (vgl. RG, Urt. v. 11. 4. 1900 i. JW 1900, 420 = EE 17, 242 u. Urt. v. 3. 5. 1910 i. EE 27, 86: Austritt eines Bruchs; Urt. v. 1. 2. 1909 i. Warn. 1909 Nr. 225 = EE 25, 403: Handknochenbruch bei Öffnen der Zugtür infolge anormaler Brüchigkeit der Knochen; Urt. v. 3. 7. 1917 i. EE 34, 136: hysterische Anlage) oder eine schon **bestehende Krankheit verschlimmert** (RG, Urt. v. 29. 4. 1942 i. RG 169, 117 = VAE 13, 114: Verschlimmerung einer Arthrose; Urt. v. 21. 3. 1944 i. VAE 17, 44: Erkältung in ungeheiztem Zug bringt Lungenentzündung zum Ausbruch; BGH, Urt. v. 8. 5. 1964 i. VersR 1964, 844: Unfall verschlimmert Infektionskrankheit und bewirkt Schädigung des Geruchsinns; Urt. v. 2. 4. 1968 i. VersR 1968, 648: Verschlimmerung einer Tb). Führt die Verschlimmerung des Leidens zum **Tode,** so ist dieser beim Betrieb der Bahn verursacht (RG, Urt. v. 4. 7. 1941 i. VAE 12, 199: frühzeitiger Tod eines Herzkranken; Urt. v. 24. 3. 1942 i. VAE 13, 115: tödlicher Sturz eines wegen multipler Sklerose Gelähmten; KG, Urt. v. 23. 10. 1969 i. VersR 1970, 350: Unfall bewirkt tödlichen Schlaganfall eines Herzkranken; vgl. a. Rdz. 58 zu § 12).

138 Auch wenn der Schaden erst durch das **Zusammenwirken** des Unfalls mit einer in der Entwicklung befindlichen oder bereits vorhandenen Erkrankung entsteht, haftet der Betriebsunternehmer für die **gesamten** Folgen. Eine prozentuale **Aufteilung** findet **nicht** statt (RG, Urt. v. 29. 4. 1942 aaO.; BGH, Urt. v. 10. 5. 1966 aaO. u. Urt. v. 26. 11. 1968 i. VersR 1969, 160). Nur wenn die Anlage auch **ohne** den Unfall zu der Erkrankung geführt oder eine vorhandene Krankheit einen Schaden (z. B. einen Verdienstausfall) **ohnehin** bewirkt hätte, ist der Kausalzusammenhang nicht oder nur insoweit gegeben, als der Unfall den Eintritt des Schadens schneller oder in größerem Umfange herbeigeführt hat (RG, Urt. v. 18. 5. 1911 i. JW 1911, 650 = EE 28, 310; BGH, Urt. v. 19. 4. 1956 i. NJW 1956, 1027, Urt. v. 10. 6. 1958 i. NJW 1958, 1579 u. Urt. v. 10. 5. 1966 i. VersR 1967, 737; vgl. a. Rdz. 58 zu § 12).

139 Ob eine bereits vorhandene gesundheitliche Beeinträchtigung auf einem körperlichen Mangel oder auf einer in der Persönlichkeitsstruktur liegenden **seelischen Anfälligkeit** beruht, begründet rechtlich keinen Unterschied. Der ursächliche Zusammenhang ist deshalb in der Regel auch dann anzunehmen, wenn der Unfall eine Person trifft, die aufgrund einer neurotisch-labilen Veranlagung den ihr aufdrängenden Zweck- und Begehrensvorstellungen nicht den erforderlichen Widerstand entgegenzubringen vermag und hierdurch in ihrer Arbeitsfähigkeit beeinträchtigt ist, sog. **Rechts- oder Rentenneurose** (so schon die Rechtsprechung des RG, vgl. Urt. v. 30. 11. 1938 i. RG 159, 257 = JW 1939, 346). Das kann jedoch nicht uneingeschränkt gelten. Vielmehr ist der Auffassung des BGH zuzustimmen, daß es dem **Sinn** des **Schadenersatzrechtes widerspricht,** daß gerade durch die Tatsache, daß ein anderer Schadenersatz zu leisten hat, die soziale Eingliederung des Verletzten erschwert oder unmöglich wird. Führt deshalb die medizinische Begutachtung zu dem Ergebnis, daß der neurotische Zustand des Geschädigten im wesentlichen durch das – wenn auch unbewußte – Streben nach **Versorgung** und

Sicherheit oder als eine starke Anklammerung an eine vorgestellte **Rechtsposition** zu erklären ist, so ist die Ersatzpflicht zu **verneinen** (BGH, Urt. v. 29. 2. 1956 i. VersR 1956, 305 = VRS 10, 405 = NJW 1956, 1108, Urt. v. 28. 9. 1965 i. VersR 1965, 1080 = VRS 30, 3 = NJW 1965, 2293, Urt. v. 16. 11. 1968 i. VersR 1968, 377 u. Urt. v. 4. 12. 1969 i. VersR 1970, 283; OLG Köln, Urt. v. 29. 1. 1965 i. VersR 1966, 374; ausführl. *Geigel/Schlegelmich,* Haftpflichtprozeß, Kpt. 6; *Witter* i. VersR 1981, 301).

140 Die Haftungseinschränkung ist **nicht** davon abhängig, daß im Einzelfall bewiesen werden kann, daß eine **Simulation** oder ein **Mitverschulden** in dem Sinne festzustellen ist, daß der Anspruchsteller seinem Verlangen nicht den ihm möglichen Widerstand geleistet hat (BGH, Urt. v. 8. 7. 1960 i. VersR 1960, 740) oder daß der Renteneurotiker nach der Aberkennung seiner Schadenersatzansprüche seinen Versagungszustand **überwindet** (BGH, Urt. v. 28. 9. 1965 aaO.). Eine Ausweitung auf **andere,** noch **erlebnisadäquate neurotische Fehlhaltungen** ist jedoch **abzulehnen** (BGH, Urt. v. 10. 6. 1958 i. NJW 1958, 1579: psychogene Überlagerung bei Hirnschädigung; Urt. v. 11. 11. 1958 i. VersR 1959, 132: Hypochondrie; Urt. v. 4. 1. 1963 i. VersR 1963, 216: tendenzfreie Neurose; Urt. v. 23. 1. 1968 i. VersR 1968, 377 u. Urt. v. 4. 12. 1969 i. VersR 1970, 272: Angstneurose). Ist das Krankheitsbild in der ersten Zeit noch als tendenzfreie Neurose zu bewerten, so ist für **diesen Zeitraum** noch Schadenersatz zu leisten (BGH, Urt. v. 8. 7. 1960 aaO., Urt. v. 21. 4. 1961 i. VersR 1961, 597 u. Urt. v. 4. 1. 1963 aaO.; OLG Stuttgart, Urt. v. 19. 6. 1957 i. VersR 1958, 465).

c) Spätere Ereignisse

141 Ein adäquater Ursachenzusammenhang ist in der Regel auch gegeben, wenn die durch den Unfall in Gang gesetzte Ursachenkette durch ein **späteres Ereignis** verändert wird. Erkrankt z. B. der Verletzte während der Unfallbehandlung und verschlimmert dies die Verletzungsfolgen oder bewirkt den Tod, so erstreckt sich die Haftung auch auf die weiteren Folgen (vgl. RG, Urt. v. 13. 10. 1922 i. RG 105, 264: Grippe bei Behandlung im Krankenhaus; Urt. v. 6. 2. 1936 i. VAE 2, 517: Blutvergiftung bei Behandlung; OLG Stuttgart Urt. v. 16. 10. 1941 i. VAE 13, 32: Lungenentzündung im Krankenhaus; OLG Dresden, Urt. v. 18. 11. 1941 i. VAE 13, 54: Lungenentzündung bei der Behandlung). Eine adäquate Verursachung ist jedoch zu **verneinen,** wenn der Verletzte auf eigenen Wunsch vorzeitig aus dem Krankenhaus entlassen wird und sich außerhalb des Krankenhauses eine Erkältung zuzieht, die zum Tode führt (RG, Urt. v. 27. 3. 1941 i. VAE 11, 122). Wird gelegentlich der Unfallbehandlung ein Eingriff vorgenommen, z. B. eine Operation oder eine Impfung, der nicht auf die Behandlung der Unfallverletzung gerichtet ist, so wird hierdurch ein **neues, unfallunabhängiges Risiko** eingeführt, das außerhalb des Gefahrenfeldes liegt, das dem Schädiger zuzurechnen ist (BGH, Urt. v. 2. 7. 1957 i. VersR 1957, 535 = VRS 13, 169 = NJW 1957, 1475 mit zust. Anm. v. *Larenz* i. NJW 1958, 627 u. Urt. v. 12. 12. 1963 i. NJW 1963, 1671; *v. Caemmerer* i. DAR 1970, 283, 286). Ebenso ist zu entscheiden, wenn **gelegentlich** der Untersuchung einer Unfallverletzung eine bis dahin verborgene Krankheit entdeckt wird und dies zur vorzeitigen Pensionierung des Geschädigten führt; auch dieser Schaden liegt außerhalb des Schutzbereichs von § 1 (so BGH, Urt. v. 7. 6. 1968 i. VersR 1968, 800 = VRS 35, 90 = NJW 1968, 2287; zust. *Wussow* i. WI 1968, 119 u. *v. Caemmerer* aaO.).

142 Auch **ärztliche Fehler** bei der **Diagnose** oder **Behandlung** (Kunstfehler) hat der Schädiger grundsätzlich zu vertreten, weil diese erfahrungsgemäß so häufig vorkommen, daß sie noch als adäquat anzusehen sind (RG, Urt. v. 22. 6. 1911 i. JW 1911, 754 = EE 28, 328, Urt. v. 7. 2. 1921 i. JW 1921, 741 = EE 38, 300, Urt. v. 3. 6. 1921 i. RG 102, 230 u. Urt. v. 12. 12. 1935 i. JW 1936, 1356 m. zust. Anm. v. *Hoepffner;* BGH, Urt. v. 13. 5. 1968 i. VersR 1968, 773 u. OLG Celle, Urt. v. 3. 7. 1957 i. VerkMitt. 1957 Nr. 136). Anderes gilt nur, wenn der Arzt „gegen alle ärztlichen Regeln und Erfahrungen schon die ersten Anforderungen an ein vernünftiges, gewissenhaftes ärztliches Verfahren in gröblichstem Maße außer acht gelassen hat" (RG, Urteile v. 7. 2. u. 3. 6. 1921 aaO.). In diesem Falle gilt das ungewöhnlich grobe Verschulden des Arztes als die **alleinige Ursache** des bewirkten Schadens. Ein adäquater Zusammenhang ist zu bejahen, wenn unmittelbar nach dem Unfall andere Personen zur **Hilfe eilen** und bei dem Versuch, den Verunglückten aus seiner gefährlichen Lage zu befreien, die Unfallfolgen **verschlimmern** (vgl. RG, Urt. v. 9. 5. 1916 i. JW 1916, 1115 = EE 33, 423). Selbst das **rechtswidrig vorsätzliche** Eingreifen eines **Dritten** „unterbricht" den Kausalzusammenhang nicht, wenn der Unfall das Verhalten **ausgelöst** hat und dieses **nicht ungewöhnlich** ist, z. B. der Diebstahl von Sachen, die nach dem Unfall frei herumliegen (BGH, Urt. v. 16. 2. 1972 i. NJW 1972, 904). Dagegen ist der Kausalzusammenhang ausgeschlossen, wenn der Unfall für das Dazwischentreten des Dritten **völlig bedeutungslos** war (vgl. BGH, Urt. v. 11. 1. 1965 i. VersR 1965, 388, Urt. v. 27. 10. 1970 i. NJW 1971, 135, Urt. v. 16. 2. 1972 aaO. u. Urt. v. 3. 10. 1978 i. VersR 1978, 1161 = NJW 1979, 713).

143 Die Folgen des Unfalls können das Entstehen eines **weiteren Unfalls** begünstigen: Es stürzt z. B. jemand, der durch den Unfall ein Bein verloren hat, bei Winterglätte infolge der mit dem Tragen der Prothese verbundenen Schwerfälligkeit und bricht sich das Schulterblatt (vgl. RG, Urt. v. 5. 12. 1927 i. RG 119, 204; vgl. a. RG, Urt. v. 4. 1. 1909 i. EE 25, 395: epileptischer Anfall aufgrund einer früheren Gehirnerschütterung bewirkt weiteren Unfall; BGH, Urt. v. 15. 12. 1970 i. VersR 1971, 443: „Schlottergelenk" als Ursache für zweiten Unfall). Da es im Rahmen allgemeiner Erfahrungen liegt, daß sich ein weiterer Unfall ereignet, hat der Betriebsunternehmer auch für dessen Folgen zu haften, wobei, wenn ein **Dritter** für den zweiten Unfall haftpflichtig ist, eine **gesamtschuldnerische** Haftung (§ 840 BGB) gegeben ist.

144 Eine **vorsätzliche Selbstschädigung** des Verletzten „unterbricht" nicht ohne weiteres den Kausalzusammenhang. So wurde anerkannt, daß **Selbstmorde** oder **Selbstverstümmelungen** oder ihre Versuche als seelische Reaktionen auf schwere Unfallverletzungen noch in einem adäquaten Zusammenhang mit dem Unfall stehen können (vgl. RG, Urt. v. 3. 10. 1921 i. EE 39, 68 u. BGH, Urt. v. 10. 6. 1958 i. VRS 15, 161 =

NJW 1958, 1579: Selbstmord des Verletzten; BGH, Urt. v. 26. 11. 1968 i. VersR 1969, 160: Selbstverstümmelung des Verletzten; *Seligsohn,* RHG, Anm. 69 zu § 1; *Wilke* i. VersR 1955, 447 u. VersR 1956, 146; *Wussow* i. UHR, Tz. 94 u. WI 1959, 77). Ebenso handelt es sich um adäquate Folgen des Unfalls, wenn ein Dritter bei dem Versuch, den Unfallverletzten aus der nach dem Unfall entstandenen Gefahrenlage zu retten, selbst Verletzungen erleidet (RG, Urt. v. 21. 3. 1892 i. RG 29, 120 u. Urt. v. 6. 6. 1940 i. RG 164, 125; BGH, Urt. v. 24. 3. 1964 i. VRS 27, 10; vgl. OLG Stuttgart, Urt. v. 24. 11. 1964 i. NJW 1964, 112; vgl. a. Rdz. 142 zu § 1 u. Rdz. 180 zu § 12) oder wenn dem Geschädigten dadurch zusätzliche Kosten entstehen, daß ihn der Haftpflichtige bei einer für ihn nicht aufklärbaren Sachlage durch unrichtige Angaben zu einem Prozeß gegen einen unbeteiligten Dritten veranlaßt hat (BGH, Urt. v. 27. 10. 1970 i. NJW 1971, 134).

5. Ersatzberechtigter

145 Der Betriebsunternehmer ist dem **Geschädigten** zum Ersatz des Schadens verpflichtet. Dieser ist demnach zum Ersatz berechtigt.

a) Person des Geschädigten

146 Geschädigter kann jede natürliche oder juristische Person sein, die nicht ihrerseits nach § 1 haftpflichtig ist. Ausgenommen ist deshalb der zum Schadenersatz verpflichtete **Betriebsunternehmer.** Erleidet er durch einen Unfall beim Betrieb der Bahn einen Schaden, z. B. bei einem Zusammenstoß bahneigener Straßenbahnfahrzeuge, so handelt es sich um einen **Eigenschaden,** für den nach § 1 nicht zu haften ist.

147 Auch eine **beim Betrieb der Bahn beschäftigte Person** kann Geschädigter und damit Ersatzberechtigter sein. Obwohl sachliche Gründe für eine unterschiedliche Behandlung nicht ersichtlich sind und es sonst das Bestreben des Gesetzgebers war, die Bahnhaftung der Kraftfahrzeughaftung zumindest in dem Bereich anzugleichen, in dem die Fahrzeuge – wie im öffentlichen Straßenraum – unter gleichen Bedingungen verkehren (vgl. Rdz. 197ff.), wurde eine § 8 StVG entsprechende Regelung **nicht** in das HG übernommen. Die Gefährdungshaftung beschränkt sich jedoch praktisch auf **Sachschäden** der **Beschäftigten,** weil sich Personenschäden meistens bei Arbeits- oder Dienstunfällen ereignen und insoweit die Haftung **gesetzlich** ausgeschlossen ist (vgl. Rdz. 228ff.). Der in diesen Fällen anstelle der Haftung tretende **Sozialversicherungsschutz** ist auf **Personenschäden beschränkt.** Mit ihm kann deshalb eine mangelnde Notwendigkeit der Gefährdungshaftung nicht begründet werden (a. A. *Deutsch* i. NJW 1978, 1998, 2001 u. i. JuS 1981, 317, 323). Auch der Umstand, daß die beim Betrieb der Bahn beschäftigten Personen sich **freiwillig** in den Gefahrenbereich der Bahn begeben haben, reicht für eine entsprechende Begrenzung des **persönlichen Schutzbereichs** der Bahnhaftung nach § 1 nicht aus, zumal es sich um ein **„sozial notwendiges"** Verhalten handelt (vgl. z. d. ähnl. Problematik bei der Tierhalterhaftung BGH, Urt. v. 14. 7. 1977 i. VersR 1977, 864; OLG Köln, Urt. v. 8. 7. 1974 i. VersR 1975, 162 L = NJW 1974, 2051; *Bornhövd* i. VersR 1979, 399; *Knütel* i. NJW 1978, 297; a. A. *Deutsch* aaO.). Der Betriebsunternehmer haftet auch, wenn der Betriebsbedienstete **sich selbst** schädigt, z. B. als Fahrer einer Straßenbahn bei einem Unfall den von seiner Ehefrau gefahrenen eigenen Pkw anfährt (so zu § 7 StVG OLG München, Urt. v. 10. 11. 1978 i. VersR 1980, 52 = VRS 57, 5; *Hohloch* i. VersR 1978, 19; *Klimke* i. VersR 1978, 988, 990; a. A. LG Freiburg, Urt. v. 6. 12. 1976 i. VersR 1977, 749, das dem Schutzzweck des § 7 StVG eine entsprechende Haftungseinschränkung entnehmen will). Stellt jemand aufgrund eines **Mietvertrages** oder eines sonstigen schuldrechtlichen Verhältnisses dem Bahnverkehr **eigene Fahrzeuge** zur Verfügung (z. B. eine Speisewagengesellschaft), bleibt die Haftung des Bahnunternehmers nach § 1 für Schäden, die sich beim Betrieb der Bahn an diesen Fahrzeugen ereignen, grundsätzlich unberührt. Das **wirtschaftliche Interesse** des Geschädigten an dieser Gestaltung rechtfertigt allein noch nicht den Ausschluß der Gefährdungshaftung (vgl. BGH, Urt. v. 14. 7. 1977 aaO.). Auch ein entsprechender **vertraglicher Haftungsausschluß,** der an sich zulässig wäre (vgl. § 7), kann nicht ohne weiteres angenommen werden.

148 § 1 kann auch nicht die Einschränkung entnommen werden, die Haftung des Betriebsunternehmers sei von vornherein nicht begründet, wenn der Geschädigte das Bahngelände oder ein Fahrzeug zu **widerrechtlichen Zwecken** betrete, z. B. mit der Absicht, einen Güterzug zu berauben, einen Taschendiebstahl auszuführen oder einen Fahrgast zu ermorden (so *Biermann,* RHG, Anm. XI zu § 1 u. *Finger,* Eisenbahngesetze, f. Anm. 3f. zu § 1 RHG). Das Kriterium der **unerlaubten Benutzung** ist, soweit es sich um den Grund der Haftung handelt, allenfalls im Rahmen der Haftung aus der **Verkehrssicherungspflicht** des Unternehmers i. S. v. § 823 Abs. 1 BGB (vgl. Rdz. 6ff. zu § 12; BGH, Urt. v. 11. 12. 1956 i. NJW 1957, 449, Urt. v. 9. 3. 1959 i. VersR 1959, 67, Urt. v. 19. 1. 1965 i. VersR 1965, 515 u. Urt. v. 26. 5. 1966 i. NJW 1966, 1450) und im übrigen bei der **Abwägung** nach §§ 4 HG, 254 Abs. 1 BGB (vgl. Rdz. 29f. zu § 4) zu berücksichtigen.

b) Unmittelbare Schädigung

149 Nur derjenige Geschädigte ist nach § 1 ersatzberechtigt, in dessen **Person** der Schaden **unmittelbar** eingetreten ist. Der Geschädigte muß von der Körperverletzung (Gesundheitsbeschädigung) oder dem Sachschaden **selbst** betroffen sein. Unerheblich ist dabei, ob der Schaden **unmittelbar** oder **mittelbar verursacht** wurde. Auch derjenige, der den Unfall eines anderen **miterlebt** und hierdurch einen Körper- oder Gesundheitsschaden erleidet, kann nach § 1 Schadenersatz verlangen. Es handelt sich auch hier um eine unmittelbare Verletzung des Betroffenen, die nur durch die des zunächst Verletzten **bedingt** war (vgl. Rdz. 91ff.).

150 Bei einer Sachbeschädigung kann der **Eigentümer** oder ein sonstiger **dinglicher Berechtigter** (z. B. der Niesbraucher oder der Pfandgläubiger) Ersatz beanspruchen. Auch der **unmittelbare Besitz** im Rahmen eines dinglichen Rechts (z. B. eines Nießbrauchs oder eines Kaufs unter Eigentumsvorbehalt) oder einer schuldrechtlichen Beziehung (z. B. eines Miet-, Pacht- oder Leihverhältnisses) berechtigt zum Schadenersatz, wobei **Mitbesitz** genügt, **nicht** jedoch **mittelbarer** Besitz (RG, Urt. v. 1. 7.

1942 i. RG 170, 1, 6; BGH, Urt. v. 21. 4. 1960 i. BGH 32, 194, 204, Urt. v. 13. 7. 1976 i. VersR 1976, 943 = VRS 51, 409 u. Urt. v. 18. 11. 1980 i. VersR 1981, 161; OLG Bamberg, Urt. v. 23. 11. 1970 i. OLG 1971, 349; vgl. a. BGH, Urt. v. 14. 4. 1954 i. JZ 1954, 613 u. LG Konstanz, Urt. v. 8. 2. 1974 i. VersR 1975, 94). Denkbar ist, daß Ersatzansprüche des Eigentümers und des Besitzers der beschädigten Sache **nebeneinander** bestehen, z. B. der Anspruch des Eigentümers und Vermieters eines bei einem Unfall beschädigten Kfz auf Ersatz der Reparaturkosten und der Anspruch des Mieters auf Zahlung einer Nutzungsausfallentschädigung (vgl. Rdz. 26ff. zu § 10). Wird beim Betrieb der Bahn **Wild** verletzt oder getötet, so liegt zwar eine Sachbeschädigung vor; es fehlt jedoch an einem Ersatzberechtigten, weil an den Tieren weder Eigentum noch Besitz besteht und der Jagdberechtigte erst durch die Ausübung seines Aneignungsrechtes Eigentum und Besitz erwirbt.

151 **Verstirbt** der Ersatzberechtigte, so können die Erben nur den Ersatz des Schadens verlangen, der **noch in der Person des Erblassers** entstanden ist. Wird z. B. bei einem Zusammenstoß zwischen einer Eisenbahn und einem Kraftfahrzeug der Eigentümer des Kraftfahrzeugs getötet, ist nur der Schaden zu ersetzen, der noch zu **Lebzeiten** des Getöteten **entstanden** ist (wobei die „juristische Sekunde“ zwischen dem Schadenseintritt und dem Tod genügt), z. B. der Sachschaden an dem Kraftfahrzeug oder an der Kleidung des Getöteten. Tritt der Schaden dagegen erst nach dem Tode ein – es muß z. B. ein Geschäft des Erblassers, weil es durch ihn nicht weitergeführt werden kann, aufgelöst werden, wobei nur ein unter dem Wert liegender Erlös erzielt werden kann – sog. **Entwertungsschaden** –, handelt es sich selbst dann um einen nicht ersatzpflichtigen Schaden, wenn seine Entwicklung schon zu Lebzeiten des Erblassers zu erwarten war (BGH, Urt. v. 20. 2. 1962 i. VersR 1962, 337 = NJW 1962, 911 = JZ 1962, 608, Urt. v. 21. 9. 1965 i. VersR 1965, 1077, Urt. v. 8. 1. 1968 i. VersR 1968, 554 u. Urt. v. 25. 1. 1972 i. VersR 1972, 460; ausführl. hierzu *Klimke* i. VersR 1973, 492). Hat sich dagegen der Schaden noch zu Lebzeiten des Verstorbenen **konkretisiert,** indem er aufgrund des Unfalls noch selbst genötigt war, das Geschäft zu veräußern, und ist ihm hierdurch ein Schaden entstanden, so ist die Ersatzpflicht begründet (BGH, Urt. v. 21. 9. 1965 u. Urt. v. 25. 1. 1972 aaO. sowie *Klimke* aaO., der zutreffend darauf hinweist, daß es sich in Wahrheit nicht um einen Entwertungs-, sondern um einen normalen Verdienstausfallschaden handelt).

152 **c) Mittelbare Schädigung**

Nur **mittelbar** geschädigt ist derjenige, der infolge der Verletzung des Lebens, des Körpers oder der Gesundheit eines **anderen** oder der Beschädigung der Sache eines anderen einen **Vermögensschaden** erleidet. Ihm räumt das HG grundsätzlich keinen Ersatzanspruch ein; dieser ist vielmehr nur in den in § 5 geregelten Ausnahmefällen gegeben. Soweit diese Ausnahmen nicht vorliegen, handelt es sich um nichtersatzpflichtige **Drittschäden.** Hierzu rechnen z. B.: Lohn- oder Gehaltszahlungen, die der Arbeitgeber eines durch den Unfall arbeitsunfähig gewordenen Arbeitnehmers während der Zeit der Arbeitsunfähigkeit weiterzahlen muß

(BGH, Urt. v. 19. 6. 1952 i. NJW 1953, 1249); ein dem Arbeitgeber durch den Unfall des Arbeitnehmers darüber hinaus entstandener Schaden (BGH, Urt. v. 15. 5. 1979 i. VersR 1979, 936; OLG Hamburg, Urt. v. 31. 1. 1967 i. VersR 1967, 666; LG Wiesbaden, Urt. v. 27. 7. 1971 i. VersR 1972, 989; AG Bad Waldsee, Urt. v. 30. 1. 1967 i. VersR 1967, 1107; *Klimke* i. VersR 1972, 903 u. VersR 1973, 397); Entziehung des Beitragsrechtes einer Krankenkasse durch den Unfall des Mitglieds (BGH, Urt. v. 21. 10. 1969 i. VersR 1970, 40 = NJW 1970, 137); Verlust eines vertraglich begründeten Unterhaltsanspruches oder einer über den gesetzlichen Umfang hinausgehenden Unterhaltszahlung durch den Tod des Unterhaltsleistenden (RG, Urt. v. 18. 6. 1935 i. RG 148, 154, 164; BGH, Urt. v. 23. 9. 1966 i. VersR 1966, 1141; OLG München, Urt. v. 15. 6. 1978 i. VersR 1979, 1066; *Wussow* i. WI 1979, 171); wirtschaftliche Nachteile, die den Erben des Verunglückten nach dessen Tod entstehen (vgl. Rdz. 151); jemand versäumt den Abschluß eines Geschäftes, weil er mit seinem Kraftfahrzeug für längere Zeit in eine Verkehrsstockung gerät, die durch einen Bahnunfall ausgelöst wurde (vgl. hierzu *R. Weimar* i. MDR 1960, 900).

d) Einwilligung des Geschädigten

153 Die Ersatzberechtigung entfällt, wenn der Geschädigte in seine eigene Schädigung ausdrücklich **einwilligt.** Dieser Grundsatz gilt auch im Bereich der Gefährdungshaftung (BGH, Urt. v. 12. 12. 1977 – VI ZR 206/75 – i. VersR 1978, 862 u. Urt. v. 12. 12. 1977 – VI ZR 36/76 – i. VersR 1978, 864). Dabei kann dahingestellt bleiben, ob diese Haftung Rechtswidrigkeit voraussetzt (vgl. zu diesem Meinungsstreit *Larenz* i. VersR 1963, 593, 595 ff.). Die Einwilligung muß jedoch auf **freiem** und **mangelfreiem** Willensentschluß beruhen (BGH, Urt. v. 2. 12. 1963 i. NJW 1964, 1177 u. Urt. v. 12. 12. 1977 – VI ZR 206/75 – aaO.). Sie steht außerdem unter der Einschränkung, daß sie nicht gegen das **Gesetz** oder die **guten Sitten** verstoßen darf (BGH, Urt. v. 25. 9. 1952 i. BGH 7, 198, 207 = VersR 1952, 430, 431, Urt. v. 14. 3. 1961 i. VersR 1961, 284, 285 u. Urt. v. 12. 12. 1977 – VI ZR 206/75 – aaO.). Das ist für die Schädigung einer eigenen **Sache,** z. B. bei einem fingierten Unfall, zu verneinen (vgl. BGH, Urt. v. 12. 12. 1977 – VI ZR 206/75 – aaO.) und für eine Tötung oder schwere Körperverletzung zu bejahen (BGH, Urt. v. 14. 3. 1961 aaO.). Wer sich z. B. in **Selbstmord-** oder **Selbstverstümmelungsabsicht** vor einen fahrenden Zug wirft, kann (auch wenn Geschäftsfähigkeit gegeben ist) hierdurch nicht zulässig in seine Tötung oder Verletzung einwilligen, wohl aber in die Beschädigung seiner Kleidung oder seines mitgeführten Gepäcks (vgl. wegen des Haftungsausschlusses durch höhere Gewalt Rdz. 173, 192).

154 Von der Einwilligung ist der **Haftungsverzicht** zu unterscheiden. Der Haftungsverzicht ist ein Vertrag, durch den die Haftung im voraus erlassen wird (§ 397 BGB). Eine solche Vereinbarung unterliegt, soweit es sich um die Haftung nach § 1 handelt, den Beschränkungen nach § 7 (wegen der Einzelheiten vgl. dort).

6. Beweis

155 Der **Geschädigte** hat den Unfall, den Schaden und den ursächlichen Zusammenhang zwischen dem Unfall und dem Schaden **nachzuweisen** (wegen des Nachweises, daß sich der Unfall „beim Betrieb" der Bahn ereignet hat, vgl. Rdz. 62). Dagegen obliegt dem **Betriebsunternehmer** der **Nachweis,** daß der Geschädigte zulässig in die Schädigung **eingewilligt** hat (vgl. Rdz. 153 sowie BGH GrZS, B. v. 4. 3. 1957 i. VersR 1957, 288, 289, BGH, Urt. v. 12. 2. 1963 i. BGH 39, 103, 108 = VersR 1963, 485, 486 u. Urt. v. 13. 12. 1977 – VI ZR 206/75 – i. VersR 1979, 862, 864). An dieser **Beweislast** ändert sich auch nichts in den Fällen, in denen der Verdacht eines **fingierten Unfalls** besteht (BGH, Urt. v. 13. 12. 1977 – VI ZR 206/75 – i. VersR 1978, 862 u. Urt. v. 13. 12. 1977 – VI ZR 36/76 – i. VersR 1978, 865, Urt. v. 5. 12. 1978 – VI ZR 71/77 – i. VersR 1979, 281 u. Urt. v. 5. 12. 1978 – VI ZR 185/77 – i. VersR 1979, 281; *Weber,* Anm. zu Urt. des OLG Frankfurt v. 22. 10. 1980 i. VersR 1981, 163).

156 Eine gewisse **Beweiserleichterung** gewährt die Vorschrift des **§ 287 ZPO.** Sie erweitert in Schadenersatzprozessen den Umfang der richterlichen Würdigung über die Grenzen des sog. Strengbeweises nach **§ 286 ZPO** hinaus, indem sie den Richter ermächtigt, unter Würdigung aller Umstände nach freier Überzeugung zu entscheiden. Die Anwendung ist jedoch davon abhängig, daß streitig ist, ob ein Schaden entstanden ist, welche Höhe dieser hat und ob ein adäquater Kausalzusammenhang zwischen dem Unfall und dem Schaden besteht. Das trifft z. B. für die Entscheidung der Frage zu, ob zwischen der Unfallverletzung und dem späteren Tod (BGH, Urt. v. 27. 2. 1973 i. VersR 1973, 619 = VRS 45, 4 = NJW 1973, 1414), einem später begangenen Selbstmord (BGH, Urt. v. 10. 6. 1958 i. VersR 1958, 547 = VRS 15, 161 = NJW 1958, 1579) oder einem weiteren Unfall (BGH, Urt. v. 15. 12. 1970 i. VersR 1971, 443) ein kausaler Zusammenhang begründet ist, nicht jedoch für die (nach § 286 ZPO zu treffende) Feststellung, ob der Geschädigte „beim Betrieb" der Bahn einen Unfall erlitten hat. § 287 ZPO entbindet nicht generell von den für die Beweislast geltenden Regeln. Es genügt aber, daß sich das Gericht davon überzeugt, daß ein bestimmter Hergang **wahrscheinlicher** ist als ein anderer (BGH, Urt. v. 8. 5. 1973 i. VersR 1973, 762 = NJW 1973, 1283 = DAR 1973, 241). Zum **Anscheinsbeweis** vgl. Rdz. 209ff. zu § 12.

V. Ausschluß der Ersatzpflicht

157 I. Vorbemerkung

Die nach § 1 Abs. 1 begründete Ersatzpflicht des Betriebsunternehmers ist ausgeschlossen, wenn der Unfall durch **höhere Gewalt** oder durch ein **unabwendbares Ereignis** verursacht wurde (Abs. 2 Sätze 1 und 2). Ein unabwendbares Ereignis begründet den Wegfall der Haftung nur, wenn die Schienenbahn innerhalb des Verkehrsraums einer öffentlichen Straße betrieben wird (Abs. 2 Satz 2). Die Ersatzpflicht ist weiter ausgeschlossen, wenn eine zur **Aufbewahrung angenommene Sache** beschädigt (Abs. 3 Nr. 1) oder wenn eine **beförderte Sache** beschädigt wird, es sei denn, daß ein Fahrgast sie an sich trägt oder mit sich führt (Abs. 3 Nr. 2). Nach dem Wortlaut von § 1 RHG schloß auch die Verursachung des Unfalls **„durch eigenes Verschulden des Getöteten oder Verletzten“** die Haftung aus. Hierbei handelte es sich jedoch **nicht** um einen selbständigen Entlastungsgrund, sondern nur um einen Hinweis darauf, daß dieser Umstand bei der **Schadenabwägung** nach § 254 Abs. 1 BGB zu berücksichtigen war (vgl. RG, Urt. v. 14. 2. 1927 i. JW 1927, 1141 m. zust. Anm. v. *von der Leyen;* BGH, Urt. v. 11. 12. 1950 i. BGH 1, 17 = VRS 3, 213, 215 = NJW 1951, 110; OLG Frankfurt, Urt. v. 21. 5. 1970 i. VersR 1970, 1162; a. A. *Friese,* RHG, § 1 C II 4c S. 108 u. i. NJW 1951, 336).

II. Höhere Gewalt

Schrifttum: *Birkenbihl,* Zum Begriff „höherer Gewalt“ im Sinne des § 1 Reichs-Haftpflicht-Gesetzes, EE 18, 76; *Böhmer,* Kann die Eisenbahn sich beim Durchbrechen einer geschlossenen Schranke durch ein Kraftfahrzeug auf höhere Gewalt berufen, RdK 1949, 5; Zum Begriff der höheren Gewalt, DAR 1952, 50; Das betriebsfremde Ereignis, RdK 1954, 177; Höhere Gewalt und unabwendbares Ereignis, RdK 1954, 19; Sind anormale Körperzustände höhere Gewalt i. S. des § 1 RHG?, JR 1957, 178; Eisenbahnhaftung nach § 1 RHG und unabwendbares Ereignis, JR 1959, 91; Zum Begriff der höheren Gewalt i. S. des § 1 RHG, MDR 1959, 350; Ist ein Unfall durch Blitzschlag durch höhere Gewalt verursacht?, MDR 1961, 288; *Friese,* Höhere Gewalt, JR 1950, 333; *Hanow,* Höhere Gewalt und Reichsgericht, ein Trauerspiel für den Unternehmer, EE 37, 290; *Schmidt-Ernsthausen,* Die höhere Gewalt im Eisenbahnrecht, EE 35, 109; *Seligsohn,* Die Haftung der Eisenbahnen für vorsätzliche Tötungen und Körperverletzungen nach dem deutschen Reichshaftpflichtgesetz, Goldschmidt's Z. 71, 163, 180ff.; *W. Weimar,* Unabwendbares Ereignis im Verkehrshaftpflichtrecht, DRiZ 1956, 33; Höhere Gewalt und unabwendbares Ereignis als Entlastungsmöglichkeiten im Haftpflichtrecht, DAR 1972, 150; *Weitnauer,* Ein verfehlter Angriff auf § 1 RHG, VersR 1962, 687.

I. Begriff der höheren Gewalt

158 Der Begriff der **höheren Gewalt,** der sich auch in anderen Gesetzen findet (vgl. §§ 82 Abs. 1 EVO, 454 HGB, 22 Abs. 2 Satz 2 WHG, 203 Abs. 2, 701 Abs. 3 u. 1996 BGB u. Art. 54 WG u. 48 ScheckG), wird weder dort noch im HG definiert. Auch im RHG und im SHG wurde er nicht näher erläutert. In der Zeit, als das RHG in Kraft trat, standen sich im Schrifttum zwei Theorien gegenüber, die **absolute** (objektive) und die **relative** (subjektive). Beide stimmten darin überein, daß als höhere Gewalt nur Ereignisse anzusehen waren, die in den Betrieb der Bahn von **außen her** eingriffen. Sie unterschieden sich dadurch, daß die absolute Lehrmeinung auf die **Außergewöhnlichkeit** des Ereignisses abstellte und der **Abwendbarkeit** keine Bedeutung beimaß, während die relative Theorie letzteres für das Entscheidende hielt (vgl. *Schmidt-Ernsthausen* i.

EE 35, 105; *Seligsohn,* RHG, Anm. 151ff. zu § 1 u. i. Goldschmidt's Z. 71, 163, 180ff.; *Friese,* RHG, § 1 C I 1 u. i. JR 1950, 333, 334; *Biermann,* RHG, Anm. XV zu § 1 S. 94). Das RG entwickelte durch eine Zusammenfassung beider Meinungen eine eigene Begriffsbestimmung, an der es in jahrzehntelanger Rechtsprechung festhielt. Hiernach ist höhere Gewalt: **„ein betriebsfremdes, von außen durch elementare Naturkräfte oder durch Handlungen dritter Personen herbeigeführtes Ereignis, das nach menschlicher Einsicht und Erfahrung unvorhersehbar ist, mit wirtschaftlich erträglichen Mitteln auch durch die äußerste nach der Sachlage vernünftigerweise zu erwartende Sorgfalt nicht verhütet oder unschädlich gemacht werden kann und auch nicht wegen seiner Häufigkeit vom Betriebsunternehmer in Kauf zu nehmen ist"** (vgl. Urt. v. 19. 11. 1917 i. JW 1918, 176, Urt. v. 13. 12. 1920 i. RG 101, 94 = EE 38, 225, Urt. v. 4. 3. 1922 i. RG 104, 150 = JW 1922, 1320, Urt. v. 13. 11. 1924 i. RG 109, 172 = JW 1925, 619, Urt. v. 8. 1. 1931 i. JW 1931, 865 u. Urt. v. 15. 2. 1944 i. DR 1944, 587). Kürzer ausgedrückt: Es muß sich um eine Einwirkung **von außen** handeln, die **außergewöhnlich** und **nicht abwendbar** ist. Alle **drei** Voraussetzungen müssen erfüllt sein, wenn höhere Gewalt vorliegen soll.

159 Dieser Rechtsprechung hat sich der BGH angeschlossen (vgl. Urt. v. 23. 10. 1952 i. VersR 1953, 27 = VRS 5, 4 = NJW 1953, 184, Urt. v. 20. 4. 1955 i. VersR 1955, 346 = VRS 8, 438 u. Urt. v. 1. 6. 1976 i. VersR 1976, 963 = VRS 51, 332 = MDR 1976, 971; ebenso a. OGH Köln, Urt. v. 10. 2. 1950 i. OGH 3, 189 = NJW 1950, 348; OLG Stuttgart, Urt. v. 9. 10. 1958 i. VersR 1959, 117; OLG München, Urt. v. 28. 3. 1963 i. VersR 1963, 1208 u. OLG Frankfurt, Urt. v. 3. 10. 1974 i. VersR 1976, 1135 u. Urt. v. 5. 5. 1975 i. VersR 1979, 451). Im Schrifttum wurde teilweise Kritik geäußert, wobei insbesondere eingewandt wurde, das Begriffsmerkmal der **Außergewöhnlichkeit** erscheine willkürlich und weite die Haftung des Betriebsunternehmers unnötig aus (vgl. *Schmidt-Ernsthausen, Friese* u. *Biermann* aaO.; zust. dagegen *Seligsohn* aaO.; *Böhmer,* RHG, Anm. XV 3 u. 7 zu § 1 u. SHG, Anm. 4 u. 14 zu § 2; *Esser,* Grundl. u. Entwicklung der Gefährdungshaftung, 2. Aufl., § 13 S. 113ff.; *Weitnauer* i. VersR 1962, 687). Diese Auffassung hat sich – mit Recht – nicht durchgesetzt, weil sie mit der gesetzgeberischen Zielsetzung, höhere Gewalt nur **ganz ausnahmsweise** eingreifen zu lassen, nicht zu vereinbaren wäre. Letztlich kann jedoch der frühere Meinungsstreit dahingestellt bleiben. Dem Gesetzgeber des HG war bekannt, wie die Rechtsprechung den Begriff der höheren Gewalt ausgelegt hatte (vgl. BT-Drucks. 8/108, 9), und es ist nicht ersichtlich, daß er ihm eine hiervon abweichende Bedeutung geben wollte (vgl. hierzu a. BGH, Urt. v. 30. 5. 1974 i. BGH 62, 351).

2. Abgrenzung zu anderen Begriffen

a) Unabwendbares Ereignis

160 Das **unabwendbare Ereignis,** das nach § 1 Abs. 2 Satz 2 und auch im Rahmen der Kraftfahrzeughaftung (§ 7 Abs. 2 StVG) zum Haftungsausschluß führt, ist gegenüber der höheren Gewalt der weitergehende Begriff. Übereinstimmung besteht darin, daß Gründe, die nicht von außen kommen, sondern in der **betrieblichen Sphäre** liegen, nicht zur Entlastung führen. Das ergibt sich ausdrücklich aus dem Gesetz, soweit es sich um ein **technisches** Versagen handelt (Fehler in der Beschaffenheit der Fahrzeuge oder Anlagen, Versagen ihrer Verrichtungen, vgl. § 1 Abs. 2 Satz 3 HG u. § 7 Abs. 2 Satz 1 StVG), und wird nach h. A. auch für den Fall angenommen, daß der Unfall auf ein **körperliches** oder **geistiges Versagen** des **Fahrzeugführers** zurückzuführen ist (vgl. BGH, Urt. v. 15. 1. 1957 i. VersR 1957, 219 = NJW 1957, 674: Bewußtlosigkeit des Fahrers nach einer nicht vorhersehbaren Gehirnblutung; vgl. a. OLG Stuttgart, Urt. v. 15. 10. 1976 i. VersR 1977, 383; *Weitnauer* i. VersR 1962, 687 u. i. VersR 1969, 680; a. A. *Full* i. *Full/Möhl/Rüth,* StVR, Rdz. 235 zu § 7 StVG). Dem Begriff des unabwendbaren Ereignisses fehlt jedoch das Merkmal der **„Außergewöhnlichkeit“.** Unabwendbar können auch Unfälle sein, die sich verhältnismäßig häufig ereignen und als dem Betrieb eigentümliche, typische Gefahren anzusehen sind, z. B. das Rutschen eines Omnibusses auf regennasser, schlüpfriger Fahrbahn infolge plötzlichen Bremsens (BGH, Urt. v. 26. 1. 1960 i. VersR 1960, 403 = VRS 18, 245; vgl. a. RG, Urt. v. 16. 11. 1912 i. EE 29, 347). Die Feststellung, daß ein Bahnunfall ein unabwendbares Ereignis ist, reicht deshalb zur Verneinung der Haftung nicht aus, wenn sich der Unfall beim Betrieb einer Bahn ereignet hat, die **nicht** innerhalb des Verkehrsraums einer öffentlichen Straße betrieben wird (zur Bedeutung dieses Umstandes für die Schadenabwägung nach §§ 4 HG und 254 Abs. 1 BGB vgl. BGH, Urt. v. 28. 10. 1958 i. VersR 1959, 49), und wenn nicht auch die strengeren Erfordernisse der **höheren Gewalt** erfüllt sind. Der Auffassung von *Weitnauer* (aaO.), die Begrenzung der Haftung durch höhere Gewalt sei dadurch enger, daß ein unabwendbares Ereignis auch dann nicht in Betracht komme, wenn ein **Dritter** in nicht vorhersehbarer und nicht abwendbarer Weise in den **Betrieb** des **Fahrzeugs eingegriffen** habe (indem er z. B. die Steuerung so beschädigt habe, daß sie versage und hieraus ein Unfall entstehe; weitere Beispiele bei *Weitnauer* aaO.), kann nicht gefolgt werden. Bei solchen Eingriffen von außen handelt es sich **nicht** mehr um die Wirkung einer **betriebsinternen Ursache** (vgl. a. BGH, Urteile v. 15. 1. 1957 u. v. 26. 9. 1960 aaO.; OLG Bremen, Urt. v. 11. 3. 1953 i. VersR 1953, 308; *Böhmer* i. RdK 1954, 18; *Dickertmann* i. DAR 1956, 206, 213; *Schweizer* i. VersR 1969, 18; vgl. weiter Rdz. 175f. u. 221).

bb) Entlastungsformel des internationalen Personenverkehrs

161 Für den **internationalen Personenverkehr** von Eisenbahnen gilt die Entlastungsformel, daß der Unfall durch „außerhalb des Betriebs gelegene Umstände verursacht worden ist und die Eisenbahn diese Umstände trotz Anwendung der nach Lage des Falles gebotenen Sorgfalt nicht vermeiden und dessen Folgen nicht abwenden konnte“. Der Anregung der Eisenbahnen, diese Formel auch in das HG zu übernehmen, hat der Gesetzgeber nicht entsprochen. In der amtlichen Begründung (BT-Drucks. Nr. 8/108, 8f.) wird hierzu ausgeführt, daß zum Begriff der höheren Gewalt kein wesentlicher Unterschied bestehe. Es fehle zwar das Merk-

mal der Außergewöhnlichkeit; die hierunter fallenden Fälle schieden jedoch aus, weil sie nicht auf betriebsfremde, von außen einwirkende Ereignisse zurückzuführen seien. Selbst wenn man dieser Auslegung des Begriffs der höheren Gewalt nicht folgen wolle, handele es sich nur um wenige Grenzfälle, in denen man bei Anwendung der neueren Entlastungsformel zu anderen Ergebnissen komme als nach dem HG (vgl. a. Einl. Rdz. 4 u. Rdz. 177 zu § 12).

3. Die einzelnen Merkmale

a) Einwirkung von außen

162 Ein **objektives** Merkmal der höheren Gewalt liegt darin, daß es sich um ein Ereignis handeln muß, das von **außen** in den Bahnbetrieb hineinwirkt. Die Ursachen müssen außerhalb des Bahnbetriebs und seiner Einrichtungen liegen und dürfen nicht mit seinen Gefahrenquellen zusammenhängen. Das Ereignis muß **betriebsfremd** sein (sog. „äußerer Zufall"; vgl. RG, Urt. v. 8. 1. 1887 i. RG 19, 57 u. Urt. v. 16. 4. 1943 i. DR 1943, 993; BGH, Urt. v. 15. 11. 1966 i. VersR 1967, 138 u. Urt. v. 1. 6. 1976 i. VersR 1976, 963 = VRS 51, 333 = MDR 1976, 971; *Böhmer* i. RdK 1954, 177).

163 Das Erfordernis, daß das Ereignis von außerhalb des Betriebes wirken soll, bedeutet **nicht,** daß es **räumlich** von außen in den Betrieb eingreifen muß. Es genügt die Feststellung, daß es außer Zusammenhang mit dem Betrieb steht, seine Gründe nicht in dem Betrieb oder seinen Einrichtungen selbst hat (RG, Urt. v. 4. 11. 1918 i. RG 95, 64 = JW 1919, 38 m. zust. Anm. v. *v. d. Leyen*). So liegt z. B. auch eine Einwirkung von außen vor, die die Annahme höherer Gewalt zuläßt, wenn eine Frau dadurch verletzt wird, daß sie, durch einen Gewehrschuß mitfahrender Besatzungssoldaten erschreckt, aus dem fahrenden Zug springt (RG, Urt. v. 13. 11. 1924 i. RG 109, 172 = JW 1925, 619 m. zust. Anm. v. *Schmidt-Ernsthausen*). Der angeführte Fall weist noch auf eine weitere Besonderheit hin: Ist ein Unfall auf **mehrere Ursachen** zurückzuführen – hier: die Abgabe des Schusses und das Herausspringen aus dem Zuge –, so genügt es, daß die erste Ursache (die Abgabe des Schusses) außerhalb des Bahnbetriebs begründet war; daß daneben auch noch Umstände mitgewirkt haben, die mit dem Bahnbetrieb im Zusammenhang stehen (das schnelle Fahren des Zuges, die Enge des Abteils, die keine andere Fluchtmöglichkeit zuließen), steht der Annahme, daß höhere Gewalt vorliegt, nicht entgegen (vgl. auch RG, Urt. v. 29. 4. 1920 i. Warn. 1920 Nr. 172 = Recht 1920 Nr. 2729 = EE 38, 72, Urt. v. 16. 10. 1924 i. LZ 1925 Sp. 596 = EE 41, 374 u. Urt. v. 7. 4. 1927 i. JW 1927, 2201 m. zust. Anm. v. *Matthiessen*).

164 Zu den Ereignissen, die von außen auf den Bahnbetrieb einwirken können, rechnen in erster Linie **Naturereignisse,** wie Feuersbrunst, Erdbeben, Sturm, Wolkenbruch, Überschwemmung, Bergrutsch, Fels- und Blitzschlag. Höhere Gewalt begründen diese Ereignisse jedoch nur, wenn sie **ungewöhnlich** (vgl. Rdz. 178ff.) und **„unwiderstehlich"** sind (vgl. Rdz. 186ff.). Normaler Regen, Schneefall, Nebel, Föhnwirkung und Eis- oder Regenglätte sind **gewöhnliche Vorkommnisse,** auf die sich der Betriebsunternehmer stets einzurichten hat; sie lassen deshalb den Einwand der höheren Gewalt grundsätzlich nicht zu (RG, Urt. v. 6. 2. 1899 i. EE 16, 219 u. Urt. v. 10. 5. 1901 i. EE 18, 229; Österr. OGH, Urt. v. 1. 6. 1885 i. EE 4, 287; OLG Breslau, Urt. v. 18. 10. 1937 i. VAE 5, 24 u. OLG München, Urt. v. 28. 3. 1963 i. VersR 1963, 1208; unr. OLG Naumburg, Urt. v. 14. 3. 1932 i. EE 53, 280 für Vereisung eines Bahnübergangs).

165 Als höhere Gewalt wurde z. B. ein außerordentlich starker **Schneesturm** angesehen, der eine Entgleisung bewirkte (RG, Urt. v. 13. 12. 1920 i. RG 101, 94 = EE 38, 225), nicht jedoch bloßes **Schneegestöber** (RG, Urt. v. 2. 3. 1916 i. LZ 1916 Sp. 742 = EE 33, 323) oder eine Sichtbehinderung durch **Schneewälle** (RG, Urt. v. 5. 12. 1931 i. JW 1932, 2077 m. zust. Anm. v. *Hanow*). Für **Hochwasser** wurde höhere Gewalt abgelehnt; die Einrichtung der Bahnanlagen unmittelbar am Flußufer stelle sich in Hochwasserzeiten als innerbetriebliche Gefahr dar (RG, Urt. v. 16. 4. 1943 i. DR 1943, 993; ähnl. RG, Urt. v. 13. 1. 1908 i. EE 26, 127; vgl. a. Rdz. 190). **Wolkenbruchartige Regenfälle** wurden mangels Unabwendbarkeit nicht als höhere Gewalt erachtet. Der Gefahr, die ein durch Regenfall überspültes Gleis begründe, habe dadurch begegnet werden können, daß an der bedrohten Stelle langsamer gefahren (RG, Urt. v. 22. 7. 1903 i. JW 1903, 316 = Recht 1903 Nr. 2523 = EE 20, 184) oder zunächst angehalten worden sei, um die Festigkeit des Damms zu prüfen (RG, Urt. v. 11. 4. 1931 i. EE 52, 170). Für einen orkanartigen **Sturm** in der Nähe des offenen Meeres wurde höhere Gewalt verneint, weil es sich nicht um ein außergewöhnliches Vorkommnis gehandelt habe (RG, Urt. v. 11. 4. 1910 i. JW 1910, 620; vgl. a. Rdz. 190); ebenso (mangels ausreichender Sicherung) für das Abrollen eines abgestellten Güterwagens durch Sturmböen (OLG Neustadt, Urt. v. 2. 7. 1954 i. VRS 7, 336) und für das Umwerfen eines Kleinbahnzuges (RG, Urt. v. 27. 3. 1905 i. JW 1905, 321 = EE 21, 394; vgl. a. OLG Breslau, Urt. v. 18. 10. 1937 i. VAE 5, 24: abl. für teilweise starken Sturm mit Föhnwirkung). Dagegen wurde das Abreißen eines an einer Straßenbahn befestigten Reklameschildes durch einen starken Sturm (Windstärke 12) als höhere Gewalt angesehen (AG Hannover, Urt. v. 21. 8. 1957 i. VersR 1959, 552).

166 Das **Abrollen eines Felsblocks** auf die Gleise wurde als höhere Gewalt gewertet; das Ereignis sei nicht vorhersehbar gewesen, weil die Gegend als nicht steingefährdet anzusehen sei und sich der Felsblock trotz Verkittung von der Grundlage gelöst habe (OLG Wien, Urt. v. 14. 5. 1938 i. VAE 6, 388). Nach der Auffassung des RG sollte ein Unfall auf die Gefahren des Bahnbetriebs zurückzuführen sein (vgl. Rdz. 175 ff.), also höhere Gewalt nicht vorliegen, wenn herabstürzende Felsmassen die Gleise an einer Tunnelausfahrt versperrten und bewirkten, daß der Zug hineinfuhr. Dagegen sollte es sich um ein betriebsfremdes Ereignis handeln, wenn das Gestein den in Bewegung befindlichen Zug unmittelbar traf (Urt. v. 23. 9. 1918 i. RG 93, 305 = EE 37, 84; zust. *Böhmer,* RHG, Anm. XV 44 zu § 1). Dieser Unterscheidung kann nicht uneingeschränkt zugestimmt werden. Zumindest dann, wenn der Zug, wie in dem entschiedenen Fall, **unmittelbar** nach dem Naturereignis verunglückt, handelt es sich noch um eine von außen kommende Einwirkung (abl. a. *Schmidt-Ernsthausen* i. EE 35, 129; *Seligsohn,* RHG, Anm. 158 zu § 1; *Friese,* RHG, § 1 C I 2a S. 90; *Biermann,* RHG, Fußn. 246 zu § 1 u. SHG, Fußn. 21 zu § 2; *Full* i. *Full/Möhl/Rüth,* i. Zivilr. Haft. u. i. StVR, Rdz. 21 zu § 1 HG).

167 Auch das Einschlagen eines **Blitzes** kann höhere Gewalt sein. Stürzt z. B. ein auf einer offenen Plattform eines Zuges befindlicher Fahrgast infolge eines Blitzschlages vom fahrenden Zug oder fährt ein vom Blitzschlag getroffener Lokführer auf einen anderen Zug auf, so kann höhere Gewalt vorliegen (vgl. RG, Urt. v. 7. 4. 1927 i. JW 1927, 2201 m. zust. Anm. v. *Matthiessen; Friese* i. JR 1950, 333, 335; anders für § 1a RHG OLG Oldenburg, Urt. v. 17. 2. 1960 i. VersR 1960, 1126, das die „Außergewöhnlichkeit" solcher Ereignisse verneint; hiergegen *Böhmer* i. VersR 1961, 94 u. i. MDR 1961, 288; vgl. jedoch Rdz. 80, 83).

168 Nicht nur elementare Ereignisse, auch **menschliche Handlungen** können von außen in den Bahnbetrieb eingreifen und den Haftungsausschluß der höheren Gewalt begründen (RG, Urt. v. 27. 3. 1888 i. EE 6, 222; anders das Schweizerische Haftungsrecht, vgl. hierzu *Oftinger,* Schweiz. Haftungsrecht, Bd. I § 3 II D Fußn. 184). Hierzu rechnen insbesondere **Attentate** und **Sabotageakte,** z. B. die Anbringung einer **Sprengladung** auf dem Gleiskörper (LG Halle, Urt. v. 28. 9. 1932 i. EE 57, 352: höhere Gewalt bejaht), der Wurf einer **Dynamitbombe** auf einen fahrenden Zug (RG, Urt. v. 13. 10. 1904 i. JW 1904, 577 = EE 21, 371: höhere Gewalt bejaht), das unbefugte **Verstellen** oder **Beschädigen** von **Weichen** (RG, Urt. v. 9. 10. 1902 i. JW 1902, 591 = EE 19, 258 u. Urt. v. 8. 3. 1926 i. JW 1926, 2290 = EE 46, 398: höhere Gewalt im Ergebnis mangels Unabwendbarkeit verneint; RG, Urt. v. 13. 11. 1928 i. EE 47, 383: höhere Gewalt bejaht), die **Versperrung** des **Schienenraums** mit Schwellen oder durch eine Dampfwalze (RG, Urt. v. 13. 10. 1904 i. JW 1904, 577 = EE 21, 371 u. Urt. v. 7. 12. 1908 i. RG 70, 98 = JW 1909, 80: höhere Gewalt im Ergebnis mangels Unabwendbarkeit verneint).

169 **Weitere Beispiele: Unbefugte** setzen im Depot oder auf den Gleisen **abgestellte Bahnfahrzeuge in Bewegung** (RG, Urt. v. 26. 5. 1910 i. Warn. 1910 Nr. 278 = EE 27, 93; BGH, Urt. v. 1. 6. 1976 i. VersR 1976, 963 = VRS 51, 333 = MDR 1976, 921) oder betätigen eine niedergelassene Bahnschranke (OLG München, Urt. v. 8. 10. 1926 i. EE 45, 92; in allen Fällen wurde höhere Gewalt im Ergebnis wegen fehlender Unabwendbarkeit verneint); jemand **stößt** einen **anderen absichtlich** vor ein fahrendes Bahnfahrzeug oder aus einem fahrenden Fahrzeug (*Böhmer,* SHG, Anm. 22 zu § 1, der zutr. höhere Gewalt bejaht; anders für den Fall eines unbeabsichtigten Sturzes aus einem fahrenden Zug RG, Urt. v. 8. 3. 1914 i. Recht 1914 Nr. 1739 = EE 31, 349; BGH, Urt. v. 26. 1. 1955 i. VersR 1955, 188); Unfälle durch **Werfen** von **Gegenständen** aus der fahrenden Bahn (da solche Ereignisse nicht außergewöhnlich sind, ist höhere Gewalt im Ergebnis zu verneinen, vgl. Rdz. 178); Verletzung von Fahrgästen durch Steine, die in das Bahnfahrzeug geworfen werden (RG, Urt. v. 13. 6. 1927 i. EE 46, 95; OLG Hamm, Urt. v. 14. 11. 1926 i. EE 45, 93; LG Hamburg, Urt. v. 16. 11. 1926 i. EE 45, 317; vgl. a. OLG Königsberg, Urt. v. 30. 11. 1939 i. VAE 9, 43: jemand wirft zur Begrüßung eines Durchreisenden einen Blumentopf in das offene Abteilfenster eines noch in Bewegung befindlichen Zuges); **Absturz** eines **Flugzeuges** auf einen Zug (in den zuletzt genannten Fällen ist die Haftung richtiger Ansicht nach schon deshalb nicht gegeben, weil ein innerer Zusammenhang mit dem Bahnbetrieb fehlt, vgl. Rdz. 80, 88).

170 Bei **Streiks** ist zu unterscheiden: Beteiligen sich an dem Streik **Bahnbedienstete,** so ist er **nicht** als ein von außen kommendes Ereignis anzusehen. Das gilt auch, wenn sich der Streik nicht auf einen bestimmten Bahnbetrieb beschränkt, es sich also um einen **allgemeinen Bahnstreik** handelt (RG, Urt. v. 4. 3. 1922 i. RG 104, 150 = JW 1922, 1320 m. zust. Anm. v. *von der Leyen;* unr. LG Berlin, Urt. v. 12. 10. 1922 i. JW 1923, 133 = EE 40, 12 u. LG Liegnitz, Urt. v. 28. 3. 1924 i. EE 42, 311, jeweils m. abl. Anm. v. *Eger*), oder wenn – verbotswidrig – die Bahnbeamten streiken (RG, Urt. v. 16. 2. 1925 i. JW 1925, 1870 m. zust. Anm. v. *Oertmann;* a. A. *von der Leyen* aaO.). Handelt es sich dagegen um eine **allgemeine Arbeitsniederlegung,** einen sog. **General-** oder **Sympathiestreik,** dessen Ursachen nicht im Betrieb liegen, so ist (ebenso wie bei einem allgemeinen Aufruhr) der Einwand der höheren Gewalt grundsätzlich gegeben (RG, Urt. v. 4. 3. 1922 aaO.; OLG Köln, Urt. v. 19. 3. 1928 i. JW 1928, 3193 m. zust. Anm. v. *Oertmann:* höhere Gewalt für allgemeinen Hafenstreik bejaht; im Ergebnis ebenso für Arbeitsniederlegung bei „Ruhreinbruch" RG, Urt. v. 27. 3. 1924 i. JW 1926, 1324 = EE 43, 421).

171 Ob Unfälle in **Kriegs-** und **Krisenzeiten** auf höherer Gewalt beruhen, kann nur im Einzelfall festgestellt werden. Ein genereller Haftungsausschluß aus **Billigkeitsgründen** ist abzulehnen (vgl. OGH Köln, Urt. v. 10. 2. 1950 i. OGH 3, 189 = NJW 1950, 348 m. zust. Anm. v. *Goltermann;* OLG Dresden, Urt. v. 28. 5. 1948 i. VRS 1, 58 = JR 1949, 282; LG Hannover, Urt. v. 25. 2. 1948 i. NdsRpfl. 1948, 106; unr. *Staks* i. VAE 14, 121, 124 u. *Tettenborn,* Anm. zu Urt. des BGH v. 8. 3. 1951 i. NJW 1951, 480). Es kann sich allerdings die Frage stellen, ob die Haftung schon deshalb zu verneinen ist, weil dem Unternehmer nicht mehr die **Verfügungsgewalt** zusteht und damit seine Betriebsunternehmereigenschaft entfallen ist (vgl. Rdz. 41). Im Krieg ist z. B. ein typischer Fall von höherer Gewalt die Verursachung von Personen- oder Sachschäden durch einen **Luftangriff** auf einen haltenden oder fahrenden Zug (*Biermann,* SHG, Fußn. 23 zu § 2). Dagegen begründen im Krieg erlassene **gesetzliche Maßnahmen,** z. B. die Anordnung der allgemeinen **Verdunkelung,** einen **Dauerzustand,** mit dem die Bahn rechnen muß und auf den sie sich auch einzustellen hat (OLG Darmstadt, Urt. v. 3. 2. 1938 i. VAE 5, 143; KG, Urt. v. 23. 12. 1940 i. VAE 11, 67; *Däubler* i. DJ 1940, 317; a. A. *Heinze,* Anm. zu Urt. des KG aaO.; *Pittner* i. VAE 11, 61; *Staks* aaO.). Die durch die **Kriegsereignisse** und durch den **Zusammenbruch 1945** verursachten Schäden waren zwar als solche insgesamt auf höhere Gewalt zurückzuführen. Hatte jedoch der Unternehmer in Kenntnis der noch nicht behobenen Schäden und der sich daraus ergebenden besonderen Gefahren den **Verkehr wieder aufgenommen,** so konnte er sich gegenüber Unfällen **nicht** auf höhere Gewalt berufen (BGH, Urt. v. 11. 12. 1950 i. BGH 1, 17 = VRS 3, 149: mangelnde Sicherheit der

Bahnsteige im Juni 1946; Urt. v. 16. 2. 1951 i. VRS 3, 222 = NJW 1951, 357 = MDR 1951, 287: Raub durch übermächtige Plündermassen im Februar 1946; OGH Köln, Urt. v. 10. 2. 1950 i. OGH 3, 189 = NJW 1950, 348 m. zust. Anm. von *Goltermann:* Personenbeförderung in offenen Güterwagen im September 1945; KG, Urt. v. 15. 7. 1949 i. VRS 1, 217 m. zust. Anm. v. *Köhler* S. 220 = NJW 1949, 908 u. OLG Gera, Urt. v. 23. 9. 1949 i. VRS 2, 144: Funkenflug durch Verwendung von Braunkohle statt Steinkohle im Juli 1947. Zust. a. Geigel, Anm. zu Urt. des OLG Hamm v. 21. 5. 1978 i. AcP 150, 329, das vom OGH aufgehoben wurde; a. A. *Tettenborn,* Anm. zu Urt. des BGH v. 8. 3. 1951 i. NJW 1951, 480 u. LG Hamburg, Urt. v. 12. 5. 1947 i. VRS 1, 60).

172 Eingriffe einer **Besatzungsmacht** können sich als höhere Gewalt darstellen (RG, Urt. v. 27. 3. 1926 i. JW 1926, 1324 = EE 43, 421: bejaht für Besetzung der Bahnen beim „Ruhreinbruch"; OLG Dresden, Urt. v. 17. 3. 1936 i. VAE 2, 479: bejaht für aufgezwungene Postbeförderung). Höhere Gewalt ist jedoch nicht gegeben, wenn die Bahn die Möglichkeit des Eingriffs schuldhaft herbeigeführt hat (RG, Urt. v. 23. 1. 1917 i. RG 89, 349 = JW 1917, 471 m. zust. Anm. v. *von der Leyen* u. Urt. v. 2. 2. 1925 i. JW 1925, 1487 m. zust. Anm. v. *Hanow*). Als höhere Gewalt wurde es nicht angesehen, daß die Besatzungsmacht nach dem zweiten Weltkrieg die Wiederaufnahme des Bahnverkehrs angeordnet hatte (vgl. *Köhler* I, Anm. z. Urt. des KG v. 23. 8. 1949 i. VRS 1, 220).

173 Auch **Handlungen der geschädigten Personen** können Eingriffe von außen darstellen (RG, Urt. v. 23. 3. 1888 i. RG 21, 13 u. Urt. v. 11. 5. 1903 i. RG 54, 404). Typisch hierfür ist der Fall, daß jemand in Selbstmordabsicht vor einen fahrenden Zug springt. Die **bewußte Selbstschädigung** ist einem gewaltsamen, elementaren Ereignis gleichzustellen (vgl. OLG Karlsruhe, Urt. v. 20. 5. 1958 i. VersR 1959, 509; OLG Frankfurt, Urt. v. 5. 5. 1975, best. d. BGH, B. v. 6. 12. 1977 i. VersR 1975, 451; *Böhmer,* RHG, Anm. XV 21 zu § 1 u. i. JZ 1957, 178; *Finger,* Eisenbahngesetze, Anm. 6b bb zu § 1 RHG; *Geigel/Schlegelmilch,* Haftpflichtprozeß, Kpt. 22 Rdz. 25. Während die Zitierten höhere Gewalt auch im Ergebnis bejahen, macht *Wussow* i. WI 1978, 77 den Haftungsausschluß von dem Nachweis der „Außergewöhnlichkeit" im Einzelfall abhängig, der jedoch in der Praxis unschwer zu führen sein wird; vgl. a. Rdz. 179, 192).

174 Da es bei dem Merkmal der Einwirkung von außen nur auf **objektive** Umstände ankommt, ist es ohne Bedeutung, ob der Handelnde **zurechnungsfähig** war (vgl. OLG Frankfurt, Urt. v. 5. 5. 1975, best. d. BGH, B. v. 6. 12. 1977 i. VersR 1979, 451 sowie Rdz. 179; ein Verschulden eines zurechnungsfähigen Verunglückten kann allerdings zum Haftungsausschluß nach § 4 HG i. Verb. m. § 254 Abs. 1 BGB führen). Das RG hat früher die Auffassung vertreten, auch das Hineinlaufen eines 3jährigen **Kindes** in eine Pferdebahn sei als höhere Gewalt anzusehen (Urt. v. 23. 3. 1888 aaO.), diese – unzutreffende – Ansicht jedoch später wieder aufgegeben (Urt. v. 11. 5. 1903 aaO.).

175 Unfälle, die in der gefährdenden Natur der Bahn ihre Ursache haben, sog. **„innere Zufälle"**, lassen den Haftungsausschluß der höheren Gewalt grundsätzlich nicht zu (vgl. *Böhmer* i. RdK 1954, 117). So haftet der

Betriebsunternehmer, ohne sich auf höhere Gewalt berufen zu können, für alle Folgen des **ordnungsgemäßen Betriebs.** Hierher gehören z. B.: Unfälle durch **Funkenflug** (RG, Urt. v. 13. 4. 1910 i. JW 1910, 619, Urt. v. 21. 11. 1910 i. JW 1911, 93; OLG Dresden, Urt. v. 28. 5. 1948 i. VRS 1, 58 = JR 1949, 282; KG, Urt. v. 15. 7. 1949 i. VRS 1, 217 m. zust. Anm. v. *Köhler* aaO. S. 220; OLG Gera, Urt. v. 23. 9. 1949 i. VRS 2, 144; OLG Kiel, Urt. v. 24. 4. 1952 i. NJW 1953, 106), **Wasserdampf** (RG, Urt. v. 30. 3. 1936 i. JW 1936, 2404 = SeuffA 90 Nr. 116), **Kohlenstaub** (RG, Urt. v. 29. 3. 1884 i. RG 11, 146 = EE 3, 133), **Geräusche** oder **Erschütterungen** der Fahrzeuge (RG, Urt. v. 5. 1. 1887 i. EE 8, 245, Urt. v. 1. 3. 1894 i. JW 1894, 265 = EE 10, 270, Urt. v. 17. 2. 1899 i. JW 1899, 185, Urt. v. 9. 11. 1908 i. EE 25, 308, Urt. v. 21. 4. 1910 i. EE 27, 81 u. Urt. v. 26. 11. 1931 i. JW 1932, 785), beim **Öffnen** oder **Schließen** von **Fahrzeugtüren** (BGH, Urt. v. 11. 12. 1950 i. BGH 1, 17 = VRS 3, 149; OLG Stuttgart, Urt. v. 26. 5. 1976 i. VersR 1977, 383; LG Aachen, Urt. v. 7. 11. 1952 i. VersR 1953, 214), beim **Ein-** oder **Aussteigen** (RG, Urt. v. 23. 12. 1920 i. JW 1921, 396 m. zust. Anm. v. *von der Leyen*; OLG Naumburg, Urt. v. 23. 12. 1924 i. EE 44, 85. Z. T. wurde höhere Gewalt auch verneint, weil es sich nicht um ein außergewöhnliches oder unabwendbares Ereignis handelte, vgl. RG, Urt. v. 7. 7. 1890 i. EE 8, 40, Urt. v. 9. 2. 1893 i. JW 1893, 185 = EE 10, 58, Urt. v. 26. 3. 1914 i. EE 31, 226, Urt. v. 26. 6. 1924 i. JW 1925, 1273 m. zust. Anm. v. *Hanow* u. Urt. v. 20. 5. 1931 i. EE 52, 285; OGH Köln, Urt. v. 24. 6. 1949 i. VRS 1, 227; unr. RG, Urt. v. 27. 2. 1888 i. EE 6, 22; OLG München, Urt. v. 21. 11. 1950 i. JR 1951, 668 m. zust. Anm. v. *Tettenborn:* höhere Gewalt für Unfall durch Auf- oder Abspringen während der Fahrt), durch **Herabfallen, Brand** oder **Explosion** von **Gepäckstücken** oder sonstiger von Fahrgästen mitgebrachter **Gegenstände** (RG, Urt. v. 3. 7. 1906 i. EE 18, 204, Urt. v. 28. 11. 1907 i. Warn. 1908 Nr. 83, Urt. v. 29. 4. 1920 i. Warn. 1921 Nr. 172 = Recht 1920 Nr. 2929 = EE 38, 72, Urt. v. 23. 12. 1920 i. JW 1921, 343 = EE 38, 228 u. Urt. v. 16. 10. 1924 i. LZ 1925 Sp. 596 = EE 41, 374; KG, Urt. v. 13. 3. 1934 i. EE 55, 372 u. Urt. v. 15. 7. 1949 i. VRS 1, 217 m. zust. Anm. v. *Köhler* S. 220 = NJW 1949, 908; *Böhmer,* RHG, Anm. XV 33ff. zu § 1 u. SHG, Anm. 9 zu § 2. Auch hier handelt es sich um eine innerhalb des typischen Gefahrenkreises der Bahn liegende Ursache, wenn ein Betriebsvorgang, z. B. ruckhaftes Anfahren oder Funkenflug, eine wesentliche Ursache gebildet hat; a. A. *Schmidt-Ernsthausen,* Anm. zu Urt. des RG v. 23. 12. 1920 aaO. u. *Friese,* RHG, § 1 C I 2a S. 94; vgl. a. Rdz. 84).

176 Auch für die Folgen von **Störungen** oder **Mängeln** der – sachlichen oder personellen – **Betriebsmittel** haftet der Betriebsunternehmer, ohne sich durch höhere Gewalt entlasten zu können (vgl. *Böhmer* i. RdK 1954, 177). Das trifft z. B. für folgende Unfallursachen zu: **Bruch** eines **Radreifens** (RG, Urt. v. 30. 6. 1883 i. JW 1883, 230 = EE 3, 86), **Heißlaufen** oder **Brand** eines **Fahrzeugs** (Österr. OGH, Urt. v. 8. 6. 1913 i. EE 30, 227; OLG Dresden, Urt. v. 9. 3. 1903 i. EE 20, 226), **Einsturz** eines **Tunnels** (RG, Urt. v. 23. 9. 1918 i. RG 93, 305 = EE 37, 84; vgl. a. Rdz. 166), **Abrutschen** eines **Bahndamms** (RG, Urt. v. 22. 7. 1903 i. JW 1903, 316 = Recht 1903 Nr. 2523 = EE 20, 184 u. Urt. v. 16. 4. 1943 i. DR

1943, 993), **Elektrizifierung** der **Haltestange** einer Straßenbahn (RG, Urt. v. 19. 11. 1917 i. RG 93, 66 = JW 1918, 176 = EE 36, 74), **Wegschleudern** von **Fahrzeugteilen** (RG, Urt. v. 8. 1. 1931 i. JW 1931, 866 m. zust. Anm. v. *Seligsohn*. Dagegen ist höhere Gewalt möglich, wenn ein **orkanartiger Sturm** die Ursache gebildet hat, vgl. AG Hannover, Urt. v. 31. 8. 1957 i. VersR 1959, 573), **Entgleisung** einer Straßenbahn durch einen **Metallbolzen** in der Schiene (BGH, Urt. v. 11. 6. 1963 i. VersR 1963, 1050 = VRS 25, 93 = NJW 1963, 1381 mit der zusätzlichen Begründung, daß es sich nicht um ein ganz ungewöhnliches Ereignis gehandelt habe), **Schleudern** einer **Lok** (RG, Urt. v. 11. 5. 1911 i. EE 30, 442), **Berührung** von **Telefon-** oder **Telegrafendrähten** mit **Leitungsdrähten** einer elektrischen Bahn (RG, Urt. v. 30. 4. 1906 i. JW 1906, 376 u. Urt. v. 1. 10. 1906 i. JW 1906, 706 = EE 23, 187: höhere Gewalt wurde auch mangels ausreichender Sicherung verneint). Ist dagegen die Betriebsursache ihrerseits auf ein Naturereignis zurückzuführen, z. B. auf einen Orkan oder einen Blitzschlag, so handelt es sich um eine **Einwirkung von außen,** die grundsätzlich den Einwand der höheren Gewalt zuläßt (so zutr. *Friese,* RHG, § 1 C I 2b S. 96; vgl. a. Rdz. 160 u. 221).

177 **Dienstliche Handlungen** und **Unterlassungen des Bahnpersonals** gehören zu den innerbetrieblichen Vorgängen, für deren Folgen der Betriebsunternehmer uneingeschränkt einzustehen hat. Das gilt auch für ein **Fehlverhalten,** z. B. eine Außerachtlassung der Verkehrs- oder Betriebsvorschriften. Ist das Verhalten unverschuldet, jedoch auf ein **körperliches** oder **geistiges Versagen** zurückzuführen, kann es **nicht** höhere Gewalt begründen, weil es sich um einen inneren, in der Sphäre des Betriebes liegenden Vorgang handelt. Der Betriebsunternehmer haftet z. B. für einen Unfall, der dadurch verursacht wird, daß der Führer einer Lok plötzlich **geisteskrank** wird und auf einen stehenden Zug auffährt (RG, Urt. v. 7. 4. 1927 i. RG 114, 12 = JW 1927, 2201 m. zust. Anm. v. *Matthiessen;* ebenso *Seligsohn,* RHG, Anm. 159 zu § 1 u. *Böhmer,* SHG, Anm. 10 zu § 2, i. RdK 1954, 117 u. i. JR 1957, 179; vgl. a. zu § 7 Abs. 2 StVG BGH, Urt. v. 15. 1. 1957 i. VersR 1957, 219 = NJW 1957, 674; OLG Stuttgart, Urt. v. 15. 10. 1976 i. VersR 1977, 383; *Weitnauer* i. VersR 1962, 687 u. i. VersR 1969, 680). Anders ist allerdings zu entscheiden, wenn das Versagen des Bediensteten nicht unmittelbar gewirkt hat, sondern nur die **mittelbare** Ursache eines von **außen kommenden Ereignisses** war, z. B. eines Blitzschlages oder eines Steinwurfes. In diesen Fällen ist der Einwand der höheren Gewalt grundsätzlich gegeben (so zutr. RG, *Böhmer* u. *Matthiessen* aaO.). Auch **Streiks** der Bahnbediensteten liegen grundsätzlich innerhalb des Betriebskreises der Bahn (vgl. wegen der Einzelheiten Rdz. 170). **Außerdienstliche** Handlungen von Bahnbediensteten sind ebenso zu bewerten wie die dritter Personen (OLG Hamm, Urt. v. 4. 11. 1926 i. SeuffA 81, 808 = EE 45, 93 u. *Friese,* RHG § 1 I 2c S. 89; a. A. *Seligsohn,* RHG, Anm. 156 zu § 1 u. i. Goldschmidt'sZ. 71, 163, 184ff. für den Fall, daß die Vornahme der Handlung durch die dienstliche Stellung oder Beschäftigung ermöglicht oder erleichtert wurde).

b) Außergewöhnlichkeit

178 Ein Ereignis, das von außen her in den Betrieb einwirkt und demnach betriebsfremd ist, ist nicht schon als höhere Gewalt anzusehen. Der Ausdruck „höhere" Gewalt weist vielmehr darauf hin, daß es sich **nicht** um ein **gewöhnliches** Ereignis handeln darf, sondern um eine der „seltenen Ausnahmeerscheinungen, die man als Schicksalsschlag empfindet, das Unerhörte und Ungeheuere, das den Rahmen des Gewohnten augenscheinlich und mächtig überschreitet" (so Exner i. Grünhut's Z 10, 569, 581). Das Ereignis muß so **ungewöhnlich** sein, daß es in seinem **Ausnahmecharakter** einem **elementaren Ereignis gleichkommt.** Nach h. A. scheiden deshalb Ereignisse als höhere Gewalt aus, die sich nicht selten ereignen, auf die sich der Unternehmer deshalb einrichten kann, und die demgemäß mit seinem Betrieb und dessen Gefahren in Zusammenhang stehen (RG, Urt. v. 30. 1. 1908 i. Warn. 1908 Nr. 236 u. Urt. v. 2. 11. 1940 i. JW 1941, 279 = DR 1941, 271; BGH, Urt. v. 23. 10. 1952 i. VersR 1953, 27 = VRS 5, 4, Urt. v. 14. 6. 1957 i. VersR 1957, 433 = VRS 13, 253 u. Urt. v. 26. 2. 1976 i. VRS 51, 259 = DAR 1976, 271; OLG Stuttgart, Urt. v. 9. 10. 1958 i. VersR 1959, 117; OLG Hamburg, Urt. v. 19. 12. 1978 i. VersR 1979, 549; *Seligsohn,* RHG, Anm. 161 zu § 1; *Böhmer,* RHG, Anm. XV 63 zu § 1 u. SHG, Anm. 14 zu § 2; a. A. *Schmidt-Ernsthausen* i. EE 35, 109, 1241; *Friese,* RHG, § 1 C I 2b S. 94f. u. i. JR 1950, 333).

179 Das trifft insbesondere für Unfälle zu, **die im Bahnbereich regelmäßig wiederzukehren pflegen,** wie z. B. **Zusammenstöße** mit anderen Verkehrsmitteln. Aber auch Ereignisse, die nur in **größeren zeitlichen Abständen** vorkommen, sich also nicht häufig ereignen, oder bei denen die **Umstände** besonders **eigenartig** sind, sind noch nicht als außergewöhnlich anzusehen. So hat das RG höhere Gewalt für einen Zusammenstoß zwischen einer Straßenbahn und einem Kraftfahrzeug verneint, bei dem die Weichenstange der Straßenbahn durch die Luft geschleudert wurde und einen Fußgänger verletzte, obwohl sich ein solcher Unfall in den 27 Jahren seit Einführung der Befestigungsvorrichtung für die Weichenstange nicht ereignet hatte (Urt. v. 8. 1. 1931 i. JW 1931, 865 m. zust. Anm. v. *Seligsohn;* ebenso *Böhmer,* SHG, Anm. 14 zu § 2). Andererseits muß ein Ereignis **nicht absolut einmalig** sein, um den Einwand der höheren Gewalt begründen zu können. Mit Recht wurde deshalb auch das **Überfahrenlassen** durch einen Zug in **Selbstmordabsicht** als ein höhere Gewalt begründendes außergewöhnliches Ereignis angesehen, obwohl solche Vorkommnisse im Bahnbetrieb nicht ganz ungewöhnlich sind (vgl. Rdz. 173).

180 Der BGH hat z. B. im Rahmen der Haftung nach § 1a RHG (§ 2 HG) das Aufrichten eines mit Eisendraht umwickelten, 10,50 m hohen Transparentmastes unmittelbar neben einer Freileitung als einen „schlechthin unvorstellbaren" Vorfall bezeichnet und höhere Gewalt bejaht (Urt. v. 14. 6. 1957 aaO.), sie jedoch für die Berührung einer Funkantenne eines Kastenwagens mit einer Freileitung verneint, weil sich diese im Rahmen eines Verkehrsvorgangs ereignet habe (Urt. v. 26. 2. 1976 aaO.). Für die Beurteilung gibt es keinen allgemein gültigen Maßstab; vielmehr kommt es auf die **örtlichen** und **zeitlichen Umstände** an (RG, Urt. v. 13. 3. 1916

i. JW 1916, 839 u. Urt. v. 3. 7. 1916 i. JW 1916, 1337 m. zust. Anm. v. *von der Leyen:* unterschiedliche Beurteilung bei Eisenbahn und Straßenbahn).

181 Zu den Ereignissen, die nicht außergewöhnlich sind und deshalb den Einwand der höheren Gewalt ausschließen, gehören z. B.: **Zusammenstöße** mit anderen Fahrzeugen oder Fußgängern (RG, Urt. v. 30. 1. 1908 i. Warn. 1908 Nr. 236, Urt. v. 10. 12. 1910 i. JW 1911, 192 u. Urt. v. 29. 4. 1911 i. JW 1911, 596; OLG Breslau, Urt. v. 7. 11. 1930 i. EE 52, 273; OLG Frankfurt, Urt. v. 3. 10. 1974, best. d. BGH, B. v. 19. 10. 1976 i. VersR 1976, 1135; LG Frankfurt, Urt. v. 17. 12. 1948 i. VRS 1, 127), wobei **unerheblich** ist, ob die **Umstände** des Unfalls **ungewöhnlich** sind (RG, Urt. v. 29. 4. 1911 i. JW 1911, 596, Urt. v. 13. 5. 1912 i. JW 1912, 805 u. Urt. v. 8. 1. 1931 i. JW 1931, 865 m. zust. Anm. v. *Seligsohn.* Unrichtig RG, Urt. v. 3. 12. 1906 i. RG 64, 404 = JW 1907, 38 = EE 23, 386: höhere Gewalt bei Zusammenstoß zwischen führerlosem Pferdegespann und Straßenbahn; Urt. v. 1. 4. 1898 i. JW 1898, 295: höhere Gewalt für Unfall durch vorschriftswidrig nahes Vorbeifahren einer Equipage an einer Straßenbahn), ob der Unfall durch **Dritte verschuldet** wurde oder ob der **andere Verkehrsteilnehmer grob fahrlässig** gehandelt hat (RG, Urt. v. 29. 4. 1911 i. JW 1911, 596; BGH, Urt. v. 20. 4. 1955 i. VersR 1955, 346 = VRS 8, 438 u. Urt. v. 15. 11. 1966 i. VersR 1967, 138); Unfälle beim **Auf-** oder **Abspringen während des Fahrens** eines Bahnfahrzeugs (RG, Urt. v. 14. 11. 1911 i. JW 1911, 1016 = EE 28, 405 u. Urt. v. 4. 12. 1924 i. Recht 1925 Nr. 47 = EE 42, 104; unrichtig OLG München, Urt. v. 21. 11. 1950 i. JR 1951, 668 m. zust. Anm. von *Tettenborn* aaO., die hier höhere Gewalt annehmen; dagegen *Böhmer* i. MDR 1959, 350, 351); **verbotswidrigen Betreten des Bahnkörpers** einer Straßenbahn (RG, Urt. v. 3. 7. 1916 i. RG 95, 65 = JW 1916, 1636 m. zust. Anm. v. *von der Leyen*); **Sturz aus dem fahrenden Fahrzeug** durch den unbeabsichtigten Stoß eines Fahrgastes (BGH, Urt. v. 26. 1. 1955 i. VersR 1955, 188 = VRS 13, 251); **Abrollen eines Kinderwagens** vom Bahnsteig (LG Liegnitz, Urt. v. 22. 4. 1942 i. VAE 13, 179); Unfälle durch **Zusammenstöße** mit **Weidevieh** auf Bahnkörpern oder Bahnübergängen (BGH, Urt. v. 20. 4. 1955 i. VersR 1955, 346 = VRS 8, 438; OLG Breslau, Urt. v. 9. 11. 1942 i. DR 1943, 312; OLG Köln, Urt. v. 7. 2. 1972 i. RdL 1972, 136; LG Aurich, Urt. v. 24. 1. 1952 i. VRS 4, 580); Unfall durch **Hineinlaufen eines Hundes** in einen fahrenden Zug (OLG Stuttgart, Urt. v. 26. 1. 1954 i. VersR 1954, 88; *Böhmer* i. MDR 1959, 350; unrichtig LG Siegen, Urt. v. 9. 6. 1936 i. VAE 2, 485).

182 Daß die Bahn auf einem **Bahnübergang** mit **Fahrzeugen** des **Straßenverkehrs zusammenstößt,** ist ebenfalls **nicht** ungewöhnlich. Gerade hier wirken sich die Gefahren des Bahnbetriebs in besonderem Maße aus. Es kommt hinzu, daß regelmäßig Unabwendbarkeit nicht nachgewiesen werden kann, weil eine mögliche Sicherung (z. B. durch Schranken) gefehlt hat (vgl. RG, Urt. v. 12. 1. 1900 i. JW 1900, 188 = EE 17, 212; BGH, Urt. v. 14. 7. 1952 i. VRS 4, 503 u. Urt. v. 28. 10. 1958 i. VersR 1959, 49 = MDR 1959, 351; OLG Stuttgart, Urt. v. 9. 10. 1958 i. VersR 1959, 117; OLG Hamburg, Urt. v. 19. 12. 1978 i. VersR 1979, 549; *Böhmer* i. JR 1959, 91 u. i. MDR 1959, 351; *Full,* Zivilr. Haftung, Rdz. 20

zu § 1 HG; unrichtig LG Lüneburg, Urt. v. 28. 8. 1942 i. VAE 14, 233). Es kann auch nicht als ganz ungewöhnlich betrachtet werden, daß ein Kraftfahrzeug an einem beschrankten Bahnübergang die **Schranke durchbricht** und mit einem Zug zusammenstößt. Das RG hat für diesen Fall sogar angenommen, es handele sich nicht um ein von außen auf den Bahnbetrieb einwirkendes Ereignis; das die Straße kreuzende Bahngleis sei in den Straßenkörper eingelegt und die Bahnanlage damit zum Bestandteil der Straßenanlage geworden, so daß die vom Straßenverkehr ausgehende Gefährdung mit dem **Bahnbetrieb** und seinen Einrichtungen innerlich zusammenhänge (Urt. v. 30. 5. 1918 i. RG 93, 66 = JW 1918, 689 u. Urt. v. 1. 3. 1934 i. EE 56, 386; LG Breslau, Urt. v. 12. 3. 1932 i. EE 53, 192; *Eger,* Anm. z. Urt. des OLG Breslau v. 7. 11. 1930 i. EE 52, 273; *Neumann-Duesberg* i. AcP 1949, 285, 287; a. A. OLG Breslau, Urt. v. 7. 11. 1930 i. EE 52, 273; OLG Naumburg, Urt. v. 14. 3. 1932 i. EE 53, 286; OLG München, Urt. v. 4. 4. 1932 i. EE 53, 192 m. abl. Anm. v. *Kienitz; von der Leyen,* Anm. z. Urt. des RG v. 30. 5. 1918 i. JW 1918, 689; *Schmidt-Ernsthausen* i. EE 35, 109, 131; *Seligsohn,* RHG, Anm. 164 zu § 1; *Friese,* RHG, § 1 C I 2b S. 95; *Biermann,* SHG, Anm. III 3 zu § 2 S. 84; *Finger,* Eisenbahngesetze, Anm. I 4c zu § 1 RHG). Ob dies richtig ist, kann dahingestellt bleiben, weil in jedem Fall das Merkmal der **Außergewöhnlichkeit** fehlt (so a. *Böhmer* i. RdK 1949, 5 u. 1954, 177).

183 Zu dem gewöhnlichen Erscheinungsbild des Bahnverkehrs gehören auch Unfälle durch **Gedränge** oder **Überfüllung** (RG, Urt. v. 7. 7. 1890 i. EE 8, 40, Urt. v. 9. 2. 1893 i. JW 1893, 236 = EE 10, 58, Urt. v. 23. 12. 1920 i. JW 1921, 396 m. zust. Anm. v. *von der Leyen* = EE 38, 228 mit dem Hinweis, daß möglicherweise anders zu entscheiden sei, wenn eine Menschenansammlung den Charakter eines Aufruhrs annehme; Urt. v. 26. 6. 1924 i. JW 1925, 1273 m. zust. Anm. v. *Hanow* u. Urt. v. 20. 5. 1931 i. EE 52, 285; OLG Naumburg, Urt. v. 23. 12. 1924 i. EE 44, 85: Ohnmachtsanfall im Gedränge keine höhere Gewalt; sowie OGH Köln, Urt. v. 24. 6. 1949 i. VRS 1, 227; unrichtig RG, Urt. v. 27. 3. 1888 i. EE 6, 222, das für Unfall durch Gedränge höhere Gewalt bejahte), durch **Aufregung, Verwirrung** oder **Bestürzung** (RG, Urt. v. 14. 11. 1901 i. JW 1902, 31 = EE 18, 336, Urt. v. 28. 5. 1904 i. EE 22, 12, Urt. v. 14. 12. 1922 i. JW 1924, 51 m. zust. Anm. v. *Seligsohn* = EE 40, 295 u. Urt. v. 4. 11. 1918 i. JW 1919, 38. Mit der zuletzt genannten Entscheidung wurde höhere Gewalt für den Unfall eines Reisenden verneint, der unter dem Eindruck eines in der vorhergegangenen Nacht erlebten Betriebsunfalles in der Wahnvorstellung, ein Eisenbahnunfall sei eingetreten, zur Rettung aus vermeintlicher Lebensgefahr aus dem fahrenden Zug sprang und dabei getötet wurde. Sicherlich handelt es sich hier um einen Grenzfall; krit. a. *von der Leyen* aaO.; zust. *Böhmer* i. JR 1957, 159; abl. Friese, RHG, § 1 C I 2a S. 92). **Das Hinauswerfen von Gegenständen** aus fahrenden Zügen wurde, weil es trotz des Verbots immer wieder vorkam, nicht als außergewöhnlich angesehen (RG, Urt. v. 13. 4. 1880 i. RG 1, 253, Urt. v. 30. 1. 1908 i. Warn. 1908 Nr. 236, Urt. v. 8. 12. 1910 i. RG 75, 185 = JW 1911, 192 u. Urt. v. 28. 5. 1938 i. JW 1938, 2357; *Neumann-Duesberg* i. AcP 151, 285, 287). An dieser Beurteilung wird trotz der geänderten technischen Ausstattung der Bahnfahrzeuge, die ein

Hinauswerfen während der Fahrt wesentlich erschwert, auch heute festzuhalten sein.

184 Mit dem Auftreten von **Krankheiten** oder **körperlichen Störungen,** wie **Schlaftrunkenheit** (RG, Urt. v. 11. 7. 1914 i. EE 32, 32 u. Urt. v. 19. 3. 1917 i. EE 34, 144), **Bewußtlosigkeit** (RG, Urt. v. 21. 1. 1907 i. EE 23, 305 u. Urt. v. 16. 4. 1943 i. VAE 15, 96 = DR 1943, 993) und **Ohnmachts-** und **Schwindelanfällen** (RG, Urt. v. 4. 3. 1907 i. EE 23, 398, Urt. v. 1. 11. 1915 i. EE 33, 108, Urt. v. 4. 3. 1920 i. EE 38, 69, Urt. v. 24. 9. 1925 i. JR 1925 Nr. 1656, Urt. v. 29. 4. 1935 i. JW 1935, 2354 u. Urt. v. 15. 2. 1944 i. DR 1944, 587; OLG Naumburg, Urt. v. 23. 12. 1924 i. EE 44, 85; a. A. OLG Frankfurt, Urt. v. 3. 10. 1974 i. VersR 1976, 1135, 1137), muß im Verkehr gerechnet werden; ebenso damit, daß der Geschädigte **geisteskrank** (RG, Urt. v. 2. 11. 1940 i. DR 1941, 271: Ablehnung höherer Gewalt für Unfall eines geisteskranken Radfahrers, der unversehens in einen heranfahrenden Zug fuhr; zust. *Böhmer* i. JR 1957, 179; krit. *Neumann-Duesberg* i. AcP 151, 285, 287; a. A. *Staks* i. VAE 11, 85; OLG Breslau, Urt. v. 28. 11. 1938 i. VAE 7, 57; LG Gotha, Urt. v. 15. 12. 1939 i. VAE 9, 12; anders auch noch RG, Urt. v. 9. 7. 1980 i. EE 1, 250 u. Urt. v. 9. 7. 1887 i. JW 1888, 89 = EE 6, 102) oder **geschäftsunfähig** ist (RG, Urt. v. 12. 6. 1899 i. RG 44, 27: keine höhere Gewalt für Unfall eines 6jährigen Jungen, der von Straßenbahn überfahren wurde; anders noch RG, Urt. v. 23. 3. 1888 i. RG 21, 13).

185 Daß **Kinder** beim Betrieb einer Bahn verunglücken, ist **nicht** so **außergewöhnlich,** daß höhere Gewalt in Betracht kommt. So wurde höhere Gewalt im Ergebnis zutreffend, wenn auch teilweise mit der unnötigen Begründung, daß Unabwendbarkeit nicht habe nachgewiesen werden können, in den folgenden Fällen verneint: Verletzung eines 8jährigen Kindes, das, bestürzt durch das plötzliche Herannahen einer Straßenbahn und bei dem Versuch, sich zu retten, in die Bahn läuft (RG, Urt. v. 14. 12. 1922 i. JW 1924, 51 m. zust. Anm. v. *Seligsohn* = EE 40, 295; a. A. *Friese,* RHG, § 1 C I 2b S. 95); Sturz eines Kindes aus dem fahrenden Zug durch Öffnen der Wagentür (RG, Urt. v. 29. 1. 1906 i. JW 1906, 192 = EE 22, 400); Unfälle von Kindern beim Aufspringen auf fahrende Züge (RG, Urt. v. 14. 10. 1911 i. JW 1911, 1016 = EE 28, 405; unrichtig LG Essen, Urt. v. 15. 11. 1929 i. JW 1930, 1992, das höhere Gewalt bejahte; hiergegen *Seligsohn* i. JW 1930, 1992 u. *Böhmer* SHG, Anm. 19 zu § 2) oder bei der unbefugten Benutzung von Bahndämmen (OLG Hamburg, Urt. v. 30. 9. 1925 i. Warn. 1926, Nr. 101; LG Saarbrücken, Urt. v. 25. 1. 1966 i. VersR 1967, 385) oder Gleisanlagen (RG, Urt. v. 29. 9. 1924 i. JW 1925, 254 m. zust. Anm. v. *Hanow*).

c) Unabwendbarkeit

186 Ist der Unfall auf eine von außen kommende, außergewöhnliche Einwirkung zurückzuführen, muß, wenn höhere Gewalt vorliegen soll, noch die **dritte** Voraussetzung erfüllt sein, daß es sich um ein **unabwendbares Ereignis** handelt. Unabwendbar ist ein Ereignis, wenn es mit **wirtschaftlich erträglichen Mitteln** auch durch die **äußerste** nach der Sachlage vernünftigerweise zu **erwartende Sorgfalt** nicht verhütet werden kann. Die Sorgfaltspflicht erstreckt sich darauf, das Ereignis **nicht** eintre-

ten zu lassen oder in seinen Folgen **unschädlich** zu machen. Ist das **Ereignis** als solches **nicht** zu verhüten, wie z. B. das Eintreten von Naturgewalten, so beschränkt sich die Sorgfaltspflicht auf die **Abwendung** der **Folgen** (Näheres a. Rdz. 203ff.).

187 Es genügt, wenn das Ereignis **relativ** unabwendbar ist. Nicht **absolute** Unvermeidbarkeit wird gefordert, sondern nur das, ,,was menschlicher Kraft und Vorsicht spottet" (RG, Urt. v. 23. 3. 1888 i. RG 21, 13, 18). Eine **starre** Regel gibt es **nicht.** Vielmehr kommt es stets auf die Umstände des Einzelfalles und auf die betrieblichen, örtlichen und zeitlichen Besonderheiten an (RG aaO. u. Urt. v. 14. 2. 1925 i. JW 1926, 1436). Nicht erforderlich ist, daß das Ereignis nicht **vorherzusehen** war. Auch ein vorhersehbares Ereignis kann, wenn ihm der Betriebsunternehmer ohnmächtig gegenübersteht, höhere Gewalt begründen (BGH, Urt. v. 16. 2. 1951 i. VRS 3, 222 = NJW 1951, 357 = MDR 1951, 282; OLG Dresden, Urt. v. 28. 5. 1948 i. VRS 1, 58 = JR 1949, 282; *Schmidt-Ernsthausen* i. EE 35, 109, 126; *Böhmer,* RHG, Anm. XV 8 zu § 1 u. i. MDR 1951, 282; offengel. noch RG, Urt. v. 4. 3. 1922 i. RG 104, 150 = JW 1922, 1320). Bedeutung kommt diesem Merkmal nur insoweit zu, als ein vorhersehbares Ereignis im allgemeinen leichter abgewendet werden kann (*Schmidt-Ernsthausen* aaO.).

188 Daß der Betriebsunternehmer und seine Bediensteten die im **Verkehr erforderliche Sorgfalt** beobachten, d. h. nicht schuldhaft handeln (vgl. a. Rdz. 12 zu § 12), reicht **nicht** aus . Die Anforderungen sind strenger. Der Unternehmer hat darzulegen, daß er auch bei Aufbietung der **äußersten Sorgfalt** den Unfall nicht hätte abwenden können. Die von ihm hiernach anzuwendenden Mittel müssen dem Stand der Technik und der allgemeinen Verkehrsanschauung entsprechen. Sie können über das hinausgehen, was die **Aufsichtsbehörde** angeordnet oder zugelassen hat (RG, Urt. v. 13. 10. 1904 i. JW 1904, 577 = EE 21, 371, Urt. v. 13. 10. 1928 i. EE 47, 383 u. Urt. v. 8. 1. 1931 i. JW 1931, 865 m. zust. Anm. v. *Seligsohn*; vgl. a. Rdz. 15 zu § 12), müssen jedoch **technisch möglich** und **wirtschaftlich tragbar** oder, anders ausgedrückt, dem Unternehmer vernünftigerweise **zuzumuten** sein (RG, Urt. v. 3. 12. 1906 i. RG 64, 404 = JW 1907, 58 = EE 23, 386, Urt. v. 3. 7. 1916 i. RG 95, 65 = JW 1916, 1336 u. Urt. v. 6. 1. 1926 i. RG 112, 284 = JW 1926, 1436 m. zust. Anm. v. *von der Leyen;* BGH, Urt. v. 20. 4. 1955 i. VersR 1955, 346 = VRS 8, 438 u. Urt. v. 14. 6. 1957 i. VersR 1957, 533 = VRS 13, 253).

189 Die Mittel müssen sich innerhalb der Grenzen der **wirtschaftlichen Existenzmöglichkeiten** des Unternehmens halten (RG, Urt. v. 13. 10. 1904 aaO.). Abgelehnt wurde deshalb z. B. die Forderung, die Bahnkörper durch Errichtung von Mauern und Bretterzäunen abzuschirmen oder mit Wächtern zu besetzen, um ein Befahren oder Betreten unmöglich zu machen (RG, Urt. v. 23. 3. 1888 i. RG 21, 13, 17 u. Urt. v. 3. 7. 1916 i. RG 95, 65 = JW 1916, 1336 m. zust. Anm. v. *von der Leyen*; OLG Naumburg, Urt. v. 29. 9. 1920 i. JW 1921, 178 = VAE 2, 485). Die vorübergehende **Einstellung des Betriebes** braucht nur als äußerstes Mittel in Betracht gezogen zu werden (bejaht für Gefährdung durch Sturm RG, Urt. v. 27. 3. 1905 i. JW 1905, 321 = EE 21, 394 u. Urt. v. 23. 12. 1920 i. JW 1921, 343 = EE 38, 228 und für ungewöhnlichen Massenandrang RG, Urt. v. 26. 6. 1924 i. JW 1925, 1223 m. zust. Anm. von *Hanow;* verneint für Schneesturm RG, Urt. v. 13. 2. 1920 i. RG 101, 94 = EE 38, 225).

190 Das Erfordernis der Unabwendbarkeit ist Gegenstand zahlreicher Entscheidungen gewesen. Die hierbei entwickelten **Grundsätze** können, weil sich die **Verhältnisse** des Bahnbetriebs teilweise **geändert** haben, **nicht uneingeschränkt** angewandt werden. Für einen Unfall durch Überspülung der Gleise als Folge **wolkenbruchartigen Regens** oder **Hochwassers** wurde z. B. Unabwendbarkeit mit der Begründung verneint, es sei versäumt worden, an der bedrohten Stelle langsamer zu fahren oder zunächst anzuhalten (RG, Urt. v. 22. 7. 1903 i. JW 1903, 316 = Recht 1903 Nr. 2523 = EE 20, 189 u. Urt. v. 11. 4. 1931 i. EE 52, 170). Das Umwerfen eines Kleinbahnzuges durch einen starken **Sturm** wurde als nicht unabwendbar angesehen, weil es der Betriebsunternehmer unterlassen habe, den Betrieb, wie von der Aufsichtsbehörde angeordnet, bei einer bestimmten Windstärke einzustellen (RG, Urt. v. 27. 3. 1905 i. JW 1905, 321 = EE 21, 394); ebenso das Abrollen eines Güterwagens durch einen Sturm, weil dies entweder durch Koppeln mit gebremsten Wagen, durch Benutzung von Radvorlegern oder Sperrhölzern oder durch Festlegen mit der Handbremse vermieden worden wäre (OLG Neustadt, Urt. v. 2. 7. 1954 i. VRS 7, 336). Für einen außergewöhnlichen **Schneesturm,** der zur Entgleisung führte, wurde Unabwendbarkeit bejaht; die Einstellung des Betriebes sei nicht zuzumuten gewesen (RG, Urt. v. 13. 12. 1920 i. RG 101, 94 = EE 38, 225); ebenso für das Wegreißen eines Reklameschildes einer Straßenbahn durch einen **Orkan** mit Windstärke 12 (AG Hannover, Urt. v. 31. 8. 1957 i. VersR 1959, 552) und für das **Herabfallen** eines **Felsblocks** auf die Schienen (OLG Wien, Urt. v. 14. 5. 1938 i. VAE 6, 388).

191 Einen Grundsatz, daß eine Gefährdung des Bahnverkehrs durch **Verbrechen** nicht zu vermeiden sei, hat die Rechtsprechung nicht anerkannt und statt dessen gefordert, daß der Bahnkörper und die Gleise sowie die sonstigen Einrichtungen der Bahn regelmäßig zu überwachen und von ihnen Unbefugte fernzuhalten seien (vgl. RG, Urt. v. 13. 10. 1904 i. JW 1904, 577 = EE 21, 371). So wurde Unabwendbarkeit und damit höhere Gewalt für die **unbefugte Verstellung** oder **Beschädigung** von **Weichen** oder das **Versperren** von **Gleisen** abgelehnt, weil die Überwachung oder die Beleuchtung nicht ausreichend gewesen sei (RG, Urt. v. 9. 10. 1902 i. JW 1902, 591 = EE 19, 258, Urt. v. 13. 10. 1904 i. JW 1904, 577 = EE 21, 371, Urt. v. 7. 12. 1908 i. RG 70, 98 = JW 1909, 80 u. Urt. v. 8. 3. 1926 i. JW 1926, 2290 = EE 46, 398; anders RG, Urt. v. 13. 10. 1928 i. EE 47, 383: höhere Gewalt bejaht, weil ständige Bewachung nicht zu fordern und die Beleuchtung aus Kostengründen nicht zuzumuten sei; so a. OLG Naumburg, Urt. v. 26. 5. 1925 i. EE 45, 82). Für eine Zugentgleisung infolge eines **Sprengstoffattentats** wurde höhere Gewalt bejaht, weil die Strecke täglich durch einen Streckenläufer überwacht worden sei, und zwar noch wenige Stunden vor dem Attentat (LG Halle, Urt. v. 28. 9. 1932 i. EE 54, 352; krit. hierzu *von Kienitz* aaO. S. 353). **Lösen** unbefugte Dritte die **Bremsen** oder andere Hilfsmittel zum Festlegen von Waggons, die auf einem abfallenden Nebengleis abgestellt waren, so

hätte dies nach der Auffassung des BGH durch eine zusätzliche Sicherung mit Radvorlegern verhindert werden müssen (Urt. v. 1. 6. 1976 i. VersR 1976, 963 = VRS 51, 333 = MDR 1976, 971. Es wird offengelassen, ob weitere Maßnahmen, wie ein Verschließen der Bremse, Anbringung einer Gleissperre oder eine Überwachung oder Kontrolle der Fahrzeuge erforderlich waren). Das **selbsttätige Fortbewegen** eines Straßenbahnwagens aus dem Depot ist nicht unabwendbar, wenn eine ausreichende Anweisung an das Personal nicht bestand (RG, Urt. v. 26. 5. 1910 i. Warn. 1910 Nr. 287 = EE 27, 93).

192 Vorkommnisse, die sich **völlig unvorhersehbar** und **ganz plötzlich** ereignen, sind regelmäßig **unabwendbar,** z. B. **der Wurf** einer **Dynamitbombe** auf einen fahrenden Zug (RG, Urt. v. 13. 10. 1904 i. JW 1904, 577 = EE 21, 371), der **Stoß** eines **Fahrgastes** vor einen heranfahrenden oder aus einem fahrenden Zug in **Mordabsicht** (*Böhmer,* SHG, Anm. 22 zu § 2), der **Mord** in einem Eisenbahnabteil (RG, Urt. v. 22. 10. 1908 i. RG 69, 357 = JW 1908, 721; vgl. jedoch Rdz. 82, 87), das **Herausspringen** eines Reisenden aus einem **fahrenden** Zug, um dem drohenden Angriff eines Mitreisenden zu entgehen (RG, Urt. v. 13. 11. 1924 i. RG 109, 172 = JW 1925, 619 m. zust. Anm. v. *Schmidt-Ernsthausen*). **Selbstmorde** oder **Selbstmordversuche** durch Überfahrenlassen können durch allgemeine Vorkehrungen nicht abgewendet werden; solche sind nicht denkbar oder doch jedenfalls nicht zumutbar. Der Betriebsunternehmer muß jedoch nachweisen, daß der Fahrer des Schienenfahrzeugs nicht mehr rechtzeitig bremsen konnte (OLG Frankfurt, Urt. v. 5. 5. 1975, best. durch Beschl. des BGH v. 6. 12. 1977 i. VersR 1979, 451). Bei Auffälligkeiten, die auf eine Selbstmordabsicht hindeuten, muß auch das Aufsichtspersonal eingreifen. Der **unbeabsichtigte Sturz** eines Fahrgastes aus einem fahrenden Zug ist nicht unabwendbar, wenn technische Sicherheitsvorkehrungen fehlten oder mangelhaft waren (RG, Urt. v. 29. 1. 1906 i. JW 1906, 192: Sturz eines 3jährigen Kindes aus dem fahrenden Zug, weil die Tür zu leicht zu öffnen war; RG, Urt. v. 18. 2. 1909 i. JW 1909, 230, Urt. v. 19. 3. 1917 i. EE 34, 144 u. Urt. v. 15. 2. 1944 i. DR 1944, 587: keine ausreichende Sicherung offener Plattformen; vgl. a. RG, Urt. v. 11. 12. 1907 i. Recht 1907 Nr. 818 = EE 23, 396).

193 Ein **Schrankenwärter** hat nicht die höchstmögliche Sorgfalt beachtet, wenn er zwischen zwei Zügen die **Schranke** wieder öffnet und nicht damit rechnet, daß in dieser Zeit ein Kraftfahrzeug auf dem Bahnübergang steckenbleiben könnte (BGH, Urt. v. 14. 7. 1952 i. VRS 4, 503), oder wenn er eine sog. Anrufschranke vorschriftswidrig nicht völlig schließt und dadurch Kühe auf den Bahnübergang gelangen (BGH, Urt. v. 20. 4. 1955 i. VersR 1955, 346 = VRS 8, 438). Auch in dem Fehlen von Bahnschranken kann ein Mangel liegen, der Unabwendbarkeit ausschließt (OLG Hamburg, Urt. v. 13. 8. 1954 i. VersR 1954, 512; OLG Stuttgart, Urt. v. 9. 10. 1958 i. VersR 1959, 117; vgl. a. Rdz. 29, 35 zu § 12). Gegen Unfälle durch **Massenandrang** und **Überfüllung** an den **Haltestellen,** auf den **Bahnsteigen** oder in den **Fahrzeugen** sind, wenn dies vorherzusehen ist, Vorkehrungen zu treffen, z. B. durch Verstärkung des Personals oder Hinzuziehung der Polizei; notfalls auch durch die vorübergehende Einstellung des Betriebs (RG, Urt. v. 7. 7. 1890 i.

EE 8, 40, Urt. v. 9. 2. 1893 i. JW 1893, 185 = EE 10, 58, Urt. v. 23. 12. 1920 i. JW 1921, 396 m. zust. Anm. v. *von der Leyen* u. Urt. v. 26. 6. 1924 i. JW 1925, 1273 m. zust. Anm. v. *Hanow*). Auch kann eine Anweisung an das Fahrpersonal erforderlich sein, in Fällen starken Andrangs an den Haltestellen die Fahrgäste durch Zurufen zu warnen, ein Signal mit der Fußklingel zu geben und daraufhin das Fahrzeug langsam anzuziehen (OGH Köln, Urt. v. 24. 6. 1949 i. VRS 1, 227 = NJW 1949, 669 L). Müssen Fahrgäste **außerhalb** der Bahnsteige **aussteigen,** ist durch eine betriebliche Anweisung sicherzustellen, daß sie durch Ausruf des Aufsichtsbeamten gewarnt werden (OLG Oldenburg, Urt. v. 14. 12. 1949 i. VRS 3, 220; vgl. a. LG Hannover, Urt. v. 25. 2. 1948 i. NdsRpfl. 1948, 106 sowie Rdz. 24ff. zu § 12).

194 In **Kriegs-** und **Krisenzeiten** kommen auch **außergewöhnliche** Maßnahmen in Betracht, sofern sie möglich und wirtschaftlich vertretbar sind (RG, Urt. v. 14. 3. 1923 i. JW 1923, 928 = Recht 1923 Nr. 919; OLG Celle, Urt. v. 5. 3. 1948 i. JR 1948, 319; OLG Oldenburg, Urt. v. 14. 12. 1949 i. VRS 3, 223; LG Essen, Urt. v. 1. 8. 1946 i. MDR 1947, 128 m. insoweit zust. Anm. v. *Möller* aaO. S. 130). Als zu weitgehend wurde jedoch die Forderung abgelehnt, den Bahnschutz im Dezember 1946 durch die Einstellung privater Bewachungsmannschaften zu verstärken, um die Plünderung von Güterzügen durch eine 4 bis 5000köpfige Menschenmenge zu verhindern. Selbst wenn die Anwerbung zuverlässiger Mannschaften trotz des Widerstandes der Besatzungsmacht möglich gewesen sei, habe die Bundesbahn diese Bewachungsmannschaften mit ihren unbewaffneten Polizeikräften ihrerseits überwachen müssen. Außerdem hätten sich die Aufwendungen nicht in einem wirtschaftlich tragbaren, der Bundesbahn zumutbaren Ausmaß gehalten (BGH, Urt. v. 16. 2. 1951 i. VRS 3, 222 = NJW 1951, 357 = MDR 1951, 287).

4. Beweis

195 Da der Haftungsausschluß durch höhere Gewalt eine Ausnahme von der Regel ist, daß der Betriebsunternehmer für Unfälle beim Betrieb der Bahn zu haften hat, obliegt es ihm, **darzulegen** und **nachzuweisen,** daß die Voraussetzungen der höheren Gewalt im Einzelfall gegeben sind (vgl. RG, Urt. v. 9. 10. 1902 i. JW 1902, 591 = EE 19, 258 u. Urt. v. 13. 12. 1920 i. RG 101, 94 = EE 38, 225; BGH, Urt. v. 16. 2. 1951 i. VRS 3, 222 = NJW 1951, 357 = MDR 1951, 287; vgl. a. BGH, Urt. v. 12. 11. 1982 i. VersR 1982, 368 = BB 1982, 335 u. Rdz. 224). Soweit es sich dabei um die Voraussetzungen der **Unabwendbarkeit** handelt, muß er im einzelnen angeben, **welche Vorkehrungen** zur Abwendung hätten getroffen werden können, ob die entsprechenden Maßnahmen durchgeführt werden oder ob und inwieweit dies nicht möglich oder nicht zumutbar war (RG, Urt. v. 9. 10. 1902 aaO.; *Seligsohn,* Anm. zu Urt. des LG Essen v. 15. 11. 1929 i. JW 1930, 1992). Auch für die ungewöhnlichen Verhältnisse, wie sie 1945 bei den Eisenbahnen geherrscht haben, wurde eine Umkehrung der Beweislast nicht anerkannt (LG Essen, Urt. v. 1. 8. 1946 i. MDR 1947, 128 m. insoweit zust. Anm. v. *Möller* aaO. S. 131).

III. Unabwendbares Ereignis

Schrifttum: *Böhmer,* Höhere Gewalt und unabwendbares Ereignis, RdK 1954, 9; Zum Begriff der Bahnen innerhalb des Verkehrsraums einer öffentlichen Straße im Sinne des § 2 SHG, MDR 1961, 473; Gesetzliche Benachteiligung der Verkehrsopfer?, VersR 1978, 807; *Brüggemann,* Hilfspersonen des Kraftfahrzeugführers, DAR 1957, 113; *Däubler,* Gesetz über die Haftpflicht der Eisenbahnen und Straßenbahnen für Sachschäden v. 29. April 1940, DJ 1940, 996; *Dickertmann,* Fehler in der Beschaffenheit und Versagen der Verrichtungen des Kraftfahrzeugs nach § 7 Abs. 2 StVG, DAR 1956, 206; *Gaisbauer,* Sturm als unabwendbares Ereignis in der Kraftfahrzeughaftung, VersR 1967, 1034; *Koffka,* Die Haftung der Eisenbahnen für Sachschäden, DJ 1940, 538; *Schweizer,* Schleudern und Rutschen eines Kraftfahrzeugs als „Versagen seiner Verrichtungen" im Sinne des § 7 Abs. 2 StVG; *Weimar,* Höhere Gewalt und unabwendbares Ereignis im Verkehrshaftpflichtrecht, DRiZ 1956, 33; Wann liegt eine Bahn innerhalb eines Verkehrsraums einer öffentlichen Straße?, VersR 1956, 79; Mitverschulden des Verletzten und unabwendbares Ereignis, JR 1960, 12; Höhere Gewalt und unabwendbares Ereignis als Entlastungsmöglichkeit im Haftpflichtrecht, DAR 1972, 150; *Weitnauer,* Ein verfehlter Angriff auf § 1 RHG, VersR 1962, 687; Ist Schleudern oder Rutschen eines Kraftfahrzeugs als „Versagen seiner Verrichtungen" i. S. des § 7 Abs. 2 StVG anzusehen?, VersR 1969, 680; *Wussow,* Ist die Ohnmacht des Fahrers ein unabwendbares Ereignis?, DAR 1952, 162.

1. Schienenbahnen innerhalb des Verkehrsraums einer öffentlichen Straße

196 Soweit die Schienenbahn **innerhalb des Verkehrsraums einer öffentlichen Straße** betrieben wird, entfällt die Haftung schon bei Vorliegen eines **unabwendbaren Ereignisses** (Abs. 2 Satz 2). Diese Haftungseinschränkung wurde durch das Gesetz über die Haftung der Eisenbahnen und Straßenbahnen für Sachschaden vom 29. 4. 1940 – SHG – (BGBl. I, 691; vgl. Anh. 2) eingeführt und durch das HG auch auf die Haftung für **Personenschäden** ausgedehnt, um diese „historisch bedingte, sachlich jedoch nicht gerechtfertigte unterschiedliche Regelung zu beseitigen" (BT-Drucks. 8/108, 10; so a. schon *Däubler* i. DJ 1940, 996, 997; abl. *Böhmer* i. VersR 1978, 33, der, ohne auf die sachliche Notwendigkeit der Angleichung einzugehen, die darin liegende „Benachteiligung der Verkehrsopfer" gegenüber dem früheren Haftungsrecht kritisiert).

197 Die Ausnahmeregelung erstreckt sich grundsätzlich auf alle **Schienenbahnen,** nicht jedoch auf **Schwebebahnen,** weil diese **stets** außerhalb des Verkehrsraums öffentlicher Straßen betrieben werden. In der amtlichen Begründung (aaO.) wird unter Bezugnahme auf die Bestrebungen des Gesetzgebers des SHG ausgeführt, es sei der Zweck der Vorschrift, die **Straßenbahnen,** soweit sie am öffentlichen Straßenverkehr teilnähmen, im Hinblick auf die gleichartigen Verkehrsverhältnisse den Kraftfahrzeugen gleichzustellen. Zu den Schienenbahnen, die unter § 1 Abs. 2 Satz 2 fallen, gehören deshalb **typischerweise Straßenbahnen,** jedoch nicht ausschließlich. Auch **andere Schienenbahnen,** insbesondere auch **Eisenbahnen,** die auf öffentlichen Straßen betrieben werden, rechnen hierher (so a. *Biermann,* SHG, Anm. III 1 zu § 2 S. 88). Andererseits sind nicht alle

Bahnen gemeint, die genehmigungsrechtlich als Straßenbahnen anzusehen sind (vgl. §§ 2 Abs. 1 Nr. 1 u. 4 Abs. 1 Nr. 2 PBefG), wie z. B. U-Bahnen, die zweifelsfrei nicht im öffentlichen Straßenraum liegen.

198 **Innerhalb** des Verkehrsraums einer öffentlichen Straße werden vornehmlich Bahnen betrieben, deren Gleise in die **Fahrbahn** einer **Straße** – in Mittel- oder Seitenlage – **eingelassen** sind, so daß der Schienenraum vom übrigen **Fahrverkehr** und auch von den **Fußgängern mitbenutzt** werden kann. In diesen Fällen ist die Bahn in den Straßenverkehr eingeführt und muß sich ihm u. a. dadurch anpassen, daß sie im Rahmen der Verpflichtungen nach der StVO zu anderen Fahrzeugen einen ausreichenden Abstand einhalten, an Einmündungen und Kreuzungen die Vorfahrt anderer beachten und die Geschwindigkeit nach den Straßen- und Verkehrsverhältnissen bemessen muß. Dadurch verkehrt die Bahn unter ähnlichen Bedingungen wie ein **Kraftfahrzeug** und bewirkt auch **ähnliche Gefahren,** so daß es richtig erscheint, beide Fahrzeugarten haftungsrechtlich **anzugleichen** (vgl. die amtl. Begr. z. SHG i. DJ 1940, 544 u. *Koffka* i. DJ 1940, 538, 540).

199 Den Gegensatz hierzu bilden Bahnen, die über einen **eigenen Fahrweg** (Bahnkörper) verfügen, der zu einer öffentlichen Straße in keiner nahen örtlichen Verbindung steht, z. B. eine **unterirdisch** verkehrende U-Bahn oder eine Eisenbahn, deren Schienen auf einem **Bahndamm** angelegt sind oder über **freie Felder** verlaufen. Diese Bahnen brauchen sich nicht auf die Gegebenheiten des Straßenverkehrs einzustellen. Sie fahren deshalb häufig auch mit höheren Geschwindigkeiten und mit größeren Fahrzeugeinheiten (Zügen) und lösen dadurch stärkere Unfallgefahren aus, die sich zwar seltener als bei Kraftfahrzeugen verwirklichen mögen, jedoch wegen der längeren Bremswege und der größeren Aufprallwucht im allgemeinen erheblich **schlimmere Schadenfolgen** haben (vgl. hierzu *Weitnauer* i. VersR 1962, 687). Hier sollte es deshalb bei dem für die Bahnhaftung geltenden Grundsatz verbleiben, daß nur höhere Gewalt die Haftung ausschließt. Diese Beurteilung ändert sich nicht, wenn die Bahn – wie dies für Eisenbahnen typisch ist – **nicht** dem **Zuge** einer **Straße folgt,** sondern diese nur **überquert** (höhengleich kreuzt) und an der **Übergangsstelle** die Schienen in die Fahrbahn eingefügt sind. Auch in diesen Fällen braucht sich die Bahn dem Straßenverkehr **nicht** anzupassen, weil sie entweder gegen diesen durch Bahnschranken **abgesichert** ist oder ihr ein **Vorrang** (§ 19 StVO) zusteht (so zutr. unter Hinweis auf die amtl. Begr. z. SHG BGH, Urt. v. 20. 4. 1955 i. VersR 1955, 346 = VRS 8, 438; OLG Köln, Urt. v. 23. 5. 1951 i. VRS 3, 385 u. Urt. v. 7. 2. 1972 i. RdL 1972, 136; *Biermann,* SHG, Anm. III 1 zu § 2, S. 88; *Böhmer,* SHG, Anm. 25 zu § 2, i. MDR 1961, 473 u. i. Anm. zu Urt. des BGH v. 3. 11. 1961 i. VersR 1962, 133; *Däubler* i. DJ 1940, 996, 997; *Finger,* Eisenbahngesetze, Anm. 2d zu § 2 SHG; *Weimar* i. VersR 1956, 79; a. A. OLG Hamburg, Urt. v. 13. 8. 1954 i. VersR 54, 512).

200 Umstritten ist, ob eine Bahn am öffentlichen Verkehr teilnimmt, wenn die Schienen in der **Längsrichtung** einer Straße auf einem **besonderen Bahnkörper** verlegt sind. Ein besonderer Bahnkörper ist eine Gleisanlage, die durch weiß gekennzeichnete Bordsteine oder durch andere ortsfeste körperliche Hindernisse erkennbar gegenüber dem übrigen Verkehr abgegrenzt ist (§ 11 Abs. 2 BOStrab.; vgl. a. Vwv zu Zeichen 201 der StVO, VIII 2). Die bloße Abschotterung der Gleise, die Abgrenzung durch einen durchgezogenen weißen Strich auf der Fahrbahn oder eine nur zeitweilige Absperrung (z. B. durch das Aufstellen von sog. Lübekker Hüten) reicht demnach nicht aus. Besondere Bahnkörper können **außerhalb oder innerhalb** des Verkehrsraums einer Straße liegen (davon gehen auch die erwähnten Vorschriften aus). Die Beurteilung, ob eine auf einem besonderen Bahnkörper verkehrende Schienenbahn außerhalb oder innerhalb des Verkehrsraums einer öffentlichen Straße betrieben wird, richtet sich nach der Gestaltung im **Einzelfall** und ist **ausschließlich** nach **haftpflichtrechtlichen** Gesichtspunkten vorzunehmen (BGH, Urt. v. 3. 11. 1961 i. VersR 1962, 48 = VRS 22, 17 = DAR 1962, 53). Befindet sich der besondere Bahnkörper **zwischen** zwei **Fahrbahnen** einer Straße in Mittellage oder **neben** einer Straße in Seitenlage, so genügt für die Annahme, daß die Bahn außerhalb des Verkehrsraums der Straße liegt, nicht schon die Abgrenzung durch Bordsteine, weil diese nicht ausschließen, daß der Führer des Schienenfahrzeugs seine Fahrweise darauf einrichten muß, daß Fahrzeuge auf den Bahnkörper abgedrängt werden oder Fußgänger ihn überschreiten. Anders verhält es sich, wenn z. B. der Bahnkörper vom Straßenraum durch Schutzgitter oder Wände oder dadurch **völlig getrennt** ist, daß die Schienen nicht höhengleich zur Fahrbahn liegen, sondern auf Wällen oder Rampen, oder wenn der Bahnkörper durch sonstige bauliche Maßnahmen vom übrigen Verkehr ausreichend abgeschirmt ist.

201 Zum Verkehrsraum einer öffentlichen Straße rechnet ein **besonderer Bahnkörper** im allgemeinen auch dann **nicht,** wenn er **neben einer Straße** verläuft, von dieser aber durch einen **breiteren Gelände-** oder **Grünstreifen getrennt** ist (so a. *Weimar* i. VersR 1956, 79 u. *Böhmer* i. MDR 1961, 473). Das gilt jedoch nicht, wenn es sich um einen **Park**streifen handelt, weil dieser dem Verkehr dient, oder wenn der Gleisraum **zahlreiche Übergänge** hat, die zu einem jenseits des Bahnkörpers führenden Rad- oder Reitweg führen oder als Zugang zu den dort gelegenen Grundstücken dienen (BGH aaO.; OLG Köln, unveröffentl. Urt. v. 4. 3. 1974 – 8 U 11/73 –; zust. a. *Böhmer* i. MDR 1961, 473 u. i. VersR 1962, 133). Demgegenüber vertritt *Full* (i. *Full/Möhl/Rüth,* StVR, Rdz. 18 zu § 1 HG u. i. Zivilr. Haft., Rdz. 16ff. zu § 1 HG) die Auffassung, bei Unfällen, die sich auf besonderen Bahnkörpern ereigneten, werde grundsätzlich bis zur Grenze der höheren Gewalt gehaftet; die gegenteilige Meinung berücksichtige nicht, daß Straßenbahnen, die auf solchen Bahnkörpern führen, seit dem 30. 11. 1965 nicht mehr an die durch die StVO festgesetzte **Höchstgeschwindigkeit** gebunden seien (§ 61 BOStrab). *Full* übersieht jedoch seinerseits, daß die Möglichkeit einer gesonderten Festsetzung der Höchstgeschwindigkeit nichts daran geändert hat, daß die Bahnen **sonst** den **Vorschriften** der **StVO voll unterstellt** sind und sich in ihrer **Fahrweise** auf den übrigen Verkehr einzurichten haben. Für Unfälle an **Straßenkreuzungen,** an denen kein Andreaskreuz aufgestellt ist, oder auf Überwegen, die nur als Grundstückseinfahrten anzusehen sind, soll auch nach der Auffassung *Full's* die Haftung schon bei Vorliegen eines unabwendbaren Ereignisses entfallen.

202 Die Haftung ist durch das unabwendbare Ereignis begrenzt, **„soweit“** die Schienenbahn innerhalb des Verkehrsraums einer öffentlichen Straße betrieben wird. Die Frage, ob diese Voraussetzung erfüllt ist, ist deshalb nicht stets für die Bahn im ganzen zu entscheiden, sondern richtet sich nach den Verhältnissen an der **Unfallstelle** (*Däubler* i. DJ 1940, 997; *Böhmer* i. MDR 1961, 793). In der Praxis kommt es nicht selten vor, daß Schienenbahnen sowohl innerhalb als auch außerhalb des Verkehrsraums öffentlicher Straßen verkehren, z. B. U-Straßenbahnen.

2. Begriff des unabwendbaren Ereignisses

a) Die einzelnen Merkmale

203 Der **Begriff** des **unabwendbaren Ereignisses** ist weitergehend als der der höheren Gewalt (vgl. Rdz. 160). Er stimmt mit dem gleichlautenden, für die Kraftfahrzeughaftung geltenden Begriff des § 7 Abs. 2 StVG überein, so daß die hierzu von Schrifttum und Rechtsprechung entwikkelten Grundsätze herangezogen werden können (so schon die amtl. Begr. zu § 2 SHG i. DJZ 1940, 445; vgl. a. BGH, Urt. v. 22. 10. 1955 i. VersR 1955, 714 = VRS 9, 417 u. Urt. v. 15. 1. 1957 i. VersR 1957, 219 = VRS 12, 331 = NJW 1957, 674; OLG Hamburg, Urt. v. 13. 8. 1954 i. VersR 1954, 512; *Böhmer,* SHG, Anm. 28 zu § 2; a. A. *Weimar* i. DRiZ 1956, 33f.). Um die Angleichung an die Kraftfahrzeughaftung noch deutlicher zu machen, hat das HG die **gesetzliche Definition** des unabwendbaren Ereignisses in § 7 Abs. 2 StVG fast wörtlich **übernommen** (vgl. amtl. Begr. i. BT-Drucks. 8/108, 10). Hiernach gilt ein Ereignis insbesondere dann als unabwendbar, wenn es auf das Verhalten des Geschädigten oder eines nicht bei dem Betrieb Beschäftigten oder eines Tieres zurückzuführen ist und sowohl der Betriebsunternehmer als auch die bei dem Betrieb tätigen Personen jede nach den Umständen des Falles gebotene Sorgfalt gewahrt haben (Abs. 2 S. 3; vgl. a. Rdz. 186ff.).

b) Sorgfaltspflicht des Betriebsunternehmers und der beim Betrieb tätigen Personen

204 Der beispielhaften Anführung in Abs. 2 Satz 3 ist zu entnehmen, daß der Haftungsausschluß voraussetzt, daß sowohl der **Betriebsunternehmer** als auch die beim **Betrieb tätigen Personen** jede nach den Umständen des Falles gebotene **Sorgfalt** beobachtet haben müssen.

205 **Betriebsunternehmer** ist derjenige, der die Bahn für eigene Rechnung nutzt und über den Betrieb die Verfügung hat (Näheres Rdz. 26ff.). **Beim Betrieb tätig** sind Personen, die im Auftrage des Betriebsunternehmers oder seines Vertreters (hierzu kann auch der Fahrer gehören) betriebliche Aufgaben wahrnehmen. Dem sprachlichen Gegensatz zu dem ebenfalls in Abs. 2 Satz 3 vorkommenden Begriff des **beim Betrieb Beschäftigten** ist nicht zu entnehmen, daß die **tatsächliche** Ausübung auch gegen den Willen des Betriebsunternehmers genügt. Vielmehr ergibt sich aus dem Sinn der Haftung des Betriebsunternehmers, dem Einstehenmüssen für das Verhalten anderer Personen, daß der Betriebsunternehmer in die Tätigkeit **eingewilligt** haben muß (KG, Urt. v. 12. 11. 1930 i. RdK 1931, 439; *Wussow* i. WI 1966, 181 u. 1973, 144; *Geigel/Lang,* Haftpflichtprozeß, Kpt. 25 Rdz. 70f.; *Full* i. *Full/Möhl/Rüth,* StVR, Rdz.

268 zu § 7 StVG, der zutr. annimmt, daß zwischen beiden Begriffen kein sachlicher Unterschied besteht). **Nicht** beim Betrieb ,,tätig" ist z. B. ein Polizeibeamter, der ein Fahrzeug im Rahmen einer **Beschlagnahme** abtransportiert (KG, Urt. v. 12. 11. 1930 aaO.); ebenso nicht der **unbefugte Benutzer** (Schwarzfahrer) eines Bahnfahrzeuges (eine § 7 Abs. 3 StVG entsprechende Regelung kennt das HG nicht). Es ist jedoch nicht erforderlich, daß die Tätigkeit im Rahmen einer **länger dauernden** Beschäftigung erfolgt. Auch derjenige ist z. B. im Betrieb ,,tätig", der den Fahrer **einweist** oder ihm bei einer **Betriebsstörung behilflich** ist oder der als **Fahrgast** befugterweise betriebliche Funktionen ausübt, z. B. – mechanisch oder durch Betätigung einer Automatik – die **Fahrzeugtüren bedient** (RG, Urt. v. 29. 10. 1934, i. JW 1935, 427 m. zust. Anm. v. *Bezold; Brüggemann* i. DAR 1957, 113, 118; *Full* aaO. Rdz. 270 zu § 7 StVG; *Wussow* aaO.). Schädigen diese Personen einen Dritten, so ist der Unfall nur unabwendbar, wenn der Betriebsunternehmer nachweist, daß sie die äußerste nach den Umständen gebotene Sorgfalt gewahrt haben (vgl. Rdz. 207 ff.). Das gilt jedoch nicht, soweit die Personen sich **selbst** schädigen, weil es sich bei dem **,,Dritten"** i. S. v. § 1 Abs. 2 S. 3 **nicht** um den **Geschädigten** selbst handeln kann (*Full* aaO. Rdz. 271 zu § 7 StVG; vgl. a. BGH, Urt. v. 15. 3. 1957 i. VersR 1957, 363).

206 Beim Betrieb **,,tätig"** sind z. B. die **Fahrer** der Schienenfahrzeuge und alle **sonstigen Fahrbediensteten,** wie **Schaffner, Zugbegleiter, Bremser, Kontrolleure, Fahrlehrer, Rangierer** sowie diejenigen Bediensteten, die die Fahrzeuge während des Betriebes **be-** oder **entladen** (vgl. KG, Urt. v. 12. 11. 1930 aaO.; OLG Bremen, Urt. v. 11. 3. 1953 i. VersR 1953, 308; OLG Oldenburg, Urt. v. 9. 6. 1954 i. DAR 1954, 206; *Bezold* aaO.; *Brüggemann* i. DAR 1957, 113; *Full* i. *Full/Möhl/Rüth,* StVR, Rdz. 22 f. zu § 1 HG), auch **Aufsichtspersonen** (BGH, Urt. v. 10. 3. 1952 i. VersR 1952, 310 L = VRS 4, 255 = DAR 1952, 117; vgl. a. *Wussow* i. WI 1964, 171), wie insbesondere **Betriebsleiter** (vgl. §§ 7 u. 8 BOStrab). Anders als bei der Kraftfahrzeughaftung erstreckt sich die Verantwortung des Betriebsunternehmers nicht nur auf die **Schienenfahrzeuge,** sondern auf den **gesamten technischen Bahnbereich,** also auch auf die **Bahnanlagen** (vgl. a. Abs. 2 Satz 2, wo von Fahrzeugen und Anlagen der Schienenbahn die Rede ist, sowie die Ausführungen zu Rdz. 217 f.), insbesondere die **Gleise, Fahrleitungen, Signale, Schranken** und **Zugsicherungs- und -beeinflussungsanlagen.** Demgemäß sind auch die in diesen Bereichen Beschäftigten ,,im Betrieb tätig", wie z. B. **Schrankenwärter** und **Schienenreiniger** (vgl. hierzu BGH, Urt. v. 14. 7. 1952 i. VRS 4, 503 u. Urt. v. 20. 4. 1955 i. VersR 1955, 346 = VRS 8, 438). Dagegen rechnen hierzu nicht Betriebsangehörige, die durch ihre Tätigkeit auf die Betriebsgefahr keinen Einfluß nehmen können, z. B. das **kaufmännische Personal, Fahrkartenverkäufer** und die in den **Nebenbetrieben** (z. B. in einer Bahnhofsgaststätte) Beschäftigten (vgl. a. Rdz. 94).

c) Ausmaß der Sorgfalt

aa) Allgemeines

207 Gefordert wird die **äußerste** nach den Umständen gebotene Sorgfalt. Die Wahrung der im Verkehr **erforderlichen** Sorgfalt (vgl. Rdz. 12 zu

§ 12) reicht nicht aus. Vielmehr wird die Anwendung einer über die gewöhnliche Verkehrssorgfalt **hinausgehenden Aufmerksamkeit, Umsicht** und **Geistesgegenwärtigkeit** verlangt (BGH, Urt. v. 2. 10. 1952 i. VRS 4, 565, Urt. v. 22. 10. 1955 i. VersR 1955, 714 = VRS 9, 417, Urt. v. 8. 10. 1957 i. VersR 1957, 779 u. Urt. v. 10. 10. 1972 i. VersR 1973, 83 = NJW 1973, 44; KG, Urt. v. 1. 10. 1931 i. JW 1932, 807 m. zust. Anm. v. *Bezold* u. Urt. v. 12. 4. 1973 i. VersR 1974, 36; OLG Stuttgart, Urt. v. 9. 10. 1958 i. VersR 1959, 117; OLG Braunschweig, Urt. v. 22. 12. 1971 i. VersR 1972, 493; *Wussow* i. WI 1966, 115). Schon ein **geringfügiges** Verschulden schließt deshalb Unabwendbarkeit aus (BGH, Urt. v. 12. 5. 1959 i. VersR 1959, 789). Unabwendbar ist ein Ereignis nur, wenn sowohl der **Betriebsunternehmer** als auch die beim **Betrieb tätigen Personen** die äußerste Sorgfalt gewahrt haben; die Voraussetzungen müssen also **beiderseits** erfüllt sein. Worauf die Unabwendbarkeit im **Einzelfall** zurückzuführen ist, ob auf das Verhalten eines Dritten, eines Verletzten oder eines Tieres, wie es in der beispielhaften Aufzählung des Gesetzes heißt, oder auf eine andere Ursache, z. B. ein Naturereignis (vgl. hierzu BGH, Urt. v. 2. 10. 1952 i. VRS 4, 565; *Bezold,* Anm. zu Urt. des KG v. 1. 10. 1931 i. JW 1932, 807; *Gaisbauer* i. VersR 1967, 1034; *Wussow* i. WI 1972, 60), ist unerheblich.

208 Andererseits ist einschränkend festzustellen, daß Unabwendbarkeit **nicht absolute Unvermeidbarkeit** bedeutet (vgl. BGH, Urt. v. 2. 10. 1964 i. VersR 1965, 81 u. Urt. v. 20. 9. 1966 i. VersR 1966, 1076; OLG München, Urt. v. 30. 1. 1976 i. VersR 1976, 1143). Ob trotz Anwendung der äußersten, nach den Umständen zumutbaren Sorgfalt der Unfall nicht hätte vermieden werden können, ist ausgehend von der Verkehrslage **vor** dem Unfall und **nicht rückschauend** zu beurteilen (BGH, Urt. v. 9. 6. 1959 i. VersR 1959, 804 = VRS 17, 102, Urt. v. 20. 10. 1964 i. VersR 1965, 81 u. Urt. v. 20. 9. 1966 i. VersR 1966, 1076) und nur im Hinblick auf die Abwendung gerade **des Schadenfalles, um den es geht** (BGH, Urt. v. 4. 5. 1976 i. DAR 1976, 246). Auch hat die Rechtsprechung den Maßstab dem menschlichen Vermögen angepaßt und z. B. dem Fahrer einen **Vertrauensgrundsatz** gegenüber groben Verkehrsverstößen Dritter (vgl. BGH, Urt. v. 22. 11. 1960 i. VersR 1961, 69 = NJW 1961, 266, Urt. v. 20. 10. 1964 i. VersR 1965, 81 u. Urt. v. 15. 11. 1966 i. VersR 1967, 138; vgl. jedoch wegen der Einschränkungen BGH, Urt. v. 8. 10. 1957 i. VersR 1957, 779 u. Urt. v. 15. 11. 1966 i. VersR 1967, 138) und auch eine **Schreckzeit** zugebilligt (BGH, Urt. v. 28. 4. 1964 i. VersR 1964, 753). Die Anforderungen müssen insbesondere auch **technisch möglich** und **wirtschaftlich tragbar** sein (vgl. Rdz. 188f.) und dürfen dem Bedürfnis nach einer **rationellen** und **wirtschaftlichen Betriebsführung,** z. B. dem schaffnerlosen Betrieb (Einmannbetrieb) und der Ausstattung der Fahrzeuge mit automatisch funktionierenden, vom Fahrgast selbst zu betätigenden Türen, grundsätzlich nicht entgegenstehen (vgl. hierzu BGH, Urt. v. 16. 11. 1971 i. VersR 1972, 152 = VRS 42, 88; vgl. a. Rdz. 213, 215).

209 Die **Sorgfaltspflicht** des **Betriebsunternehmers** erstreckt sich darauf, daß sich die Anlagen und Fahrzeuge in einem vorschriftsmäßigen Zustand befinden, d. h. bei bestimmungsgemäßem Betrieb und ordnungsgemäßer Bedienung andere nicht schädigen oder gefährden (vgl. § 6 BOStrab). Erweisen sich Betriebsanlagen oder Fahrzeuge als nicht vorschriftsmäßig, so hat er die Mängel auch dann zu beheben, wenn sie sich im Rahmen der **behördlichen Zulassung** halten (vgl. § 6 Abs. 2 BOStrab sowie Österr. OGH, Urt. v. 18. 4. 1956 i. VRS 13, 311; LG Göttingen, Urt. v. 14. 7. 1960 i. NJW 1960, 2342; *Wussow* i. WI 1974, 110; vgl. a. Rdz. 29ff. zu § 12). Für die Betriebsführung hat er einen geeigneten **Betriebsleiter** auszuwählen und zu bestellen, der seinerseits für die sichere und ordnungsgemäße Betriebsführung insgesamt verantwortlich ist und im Rahmen dieser Verpflichtungen Dienstanweisungen für die Fahrbediensteten zu erlassen hat (vgl. §§ 7 u. 8 BOStrab).

210 In der Praxis hängt die Frage, ob Unabwendbarkeit vorliegt, meistens von der Feststellung ab, ob die **Fahrbediensteten,** insbesondere die Fahrer der Schienenfahrzeuge, die erforderliche Sorgfalt gewahrt haben. Häufig ist Unabwendbarkeit schon deshalb zu verneinen, weil der Unfall darauf zurückzuführen ist, daß die Fahrer die einschlägigen Vorschriften der **StVO,** der **BOStrab** oder der **Dienstanweisungen** nicht beachtet haben.

bb) Einzelfälle (Fahrbetrieb)

211 Nicht unabwendbar ist z. B. ein Unfall, den ein Fahrgast dadurch erleidet, daß ein Bahnfahrer mit einem unnötig **scharfen Ruck** (RG, Urt. v. 15. 10. 1928 i. JW 1928, 3170 m. zust. Anm. v. *Seligsohn;* OLG Düsseldorf, Urt. v. 2. 4. 1953 i. VkBl. 1954, 228; OLG Karlsruhe, Strafurt. v. 21. 7. 1977 i. VRS 54, 123) oder **vor** der vollständigen **Beendigung** des **Aussteigens** (BGH, Urt. v. 29. 10. 1957 i. VersR 1957, 809 u. Urt. v. 25. 11. 1969 i. VersR 1970, 140 = VRS 38, 81) **anfährt. Nähert** sich eine Schienenbahn langsam einer **Haltestelle,** die bereits mit einer Schienenbahn besetzt ist, und zieht der Fahrer nach dem Freiwerden leicht an, so ist der hierdurch ausgelöste Unfall eines Fahrgastes unabwendbar (BGH, Urt. v. 26. 3. 1957 i. VersR 1957, 372). Das gilt jedoch nicht, wenn der Fahrer einer an einer **Doppelhaltestelle** fast haltenden Schienenbahn plötzlich anzieht, um in den freigewordenen Teil vorzufahren, weil damit gerechnet werden muß, daß Fahrgäste bereits im Begriff sind auszusteigen (BGH, Urt. v. 14. 10. 1953 i. VersR 1954, 11). Hat der Fahrer **vor Erreichung** der **Haltestelle** zunächst **kurz gebremst** und fährt er dann weiter, so muß er damit rechnen, daß andere Verkehrsteilnehmer annehmen, er werde an der Haltestelle anhalten und nicht durchfahren (OLG Stuttgart, Urt. v. 21. 2. 1958 i. VRS 15, 273). **Fährt** der Fahrer an einer **Pflichthaltestelle durch,** muß er Warnsignale geben und seine Geschwindigkeit vermindern (BGH, Urt. v. 25. 1. 1957 i. VersR 1957, 296; anders für Bedarfshaltestelle BayerObLG, Urt. v. 3. 8. 1960 i. VkBl. 1961, 609). Bei ungewöhnlichem **Gedränge** an einer **Haltestelle** ist langsam und vorsichtig anzufahren (OGH Köln, Urt. v. 24. 6. 1949 i. VRS 1, 227 = NJW 1949, 669 L). Haben mehrere, verhältnismäßig **kleine Kinder** das Fahrzeug vorne beim Fahrer verlassen, muß sich dieser vor dem Anfahren davon überzeugen, ob sich in dem toten Winkel vor dem Fahrzeug ein Kind befindet (BayerObLG, Urt. v. 5. 3. 1969 i. VRS 37, 269 für einen Schulbus; vgl. a. zur Sorgfaltspflicht gegenüber Kindern beim

Einfahren in oder Abfahren von Haltestellen BGH, Urt. v. 1. 12. 1981 i. VersR 1982, 270 = VRS 62, 170; OLG Koblenz, Urt. v. 14. 8. 1975 i. VRS 50, 198; OLG Stuttgart, Urt. v. 16. 3. 1979 i. VersR 1980, 147; OLG Karlsruhe, Urt. v. 23. 1. 1981 i. VersR 1981, 579). Ist das **Aussteigen** für die Fahrgäste mit **Gefahren** verbunden, hat das Fahrpersonal hierauf hinzuweisen (BGH, Urt. v. 9. 6. 1957 i. VersR 1957, 532 für Schaffnerbetrieb beim Omnibus; abl. f. Omnibus-Einmannbetrieb OLG Zweibrücken, Urt. v. 21. 12. 1965 i. VersR 1966, 1087, 1088).

212 Zu der Sorgfaltspflicht des Fahrers gehört es auch, während der Fahrt nur dann **scharf abzubremsen,** wenn hierzu eine **dringende verkehrliche Notwendigkeit** besteht (z. B. zur Vermeidung eines Zusammenstoßes mit einem die Vorfahrt verletzenden Fahrzeug). Der Fahrer ist deshalb gehalten, seine **Geschwindigkeit** und seinen **Abstand** zu vorausfahrenden Fahrzeugen so zu bemessen, daß er auf ein vorausfahrendes Kraftfahrzeug nicht **auffährt** (RG, Urt. v. 9. 12. 1913 i. RG 83, 43) oder, wenn er zum Halten genötigt wird, nicht **heftig abbremsen** muß (vgl. z. Busbetrieb OLG Bamberg, Urt. v. 7. 6. 1966 i. VersR 1967, 786; OLG Düsseldorf, Urt. v. 26. 6. 1972 i. VersR 1972, 1171; KG, Urt. v. 2. 12. 1976 i. VersR 1977, 723 = DAR 1977, 160; OLG Karlsruhe, Strafurt. v. 21. 7. 1977 i. VRS 54, 123; LG Hanau, Urt. v. 4. 6. 1969 i. VersR 1971, 729). In einer **plötzlichen Gefahrensituation** muß jedoch **wirksam abgebremst** werden (BGH, Urt. v. 14. 10. 1953 i. VersR 1954, 11: keine Sandstreuung trotz Notsignal) und **unverzüglich** (BGH, Urt. v. 22. 10. 1955 i. VersR 1955, 417 = VRS 9, 417, 420). Die **Sicherheit** des Verkehrs, insbesondere auch der Fahrgäste, geht dem Bestreben des Fahrers, den **Fahrplan einzuhalten** und **Verspätungen** aufzuholen, vor (BGH, Urt. v. 24. 11. 1955 i. VRS 10, 223). Wegen der damit verbundenen, die Fahrgäste gefährdenden Schwankungen ist **schnelles Fahren in Kurven** zu vermeiden (RG, Urt. v. 15. 10. 1928 i. JW 1928, 3170 m. zust. Anm. v. *Seligsohn*). Ebenso ist dem Umstande Rechnung zu tragen, daß durch **Ausschwenken** der Fahrzeugteile andere Fahrzeuge gefährdet werden können (OLG München, Urt. v. 28. 1. 1966 i. VersR 1966, 786 = VRS 31, 344). Es gilt der Grundsatz des **Fahrens auf Sicht.** Mit unvermuteten und unbeleuchteten **Hindernissen** im Schienenraum muß gerechnet werden (OLG Köln, Strafurt. v. 14. 12. 1951 i. VRS 4, 222 = VkBl. 1952, 196; OLG Düsseldorf, Urt. v. 28. 4. 1966 i. VerkMitt. 1966 Nr. 84 u. Urt. v. 4. 3. 1968 i. VersR 1968, 675). Auch der Fahrer einer Schienenbahn, die auf einem innerhalb des Verkehrsraums einer öffentlichen Straße liegenden **besonderen Bahnkörper** verkehrt, hat grundsätzlich auf Sicht zu fahren (BGH, Urt. v. 5. 11. 1974 i. VersR 1975, 258 = NJW 1975, 449 = DAR 1975, 74; a. A. OLG Hamm, Urt. v. 30. 3. 1973 i. VersR 1973, 864; *Full* i. *Full/Möhl/Rüth,* StVR u. Zivilr. Haft., Rdz. 24 zu § 1 HG). Dies gilt auch, wenn die Schienenbahn einen nur wenig benutzten Weg kreuzt (BGH, Urt. v. 5. 11. 1974 aaO.). Bei **Annäherung** an eine **Kreuzung** muß der Fahrer seine Aufmerksamkeit beiden Straßenseiten zuwenden (BGH, Urt. v. 8. 10. 1957 i. VersR 1957, 779); vor **Erreichung** eines nicht voll einsehbaren **Fußgängerüberweges** hat er seine **Geschwindigkeit herabzusetzen** und **Läutesignale** zu geben (BGH, Urt. v. 25. 5. 1976 i. VersR 1976, 960 = VRS 51, 198 = NJW 1976, 2014

= DAR 1976, 247; zur Sorgfaltspflicht bei Nebel vgl. OLG Düsseldorf, Urt. v. 3. 1. 1949 i. VRS 1, 71 m. Anm. v. *Carl*). Nähert sich der Fahrer einem **Schulgebäude,** aus dem Scharen von Kindern strömen, muß er seine Fahrt auf Schrittgeschwindigkeit vermindern und ständig Warnsignale geben (BGH, Urt. v. 11. 7. 1961 i. VersR 1961, 908). Bei der Benutzung einer **eingleisigen Straßenbahnstrecke** ist das zur Vermeidung von Zusammenstößen eingerichtete **Meldeverfahren** zu beachten (BGH, Urt. v. 22. 10. 1955 i. VersR 1955, 746 = VRS 10, 4).

213 Kann der Fahrer im großstädtischen Verkehr die vor einem vorausfahrenden Fahrzeug liegende Strecke genau übersehen oder ist der Verkehr so dicht, daß ein zügiges Abfahren nicht möglich wäre, wenn alle Fahrzeuge den normalen **Sicherheitsabstand** einhalten würden, darf er den gebotenen Sicherheitsabstand geringfügig **verringern** (OLG Frankfurt, Urt. v. 8. 5. 1967 i. VersR 1967, 851, das sogar Unabwendbarkeit bejaht; vgl. a. OLG Düsseldorf, Urt. v. 4. 3. 1970 i. VerkMitt. 1971 Nr. 49). Der Fahrer ist auch nicht verpflichtet, **stets** besonders **langsam** und **vorsichtig** zu fahren, weil die Bahn sonst **als öffentliches Beförderungsmittel ungeeignet** wäre (BGH, Urt. v. 21. 5. 1951 i. VRS 3, 254, Urt. v. 22. 10. 1955 i. VersR 1955, 714 = VRS 9, 417, Urt. v. 30. 4. 1963 i. VersR 1963, 874 u. Urt. v. 15. 11. 1974 i. VersR 1975, 258 = DAR 1975, 74 = NJW 1975, 449; OLG Hamburg, Urt. v. 5. 3. 1954 i. VersR 1954, 868; OLG Frankfurt, Urt. v. 3. 10. 1974 i. VersR 1976, 1138). Betritt ein **Fußgänger** den **besonderen Bahnkörper** einer Bahn, braucht der Fahrer seine **Geschwindigkeit nicht sofort** herabzusetzen, sondern kann sich mit der Abgabe von **Warnzeichen** begnügen (BGH, Urt. v. 21. 3. 1961 i. VersR 1961, 475, Urt. v. 30. 4. 1963 i. VersR 1963, 874 u. Urt. v. 16. 11. 1971 i. VersR 1972, 152 = VRS 42, 88). Befindet sich ein **Fahrzeug** im **Schienenraum** und kann der Fahrer damit rechnen, daß es ihn **wieder verläßt,** braucht er nicht anzuhalten oder seine Geschwindigkeit so herabzusetzen, daß er einen den Anhalteweg sichernden Abstand hat (BGH, Urt. v. 22. 10. 1955 i. VersR 1955, 714 = VRS 9, 417; OLG Düsseldorf, Urt. v. 30. 6. 1975 i. VersR 1976, 479: Unabwendbarkeit wurde verneint; vgl. a. BGH, Urt. v. 21. 3. 1961 i. VersR 1961, 475). Mit Rücksicht auf das ihm im Straßenverkehr eingeräumte **Vorrecht** (vgl. §§ 2 Abs. 3, 9 Abs. 1 Satz 3 u. Abs. 3 Satz 1, 36 Abs. 2 Nr. 1 Satz 4 u. 37 Abs. 2 Nr. 1 Satz 2 StVO; Näheres Rdz. 49 zu § 4; vgl. a. Rdz. 214f. zu § 12) braucht der Schienenbahnfahrer **nicht** damit zu rechnen, daß ein vor ihm fahrendes Fahrzeug in einer Entfernung, die die Gefahr eines Zusammenstoßes in sich schließt, in den Gleisbereich einbiegt und dort zum Halten kommt (OLG Braunschweig, Urt. v. 28. 11. 1967 i. VersR 1969, 1048; LG Hannover, Urt. v. 26. 3. 1965 i. VersR 1966, 861: Unabwendbarkeit bejaht; vgl. a. *Filthaut* i. DAR 1973, 309, 314; einschr. BGH, Urt. v. 22. 10. 1955 i. VersR 1955, 714 = VRS 9, 417). Auch braucht sich der Fahrer nicht darauf einzustellen, daß ein Kraftfahrer, der die Bahn gerade erst **überholt** hat, noch vor ihr nach links abbiegt und die Weiterfahrt der Bahn verhindert (vgl. BGH, Urt. v. 3. 11. 1961 i. VersR 1962, 48 = VRS 22, 17 = DAR 1962, 53: Unabwendbarkeit bejaht; sowie Urt. v. 29. 6. 1965 i. VersR 1965, 888; OLG Braunschweig, Urt. v. 22. 12. 1971 i. VersR 1972, 493: Unabwendbarkeit bejaht für den

Fall, daß die Bahn so „geschnitten" wurde, daß Anhalten nicht mehr möglich war; vgl. a. OLG Neustadt, Urt. v. 18. 5. 1960 i. DAR 1961, 112; OLG Düsseldorf, Urt. v. 30. 1. 1964 i. VersR 1966, 764; OLG München, Urt. v. 28. 10. 1966 i. VersR 1967, 167). Dies gilt auch, wenn der andere Fahrer seine **Abbiegeabsicht** bereits **angezeigt** hat (OLG Hamm, Urt. v. 10. 9. 1963 i. VRS 26, 460; OLG Hamburg, Urt. v. 15. 12. 1967 i. VersR 1968, 975; OLG München, Urt. v. 28. 10. 1966 i. VersR 1967, 167; LG Hannover aaO.). Selbst wenn die rechte Fahrbahn durch abgestellte Kfz oder andere **Hindernisse** so **verengt** ist, daß der Kraftverkehr beim **Ausweichen** den Schienenbereich benutzen muß, darf der Straßenbahnfahrer grundsätzlich darauf vertrauen, daß der Kraftfahrer vor dem Hindernis anhält und die Straßenbahn zunächst durchfahren läßt (OLG Frankfurt, Urt. v. 19. 2. 1958 i. VRS 15, 294; OLG Karlsruhe, Urt. v. 16. 3. 1967 i. VRS 33, 380; OLG Braunschweig, Urt. v. 28. 11. 1967 i. VersR 1969, 1048; vgl. a. BGH, Urt. v. 21. 5. 1951 i. VRS 3, 254; BayerObLG, Urt. v. 7. 10. 1953 i. VRS 6, 55; a. A. OLG Düsseldorf, Urt. v. 30. 1. 1964 i. VersR 1966, 764 u. Urt. v. 16. 12. 1968 i. VersR 1969, 1026). Bemerkt jedoch der Fahrer, daß der andere Verkehrsteilnehmer sein Vorrecht **nicht beachtet,** muß er alle Maßnahmen treffen, die zur Vermeidung eines Zusammenstoßes oder einer die Fahrgäste gefährdenden Notbremsung erforderlich sind (vgl. OLG Hamburg, Urteile v. 5. 5. 1964 i. VersR 1966, 741 u. v. 5. 5. 1970 i. VersR 1971, 1177 L; OLG Hamm, Urt. v. 10. 11. 1972 i. VersR 1973, 282). An **Überwegen,** an denen der Fahrer eines Schienenfahrzeuges bevorrechtigt ist, jedoch **Fußgängern** der **Vorrang** vor dem übrigen Verkehr zusteht, muß er damit rechnen, daß Fußgänger den Vorrang übersehen oder nicht unbedingt beachten (BGH, Urt. v. 25. 5. 1976 i. VersR 1976, 960 = VRS 51, 198 = DAR 1976, 247 = NJW 1976, 2014).

214 Weiß der Bahnfahrer, daß er an einer **beampelten** Kreuzung mit dem übrigen Fahrverkehr eine kurze **gemeinsame Grünphase** hat, oder ist er in der Kreuzung **aufgehalten** worden, so hat er gegenüber den bei grün einfahrenden Fahrzeugen besondere Aufmerksamkeit zu beachten (OLG Celle, Urt. v. 24. 11. 1965 i. VersR 1967, 289; OLG Hamburg, Urt. v. 24. 1. 1967 i. VersR 1967, 814: kein Verschulden, jedoch Unabwendbarkeit verneint; vgl. a. LG Wiesbaden, Urt. v. 28. 3. 1974 i. VersR 1975, 481 L). **Während** der **Grünphase** braucht der Fahrer die **Geschwindigkeit** wegen des bevorstehenden Umschlagens der Ampel **nicht** vorsorglich zu **verringern** (OLG Braunschweig, Urt. v. 22. 12. 1971 i. VersR 1972, 493: Unabwendbarkeit bejaht; vgl. a. OLG Celle, Urt. v. 24. 11. 1965 i. VersR 1967, 289). Auch braucht der Fahrer nicht damit zu rechnen, daß ein **Fußgänger,** der bei für ihn **rotem** Ampellicht außerhalb der Gefahrenzone auf einer Haltestelleninsel steht, kurz vor der herankommenden Straßenbahn die Fahrbahn betritt (OLG Frankfurt, Urt. v. 3. 10. 1974 i. VersR 1976, 1135; vgl. a. OLG Düsseldorf, Urt. v. 27. 11. 1967 i. VersR 1968, 652: 13jährige Schülerin versucht, unmittelbar vor fahrender Bahn Fahrbahn zu überqueren).

215 Die **Außentüren** darf der Bahnfahrer erst **schließen,** wenn er sich durch einen Blick in den Außenspiegel vergewissert hat, daß das **Aussteigen** der Fahrgäste **beendet** ist. Dies gilt auch, wenn er bei Ausfall der für ihn maßgebenden Verkehrsampel dem übrigen Verkehr besondere Aufmerksamkeit zuwenden muß (OLG Bremen, Urt. v. 29. 10. 1980 i. VersR 1981, 537; vgl. a. OLG Koblenz, Strafurt. v. 26. 2. 1970 i. VRS 39, 265). Mit dem **Anfahren** braucht er nicht zu warten, bis alle Fahrgäste **Platz** genommen oder sich einen **festen Halt** verschafft haben (BGH, Urt. v. 16. 11. 1971 i. VersR 1972, 152 = VRS 42, 88; vgl. a. f. Busbetrieb OLG Stuttgart, Urt. v. 4. 3. 1970 i. VersR 1971, 674; KG, Urt. v. 7. 1. 1971 i. VRS 40, 264; OLG Hamm, Urt. v. 24. 5. 1974 i. VersR 1975, 58; LG Kiel, Urt. v. 18. 5. 1972 i. VersR 1973, 870 u. Urt. v. 18. 7. 1980 VersR 1981, 663; LG Aachen, Urt. v. 21. 5. 1976 i. VersR 1977, 66). Wie der BGH (Urt. v. 16. 11. 1971 aaO.) ausgesprochen hat, würde eine weitergehende Rücksichtnahme den Fahrer überfordern. In der Regel sei in einem modernen Großraumwagen der **Fahrgast sich selbst überlassen;** er könne nicht damit rechnen, daß der Wagenführer, der regelmäßig auch noch das Fahrgeld kassieren und schon mit Rücksicht auf die anderen Verkehrsteilnehmer die äußeren Fahrtsignale beobachten müsse, sich um ihn kümmere. Dieser für die Verschuldenshaftung aufgestellte Grundsatz muß auch im Rahmen der **Unabwendbarkeit** gelten (a. A. LG Aachen aaO.). Der Fahrer ist jedoch ausnahmsweise zur Rücksichtnahme verpflichtet, wenn es sich um **„erkennbar in schwerer Weise körperbehinderte“ Fahrgäste** handelt. Das soll für in starkem Maße gehbehinderte (z. B. beinamputierte) oder sehbehinderte Fahrgäste zutreffen (vgl. BGH u. OLG Hamm aaO.), jedoch nicht schon für einen armamputierten oder älteren Fahrgast. Außerdem wird erwartet, daß Fahrgäste, die wegen einer Körperbehinderung eine besondere Rücksichtnahme beanspruchen können, sich zunächst beim **Fahrer melden** und ihn bitten, mit dem Anfahren zu warten, bis sie ihren Sitzplatz eingenommen haben (vgl. insbesondere OLG Hamm aaO.). Das Fahrpersonal braucht sich auch nicht darum zu kümmern, ob sich die Fahrgäste während der Fahrt einen **festen Halt** verschaffen (vgl. f. Busfahrer LG Wiesbaden, Urt. v. 28. 3. 1974 i. VersR 1975, 481 L f.; Busschaffner LG Berlin, Urt. v. 10. 4. 1975, insoweit nicht abgedr. i. VersR 1976, 229).

216 **Stürzt** ein Fahrgast **während der Fahrt aus dem Fahrzeug,** nachdem er die besonders gesicherte Tür geöffnet hat, ist der Unfall unabwendbar (BGH, Urt. v. 15. 3. 1957 i. VersR 1957, 363). Ebenso ist es regelmäßig als unabwendbar zu betrachten, wenn ein Fahrgast beim **Aufspringen** auf einen schon fahrenden Zug (RG, Urt. v. 23. 3. 1915 i. EE 32, 104, Urt. v. 17. 9. 1917 i. EE 35, 267, Urt. v. 14. 12. 1924 i. EE 42, 104, Urt. v. 5. 12. 1927 i. EE 46, 408, Urt. v. 14. 12. 1927 i. EE 47, 176 u. Urt. v. 14. 11. 1929 i. EE 50, 88; BGH, Urt. v. 21. 12. 1955 i. VRS 10, 332, Urt. v. 6. 2. 1959 i. VersR 1959, 632 u. Urt. v. 19. 1. 1962 i. VersR 1962, 375) oder beim **Abspringen** von dem noch fahrenden Zug (RG, Urt. v. 17. 4. 1928 i. EE 48, 83; BGH, Urt. v. 26. 3. 1957 i. VersR 1957, 372; KG, Urt. v. 7. 4. 1975 i. VersR 1976, 93) verunglückt. Unabwendbar sind weiter Unfälle, die Fahrgäste dadurch erleiden, daß **Mitreisende die Türen öffnen** oder **schließen** (vgl. hierzu OLG Stuttgart, Urt. v. 26. 5. 1976 i. VersR 1977, 383; LG Aachen, Urt. v. 7. 11. 1952 i. VersR 1952, 214; die Haftung mußte in den vorgenannten Fällen nach § 1 RHG noch bejaht werden, weil sie nur durch höhere Gewalt begrenzt war). Stürzt ein

Fahrgast beim **Ein-** oder **Aussteigen** aus dem Fahrzeug, weil er sich ungeschickt verhalten hat oder durch nachdrängende Fahrgäste gestoßen wurde, so ist dies unabwendbar (vgl. LG Hanau, Urt. v. 23. 3. 1972 i. VersR 1973, 971; LG Duisburg, Urt. v. 11. 1. 1972 i. VersR 1973, 240; LG Düsseldorf, Urt. v. 23. 11. 1977 i. VersR 1979, 166, das die Haftung nach § 1 RHG noch bejahen mußte). Dagegen ist Unabwendbarkeit zu verneinen, wenn als Unfallursache ein verkehrswidriger Zustand der Stufen in Betracht kommt (vgl. BGH, Urt. v. 12. 10. 1956 i. VersR 1956, 765; siehe a. Rdz. 224). Hin und wieder kommt es dadurch zu Unfällen, daß **Fahrgäste** mit der **Wirkungsweise** von **vollautomatischen Türen nicht** genügend **vertraut** sind. Diese Türen werden von den Fahrgästen selbst durch Betätigung eines Druckknopfes geöffnet. Sie schließen nach einer bestimmten Zeit selbsttätig, wobei technische Sicherheitseinrichtungen (Trittbrettkontakte, Lichtschranken, Gummiwülste an den Türen als sog. „fühlende Kanten", Schranken u. ä.) ein Einklemmen der Fahrgäste verhindern, jedoch nicht ausschließen können, daß vereinzelt Fahrgäste durch das unerwartete Schließen der Türen so erschreckt werden, daß sie den Halt verlieren und verunglücken. Solche Unfälle, die mit zunehmendem und länger dauerndem Einsatz der Türautomatik zurückgehen werden, sind im Prinzip **unvermeidbar** (vgl. a. OLG Karlsruhe, Urt. v. 15. 6. 1977 i. VersR 1978, 769: keine Verletzung der Verkehrssicherungspflicht des Unternehmers durch die Verwendung automatisch schließender Türen). Insbesondere kann nicht verlangt werden, daß der Fahrer das Aussteigen der Fahrgäste insoweit **überwacht** (vgl. LG Kiel, Urt. v. 18. 5. 1972 i. VersR 1973, 870; anders noch OLG Oldenburg, Urt. v. 21. 12. 1955 i. VersR 1956, 684 L = VRS 10, 421 = DAR 1956, 245: Verpflichtung des Fahrers zur Warnung oder Hilfeleistung, wenn er bemerkt, daß Fahrgast Schwierigkeiten hat, eine verklemmte Tür zu öffnen). Der Unternehmer muß jedoch bei Unfällen nachweisen, daß diese nicht auf einem **technischen Versagen** der Türautomatik beruhen, (vgl. a. Rdz. 217ff.).

d) Fehler in der Beschaffenheit, Versagen der Verrichtungen der Fahrzeuge oder Anlagen

217 Beruht der Unfall auf einem **Fehler in der Beschaffenheit** der **Schienenfahrzeuge** oder **Anlagen** oder auf einem **Versagen** ihrer **Verrichtungen,** scheidet Unabwendbarkeit von vornherein aus (Abs. 2 Satz 2, letzter Halbsatz). Die **Haftung bleibt** somit auch **bestehen,** wenn sowohl Betriebsunternehmer als auch die beim Betrieb tätigen Personen jede nach den Umständen des Falles gebotene Sorgfalt beobachtet haben. Dieser Regelung liegt die Überlegung zugrunde, daß – ebenso wie bei höherer Gewalt (vgl. Rdz. 175) – Unabwendbarkeit nicht gegeben sein soll, soweit der Unfall auf der **„inneren Betriebsgefahr",** d. h. auf einer betrieblichen Störung beruht, die **nicht** auf eine **äußere Einwirkung** zurückzuführen, also nicht als **„betriebsfremd"** anzusehen ist (vgl. BGH, Urt. v. 15. 1. 1957 i. VersR 1957, 219 = VRS 12, 331 = NJW 1957, 674 u. Urt. v. 11. 6. 1963 i. VersR 1963, 1050 = VRS 25, 93 = NJW 1963, 1381; *Böhmer* i. RdK 1954, 177; *Wussow* i. DAR 1952, 162 u. i. WI 1962, 177; *Dickertmann* i. DAR 1956, 206; *Schweizer* i. VersR 1969, 206; *Weit-*

nauer i. VersR 1969, 680; *Jagusch,* StVR, Rdz. 39 zu § 7 StVG; vgl. a. Rdz. 160).

218 Ein **Fehler** in der Beschaffenheit der Fahrzeuge oder Anlagen liegt vor, wenn diese z. Zt. des Unfalls nicht den Anforderungen entsprechen, die nach dem **gegenwärtigen Stand der Technik** vernünftigerweise geltend gemacht werden können (vgl. OLG Bamberg, Urt. v. 12. 1. 1950 i. DAR 1951, 80 m. zust. Anm. v. *Guelde;* OLG Braunschweig, Urt. v. 31. 3. 1953 i. NJW 1953, 1513; LG Göttingen, Urt. v. 14. 7. 1960 i. NJW 1960, 2342; *Drees* i. *Drees/Kuckuck/Werny,* StVR, Rdz. 93 zu § 7 StVG). Als fehlerhaft ist nur ein Zustand anzusehen, der von der **normalen Beschaffenheit nicht** ganz **unerheblich** abweicht. Sind z. B. die **Einstiegsstufen** an einem Bahnfahrzeug durch Regen- oder Schneewetter **glatt** oder haben einsteigende Fahrgäste Nässe in das Fahrzeug getragen und den Bodenbelag dadurch schlüpfrig gemacht, so ist dies kein Fehler, der Unabwendbarkeit von vornherein ausschließt (so a. OLG Oldenburg, unveröffentl. Urt. v. 8. 7. 1976 – 1 U 52/76 –; anders wohl BGH, Urt. v. 12. 10. 1956 i. VersR 1956, 765). Dies gilt auch für eine Verlängerung des Bremsweges durch Regen- oder Eisglätte auf den Schienen. Dagegen kann es als schon **erheblicher Mangel** angesehen werden, daß die Trittstufen vereist sind (vgl. BGH, Urt. v. 12. 10. 1950 aaO.). Bei **Serienprodukten** ist Fehlhaftigkeit nur gegeben, wenn es technisch möglich und wirtschaftlich vertretbar ist, Fahrzeuge oder Anlagen zu fertigen, bei denen die aufgetretenen Mängel nicht vorkommen (*Full* i. *Full/Möhl/Rüth,* StVR, Rdz. 314 zu § 7 StVG). Ob fehlhafte Teile **unmittelbar auf** die **Verkehrssicherheit** Einfluß nehmen, ist unerheblich. Auch bloße **Ausstattungsstücke,** z. B. ein Fahrgastsitz, ein Klappfenster, ein Reklameschild können fehlerhaft sein (Österr. OGH, Urt. v. 18. 4. 1956 i. VRS 13, 311; LG Göttingen aaO.; *Dickertmann* aaO.). **Materialermüdungen** sind zwar keine „Fehler"; sie können jedoch ein „Versagen der Verrichtungen" bewirken (OLG Naumburg, B. v. 7. 3. 1933 i. JW 1933, 2159 u. Urt. v. 30. 8. 1938 i. JW 1938, 3053). Die Genehmigung durch die **Aufsichtsbehörde** schließt Fehlerhaftigkeit nicht aus (Österr. OGH aaO.; LG Göttingen aaO.; *Wussow* i. WI 1974, 110; vgl. a. Rdz. 15, 29ff. zu § 12).

219 Die **Verrichtungen versagen,** wenn Teile der Fahrzeuge oder Anlagen die ihnen zukommende **Funktion nicht** oder **nicht ordnungsgemäß** erfüllen (OLG Braunschweig, Urt. v. 31. 3. 1953 i. NJW 1953, 1513; *Full* i. *Full/Möhl/Rüth,* StVR, Rdz. 320 zu § 7 StVG; *Dickertmann* aaO. S. 211; *Lang/Geigel,* Haftpflichtprozeß, Kpt. 25 Rdz. 44). Ob es sich um ein **„Versagen"** handelt, richtet sich nach den gleichen Grundsätzen, nach denen sich die „Fehlerhaftigkeit" beurteilt (Rdz. 218; vgl. a. § 6 Abs. 1 BOStrab u. Rdz. 15, 29ff. zu § 12). Auch hier reicht die Genehmigung durch die Aufsichtsbehörde nicht ohne weiteres aus (vgl. die Verpflichtung des Unternehmers nach § 6 Abs. 2 Satz 1 BOStrab, von sich aus Mängel zu beheben, wenn sich die Betriebsanlagen oder Fahrzeuge als nicht vorschriftsmäßig erweisen). Die **Abgrenzung** zwischen einem „Fehler" und einem „Versagen der Verrichtungen" ist oft nicht einfach, jedoch wegen der gleichen Folgen ohne praktische Bedeutung.

220 Dem technischen Versagen hat die h. A. das **körperliche** oder **geistige**

Versagen der beim Betrieb tätigen Personen gleichgestellt (vgl. BGH, Urt. v. 15. 1. 1957 i. VersR 1957, 219 = VRS 12, 331 = NJW 1957, 674; OLG Stuttgart, Urt. v. 15. 10. 1976 i. VersR 1977, 383; *Wussow* i. DAR 1952, 162; *Weitnauer* i. VersR 1962, 687 u. i. VersR 1969, 680; *Schweizer* i. VersR 1969, 18; *Jagusch,* StVR, Rdz. 39 zu § 7 StVG; a. A. *Drees* i. *Drees/Kuckuck/Werny, StVR,* Rdz. 89 zu § 7 StVG; *Full* i. *Full/Möhl/Rüth,* StVR, Rdz. 235 zu § 7 StVG). Wird z. B. der Fahrer infolge einer Gehirnblutung plötzlich und unvorhersehbar bewußtlos und dadurch unfähig, das Fahrzeug weiter zu steuern, ist dies **kein** die Haftung ausschließendes **unabwendbares Ereignis** (BGH aaO.). Dagegen können unabwendbar auch Unfälle sein, die sich verhältnismäßig **häufig** ereignen und als dem Betrieb **eigentümliche, typische** Gefahren anzusehen sind, wie z. B. das Rutschen des Fahrzeugs auf regennasser, schlüpfriger Fahrbahn infolge plötzlichen Bremsens (BGH, Urt. v. 26. 1. 1960 i. VersR 1960, 403 = VRS 18, 245; *Schweizer* aaO.; a. A. *Weitnauer* aaO. und in Buchbesprechung i. NJW 1968, 194). In dem zuletzt genannten Beispiel versagt nicht das Fahrzeug oder die Anlage (Schiene), sondern die „Fahrkunst" des Fahrers.

221 Es wird jedoch stets vorausgesetzt, daß der Fehler oder das Versagen der Verrichtungen **nicht** auf ein **von außen kommendes Ereignis** zurückzuführen ist (BGH, Urt. v. 15. 1. 1957 i. VersR 1957, 219 = NJW 1957, 674 u. Urt. v. 26. 9. 1960 i. VersR 1960, 403 = VRS 18, 245; OLG Bremen, Urt. v. 11. 3. 1953 i. VersR 1953, 308; *Böhmer* i. RdK 1954, 18; *Dickertmann* i. DAR 1956, 206, 213; *Schweizer* i. VersR 1969, 18; a. A. *Weitnauer* i. VersR 1962, 687 u. i. VersR 1969, 680). Bewirkt z. B. ein starker **Sturm,** daß ein an einer Straßenbahn angebrachtes Reklameschild weggeschleudert wird (AG Hannover, Urt. v. 31. 8. 1957 i. VersR 1959, 552), entgleist ein Zug, weil ein **Felsblock** auf die Gleise gefallen ist (OLG Wien, Urt. v. 14. 5. 1938 i. VAE 6, 388) oder wird der Fahrer dadurch ohnmächtig, daß er von einem **Blitz** oder von einem **Stein** getroffen wird (vgl. RG, Urt. v. 7. 4. 1927 i. RG 114, 12 = JW 1927, 2201 m. zust. Anm. v. *Matthiesen; Seligsohn,* RHG, Anm. 159 zu § 1; *Böhmer,* SHG, Anm. 10 zu § 2, i. RdK 1954, 177 u. i. JR 1957, 178), ist **Unabwendbarkeit** grundsätzlich **möglich** (*Full,* Zivilr. Haft., Rdz. 23 zu § 1 HG; vgl. a. OLG Celle, Urt. v. 13. 12. 1948 i. RdK 1949, 44: Eindringen eines Nagels in einen Reifen kein „Versagen der Verrichtungen"; sowie *Wussow* i. WI 1979, 177 u. Rdz. 160 u. 175 f.).

222 **Beispiele** für **Fehler** in der **Beschaffenheit** oder **Versagen** der **Verrichtungen: Motorschaden** (BGH, Urt. v. 11. 7. 1972 i. VersR 1972, 1071; OLG Bamberg, Urt. v. 12. 1. 1950 i. DAR 1951, 80); **Bruch** eines **Radreifens** (RG, Urt. v. 30. 6. 1883 i. EE 3, 86); **Heißlaufen** oder **Brand** eines **Fahrzeugs** (Österr. OGH, Urt. v. 8. 6. 1913 i. EE 30, 227; OLG Dresden, Urt. v. 9. 3. 1903 i. EE 20, 226); **Elektrifizierung** der Haltestange einer Straßenbahn (RG, Urt. v. 19. 11. 1917 i. RG 93, 66 = JW 1918, 176 = EE 36, 74); **Wegschleudern** von **Fahrzeugteilen** (RG, Urt. v. 8. 1. 1931 i. JW 1931, 866 m. zust. Anm. v. *Seligsohn;* AG Hannover, Urt. v. 31. 8. 1957 i. VersR 1959, 573); **Reißen** der **Kupplung** zwischen Motorwagen und Hänger (OLG Naumburg, Urt. v. 30. 8. 1938 i. JW 1938, 1054; **Ausfall** des **Blinkers** (OLG Kiel, Urt. v. 5. 9. 1934 i. HRR

1935 Nr. 123); **Fehlen** ausreichender **Haltemöglichkeiten** (OLG Hamburg, Urt. v. 5. 3. 1954 i. VersR 1954, 868, 869; vgl. a. § 30 Abs. 10 BOStrab); Anordnung eines **Quersitzes** im Fahrzeuginneren **ohne Sicherung** gegen einen Sturz nach vorn (LG Göttingen, Urt. v. 14. 7. 1960 i. NJW 1960, 2342); **Mängel** an den **Trittstufen** (BGH, Urt. v. 12. 10. 1956 i. VersR 1956, 765) oder beim **Türmechanismus** (abl. für bestimmte Türkonstruktionen OLG Oldenburg, Urt. v. 2. 12. 1955 i. VersR 1956, 684 L = VRS 10, 421 = DAR 1956, 245); **Explosion** des **Dampfkessels** einer Lok (RG, Urt. v. 3. 12. 1903 i. RG 56, 265, 268); **Entgleisung** einer Straßenbahn durch **Metallbolzen** in der Schiene (BGH, Urt. v. 11. 6. 1963 i. VersR 1963, 1050 = VRS 25, 93 = NJW 1963, 1381); **Reißen** des Halte- oder Fahr**drahtes** einer **Straßenbahnoberleitung** (RG, Urt. v. 15. 1. 1900 i. JW 1900, 158 = EE 17, 57); **Übertragung** des **Stroms** einer Oberleitung auf Telegraphen- oder Telefondrähte (RG, Urt. v. 30. 4. 1906 i. EE 23, 59 = JW 1906, 376 u. Urt. v. 1. 10. 1906 i. JW 1906, 706 = EE 23, 187; OLG München, Urt. v. 2. 6. 1905 i. JW 1905, 493 = EE 23, 173); **Schaltfehler** einer **Signalanlage** (OLG Köln, unveröffentl. Urt. v. 2. 7. 1973 – 8 U 2/73 –; OLG Karlsruhe, Urt. v. 2. 6. 1978 i. VersR 1979, 60, die dies zutr. auch für den Fall annehmen, daß die Anlage Teil einer allgemeinen Lichtsignalanlage ist. Daß der Straßenbaulastträger nach § 5b Abs. 1 Satz 1 StVG die Kosten der Anlage insgesamt zu tragen hat, steht dieser Annahme nicht entgegen; ebenso *Full,* Zivilr. Haft., Rdz. 22 zu § 1 HG); **Einsturz** eines **Tunnels** (RG, Urt. v. 23. 9. 1918 i. RG 93, 305 = EE 37, 84); **Abrutschen** eines **Bahndamms** (RG, Urt. v. 22. 7. 1903 i. JW 1903, 316 = Recht 1903 Nr. 2523 = EE 20, 184 u. Urt. v. 16. 4. 1943 i. DR 1943, 993); **fehlende Sicherung** eines **Bahnübergangs** durch Schranke oder Blinklichtanlage (OLG Hamburg, Urt. v. 13. 8. 1954 i. VersR 1954, 512; OLG Stuttgart, Urt. v. 9. 10. 1958 i. VersR 1959, 117; vgl. a. Rdz. 29 zu § 12).

223 **e) Ursächlichkeit**

Ein festgestelltes Fehlverhalten des Betriebsunternehmers oder der im Betrieb tätigen Personen schließt Unabwendbarkeit nur aus, wenn es für den Unfall **ursächlich** war (RG, Urt. v. 8/19. 5. 1913 i. Recht 1913 Nr. 2185; BGH, Urt. v. 16. 4. 1955 i. VRS 9, 112; OLG Dresden, Urt. v. 24. 11. 1939 i. VAE 7, 70; OLG München, Urt. v. 11. 3. 1966 i. VersR 1967, 67; LG Tübingen, Urt. v. 26. 10. 1966 i. VersR 1967, 363; *Wussow* i. WI 1972, 60). Maßgebend ist dabei **gerade der Unfall, um den es geht;** liegt eine Sorgfaltspflichtverletzung im Hinblick auf einen anderen Geschädigten vor, so reicht dies nicht aus (BGH, Urt. v. 4. 5. 1976 i. DAR 1976, 246). Beruht ein Unfall auf einem Fehler der Beschaffenheit oder einem Versagen der Verrichtungen, muß **nicht** ein **unmittelbarer** kausaler Beziehung bestehen; vielmehr genügt ein **engerer räumlicher** und **zeitlicher Zusammenhang** zwischen einem Fehler oder dem Versagen einerseits und dem Unfall andererseits. Unabwendbarkeit ist deshalb z. B. auch für einen Unfall ausgeschlossen, bei dem ein Kfz auf einen Straßenbahnwagen auffährt, der wegen Stromausfalls (Versagen der Verrichtungen) zum Stillstand gekommen war (vgl. *Wussow* i. WI 1962, 177).

3. Beweis

224 Der **Betriebsunternehmer** hat **darzulegen** und **nachzuweisen,** daß der Unfall ein unabwendbares Ereignis war (RG, Urt. v. 15. 10. 1928 i. JW 1928 m. zust. Anm. von *Seligsohn* u. Urt. v. 7. 10. 1939 i. RG 162, 1, 3; BGH, Urt. v. 2. 10. 1952 i. VRS 4, 565 u. Urt. v. 9. 6. 1959 i. VersR 1959, 804 = VRS 17, 102). Die Würdigung hat auf der Grundlage des Parteivortrages zu erfolgen, wobei jedoch nicht alle **nur denkbaren** Möglichkeiten in Betracht zu ziehen sind, für die **keine tatsächlichen Anhaltspunkte** bestehen (BGH, Urt. v. 9. 6. 1959 aaO., Urt. v. 28. 4. 1964 i. VersR 1964, 753 u. Urt. v. 17. 2. 1970 i. VersR 1970, 423; OLG Düsseldorf, Urt. v. 10. 6. 1976 i. VersR 1977, 160). Das bedeutet jedoch nach der Auffassung des BGH nicht, daß der Geschädigte auf die **konkrete** Schadenursache hinweisen muß. Verunglückt z. B. ein Fahrgast beim Aussteigen auf dem Trittbrett, so reicht ein allgemeiner Hinweis auf eine mögliche Fehlerhaftigkeit des Trittbretts aus; es ist nicht erforderlich, im einzelnen darzulegen, in welcher Beziehung das Trittbrett verkehrswidrig war (Urt. v. 12. 10. 1956 i. VersR 1956, 765; a. A. LG Hanau, Urt. v. 23. 3. 1972 i. VersR 1973, 971; *Full* i. *Full/Möhl/Rüth,* StVR u. Zivilr. Haft., Rdz. 336 zu § 7 StVG). Bleiben die tatsächlichen Umstände **ungeklärt,** geht dies zu **Lasten** des beweispflichtigen **Betriebsunternehmers** (RG, Urt. v. 7. 10. 1039 i. RG 162, 1, 3; BGH, Urt. v. 12. 10. 1956 i. VersR 1956, 765 u. Urt. v. 9. 6. 1959 aaO.; OLG Dresden, Urt. v. 16. 5. 1939 i. VAE 8, 328; OLG München, Urt. v. 30. 1. 1975 i. VersR 1976, 1143). Dies gilt auch, wenn Zweifel bestehen, ob ein Fehlverhalten für den Unfall **ursächlich** war (BGH, Urt. v. 13. 5. 1969 i. VersR 1969, 827; a. A. LG Darmstadt, Urt. v. 26. 6. 1971 i. VersR 1972, 450; vgl. a. Rdz. 223). Die volle Beweislast für Unabwendbarkeit obliegt auch demjenigen, zu dessen Gunsten bei einem Zusammenstoß im Kreuzungsbereich ein **Beweis** des **ersten Anscheins** (vgl. Rdz. 212 zu § 12) für ein Verschulden des Wartepflichtigen spricht (BGH, Urt. v. 15. 10. 1963 i. VersR 1964, 48 = VRS 26, 84); jedoch können auch für die Feststellung der Unabwendbarkeit die Grundsätze des Anscheinsbeweises herangezogen werden (BGH, Urt. v. 17. 2. 1970 i. VersR 1970, 423).

4. Aufbewahrte, beförderte Sachen

Schrifttum: *Böhmer,* Zur Auslegung des § 10 Abs. 1 SHG, JR 1970, 57; *Finger,* Haftung der Eisenbahn und Straßenbahn für von Reisenden mitgeführte Gegenstände, Akad. f. DR 1941, 315.

225 Für die Beschädigung von zur **Aufbewahrung angenommener** oder **beförderter Sachen** haftet der Betriebsunternehmer nach dem HG **nicht** (Abs. 3). Vertragliche oder deliktische Ersatzansprüche (vgl. §§ 648 ff., 688 ff. BGB, 454–456 HGB sowie §§ 31, 36, 64 u. 82–83 EVO) bleiben jedoch **unberührt** (vgl. Rdz. 130 f. zu § 12). Die Regelung entspricht § 10 SHG und, soweit es sich um die Beförderung von Sachen handelt, auch § 8a Abs. 1 Satz 2 StVG. Sie hat den Sinn, die Gefährdungshaftung in den Fällen auszuschließen, in denen der Geschädigte seine Sache in **Kenntnis** der mit dem Bahnbetrieb verbundenen **Gefahren** dem Be-

triebsunternehmer anvertraut hat. Auch erschien der Schutz des Geschädigten bereits dadurch gewährleistet, daß ihm gegen den Betriebsunternehmer ein **vertraglicher** Haftungsanspruch zusteht (vgl. LG Gießen, Urt. v. 3. 2. 1969 i. VersR 1969, 551 m. zust. Anm. v. *Böhmer* S. 552; ders. i. JR 1970, 57; *Finger* i. Akad. f. DR 1941, 315).

226 Der Ausschluß kann sich naturgemäß nur auf **bewegliche** Sachen beziehen (z. Begriff vgl. Rdz. 131). In Betracht kommt nur ein Verwahrungs- oder Transportgut. Demnach erfaßt der Haftungsausschluß nicht einen Schaden, den ein **Transportmittel** (z. B. ein fremder Speisewagen als Teil des Zuges) beim Betrieb erleidet (a. A. LG Gießen, Urt. v. 3. 2. 1969 i. VersR 1969, 551 m. zustim. Anm. v. *Böhmer* S. 552; ders. i. JR 1970, 57; *Finger* i. Akad. f. DR 1941, 315). Wird eine **beförderte** Sache beschädigt, tritt der Haftungsausschluß nicht ein, wenn ein Fahrgast die Sache **an sich getragen** oder **mit sich geführt** hat (Abs. 3 Nr. 2, 2. Halbsatz). Über die Beförderung dieser Sachen wird kein Beförderungsvertrag (Frachtvertrag) geschlossen, so daß dem Geschädigten ein gesondeter vertraglich begründeter Haftungsanspruch nicht zusteht. Die Haftung regelt sich vielmehr nur aufgrund des Personenbeförderungsvertrages (vgl. *Finger,* EVO, Vorb. 6b v. § 8 u. Anm. 6 zu § 16; vgl. a. Rdz. 109, 122 zu § 12). Daß der Fahrgast **Eigentümer** der Sachen ist, wird **nicht** gefordert. Bei den **Sachen,** die der Fahrgast **an sich trägt,** handelt es sich vornehmlich um die Kleidung und deren Inhalt (Brieftasche, Geldbörse u. dergl.), Schmuck, Uhren und auch künstliche Körperteile, wie Brillen, Prothesen, Perücken und künstliche Gebisse (vgl. Rdz. 131). **Sachen,** die der Fahrgast **mit sich führt,** sind diejenigen, die im Rahmen des Personenbeförderungsvertrages **mitbefördert** werden, das sog. **Handgepäck,** für das, anders als für das sog. **Reisegepäck,** kein Beförderungsvertrag abgeschlossen wird (vgl. §§ 16 u. 25 EVO; *Full i. Full/Möhl/Rüth,* StVR, Rdz. 23 zu § 8a StVG; vgl. a. Rdz. 109 zu § 12). Als Handgepäck kommen Taschen, Koffer, Rucksäcke, Stöcke, Schirme, über den Arm getragene Kleidungsstücke und andere leicht tragbare Gegenstände, z. B. Werkzeug, ein Buch, ein Blumenstrauß, in Betracht (vgl. *Finger* aaO. Anm. 1a zu § 16). Auch größere Gegenstände, wie Skier, Rodelschlitten, Kinderwagen und Einkaufswagen, sowie Tiere kann der Fahrgast mit sich führen (wegen der insoweit geltenden Beschränkungen vgl. § 16 EVO und die hierzu erlassenen Ausführungsbestimmungen sowie für den Straßenbahnverkehr §§ 11 u. 12 ABB; vgl. Anh. 5). Als Handgepäck gelten auch Sachen, die auf Anordnung des Personals **außerhalb** des Abteils oder sogar in einem **besonderen Wagen** befördert werden (vgl. § 16 Abs. 1 Satz 2 EVO u. OLG Stuttgart, Urt. v. 20. 9. 1950 i. VRS 4, 66). Da auch in diesen Fällen kein besonderer Beförderungsvertrag geschlossen wird, bleibt die Gefährdungshaftung bestehen (so a. *Full* aaO.).

D. Forderungsübergang

227 Der Ersatzanspruch des Geschädigten kann grundsätzlich auf einen anderen **übergehen.** Das kann **rechtsgeschäftlich** durch Abtretung geschehen (§ 398 BGB) oder **kraft Gesetzes** (§ 412 BGB). Einer der im

Haftpflichtrecht wichtigsten Fälle eines rechtsgeschäftlichen Übergangs ist die Abtretung des Verdienstausfallanspruchs des **arbeitsunfähigen Angestellten** an den Arbeitgeber für die Zeit der Gehaltsfortzahlung (vgl. BGH GrZS, B. v. 31. 5. 1954 i. VersR 1954, 389 = NJW 1954, 1133; Rdz. 18ff. zu § 6). Bei **Arbeitern** geht der entsprechende Anspruch nach § 4 des Lohnfortzahlungsgesetzes (LFZG) v. 27. 7. 1969 (BGBl. I, 946) auf den Arbeitgeber über. Nach § 1542 Abs. 1 der Reichsversicherungsordnung (RVO) v. 19. 7. 1911 (RGBl. I, 509) i. d. F. d. Gesetzes v. 15. 12. 1924 (RGBl. I, 779) tritt ein Übergang des Anspruchs des versicherten Verletzten oder seiner Hinterbliebenen auf Ersatz eines Schadens, der durch Krankheit, Unfall, Invalidität oder durch den Tod des Ernährers erwachsen ist, auf den **Sozialversicherungsträger** (SVT) ein, soweit dieser Sozialversicherungsleistungen gewährt hat (vgl. Rdz. 37ff. zu § 5). Ist der Geschädigte durch den Unfall **arbeitslos** geworden und erhält er Leistungen aus der Arbeitslosenversicherung, so bewirkt § 127 des Arbeitsförderungsgesetzes (AFG) v. 25. 6. 1969 (BGBl. I, 582), daß ein Rechtsübergang auf die Bundesanstalt für Arbeit stattfindet. Eine entsprechende Regelung enthält § 81a des Bundesversorgungsgesetzes (BVersG) i. d. F. v. 22. 1. 1982 (BGBl. I, 21) für den Fall, daß einem **Versorgungsberechtigten** ein Schadenersatzanspruch zusteht. Wird ein **Beamter** verletzt oder getötet, so geht nach § 87a des Bundesbeamtengesetzes (BBG) i. d. F. v. 3. 1. 1977 (BGBl. I, 795) sein Schadenersatzanspruch oder der seiner Hinterbliebenen auf den Dienstherrn über, soweit dieser Leistungen der Unfallfürsorge gewährt (vgl. Rdz. 54 zu § 6; § 87a BBG ist entsprechend anwendbar auf Ersatzansprüche von Soldaten, vgl. § 30 Abs. 3 Soldatengesetz – SG – i. d. F. v. 19. 8. 1975, BGBl. I, 2273). Hat ein **Hilfsbedürftiger** für die Zeit, für die er Sozialhilfe erhalten hat, einen Schadenersatzanspruch, so kann der Träger der Sozialhilfe durch **schriftliche Anzeige** an den anderen bewirken, daß der Anspruch bis zur Höhe seiner Aufwendungen auf ihn übergeht (§ 90 Abs. 1 Satz 1 des Bundessozialhilfegesetzes – BSHG – v. 3. 6. 1961, BGBl. I, 815, i. d. F. v. 13. 2. 1976, BGBl. I, 1688; vgl. Rdz. 55 zu § 5). Schließlich ist als wichtiger Fall des gesetzlichen Forderungsübergangs die Regelung des § 67 Abs. 1 Satz 1 des Gesetzes über den Versicherungsvertrag (VVG) v. 30. 5. 1908 (RGBl. I, 263) zu erwähnen, die bestimmt, daß der **Schadenersatzanspruch** des **Versicherungsnehmers** auf den **Versicherer** übergeht, soweit dieser dem Versicherungsnehmer den Schaden ersetzt (vgl. Rdz. 52f. zu § 5 u. Rdz. 40f. zu § 10).

E. Haftungsbefreiung bei Arbeits- und Dienstunfällen

Schrifttum: *Faecks,* Der Begriff der „Teilnahme am allgemeinen Verkehr", NJW 1973, 1021; *Friese,* Dienst- und Arbeitsunfälle bei Teilnahme am allgemeinen Verkehr, NJW 1950, 416; *Neumann-Duesberg,* Haftung bei Unfällen an Fahrleitungsmasten, VersR 1964, 208; Das Verhältnis von Verkehrssicherungs- und Fürsorgepflicht des Arbeitgebers und die „Teilnahme am allgemeinen Verkehr", VersR 1968, 1.

228 Wird ein **Angestellter** oder ein **Arbeiter** der Bahn durch einen **Arbeitsunfall** verletzt oder getötet, schließt § 636 RVO Ersatzansprüche der Arbeitnehmer und ihrer Angehörigen und Hinterbliebenen gegen den Unternehmer grundsätzlich aus; diese sind auf die Leistungen beschränkt, die die Sozialversicherung (öffentliche Krankenversicherung, Berufsgenossenschaft, Rentenversicherungsträger) gewährt. Der **Haftungsausschluß** umfaßt auch einen auf § 1 gestützten Schadensersatzanspruch. Er ist jedoch auf **Personenschäden** beschränkt (mit der Besonderheit, daß anders als im Haftpflichtrecht auch die Beschädigung eines Körperersatzstückes, z. B. einer Prothese, eines Gebisses oder eines künstlichen Auges, oder eines größeren orthopädischen Hilfsmittel, z. B. orthopädischer Schuhe, als Personenschaden gilt, § 548 Abs. 2 RVO; vgl. im übrigen Rdz. 128ff.). So ist ein Bahnbediensteter nicht gehindert, nach § 1 den Ersatz eines Schadens von dem Unternehmer zu verlangen, der ihm bei einem Unfall während einer Dienstfahrt an der **Kleidung** oder an mitgeführten **Gegenständen** entstanden ist (vgl. Rdz. 147 und wegen der Einschränkung für Beamte Rdz. 232; vgl. i. übrigen Rdz. 159ff. zu § 12).

229 Ein **Arbeitsunfall** ist ein plötzliches, im Rahmen der Tätigkeit für den Bahnbetriebsunternehmer verursachtes Ereignis. Erforderlich ist, daß der Verunglückte den Unfall bei einer der in §§ 539, 540 und 543–545 RVO genannten Tätigkeiten erleidet (§ 548 Abs. 1 RVO). Auch Unfälle auf dem Weg zu und von der Tätigkeit – **Wegeunfälle** – sind Arbeitsunfälle (§ 550 RVO); ebenso unter bestimmten Voraussetzungen Unfälle beim **Geldabheben** durch den Versicherten bei unbarer Lohnzahlung (§ 548 Abs. 1 Satz 2 RVO) und beim Verwahren, Befördern, Instandhalten und Erneuern des **Arbeitsgerätes** (§ 549 RVO). Im übrigen ist zu fordern, daß die Tätigkeit, die den Unfall verursacht hat, den **Interessen** des **Unternehmens** dienlich war, wobei es auf den subjektiven Standpunkt des Verunglückten ankommt. Der Begriff des **Unternehmers** i. S. von § 636 RVO ist weiter als der des Betriebsunternehmers i. S. von § 1 Abs. 1. Während sich der letztere auf den eigentlichen Bahnbetrieb beschränkt (vgl. Rdz. 32), kann sich die Unternehmereigenschaft i. S. v. § 636 RVO auf verschiedene Betriebe oder Betriebszweige beziehen. Betreibt z. B. eine Aktiengesellschaft neben Bahnverkehr auch Omnibusverkehr oder einen Versorgungsbetrieb, ist sie für alle Bediensteten **einheitlich** Unternehmer, so daß auch die Ersatzansprüche derjenigen Bediensteten nach § 636 Abs. 1 RVO ausgeschlossen sind, die nicht im Bahnbetrieb tätig sind und dort einen Unfall erleiden (vgl. *Wussow* i. WI 1960, 20). Bei der **Bundesbahn** ist die **Bundesrepublik Deutschland Unternehmer.** Die Bundesbahn haftet deshalb grundsätzlich auch dann nicht, wenn der verletzte Arbeiter oder Angestellte nicht bei ihr, sondern bei einer **anderen Bundesverwaltung** beschäftigt war, z. B. bei der Bundeswehr (vgl. BGH, Urt. v. 10. 12. 1974 i. VersR 1975, 274 = NJW 1975, 537. Der Unfall kann jedoch im Verhältnis zu der schädigenden Verwaltung bei „Teilnahme am allgemeinen Verkehr" eingetreten sein, vgl. BGH, Urt. v. 5. 5. 1975 i. VersR 1975, 900 = NJW 1975, 1321 u. *Wussow* i. WI 1975, 106; vgl. a. Rdz. 235). Dagegen greift der Haftungsausschluß nach § 636 RVO gegenüber dem Bahnbetriebsunternehmer

nicht ein, wenn beim Betrieb der Bahn ein Bediensteter einer rechtlich selbständigen **Speisewagen-** oder **Schlafwagengesellschaft** einen Arbeitsunfall erleidet (vgl. RG, Urt. v. 12. 10. 1900 i. RG 47, 54 u. Urt. v. 21. 6. 1920 i. RG 99, 227).

230 Verunglückt ein Arbeiter oder ein Angestellter eines **Fremdunternehmers** bei der Ausführung von Arbeiten für den Bahnbetriebsunternehmer auf dem Bahngelände (es wird z. B. bei Gleiserneuerungsarbeiten ein Arbeiter von einer vorbeifahrenden Lok erfaßt und schwer verletzt), so stellt sich die Frage, ob der Bahnbetriebsunternehmer (Entleiher) als **„weiterer Unternehmer"** nach § 636 Abs. 2 RVO anzusehen ist, so daß auch seine Haftung ausgeschlossen ist. Letzteres ist anzunehmen, wenn der Fremdbeschäftigte z. Zt. des Arbeitsunfalls in das Bahnunternehmen wie dessen eigene Arbeitnehmer **„eingegliedert"** war. Für das Merkmal der **Eingliederung** ist entscheidend, ob die Weisungsbefugnis des entleihenden Bahnbetriebsunternehmers nach der Art des Verhältnisses zwischen Arbeitgeber und Arbeitnehmer ausgestattet war oder ob es sich nur darum handelte, daß er die Ordnungsmäßigkeit der Arbeiten zu prüfen und auf die Einhaltung der Sicherheitsmaßnahmen zu achten hatte (bejahend BGH, Urt. v. 21. 3. 1967 i. VersR 1967, 600: Einsatz von Hilfskräften bei eigenen Arbeiten der Bundesbahn; Urt. v. 22. 10. 1963 i. VersR 1963, 1124 = NJW 1964, 39: Einsatz einer Tagelohn-Kolonne bei der Bundesbahn; LG Offenburg, Urt. v. 30. 8. 1977 i. VersR 1978, 1069: Schneeräumungsarbeiten nach Weisungen der Bundesbahn; verneinend BGH, Urt. v. 8. 3. 1960 i. VersR 1960, 426, Urt. v. 3. 5. 1960 i. VersR 1960, 799 u. Urt. v. 31. 1. 1961 i. VersR 1961, 358: Gleisarbeiten von Fremdunternehmen bei der Bundesbahn; vgl. a. OLG Frankfurt, Urt. v. 12. 6. 1969 i. VersR 1970, 808; *Wussow* i. WI 1961, 87; *Neumann-Duesberg* i. VersR 1964, 218). Betreiben **mehrere** selbständige Bahnbetriebsunternehmer einen **Gemeinschaftsverkehr** (vgl. Rdz. 44), so tragen sie zwar gleichzeitig zu einem gemeinsamen Arbeitsergebnis bei (Gemeinschaftsarbeit). Gegenüber den Beschäftigten des anderen Unternehmers sind sie jedoch im allgemeinen **nicht** als **„weiterer Unternehmer"** i. S. v. § 636 Abs. 2 RVO anzusehen, weil diese nicht wie Arbeitnehmer in das Unternehmen des Gemeinschaftspartners eingegliedert sind (vgl. BGH, Urt. v. 11. 3. 1958 i. VersR 1958, 362 u. Urt. v. 12. 5. 1959 i. VersR 1959, 602).

231 Ausgeschlossen sind auch die Ersatzansprüche **betriebsfremder Personen,** die ohne ein Beschäftigungsverhältnis – wenn auch nur vorübergehend – in dem Bahnunternehmen wie ein **Versicherter** tätig waren (§ 539 Abs. 2 RVO). Es muß sich um eine **ernstliche,** dem **Bahnunternehmen dienende Tätigkeit** handeln, die dem mutmaßlichen **Willen** des Unternehmers entspricht und in einem **inneren** Zusammenhang mit dem Unternehmen steht und für dieses **typisch** ist. Der Anwendungsbereich ist umstritten. Nach der Auffassung des BGH ist auch hier erforderlich, daß der Unfallbetroffene wie ein Arbeitnehmer in den Betrieb eingegliedert und bereit war, den Weisungen des fremden Unternehmers Folge zu leisten (BGH, Urt. v. 19. 5. 1969 i. VersR 1969, 357 = NJW 1969, 1665; LG Kiel, Urt. v. 18. 7. 1979 u. OLG Schleswig, Urt. v. 2. 10. 1980 i. VersR 1981, 750; a. A. *Wussow,* UHR, Tz. 1536 u. WI 1971, 173 u. 1974, 21; einschr. BGH, Urt. v. 7. 6. 1977 i. VersR 1977, 959). Die Hilfeleistung eines Passanten für einen widerrechtlich angegriffenen Straßenbahnfahrer wurde z. B. nicht als betriebstypisch angesehen; es handele sich hier um die Aufgabe eines Polizeibeamten (vgl. BGH, Urt. v. 19. 5. 1969 aaO. u. *Wussow,* UHR, Tz. 1536a). Verunglückt ein Betriebsfremder bei einer Hilfeleistung im Ladebetrieb einer Bahn, so kann es sich um einen Arbeitsunfall i. S. v. § 539 Abs. 2 RVO handeln (vgl. OLG Celle, Urt. v. 8. 1. 1974 i. VersR 1974, 1078 u. OLG Hamm, Urt. v. 14. 6. 1976 i. VersR 1977, 869).

232 Handelt es sich bei dem Betriebsbediensteten um einen **Beamten,** haben der Beamte oder seine Hinterbliebenen aus Anlaß eines Dienstunfalls gegen das Bahnunternehmen nur Anspruch auf **Unfallfürsorge;** im übrigen ist die **Haftung** des Dienstherrn grundsätzlich **ausgeschlossen** (vgl. § 46 Abs. 1 in Verb. m. §§ 30–43 des Gesetzes über die Versorgung der Beamten und Richter in Bund und Ländern – BeamtVG – v. 24. 8. 1976, BGBl. I, 2485). **Dienstunfall** ist ein auf äußerer Einwirkung beruhendes, plötzliches, örtlich und zeitlich bestimmbares, einen Körperschaden verursachendes Ereignis, das in Ausübung oder infolge des Dienstes eingetreten ist. Zum Dienst gehören auch **Dienstreisen, Dienstgänge,** die **dienstliche Tätigkeit** am **Bestimmungsort,** die **Teilnahme** an **dienstlichen Veranstaltungen,** das Zurücklegen des mit dem **Dienst zusammenhängenden Weges** nach und von der Dienststelle und (unter bestimmten Voraussetzungen) das **Abheben** eines **Geldbetrages** bei einem Geldinstitut (§ 31 BeamtVG). Die Leistungen des Dienstherrn können sich auch darauf erstrecken, daß bei einem Dienstunfall **Kleidungsstücke** oder sonstige **Gegenstände,** die der Beamte **mit sich geführt** hat, beschädigt oder zerstört werden oder abhanden gekommen sind (§ 32 Satz 1 BeamtVG); insoweit kann, anders als nach § 636 RVO, auch die Geltendmachung eines Ersatzanspruches wegen eines **Sachschadens** ausgeschlossen sein.

233 Sowohl bei Arbeits- als auch bei Dienstunfällen bleibt die Haftung des Unternehmers oder des Dienstherrn bestehen, wenn er den Unfall **vorsätzlich** herbeigeführt hat oder wenn der Unfall bei **Teilnahme am allgemeinen Verkehr** eingetreten ist (§ 636 Abs. 1 Satz 1 RVO u. § 46 Abs. 2 BeamtVG i. Verb. m. d. Gesetz über die erweiterte Zulassung von Schadenersatzansprüchen bei Dienst- und Arbeitsunfällen v. 7. 12. 1943, RGBl. I, 674). Die **vorsätzliche** (vgl. z. Begriff Rdz. 11 zu § 12) Schadenherbeiführung hat keine große praktische Bedeutung, weil sie äußerst selten vorkommt. Dagegen ist die Frage, ob und unter welchen Voraussetzungen der Ausnahmetatbestand der **„Teilnahme am allgemeinen Verkehr“** gegeben ist, Gegenstand zahlreicher, teils widerstreitender Entscheidungen und Meinungsäußerungen gewesen (vgl. *Friese* i. NJW 1950, 416; *Neumann-Duesberg* i. VersR 1968, 1, 7; *Faecks* i. NJW 1973, 1021). Nach h. A. ist maßgebend, ob sich der Unfall für den Betroffenen in einem Bereich ereignet hat, der sich im Verhältnis zum Schädiger als ein **innerbetrieblicher** Vorgang darstellt, oder ob insoweit zu dem Betrieb kein oder nur ein loser Zusammenhang bestanden hat (vgl. amtl. Begr. z. Gesetz v. 7. 12. 1943 i. DJZ 1944, 21; BGH, Urt. v. 22. 10. 1968 i. VersR 1968, 1193 = NJW 1969, 97 u. Urt. v. 8. 5. 1973 i. VersR 1973, 736 = NJW 1973, 1326). **Nicht nur** ein **loser Zusammen-**

hang mit dem **Betrieb** ist gegeben, wenn ein Straßenbahnfahrer verunglückt, nachdem er die Straßenbahn verlassen hat, um beim Anschieben zu helfen (BGH, Urt. v. 15. 4. 1953 i. VersR 1953, 256), oder wenn ein abgelöster Fahrer im Zeitpunkt des Arbeitsunfalles noch im Fahrzeug ist, mag er auch während der Ruhezeit hierzu nicht verpflichtet gewesen sein (BAG, Urt. v. 8. 12. 1970 i. VersR 1971, 528).

234 Dagegen entfällt der Haftungsausschluß in dem Bereich, in dem der Versicherte **jedem anderen Verkehrsteilnehmer gleichgestellt** ist, und es deshalb unbillig wäre, ihn insoweit diesen gegenüber zu benachteiligen. Erleidet der Versicherte den Unfall auf dem Weg zwischen Wohnung und Arbeits- oder Dienststelle, z. B. als Fahrgast eines öffentlichen Verkehrsmittels, als Fußgänger, Radfahrer oder Kraftfahrer durch ein Bahnfahrzeug des Unternehmens, so ist Teilnahme am allgemeinen Verkehr regelmäßig gegeben (vgl. amtl. Begr. aaO. u. BGH, Urt. v. 13. 1. 1976 i. NJW 1976, 600, 673). Ein Lokführer, der mit einem fahrplanmäßigen Zug der Bundesbahn zum Dienstantritt fährt, wird wie ein beliebiger anderer Fahrgast befördert. Aus einem Unfall auf dieser Fahrt kann er deshalb die Deutsche Bundesbahn uneingeschränkt aus dem HG in Anspruch nehmen. Auch ein Straßenbahnfahrer, der auf dem Wege zum Straßenbahnbahnhof, wo er an einer Unterrichtsstunde teilnehmen soll, in der Straßenbahn einen Unfall erleidet, behält seinen Ersatzanspruch. Daß er bei der Fahrt Dienstkleidung getragen und das Recht der Freifahrt in Anspruch genommen hat, begründet keine abweichende Beurteilung (RVA, B. v. 8. 2. 1911 i. DJZ 1911, 1448 = EE 28, 290). Anders verhält es sich, wenn der Unternehmer Beförderungen von einer Arbeitsstätte zur anderen oder zwischen Wohnung und Arbeitsstätte mit werkseigenen Fahrzeugen als **Werksverkehr** (Personalfahrten) durchführt. Hier stehen die Fahrten in einem inneren Zusammenhang zur Betriebstätigkeit, so daß sie nicht im allgemeinen, sondern im **„besonderen"** Verkehr ausgeführt werden (BGH, Urt. v. 23. 11. 1955 i. VersR 1956, 36 m. zust. Anm. v. *Böhmer* i. VersR 1956, 126, Urt. v. 22. 10. 1968 i. VersR 1968, 1193 = NJW 1969, 97, Urt. v. 8. 5. 1973 i. VersR 1973, 736 = NJW 1973, 1326 u. Urt. v. 13. 1. 1976 aaO.). Dies gilt auch, wenn der Unternehmer nur einen Teil der Kosten trägt und bei der Unfallfahrt ein Privatfahrzeug eingesetzt wurde (BGH, Urt. v. 22. 10. 1968 aaO.). Es darf sich jedoch nicht um eine reine **Gefälligkeits**fahrt oder um eine Fahrt handeln, die mit dem **betrieblichen Geschehen** in **keinem** Zusammenhang mehr steht (BGH, Urt. v. 8. 5. 1956 aaO. u. Urt. v. 27. 6. 1956 i. VersR 1956, 589 = NJW 1956, 1514). Wurde die Fahrt sowohl aus betrieblichen wie aus privaten Gründen unternommen, so ist maßgebend, welche Gründe **überwiegen** (BAG, Urt. v. 23. 9. 1969 i. NJW 1970, 442; OLG Düsseldorf, Urt. v. 21. 12. 1971 i. VersR 1972, 389).

235 Ausnahmsweise kann ein Wegeunfall auch dann der Haftungsfreistellung unterliegen, wenn der Verunglückte mit einem **Privatfahrzeug** (z. B. dem eines Kollegen) befördert wurde (vgl. BGH, Urt. v. 2. 3. 1971 i. VersR 1971, 569). Für diese Annahme reicht jedoch nicht schon der Umstand aus, daß der Unternehmer für die Fahrtzeit eine Lohnzulage (Auslösung) zahlt (BGH, Urt. v. 24. 10. 1967 i. VersR 1967, 1201 = NJW 1968, 250; vgl. jedoch OLG Düsseldorf, Urt. v. 25. 4. 1977 i.

VersR 1977, 1027 für den Fall der Zahlung von Kilometergeld). Bei **Dienstfahrten, Dienstgängen** und **Dienstreisen** nimmt der Arbeitnehmer am **allgemeinen** Verkehr teil, wenn er **öffentliche** Verkehrsmittel benutzt. Die Fahrt stellt sich jedoch im Verhältnis zum Unternehmer als **innerbetrieblicher** Vorgang dar, wenn dieser dem Arbeitnehmer ein **betriebseigenes** Fahrzeug zur Verfügung stellt oder ihm die Benutzung seines **eigenen** Fahrzeugs gegen Zahlung einer **Vergütung** gestattet hat (amtl. Begr. aaO. S. 22; BGH, Urt. v. 2. 3. 1971 i. VersR 1971, 564 u. *Wussow,* UHR, Tz. 1628; teilw. a. A. OLG Nürnberg, Urt. v. 3. 12. 1956 i. VersR 1958, 253; *Friese,* RHG, § 1 B IV 4a u. i. NJW 1950, 460; *Neumann-Duesberg* i. VersR 1968, 1, 7ff.). Liegt die **Tätigkeit** des Verletzten gerade in der **Teilnahme am allgemeinen Verkehr,** wie bei einem Straßenbahnfahrer, Lokführer oder Schaffner, so handelt es sich doch im Verhältnis zum Unternehmer um eine **dienstliche** Tätigkeit i. S. einer Teilnahme am **„besonderen Verkehr“,** so daß diesem gegenüber die Haftungsfreistellung eintritt, mit der Folge, daß z. B. der beamtete Lokführer der Bundesbahn von dieser nur die Leistungen der Unfallfürsorge fordern kann. Das schließt jedoch nicht aus, daß der Unfall im **Verhältnis zu** einer **fremden Verwaltung** bei Teilnahme am allgemeinen Verkehr eingetreten ist. Verunglückt z. B. der Lokführer bei einem Zusammenstoß des von ihm geführten Zuges mit einem Omnibus der Bundespost auf einem Bahnübergang, so kann er seine Ersatzansprüche gegen die Bundespost geltend machen (amtl. Begr. aaO. S. 22). Auch kann z. B. ein Polizeibeamter, der auf einer Dienstfahrt mit einem städtischen Straßenbahnfahrzeug zusammenstößt, gegen die Stadt, in deren Diensten er als Polizeibeamter steht, in ihrer Eigenschaft als Unternehmerin der Straßenbahn Ersatzansprüche stellen, weil die Fahrt im Verhältnis zur Straßenbahn als Teilnahme am allgemeinen Verkehr anzusehen ist (vgl. BGH, Urt. v. 21. 11. 1958 i. VersR 1959, 52 i. Verb. m. Urt. v. 21. 3. 1955 i. VersR 1955, 284 u. Urt. v. 5. 5. 1975 i. VersR 1975, 900; *Wussow* i. UHR, Tz. 1628 u. i. WI 1975, 106). Ebenso ist zu entscheiden, wenn ein Bundeswehrangehöriger beim Betrieb der Bundesbahn verletzt wird. Es handelt sich um verschiedene „öffentliche Verwaltungen“, weil **unterschiedliche „Gefahrenkreise“** bestehen. Der Betroffene soll jedoch nur diejenigen Schäden in gewissem Umfange ohne die Möglichkeit eines vollen Ersatzes in Kauf nehmen, die sich generell für seine Tätigkeit ergeben (vgl. BGH, Urt. v. 5. 5. 1975 aaO.).

F. Umfang der Schadensersatzpflicht

Schrifttum: *Backhaus,* Einige Überlegungen zum Verhältnis von kumulativer und hypothetischer Kausalität, VersR 1982, 210; *Gotthardt,* Zum Herstellungsaufwand des „verständigen Mannes“, VersR 1975, 977; *Hofmann,* Schadenskonkurrenz und überholende Kausalität, VersR 1960, 1063 u. 1961, 12; *Jordan,* Die Abwicklung des Kraftfahrzeug-Totalschadens, VGT 1978, 163 = VersR 1978, 688; *Klimke,* Schadenberechnung nach § 249 Satz 2 BGB, VersR 1968, 537; *Köhnken,* Inhalt und Grenzen der Schadenminderungspflicht in der Verkehrshaftpflicht, VGT 1979, 74 = VersR 1979, 788; *Kötz,* Die Abwicklung des Kraftfahrzeug-Totalschadens, VGT 1978, 193; *Larenz,* Die Notwendigkeit eines gegliederten Schadensbegriffs, VersR 1963, 1; *Medicus,* Naturalrestitution und Geldersatz, JuS 1969, 449; *N. Müller,* Die Abrechnung des Kraftfahrzeugtotalschadens, VGT 1978, 217; *Winter,* Einige Entwicklungslinien des neueren Schadensersatzrechts, VersR 1967, 334.

I. Vorbemerkung

236 Den Umfang der Haftung für **Personenschäden** regeln §§ 5 u. 6. Eine entsprechende Regelung für **Sachschäden** fehlt (vgl. hierzu Rdz. 8ff. zu § 10). Für **beide** Schadensarten gelten auch im Rahmen der Haftung nach dem HG die Regelungen der §§ 249–253 BGB (*Palandt/Heinrichs,* BGB, Vorb. 1 v. § 249).

II. Hypothetische Kausalität

237 Bei der **hypothetischen** oder überholenden **Kausalität** geht es um die Frage, ob die Schadenersatzpflicht des Schädigers entfällt, wenn der Schaden, für den der Schädiger verantwortlich ist, aufgrund eines anderen Ereignisses (Reserveursache) ohnehin eingetreten wäre. Es wird z. B. ein bei einem Unfall beschädigtes Kfz, bevor es repariert wird, in einer Garage, in der es auch ohne den Unfall abgestellt worden wäre, in der Nacht nach dem Unfall durch Brand vernichtet (angeführt bei *Larenz* i. VersR 1963, 1, 3). Einigkeit besteht darüber, daß es sich nicht um ein Problem der Kausalität, sondern der **Schadenberechnung** handelt und daß es **keine einheitliche** Lösung für alle Fälle gibt. Umstritten ist, nach welchen **Kriterien** abzugrenzen ist (vgl. BGH, Urt. v. 18. 11. 1960 i. VersR 1961, 502 L = NJW 1961, 553, 554 m. w. Nachw.; *Palandt/Heinrichs,* BGB, Vorb. 5f. v. § 249; *Wussow,* UHR, Tz 84ff.). Der BGH läßt eine Berufung des Schädigers auf den „überholenden" Geschehensablauf im allgemeinen nur zu, wenn bereits im Zeitpunkt der Schädigung eine Art **Schadenanlage** tatsächlich vorhanden war und diese, wenn die tatsächliche Schadenursache nicht wirksam geworden wäre, mit Gewißheit zu demselben Erfolg geführt hätte (BGH, Urt. v. 13. 5. 1953 i. LM Ba Nr. 7 zu § 249 BGB m. Anm. v. *Delbrück* i. LM Nr. 2 zu § 843 BGB = NJW 1953, 977 = MDR 1953, 413, Urt. v. 17. 11. 1959 i. VersR 1960, 115, 118, Urt. v. 18. 11. 1960 aaO., Urt. v. 4. 5. 1964 i. VersR 1964, 872, Urt. v. 30. 9. 1968 i. LM Ba Nr. 20 zu § 249 BGB, Urt. v. 15. 10. 1968 i. VersR 1969, 43 u. Urt. v. 7. 10. 1980 i. VersR 1981, 131; OLG Frankfurt, Urt. v. 24. 3. 1981 i. VersR 1982, 170; vgl. a. *Backhaus* i. VersR 1982, 210).

238 Eine **allgemeine Diebstahl-** oder **Zugriffsgefahr** für eine Sache reicht für eine Berücksichtigung **nicht** aus (BGH, Urt. v. 17. 11. 1959 aaO.). Auch entfällt die Schadenersatzpflicht nicht, wenn der gedachte Ursachenverlauf, hätte er sich tatsächlich ereignet, einen Schadenersatzanspruch des Geschädigten gegen einen Dritten ausgelöst hätte (BGH, Urt. v. 13. 2. 1958 i. VersR 1958, 266 = NJW 1958, 705 u. Urt. v. 13. 10. 1966 i. VersR 1967, 130 m. Anm. v. *Lemhöfer* S. 552 = VRS 32, 81 = NJW 1967, 551). Eine weitere Differenzierung wird dadurch getroffen, daß darauf abgestellt wird, ob der Schaden **unmittelbar** an dem verletzten Rechtsgut selbst entstanden ist oder ob es sich um einen **mittelbaren** Schaden handelt, der als Vermögensfolgeschaden aufgrund der Verletzung eintritt. Nur bei dem letzteren soll eine Berufung auf hypothetische Schadenursachen zulässig sein, womit eine Berücksichtigung bei **Sachschäden praktisch ausscheidet** (vgl. BGH, Urt. v. 13. 10. 1966 aaO., Urt. v. 29. 5. 1969 i. VersR 1969, 802 u. Urt. v. 25. 4. 1972 i. VersR 1972, 834 = NJW 1972, 1515; *Larenz* i. VersR 1963, 1ff.; *Palandt/Heinrichs,* BGB, Vorb. 5f dd v. § 249). Soweit eine hypothetische Schadenursache beachtlich ist, greift die **Beweiserleichterung** nach § 287 ZPO (vgl. Rdz. 156) ein; die **Beweislast** trägt der Schädiger (BGH, Urt. v. 13. 10. 1966 aaO., Urt. 2. 4. 1968 i. VersR 1968, 648 u. Urt. v. 29. 5. 1969 i. VersR 1969, 802, 804; a. A. *Lemhöfer* aaO. S. 552).

III. Herstellungsanspruch

239 Der Ersatzpflichtige hat den Zustand **herzustellen,** der bestehen würde, wenn das schädigende Ereignis nicht eingetreten wäre (§ 249 Satz 1 BGB). Herzustellen ist nicht der tatsächliche, sondern der **wirtschaftliche** Zustand (BGH, Urt. v. 24. 3. 1959 i. VersR 1959, 399 = NJW 1959, 1078 m. w. Nachw.). Bei Verletzung einer Person oder einer Sache kann der Geschädigte statt der **Naturalrestitution** den zur Herstellung **erforderlichen Geldbetrag** verlangen (§ 249 Satz 2 BGB). Die Forderung setzt voraus, daß Naturalrestitution im Zeitpunkt der letzten mündlichen Verhandlung in der Tatsacheninstanz noch möglich ist. Sie ist somit nicht gegeben, wenn die beschädigte Sache **zerstört** oder **untergegangen** ist; in diesem Falle kann der Geschädigte Geldersatz nur nach § 251 Abs. 1 BGB (Rdz. 242) fordern (vgl. BGH, Urt. v. 23. 3. 1976 i. VersR 1976, 874 = VRS 51, 178 = NJW 1976, 1396 u. Urt. v. 2. 10. 1981 in VersR 1982, 72; MünchKomm-Grunsky, Rdz. 14 zu § 249 m. w. Nachw.). Im Bereich der **Kfz-Schäden** verliert jedoch der Geschädigte den Anspruch nicht schon dadurch, daß er die Wiederinstandsetzung durch die **Veräußerung** des Fahrzeugs unmöglich macht (BGH, Urt. v. 23. 3. 1976 aaO., Urt. v. 22. 11. 1977 – VI Z R 114/76 – i. VersR 1978, 182 u. Urt. v. 22. 11. 1977 – VI Z R 119/76 – i. VersR 1978, 235; anders für Grundstücksveräußerung BGH, Urt. v. 2. 10. 1981 aaO.).

240 Hat sich der Geschädigte für die Wertersatzforderung nach § 249 Satz 2 BGB entschieden, ist er an die einmal getroffene **Wahl gebunden** (OLG Stuttgart, Urt. v. 30. 8. 1977 i. VersR 1978, 188, 189; *Palandt/Heinrichs,* BGB, Anm. 2 zu § 249). In der **Verwendung** des geleisteten Betrages ist der Geschädigte **frei** (st. Rechtspr., vgl. BGH, Urt. v. 11. 7. 1969 i. VersR 1969, 907 u. Urt. v. 23. 3. 1976 i. VersR 1976, 874 = VRS 51, 178 = NJW 1976, 1396). Zu zahlen ist der **„erforderliche“** Geldbetrag. Nach einer Definition des BGH (Urt. v. 23. 10. 1973 i. VersR 1974, 243; vgl. a. *Köhnken* i. VGT 1979, 74 = VersR 1979, 788) sind **erforderlich** grundsätzlich „die Aufwendungen, die ein verständiger und wirtschaftlich denkender Eigentümer in der besonderen Lage des Geschädigten für eine zumutbare Instandsetzung zu machen hätte“. Es sind einmal **objektive** Kriterien, zum anderen aber auch die **Umstände des Einzelfalles** zu berücksichtigen. So kann der Geschädigte die Kosten, die eine Reparaturwerkstatt berechnen würde, auch verlangen, wenn er die Sache mit geringerem Aufwand **selbst** repariert oder die Reparatur **unterbleibt** (vgl. BGH, Urt. v. 19. 6. 1973 i. VersR 1973, 964 = VRS 45, 163 = NJW 1973, 1647; OLG München, Urt. v. 26. 11. 1965 i. VersR 1966, 836; *Klimke* i. VersR 1968, 537). Der Ersatzanspruch des Unternehmers eines Verkehrsbetriebes, der in der Werkstatt nur eigene Fahrzeuge repariert, ist auf die **Selbstkosten** beschränkt (vgl. BGH, Urt. v. 26. 5. 1970 i. VersR 1970, 832 = VRS 39, 81). Ist der Geschädigte nicht vorsteuerabzugsberechtigt, steht ihm in diesem Falle auch die in dem Reparaturpreis enthaltene **Mehrwertsteuer** zu (vgl. BGH, Urt. v. 19. 6. 1973 aaO.), während der vorsteuerabzugsberechtigte Geschädigte nur den **Nettobetrag** versetzt verlangen kann (BGH, Urt. v. 6. 6. 1972 i. VersR 1972, 973 = NJW 1972, 1460). Erforderlich ist auch ein Aufwand, der sich **nachträglich** als **unwirtschaftlich** oder **unnötig** erweist, jedoch vom Geschädigten für erforderlich gehalten werden durfte. Das sog. **Prognoserisiko** trägt der Geschädigte nicht (BGH, Urt. v. 20. 6. 1972 i. VersR 1972, 1024, 1025, Urt. v. 2. 12. 1975 i. VersR 1976, 389 u. Urt. v. 30. 5. 1978 i. VersR 1978, 838 = NJW 1978, 2592; *Köhnken* aaO. S. 790; *Gotthardt* i. VersR 1975, 977). Der Schädiger haftet grundsätzlich auch für den Mehraufwand, der ohne eigene Schuld des Geschädigten dadurch entstanden ist, daß die von ihm mit der Schadenbeseitigung beauftragten Personen, z. B. eine **Reparaturwerkstatt fehlerhaft** oder **verzögerlich** gearbeitet haben (BGH, Urt. v. 29. 10. 1974 i. VersR 1975, 184 = NJW 1975, 160: Reparaturwerkstatt ist nicht Erfüllungsgehilfin des Geschädigten; vgl. a. *Gotthardt* aaO. u. Rdz. 70 zu § 4). Der Geschädigte ist jedoch im Rahmen seiner Schadenminderungspflicht (§ 254 Abs. 2 BGB) gehalten, die Werkstatt sorgfältig auszusuchen und sich um eine zügige Durchführung der Reparatur zu kümmern (vgl. BGH aaO.; *Köhnken* aaO. S. 790; Rdz. 70 zu § 4).

IV. Geldersatzanspruch

241 Der Geschädigte hat in jedem Falle die Möglichkeit, statt der Herstellung **Geldersatz** zu verlangen, wenn er dem Schädiger eine angemessene **Frist** mit der Erklärung bestimmt, daß er die Herstellung nach dem Ablauf der Frist ablehne, und der Schädiger die Herstellung nicht rechtzeitig vornimmt (§ 250 BGB). Die Fristsetzung ist entbehrlich, wenn der Schädiger die Naturalherstellung **endgültig verweigert** oder sich hierzu **außerstande erklärt** (vgl. BGH, Urt. v. 30. 9. 1963 i. VersR 1964, 225, 227 = NJW 1964, 542, 544).

V. Unmöglichkeit der Herstellung

242 Soweit eine **Herstellung nicht möglich** oder zur Entschädigung **nicht genügend** ist, kann der Schädiger einen **Geldersatzanspruch** geltend machen (§ 251 Abs. 1 BGB). Diese Regelung dient dem Interesse des **Ge-**

schädigten. Ihre Voraussetzungen bestimmen sich nach **wirtschaftlichen** Gesichtspunkten. Bei vertretbaren Sachen ist die Lieferung einer gleichwertigen Sache möglich und genügend. Ein gebrauchtes Kfz ist eine unvertretbare Sache; bei einem **Totalschaden** kann deshalb immer Geldersatz verlangt werden (*Palandt/Heinrichs,* BGB, Anm. 1a zu § 251; *Schmidt* i. DAR 1975, 2; *Jordan* i. VersR 1978, 688, 691 ff.).

VI. Unzumutbarkeit der Herstellung

243 Der **Schädiger** kann den Geschädigten in **Geld** entschädigen, wenn die Herstellung nur mit **unverhältnismäßig hohen** Aufwendungen möglich ist (§ 251 Abs. 2 BGB). Es handelt sich um eine **Ersetzungsbefugnis** des **Schädigers.** Mit Herstellung ist nicht nur die Naturalrestitution nach § 249 Satz 1 BGB, sondern **auch** der **Wertersatzanspruch** nach § 249 Satz 2 BGB gemeint (BGH, Urt. v. 13. 5. 1975 i. VersR 1975, 1047 = NJW 1975, 2061). Auf **immaterielle** Schäden ist die Vorschrift **entsprechend anwendbar** (vgl. BGH, Urt. v. 3. 12. 1974 i. VersR 1975, 342 m. zust. Anm. von *Seliger* S. 642 = LM Fa Nr. 14 zu § 249 BGB m. zust. Anm. v. *Steffen* = VRS 48, 241: kosmetische Operation zur Beseitigung einer unbedeutenden Narbe). Bei der Prüfung der ,,Unverhältnismäßigkeit" sind die **beiderseitigen Interessen** unter dem Gesichtspunkt der Zumutbarkeit abzuwägen (BGH, Urt. v. 17. 11. 1961 i. VersR 1962, 137 u. Urt. v. 24. 4. 1970 i. NJW 1970, 1180; *Palandt/Heinrichs,* BGB, Anm. 2 zu § 251; vgl. a. Rdz. 16 zu § 10).

G. Vorteilsausgleichung

244 Auf die Ausführungen zu § 5 Rdz. 17, 22 u. zu § 6 Rdz. 28 wird verwiesen.

H. Folgeschäden

Schrifttum: *Klimke,* Erstattung von Anwaltskosten in Schadenfällen, VersR 1969, 487; Erstattungsfähigkeit von Anwaltskosten im Zuge außergerichtlicher Schadenregulierung, Karlsruhe 1977; Ersatz von Kosten für Privatgutachten aus Anlaß eines Haftpflichtschadens, ZfV 1972, 159, 281; Erstattungsfähigkeit der Kosten von Vorsorge- und Folgemaßnahmen bei Rechtsgutverletzungen, NJW 1974, 81; *Mahlberg,* Rechtsanwaltsgebühren im Rahmen außergerichtlicher Schadenregulierung, VersR 1965, 112, 837; *Ruhkopf,* Schadenregulierung und Anwaltsgebühren, VersR 1968, 21; *H. Schmidt,* Die Anwaltsgebühren in Verkehrssachen, DAR 1978, 229, 233.

I. Vorbemerkung

245 Die Schadensersatzverpflichtung umfaßt auch **Folgeschäden,** wenn sie durch das Schadenereignis **adäquat** verursacht wurden und in den

Schutzbereich der verletzten Norm fallen (BGH, Urt. v. 1. 6. 1959 i. VersR 1959, 674 = NJW 1959, 1631; vgl. a. Rdz. 81f. u. 135f.). Hierzu gehören insbesondere auch Kosten der **Rechtsverfolgung** und der **Schadenermittlung.**

II. Anwalts-, Rechtsbeistandsgebühren

246 Der Schädiger ist grundsätzlich verpflichtet, dem Geschädigten die Kosten zu ersetzen, die diesem dadurch entstanden sind, daß er mit der **außergerichtlichen Geltendmachung** seiner Ersatzansprüche einen **Rechtsanwalt** oder **Rechtsbeistand beauftragt** hat (vgl. BGH, Urt. v. 1. 6. 1959 i. VersR 1959, 674 = NJW 1959, 1631; *Himmelreich/Klimke,* Kfz-Schadenregulierung, Rdz. 2000ff m. w. Nachw.). Die Ersatzpflicht setzt voraus, daß die Inanspruchnahme des Rechtsvertreters **notwendig** war (vgl. OLG Köln, Urt. v. 19. 11. 1974 i. VersR 1975, 1105, 1106). Die Notwendigkeit bestimmt sich nach § 254 Abs. 2 BGB (vgl. Rdz. 63ff. zu § 4); sie ist z. B. zu verneinen, wenn die Sach- und Rechtslage völlig unproblematisch ist und es sich um einen **Bagatellschaden** handelt (vgl. BGH, Urt. v. 1. 6. 1959 aaO.; AG Wiesbaden, Urt. v. 15. 3. 1973 i. VersR 1973, 1156; AG Bochum, Urt. v. 11. 4. 1974 i. VersR 1975, 96; AG Nürnberg, Urt. v. 31. 12. 1974 i. VersR 1976, 80 L; *Steffani* i. VersR 1967, 922, 925) oder wenn der Ersatzberechtigte als **Behörde** oder **größeres Unternehmen** über genügend sachkundiges Personal verfügt (OLG Köln, Urt. v. 19. 11. 1974 aaO.; OLG Düsseldorf, B. v. 24. 6. 1975 i. VersR 1976, 297; AG Karlsruhe, Urt. v. 19. 1. 1978 i. VersR 1980, 1084). Die Ersatzpflicht kann auch aus den Vorschriften des **Verzuges** (§§ 284ff. BGB) hergeleitet werden (BGH, Urt. v. 13. 11. 1961 i. VersR 1961, 1141, 1142; OLG Karlsruhe, Urt. v. 7. 3. 1973 i. VersR 1974, 582; OLG Köln, Urt. v. 19. 11. 1974 aaO.).

247 **Geht** ein Schadenersatzanspruch auf **einen anderen über** (vgl. Rdz. 227), erwirbt der neue Gläubiger nur die Forderung als solche und nicht die Rechtsposition des Geschädigten. Der Erwerber kann deshalb den Ersatz der Kosten eines von ihm beauftragten Anwaltes oder Rechtsbeistandes **nicht** als **Folgeschaden,** sondern nur unter den Voraussetzungen des **Verzuges** (Rdz. 246) ersetzt verlangen (vgl. z. Rechtsübergang nach § 1542 RVO BGH, Urt. v. 13. 11. 1961 i. VersR 1961, 1141 u. z. Übergang nach dem LFZG LG Koblenz, Urt. v. 28. 6. 1977 i. VersR 1977, 1060; LG Hanau, Urt. v. 26. 7. 1977 i. VersR 1978, 381). Bei einer rechtsgeschäftlichen **Sicherheitsabtretung,** wie sie häufig zur Finanzierung von Kraftfahrzeugschäden vorgenommen wird, ist der Geschädigte wegen seines fortbestehenden Interesses an der Befriedigung seiner Forderung berechtigt, sich anwaltlicher Hilfe zu bedienen (vgl. *Himmelreich/Klimke,* Kfz-Schadenregulierung, Rdz. 219ff. u. Klimke i. VersR 1981, 391 gegen AG Köln, Urt. v. 11. 4. 1980 i. VersR 1981, 391). Wird ein Rechtsanwalt oder Rechtsbeistand in **eigener Sache** tätig, kann er den Ersatz von Gebühren nicht verlangen, weil ihm mangels eines Auftrages ein Gebührenanspruch nicht zusteht und § 91 Abs. 2 Satz 4 ZPO als Ausnahmevorschrift auf die außergerichtliche Tätigkeit nicht anwendbar ist (vgl. AG München, Urt. v. 4. 9. 1969 i. VersR 1969, 1103 m. zust. Anm.

v. *Liebig;* LG Berlin, Urt. v. 8. 11. 1973 i. VersR 1974, 868). Die h. A. billigt jedoch einen Erstattungsanspruch zu, wenn es sich um einen überdurchschnittlich schwierig gelagerten Fall handelt (vgl. LG München I, Urt. v. 31. 3. 1971 i. VersR 1972, 793 = NJW 1972, 162; *H. Schmidt* i. NJW 1970, 1406 u. i. DAR 1979, 302; *Wussow* i. WI 1979, 42 m. w. Nachw.). Dem **Umfange nach** ist die Ersatzpflicht des Geschädigten auf die Gebühren beschränkt, die sich nach einem Gegenstand berechnen, dem die **begründeten** Schadenersatzbeträge zugrunde liegen. Das sind die Beträge, die der Haftpflichtige als berechtigt **anerkannt** und mit deren **Zahlung** sich der Ersatzberechtigte **zufrieden gegeben** hat (BGH, Urt. v. 13. 4. 1970 i. VersR 1970, 1122 = VRS 38, 406 = NJW 1970, 1122).

III. Sachverständigengebühren

248 Insbesondere bei **Kfz-Schäden** ist es häufig notwendig, den Umfang des Schadens und die zu seiner Beseitigung erforderlichen Kosten durch einen **Sachverständigen** zu ermitteln. Die hierdurch entstehenden **Gebühren** sind grundsätzlich als **Folgeschäden** zu ersetzen (vgl. BGH, Urt. v. 22. 10. 1971 i. VersR 1971, 135, 136; OLG Karlsruhe, Urt. v. 10. 5. 1968 i. VersR 1969, 191). Das Recht des Geschädigten, einen Sachverständigen zu beauftragen, besteht auch, wenn eine Schätzung durch eine **Werkstatt** möglich ist (OLG Hamm, Urt. v. 6. 10. 1976 i. VersR 1977, 232 L). Im Interesse der ,,Waffengleichheit" der Parteien entfällt es auch dann nicht, wenn der Geschädigte oder sein Versicherer **bereits** einen **Gutachtenauftrag erteilt** oder bereits ein **Gutachten vorliegen** haben (KG, Urt. v. 26. 4. 1976 i. VersR 1976, 155 = DAR 1976, 241; anderes gilt, wenn die Parteien verbindlich vereinbart haben, daß nur eine Seite den Gutachtenauftrag erteilen sollte, vgl. OLG Stuttgart, Urt. v. 30. 1. 1974 i. VersR 1975, 164 L = DAR 1974, 189 = NJW 1974, 951). Der Geschädigte verstößt jedoch z. B. gegen seine **Schadenminderungspflicht,** wenn er einen Sachverständigen mit der Begutachtung eines Kfz-Schadens beauftragt, obwohl die Reparaturwürdigkeit außer Frage steht und die Reparaturkosten einen Betrag von ca. DM 1.000,– nicht erreichen (vgl. *Himmelreich/Klimke,* Kfz-Schadenregulierung, Rdz. 1885 m. w. Nachw.).

IV. Zeitaufwand, Verwaltungskosten

249 **Keinen** Ersatzanspruch billigt die Rechtsprechung dem Geschädigten für den **eigenen Zeitaufwand** bei der Schadenermittlung und der außergerichtlichen Abwicklung des Ersatzanspruches zu. Auch **Behörden** und **Firmen,** die wegen der Häufung von Schadenfällen in ihrem Bereich **besonderes** Personal einsetzen, können die hierdurch entstehenden Kosten nicht ersetzt verlangen, wenn der im Einzelfall erforderliche Zeitaufwand nicht den überschreitet, den ein **privater** Schädiger typischerweise aufwendet (BGH, Urt. v. 9. 3. 1976 i. VersR 1976, 857, Urt. v. 6. 11. 1979 i. VersR 1980, 70, 71 u. Urt. v. 26. 2. 1980 i. VersR 1980, 675 m. zust. Anm. v. *Klimke* S. 1115; vgl. a. Rdz. 12 zu § 6).

Haftung des Inhabers einer gefährlichen Anlage

2 (1) [1] **Wird durch die Wirkungen von Elektrizität, Gasen, Dämpfen oder Flüssigkeiten, die von einer Stromleitungs- oder Rohrleitungsanlage oder einer Anlage zur Abgabe der bezeichneten Energien oder Stoffe ausgehen, ein Mensch getötet, der Körper oder die Gesundheit eines Menschen verletzt oder eine Sache beschädigt, so ist der Inhaber der Anlage verpflichtet, den daraus entstehenden Schaden zu ersetzen.** [2] **Das gleiche gilt, wenn der Schaden, ohne auf den Wirkungen der Elektrizität, der Gase, Dämpfe oder Flüssigkeiten zu beruhen, auf das Vorhandensein einer solchen Anlage zurückzuführen ist, es sei denn, daß sich diese zur Zeit der Schadensverursachung in ordnungsmäßigem Zustand befand.** [3] **Ordnungsmäßig ist eine Anlage, solange sie den anerkannten Regeln der Technik entspricht und unversehrt ist.**

(2) **Absatz 1 gilt nicht für Anlagen, die lediglich der Übertragung von Zeichen oder Lauten dienen.**

(3) **Die Ersatzpflicht nach Absatz 1 ist ausgeschlossen,**

1. **wenn der Schaden innerhalb eines Gebäudes entstanden und auf eine darin befindliche Anlage (Absatz 1) zurückzuführen oder wenn er innerhalb eines im Besitz des Inhabers der Anlage stehenden befriedeten Grundstücks entstanden ist;**
2. **wenn ein Energieverbrauchgerät oder eine sonstige Einrichtung zum Verbrauch oder zur Abnahme der in Absatz 1 bezeichneten Stoffe beschädigt oder durch eine solche Einrichtung ein Schaden verursacht worden ist;**
3. **wenn der Schaden durch höhere Gewalt verursacht worden ist, es sei denn, daß er auf das Herabfallen von Leitungsdrähten zurückzuführen ist.**

Übersicht

Schrifttum: *Ballerstedt,* Die haftungsrechtliche Bedeutung technischer Vorschriften in der Energiewirtschaft, VEnergR 23/24, 88; *Böhmer,* Ist ein Unfall durch Blitzschlag durch höhere Gewalt verursacht?, MDR 1961, 288; *Börner,* Haftung für Anlagen: Delikt und Gefährdung, VEnergR 32/33, 50; *Breuer,* Rezeption technischer Regeln durch die Rechtsordnung, ArchÖffR 1976, 46; *Butze,* Gefährdungshaftung der EVU für elektrische Unfälle in Abnehmeranlagen?, ElWirtsch 1961, 653; *Däubner,* Gefährdungshaftung für Energieanlagen, Gesetz zur Änderung des Reichshaftpflichtgesetzes v. 15. 8. 1943 – RGBl. I S. 489 –, DJ 1943, 414; *Driewer,* Die Gefährdungshaftung des Betreibers von Abwässerleitungen nach dem Haftpflichtgesetz, Korrespondenz Abwasser 1978, 78; *Engert,* Die Haftpflicht der Mineralöl-Fernleitungsunternehmen, BB 1963, 657; *Grothe,* Zur Frage der Haftung beim Flüssiggas-Flaschenverkauf nach § 1a Reichshaftpflichtgesetz, Flüssiggas 1959, Heft 6; *König,* Zur Frage der Haftung von Gasversorgungsunternehmen nach dem Reichshaftpflichtgesetz, DWW 1963, 280; *Kube,* Leitungen zum Befördern gefährlicher Gase, DB 1971, 1899; *Lukes,* Die Bedeutung der sogenannten Regeln der Technik für die Schadenersatzpflicht von Versorgungsunternehmen VEnergR 23/24, 22; *Mattheis,* Zur Haftung eines Energieversorgungsunternehmens bei dem Betrieb von Erdgastransportleitungen, DB 1970, 1575; *Neumann-Duesberg,* Haftung bei Unfällen an Fahrleitungsmasten, VersR 1964, 208; *Rumpf,* Gefährdungshaftung für Energieanlagen, ElWirtsch 1943, 319; *Sachs,* Über die Rechtsverbindlichkeit der VDE- und sonstiger Vorschriften, insbesondere im Hinblick auf die Folgerungen des Zivil- und Strafrechts, ElWirtsch 1955, 582; *Schulz,* Neuregelung bei der Gefährdungshaftung, NJW

1978, 255; *Thielen,* Technische Beherrschung der Anlagen, VEnergR 32/33, 7.

A. Entstehung und Bedeutung der Haftung für gefährliche Anlagen

1 Das Gesetz zur Änderung schadensrechtlicher Vorschriften vom 16. 8. 1977 (BGBl. I, 1577, Art. 1 Nr. 2) hat die bis dahin in § 1a RHG enthaltene Regelung der Haftung für **gefährliche Anlagen** neu gestaltet. Die **neue** Fassung wurde als § 2 bekannt gemacht (Gesetz v. 14. 1. 1978 i. BGBl. I, 145). Die Vorläuferbestimmung wurde durch Gesetz vom 15. 8. 1943 (RGBl. I, 489) als § 1a in das RHG eingefügt (vgl. Anh. 1). Sie unterstellte erstmalig Anlagen zur Fortleitung oder zur Abgabe von Elektrizität oder Gas der Gefährdungshaftung. Nach dem Erlaß des RHG am 7. 6. 1871 hatte sich die Elektrizitäts- und Gaswirtschaft stark entwikkelt. Insbesondere **elektrische Leitungen,** die über fremde Grundstücke und öffentliche Wege führten, gefährdeten die Allgemeinheit in erheblichem Maße. Hauptgeschädigte waren die Landwirte, die häufig Schäden dadurch erlitten (und auch heute noch erleiden), daß der Draht einer elektrischen Freileitung riß und Weidevieh mit dem noch stromführenden Draht unmittelbar oder durch andere Leiter (etwa einen Eisenzaun) in Berührung kam. Auch ereigneten sich Schäden dadurch, daß **Gasrohre** der öffentlichen Gasversorgung undicht wurden und das ausströmende Gas in ein Hausgrundstück eindrang, wo es Menschen vergiftete oder schwere Explosionen hervorrief. Man erkannte, daß die Verschuldenshaftung schon wegen der für den Geschädigten schwierigen Beweislage keinen angemessenen Schadenausgleich gewähren konnte und daß auch der von der Rechtsprechung entwickelte, von einem Verschulden unabhängige Ersatzanspruch nach § 906 Abs. 2 S. 2 BGB (Immissionen von einem Nachbargrundstück) wegen des beschränkten Kreises der Ersatzberechtigten unzureichend war. Das führte zu der Überlegung, den Inhabern von Anlagen zur Fortleitung oder Abgabe von Elektrizität oder Gas eine vom **Verschulden unabhängige Haftung** aufzuerlegen (vgl. amtl. Begr. z. Gesetz v. 15. 8. 1943 i. DJ 1943, 430; *Däubler* i. DJ 1943, 414; *Rumpf* i. ElWirtsch 1943, 319).

2 Die **Beschränkung** der Gefährdungshaftung auf **Strom-** und **Gasanlagen** erwies sich in der Folgezeit als zu eng. Es entstanden Rohrleitungsanlagen, die nicht nur dem Transport oder der Abgabe von „Gas" i. S. eines Energieträgers, sondern auch von **anderen Gasen** oder von **Dämpfen** (z. B. für Fernheizungen) oder von **Flüssigkeiten** (z. B. Wasserleitungen oder Pipelines für Öl oder Ölprodukte) dienten und die nicht nur wegen der Art und Menge des transportierten Stoffes, sondern auch wegen der **Ausdehnung** des **Leitungsnetzes** ein besonderes Schadenrisiko darstellten. Auch hier scheiterte ein ausreichender Haftungsschutz an den strengen Anforderungen der Verschuldenshaftung. Versuche, die Rechtsstellung des Geschädigten durch Haftungsverträge zu verbessern (vgl. *Kube* i. DB 1971, 1899, 1902), bewirkten keine grundlegende Änderung, sondern verdeutlichten nur die Notwendigkeit einer gesetzlichen

Regelung. Das der Gefährdungshaftung zu Grunde liegende **Enumerationsprinzip** ließ es auch nicht zu, im Wege der Analogie einen von der Verschuldenshaftung losgelösten Ersatzanspruch zu begründen (vgl. zur Schadensersatzpflicht bei Schäden durch Bruch oder Korrosion von Wasserleitungen BGH, Urt. v. 24. 1. 1958 i. VersR 1958, 194 m. zust. Anm. v. *Böhmer* S. 221 u. Urt. v. 25. 1. 1971 i. VersR 1971, 462; OLG Neustadt, Urt. v. 14. 7. 1980 i. gwf 1961, 44; LG Osnabrück, Urt. v. 26. 11. 1957 i. gwf 1958, 45; LG Hannover, Urt. v. 8. 7. 1958 i. gwf 1958, 1142; LG Essen, Urt. v. 21. 11. 1960 i. gwf 1961, 202; LG Heidelberg, Urt. v. 29. 5. 1974 i. VersR 1976, 101; vgl. a. BGH, Urt. v. 14. 10. 1970 i. VersR 1971, 131 u. *Engert* i. BB 1963, 657, 660). Durch das Gesetz zur Änderung schadensersatzrechtlicher Vorschriften wurde deshalb die **Gefährdungshaftung** mit Wirkung vom **1. 1. 1978** (Art. 8) auf die genannten Anlagen **ausgedehnt.** Auch wurde die Haftung für gefährliche Anlagen allgemein erweitert, indem auch Leitungsanlagen im **Produktionsbereich** in die Gefährdungshaftung einbezogen wurden und die bisherige Einschränkung, daß die Schädigung auf einem **Unfall** beruhen mußte, **nicht** mehr beibehalten wurde (vgl. amtl. Begr. i. BT-Drucks. 8/108, 11 ff.).

B. Voraussetzungen der Anlagenhaftung

I. Die der Haftung unterstellten Anlagen

3 Der Haftung unterliegen **Stromleitungsanlagen und Rohrleitungsanlagen** für **Gase, Dämpfe** oder **Flüssigkeiten** und **Anlagen** zur **Abgabe** dieser Energien oder Stoffe.

1. Begriff der Anlage

a) Allgemeines

4 Unter einer Anlage ist eine **technische Einrichtung** im weitesten Sinne zu verstehen (vgl. a. § 24 GewO und hierzu *Fröhler* i. *Landmann/Rohmer*, Komm., Rdz. 5 sowie § 22 Abs. 2 WHG und hierzu *Gieseke/Wiedemann/Czychowski*, Komm., Rdz. 43). Zu fordern ist eine gewisse **Selbständigkeit.** So stellen z. B. die Masten einer Hochspannungsleitung oder der Kanaldeckel eines Abwässerkanals keine Anlage für sich dar, sondern sind nur **Teile** einer Anlage. Aus der Absicht des Gesetzgebers, gefährliche **„Betriebe“** der verschärften Haftung zu unterstellen (vgl. amtl. Begr. z. Gesetz v. 15. 8. 1943 i. DJ 1943, 430), kann nicht gefolgert werden, daß es sich stets um **„betrieblich“** genutzte Anlagen, z. B. eines Elektrizitätsversorgungsunternehmens (EVU), handeln muß. Auch eine Anlage, die jemand **privat** betreibt, z. B. eine Lichtleitung für ein Wohnhaus, kann die Haftung nach § 2 begründen (vgl. a. Rdz. 30).

b) Bewegliche Einrichtung

5 Aus dem Wortlaut ergibt sich nicht, daß es sich um eine **ortsfeste** Einrichtung handeln muß (anders Art. 3 Nr. 2 u. 3 des Referentenent-

wurfs 1967). Nach h. A. fallen unter den ebenfalls nicht näher bestimmten Anlagenbegriff des § 22 Abs. 2 WHG auch Tankwagen, Tankschiffe, Kesselwagen und Behältnisse, die auf einem Kraftfahrzeug befördert werden (vgl. BGH, Urt. v. 23. 12. 1966 i. VersR 1967, 375, Urt. v. 14. 7. 1969 i. VersR 1969, 925 = VRS 38, 31, Urt. v. 22. 11. 1971 i. VersR 1972, 174 = NJW 1972, 205 u. Urt. v. 8. 1. 1981 i. VersR 1981, 458; *Larenz* i. VersR 1963, 593, 603). Während es jedoch § 22 Abs. 2 WHG als Zweck der Anlage bezeichnet, Stoffe „zu befördern **oder** wegzuleiten", weist das Erfordernis des **„Leitens"** in § 2 Abs. 1 Satz 1 HG darauf hin, daß der Transport stets in der Art eines **„Strömungsvorganges"** vor sich gehen soll (vgl. *Darge/Melchinger/Rumpf,* Energiewirtschaftsgesetz, Komm. I Teil Anm. 7b zu § 2; *Scheuten/Tegethoff,* Recht der öffentl. Energieversorgung, § 2 EnergG, I 83). Fahrzeuge oder Schiffe, die die in Abs. 1 Satz 1 bezeichneten Stoffe unmittelbar oder in selbständigen Behältnissen **transportieren,** z. B. Strom in Batterien oder Gas in Tanks oder Flaschen, erfüllen deshalb den Anlagenbegriff des § 1 Abs. 1 Satz 1 nicht (a. A. *Grothe* i. Flüssiggas 1959, Heft 6). Anders ist zu entscheiden, wenn die Einrichtung allein oder zusätzlich der Abgabe dient, z. B. Propangasflaschen (so zutr. *Grothe* aaO. u. *Vaubel* i. *Eiser/Riederer/Obernolte/Danner,* Energiewirtschaftsrecht, XIII, 34). Auch erscheint die Annahme unbedenklich, daß eine Anlage ihrerseits **Teil** einer **ortsveränderlichen** Einrichtung sein kann, z. B. eine Lichtleitung oder ein Wasserrohr Teile eines Schiffes oder eines Kraftfahr- oder Bahnfahrzeugs.

c) Örtliche Lage, Dauer

6 Ob die Anlage **oberhalb, unterhalb** oder **auf** der **Erdoberfläche verlegt** ist, z. B. eine Stromleitung als Freileitung oder als Erdkabel, ist unerheblich. Es ist auch **nicht** erforderlich, daß die Anlage für **längere Dauer** eingerichtet wird. So ist z. B. auch eine Stromleitung, die für eine Baustelle oder einen Jahrmarkt gelegt wird, eine Anlage i. S. von § 2 Abs. 1 Satz 1 (vgl. OLG Köln, Urt. v. 18. 11. 1969 i. VersR 1970, 229; *Fröhler* i. *Landmann/Rohmer,* GewO, Rdz. 5 zu § 24).

d) Gefährlichkeit

7 Die Vorschrift des § 2 soll jedoch nur **gefährliche** Anlagen erfassen (vgl. zu § 22 Abs. 2 WHG OLG Köln, Urt. v. 23. 6. 1967 i. VersR 1967, 872). Ob dies zutrifft, ist von Fall zu Fall zu prüfen. So wird man ein kleines Wasserbehältnis (Eimer, Kanister, Faß), auch wenn es zur Abgabe eines in Abs. 1 Satz 1 angeführten Stoffes bestimmt ist, nicht als eine Anlage i. S. dieser Vorschrift ansehen können, weil es nicht Gefahren begründet, die den Gesetzgeber veranlaßt haben, die strenge Gefährdungshaftung einzuführen (vgl. a. z. Eisenbahnbegriff BGH, Urt. v. 29. 4. 1960 i. VersR 1960, 242 = NJW 1960, 1345 sowie *Larenz* i. VersR 1963, 593, 598 u. Rdz. 4 zu § 1).

2. Bestimmung der Anlage

a) Die bezeichneten Energien und Stoffe

8 Nicht alle „gefährlichen" Anlagen unterliegen der Haftung nach § 2, sondern nur diejenigen, die der Gesetzgeber – **abschließend** – angeführt

hat (vgl. BGH, Urt. v. 24. 1. 1958 i. VersR 1958, 194 m. zust. Anm. v. *Böhmer* S. 221 u. die unter Rdz. 2 zitierte Rechtsprechung zu der insoweit unveränderten Rechtslage nach § 1a RHG).

9 Es muß sich um eine Anlage zur Leitung oder Abgabe von **Elektrizität, Gasen, Dämpfen** oder **Flüssigkeiten** handeln. Unter **Gasen** sind alle Elemente oder chemische Verbindungen zu verstehen, die in ihrem normalen Zustand **gasförmig** sind. Von dieser Definition werden nicht nur Stadt-, Kokerei-, Raffineriegas, sondern auch sämtliche Arten des Flüssiggases, wie Propan, Butan, Propylen, Butylen usw. erfaßt (*Danner* i. *Eiser/Riederer/Obernolte/Danner* aaO., § 2 EnergG, I 64; *Scheuten/Tegethoff* aaO., § 2 EnergG I 76f.). Darüber hinaus sind den Gasen, anders als nach § 1a RHG, nicht nur Gas als **Energieträger** zuzurechnen, sondern entsprechend dem Sprachgebrauch auch sonstige Arten von Gasen, z. B. Stickstoff, Wasserstoff, Sauerstoff, Äthylen (so die amtl. Begr. i. BT-Drucks. 8/108, 11 unter Hinweis auf § 24 Abs. 3 Nr. 3 GewO). **Luft** (Heißluft) wird, obwohl es ein Gasgemisch darstellt, weder nach dem allgemeinen noch nach dem fachlichen Sprachgebrauch als „Gas" angesehen. Anlagen der Wärmeversorgung fallen deshalb unter Abs. 1 nur insoweit, als sie mit **Dampf** oder **Warmwasser** betrieben werden, nicht aber, soweit sie Heißluft verwenden. Zu den Flüssigkeiten zählen z. B. **Öl** und **Ölprodukte** sowie **Wasser** einschl. **Abwasser.**

b) Leitung, Abgabe

aa) Allgemeines

10 Die Anlage muß der **Leitung** oder **Abgabe** der genannten Stoffe dienen. Soweit es sich um eine Energieanlage handelt, deckt sich diese Definition im Prinzip mit der des § 2 Abs. 1 des Gesetzes zur Förderung der Energiewirtschaft (Energiewirtschaftsgesetz) v. 13. 12. 1935 (RGBl. I, 1451). Für den Zweck der Leitung oder der Abgabe muß die Anlage **allgemein** bestimmt sein. Das richtet sich nach ihrer **objektiven** Beschaffenheit oder nach der **Anordnung** des **Inhabers** der Anlage oder seines **Vertreters** (vgl. *Ettner* i. DB 1964, 723, 724). Beruht es auf einem **Zufall** oder auf einem **eigenmächtigen** Eingriff eines **Dritten,** daß eine Einrichtung zur Leitung oder Abgabe der in Abs. 1 Satz 1 angeführten Energien oder Stoffe verwendet wird, wird sie dadurch nicht zu einer Anlage i. S. v. Abs. 1 Satz 1. Fällt z. B. der Draht einer Hochspannungsleitung auf einen Weidezaun und setzt er diesen unter Strom, so haftet der Eigentümer des Zaunes für die Verletzung desjenigen, der den Zaun berührt, nicht nach § 2 (vgl. OLG Oldenburg, Urt. v. 17. 2. 1960 i. VersR 1960, 1126; vgl. a. BGH, Urt. v. 25. 4. 1961 i. VersR 1961, 617: offengelassen, ob eine Tränke, die bestimmungswidrig als Stromleiter benutzt wird, als Anlage anzusehen ist, was jedoch ebenfalls zu verneinen ist).

bb) Leitungsanlage

11 Eine **Leitungs**anlage dient dem **Transport** der **Energien** oder **Stoffe.** Soweit Gase, Dämpfe oder Flüssigkeiten geleitet werden, muß es sich nach der jetzigen Fassung der Vorschrift um eine **verrohrte** Anlage han-

deln. Eingefaßte offene **Gräben** oder **Kanäle** scheiden damit aus dem Anwendungsbereich der Anlagenhaftung aus; in die insoweit bestehenden natürlichen Risiken – etwa das der Überschwemmung – wollte der Gesetzgeber nicht eingreifen (amtl. Begr. i. BT-Drucks. 8/108, 12). Ist die Anlage **teils verrohrt, teils offen,** ist für die Beurteilung der Haftung die Stelle maßgebend, die die **Schadenursache** gebildet hat. Als Rohranlage kann auch ein **ummauerter Kanal** angesehen werden (*Driewer* i. Korrespondenz Abwasser 1978, 78). Auch stellen **Öffnungen** in größeren Abständen von geringerem Umfange, wie Durchlässe, den Rohrleitungscharakter nicht in Frage (Driewer aaO.). Daß die Rohrleitungsanlage unter **Druck** steht, ist **nicht** erforderlich. Es sollten bewußt auch die Fälle erfaßt werden, in denen Flüssigkeiten nur unter Ausnutzung des **Gefälles** in Rohrleitungen transportiert werden (amtl. Begr. aaO.). Anders als nach § 1a RHG erstreckt sich die Haftung nach § 2 HG nicht nur auf Anlagen, die der reinen Fortleitung dienen, wie z. B. eine Stromleitung, die von der Sammelschiene eines E-Werkes zum Verbraucher führt. Der Haftung unterliegen jetzt auch Anlagen, die im Bereich der **Förderung, Produktion** oder **Verarbeitung** liegen. Als Beispiel erwähnt die amtl. Begr. (aaO.) ein Leitungssystem für die Gewinnung von Erdöl und Erdgas, das diese Stoffe über weite Strecken einer Sammelstelle zuführt.

cc) Anlage zur Abgabe

12 Eine Anlage zur **Abgabe** dient der Lagerung der Energien oder Stoffe oder ihrer unmittelbaren Zuführung zum Verbraucher oder vom Verbraucher (letzteres z. B. bei Abwässeranlagen). Die nicht immer ganz einfache Abgrenzung zur **Leitungsanlage** ist jetzt insoweit wichtig, als das Erfordernis, daß es sich um eine **Rohrleitungsanlage** handeln muß, für eine Anlage zur Abgabe von Gasen, Dämpfen oder Flüssigkeiten **nicht** gilt. Zu den **Abgabeanlagen** gehören insbesondere Meßgeräte, wie Elektrizitätszähler und Wasseruhren, sowie Gasmesser und bei Großabnehmern die erforderlichen Meßwandler; ferner Rundsteuerempfänger, Schaltuhren und Hausanschlußsicherungen, bei Großabnehmern Transformatoren und Regler in den Übergabestationen, die die Energie in einer für den Verwendungszweck geeigneten Form zur Verfügung stellen (*Rumpf* i. ElWirtsch 1943, 319; *Scheuten/Tegethoff* aaO., § 2 EnergG, I 85; *Danner* i. *Eiser/Riederer, Obernolte/Danner aaO.,* § 2 EnergG, I 67). Im Bereich der Versorgung können auch der **Hausanschluß** (d. i. die Verbindung des Verteilernetzes mit der Kundenanlage, vgl. §§ 10 Abs. 2 Satz 1 AVBEltV, AVBGasV, AVBFernwärmeV, AVBWasserV) sowie die **Installationsanlagen** des Abnehmers als Anlagen zur Abgabe angesehen werden (*Danner* i. *Eiser/Riederer/Obernolte/Danner,* aaO.; offengelassen *Scheuten/Tegethoff* aaO.). Auch die **Kanalhausanschlüsse** stellen Anlagen zur Abgabe von Stoffen dar. Zu den Anlagen rechnen die ihnen zugeordneten **Nebeneinrichtungen.** So gehören z. B. zu den Stromleitungsanlagen auch Umform- und Umspannanlagen und Schalteinrichtungen und deren Zubehör, zu den Gasleitungen Druckregler-, Druckminderer- und Druckerhöhungs-Stationen (*Darge/Melchinger/Rumpf,* Energiewirtschaftsgesetz, I. Teil, Anm. 7b zu § 2 EnergG; *Scheuten/Tegethoff* aaO., I

83; *Ludwig/Cordt/Stech,* Recht der Elektrizitäts-, Gas- und Wasserversorgung, Anm. 1 zu § 2 EnergG), bei einer Abwässerleitung die Kanalschächte und die Kanaldeckel (*Driewer* i. Korrespondenz Abwasser 1978, 78, 79).

dd) Andere Anlagen

13 Der Haftung nach § 2 unterliegen dagegen nicht diejenigen Anlagen, die **unmittelbar** der **Förderung, Produktion** oder **Verarbeitung** der in Abs. 1 Satz 1 angeführten Energien oder Stoffe dienen, wie Turbinen, Dynamos, Dampfkessel, Pumpspeicherwerke, Kühltürme, Ofenkammern und Batterien in Gaswerken und dergl. (vgl. amtl. Begr. zu § 1a RHG i. DJ 1943, 430; *Däubler* i. DJ 1943, 414, 415 u. *Scheuten/Tegethoff* aaO., I 80). Ebenso scheiden Anlagen aus der Haftung aus, bei denen es sich um **Energieverbrauchsgeräte** oder sonstige Einrichtungen zum **Verbrauch** oder zur **Abnahme** der in Abs. 1 bezeichneten Stoffe handelt (vgl. Abs. 3 Nr. 2). Die Haftung endet somit dort, wo diese Geräte beginnen. Das ist bei der Energieversorgung nicht schon die Stelle, wo die Anlagen das Grundstück oder das Haus des Abnehmers erreichen und der Hausanschluß in die Installationsanlagen des Abnehmers übergeht. Vielmehr liegt die Grenze zwischen den letzteren und den eigentlichen Verbrauchseinrichtungen (Danner i. *Eiser/Riederer/Obernolte/Danner* aaO., I 66; Scheuten/Tegethoff aaO., I 84; a. A. *Ludwig/Cordt/Stech* aaO., Anm. 1 zu § 2 EnergG. Insoweit ist allerdings Inhaber der Anlage und damit Haftpflichtiger nicht mehr das EVU, sondern der Abnehmer, vgl. Rdz. 30).

14 **Teile** von Energieverbrauchsgeräten, z. B. von Motoren oder Beleuchtungskörpern, die der Leitung dienen, sind **keine selbständigen Leitungsanlagen,** weil die Funktion der Leitung von **untergeordneter Bedeutung** ist (*Darge/Melchinger/Rumpf* aaO., Anm. 4a zu § 2 EnergG; *Scheuten/Tegethoff* aaO., I 79). Demgegenüber sind Leitungen zum Transport des Stroms für einen Bahnbetrieb oder für eine öffentliche Straßenbeleuchtung als Anlagen i. S. v. § 2 Abs. 1 Satz 1 anzusehen (*Fischerhof,* Energiewirtschaft- und Atomenergierecht, Anm. II zu § 2 EnergG; *Scheuten/Tegethoff* aaO., I 79; a. A. für Zuleitung zum elektrischen Bahnbetrieb *Danner* i. *Eiser/Riederer/Obernolte/Danner* aaO., I 70 u. *Ludwig/Cordt/Stech* aaO., Anm. 1 zu § 2 EnergG). Nach h. A. handelt es sich bei der Fahrdrahtanlage einer elektrisch betriebenen Bahn wie auch anderen Nebeneinrichtungen der Bahn (Signale, Stellwerke u. dergl.) und den Bahnfahrzeugen selbst um Energieverbrauchseinrichtungen, weil sie nicht der Übertragung, sondern der Abnahme der Energie dienen (*List,* Energierecht, § 4 A I, 6; *Fischerhof* aaO.; *Scheuten/Tegethoff* aaO., I 84; *Danner* i. *Eiserer/Riederer/Obernolte/Danner* aaO., I 70; a. A. *Ludwig/Cordt/Stech* aaO., Anm. 1 zu § 2 EnergG). Dieser Auffassung ist zuzustimmen. Sie führt auch nicht zu einem für den Geschädigten unbilligen Ergebnis, weil für Schäden, die sich durch den Strom des Fahrbetriebes ereignen, schon die Haftung nach § 1 gegeben ist (vgl. Rdz. 69f. zu § 1), die Gefährdungshaftung somit nur entfällt, soweit es sich um die Zustandshaftung nach § 2 Abs. 1 Satz 2 handelt.

3. Zeitliche Begrenzung

15 Die Haftung **beginnt** erst mit der **Fertigstellung** der Anlage. Eine im Bau befindliche Anlage begründet die Haftung noch nicht (*Däubler* i. DJ 1943, 414, 416; OLG Oldenburg, Urt. v. 16. 5. 1958 i. MDR 1958, 843). Das bedeutet jedoch nicht, daß die Anlage schon den vollen Betrieb aufgenommen haben muß. Auch Schäden, die bei Tests oder Probeläufen entstehen, können die Gefährdungshaftung auslösen (amtl. Begr. i. BT-Drucks. 8/108, 12; vgl. a. Rdz. 16 zu § 1). Die Haftung **endet** mit dem **Abbruch** oder der **Demontage** der Anlage (*Ettner* i. DB 1964, 723, 724). Die Unterbrechung oder Beendigung des **Betriebs** der Anlage, z. B. die Abschaltung des Stroms bei elektrischen Freileitungen, reichen nicht aus, weil die **mechanische** Wirkung, für die die Zustandshaftung nach Abs. 1 Satz 2 gegeben ist (Rdz. 20ff.), bestehen bleibt.

II. Wirkungshaftung

1. Haftungsvoraussetzungen

16 Der Inhaber der Anlage haftet, wenn durch die **Wirkungen** von Elektrizität, Gasen, Dämpfen oder Flüssigkeiten, die von einer Anlage ausgehen, ein Schaden eintritt. Von dieser in Satz 1 geregelten **Wirkungshaftung** ist die Haftung zu unterscheiden, die allein auf dem des **Vorhandenseins** der Anlage beruht und für die in Satz 2 ein besonderer Haftungstatbestand geschaffen wurde (Rdz. 20ff.).

17 Die Haftung setzt einmal voraus, daß zwischen den **Wirkungen** von Elektrizität, Gasen, Dämpfen oder Flüssigkeiten und der **Schadenszufügung,** der Tötung, Körper- oder Gesundheitsverletzung oder Sachbeschädigung, ein **adäquater Kausalzusammenhang** besteht, sog. **haftungsbegründende** Kausalität (vgl. hierzu Rdz. 77ff. zu § 1). Erforderlich ist weiter, daß die Wirkungen von einer Stromleitungs- oder Rohrleitungsanlage oder einer Anlage zur Abgabe der bezeichneten Energien oder Stoffe ausgehen. Das bedeutet, daß auch ein **Zusammenhang** mit der **Funktion** der Anlage, dem **Transport** oder der **Abgabe,** gegeben sein muß. Typisch dafür ist, daß jemand eine stromführende Leitung berührt und hierdurch einen Schlag erhält und sich verletzt oder daß ein Wasserrohrbruch Überschwemmungen, Grundstücksunterspülungen oder Wassereinbrüche in Kellern bewirkt. Entsteht jedoch der Schaden nicht durch diese Wirkungen, sondern dadurch, daß die Wirkungen **ausbleiben,** indem z. B. die Zufuhr von Strom, Gas, Dämpfen oder Flüssigkeiten nicht mehr erfolgt oder unterbrochen wird, so begründet dies keine Haftung nach § 2 Abs. 1 Satz 1 (*König* i. DWW 1963, 280, 281; unklar *Rumpf* i. ElWirtsch 1936, 319, 321). Ebenso ist zu entscheiden, wenn der Schaden dadurch entsteht, daß die beförderten oder abgegebenen Stoffe eine **mangelhafte Beschaffenheit** haben, z. B. Trinkwasser verunreinigt oder vergiftet ist. Unter ,,Wirkungen" sind nur die **physikalischen** Vorgänge zu verstehen. Eine Haftung nach Abs. 2 Satz 1 ist deshalb auch nicht begründet, wenn die Veränderung des Stoffes im Zusammenhang mit seiner Fortleitung oder Abgabe steht, z. B. Wasser dadurch verunrei-

nigt wird, daß durch den Strömungsvorgang von den Innenwänden des Rohres Rostteilchen gelöst und fortbewegt werden. In den genannten Fällen kann eine Schadenersatzpflicht nur aus **anderen Haftungsgrundlagen,** dem Deliktsrecht oder vertraglichen Beziehungen, hergeleitet werden (vgl. Rdz. 3ff. u. 133ff. zu § 12).

18 Auf ein **Verschulden** irgendwelcher Art oder darauf, ob die Anlage im Zeitpunkt der Schadenverursachung **ordnungsgemäß** war, kommt es nicht an. Der Inhaber einer elektrischen Freileitung haftet z. B. grundsätzlich auch dann für einen durch einen Stromschlag entstandenen Schaden, wenn es zu der Berührung mit dem stromführenden Draht nur dadurch kommen konnte, daß der Verletzte den Hochspannungsmast verbotswidrig erklettert hatte (wobei allerdings die Berücksichtigung eines Verschuldens des Verletzten bei der Abwägung nach §§ 4 HG, 254 Abs. 1 BGB zum Wegfall der Haftung führen kann, vgl. Rdz. 29, 58ff. zu § 4).

2. Einzelfälle

19 Verletzung oder Tötung von Menschen oder Tieren, die **stromführende Leitungen** oder andere unter Strom gesetzte Teile oder Einrichtungen **berührt** haben oder ihnen **zu nahe** gekommen sind (BGH, Urt. v. 23. 10. 1952 i. VersR 1953, 27, Urt. v. 14. 6. 1957 i. VRS 13, 253, Urt. v. 25. 4. 1961 i. VersR 1961, 617 u. Urt. v. 19. 11. 1964 i. VersR 1965, 136; OLG Köln, Urt. v. 30. 3. 1954 i. VersR 1954, 421 m. Anm. v. *Voss;* OLG Nürnberg, Urt. v. 21. 10. 1954 i. VersR 1955, 156; OLG Oldenburg, Urt. v. 17. 2. 1960 i. VersR 1960, 1126 m. Anm. v. *Böhmer* i. VersR 1961, 94; OLG Karlsruhe, Urt. v. 1. 3. 1978 i. VersR 1979, 382 L; LG Hagen, B. v. 12. 5. 1950, best. d. OLG Hamm, B. v. 19. 9. 1950 – 3 W 208/50 – i. VersR 1951, 246 = ElWirtsch RB 1952, 58; LG Aachen, Urt. v. 14. 7. 1953 i. VersR 1954, 311; LG Schweinfurt, Urt. v. 30. 3. 1962 i. VersR 1964, 276; AG Leer, Urt. v. 29. 1. 1952 i. ElWirtsch RB 1952, 34); Brandschäden durch **Kurzschluß** oder **Funkenflug** stromführender Leitungen (BGH, Urt. v. 1. 3. 1966 i. VersR 1966, 586 = MDR 1966, 492 = BB 1966, 389; OLG Hamm, Urt. v. 17. 5. 1965 i. ElWirtsch RB 1965, 67; LG Bamberg, Urt. v. 21. 2. 1952 i. ElWirtsch RB 1953, 77, best. d. OLG Bamberg, B. v. 23. 3. 1953 aaO. S. 79; LG Lübeck, Urt. v. 6. 4. 1955 i. ElWirtsch RB 1955, 64); Beschädigung von Energieverbrauchsgeräten durch **Stromstöße** (*Rumpf* i. ElWirtsch 1943, 319, 322, vgl. jedoch Rdz. 51); Beschädigung von Rohrleitungen oder Kabeln durch **vagabundierende Gleichströme** (vgl. *Thielen* i. VEnergR Bd. 32/33, 8 sowie Rdz. 33); **Vergiftung** durch **Gas,** das aus einer undicht gewordenen Leitung in ein Haus strömt (OLG München, Urt. v. 28. 3. 1963 i. VersR 1964, 1208; LG Köln, Urt. v. 11. 10. 1951 i. VersR 1953, 373 L; LG Tübingen, Urt. v. 5. 6. 1957 i. VersR 1957, 675 m. Anm. v. *Böhmer* S. 676; Schäden durch **explodierendes Gas** (BGH, Urt. v. 12. 11. 1982 i. VersR 1982, 368 = BB 1982, 335 = NJW 1982, 991; LG Konstanz, Urt. v. 28. 2. 1974 i. VersR 1975, 94; vgl. a. BGH, Urt. v. 15. 11. 1960 i. VersR 1961, 64); **Überschwemmung** von Keller- oder Lagerräumen nach Bruch einer auf der Straße verlegten Hauptwasserrohrleitung

(vgl. noch zur alten Rechtslage BGH, Urt. v. 24. 1. 1958 i. VersR 1958, 194; LG Hannover, Urt. v. 8. 7. 1958 i. gwf 1958, 1142; LG Essen, Urt. v. 21. 11. 1960 i. gwf 1961, 202; LG Heidelberg, Urt. v. 29. 5. 1974 i. VersR 1976, 101; weitere Beispiele Rdz. 38ff. zu § 12).

III. Zustandshaftung

1. Haftungsvoraussetzungen

20 Auch wenn der Schaden nicht auf die Wirkungen von Elektrizität, Gasen, Dämpfen oder Flüssigkeiten, sondern nur auf das **Vorhandensein** einer Anlage i. S. v. Abs. 1 Satz 1 zurückzuführen ist, haftet der Inhaber (Satz 2). Daß auch für die sog. **mechanischen** Wirkungen der Anlagen gehaftet wird, liegt nicht darin begründet, daß die Anlagen für sich gesehen **gefährlicher** sind als andere Einrichtungen, z. B. Gebäude. Die Anlagen befinden sich jedoch größtenteils auf öffentlichen Flächen oder fremden Grundstücken und gefährden dadurch einen **weiten** Kreis von Personen (vgl. *Rumpf* i. ElWirtsch 1943, 319, 320). Unerheblich ist, ob der ordnungswidrige Zustand den Schaden **unmittelbar** auslöst oder erst später, z. B. ein Kraftfahrzeug dadurch beschädigt wird, daß eine nichtstromführende Leitung auf das Fahrzeug herabfällt oder das Fahrzeug in die bereits auf der Straße liegende Leitung fährt (vgl. *Däubler* i. DJ 1943, 414, 417). Zwischen dem objektiv nicht ordnungsgemäßen Zustand der Anlage und der Schadenszufügung muß ein **adäquater Kausalzusammenhang** gegeben sein, sog. **haftungsbegründende** Kausalität (vgl. Rdz. 77ff. zu § 1). Hat der Schaden seine Ursache **nicht** in der **Anlage,** sondern in einem **Energieverbrauchsgerät** oder in **Arbeiten,** die Monteure an der Anlage vorgenommen haben, ist eine Haftung nach § 2 Abs. 1 Satz 2 nicht gegeben (vgl. BGH, Urt. v. 20. 12. 1957 i. VRS 14, 349 = MDR 1958, 192). Der Zusammenhang mit der Anlage fehlt auch, wenn der Schaden durch einen **Teil** der Anlage verursacht wurde, der im Zeitpunkt der Schadenentstehung von ihr völlig **losgelöst** war. Stolpert z. B. ein Fußgänger über einen abgehobenen und auf dem Bürgersteig abgelegten Straßenkanaldeckel, kann die Haftung nicht aus Satz 2 hergeleitet werden.

2. Ordnungsgemäßer Zustand der Anlage

a) Allgemeines

21 Die Haftung besteht **nicht,** wenn sich die Anlage z. Zt. der Schadenverursachung in einem **ordnungsgemäßen Zustand** befunden hat. Nach der Legaldefinition in Satz 3 ist eine Anlage ordnungsgemäß, solange sie den **anerkannten Regeln der Technik** entspricht und **unversehrt** ist. Diese Entlastungsmöglichkeit, deren Voraussetzungen der Inhaber der Anlage nachzuweisen hat (vgl. amtl. Begr. zu § 1a RHG i. DJ 1943, 430 u. zu § 2 HG i. BT-Drucks. 8/108, 12), macht die Haftung **nicht** zu einer – durch eine **Verschuldensvermutung** eingeschränkten – **Verschuldenshaftung** (so unr. *Kube* i. DB 1971, 1899, 1902; *Ballerstedt* i. VEnergR 23/

24, 88, 96). Eine Anlage kann noch kurze Zeit vor der Schadensverursachung völlig in Ordnung sein, so daß den Inhaber keine Schuld trifft (vgl. *Rumpf* i. ElWirtsch 1943, 319, 320; *Wussow,* UHR, Tz. 668). Ein Rohrbruch kann auf inneren Fehlern der Rohrleitungen beruhen, die im Zeitpunkt ihrer Verlegung auch bei Anwendung größter Sorgfalt nicht festzustellen sind und die später durch Kontrollmaßnahmen zumutbarer Art nicht aufgespürt werden können (vgl. amtl. Begr. i. BT-Drucks. 8/108, 111 f.). Dennoch ist in diesen Fällen die Haftung nach § 2 Abs. 1 Satz 2 gegeben (zur Verschuldenshaftung vgl. Rdz. 38 ff., 90 ff., 145 ff. u. 168 ff. zu § 12).

b) Anerkannte Regeln der Technik

22 Eine Anlage entspricht **anerkannten Regeln der Technik,** wenn sie nach diesen Regeln **errichtet** und **betrieben** (unterhalten, überwacht) wurde. **Regeln** der **Technik** befinden sich vor allem in technischen Regelwerken, die von Fachausschüssen oder Sachverständigengremien nach bestimmten Verfahren aufgestellt werden, aber z. B. auch in den Vorschriften der Berufsgenossenschaften oder in Veröffentlichungen des technischen Schrifttums. **Anerkannt** sind technische Regeln nicht schon dann, wenn sie in der Theorie erkannt und entwickelt sind. Die Überzeugung von der Notwendigkeit der Regeln muß vielmehr in die **Praxis** eingedrungen sein und sich dort verfestigt haben. Unerheblich sind allerdings Mindermeinungen in der technischen Fachwelt, ein eingerissener Mißbrauch oder eine nachlässig geübte Praxis (vgl. RG, Urt. v. 10. 10. 1910 i. RGSt 44, 76, 79 u. Urt. v. 5. 1. 1922 i. RGSt 56, 343, 346; *Breuer* i. ArchÖffR 1976, 46, 67 f.; *Rudolphi/Horn,* StGB, Besonderer Teil, Anm. 2 zu § 330; *Mösl* i. LK, 3. Bd., Rdz. 8 zu § 330; *Gieseke/Wiedemann/Czychowski,* WHG, Rdz. 9 ff. zu § 7a, Rdz. 4 ff. zu § 18b u. Rdz. 10 f. zu § 19g). Wenn in Abs. 1 Satz 3 von anerkannten, statt von **allgemein** anerkannten Regeln wie in anderen Gesetzen (z. B. in §§ 7a Abs. 1 Satz 2, 18b Abs. 1 Satz 2, 19g Abs. 3 WHG, § 330 Abs. 2 StGB, § 3 Abs. 1 Satz 1 MaSchG, § 6 VbF, § 3 DruckgasV) die Rede ist, so hat dies keine sachliche Bedeutung, weil Gründe für eine abweichende Beurteilung nicht erkennbar sind (so a. *Lukes* i. VEnergR 23/24, 20, 27). Dagegen beinhalten Begriffe wie „Stand der Technik" (vgl. § 4b BBahnG), „Stand von Wissenschaft und Technik" (vgl. § 24 Abs. 2 GewO) höhere, von der allgemeinen Anerkennung und praktischer Bewährung unabhängige Anforderungen (*Breuer* aaO. S. 67 f.). Die anerkannten Regeln der Technik sind **keine Rechtsvorschriften** (wenn sie nicht ausnahmsweise die an eine Rechtsverordnung zu stellenden formellen und materiellen Anforderungen erfüllen; hierzu BVerwG, Urt. v. 20. 9. 1961 i. NJW 1962, 506; *Sachs* i. ElWirtsch 1955, 582), kommen jedoch häufig in ihrer Wirkung einer Rechtsnorm nahe. Der praktische Unterschied liegt darin, daß anerkannte technische Regeln der vollen richterlichen Überprüfung auf ihre Sachgemäßheit und ihre Übereinstimmung mit der neueren technischen Entwicklung unterliegen (vgl. BGH, Urt. v. 27. 10. 1981 i. VersR 1982, 146).

23 Für **elektrische** Energieanlagen sind z. B. als **anerkannte Regeln der Technik** die Bestimmungen des Verbandes Deutscher Elektrotechniker –

VDE – maßgebend (vgl. § 1 der 2. DVO z. EnergG v. 31. 8. 1937, RGBl. I, 918). Für Anlagen und Geräte zur Speicherung, zur Verteilung und zur Verwendung von **Gas** gelten als anerkannte Regeln die Bestimmungen des Deutschen Vereins von Gas- und Wasserfachmännern – **DVGW** – (vgl. § 1 der 4. DVO z. EnergG v. 7. 12. 1938, RGBl. I, 1732). Größere Bedeutung haben auch die **DIN-Normen.** Ein Verstoß gegen anerkannte Regeln der Technik wurde z. B. darin gesehen, daß ein Leitungsmast in unmittelbarer Nähe einer knorrig gewachsenen Birke aufgestellt war, so daß die Gefahr bestand, daß durch Sturm oder im Winter durch Schneedruck Äste abbrachen, die die am Mast befestigten Drähte beschädigten (LG Tübingen, Urt. v. 28. 3. 1958 i. VersR 1958, 695 = MDR 1958, 515, jeweils m. Anm. v. *Böhmer*; vgl. a. OLG Hamm, Urt. v. 17. 5. 1965 i. ElWirtsch RB 1965, 67).

c) Unversehrtheit der Anlage

24 Es muß hinzukommen, daß die Anlage **unversehrt** ist. Unversehrt bedeutet, daß die Anlage frei von Mängeln ist, die die Sicherheit berühren. Reine **Schönheitsfehler** beeinträchtigen die Versehrtheit der Anlage nicht. Unversehrt ist z. B. eine Anlage nicht mehr, wenn sie zwar nach den anerkannten Regeln der Technik erbaut und betrieben, jedoch durch Naturereignisse oder Eingriffe Dritter **beschädigt** wurde.

d) Maßgeblicher Zeitpunkt

25 Zeitlich kommt es auf den **Beginn** der in Gang gesetzten Kausalkette an (vgl. LG Tübingen, Urt. v. 28. 3. 1958 i. VersR 1958, 695 = MDR 1958, 525, jeweils m. Anm. v. *Böhmer; Rumpf* i. ElWirtsch 1943, 319). Fährt z. B. ein ins Schleudern gekommener Lkw gegen einen am Straßenrand ordnungsgemäß aufgestellten Leitungsmast, der daraufhin in den Straßenraum stürzt und für einen dem Lkw nachfolgenden Pkw zum Hindernis wird, so handelt es sich um einen **einheitlichen** Schadenvorgang, so daß der Inhaber auch für die Schäden an dem Pkw nicht zu haften hat, obwohl die Anlage im Zeitpunkt der Entstehung dieses Schadens schon nicht mehr unversehrt war. Dagegen liegt eine einheitliche Schadenursache nicht mehr vor, wenn sich der Pkw der Unfallstelle erst einige Zeit später genähert hat; in diesem Falle kann sich der Inhaber nicht darauf berufen, die Anlage sei zur Zeit der Schadenentstehung noch ordnungsgemäß gewesen. Maßgebend sind auch die anerkannten Regeln, die **zur Zeit der Schädigung** gelten und nicht diejenigen, die bei der Errichtung der Anlage gegolten haben. Die gegenteilige Auffassung (vgl. *Sachs* i. ElWirtsch 1955, 582, 587; *Ballerstedt* i. VEnergR 23/24, 88, 95f.; *Ludwig/Cordt/Stech,* Recht der Elektrizitäts-, Gas- und Wasserversorgung, I. Teil 16f.) ist mit der Rechtsnatur des § 2 Abs. 1 Satz 2 als Gefährdungstatbestand nicht zu vereinbaren, weil sie zum Ergebnis hätte, daß die Anforderungen nicht strenger, sondern teilweise sogar geringer wären als bei der Verschuldenshaftung (vgl. Rdz. 16 zu § 12).

3. Einzelfälle

26 Schäden durch **Herabfallen** von **Leitungsdrähten,** die keinen Strom führen (vgl. LG Tübingen, Urt. v. 28. 3. 1958 i. VersR 1958, 695 =

MDR 1958, 525, jeweils m. Anm. v. *Böhmer*); Unfall eines Kfz durch Berührung mit einer unvorschriftsmäßig tief **herabhängenden Stromleitung** (vgl. *Däubler* i. DJ 1943, 414, 417); Schäden durch **umstürzende Leitungsmasten** (amtl. Begr. zu § 1a RHG i. DJ 1943, 430); Unfall eines Kfz durch eine Vertiefung in der Straßenoberfläche, die auf das **Einstürzen** einer baufälligen **Rohrleitungsanlage** zurückzuführen ist; Sturz eines Fußgängers in einen **Kanalschacht,** von dem ein Unbefugter den **Kanaldeckel entfernt** hat (*Driewer* i. Korrespondenz Abwasser 1978, 79). Kraftfahrzeug- und Stolperunfälle durch gefährlich hochstehende Kanal- und Hydrantendeckel. Wird jemand dadurch verletzt, daß bei der Explosion eines Gasbehälters Eisenteile weggeschleudert werden, oder verursacht das aus einem umstürzenden Gaskandelaber ausströmende Gas einen Brandschaden an einem Fahrzeug, so richtet sich die Haftung nach Satz 1, weil die Schädigung durch die **Wirkung** von Gas eintritt (a. A. für den ersteren Fall *Börner* i. VEnergG Bd. 32/33, 50, 74; *Vaubel* i. *Eiser/Riederer/Obernolte/Danner,* EnergWR, XIII, 34 und für den letzteren Fall *Rumpf* i. ElWirtsch 1943, 319, 320).

IV. Ausnahmen

27 Für Anlagen, die nur der Übertragung von **Zeichen** oder **Lauten** dienen, gilt kraft ausdrücklicher Regelung die Haftung nach § 2 nicht (Abs. 2). Die in diesen Anlagen geleitete Energie ist nicht gefährlich, weil ihre Einwirkung regelmäßig keine Schäden zur Folge hat. Außerdem greift bei Schäden dieser Art die besondere Haftung nach § 12 Abs. 2 des Telegrafenwegegesetzes v. 18. 12. 1899 (RGBl. I, 705; vgl. amtl. Begr. zu § 1a RHG i. DJ 1943, 430 u. *Däubler* i. DJ 1943, 414, 415) ein. Freigestellt von der Gefährdungshaftung nach Abs. 2 sind alle **Telegrafen- und Fernsprechanlagen;** ferner **Funk-, Fernseh-** und **Radioanlagen** (vgl. § 1 des Gesetzes über Fernmeldeanlagen – FAG – v. 17. 3. 1977 i. BGBl. I, 459). Die Haftung ist auch dann nicht begründet, wenn die Drähte einer Fernmeldeleitung nach dem Sturz eines Mastes mit einer Starkstromleitung in Berührung kommen und nun unter Strom stehen, weil sich dadurch der bestimmungsmäßige Charakter der Anlage nicht ändert (vgl. OLG Köln, Urt. v. 14. 4. 1954 i. ArchPF 1954, 606 m. Anm. v. *Aubert* S. 607). Die zur Stromspeisung der Fernmeldeanlagen verwendeten elektrischen Anschlußleitungen fallen jedoch nicht unter die Haftungsfreistellung nach Abs. 2 (vgl. *Darge/Melchinger/Rumpf,* Energiewirtschaftsgesetz, I. Teil, Anm. 5 zu § 2; *Ludwig/Cordt/Stech,* Recht der Elektrizitäts-, Gas- und Wasserversorgung, Anm. 2 zu § 2 EnergG).

V. Inhaber der Anlage

28 Ersatzpflichtig ist der **Inhaber** der Anlage. Inhaber kann jede natürliche oder juristische Person sein, auch eine juristische Person des öffentlichen Rechts, z. B. eine Gemeinde.

1. Begriff des Inhabers

29 Der Begriff des **Inhabers,** der auch in anderen Gesetzen vorkommt (z. B. in §§ 22 Abs. 2 WHG u. 25 AtG), wird im Gesetz nicht näher definiert. In der Regel wird es sich bei dem Inhaber auch um den **Eigentümer** der Anlage handeln. Das Eigentum ist jedoch nur ein Indiz. Nach der amtl. Begr. (BT-Drucks. 8/108, 12f.) ist entscheidend, wem die **tatsächliche Verfügungsgewalt** über den Betrieb der Anlage zusteht. Durch dieses Kriterium, das auch für den Begriff des Halters nach § 7 Abs. 1 StVG und des Bahnbetriebsunternehmers nach § 1 Abs. 1 HG gilt, wird zum Ausdruck gebracht, daß es in erster Linie darauf ankommt, wer die **tatsächliche Herrschaft** über die Anlage und ihr Zubehör hat und die für ihren Betrieb notwendigen Anweisungen erteilen kann. Der Inhaber muß **„Herr der Gefahr"** sein (vgl. BGH, Urt. v. 8. 1. 1981 i. VersR 1981, 458; OLG Schleswig, Urt. v. 25. 10. 1978 i. VersR 1979, 999, 1001; LG Hamburg, Urt. v. 16. 6. 1966 i. MDR 1967, 128; LG Aachen, Urt. v. 14. 7. 1953 i. VersR 1954, 311 m. zust. Anm. v. *Böhmer* i. VersR 1958, 696). Dabei muß es sich um eine **eigenverantwortliche** und **wirtschaftliche** Herrschaft handeln. Der Inhaber muß nach außen hin als der für die Anlage Verantwortliche auftreten und sie auf eigene Rechnung betreiben (vgl. zu § 22 Abs. 2 WHG OLG Düsseldorf, Urt. v. 4. 7. 1963 i. VersR 1965, 343; LG Hamburg aaO.; *Gieseke/Wiedemann/Czychowski,* WHG, Rdz. 50 zu § 22; *Huber* i. VersR 1962, 310; *Wernicke* i. DVBl. 1968, 578, 582; *Mattheis* i. BB 1970, 1575; *Mittelmeier* i. VersR 1974, 727 u. zu § 25 AtG *Mattern/Raisch,* Atomgesetz, Rdz. 5ff.). Inhaber ist deshalb nicht derjenige, der eine Anlage – sei es in abhängiger Stellung oder im Rahmen eines Geschäftsbesorgungsvertrages – **für einen anderen wartet** (*Engert* i. BB 1963, 657, 659; *Gieseke* aaO. Rdz. 51; *Huber* aaO.) oder derjenige, der die Anlage **geliefert** oder **installiert** hat (OLG Karlsruhe, Urt. v. 17. 12. 1964 i. BB 1965, 433). Hat der Eigentümer die Anlage **verpachtet, vermietet** oder einem anderen im Rahmen einer **Nießbrauchsbestellung** oder eines **Betriebsführungsvertrages** eigenverantwortlich überlassen, so wird dieser Inhaber (vgl. amtl. Begr. zu § 1a RHG i. DJ 1943, 430 u. zu § 2 HG i. BT-Drucks. 8/108, 12; OLG Düsseldorf, Urt. v. 4. 7. 1963 i. VersR 1965, 343; OLG München, B. v. 9. 7. 1973 i. BB 1973, 1282; LG Bad Kreuznach, Urt. v. 31. 3. 1981 i. ZfS 1981, 293; LG Hamburg, Urt. v. 16. 6. 1966 i. MDR 1967, 128; LG Köln, Urt. v. 27. 3. 1975 i. NJW 1975, 1708). Daß der Eigentümer gewisse **Aufsichts-** und **Kontrollrechte** behält, ist unerheblich (vgl. Rdz. 39 zu § 1). Befindet sich die Anlage innerhalb eines Hauses, so kann der **Mieter** des Hauses Inhaber sein, nicht jedoch der bloße Wohnungsmieter (vgl. a. *Gieseke/Wiedemann/Czychowski,* WHG, Anm. 2 zu § 19 i.). Hat der Eigentümer die Anlage einem anderen nur **kurzfristig** überlassen, so geht die Inhabereigenschaft auf diesen nicht über (vgl. z. Halterbegriff BGH, Urt. v. 23. 5. 1960 i. VersR 1960, 650 u. z. Begriff des Bahnbetriebsunternehmers Rdz. 39 zu § 1). Ebenso bleibt die Inhaberschaft unberührt, wenn der Eigentümer die Anlage einem anderen **sicherungsübereignet,** jedoch die Verfügungsgewalt behält (vgl. BGH, Urt. v. 8. 1. 1981 aaO.).

30 Inhaber einer Anlage kann auch der **Abnehmer** sein, wobei es sich um Großabnehmer wie gewerbliche Betriebe, Bahnunternehmen, Gemeinden (z. B. als Stromabnehmer für die Straßenbeleuchtung) oder um private Grundstückseigentümer handeln kann (vgl. BGH, Urt. v. 20. 12. 1957 i. VRS 14, 349 = MDR 1958, 192; OLG Nürnberg, Urt. v. 21. 10. 1954 i. VersR 1955, 156; LG Bamberg, Urt. v. 21. 11. 1952 i. ElWirtsch RB 1953, 77; LG Aachen, Urt. v. 14. 7. 1953 i. VersR 1954, 311; LG Tübingen, Urt. v. 28. 3. 1958 i. VersR 1958, 695 = MDR 1958, 515, jeweils m. Anm. v. *Böhmer; Däubler* i. DJ 1943, 414, 416; *Friese,* RHG, § 1a II 4). Es hängt von den Umständen des Einzelfalles ab, wo die **Übergabestelle** liegt und die haftungsrechtliche Verantwortung des Versorgungsunternehmens endet. Im allgemeinen ist dies die Stelle, wo die Anlage in das **Anwesen** des **Abnehmers eingeführt** wird und nicht diejenige, wo die **Installationsanlage** beginnt (vgl. für Dachständerrohr auf einem Gebäude LG Bamberg, Urt. v. 21. 11. 1952 i. ElWirtsch RB 1953, 77, best. d. OLG Bamberg, B. v. 23. 3. 1953 i. ElWirtsch RB 1953, 79; die Haftung des Abnehmers hat jedoch wegen des Haftungsausschlusses nach Abs. 3 Nr. 1 nur geringe praktische Bedeutung, vgl. Rdz. 42ff.). Nach der Auffassung des LG Aachen (Urt. v. 14. 7. 1953 i. VersR 1954, 311; zust. *Böhmer* i. Anm. zu Urt. des LG Tübingen v. 28. 3. 1958 i. VersR 1958, 696 u. *Wussow* i. WI 1981, 59) ist nur das Versorgungsunternehmen als Inhaberin einer privaten Anschlußleitung anzusehen, wenn es allein die Möglichkeit hat, auf der im Eigentum des Abnehmers stehenden und von ihm unterhaltenen Leitung den Strom abzuschalten (ähnlich a. OLG Schleswig, Urt. v. 25. 10. 1978 i. VersR 1979, 999, 1001). Richtiger erscheint es, hier eine **beiderseitige** Inhaberschaft anzunehmen, weil die Verfügungsgewalt über den äußeren Zustand der Anlage nicht unberücksichtigt bleiben kann (so wohl a. *Vaubel* i. *Eiser/Riederer/Obernolte/Danner* EnergWR, XIII 3; vgl. a. Rdz. 31). Die Auffassung, daß insoweit die Haftung nach § 836 Abs. 1 BGB ausreichend sei (LG Aachen, Urt. v. 14. 7. 1953 i. VersR 1954, 31; *Wussow* i. WI 1981, 59f.), verkennt, daß die Gefährdungshaftung nach § 2 Abs. 1 Satz 2 HG dem Geschädigten einen weitergehenden Haftungsschutz gewährt (vgl. Rdz. 21).

2. Mehrere Personen

31 Auch **mehrere Personen** können Inhaber einer Anlage sein, z. B. als Angehörige einer BGB-Gesellschaft oder einer Erbengemeinschaft. Sie haften dann als **Gesamtschuldner** (§ 840 BGB). Es kann sich aber auch um eine **„vertikale"** Zuordnung handeln. So kann z. B. im Rahmen eines Betriebs- und Wartungsvertrages die Verfügung so aufgeteilt sein, daß sowohl der Eigentümer als auch der Betriebsführer als Inhaber anzusehen sind (vgl. *Däubler* i. DJ 1943, 414, 416; *Mattern/Raisch,* AtG, Rdz. 6f. zu § 25; z. Halterbegriff RG, Urt. v. 24. 11. 1942 i. RG 170, 182 u. *Krumme/Steffen,* StVG, Rdz. 7 zu § 7; z. Begriff des Bahnbetriebsunternehmers Rdz. 35f. zu § 1; vgl. a. BGH, Urt. v. 8. 1. 1981 i. VersR 1981, 458). Um ein **gewolltes Zusammenwirken** braucht es sich **nicht** zu handeln. Eine gemeinsame Haftung wurde zutreffend auch für den Fall angenommen, daß eine stromlose Straßenbahnoberleitung durch einen Sturm

auf die Lichtleitung eines Dritten geschleudert wurde und der von der Lichtleitung gespeiste herabhängende Draht einen Menschen schädigte (*Friese,* RHG, § 1 a II 4).

3. Zeitliche Begrenzung

32 Maßgebend für die Beurteilung, wer Inhaber ist, sind die tatsächlichen Verhältnisse **z. Zt. der Schadenverursachung** (vgl. OLG Nürnberg, Urt. v. 21. 10. 1954 i. VersR 1955, 156).

VI. Schadensersatz

1. Kein Unfall

33 Der Haftungsanspruch ist gegeben, wenn durch die Wirkungen von Elektrizität, Gasen, Dämpfen oder Flüssigkeiten, die von einer Anlage ausgehen (Abs. 1 Satz 1), oder durch das Vorhandensein einer solchen Anlage (Abs. 1 Satz 2) ein Mensch getötet, der Körper oder die Gesundheit eines Menschen verletzt oder eine Sache beschädigt wird. Daß der Schaden durch einen **Unfall,** ein plötzlich auftretendes schädigendes Ereignis (vgl. hierzu Rdz. 123 ff. zu § 1), verursacht worden ist, wird anders als nach § 1 a RHG (vgl. hierzu die amtl. Begr. i. DJ 1943, 430 u. *Däubler* i. DJ 1943, 414, 416) **nicht** mehr gefordert. Vielmehr hat der Gesetzgeber die Haftung auch auf Schäden erstrecken wollen, die **„durch eine längere Zeit dauernde Summierung von Einzelursachen"** entstehen. Solche Schäden ersatzlos zu lassen, erscheine „im Hinblick auf Art und Ausmaß der möglichen Gefahren nicht gerechtfertigt" (amtl. Begr. i. BT-Drucks. 8/108, 12). Damit hat der Gesetzgeber die Haftung wesentlich ausgedehnt. Sie erfaßt jetzt auch nachteilige Einwirkungen, die sich über einen längeren Zeitraum erstrecken, wie insbesondere **Immissionen.** Als **Beispiele** für Schädigungen, die **nicht** auf einem unfallartigen Ereignis beruhen, sind zu nennen: **Korrosionsschäden** durch **vagabundierende Ströme,** die häufig beim Betrieb von Straßenbahnen auftreten, die Gleichstrom verwenden und die Schienen als Stromrückleitung benutzen (vgl. *Thielen* i. VEnergR, 32/33, 7, 10); **allmähliche Herabsetzung** der **Lebensdauer** von Glühbirnen oder Röhren durch **länger dauernde Überschreitungen** der **Normalspannung** (*Rumpf* i. El-Wirtsch 1943, 319); **allmähliche Verschmutzung** durch **Tropfenfall** von **Freileitungen;** Schäden durch **Scheuern** eines **hängenden Drahtes** (*Rumpf* aaO.); Bildung von **Putzrissen** an Hausfassaden, an denen Straßenbahnoberleitungen befestigt sind, durch **vibrierende Schwingungen** der Drähte; **Erkrankungen** durch länger dauernde **Lärmverursachung;** Bildung von **Bodensenkungen** durch **Erschütterungen; langsames Ausströmen** von Gas, Feuchtigkeit oder Dämpfen durch **kleine Undichtigkeiten** in Rohrleitungen. Die Neuregelung hat zur Folge, daß jetzt Haftungsansprüche nach § 2 und **Ausgleichsansprüche** nach § 906 Abs. 2 Satz 2 BGB nebeneinander gegeben sein können.

2. Schadenszufügung

34 Nicht jede Art der Schadenszufügung begründet eine Ersatzpflicht. Die Haftung nach § 2 ist wie bei § 1 nur gegeben, wenn durch die Wirkungen der in Abs. 1 Satz 1 angeführten Energien oder Stoffe oder durch das Vorhandensein der Anlage ein **Mensch getötet,** der **Körper** oder die **Gesundheit** eines **Menschen verletzt** oder eine **Sachbeschädigung herbeigeführt** wird. Ein Eingriff in andere Rechtsgüter, z. B. das Vermögen, ist nicht ersatzpflichtig. Zu den Begriffen **Tötung** eines Menschen, **Körper-** und **Gesundheitsverletzung** und **Sachbeschädigung** kann auf die Ausführungen zu § 1 Rdz. 128ff. verwiesen werden.

3. Schaden

35 Die Ersatzpflicht tritt nur ein, wenn durch die Schadenzufügung ein **Schaden** i. S. einer wirtschaftlichen Verschlechterung des Betroffenen entstanden ist (Vermögensschaden). Wegen der weiteren Einzelheiten, insbesondere auch zu Fragen der Vorteilsausgleichung und der Schadenberechnung, wird auf die Ausführungen zu § 1 Rdz. 134, 236ff. und zu §§ 5, 6 und 10 verwiesen.

4. Kausalzusammenhang

36 Zwischen der Schadenszufügung und dem Schaden muß ein **Kausalzusammenhang** bestehen, sog. **haftungsausfüllende Kausalität.** Dabei genügt nicht ein natürlicher Zusammenhang (conditio sine qua non) i. S. der Äquivalenztheorie. Vielmehr ergibt sich eine Einschränkung aus den Erfordernissen der **Adäquanz** und des **Schutzzweckes.** Insoweit kann auf die Ausführungen zu § 1 Rdz. 135ff. verwiesen werden.

5. Ersatzberechtigter

37 Der Inhaber der Anlage ist dem **Geschädigten** zum Ersatz des Schadens verpflichtet.

a) Person des Geschädigten

38 **Geschädigter** kann jede natürliche oder juristische Person sein. Auch der **Abnehmer** der in Abs. 1 Satz 1 bezeichneten Energien oder Stoffe kann zum Schadenersatz berechtigt sein (vgl. BGH, Urt. v. 1. 3. 1966 i. VersR 1966, 586 = MDR 1966, 492 = BB 1966, 389). Dagegen scheidet der **Inhaber** selbst als Ersatzberechtigter eines durch seine Anlage entstandenen Schadens aus, weil es sich hier um einen nicht ersatzpflichtigen Eigenschaden handelt (vgl. Rdz. 146 zu § 1). Geschützt sind jedoch auch diejenigen Personen, die zum Haushalt des Inhabers gehören oder in seinem Betrieb arbeiten (vgl. amtl. Begr. zu § 1a RHG i. DJ 1943, 430; *Däubler* i. DJ 1943, 414, 416), z. B. die in einem Elektrizitätsunternehmen Beschäftigten, auch diejenigen, die **unmittelbar beim Betrieb** der Anlage tätig sind. Eine Haftungseinschränkung, wie sie in § 8 StVG für die Kraftfahrzeughaftung getroffen wurde, gibt es für die Haftung nach § 2 nicht (vgl. Rdz. 147 u. 228ff. zu § 1 u. Rdz. 147ff. u. 159ff. zu § 12).

b) Unmittelbare Schädigung

39 Nur derjenige Geschädigte ist ersatzberechtigt, in dessen Person der Schaden **unmittelbar** eingetreten ist. Ersatzberechtigter einer Körperverletzung (Gesundheitsbeschädigung) kann deshalb grundsätzlich nur der Verletzte selbst sein, wobei unerheblich ist, ob der Schaden unmittelbar oder mittelbar verursacht wurde. Bei einer Sachbeschädigung können nur der Eigentümer, ein sonstiger dinglicher Berechtigter oder der unmittelbare Besitzer (allein oder nebeneinander) zum Schadenersatz berechtigt sein (Näheres Rdz. 149ff. zu § 1). Dem nur **mittelbar** Geschädigten, d. h. demjenigen, der infolge der Verletzung des Lebens, des Körpers oder der Gesundheit eines **anderen** oder der Beschädigung der Sache eines **anderen** einen Vermögensschaden erleidet, räumt § 2 grundsätzlich keinen Ersatzanspruch ein (vgl. Rdz. 152 zu § 1; vgl. a. § 5).

c) Einwilligung des Geschädigten

40 Auf die Ausführungen zu § 1 Rdz. 153 wird verwiesen.

C. Ausschluß der Ersatzpflicht

41 Die Regelungen des Abs. 3 **schränken** die grundsätzliche Ersatzpflicht des Inhabers wesentlich **ein.** Der Wortlaut des Abs. 3 wurde der neuen Fassung des Abs. 1 angepaßt; sonst wurden die in § 1a Abs. 3 RHG angeführten Ausnahmen von der Ersatzpflicht unverändert übernommen.

I. Schaden innerhalb eines Gebäudes oder eines befriedeten Grundstücks

42 Die Ersatzpflicht ist **ausgeschlossen,** wenn der Schaden **innerhalb** eines **Gebäudes** entstanden **und** auf eine **darin befindliche Anlage** zurückzuführen ist (Nr. 1, erste Alternative) oder wenn er innerhalb eines im **Besitz** des **Inhabers** der Anlage stehenden **befriedeten Grundstücks** entstanden ist (Nr. 1, zweite Alternative).

1. Zweck des Haftungsausschlusses

43 Nach der amtl. Begr. zu der Vorläuferbestimmung des § 1a Abs. 3 RHG liegt der **Sinn** dieses Haftungsausschlusses darin, daß Schäden dieser Art verhältnismäßig selten vorkommen und im allgemeinen nur Personen treffen, die entweder als Abnehmer oder als Familienangehörige, Besucher, Mieter oder Bedienstete des Inhabers der Anlage die von dieser ausgehende Gefahr auf sich nehmen und ohne die Möglichkeit der Geltendmachung von Gefährdungshaftungsansprüchen selbst tragen müssen. Auch wurde der Haftungsausschluß damit gerechtfertigt, daß die Öffentlichkeit, deren Interesse das Gesetz in erster Linie im Auge habe, hier im allgemeinen nicht berührt werde, und daß man in die vertraglichen Beziehungen zwischen den Versorgungsunternehmen und ihren

Abnehmern, die regelmäßig Haftungsvereinbarungen enthielten, nicht habe eingreifen wollen (vgl. DJ 1943, 430; vgl. a. *Däubler* i. DJ 1943, 414, 416; *Rumpf* i. ElWirtsch 1943, 319, 320f.; BGH, Urt. v. 25. 4. 1961 i. VersR 1961, 617 u. v. 1. 3. 1966 i. VersR 1966, 586; vgl. zur jetzigen Rechtslage Rdz. 3 zu § 7). Der Ausschluß der Haftung kommt vor allem dem **Abnehmer** zugute, der meistens der Inhaber der in Gebäuden oder befriedeten Grundstücken befindlichen Anlagen ist. Er erfaßt aber auch Anlagen von sonstigen Inhabern, soweit sich diese auf Betriebsgrundstücken, in Gebäuden oder Freianlagen befinden, z. B. Schalt- und Umspannstationen von Elektrizitäts- oder Gaswerken.

2. Schaden innerhalb eines Gebäudes

a) Allgemeines

44 Nach Abs. 3 Nr. 1, erste Alternative ist die Haftung ausgeschlossen, wenn der Schaden **innerhalb eines Gebäudes** entstanden ist und auf eine Anlage i. S. v. Abs. 1 Satz 1 **zurückzuführen** ist. Mit **Schaden** ist der Personen- oder Sachschaden gemeint, der **durch** die Anlage entsteht, und nicht derjenige, der **an ihr selbst** eintritt (LG Tübingen, Urt. v. 5. 6. 1957 i. VersR 1957, 675 m. zust. Anm. v. *Böhmer* S. 676). Daß der Schaden innerhalb eines Gebäudes **entstanden** ist, bedeutet, daß er dort nicht nur verursacht, sondern auch **eingetreten** sein muß. Die Auffassung von *Wussow* (WI 1981, 59f.), es genüge, wenn das Schadenereignis auf dem Grundstück des Inhabers der Anlage seine Ursache habe und von dort auf die angrenzenden Nachbargrundstücke „ausstrahle“, mithin nicht das besondere Risiko der Überlandleitung gefährlicher Stoffe gegeben sei, erscheint zu weitgehend. Nach der Entstehungsgeschichte (Rdz. 43) sollte nur der **häusliche Bereich** des Abnehmers von der Haftung ausgenommen sein. Auch die **verursachende Anlage** muß sich in dem **Gebäude** befunden haben. Das ist z. B. der Fall, wenn in einer elektrischen Hausleitung ein Kurzschluß entsteht und dieser einen Brand verursacht; wenn eine Gasleitung in einem Gebäude undicht wird und das ausströmende Gas zu einem Personenschaden führt (vgl. *Däubler* aaO. S. 416) oder wenn ein Bagger eine auf der Straße verlegte Gashausanschlußleitung anhebt und bewirkt, daß die innerhalb des Hauses befindliche Leitung mit der Regleranlage abbricht und das ausströmende Gas sich im Heizkeller durch die Stichflamme des Heizkessels entzündet (LG Kiel, unveröffentl. Urt. v. 8. 6. 1977 – 9 O 50/75 –). Es genügt nicht, daß sich **allein** die Anlage, auf die der Schaden zurückzuführen ist, **innerhalb** eines **Gebäudes** befindet. Wird z. B. jemand auf der Straße dadurch verletzt, daß ein Gasrohr im Inneren eines Gebäudes undicht geworden ist und eine Explosion hervorgerufen hat, bleibt die Haftung des Inhabers der Anlage bestehen (*Rumpf* i. ElWirtsch 1943, 319, 321). Ebenso tritt der Haftungsausschluß nicht ein, wenn der Schaden außerhalb des Gebäudes verursacht worden ist, etwa dadurch, daß eine auf einer öffentlichen Straße befindliche Gasleitung undicht geworden ist und das ausströmende Gas in ein Haus eindringt und einen Bewohner vergiftet oder durch Explosion verletzt (*Däubler* aaO.).

b) Entscheidende Schadensursachen

45 Daß die in dem Gebäude befindliche Anlage die **alleinige** Ursache des Schadens ist, wird **nicht** gefordert. Andererseits reicht es nicht aus, daß sie nur ein Glied in der Kausalkette ist. Wie der BGH (Urt. v. 1. 3. 1966 i. VersR 1966, 586 = MDR 1966, 492 = BB 1966, 389; ebenso LG Kiel aaO.) zutreffend entschieden hat, weist schon das Wort **„zurückzuführen"** darauf hin, daß es darauf ankommt, „ob die Quelle des Schadens, d. h. die **eigentliche und entscheidende Ursache** für das Entstehen des Schadens" bei der Innenanlage liegt. In dem vom BGH entschiedenen Falle hatte das Zusammenschlagen der Drähte einer elektrischen Freileitung einen Lichtbogenkurzschluß in der Leitung innerhalb eines Gebäudes hervorgerufen und die Ursache für einen Brandschaden des Abnehmers gebildet. Der Schaden beruhte also darauf, daß sich die Außenanlage in einem fehlerhaften Zustand befand. Gerade wegen der Gefährdung der **Öffentlichkeit** durch solche Schäden hat aber der Gesetzgeber die strengere Anlagenhaftung eingeführt, wobei er vorwiegend den Schutz der Öffentlichkeit bezweckt, jedoch die **Energieabnehmer** von dem erweiterten Haftungsschutz **nicht** ausgenommen hat (vgl. BGH aaO. sowie Urt. v. 25. 4. 1961 i. VersR 1961, 617; a. A. LG Lübeck, Urt. v. 6. 4. 1955 i. ElWirtsch RB 1955, 64; *Däubler* aaO. S. 416; *Friese,* RHG, § 1 a III 1 a; *Biermann,* RHG, Anm. VII 1 zu § 1 a; *Butze* i. ElWirtsch 1961, 653; *König* i. DWW 1963, 280; *Vaubel* i. *Eiser/Riederer/Obernolte/Danner,* EnergWR, XIII, 35 a).

c) Funktionsgemäße Verursachung

46 Die Anlage, auf die der Schaden zurückzuführen ist, muß den Erfordernissen des Abs. 1 entsprechen. Dazu gehört, daß sie im Zeitpunkt der Schadenverursachung **bestimmungsgemäß** der Leitung oder Abgabe der in Abs. 1 bezeichneten Energien oder Stoffe gedient hat und gerade **in dieser Funktion schadenursächlich** geworden ist. Das ist z. B. zu verneinen, wenn die Metallteile von Elektrizitätsverbrauchsgeräten regelwidrig Strom fortleiten und dadurch einen Schaden verursachen (vgl. BGH, Urt. v. 25. 4. 1961 i. VersR 1961, 617: durch Sturm fällt Nulleiter einer Hausanschlußleitung auf die stromführenden Drähte, so daß der Strom an alle genullten Energieverbrauchsgeräte im Hause und dabei auch über den elektrischen Wasserpumpenmotor und die metallenen Tränkebecken in den Kuhstall gelangen kann, wo die angeketteten Kühe von dem Strom getroffen werden; vgl. a. OLG Oldenburg, Urt. v. 17. 2. 1960 i. VersR 1960, 1126; abl. *Butze* i. ElWirtsch 1961, 653). Befindet sich eine Anlage **teils innerhalb, teils außerhalb** eines Gebäudes, so beschränkt sich der Haftungsausschluß auf den ersteren Teil der Anlage. Bei **Dachständern** liegt innerhalb des Gebäudes der in das Gebäude hineinragende Teil, also das, was von den Außenflächen des Gebäudes umschlossen ist (LG Bamberg, Urt. v. 21. 12. 1952 i. ElWirtsch RB 1953, 76; zust. *Vaubel* i. *Eiser/Riederer/Obernolte/Danner,* EnergWR, XIII, 35 a).

3. Schaden innerhalb eines befriedeten Grundstücks

a) Allgemeines

47 Die Haftung entfällt weiter, wenn der Schaden innerhalb eines im Besitz des Inhabers der Anlage stehenden **befriedeten Grundstücks** entstanden ist (Abs. 3 Nr. 1, zweite Alternative). Der Schaden muß innerhalb eines befriedeten Grundstücks **verursacht** sein. Es genügt demnach nicht, daß sich die Anlage, auf die der Schaden zurückzuführen ist, dort befindet. Überquert z. B. eine Stromleitung, die ein Landwirt über seinen Hof geführt hat, eine öffentliche Straße und verursacht sie dort einen Schaden, tritt der Haftungsausschluß nicht ein (*Däubler* i. DJ 1943, 414, 417; *Rumpf* i. ElWirtsch 1943, 319, 321). Das Grundstück muß sich im **Besitz** des Inhabers der Anlage befinden. Eigentum ist nicht erforderlich. Aus dem Begriff des Inhabers (vgl. Rdz. 29) folgt jedoch, daß es sich stets um **unmittelbaren** Besitz, wenn auch nicht notwendig um Alleinbesitz handeln muß (LG Tübingen, Urt. v. 5. 6. 1957 i. VersR 1957, 675 m. zust. Anm. v. *Böhmer; Däubler* aaO.; *Friese,* RHG, § 1 II 1b; *Biermann,* RHG, Anm. VII 2a zu § 1a). Die Haftung bleibt deshalb z. B. bestehen, wenn nach dem Bruch einer außerhalb eines bebauten Grundstücks befindlichen Gasrohrleitung ausströmendes Gas auf dem Grundstück einen Menschen vergiftet und es sich bei dem Gasversorgungsunternehmen als dem Inhaber der Anlage um den Vermieter des Grundstücks handelt (LG Tübingen u. *Böhmer* aaO.).

b) Begriff des „befriedeten Grundstücks"

48 Der Begriff des **„befriedeten Grundstücks"** ist i. S. des „befriedeten Besitztums" in § 123 StGB zu verstehen (amtl. Begr. zu § 1 RHG i. DJ 1943, 430, 431 u. zu § 2 HG i. BT-Drucks. 8/108, 13; vgl. a. *Däubler* i. DJ 1943, 414, 417). Hiernach muß es sich um ein Grundstück handeln, das in **äußerlich erkennbarer Weise** durch den Berechtigten mittels Schutzwehren, z. B. Mauern, Zäune oder Hecken, gegen das willkürliche Betreten durch andere gesichert ist (vgl. RG, Urt. v. 12. 12. 1884 i. RGSt. 11, 293, 294, Urt. v. 28. 11./3. 12. 1889 i. RGSt. 20, 150, 154 u. Urt. v. 10. 11. 1919 i. RGSt. 54, 42, 44; BayerObLG, Urt. v. 22. 1. 1965 i. JR 1965, 265 u. Urt. v. 2. 5. 1969 i. JR 1969, 466 m. zust. Anm. v. *Schröder* S. 467; *Rudolphi,* Komm. z. StGB, Bd. 2 Bes. Teil, Rdz. 36 zu § 123). In Betracht kommen z. B. Gärten, Lagerplätze, Höfe, Ställe, Scheunen, nicht dagegen Straßen, jedermann zugängliche Bahnkörper, offene Felder. Eine **völlige Abschließung** fordert das Merkmal „befriedet" **nicht.** Es genügt die **erkennbare Zugehörigkeit** zu Wohnungen oder Geschäftsräumen (vgl. BT-Drucks. 8/108, 13; BayerObLG, Urt. v. 22. 1. 1965 aaO. zum Hofraum einer Tankstelle, dessen an der Straße gelegene Seite offen ist; vgl. a. RG, Urt. v. 10. 11. 1919 aaO.). Bloße **Warn-** oder **Verbotstafeln** reichen jedoch **nicht** aus (OLG Hamm, Urt. v. 9. 12. 1968 i. VRS 37, 267). *Neumann-Duesberg* (VersR 1964, 208, 211) will den Haftungsausschluß auch nicht auf solche befriedeten Grundstükke erstrecken, die – wie z. B. ein Bahnhofsgelände – der **„breiten Öffentlichkeit"** zugänglich sind. Eine solche Einschränkung läßt sich jedoch dem Wortlaut nicht entnehmen und kann auch nicht aus dem Zweck des

Gesetzes – Schutz der Öffentlichkeit – hergeleitet werden. Der Gesetzgeber hat es bewußt in Kauf genommen, daß Personen, die sich in den Gefahrenbereich einer innerhalb eines Gebäudes oder eines befriedeten Grundstücks befindlichen Anlage begeben, die Gefährdungshaftung nicht in Anspruch nehmen können. Soweit es sich um elektrische Anlagen von **Bahnen** handelt, besteht im übrigen ein ausreichender Schutz durch die Haftung des Betriebsunternehmers nach § 1 HG (vgl. Rdz. 69f. zu § 1 sowie BGH, Urt. v. 19. 1. 1964 i. VersR 1965, 136).

II. Beschädigung einer Anlage zum Verbrauch oder zur Abnahme; Schädigung durch eine solche Einrichtung

49 Die Haftung **entfällt,** wenn ein Energieverbrauchsgerät oder eine sonstige Einrichtung zum Verbrauch oder zur Abnahme der in Abs. 1 Satz 1 bezeichneten Stoffe beschädigt (Nr. 2, erste Alternative) oder durch eine solche Einrichtung ein Schaden verursacht worden ist (Nr. 2, zweite Alternative).

1. Begriff der Verbrauchs- oder Abnahmeanlage

50 Eine **Verbrauchs-** oder **Abnahmeanlage** ist eine Einrichtung, die dem **Gebrauch** (der Verwertung) der in Abs. 1 Satz 1 angeführten Stoffe dient. Als solche Anlagen sind z. B. anzusehen: elektrische Lampen und Glühbirnen (auch in ihrer Gesamtheit, vgl. BGH, Urt. v. 20. 12. 1957 aaO.); Gasleuchten (vgl. LG Frankfurt, Urt. v. 30. 12. 1954 i. VersR 1955, 22 = MDR 1955, 162; AG Krefeld, Urt. v. 28. 3. 1958 i. VersR 1958, 518); mit Strom oder Gas betriebene Heizungen, Herde oder Kühlanlagen; elektrische Haushaltsgeräte, wie Staubsauger, Bügeleisen und dergl., elektrisch betriebene Aufzüge, elektrische Weidezäune, elektrisch betriebene Straßen- oder Schienenfahrzeuge (Obusse, Straßenbahnen u. a.) und die dazu gehörigen Nebenanlagen, wie Signaleinrichtungen und Stellwerke und auch die Fahrdrähte (vgl. jedoch hierzu Rdz. 14); mit Fernwärme betriebene Heizungen; Abfüllstationen; Wasserverbrauchsgeräte, wie Warmwasserbereiter, Spül- und Waschmaschinen. Daß viele Geräte über **Teile** verfügen, die **auch** der **Fortleitung** dienen, ist nebensächlich und ändert nichts an ihrer grundsätzlichen Bestimmung zum Verbrauch oder zur Abgabe (vgl. *Darge/Melchinger/Rumpf,* EnergR I. Teil, Anm. 4a zu § 2; *Scheuten/Tegethoff,* Recht der öffentl. Energieversorgung, I, 79). Dagegen sind die **Installationsanlagen** der **Abnehmer,** die die Energien oder Stoffe zu den eigentlichen Verbrauchs- oder Abgabestellen leiten, als Anlagen i. S. von Abs. 1 Satz 1 anzusehen. Das gilt auch, soweit es sich um **ortsveränderliche** Energieverbrauchsgeräte handelt, z. B. um eine fahrbare Kreissäge, die durch ein Stromkabel mit Strom versorgt wird. Hier kommt es demnach bei einem Schaden darauf an, ob dieser durch den Motor der Säge oder durch einen Mangel im Kabel verursacht wurde (*Rumpf,* i. ElWirtsch 1943, 319, 321); letzterenfalls ist die Haftung gegeben.

2. Beschädigung einer Verbrauchs- oder Abnahmeanlage

51 Soweit sich die genannten Einrichtungen innerhalb eines Gebäudes oder eines befriedeten Grundstücks befinden, folgt der Haftungsausschluß schon aus Nr. 1 (Rdz. 41 ff.). Die Haftung des **Abnehmers,** an die hier vornehmlich gedacht war, sollte jedoch noch weiter eingeschränkt werden. Sie sollte auch entfallen, wenn die Einrichtung **außerhalb** eines **Gebäudes** oder eines **befriedeten Grundstücks betrieben** und **beschädigt** wird (oder einen Schaden verursacht, vgl. Rdz. 53), z. B. ein elektrisch betriebener Rasenmäher auf einer Parkanlage, eine Betonmischmaschine auf einer Straßenbaustelle (amtl. Begr. zu § 1 a RHG i. DJ 1943, 430, 431; *Däubler* i. DJ 1943, 416, 417; *Rumpf* i. ElWirtsch 1943, 319, 321; AG Leer, Urt. v. 29. 1. 1952 i. ElWirtsch RB 1952, 33). Außerdem wollte man erreichen, daß es im Verhältnis zwischen den Versorgungsunternehmen und den Abnehmern bei der vertraglichen oder deliktischen Haftung verblieb (amtl. Begr. u. *Däubler* aaO.).

3. Schädigung durch eine Verbrauchs- oder Abnahmeanlage

52 Die Haftung ist weiter ausgeschlossen, wenn **durch** eine der genannten Einrichtungen **ein Schaden entsteht.** Auch diese Regelung dient in erster Linie dem Schutz des **Abnehmers.** Es wird klargestellt, daß der Inhaber einer Verbrauchs- oder Abnahmeeinrichtung für einen durch diese herbeigeführten Schaden nicht haftet, weil es sich nicht um Anlagen zur Leitung oder Abgabe i. S. des Abs. 1 Satz 1 handelt. Erleidet z. B. jemand durch einen schadhaften elektrischen Staubsauger einen elektrischen Schlag, so ist eine Haftung nach § 2 nicht gegeben. Das gilt auch, wenn der verursachte Schaden auf einen Stromstoß zurückzuführen ist, der von einer Leitung des EVU ausgeht. In diesem Fall soll auch die Haftung des EVU ausgeschlossen sein (*Däubler* i. DJ 1943, 414, 417).

53 Das Erfordernis der Schadenverursachung **„durch"** ein Verbrauchs- oder Abnahmegerät beurteilt sich ähnlich wie das Erfordernis **„zurückführen"** in Nr. 1, erste Alternative. Es genügt nicht, daß das Gerät als Leiter gewirkt hat. Vielmehr ist notwendig, daß es als solches, d. h. **„bei Gelegenheit seiner bestimmungsgemäßen Funktion,** die in Abs. 1 Satz 1 angeführten Energien oder Stoffe zu verbrauchen oder abzugeben", **ursächlich** geworden ist. Zutreffend hat deshalb der BGH die Anwendung des Haftungausschlusses nach Abs. 3 Nr. 2 für einen Fall verneint, in dem der Schaden dadurch eingetreten war, daß durch das Herabfallen des Drahtes einer Außenanlage Strom an alle genullten Energieverbrauchsgeräte im Hause gedrungen und von dort bis zu einer metallenen Tränkekette in einen Kuhstall gelangt und die angeketteten Kühe getötet hatte. Hier hatten die nicht eingeschalteten Geräte rein zufällig als elektrische Leitung gedient. Der Fall ist nicht anders zu beurteilen als derjenige, in dem eine stromführende Leitung auf einen Eisenzaun fällt und ein Tier durch Berührung des Zaunes getötet wird (BGH, Urt. v. 25. 4. 1961 i. VersR 1961, 617; vgl. a. Urt. v. 20. 12. 1957 i. VRS 14, 349 = MDR 1958, 192; a. A. *Butze* i. ElWirtsch 1961, 653).

III. Höhere Gewalt; Herabfallen von Leitungsdrähten

54 Die Haftung des Inhabers einer Anlage ist ausgeschlossen, wenn der Schaden durch **höhere Gewalt** verursacht worden ist. Diese Begrenzung der Haftung gilt jedoch nicht, wenn der Schaden auf das **Herabfallen von Leitungsdrähten** zurückzuführen ist (Abs. 3 Nr. 3).

1. Höhere Gewalt

a) Begriff der höheren Gewalt

55 Für den Begriff der **höheren Gewalt** gilt das zu § 1 Rdz. 158ff. Ausgeführte entsprechend (amtl. Begr. zu § 1a RHG i. DJ 1943, 430, 431; *Däubler,* i. DJ 1943, 414, 417). Nach h. A. ist höhere Gewalt „ein betriebsfremdes, von außen durch elementare Naturkräfte oder durch Handlungen dritter Personen herbeigeführtes Ereignis, das nach menschlicher Einsicht und Erfahrung unvorhersehbar ist, mit wirtschaftlich erträglichen Mitteln auch durch die äußerste nach der Sachlage vernünftigerweise zu erwartende Sorgfalt nicht verhütet oder unschädlich gemacht werden kann und auch nicht wegen seiner Häufigkeit in Kauf zu nehmen ist" (vgl. RG, Urt. v. 13. 12. 1920 i. RG 101, 94 = EE 38, 225; BGH, Urt. v. 23. 10. 1952 i. VersR 1953, 27 = VRS 5, 4 = NJW 1953, 184, Urt. v. 20. 4. 1955 i. VersR 1955, 346 = VRS 8, 438 u. Urt. v. 1. 6. 1976 i. VersR 1976, 963 = VRS 51, 332 = MDR 1976, 971; OGH Köln, Urt. v. 10. 2. 1950 i. OGH 3, 189 = NJW 1950, 348; OLG Stuttgart, Urt. v. 9. 10. 1958 i. VersR 1959, 117; OLG München, Urt. v. 28. 3. 1963 i. VersR 1963, 1208; OLG Frankfurt, Urt. v. 3. 10. 1974 i. VersR 1976, 1135 u. Urt. v. 5. 5. 1975 i. VersR 1979, 451).

b) Die einzelnen Merkmale

56 Es muß sich um ein Ereignis handeln, das **von außen** auf die Anlage einwirkt und seine Ursache nicht allein in der Anlage selbst hat. Damit scheiden Materialfehler, Verschleiß, betriebliche Störungen und Fehler des Personals bei der Errichtung, Wartung oder Bedienung der Anlage aus, z. B. Schäden durch Überspannungen oder Kurzschlüsse in elektrischen Leitungen, durch Undichtigkeiten oder Brüche von Rohrleitungen (vgl. LG Köln, Urt. v. 11. 10. 1951 i. VersR 1953, 373 L; LG Tübingen, Urt. v. 5. 6. 1957 i. VersR 1957, 675 m. Anm. v. *Böhmer;* LG Konstanz, Urt. v. 8. 2. 1974 i. VersR 1975, 94). Von außen kommende Ereignisse sind vor allem **Naturgewalten,** wie Feuersbrunst, Erdbeben, Sturm, Wolkenbruch und Blitzschlag. Auch **menschliche Handlungen** können von außen eingreifen und den Haftungsausschluß der höheren Gewalt begründen. Zu denken ist dabei insbesondere an einen **Flugzeugabsturz** oder an **Attentate, Sabotageakte** oder sonstige **rechtswidrige Eingriffe,** z. B. die Entfernung der Isolierung eines stromführenden Erdkabels in Diebstahlsabsicht (LG Hagen, B. v. 12. 5. 1950, best. d. OLG Hamm, unveröffentl. B. v. 19. 9. 1950 – 3 W 208/50 – i. VersR 1951, 246 = ElWirtsch RB 1952, 58), das Zerstören von Isolatoren durch Steinwürfe, die Entfernung eines im Straßenraum befindlichen Kanaldeckels einer Abwässerleitung, das Berühren von elektrischen Freileitungen mit leiten-

den Gegenständen (BGH, Urt. v. 23. 10. 1952 i. VersR 1953, 27 = VRS 5, 4 = LM Nr. 1 zu § 1a HaftpflG m. Anm. v. *Krille:* Berührung mit dem Bindedraht eines in der Luft befindlichen Drachens; BGH, Urt. v. 14. 6. 1957 i. VersR 1957, 533 = VRS 13, 253: Berührung mit einem neben einer Freileitung aufgestellten Transparentmast; BGH, Urt. v. 26. 2. 1976 i. VRS 51, 259 = DAR 1976, 271: Berührung durch Funkantenne eines Kastenwagens).

57 Zu beachten ist jedoch, daß der Begriff der höheren Gewalt noch die weiteren Erfordernisse enthält, daß es sich um ein **außergewöhnliches** und auch bei äußerster Sorgfalt **nicht zu vermeidendes** Ereignis handeln muß (vgl. a. Rdz. 58 u. Rdz. 178ff. zu § 1). Dadurch beschränkt sich die Anwendung dieses Haftungsausschlusses auf ganz **seltene Ausnahmefälle.** So sind **Naturereignisse keine** höhere Gewalt, wenn sie nicht so ungewöhnlich sind, daß sich der Inhaber der Anlage auf sie nicht einrichten oder doch ihre Auswirkungen nicht vermeiden kann. Höhere Gewalt ist deshalb z. B. zu verneinen, wenn ein Sturm Bäume in der Nähe einer elektrischen Freileitung entwurzelt oder wenn die Leitung dadurch beschädigt wird, daß durch **Sturm** oder **Schneebruch** Äste abbrechen (OLG Hamm, Urt. v. 17. 5. 1965 i. ElWirtschRB 1965, 67; LG Tübingen, Urt. v. 28. 3. 1958 i. VersR 1958, 695 = MDR 1958, 515, jeweils m. zust. Anm. v. *Böhmer*), wenn **Vogelflug** Kurzschlüsse bewirkt (Rumpf i. ElWirtsch 1943, 319, 321) oder starke **Fröste** den Bruch einer Rohrleitung bewirken (OLG München, Urt. v. 28. 3. 1963 i. VersR 1963, 1208, das zutreffend solche Schäden auch dann nicht als ungewöhnlich erachtet, wenn es sich um starke Fröste handelt, die nur in größeren Zeiträumen vorkommen; krit. zu der hilfsweise angestellten Erwägung des Gerichtes, daß auch Unabwendbarkeit nicht gegeben sei, weil die Rohre unterhalb der Frostgrenze hätten verlegt werden können *Ludwig/Cordt/Stech,* Recht der Elektrizitäts-, Gas- und Wasserversorgung, I 18). Daß ein Blitz in eine elektrische Freileitung einschlägt, ist nicht außergewöhnlich (OLG Oldenburg, Urt. v. 17. 2. 1960 i. VersR 1960, 1126; *Ludwig/Cordt/Stech* aaO.; a. A. *Böhmer* i. Anm. zu Urt. des OLG Oldenburg v. 7. 2. 1960 i. VersR 1961, 94 sowie i. MDR 1961, 288, der einen Blitzschlag stets als höhere Gewalt ansieht; sowie *Rumpf* aaO. S. 321, der höhere Gewalt nur für den Fall verneint, daß sich die Leitung an einer besonders blitzgefährdeten Stelle befindet). Es kommt demnach nicht darauf an, ob Unabwendbarkeit gegeben ist oder ob sie daran scheitert, daß ausreichende Schutzeinrichtungen (z. B. Blitzableiter) nicht vorhanden waren.

58 Daß jemand eine **stromführende Leitung** unmittelbar oder durch andere Gegenstände **berührt** oder ihr zu **nahe kommt** und dadurch einen Schaden hervorruft, liegt im Bereich des **normalen** Geschehens und begründet deshalb **keine** höhere Gewalt (vgl. BGH, Urt. v. 23. 10. 1952 i. VersR 1953, 27 = VRS 5, 4 = LM Nr. 1 zu § 1a HaftpflG m. Anm. v. *Krille*: Berührung mit dem Bindedraht eines in der Luft befindlichen Drachens; Urt. v. 19. 11. 1964 i. VersR 1965, 136: Unfall bei Arbeiten an Fahrleitungsmasten der Bundesbahn; Urt. v. 26. 2. 1976 i. VRS 51, 259 = DAR 1976, 271: Berührung mit der Funkantenne eines Kastenwagens; OLG Köln, Urt. v. 14. 4. 1954 i. ArchPF 1954, 606). Das **Aufrichten** eines mit Eisendraht umwickelten, 10,50 m hohen **Transparentmastes**

unmittelbar neben einer **Freileitung** hat jedoch der BGH als einen **„schlechthin unvorstellbaren Vorgang"** bezeichnet und höhere Gewalt für einen Unfall, der sich durch Überspringen des Stromes auf den Mast ereignete, mit Recht bejaht (Urt. v. 14. 6. 1957 i. VersR 1957, 533 = VRS 13, 253). Ebenso ist höhere Gewalt gegeben, wenn der Schaden dadurch ausgelöst wird, daß eine Anlage durch einen **Flugzeugabsturz** beschädigt wird oder wenn jemand den Mast einer Hochspannungsleitung erklettert und die stromführende Leitung in **Selbstmordabsicht** berührt (vgl. Rdz. 173 zu § 1; anders wenn die Schädigung ungewollt ist, z. B. beim Erklettern von Masten durch spielende Kinder oder bei der Entfernung der Isolierung eines stromführenden Erdkabels in Diebstahlsabsicht; vgl. LG Hagen, B. v. 12. 5. 1950, best. durch OLG Hamm, unveröffentl. B. v. 19. 9. 1950 – 3 W 208/50 – i. VersR 1951, 246 = ElWirtsch RB 1952, 58; vgl. a. Rdz. 58f. zu § 4). Ob rechtswidrige Eingriffe außenstehender Personen, insbesondere **Attentate oder Sabotageakte,** als höhere Gewalt zu werten sind, ist von Fall zu Fall zu prüfen. In der Regel handelt es sich um außergewöhnliche Ereignisse, so daß die Entscheidung, ob sie als höhere Gewalt zu werten sind, davon abhängt, ob **Unabwendbarkeit** gegeben war. Letzteres kann nicht generell beurteilt werden (vgl. Rdz. 168f., 191 zu § 1). Daß durch Steinwürfe Isolatoren von Freileitungen mutwillig beschädigt werden, kommt nicht so selten vor, daß die Annahme höherer Gewalt berechtigt erscheint (a. A. *Rumpf* aaO. S. 321).

2. Herabfallen von Leitungsdrähten

a) Allgemeines

59 Auch höhere Gewalt begrenzt nicht die Haftung, wenn es zu der Schädigung durch **herabfallende Leitungsdrähte** kommt. Wie in den Fällen des § 33 LVG u. § 25 AtG gilt hier das Prinzip der **absoluten Gefährdungshaftung.** Das Herabfallen von Leitungsdrähten ist an sich ein Vorgang, der nicht ganz außergewöhnlich ist und somit keine höhere Gewalt darstellt (so zutr. *Böhmer* i. Anm. zu Urt. des OLG Oldenburg v. 17. 2. 1960 i. VersR 1961, 94; vgl. a. RG, Urt. v. 1. 10. 1906 i. JW 1906, 706 = EE 23, 187). Bei der Einführung der Gefährdungshaftung für sog. gefährliche Anlagen durch das Gesetz v. 15. 8. 1943 ließ sich der Gesetzgeber offensichtlich von der gegenteiligen Auffassung leiten und wollte erreichen, daß das Herabfallen von Drähten, das die am häufigsten vorkommende Schadenursache bildete, unter die Gefährdungshaftung fiel (vgl. amt. Begr. i. DJ 1943, 430, 431; *Däubler* i. DJ 1943, 414, 417). Obwohl die zu diesem Zweck von dem Grundsatz, daß höhere Gewalt die Haftung beseitigt, getroffene Ausnahme – nach heutiger Erkenntnis – überflüssig ist, wurde sie von dem Gesetzgeber des HG beibehalten.

b) Begriff des „Herabfallens"

60 Der Schaden muß sich dadurch ereignen, daß eine **Stromleitung herabfällt.** Diese Voraussetzung ist nicht gegeben, wenn eine Telegraphenleitung auf eine stromführende Leitung fällt und sich der Strom auf sie überträgt und einen anderen schädigt (vgl. RG aaO. u. OLG Köln, Urt. v. 14. 4. 1954 i. ArchPF 1954, 600 m. Anm. v. *Aubert* S. 607). Dem

Herabfallen steht es gleich, wenn der Draht, ohne gebrochen zu sein, unvorschriftsmäßig **tief hängt,** sich z. B. von den Isolatoren gelöst hat und leitende Teile des Mastes berührt oder den Raum einer öffentlichen Straße versperrt, so daß Verkehrsteilnehmer hierdurch zu Schaden kommen (OLG Oldenburg, Urt. v. 17. 2. 1960 i. VersR 1960, 1126 m. zust. Anm. v. *Böhmer* i. VersR 1961, 94; amtl. Begr. zu § 1a RHG i. DJ 1943, 430, 431; *Däubler* i. DJ 1943, 414, 417; *Ludwig/Cordt/Stech,* Recht der Elektrizitäts-, Gas- und Wasserversorgung, I. S. 17). Man wird jedoch von einem Herabfallen nicht mehr sprechen können, wenn Leitungen nicht ganz straff verspannt sind, sondern so **durchhängen,** daß sie gegeneinander schlagen können (offen gelassen BGH, Urt. v. 1. 3. 1966 i. VersR 1966, 586 = MDR 1966, 492 = BB 1966, 389). Unerheblich ist, ob der herabgefallene Draht den Schaden durch die **Wirkungen** des **Stroms** verursacht, wie es meistens der Fall ist (vgl. BGH, Urt. v. 25. 4. 1961 i. VersR 1961, 617; OLG Köln, Urt. v. 30. 3. 1954 i. VersR 1954, 421 m. Anm. v. *Voss* S. 427; OLG Oldenburg, Urt. v. 17. 2. 1960 aaO. m. Anm. v. *Böhmer* aaO.; LG Aachen, Urt. v. 14. 7. 1953 i. VersR 1954, 311; LG Schweinfurt, Urt. v. 30. 3. 1962 i. VersR 1964, 276), oder stromlos in **mechanischer Weise,** indem z. B. durch das Herabfallen einer Leitung ein auf der Straße fahrendes Kfz einen Blechschaden erleidet. Auch kommt es nicht darauf an, ob der Schaden **unmittelbar** durch das Herabfallen des Drahtes oder erst später durch den bereits am Boden liegenden oder herabhängenden Draht entsteht (amtl. Begr. zu § 1a RHG i. DJ 1943, 430, 431; *Däubler* i. DJ 1943, 414, 417; LG Schweinfurt, Urt. v. 30. 3. 1962 i. VersR 1964, 276).

D. Beweis

61 Nach der **allgemeinen Beweisregel** hat der **Geschädigte** die Voraussetzung für das Vorliegen einer Haftung nach § 2 zu beweisen. Dagegen ist es Sache des Inhabers der Anlage, den Nachweis zu erbringen, daß die Ersatzpflicht entfällt, weil einer der in Abs. 3 angeführten Gründe gegeben ist (BGH, Urt. v. 12. 11. 1982 i. VersR 1982, 368 = BB 1982, 335 = NJW 1982, 991). Wird der Inhaber aufgrund der **Zustandshaftung** nach § 2 Abs. 1 Satz 2 HG in Anspruch genommen, so obliegt ihm der Nachweis, daß sich die Anlage z. Zt. der Schadenverursachung in ordnungsgemäßem Zustand befunden hat (vgl. amtl. Begr. zu § 1a RHG i. DJ 1943, 430 u. zu § 2 HG i. BT-Drucks. 8/108, 12).

E. Forderungsübergang

62 Auf die Ausführungen zu § 1 Rdz. 227 wird verwiesen.

F. Haftungsbefreiung bei Arbeits- und Dienstunfällen

63 Haben ein **Arbeiter** oder ein **Angestellter** oder ihre Angehörigen oder Hinterbliebenen aufgrund eines **Arbeitsunfalles** gegen den Arbeitgeber, der Inhaber einer Anlage ist, einen Ersatzanspruch nach § 2, ist die Haftung nach § 636 RVO grundsätzlich ausgeschlossen, soweit es sich um den Ersatz eines **Personenschadens** handelt. Unter ähnlichen Voraussetzungen, jedoch ohne die Beschränkung auf Personenschäden, sind die Haftungsansprüche eines **Beamten** oder seiner Hinterbliebenen aufgrund eines Dienstunfalles ausgeschlossen (vgl. § 46 Abs. 1 i. Verb. m. §§ 30–43 BeamtVG und die für die Landesbeamten geltenden entsprechenden Regelungen des Landesbeamtenrechtes). Wegen der weiteren Einzelheiten kann auf die Ausführungen zu § 1 Rdz. 228ff. verwiesen werden (vgl. a. Rdz. 38 zu § 2 u. Rdz. 159ff. zu § 12).

64 Verunglückt der Arbeitnehmer eines **Fremdunternehmers** bei der Ausführung von Arbeiten an den Anlagen, so ist zu fragen, ob auch die Haftung des Inhabers der Anlage, z. B. des Versorgungsunternehmens, ausgeschlossen ist (§ 636 Abs. 2 RVO), weil der Fremdbeschäftigte z. Zt. des Arbeitsunfalles in das Unternehmen wie dessen eigene Arbeitnehmer **„eingegliedert"** war. Diese Voraussetzung wird nur ausnahmsweise gegeben sein (vgl. Rdz. 230 zu § 1 sowie *Neumann-Duesberg* i. VersR 1964, 208). Auch kann die Haftung des Inhabers nach § 539 Abs. 2 RVO ausgeschlossen sein, wenn der Verletzte in dem Unternehmen des Inhabers **wie ein Versicherter** – sei es auch nur **vorübergehend** – tätig war (vgl. Rdz. 231 zu § 1).

G. Verhältnis zu § 1

65 Die Vorschriften der §§ 1 und 2 stehen sich **selbständig** gegenüber. Der Geschädigte kann, wenn die Voraussetzungen beider Vorschriften erfüllt sind, den Ersatzanspruch **wahlweise** auf die eine oder andere Haftungsregelung stützen (so schon die amtl. Begr. zu § 1a RHG i. DJ 1943, 430, 431; *Däubler* i. DJ 1943, 414, 418; vgl. a. BGH, Urt. v. 19. 11. 1964 i. VersR 1965, 136). Das kann z. B. praktisch werden, wenn jemand den Fahrleitungen auf einem Bahngelände zu nahe kommt und einen elektrischen Schlag erleidet (vgl. BGH aaO. u. Rdz. 69f. zu § 1).

Haftung des Unternehmers eines gefährlichen Betriebes

3 Wer ein Bergwerk, einen Steinbruch, eine Gräberei (Grube) oder eine Fabrik betreibt, haftet, wenn ein Bevollmächtigter oder ein Repräsentant oder eine zur Leitung oder Beaufsichtigung des Betriebes oder der Arbeiter angenommene Person durch ein Verschulden in Ausführung der Dienstverrichtungen den Tod oder die Körperverletzung eines Menschen herbeigeführt hat, für den dadurch entstandenen Schaden.

Übersicht

A. Entstehung und Zweck der Haftung für gefährliche Betriebe

1 Die in § 3 geregelte Haftung für **gefährliche Betriebe** wurde durch § 2 des Reichshaftpflichtgesetzes (RHG) vom 7. 6. 1871 (RGBl. 207, vgl. Anh. 1) eingeführt. Es handelt sich um einen Art. 1384 des Code civil entlehnten Rechtsatz, der sich in ähnlicher Form auch in § 3 Abs. 2 BSchG und § 485 HGB findet. Dem Unternehmer bestimmter gefährlicher Anlagen sollte ebenso wie dem Eisenbahnbetriebsunternehmer eine Haftung auferlegt werden, die über die des BGB hinausging. Anders als bei der Bahnhaftung wurde die Haftpflicht von einem **Verschulden** abhängig gemacht, wobei es sich jedoch nicht um ein Verschulden desjenigen handeln muß, der zu haften hat, sondern ein Verschulden von **Personen** genügt, die für ihn den **Betrieb leiten** oder **beaufsichtigen.** Dieser Haftung – auch **quasideliktische** Haftung genannt (vgl. RG, Urt. v. 3. 2. 1882 i. EE 2, 192 u. Urt. 12. 1. 1886 i. EE 4, 396) – liegt der Gedanke zugrunde, daß derjenige, der sich beim Betrieb einer Person bedient, die statt seiner den Betrieb zu leiten oder zu beaufsichtigen hat, für ein von dieser begangenes Verschulden ebenso einzutreten hat, als ob ihm dieses Verschulden selbst zur Last falle (vgl. ROHG, Urt. v. 4. 1. 1877 i. ROHG 21, 276). Von der **Verrichtungsgehilfenhaftung** nach § 831 BGB (vgl. Rdz. 71 ff. zu § 12) unterscheidet sich § 3 u. a. dadurch, daß ein Entlastungsbeweis hier nicht möglich ist.

2 Die **praktische** Bedeutung des § 3 ist gering. Der Hauptanwendungsbereich dieser Vorschrift, die Haftung für **Personenschäden** der in den **Betrieben tätigen** Personen (für Sachschäden wird nach § 3 ohnedies

nicht gehaftet), wurde ihr schon früh dadurch entzogen, daß diese Unfälle durch die Unfallversicherungsgesetzgebung einem gesetzlichen Haftungsausschluß unterworfen wurden (jetzt § 636 RVO; vgl. Rdz. 228ff. zu § 1). So beschränkt sich die Haftung auf Unfälle, die **außenstehende** Personen erleiden, z. B. **Besucher** bei Betriebsbesichtigungen oder Kundenvorführungen, **fremdbeschäftigte Arbeitnehmer,** die nicht in den Betrieb eingegliedert sind (vgl. Rdz. 230ff. zu § 1), auf dem Betriebsgelände spielende **Kinder, Anlieger** der Betriebe (z. B. bei Explosionen oder Feuersbrünsten) oder Personen, die als **Passanten** mit Außenanlagen der Betriebe in Berührung kommen (vgl. Rdz. 18, 33). Handelt es sich letzterenfalls um eine **gefährliche Anlage** i. S. v. § 2, so besteht die strengere Haftung nach dieser Vorschrift. Auch wird die Haftung nach § 3 teilweise durch die von geringeren Voraussetzungen abhängige **Organhaftung** nach § 31 BGB (vgl. Rdz. 17ff. zu § 12) verdrängt.

B. Haftungsvoraussetzungen

I. Die der Haftung unterstellten Betriebe

1. Allgemeines

3 Als Anlagen, die die verschärfte Haftung begründen, nennt das Gesetz das **Bergwerk,** den **Steinbruch,** die **Gräberei** (Grube) und die **Fabrik.** Diesen Anlagen ist gemeinsam, daß ihr Betrieb **besondere Gefahren** hervorruft. Die gesetzliche Aufzählung ist jedoch **abschließend.** Eine Ausdehnung der Haftung auf andere Anlagen, die ähnliche oder sogar größere Gefahren auslösen, ist nicht zulässig (RG, Urt. v. 13. 7. 1881 i. EE 2, 79 u. Urt. v. 26. 9. 1882 i. RG 8, 51 = JW 1882, 236 = EE 2, 347). Was unter einem Bergwerk usw. zu verstehen ist, hat der Gesetzgeber **nicht** näher **definiert.** Die Begriffe mußten deshalb von Rechtsprechung und Schrifttum entwickelt werden. Diese haben ihnen eine eigenständige, sich allein nach dem Zweck der Haftung richtende Bedeutung gegeben und sich dabei nicht unbedingt an den allgemeinen Sprachgebrauch angelehnt, wie insbesondere das Beispiel der Einordnung von Elektrizitätswerken als „Fabriken" zeigt (vgl. Rdz. 11).

4 Anders als nach § 2 genügt nicht das Vorhandensein eine einzelne Anlage. Es muß sich vielmehr jeweils um eine für eine gewisse **Dauer** eingerichtete **Arbeitsstätte** von **größerem Umfange** i. S. eines **Betriebes** handeln (vgl. RG, Urt. vom 29. 11. 1894 i. JW 1895, 18 u. Urt. v. 12. 4. 1904 i. RG 57, 381, 387). Nach dem gesetzgeberischen Zweck – dem Einstehenmüssen für eine besondere Gefahr – ist es unerheblich, ob der Betrieb **genehmigt** ist oder einer **staatlichen Aufsicht** unterliegt (RG, Urt. v. 28. 10. 1887 i. JW 1887, 497; *Seligsohn,* RHG, Anm. 8 zu § 2; *Friese,* RHG, § 2 A II 1) oder ob es sich um die Ausübung eines **Gewerbes** in dem Sinne handelt, daß eine Gewinnerzielungsabsicht besteht (OLG Hamburg, Urt. v. 19. 10. 1905 i. DJZ 1906, 376 = EE 22, 373: bejaht auch für städtische Gas- und Wasserwerke) oder daß für andere und nicht

nur für den Eigenverbrauch produziert wird (ROHG, Urt. v. 21. 10. 1878 i. ROHG 24, 103 = SeuffA 34 Nr. 216 u. RG, Urt. v. 29. 11. 1894 i. JW 1895, 18). Auch kommt es nicht darauf an, ob sich der Betrieb als **Haupt-** oder **Neben**betrieb darstellt. So kann z. B. die Werkstatt einer Eisenbahn „Fabrik" i. S. v. § 3 sein (ROHG, Urt. v. 17. 3. 1874 i. ROHG 13, 81, Urt. v. 21. 11. 1874 i. ROHG 15, 92 u. Urt. v. 6. 11. 1878 i. SeuffA 34 Nr. 218; RG, Urt. v. 9. 5. 1885 i. EE 2, 163, Urt. v. 23. 6. 1885 i. EE 4, 361), aber auch die Werkbahn einer Fabrik oder eines Bergwerks als Bestandteil derselben der Haftung nach § 3 unterliegen (RG, Urt. v. 3. 3. 1919 i. RG 95, 177; *Seligsohn,* RHG, Anm. 16 zu § 2; *Friese,* RHG, § 2 A II 4; *Biermann,* RHG, Fußn. 28 zu § 2; vgl. a. Rdz. 14f. zu § 1).

5 Die Haftung setzt das **„Betreiben"** der Anlage voraus. Daran fehlt es, wenn die Anlage noch **im Bau** ist oder noch ausgerüstet wird oder wenn der Betrieb **beendet** oder **unterbrochen** ist (ROHG, Urt. v. 31. 5. 1879 i. ROHG 25, 201; RG, Urt. v. 3. 7. 1890 i. JW 1890, 280 = EE 7, 446 u. Urt. v. 9. 7. 1906 i. JW 1906, 547; vgl. a. Rdz. 16, 74 zu § 1 u. Rdz. 15 zu § 2). Die Beendigung des Betriebes tritt erst mit der Einstellung des **Gesamt**betriebes ein; der Ausfall einer einzelnen Maschine reicht nicht aus (ROHG, Urt. v. 31. 5. 1879 aaO.; Friese, RHG, § 2 A IV 2a; zur Unterbrechung durch Reparaturarbeiten vgl. Rdz. 16).

2. Die einzelnen Betriebe

a) Bergwerk

6 Ein **Bergwerk** ist ein Betrieb, der der **Gewinnung unterirdischer Mineralien** nach **bergtechnischen Regeln** dient (ROHG, Urt. v. 22. 4. 1879 i. ROHG 25, 145; RG, Urt. v. 13. 7. 1881 i. JW 1881, 151 = EE 2, 79, Urt. v. 20. 5. 1886 i. JW 1886, 233, Urt. v. 21. 10. 1887 i. RG 19, 189 u. Urt. v. 28. 10. 1887 i. JW 1887, 497). Die bergtechnischen Regeln sind nach dem **jeweiligen** Stand der Bergtechnik zu beurteilen. Eine **„Gewinnung"** liegt **nicht** vor, wenn es sich noch um das Auffinden der Fundstätten der Mineralien handelt, z. B. das Schürfen und Bohren (ROHG, Urt. v. 22. 4. 1879 aaO.) oder das Sprengen oder den Bau eines Tunnels (RG, Urt. v. 13. 7. 1881 aaO. u. Urt. v. 26. 9. 1882 i. RG 8, 51 = JW 1882, 236 = EE 2, 437) oder um Einrichtungen oder Vorgänge, die nicht mehr der Gewinnung, sondern der Bearbeitung (z. B. eine Kohlenwäsche) oder der Weiterbeförderung oder Verwertung (z. B. eine Kokerei) der gewonnenen Mineralien dienen (RG, Urt. v. 20. 5. 1886 aaO.; *Eger,* RHG, Anm. 15 zu § 2 S. 226; *Seligsohn,* RHG, Anm. 4 zu § 2; *Friese,* RHG, § 2 A II 1; vgl. a. RG, Urt. v. 8. 2. 1890 i. RG 26, 224, 227). Auch die Gewinnung von Mineralien, die sich in **oberflächlichen** Ablagerungen befinden, erfüllt nicht den Begriff des Bergwerks; hier kann es sich aber um den Betrieb einer Gräberei handeln (RG, Urt. v. 28. 10. 1887 aaO.). Andererseits ist der Bergwerksbetrieb **nicht** auf die **eigentliche Förderung beschränkt.** Zu ihm rechnen z. B. auch die **Beförderung** der Kohle durch eine unterirdische Grubenbahn und die **Ablagerung** auf einer Halde (*Eger* u. *Friese* aaO.; *Seligsohn* aaO. Anm. 4 u. 8 zu § 2). Daß das Bergwerk bergpolizeilicher **Aufsicht** unterliegt, ist kein notwendiges

Kriterium (*Seligsohn* aaO. Anm. 8 zu § 2; *Friese* aaO.; a. A. *Eger* aaO. Anm. 16 zu § 2 S. 228).

b) Steinbruch

7 Ein **Steinbruch** ist ein Betrieb, in dem **Steinarten** nach **besonderen technischen Regeln** gewonnen werden (ROHG, Urt. v. 10. 3. 1876 i. ROHG 20, 3; RG, Urt. v. 13. 7. 1881 i. JW 1881, 158 = EE 2, 79 u. Urt. v. 26. 9. 1882 i. RG 8, 51 = JW 1882, 236 = EE 2, 347; BayerObLG, Urt. v. 30. 3. 1885 i. EE 4, 136, 138). Unerheblich ist, ob der Steinbruch unter oder über Tage betrieben wird (*Seligsohn,* RHG, Anm. 9 zu § 2). Der Betrieb muß jedoch auf die Gewinnung von **Steinen** gerichtet sein. Ein Steinbruch liegt deshalb nicht vor, wenn, z. B. beim Bau von Straßen und Tunneln, Bauarbeiten vorgenommen werden, bei denen Gestein fortgeschafft werden muß (vgl. ROHG u. RG aaO.). Der Haftung unterliegt der **gesamte** technische Betrieb. Hierzu gehört z. B. auch das Sortieren und Verladen der gewonnenen Steine auf dem Anschlußgleis (RG, Urt. v. 15. 5. 1905 i. Gruchot 50, 133 = EE 22, 352).

c) Gräberei (Grube)

8 Eine **Gräberei (Grube)** ist ein Betrieb, in dem **an der Erdoberfläche gelagerte Mineralien** oder **Erdarten durch Ausgraben gewonnen** werden, z. B. Bernstein, Kies, Lehm, Mergel, Sand, Strontianit, Ton (RG, Urt. v. 21. 10. 1887 i. RG 19, 189, 192 u. Urt. v. 28. 10. 1887 i. JW 1887, 497; *Eger,* RHG, Anm. 17 zu § 2 S. 230; *Seligsohn,* RHG, Anm. 10 zu § 2; *Friese,* RHG, § 2 A II 3). Vom Bergbau unterscheidet sich die Gräberei u. a. dadurch, daß der Abbau **über Tage** erfolgt und die zu gewinnenden Stoffe in der **Nähe** der Erdoberfläche liegen. Wegen des zuletzt genannten Erfordernisses ist eine tiefe Erdbohrung zur Gewinnung von Erdöl keine Gräberei (RG, Urt. v. 21. u. 28. 10. 1887 aaO.). Die Anlage muß darauf ausgerichtet sein, die genannten Stoffe zu **gewinnen.** Ausschachtungsarbeiten, bei denen die Erde fortgeschafft werden muß, sind deshalb nicht als Gräberei anzusehen (RG, Urt. v. 13. 7. 1881 i. JW 1881, 158 = EE 2, 79 u. Urt. v. 26. 9. 1882 i. RG 8, 51 = JW 1882, 236 = EE 2, 347; BayerOblG, Urt. v. 30. 3. 1885 i. EE 4, 136, 138). Da der Gesetzgeber an einen Betrieb gedacht hat, der einem Bergwerk vergleichbar ist, muß es sich um eine Anlage von **größerem Umfange** handeln (RG, Urt. v. 21. 10. 1887 i. RG 19, 189, 192 u. Urt. v. 29. 11. 1894 i. JW 1885, 18; *Eger* aaO. S. 232; *Seligsohn* u. *Friese* aaO.).

d) Fabrik

9 Eine **Fabrik** ist ein Betrieb, in dem unter **Verwendung industrieller Fertigungsmethoden** und in einem über einen **Handwerksbetrieb hinausgehenden Umfange bewegliche Gegenstände hergestellt, bearbeitet** oder **verarbeitet** werden (ROHG, Urt. v. 21. 10. 1878 i. ROHG 24, 103 = SeuffA 34 Nr. 216; RG, Urt. v. 12. 4. 1904 i. RG 57, 381, 387 u. Urt. v. 16. 12. 1907 i. RG 67, 229 = JW 1908, 115 = EE 24, 287). Nach dieser Definition gehören **land-** und **forstwirtschaftliche** Betriebe, bei denen die Erzeugnisse aus dem **Boden** gewonnen werden, nicht zu den „Fabriken“. Das gilt auch, soweit dort Maschinen eingesetzt werden oder es

sich nicht mehr um die Ernte, sondern um die Zubereitung, Reinigung und Zurechtstellung der Erzeugnisse zur weiteren Verarbeitung handelt (ROHG, Urt. v. 22. 9. 1877 i. ROHG 22, 415; RGSt, Urt. v. 23. 6. 1898 i. JW 1899, 477 = EE 16, 103). Ein Betrieb, der – selbständig oder als Nebenbetrieb – landwirtschaftliche oder forstwirtschaftliche Produkte **verarbeitet,** kann jedoch eine Fabrik i. S. v. § 3 sein, z. B. eine **Brauerei** (RG, Urt. v. 13. 5. 1881 i. RG 4, 98 = EE 2, 32), eine **Brennerei** (RG, Urt. v. 27. 4. 1903 i. JW 1903, 246 = EE 20, 157), eine **Großbäckerei** (RGSt, Urt. v. 2. 11. 1893 i. RGSt 24, 356), eine **Großküche,** eine **Mühle** (ROHG, Urt. v. 21. 10. 1878 i. ROHG 24, 103 = SeuffA 34 Nr. 216; RG, Urt. v. 31. 3. 1887 i. EE 5, 271), eine **Molkerei,** ein **Sägewerk** (RG, Urt. v. 26. 6. 1880 i. EE 1, 236, Urt. v. 30. 3. 1904 i. EE 21, 355 u. Urt. v. 28. 5. 1906 i. DJZ 1906, 968 = EE 23, 170), eine **Weberei** (RG, Urt. v. 18. 2. 1881 i. EE 1, 382).

10 Ein **Bauunternehmen** fällt nicht unter den Begriff der Fabrik, weil in ihm **nicht bewegliche** Gegenstände geschaffen werden (RG, Urt. v. 13. 7. 1881 i. JW 1881, 158 = EE 2, 79, Urt. v. 26. 9. 1882 i. RG 8, 51 = JW 1882, 236 = EE 2, 347, Urt. v. 30. 3. 1885 i. EE 4, 136 u. Urt. v. 3. 7. 1890 i. JW 1890, 280 = EE 7, 446). Dagegen können Betriebe, die Baumaterialien produzieren, wie **Ziegeleien,** Fabriken sein (*Eger,* RHG, Anm. 18 zu § 2 S. 238; *Seligsohn,* RHG, Anm. 12 zu § 2; *Friese,* RHG, § 2 A II 4). Bei reinen **Baubetrieben** fehlt es auch an dem Erfordernis einer **gemeinsamen Arbeitsstätte.** Auch die sog. **Hausindustrie** fällt deshalb nicht unter den Begriff der Fabrik (RG, Urt. v. 12. 4. 1904 i. RG 57, 381, 387).

11 Daß es sich bei dem Erzeugnis um einen **körperlichen** Gegenstand handelt, ist nicht erforderlich. Auch **Stromerzeugungsunternehmen** sind deshalb als „Fabriken“ anzusehen (RG, Urt. v. 16. 12. 1907 i. RG 67, 229 = JW 1908, 115 = EE 24, 287, Urt. v. 9. 2. 1925 i. SeuffA 79 Nr. 93 = EE 43, 114, Urt. v. 11. 4. 1935 i. RG 147, 353 = JW 1935, 2196 m. zust. Anm. v. *W. Weimar* S. 2198; vgl. a. RG, Urt. v. 5. 2. 1904 i. RG 56, 403, 408 u. Urt. v. 2. 1. 1908 i. JW 1908, 107 = Recht 1908 Nr. 639 = EE 24, 380 sowie Rdz. 12).

12 Zum **Bearbeiten** oder **Verarbeiten** gehören auch das Reinigen, Färben und Reparieren. Als Fabriken sind deshalb auch **Wasserwerke** (OLG Hamburg, Urt. v. 19. 10. 1905 i. DJZ 1906, 376 = EE 22, 373), **Waschanstalten, Färbereien** (RG, Urt. v. 5. 2. 1904 i. RG 56, 403, 408 u. Urt. v. 16. 12. 1907 i. RG 67, 229 = JW 1908, 115 = EE 24, 284 u. RGSt, Urt. v. 23. 6. 1898 i. JW 1899, 477 = EE 16, 103) und **Reparaturwerkstätten** (vgl. a. Rdz. 4) anzusehen. Auch **Strom-** und **Gasverteilungs**unternehmen sind Fabriken, weil sie die Energien nicht nur liefern, sondern zunächst in eine für den Verbraucher geeignete Form (Spannung, Druck) umwandeln (ebenso *Vaubel/Eiser/Riederer/Obernolte/Danner,* Energiewirtschaftsrecht, XIII, Anm. 1 zu § 3; a. A. OLG Hamm, Urt. v. 12. 5. 1939 i. VAE 8, 357 für den Transformator einer Eisenbahn, wenn auch im Ergebnis richtig, weil die Anlage wegen ihres geringen Umfangs den Begriff der Fabrik nicht erfüllte). **Handels-** und **Dienstleistungs**betriebe, z. B. **Warenhäuser, Krankenanstalten, Verkehrsbetriebe, Hotels** und sonstige **Beherbergungsunternehmen,** sind keine Fabriken, weil sie Wa-

ren weder herstellen noch bearbeiten oder verarbeiten. Für Hotels gilt dies auch, wenn ihnen eine **Speisegaststätte** mit einer Küche angeschlossen ist, die im Gesamtbetrieb von **untergeordneter** Bedeutung ist (RG, Urt. v. 20. 6. 1899 i. JW 1899, 494 u. Urt. v. 11. 3. 1913 i. RG 82, 25; KG, B. v. 19. 1. 1903 i. OLG 6, 466, B. v. 14. 12. 1905 i. DJZ 1906, 766 u. B. v. 30. 4. 1926 i. JW 1926, 2095). Eine **Eisenbahn** kann jedoch als **Werkbahn** Bestandteil einer Fabrik oder eines Bergwerks sein (vgl. Rdz. 4).

13 Auch wenn ein Betrieb die bisher angeführten Kriterien (Rdz. 9ff.) erfüllt, muß noch hinzukommen, daß er über einen **handwerksmäßigen** Umfang hinausgeht. Ob dies zutrifft, kann nur im **Einzelfall** beurteilt werden. Folgende **Merkmale,** die nicht sämtlich vorliegen müssen, sind für den fabrikmäßigen Betrieb **charakteristisch:** eine Anlage größeren Umfangs und eine größere Zahl von Beschäftigten, der Einsatz von Maschinen, die Teilung der Arbeit in die leitende, wesentlich kaufmännische Tätigkeit des Unternehmers und in die vorwiegend mechanische Tätigkeit der Arbeiter, die Beaufsichtigung der Arbeit durch einen Betriebsführer, die Erzeugung in Massen auf Vorrat oder Lager (RGSt, Urt. v. 14. 1. 1889 i. RGSt 18, 371, Urt. v. 2. 11. 1893 i. RGSt 24, 356, Urt. v. 28. 11. 1893 i. RGSt 25, 3, 4, Urt. v. 12. 11. 1894 i. RGSt 26, 189 u. Urt. v. 23. 6. 1898 i. JW 1899, 477 = EE 16, 103; KG, B. v. 19. 1. 1903 i. OLG 6, 466; RG, Urt. v. 12. 4. 1904 i. RG 57, 381, 386f).

14 Als **Fabriken** i. S. v. § 3 wurden z. B. angesehen: eine **Gasfabrik** (RG, Urt. v. 3. 12. 1880 i. RG 3, 4 = EE 1, 321 u. Urt. v. 1. 2. 1881 i. EE 1, 376), eine **Gasmotorenfabrik** (RG, Urt. v. 4. 3. 1909 i. RG 71, 1 = EE 25, 414), eine **Glashütte** (RG, Urt. v. 16. 12. 1879 i. RG 1, 46 = EE 1, 52 u. Urt. v. 23. 6. 1885 i. EE 4, 361; BGH, Urt. v. 17. 2. 1959 i. VersR 1959, 449), eine **Gießerei** (RG, Urt. v. 28. 9. 1880 i. RG 3, 1 = EE 1, 279), ein **Hüttenwerk** (ROHG, Urt. v. 22. 9. 1874 i. ROHG 14, 195), eine **Maschinenfabrik** (RG, Urt. v. 19. 10. 1881 i. EE 2, 128), eine **Papierfabrik** (RG, Urt. v. 1. 7. 1884 i. RG 12, 45), eine **Zinkhütte** (RG, Urt. v. 25. 10 1913 i. Recht 1914 Nr. 133 = EE 30, 492 u. Urt. v. 3. 3. 1919 i. RG 95, 177).

II. Betriebsunternehmer

15 Haftpflichtig ist derjenige, der einen der in § 3 genannten Betriebe **„betreibt“.** Trotz des unterschiedlichen Wortlautes gelten die zum Begriff des **Bahnbetriebsunternehmers** entwickelten Grundsätze entsprechend (ROHG, Urt. v. 17. 10. 1876 i. ROHG 21, 175; *Eger,* RHG, Anm. 14 S. 217; *Seligsohn,* RHG, Anm. 60 zu § 2; *Friese,* RHG, § 2 A III). Auch hier kommt es darauf an, auf wessen **Rechnung** der Betrieb geht und wer die **Verfügungsgewalt** über ihn hat (vgl. Rdz. 29ff. zu § 1). Das **Eigentum** an der Anlage ist nur ein Indiz. Ist die Anlage verpachtet, ist der Pächter Betriebsunternehmer (ROHG, Urt. v. 17. 10. 1876 aaO.). Werden die genannten Merkmale von **mehreren** Personen erfüllt, ist jede der Personen als Betriebsunternehmer anzusehen (vgl. Rdz. 43 zu § 1). Hat der Eigentümer einer Fabrik einem anderen Unternehmer Arbeiten in Akkord übertragen, jedoch hierzu eigene Leute abgestellt, behält er

wegen seiner Weisungsbefugnis diesen gegenüber die Betriebsunternehmereigenschaft (RG, Urt. v. 23. 6. 1885 i. EE 4, 361; *Friese,* RHG, § 2 A III; *Böhmer,* RHG, Anm. J 2 zu § 2).

III. Bei dem Betrieb

16 Die Schädigung muß auf den **Betrieb** der Anlage zurückzuführen sein. Zum Betrieb rechnen nur die **technischen Einrichtungen** und **Vorgänge,** weil der Gesetzgeber nur wegen der von diesen ausgehenden **Gefahren** dem Betriebsunternehmer die strengere Haftung auferlegt hat. Der Unternehmer haftet deshalb nach § 3 nicht für Unfälle, die **anderen** Unternehmensteilen, z. B. der kaufmännischen Verwaltung, zuzurechnen sind (ROHG, Urt. v. 4. 1. 1877 i. ROHG 21, 276, 281) oder die sich **vor** der **Aufnahme** oder **nach** der **Beendigung** des Betriebes oder während einer **Betriebsunterbrechung** ereignen (vgl. Rdz. 5 sowie Rdz. 16 u. 74 zu § 1 u. Rdz. 15 zu § 2). **Bau-** und **Reparaturarbeiten** rechnen deshalb grundsätzlich **nicht** zum Betrieb (ROHG, Urt. v. 31. 5. 1879 i. ROHG 25, 201; RG, Urt. v. 17. 5. 1886 i. RG 16, 19 = JW 1886, 198 = EE 4, 452 u. Urt. v. 3. 7. 1890 i. JW 1890, 280 = EE 7, 446). Bei **Reparaturarbeiten** ist jedoch der erforderliche betriebliche Zusammenhang **gegeben,** wenn sie den Gegenstand des Betriebes bilden (RG, Urt. v. 22. 10. 1881 i. EE 2, 128 u. Urt. v. 3. 7. 1890 aaO.) oder wenn **keine** oder nur eine **geringfügige Betriebsunterbrechung** stattfindet und der Schaden durch eigene Leute behoben werden kann (RG, Urt. v. 11. 10. 1882 i. EE 2, 365 u. Urt. v. 30. 6. 1883 i. EE 3, 85).

17 Anders als bei der Bahnhaftung nach § 1 ist nicht erforderlich, daß der Unfall mit einer den Anlagen **eigentümlichen** Gefahr in Zusammenhang steht (ROHG, Urt. v. 4. 1. 1877 i. ROHG 21, 276, 280; RG, Urt. v. 13. 5. 1881 i. RG 4, 98 = EE 2, 32; *Seligsohn,* RHG, Anm. 18 zu § 2, *Böhmer,* RHG, Anm. C 3 zu § 2). Auch genügt es, daß die schadenstiftenden Einrichtungen oder Vorgänge **mittelbar** dem Zweck des Betriebes dienen. Der Unternehmer haftet deshalb z. B. auch für einen Unfall, der sich in einer Fabrik bei einer Kundenvorführung (RG, Urt. v. 13. 4. 1915 i. JW 1915, 659 = EE 32, 444) oder bei der fotografischen Abbildung einer Maschine für einen Kundenkatalog (RG, Urt. v. 4. 3. 1909 i. RG 71, 1 = EE 25, 414) ereignet.

18 Ebenso wie bei der Haftung nach § 1 muß ein **naher örtlicher** und **zeitlicher** und auch **innerer** Zusammenhang mit dem Betrieb gegeben sein (ROHG, Urt. v. 13. 6. 1877 i. ROHG 22, 311; RG, Urt. v. 11. 7. 1887 i. EE 5, 436). Daraus folgt, daß sich der Unfall grundsätzlich innerhalb der **örtlichen** Grenzen der Anlage ereignen muß. Nicht zum Betrieb gehören deshalb Unfälle, die **außerhalb** der Arbeitsstätte beim An- oder Abtransport von Gegenständen (Waren, Materialien, Werkzeuge, Maschinen u. dergl.) verursacht werden (ROHG, Urt. v. 13. 6. 1877 i. ROHG 22, 311; RG, Urt. v. 19. 12. 1879 i. RG 1, 46 = EE 1, 58, Urt. v. 22. 9. 1880 i. EE 1, 272, Urt. v. 17. 5. 1886 i. RG 16, 19 = JW 1886, 198 = EE 4, 452 u. Urt. v. 3. 7. 1890, i. JW 1890, 280 = EE 7, 446). Der Unfall muß sich jedoch nicht innerhalb der eigentlichen Produktions-

und Arbeitsräume zugetragen haben; es genügt, daß die **Unfallörtlichkeit** zum **Gesamtbereich** des Betriebes zu rechnen ist, was z. B. für Fabrik- und Zechenhöfe und für Verladegleise bejaht wurde (RG, Urt. v. 18. 3. 1882 i. EE 2, 240, Urt. v. 30. 6. 1883 i. EE 3, 85, Urt. v. 10. 12. 1910 i. Recht 1911 Nr. 4 = EE 28, 66 u. Urt. v. 30. 9. 1912 i. JW 1912, 1110). Auch sog. **Außenwerke** rechnen zum Betrieb, z. B. bei einem **Elektrizitäts-, Wasser-** oder **Gasversorgungsunternehmen** das **Leitungsnetz** oder **Nebeneinrichtungen,** wie **Transformatorenhäuser** (RG, Urt. v. 16. 12. 1907 i. RG 67, 229 = JW 1908, 115 = EE 24, 287, Urt. v. 2. 1. 1908 i. JW 1908, 107 = Recht 1908 Nr. 639 u. Urt. v. 9. 2. 1925 i. SeuffA 79 Nr. 93 = EE 43, 114; OLG Hamburg, Urt. v. 19. 10. 1905 i. DJZ 1906, 376 = EE 22, 373), oder das **Reparieren** von Fahrstühlen oder Rolltreppen im Bereich einer Bahnanlage durch die Hauptwerkstatt (RG, Urt. v. 23. 6. 1885 i. EE 4, 361). Arbeiten **außerhalb** der betrieblichen Anlagen gehören grundsätzlich **nicht** mehr zum Betrieb. Anderes gilt nur, wenn sich die Arbeiten noch als **Ausstrahlung** des **betrieblichen** Geschehens darstellen, was z. B. anzunehmen ist, wenn es eine Fabrik übernommen hat, eine bestellte Maschine durch einen eigenen Monteur beim Kunden aufzustellen, und dies besondere Fähigkeiten und Kenntnisse voraussetzt (RG, Urt. v. 26. 10. 1881 i. EE 2, 132 u. Urt. v. 8. 7. 1915 i. JW 1915, 1195 = EE 33, 94).

IV. Verschulden von Aufsichtspersonen

1. Vorbemerkung

19 Der Betriebsunternehmer hat für das **Verschulden** bestimmter Aufsichtspersonen zu haften. Ein **eigenes** Verschulden des Betriebsunternehmers ist nicht erforderlich. Die Haftung nach § 3 ist deshalb auch dann gegeben, wenn dem Unternehmer bei der Auswahl und Beaufsichtigung der Aufsichtspersonen kein Verschulden zur Last fällt (RG, Urt. v. 30. 9. 1912 i. JW 1912, 1110 u. Urt. v. 3. 3. 1919 i. RG 95, 177, 180).

2. Gemeinsame Merkmale der Aufsichtspersonen

20 Die Haftung setzt das Verschulden eines **Bevollmächtigten,** eines **Repräsentanten** oder einer zur **Leitung** oder **Beaufsichtigung** des Betriebes **angenommenen Person** voraus. Den genannten Personen ist gemeinsam, daß sie eine **leitende** oder **beaufsichtigende Tätigkeit** ausüben und daß sich diese auf den **technischen** Betrieb erstreckt und darauf abzielt, den **Gang** und die **Sicherheit** des Betriebes zu gewährleisten (RG, Urt. v. 21. 5. 1906 i. EE 23, 263). Eine rein **faktische** Dienstleistung, wie die eines einfachen Arbeiters oder Angestellten, genügt ebensowenig wie eine Tätigkeit, die sich nur auf andere Unternehmensteile, z. B. auf den kaufmännischen Betrieb, bezieht (vgl. RG, Urt. v. 22. 9. 1911 i. JW 1911, 949 = EE 28, 347). Da die gleichlautenden Begriffe des **Unfallversicherungsrechtes** (zuletzt § 899 RVO in der bis zum 31. 6. 1963 geltenden Fassung; jetzt abgelöst durch § 637 RVO) übernommen wurden, kann die hierzu ergangene Rechtsprechung mitberücksichtigt werden. Es

kommt nicht darauf an, welche Stellung die Person sonst im Betrieb hat. Entscheidend ist allein die **Funktion,** die sie in dem **Zeitpunkt** ausgeübt hat, in dem die schuldhafte **Unterlassung** oder **Handlung** lag, die zu dem Unfall geführt hat (vgl. RG, Urt. v. 16. 3. 1943 i. DR 1943, 648; *Seligsohn,* RHG, Anm. 40 zu § 2; *Böhmer* i. DAR 1951, 38; a. A. *Wussow* i. VersR 1953, 346).

21 Aus dem Erfordernis, daß das Verschulden in Ausführung einer Dienstverrichtung begangen sein muß (vgl. Rdz. 32), ergibt sich, daß sämtliche Personen in einem **Dienstverhältnis** zum Betriebsunternehmer stehen müssen. Ein Geschäftsbesorgungsvertrag, bei dem der Beauftragte, z. B. ein Markscheider, selbständig und unter eigener Verantwortung handelt, reicht hierzu nicht aus (RG, Urt. v. 9. 10. 1880 i. EE 1, 283; *Friese,* RHG, § 2 A V 1; vgl. a. RG, Urt. v. 16. 12. 1939 i. VAE 9, 58; a. A. ROHG, Urt. v. 17. 10. 1876 i. ROHG 21, 175, 178; vgl. a. Rdz. 73 zu § 12). Daß in § 3 bestimmte Personengruppen benannt werden, hat nur den Sinn, den in Betracht kommenden Personenkreis möglichst vollständig zu erfassen. Zur Anspruchsbegründung genügt es deshalb, daß das Verschulden einer Person dargelegt wird, die in den Kreis dieser Personen fällt; es ist nicht erforderlich, daß die Person **namentlich** bezeichnet oder einer bestimmten Kategorie **zugeordnet** wird (RG, Urt. v. 7. 7. 1885 i. EE 4, 364, Urt. v. 23. 2. 1886 i. EE 4, 416, Urt. v. 16. 12. 1907 i. RG 67, 229 = JW 1908, 115 = EE 24, 287 u. Urt. v. 23. 11. 1910 i. EE 28, 286).

3. Die einzelnen Personengruppen

a) Bevollmächtigter

22 **Bevollmächtigter** ist eine Person, die befugt ist, den Betriebsunternehmer im **technischen** Betrieb zu **vertreten.** Die Vollmacht muß nicht unmittelbar durch den Betriebsunternehmer erteilt (RG, Urt. v. 10. 2. 1882 i. RG 7, 8 = EE 3, 244) und kann auch stillschweigend begründet werden (RG, Urt. v. 1. 2. 1884 i. EE 3, 178). Es muß sich um eine **rechtsgeschäftliche Vollmacht** (§ 164 BGB) handeln, mag diese auch in den meisten Fällen nicht auf den Abschluß von Geschäften oder das Verhandeln mit Außenstehenden gerichtet sein. Würde eine bloße tatsächliche Verrichtung ausreichen, wie es teilweise angenommen wurde (RG, Urt. v. 9. 10. 1880 i. EE 1, 283; *Böhmer,* RHG, Anm. D 4 zu § 2 u. *Biermann,* RHG, Anm. IV 1 zu § 2), so wäre nicht erklärlich, weshalb der Gesetzgeber die Bezeichnung ,,Bevollmächtigter" gewählt hat (RG, Urt. v. 30. 5. 1932 i. RG 136, 345 = JW 1932, 2531 u. Urt. v. 16. 12. 1939 i. VAE 9, 58; *Eger,* RHG, Anm. 22 zu § 2 S. 262; *Seligsohn,* RHG, Anm. 30 zu § 2; *Friese,* RHG, § 2 A 5 1 a). Denkbar ist, daß ein kaufmännischer Angestellter, z. B. ein Prokurist, auch für den technischen Teil des Betriebes bevollmächtigt ist; in diesem Fall ist er ,,Bevollmächtigter" i. S. v. § 3 (RG, Urt. v. 22. 9. 1911 i. JW 1911, 949 = EE 28, 347).

b) Repräsentant

23 Der **Repräsentant** ist ein **Generalbevollmächtigter.** Seine Vertretungsbefugnisse gehen anders als beim Bevollmächtigten über den technischen Betrieb hinaus und erstrecken sich auf das **gesamte** Unternehmen (RG, Urt. v. 13. 3. 1884 i. RG 11, 27 = EE 3, 195 u. Urt. v. 30. 5. 1932 i. RG 136, 345 = JW 1932, 2531; *Seligsohn,* RHG, Anm. 34 zu § 2; *Friese,* RHG, § 2 A V 1b; *Biermann,* RHG, Anm. IV 2 u. Fußn. 47 zu § 2). Repräsentanten sind z. B. die **Vorstandsmitglieder** einer AG und die **Geschäftsführer** einer GmbH (RG, Urt. v. 13. 3. 1884 aaO.; *Böhmer,* RHG, Anm. D 7 zu § 2). Auch der **geschäftsführungsberechtigte Gesellschafter** einer **OHG** gehört zu dieser Personengruppe. Betriebsunternehmer sind hier nicht die einzelnen Gesellschafter, sondern die OHG als solche (RG, Urt. v. 20. 10. 1880 i. SeuffA 36 Nr. 200 = EE 1, 291; *Biermann,* RHG, Fußn. 47 zu § 2). Eine scharfe Abgrenzung zum Bevollmächtigten ist nicht möglich, aber auch entbehrlich.

c) Zur Leitung oder Beaufsichtigung angenommene Person

24 Zum Kreis der Personen, deren Verschulden eine Haftung des Betriebsunternehmers begründen kann, gehören auch diejenigen Beschäftigten, die den Betrieb oder die Arbeiter zu **leiten** oder zu **beaufsichtigen** haben. Die Merkmale der Leitung und der Beaufsichtigung können in **einer** Person zusammentreffen (RG, Urt. v. 20. 3. 1883 i. EE 3, 39 u. Urt. v. 21. 5. 1906 i. EE 23, 263). Eine **Bevollmächtigung** ist **nicht** erforderlich, jedoch in jedem Falle eine gewiße **Selbständigkeit** (RG, Urt. v. 21. 5. 1906 aaO.). Die Befugnis braucht **nicht** in einem **selbständigen** Eingreifen oder Befehlen zu bestehen. Es genügt die Möglichkeit des Warnens, Beratens und Belehrens zum **Schutz** gegen **Gefahren** (RG, Urt. v. 20. 3. 1883 aaO.). Unerheblich ist, ob die leitende oder beaufsichtigende Tätigkeit dauernd oder vorübergehend ist oder ob sie ein größeres Maß an Fähigkeiten voraussetzt (RG, Urt. v. 10. 12. 1879 i. EE 1, 44 u. Urt. v. 21. 3. 1882 i. EE 2, 240). Eigene **Mitarbeit** schließt eine beaufsichtigende oder leitende Funktion **nicht** aus; auch ein **Arbeiter** kann Aufsichtsperson i. S. v. § 3 sein (RG, Urt. v. 19. 12. 1879 i. RG 1, 28 = EE 1, 60, Urt. v. 11. 12. 1880 i. EE 1, 332, Urt. v. 21. 3. 1882 aaO., Urt. v. 6. 2. 1885 i. EE 4, 37, Urt. v. 25. 10. 1909 i. SeuffA 65 Nr. 195 = EE 26, 315 u. Urt. v. 8. 6. 1926 i. SeuffA 81 Nr. 5 = JR 1926 Nr. 1953 = EE 45, 87).

25 Die **Aufsicht** oder **Leitung** kann sich auf einen **Teil** des technischen Betriebs **beschränken.** Zum Betrieb gehören die Anlagen, insbesondere die Maschinen, und die Arbeiter. Auch die Unterstellung einer einzelnen Maschine oder einer einzelnen Arbeitskraft kann ausreichen (RG, Urt. v. 3. 12. 1880 i. RG 3, 4 = EE 1, 321, Urt. v. 22. 10. 1881 i. EE 2, 128 u. Urt. v. 5. 3. 1884 i. EE 3, 328). Im ersteren Falle darf es sich jedoch nicht **nur** um die **mechanische Bedienung** der Maschine und ihre **Pflege** und **Wartung** handeln, mag auch diese Tätigkeit schwierig sein und Aufmerksamkeit und Gewissenhaftigkeit erfordern (ROHG, Urt. v. 22. 9. 1874 i. ROHG 14, 195; RG, Urt. v. 25. 8. 1942 i. DR 1942, 1710 u. Urt. v. 3. 11. 1942 i. RG 170, 159 = DR 1943, 495 m. zust. Anm. v. *Wussow; Böhmer* i. DAR 1951, 38). Mit Recht hat deshalb die Rechtsprechung überwiegend die Einordnung von **Kraftfahrern** und **Beifahrern** als Aufsichtspersonen abgelehnt (RG, Urt. v. 25. 8. 1942 aaO., Urt. v. 3. 11. 1942 aaO. u. Urt. v. 27. 3. 1943 i. DR 1944, 491; vgl. a. RG, Urt. v.

16. 3. 1943 i. DR 1943, 648; a. A. OLG Dresden, Urt. v. 2. 6. 1942 i. VAE 13, 150). Auch Personen, die als **Fahrer** von **Schienenfahrzeugen** eine besondere Verantwortung tragen, üben im wesentlichen eine Bedienungstätigkeit aus, so daß eine abweichende Beurteilung nicht gerechtfertigt erscheint (a. A. für Straßenbahnfahrer RG, Urt. v. 21. 5. 1906 i. EE 23, 263 u. RAG, Urt. v. 9. 11. 1938 i. JW 1939, 253; für Lokomotivführer RG, Urt. v. 27. 3. 1943 i. DR 1944, 49).

26 Die Aufsichtsperson muß vom Betriebsunternehmer selbst oder von einem von ihm hierzu Bevollmächtigten mit der Leitung oder Beaufsichtigung **„angenommen“**, d. h. **beauftragt** worden sein, was auch stillschweigend geschehen kann (*Seligsohn,* RHG, Anm. 40 zu § 2). Daran fehlt es, wenn sie sich diese Stellung nur angemaßt hat oder wenn die Person, die ihr die Befugnis eingeräumt hat, hierzu nicht berechtigt war (RG, Urt. v. 4. 6. 1891 i. RG 27, 136 = EE 9, 61; *Seligsohn,* RHG, Anm. 40 zu § 2).

27 Als **Aufsichts-** oder **Leitungspersonen** wurden z. B. von der Rechtsprechung anerkannt: **Betriebsleiter** (RG, Urt. v. 13. 7. 1904 i. EE 21, 266, Urt. v. 28. 5. 1906 i. DJZ 1906, 968 = EE 23, 170, Urt. v. 25. 10. 1913 i. Recht 1914 Nr. 133 = EE 30, 492 u. Urt. v. 22. 6. 1936 i. JW 1936, 2861 m. zust. Anm. von *Weimar* S. 2862), **Brennmeister** (RG, Urt. v. 27. 4. 1903 i. JW 1903, 246 = EE 20, 157), **Bruchmeister** (RG, Urt. v. 1. 2. 1884 i. EE 3, 178), **leitender Chemiker** (RG, Urt. v. 16. 12. 1879 i. EE 1, 56), **Gießereimeister** (RG, Urt. v. 6. 5. 1882 i. RG 3, 4 = EE 2, 268), **leitender Ingenieur** (RG, Urt. v. 16. 9. 1907 i. JW 1907, 673; vgl. auch OLG Hamburg, Urt. v. 16. 3. 1906 i. OLG 13, 17: verneint für Ingenieur, der nur tatsächliche Leistung erbrachte), **Maschinenwärter** (RG, Urt. v. 22. 2. 1882 i. JW 1882, 92; verneint ROHG, Urt. v. 22. 9. 1874 i. ROHG 14, 195), **Monteur** (RG, Urt. v. 5. 3. 1884 i. EE 3, 328, Urt. v. 25. 10. 1909 i. SeuffA 75 Nr. 195 = EE 26, 315 u. Urt. v. 8. 7. 1915 i. JW 1915, 1195 = EE 33, 94), **Oberhauer** (RG, Urt. v. 28. 2. 1887 i. JW 1887, 119), **Rangierer** einer Fabrikbahn (RG, Urt. v. 8. 6. 1926 i. SeuffA 81 Nr. 5 = JR 1926 Nr. 1953 = EE 45, 87), **Schmiedemeister** (RG, Urt. v. 22. 10. 1881 i. EE 2, 128), **Vorarbeiter** (RG, Urt. v. 10. 12. 1879 i. EE 1, 44, Urt. v. 19. 12. 1879 i. RG 1, 28 = EE 1, 60, Urt. v. 20. 3. 1883 i. EE 30, 39; OLG Hamburg, Urt. v. 19. 10. 1905 i. DJZ 1906, 376 = EE 22, 373), **Werkmeister** (ROHG, Urt. v. 21. 11. 1874 i. ROHG 15, 92; RG, Urt. v. 27. 12. 1879 i. EE 1, 73 u. Urt. v. 3. 12. 1880 i. RG 3, 4 = EE 1, 321), **Werkführer** (RG, Urt. v. 20. 2. 1880 i. EE 1, 131, Urt. v. 27. 11. 1880 i. EE 1, 316, Urt. v. 20. 6. 1882 i. EE 2, 307 u. Urt. v. 26. 3. 1888 i. EE 6, 271), **Dipl.**-Ing. als **Leiter** und **Techniker** als **Angestellter** eines **Schmelzbetriebes** (BGH, Urt. v. 17. 2. 1959 i. VersR 1959, 449).

4. Rechtswidrigkeit

28 Obwohl dies in § 3 nicht erwähnt wird, folgt aus allgemeinen Grundsätzen, daß die Haftung voraussetzt, daß die Aufsichtsperson **rechtswidrig** (vgl. Rdz. 5 zu § 12) gehandelt hat. Unterlassungen sind rechtswidrig, wenn eine Pflicht zum Handeln besteht. Da die Aufsichtsperson den

Betriebsunternehmer vertritt, obliegen ihr auch dessen Pflichten (vgl. Rdz. 32). Hierzu gehört insbesondere die allgemeine **Verkehrssicherungspflicht,** (vgl. Rdz. 6ff. zu § 12), die es dem Inhaber einer gefährlichen Anlage oder Betriebes auferlegt, Vorkehrungen zum Schutz Dritter zu treffen (vgl. RG, Urt. v. 22. 3. 1933 i. RG 40, 152 = HHR 1931 Nr. 1181; BGH, Urt. v. 12. 3. 1968 i. VersR 1968, 564; OLG Königsberg, Urt. v. 6. 3. 1939 i. HRR 1939 Nr. 1022). Dazu rechnen auch Maßnahmen, die sicherstellen, daß sich unkundige Personen, insbesondere Kinder, nicht an den Anlagen zu schaffen machen können (vgl. RG u. BGH aaO.; wegen der Grenzen einer solchen Verpflichtung vgl. RG, Urt. v. 29. 4. 1931 i. JW 1931, 2562; BGH, Urt. v. 4. 2. 1953 i. VersR 1953, 150 u. Urt. v. 9. 3. 1959 i. VersR 1959, 467).

5. Verschulden

29 Die in § 3 angeführten Personen müssen **schuldhaft** gehandelt haben. Der nicht näher definierte Begriff des Verschuldens bestimmt sich nach den Grundsätzen des BGB. Dieses unterscheidet zwischen **Vorsatz** und **Fahrlässigkeit** (vgl. Rdz. 10ff. zu § 12). Im übrigen wird bei dem Handelnden **Zurechnungafähigkeit** vorausgesetzt (vgl. Rdz. 8ff. zu § 4).

30 Die mit der Leitung oder Beaufsichtigung des Betriebes beauftragte Person **vertritt** hierbei den **Betriebsunternehmer.** Sie hat deshalb die **gleiche Sorgfalt** zu beachten, wie sie dem **Betriebsunternehmer** obliegt (RG, Urt. v. 14. 4. 1885 i. EE 4, 139; *Seligsohn,* RHG, Anm. 41 zu § 2; *Böhmer,* RHG, Anm. E 2 zu § 2). Von diesem wird die Sorgfalt verlangt, die ein **sorgfältiger** und **umsichtiger Gewerbetreibender** des betreffenden **Geschäftszweiges** bei einem Unternehmen gleicher Art anwendet (RG, Urt. v. 26. 6. 1880 i. EE 1, 236, Urt. v. 9. 11. 1881 i. EE 2, 148, Urt. v. 30. 12. 1882 i. RG 8, 149, Urt. v. 20. 1. 1893 i. JW 1893, 185 = EE 10, 156 u. Urt. v. 24. 6. 1907 i. RG 66, 246, 248). Auf den Grad der Sorgfaltsverletzung kommt es nicht an; auch ein geringfügiges Verschulden reicht aus (RG, Urt. v. 26. 6. 1880 i. EE 1, 236, Urt. v. 13. 2. 1885 i. EE 4, 38 u. Urt. v. 31. 3. 1887 i. EE 5, 271).

31 Soweit es sich um die Haftung für Leben oder Gesundheit der **Arbeitnehmer** des Betriebes handelt, greift der Haftungsausschluß nach § 636 RVO ein (vgl. Rdz. 228ff. zu § 1). Praktische Bedeutung hat deshalb nur die Sorgfaltspflicht im Hinblick auf den Schutz **dritter** Personen. Insoweit wurde ein Verschulden von der Rechtsprechung z. B. in den folgenden Fällen bejaht: Verletzung der Sorgfaltspflicht gegenüber **Kindern,** die sich spielend oder unbeaufsichtigt in den Anlagen aufhalten (RG, Urt. v. 28. 5. 1906 i. DJZ 1906, 968 = EE 23, 170, Urt. v. 25. 10. 1913 i. Recht 1914 Nr. 133 = EE 30, 492, Urt. v. 3. 3. 1919 i. RG 95, 177 u. Urt. v. 9. 2. 1925 i. SeuffA 79 Nr. 93 = EE 43, 114); Außerachtlassung von Vorsichtsmaßnahmen bei einer **Kundenvorführung** (RG, Urt. v. 4. 3. 1909 i. RG 71, 1 = EE 25, 414), bei dem Transport eines Maschinenteils durch einen **Fremdbediensteten** (RG, Urt. v. 8. 7. 1915 i. JW 1915, 1195 = EE 33, 94), bei der Bedienung eines Krans im Bereich einer Zufahrtstraße, auf der ein **Lieferantenfahrzeug** anhält (RG, Urt. v. 30. 9. 1912 i. JW 1912, 1110); **Stromunfall** eines **fremdbeschäftigten**

Anstreichers bei Arbeiten in der Messzelle eines E-Werkes mangels dauernder Aufsicht durch einen Fachmann (RG, Urt. v. 22. 6. 1936 i. JW 1936, 2861 m. zust. Anm. v. *W. Weimar* S. 2862), eines **Passanten** durch Berührung mit einem wegen unzureichender Befestigung herabgefallenen, unter Strom stehenden Drahtes einer **Hochspannungsleitung** (RG, Urt. v. 11. 4. 1935 i. RG 147, 353 = JW 1935, 2196 m. zust. Anm. v. *W. Weimar,* S. 2198); Verletzung eines **Arbeiters** bei Räumung eines Schaltschrankes wegen unvollständiger Abschaltung der Stromzufuhr durch das E-Werk (RG, Urt. v. 16. 12. 1907 i. RG 67, 229 = JW 1908, 115 = EE 24, 287); Verletzung eines **Zuschauers** bei probeweiser Erhitzung eines unbekannten und in Deutschland nicht marktgängigen Öles ohne Hinzuziehung eines Ölchemikers (BGH, Urt. v. 17. 2. 1959 i. VersR 1959, 449).

6. In Ausführung der Dienstverrichtungen

32 Ähnlich wie in § 831 Abs. 1 Satz 1 BGB (vgl. Rdz. 71 ff zu § 12) hat der Betriebsunternehmer nur für ein Verschulden zu haften, das in **Ausführung der Dienstverrichtungen** begangen wurde. Das bedeutet, daß nach Art und Zweck ein **unmittelbarer Zusammenhang** zwischen den der Aufsichtsperson zugewiesenen Verrichtungen (Aufgabenkreis) und der schädigenden Handlung oder Unterlassung bestehen muß (vgl. RG, Urt. v. 16. 9. 1907 i. JW 1907, 673, Urt. v. 2. 5. 1912 i. RG 79, 313, 319, Urt. v. 7. 6. 1910 i. RG 73, 434, Urt. v. 3. 3. 1922 i. RG 104, 141, 144 u. Urt. v. 24. 6. 1958 i. VersR 1958, 549 = NJW 1958, 1774; BGH, Urt. v. 6. 10. 1970 i. VersR 1970, 1157 = NJW 1971, 31). Es genügt, wenn die schädigende Handlung in den Kreis der Maßnahmen fällt, die die Ausführung der Verrichtungen darstellen. Das ist auch der Fall, wenn die Aufsichtsperson den Rahmen ihrer Aufgaben und Anweisungen irrtümlich oder willkürlich überschreitet (RG, Urt. v. 28. 5. 1884 i. EE 3, 355, Urt. v. 16. 9. 1907 aaO. u. Urt. v. 25. 4. 1910 i. JW 1910, 652). Dagegen haftet der Betriebsunternehmer nicht, wenn die schadenstiftende Handlung völlig außerhalb des Bereichs der übertragenen Geschäfte liegt und der Unfall nur **bei Gelegenheit** von Dienstverrichtungen schuldhaft verursacht wird (RG, Urt. v. 11. 7. 1887 i. EE 5, 436 u. Urt. v. 25. 4. 1910 aaO.; vgl. a. Rdz. 75 zu § 12).

V. Schadenersatz

33 Der Anspruch auf Schadenersatz ist gegeben, wenn eine der in § 3 bezeichneten Personen durch ihr Verschulden den **Tod** oder die **Körperverletzung** eines Menschen herbeigeführt hat.

1. Unfall

34 Die Schädigung muß durch einen **Unfall** verursacht worden sein. Diese Auffassung wurde zu dem früheren § 2 RHG allgemein vertreten, wobei zur Begründung angeführt wurde, daß es sich bei dem RHG um

ein Unfallgesetz handele und daß sich auch aus dem Wortlaut von § 8 Satz 1 RHG, der an den Unfallzeitpunkt den Beginn der Verjährung knüpfe, ergebe, daß die Haftung stets einen Unfall voraussetze (vgl. *Seligsohn,* RHG, Anm. 54 zu § 2; *Friese,* RHG, § 2 BI; *Biermann,* RHG, Anm. X zu § 2; *Böhmer,* RHG, Anm. C 1 u. G 1 zu § 2). Obwohl der Gesetzgeber das Prinzip, daß stets ein Unfall vorliegen muß, in § 2 HG aufgegeben hat (vgl. Rdz. 33 zu § 2) und die Regelung des § 8 Satz 1 RHG nicht beibehalten wurde (vgl. § 11), ist aus der unveränderten Übernahme des Wortlauts von § 2 RHG in den jetzigen § 3 zu folgern, daß der Gesetzgeber hier an dem Erfordernis des Unfalls festhalten wollte. Ein Unfall ist die **plötzliche Einwirkung** eines äußeren Tatbestandes auf einen Menschen, die eine Schädigung zur Folge hat. Kein Unfall liegt deshalb vor, wenn es sich um eine **Dauerbeeinträchtigung** handelt, z. B. der Anwohner einer Fabrik dadurch einen Gesundheitsschaden erleidet, daß die Fabrik über einen längeren Zeitraum übermäßigen Lärm verursacht (vgl. Rdz. 126 zu § 1).

2. Schadenszufügung

35 Nicht jede Art der Schadenszufügung begründet eine Ersatzpflicht nach § 3. Es muß der **Tod** oder die **Körperverletzung** eines Menschen herbeigeführt worden sein. Zu den Begriffen **Tötung** eines Menschen und **Körperverletzung** (die die Gesundheitsverletzung mit umfaßt) kann auf die Ausführungen zu § 1 Rdz. 128ff. verwiesen werden.

3. Schaden

36 Die Ersatzpflicht tritt nur ein, wenn durch die Schadenszufügung ein **Schaden** i. S. einer wirtschaflichen Verschlechterung des Betroffenen entstanden ist (Vermögensschaden). Wegen der weiteren Einzelheiten, insbesondere auch zu Fragen der Schadenberechnung, wird auf die Ausführungen zu § 1 Rdz. 134, 236ff., zu §§ 5 und 6 und zu § 10 Rdz. 8ff. verwiesen.

4. Kausalzusammenhang

37 Zwischen dem Verschulden der Aufsichtsperson und dem Unfall und zwischen dem Unfall und dem Schaden muß ein **kausaler Zusammenhang** bestehen. Dabei genügt nicht ein natürlicher Zusammenhang (conditio sine qua non) i. S. der Äquivalenztheorie. Vielmehr ergeben sich Einschränkungen aus den Erfordernissen der **Adäquanz** und des **Schutzzwecks.** Insoweit kann auf die Ausführungen zu § 1 Rdz. 77ff. und 135ff. verwiesen werden.

5. Ersatzberechtigter

38 Ersatzberechtigt ist nur derjenige Geschädigte, in dessen Person der Schaden **unmittelbar** eingetreten ist. Der Geschädigte muß von der Körperverletzung (Gesundheitsbeschädigung) **selbst** betroffen worden sein (Näheres Rdz. 149ff. zu § 1). Aus dem Wortlaut von § 3 ergibt sich, daß

die Aufsichtsperson und der Geschädigte verschiedene Subjekte sein müssen (a. A. wohl RG, Urt. v. 19. 4. 1910 i. Recht 1910 Nr. 2308 = EE 27, 81, das jedoch durch Anwendung des § 254 Abs. 1 BGB zum gleichen Ergebnis kommt).

C. Beweis

39 Dem Verunglückten obliegt es, die Voraussetzungen des Haftungsanspruchs nach § 3 **nachzuweisen** (ROHG, Urt. v. 22. 9. 1874 i. ROHG 14, 195; RG, Urt. v. 10. 2. 1882 i. RG 7, 8 = EE 3, 244, Urt. v. 5. 7. 1884 i. EE 3, 374 u. Urt. v. 5. 6. 1888 i. EE 6, 392).

D. Forderungsübergang

40 Auf die Ausführungen zu § 1 Rdz. 227 wird verwiesen.

E. Haftungsbefreiung bei Arbeits- und Dienstunfällen

41 Auf die Ausführungen zu § 1 Rdz. 228ff. wird verwiesen.

F. Zusammentreffen mit der Haftung der Aufsichtsperson

42 **Neben** dem nach § 3 haftpflichtigen Betriebsunternehmer haftet die Aufsichtsperson **selbst** nach § 823 BGB (vgl. RG, Urt. v. 3. 2. 1882 i. EE 2, 192). Beide haften als **Gesamtschuldner** (§ 840 BGB). Die Haftung untereinander richtet sich nach dem Ausmaß der beiderseitigen Schadenverursachung (§§ 426 Abs. 1 Satz 1 u. 254 Abs. 1 BGB). Eine analoge Anwendung der Regelungen in § 840 Abs. 2 u. 3 BGB kommt nicht in Betracht, weil eine Ausdehnung auf andere Sachverhalte wegen des Ausnahmecharakters nicht zulässig erscheint (RG, Urt. v. 27. 6. 1904 i. RG 58, 335; BGH, Urt. v. 24. 4. 1952 i. BGH 6, 3, 28 = VersR 1952, 287, 288; a. A. *Seligsohn,* RHG, Anm. 65 zu § 2). Weiteren Gesamtschuldnern stehen der Betriebsunternehmer und die Aufsichtsperson als **Haftungseinheit** gegenüber (vgl. Rdz. 75 zu § 4 u. Rdz. 11 zu § 13).

Mitwirkendes Verschulden

4 Hat bei der Entstehung des Schadens ein Verschulden des Geschädigten mitgewirkt, so gilt § 254 des Bürgerlichen Gesetzbuchs; bei Beschädigung einer Sache steht das Verschulden desjenigen, der die tatsächliche Gewalt über die Sache ausübt, dem Verschulden des Geschädigten gleich.

Übersicht

Schrifttum: *Rother,* Haftungsbeschränkung im Schadensrecht, München 1965; *Venzmer,* Mitverursachung und Mitverschulden im Schadenersatzrecht, München 1960 (weitere Schrifttumsangaben befinden sich in den einzelnen Abschnitten).

A. Entstehung und Bedeutung der Vorschrift

1 Das gesamte Schadenersatzrecht wird von dem Grundsatz beherrscht, daß der Geschädigte **haftungsrechtlich** an dem Schaden zu **beteiligen** ist,

wenn er bei der Entstehung des Schadens **schuldhaft mitgewirkt** hat. Es handelt sich um den aus § **242** BGB abgeleiteten Gedanken, daß der Geschädigte mit Rücksicht auf eigenes, früheres Verhalten dem Schädiger gegenüber mit seiner Forderung nach voller Schadenshaftung keinen Erfolg haben darf (vgl. BGH, Urt. v. 14. 3. 1961 i. VersR 1961, 284, 286 = NJW 1961, 655, 657 u. Urt. v. 3. 2. 1970 i. VersR 1970, 344, 345 = NJW 1970, 756). § 4 stellt klar, daß dies auch für die Haftung nach dem HG gilt. Er bestimmt weiter, daß im Falle der Beschädigung einer Sache das Verschulden desjenigen, welcher die **tatsächliche Gewalt** über die **Sache** ausübt, dem Verschulden des Verletzten gleich steht (ebenso §§ 9 StVG u. 34 LVG).

2 Nach § 1 RHG haftete der Betriebsunternehmer einer Eisenbahn nicht, wenn der Unfall „durch eigenes Verschulden des Getöteten oder Verletzten verursacht" worden war. In dem nach dem Inkrafttreten des BGB einsetzenden Meinungsstreit, ob das Verschulden als **selbständiger Haftungsbefreiungsgrund** anzusehen war oder ob es sich nur um einen Hinweis auf § 254 BGB handelte (vgl. hierzu *Böhmer,* RHG, Anm. XII zu § 1 m. w. Nachw.), hatte sich die letztere Auffassung durchgesetzt (vgl. RG, Urt. v. 14. 2. 1927 i. JW 1927, 1141; BGH, Urt. v. 11. 12. 1950 i. BGH 1, 17 = VRS 3, 213, 215 = NJW 1951, 110; OLG Frankfurt, Urt. v. 21. 5. 1970 i. VersR 1970, 1162; abl. *Friese,* RHG, § 1 C II 4 u. i. NJW 1951, 333). Gesetzlich geregelt wurde dies für die Sachschädenhaftung der Eisenbahn ab 1. 4. 1940 in § 3 SHG (vgl. Anh. 2) und für die Anlagenhaftung ab 1. 9. 1943 i. § 1a Abs. 4 RHG (vgl. Anh. 1). Diese verschiedenen Regelungen wurden aus Gründen der **Einheitlichkeit** in § 4 zusammengefaßt (vgl. amtl. Begr. i. BT-Drucks. 8/108, 13). Da § 4 mit den früheren §§ 3 SHG u. 1a Abs. 4 RHG inhaltlich übereinstimmt, liegt darin nur insoweit eine sachliche Änderung, als nunmehr auch für die **Bahnhaftung** gilt, daß bei der **Beschädigung** einer **Sache** das Verschulden des Gewahrsamsinhabers dem Verschulden des Eigentümers gleich steht.

§ 254 BGB, auf den § 4 verweist, hat folgenden Wortlaut:

„(1) **Hat bei der Entstehung des Schadens ein Verschulden des Beschädigten mitgewirkt, so hängt die Verpflichtung zum Ersatz sowie der Umfang des zu leistenden Ersatzes von den Umständen, insbesondere davon ab, inwieweit der Schaden vorwiegend von dem einen oder dem anderen Teil verursacht worden ist.**

(2) [1] **Dies gilt auch dann, wenn sich das Verschulden des Beschädigten darauf beschränkt, daß er unterlassen hat, den Schuldner auf die Gefahr eines ungewöhnlich hohen Schadens aufmerksam zu machen, die der Schuldner weder kannte noch kennen mußte, oder daß er unterlassen hat, den Schaden abzuwenden oder zu mindern.** [2] **Die Vorschrift des § 278 findet entsprechende Anwendung.**"

B. Anwendungsbereich

3 § 4 setzt eine **Haftung** nach dem **HG** voraus. Ist diese, z. B. wegen Unabwendbarkeit i. S. v. § 1 Abs. 2 Satz 2, nicht gegeben, scheidet die

Anwendung von § 4 von vornherein aus. Haftet der Bahnbetriebsunternehmer oder der Inhaber einer der in § 2 Abs. 1 Satz 1 bezeichneten Anlagen auch aus **Verschulden** (vgl. Rdz. 2ff. u. 95ff. zu § 12), gilt § 254 BGB **unmittelbar** (vgl. BGH, Urt. v. 30. 3. 1965 i. VersR 1965, 523 = NJW 1965, 1273, 1274). § 4 greift auch nicht ein, wenn sich der Verletzte eine Mithaftung als Halter eines Kfz oder als Betriebsunternehmer einer Bahn oder Inhaber einer Anlage i. S. v. § 2 Abs. 1 Satz 1 anrechnen lassen muß, weil hierfür die **Sonderregelungen** der §§ 17 StVG und 13 HG gelten. Sachliche Unterschiede ergeben sich dadurch nur insoweit, als § 254 Abs. 1 BGB nicht die Regelung enthält, daß bei Beschädigung einer Sache das Verschulden desjenigen, der die **tatsächliche Gewalt** über die **Sache** ausübt, dem Verschulden des Geschädigten gleich steht. Hauptsächlich betrifft § 4 die Fälle, in denen eine Mithaftung von Bahnfahrgästen, Fußgängern, Kindern, Kfz-Insassen, Radfahrern und Tierhaltern (vgl. Rdz. 31ff., 56ff.) in Betracht kommt.

C. Schuldhafte Verursachung des schädigenden Ereignisses (§ 254 Abs. 1 BGB)

Schrifttum: *Bode,* Das Auf- und Abspringen während der Fahrt, VersR 1957, 696; *Böhmer,* Mitverschulden von Aufsichtspersonen bei Verkehrsunfällen von Kindern, JZ 1955, 699; Elterliches Mitverschulden bei Unfällen von in der Bahn befindlichen Kindern, MDR 1960, 265; Zur Frage der entsprechenden Anwendung des § 278 BGB bei mitwirkendem Verschulden des Beschädigten, NJW 1961, 62; Zum Begriff der tatsächlichen Gewalt über eine beschädigte Sache i. S. des § 9 StVG, VersR 1961, 582; Kann § 829 BGB auch im Fall des § 254 BGB analog angewendet werden?, MDR 1962, 778; Zur Frage der Anwendung des § 278 BGB zum Nachteil eines Dritten, VersR 1965, 121; Zur Frage der Billigkeitshaftung des geschädigten Unzurechnungsfähigen nach §§ 254, 829 BGB, JR 1970, 339; *Danner,* Sicherheitsgurt und Mitverschulden, VGT 1978, 42; *Dunz,* Abwägungskriterien bei der Schadenausgleichung, NJW 1964, 2133; *Esser,* Die Verantwortlichkeit des Verletzten für mitwirkendes Verschulden seines Hilfspersonals, JZ 1952, 275; Zur Anrechnungspflicht elterlichen Mitverschuldens bei Verkehrsunfällen deliktsunfähiger Kinder, JZ 1953, 691; *Gögler,* Sicherheitsgurt und Mitverschulden, VGT 1978, 61; *Goltermann,* Die zivilrechtliche Haftung für Unfälle an Eisenbahnübergängen, KVR v. A–Z, Zivilr. Haft., Erl. 1; *Gronau,* Kletterschutz an Gittermasten, ElWirtsch 1978, 330; *Kleindienst,* Zur Bedeutung des § 278 BGB bei mitwirkendem Verschulden, JZ 1957, 457; Die entsprechende Anwendung des § 278 BGB bei mitwirkendem Verschulden, NJW 1960, 2028; *Klimke,* Haftung für Unfälle nichtdeliktsfähiger Kinder beim Betrieb von Schienenfahrzeugen, DB 1976, 2385; *Knippel,* Sicherheitsgurt und § 254 BGB, DAR 1975, 15; *Kröner,* Haftung der Eisenbahn für Unfälle beim Ein- und Aussteigen, VAE 15, 41; *Mammey,* Zur Anrechnung des Aufsichtsverschuldens des gesetzlichen Vertreters als Mitverschulden des Kindes, NJW 1960, 753; *Medicus,* Zur Verantwortlichkeit des Geschädigten für seine Hilfspersonen, NJW 1962, 2081; *Rother,* Bedenken gegen die Ausweitung des Mitverschuldens durch den BGH, NJW 1966, 326; *Schneider,* Zusammentreffen eines Mitverschuldens bei der Entstehung des Schadens und eines solchen bei dessen Niedrighaltung, MDR 1966, 455; *Schünemann,* „Mitwirkendes Verschulden" als Haftungsgrund bei Fernwirkungsschäden, VersR 1978, 116; *Staks,* Mitverschulden von Aufsichtspersonen bei Verkehrsunfällen mit Kindern, JZ 1955, 606; *W. Weimar,* Muß sich der Sicherungseigentümer die von dem zur Sicherheit übergebenen Kfz ausgehende Betriebsgefahr anrechnen lassen?, JZ 1966, 174.

4 Es muß bei der **Entstehung** des Schadens ein **Verschulden** des Verletzten mitgewirkt haben. Das schuldhafte Verhalten des Verletzten kann gerade bei dem schädigenden Ereignis mitursächlich gewesen sein (§ 254 Abs. 1 BGB) oder bei der weiteren Entwicklung des Schadens (§ 254 Abs. 2 BGB; vgl. unter D.).

I. Begriff des Geschädigten

5 **Geschädigter** (Verletzter) i. S. v. § 4 ist der **Ersatzberechtigte.** Insoweit kann auf die Ausführungen zu § 1 Rdz. 146ff. verwiesen werden. Bei einer durch den Unfall eines Angehörigen seelisch vermittelten Gesundheitsbeschädigung (vgl. Rdz. 92 zu § 1) ist, wenn den **unmittelbar** Verletzten ein Mitverschulden trifft, dies auf den Anspruch des **mittelbar** Verletzten **anzurechnen** (so BGH, Urt. v. 11. 5. 1971 i. VersR 1971, 905, 907 = NJW 1971, 1883; a. A. *Schünemann* i. VersR 1978, 116).

II. Verschulden des Geschädigten

1. Sorgfaltsmaßstab

6 Das **Verschulden** des Geschädigten kann darin liegen, daß er eine **gesetzliche** Vorschrift verletzt und hierdurch den Schaden mit herbeigeführt oder vergrößert hat (vgl. Rdz. 113f. zu § 12). So kann sich ein Verschulden eines Fahrgastes, der dadurch verunglückt, daß er während der Fahrt eigenmächtig die Tür öffnet, daraus ergeben, daß er gegen das entsprechende gesetzliche Verbot (§ 67 Abs. 2 Nr. 1 BOStrab) verstoßen hat. Ein mitwirkendes Verschulden liegt aber auch vor, wenn der Verletzte, ohne gesetzliche Vorschriften zuwiderzuhandeln, die **Sorgfalt** außer acht gelassen hat, die ein **ordentlicher** und **verständiger Mensch** nach dem **allgemeinen Bewußtsein** der beteiligten Kreise zur Vermeidung eigenen Schadens **anzuwenden pflegt** (RG, Urt. v. 6. 1. 1926 i. RG 112, 284, 287; BGH, Urt. v. 29. 4. 1953 i. BGH 9, 316, 318 = VRS 5, 323, 324, Urt. v. 16. 12. 1952 i. VRS 6, 87, 89 u. Urt. v. 9. 2. 1965 i. VersR 1965, 497 m. insoweit zust. Anm. v. *W. Schmidt* S. 1095 = NJW 1965, 1075, 1076 m. zust. Anm. v. *Knippel* S. 1708; krit. *Venzmer,* Mitverursachung und Mitverschulden im Schadensersatzrecht, 1960, S. 92ff.; *Rother* i. NJW 1966, 326; *Full,* Zivilr. Haft., Rdz. 16 zu § 9 StVG m. w. Nachw.). Es genügt ein sogenanntes **Verschulden gegen sich selbst,** wobei sich die Anforderungen nach dem Haftungsrisiko richten, dem sich der Geschädigte im konkreten Haftungsfall ausgesetzt hat (vgl. BGH, Urt. v. 22. 9. 1981 i. VersR 1981, 1178 = NJW 1982, 168). Die

Verletzung der in eigenen Angelegenheiten erforderlichen Sorgfalt führt jedoch nur dann zu einer Minderung oder einem Wegfall der Ersatzpflicht des Schädigers, wenn der Geschädigte sich durch diesen Verstoß bei Schädigung eines gleichartigen fremden Lebensinteresses schadenersatzpflichtig machen würde (BGH, Urt. v. 18. 12. 1967 i. VersR 1968, 351, 352). Eine **schuldhafte** Verletzung bedeutet, daß **Vorsatz** (vgl. z. Begriff Rdz. 11 zu § 12) oder **Fahrlässigkeit** (vgl. z. Begriff Rdz. 12 zu § 12) gegeben sein muß.

2. Kausalität, Schutzzweck

7 Das Verschulden des Geschädigten muß für den Schaden **mitursächlich** gewesen sein (vgl. BGH, Urt. v. 3. 7. 1951 i. LM Nr. C 1 zu § 254 BGB u. Urt. v. 28. 11. 1956 i. NJW 1957, 217; vgl. a. Rdz. 82 zu § 1). Auch setzt die Anwendung von § 254 BGB voraus, daß die vom Geschädigten verletzte Pflicht den Zweck hatte, einen Schaden wie den eingetretenen zu verhindern (BGH, Urt. v. 22. 6. 1972 i. VersR 1972, 1016, 1017 u. Urt. v. 11. 7. 1978 i. VersR 1978, 1071; vgl. a. Rdz. 81 f. u. 135 f. zu § 1 u. Rdz. 67 zu § 12).

3. Zurechnungsfähigkeit

8 Die Regelungen der §§ 827, 828 BGB über die **Zurechnungsfähigkeit** gelten entsprechend (RG, Urt. v. 22. 2. 1954 i. RG 108, 86, 89; BGH, Urt. v. 28. 5. 1957 i. NJW 1957, 1187; OLG Celle, Urt. v. 20. 6. 1968 i. NJW 1968, 2146).

a) Bewußtlose, Geistesgestörte

9 **Bewußtlose** Personen und Personen, die sich in einem die freie Willensentscheidung ausschließenden Zustand **krankhafter Störung** der **Geistestätigkeit** befinden (Geistesgestörte), sind nicht verantwortlich (§ 827 Satz 1 BGB). Die zuletzt genannte Störung kann auch durch einen **Unfallschock** hervorgerufen werden (vgl. BGH, Urt. v. 27. 1. 1966 i. VersR 1966, 458). Hat sich der Verletzte durch **geistige Getränke** oder **ähnliche Mittel,** z. B. Alkohol, Rauschgift, Medikamente, in einen vorübergehenden Zustand krankhafter Störung der Geistestätigkeit versetzt, ist er in gleicher Weise verantwortlich, als wenn ihm Fahrlässigkeit zur Last fiele. Dies gilt nicht, wenn er ohne Verschulden in diesen Zustand geraten ist (§ 827 Satz 2 BGB). Nach der Auffassung des OLG Hamm (Urt. v. 3. 6. 1976 i. VRS 51, 355, 357 = NJW 1976, 2307, 2308) soll es nach dem gegenwärtigen Stand der ärztlichen Wissenschaft im allgemeinen nicht möglich sein, daß ein Kraftfahrer mit zwar vegetativ labilem, aber nicht krankhaft niedrigem Blutdruck während der Fahrt plötzlich für Sekunden das Bewußtsein verliert, ohne daß er zuvor deutliche Zeichen für das Eintreten dieses Zustandes an sich wahrnimmt oder zumindest wahrnehmen kann.

b) Minderjährige, Taubstumme

aa) Minderjährige vor Vollendung des 7. Lebensjahres

10 **Kindern,** die das **7. Lebensjahr** noch nicht vollendet haben, kann ein eigenes Mitverschulden nach § 828 Abs. 1 BGB nicht entgegengehalten

werden (vgl. BGH, Urt. v. 29. 4. 1953 i. VRS 5, 323, 324 = NJW 1953, 977; KG, Urt. v. 5. 11. 1936 i. VAE 3, 111; vgl. jedoch Rdz. 13 zur Anwendung der Billigkeitshaftung nach § 829 BGB u. Rdz. 14ff. zum Verschulden des gesetzl. Vertreters).

bb) Minderjährige, die das 7. Lebensjahr vollendet haben; Taubstumme

11 Bei Kindern, die das **7.**, aber **nicht** das **18. Lebensjahr** vollendet haben, und bei **Taubstummen** hängt die Verantwortlichkeit davon ab, ob sie die zur Erkenntnis der Verantwortlichkeit erforderliche **Einsicht** hatten (§ 828 Abs. 2 BGB). Das bedeutet im Rahmen von § 254 BGB die Erkenntnis, daß man **sich selbst vor Schaden zu bewahren** hat (OLG Celle, Urt. v. 20. 6. 1968 i. NJW 1968, 2146). Diese Erkenntnis kann früher gegeben sein als die Einsicht, andere nicht schädigen zu dürfen (OLG Celle aaO.). Ist die Zurechnungsfähigkeit gegeben, ist weiter zu prüfen, ob der Jugendliche oder der Taubstumme **schuldhaft** – vorsätzlich (z. Begriff vgl. Rdz. 11 zu § 12) oder fahrlässig (z. Begriff vgl. Rdz. 12 zu § 12) – gehandelt hat. Soweit ein fahrlässiges Verhalten in Frage steht, ist das Maß der erforderlichen Sorgfalt nach **objektiven** Maßstäben zu messen (vgl. Rdz. 12 zu § 12). Bei Jugendlichen muß aber die **Altersgruppe** berücksichtigt werden. Handelt der Jugendliche aus altersbedingten Gründen schuldlos, entfällt die Haftung auch, wenn die nach § 828 Abs. 2 BGB erforderliche Einsicht gegeben war. Das Verschulden hat der **Schädiger** nachzuweisen, während dem **Jugendlichen** der Nachweis mangelnder Einsicht obliegt (BGH, Urt. v. 16. 6. 1964 i. VersR 1964, 1023, Urt. v. 2. 11. 1966 i. VersR 1967, 158 u. Urt. v. 10. 3. 1970 i. VersR 1970, 467, 468 = NJW 1970, 1038; *Böhmer*, i. MDR 1964, 278).

12 Ein elfjähriger Junge hat z. B. im allgemeinen die erforderliche Einsicht und handelt auch schuldhaft, wenn er ohne Beachtung des Fahrverkehrs – und überdies in der Nähe eines Fußgängerüberwegs – eine verkehrsreiche Bundesstraße überquert (BGH, Urt. v. 30. 4. 1963 i. VersR 1964, 831, 832; vgl. a. KG, Urt. v. 25. 10. 1965 i. VersR 1966, 297, 298: Abspringen eines Achtjährigen von einem fahrenden Anhänger). Dagegen ist kein Mitverschulden darin zu sehen, daß ein 7½ Jahre altes Kind bei Dunkelheit innerhalb einer Ortschaft am Rande der Fahrbahn geht und nicht damit rechnet, daß entgegenkommende Fahrzeuge ihm nicht mit der erforderlichen Sorgfalt ausweichen (BGH, Urt. v. 26. 9. 1967 i. VersR 1967, 1157, 1158). Allgemein ist das **Verschulden** von **Kindern** bei der Abwägung (vgl. Rdz. 19) **geringer** zu bewerten als das Verschulden Erwachsener (BGH, Urt. v. 23. 10. 1952 i. VRS 5, 4, 5; OLG Tübingen, Urt. v. 9. 2. 1950 i. RdK 1950, 46).

c) Billigkeitshaftung (§ 829 BGB)

13 Hat ein nach §§ 827, 828 BGB nicht Verantwortlicher (vgl. Rdz. 8ff.) den Schaden mitverursacht, ist **§ 829 BGB** im Rahmen des § 254 BGB **entsprechend anzuwenden** (BGH, Urt. v. 10. 4. 1962 i. VersR 1962, 635 m. abl. Anm. v. *Böhmer* S. 823 = NJW 1962, 1199, Urt. v. 17. 12. 1963 i. VersR 1964, 385, 386, Urt. v. 24. 6. 1969 i. VersR 1969, 860, 861 m. abl. Anm. v. *Herkner* S. 941 = VRS 37, 174 = NJW 1969, 1762 u. Urt. v.

26. 6. 1973 i. VersR 1973, 925 = VRS 45, 241 = NJW 1973, 1795; abl. a. *Böhmer* i. JR 1970, 339 u. i. MDR 1962, 778). Ob die Voraussetzungen des § 829 BGB gegeben sind, ist jedoch gerade hier besonders streng zu prüfen. Der **Ausnahmecharakter** des § 829 BGB darf nicht verloren gehen (BGH, Urt. v. 24. 6. 1969 aaO.). Abzulehnen ist deshalb die Auffassung des OLG Celle (Urt. v. 23. 1. 1969 i. VersR 1969, 806, 807 = DAR 1969, 186 = NJW 1969, 1632 m. abl. Anm. v. *Knippel* S. 2016), das der Vermögenslosigkeit des Kindes kein entscheidendes Gewicht mehr beimessen will und auch nicht prüft, ob das Kind von seinen aufsichtspflichtigen Eltern Ersatz verlangen kann (wie hier *Geigel/Schlegelmilch,* Haftpflichtprozeß, Kpt. 3 Rdz. 17f.).

4. Verschulden Dritter

a) Gesetzlicher Vertreter, Erfüllungs- oder Verrichtungsgehilfe

14 Auch wenn der Verletzte selbst nicht schuldhaft gehandelt (oder keine Betriebsgefahr zu vertreten) hat, kann § 254 BGB dadurch zur Anwendung gelangen, daß er für das **Verschulden** einer **dritten Person** einzutreten hat. Nach § 254 Abs. 2 Satz 2 BGB, der trotz seiner Stellung auch auf das in Abs. 1 geregelte Mitverschulden bei der Schadenentstehung Anwendung findet (RG, Urt. v. 6. 3. 1935 i. RG 149, 6, 7), ist **§ 278 BGB entsprechend anwendbar.** Das gilt jedoch nach h. A. (RG, Urt. v. 29. 12. 1910 i. RG 75, 257, 258 u. Urt. v. 6. 1. 1939 i. RG 159, 283, 292; BGH, Urt. v. 8. 3. 1951 i. NJW 1951, 477, Urt. v. 29. 4. 1953 i. BGH 9, 316, 318 u. Urt. v. 16. 4. 1964 i. VersR 1964, 730, 731 = NJW 1964, 1670; *Böhmer* i. JZ 1955, 699 u. MDR 1960, 265; *Klimke* i. DB 1976, 2385; a. A. *Esser* i. JZ 1952, 275 u. i. JZ 1953, 691; *Staks* i. JZ 1955, 606; *Kleindienst* i. JZ 1957, 457 u. i. NJW 1960, 2028) nur, wenn bereits **zuvor** zwischen den Parteien eine **vertragliche Beziehung** oder eine sonstige **rechtliche Sonderverbindung** bestanden hat. Hat ein solches Schuldverhältnis nicht vorgelegen, ist nicht § 278 BGB (vgl. hierzu a. Rdz. 116f. zu § 12), sondern nur § 831 BGB (vgl. hierzu Rdz. 71ff. zu § 12) entsprechend anzuwenden. Kommt eine **Verrichtungsgehilfenhaftung** in Betracht, kann der nach § 831 Abs. 1 Satz 2 BGB mögliche Entlastungsbeweis (vgl. Rdz. 77ff. zu § 12) geführt werden, nicht jedoch, wenn es sich bei der handelnden Person um ein **Organ** i. S. v. § 31 BGB (vgl. Rdz. 17ff. zu § 12) handelt, weil sich der Geschädigte das Verschulden dieser Personen stets anrechnen lassen muß.

15 Soweit ein **Schuldverhältnis** zwischen dem Schädiger und dem Geschädigten schon **vor Schadeneintritt** existierte, muß der Geschädigte ein Verschulden seines **gesetzlichen Vertreters** oder seines **Erfüllungsgehilfen** (vgl. Rdz. 116f. zu § 12) wie ein eigenes Verschulden gegen sich gelten lassen, wenn er sich ihrer zur **Wahrnehmung** seiner **Interessen** im Rahmen des Schuldverhältnisses **bedient** hat (BGH, Urt. v. 28. 5. 1957 i. VersR 1957, 455, 456 = VRS 13, 83 = NJW 1957, 1187). So kann die Bahn den Ersatzansprüchen eines Kindes, das während der Fahrt aus einem Bahnfahrzeug gestürzt ist, den Einwand des Mitverschuldens entgegenhalten, wenn der Unfall darauf zurückzuführen ist, daß es der mitfahrende gesetzliche Vertreter schuldhaft unterlassen hat, darauf zu achten, daß die sich aus dem Beförderungsvertrag ergebende Verpflichtung des Kindes erfüllt wurde, sich den zur Ordnung und Sicherheit des Bahnbetriebes erlassenen Vorschriften zu fügen und sein Verhalten während der Beförderung so einzurichten, daß Schäden und Unfälle vermieden wurden (vgl. BGH, Urt. v. 29. 4. 1953 i. BGH 9, 316, 318 = VRS 5, 323, 324 = NJW 1953, 977 u. Urt. v. 28. 5. 1957 aaO.). Dagegen haftet die Bahn mangels einer schuldrechtlichen Beziehung vollumfänglich, wenn das Kind nicht als Fahrgast, sondern als Fußgänger verletzt wurde. Liegt im letzteren Fall auch eine Verletzung der **Aufsichtspflicht** des gesetzlichen Vertreters vor (vgl. Rdz. 186ff. zu § 12), kann die Bahn diesen zur Ausgleichung heranziehen; sie kann jedoch dessen Verschulden dem Anspruch des Kindes nicht unmittelbar gegenüberhalten, weil zwischen der Bahn und dem Kind kein Schuldverhältnis bestand und dieses auch nicht durch eine Aufsichtspflichtverletzung begründet wird (vgl. OLG Celle, Urt. v. 16. 10. 1961 i. NJW 1962, 51). Es genügen **vertragsähnliche** Beziehungen, z. B. die durch den Schadeneintritt begründete Verpflichtung des Geschädigten, den Schaden abzuwenden oder zu mindern (§ 254 Abs. 2 BGB; vgl. RG, Urt. v. 12. 7. 1933 i. RG 141, 353, 356; BGH, Urt. v. 29. 4. 1953 i. NJW 1953, 977; OLG Düsseldorf, Urt. v. 10. 4. 1973 i. VersR 1973, 770, 771 = NJW 1973, 1801), das Bestehen **vorvertraglicher** Verpflichtungen noch vor Abschluß des Beförderungsvertrages (vgl. Rdz. 156f. zu § 12) oder die Einbeziehung des Geschädigten in den **Schutzbereich** eines mit einem Dritten geschlossenen Vertrages (vgl. Rdz. 104 zu § 12), z. B. des Kindes in den Beförderungsvertrag, den der gesetzliche Vertreter in eigenem Namen geschlossen hat (BGH, Urt. v. 28. 5. 1957 aaO.).

16 Voraussetzung für die Anrechnung ist, daß der gesetzliche Vertreter gerade in **Ausübung** der **gesetzlichen Vertretung** gehandelt hat (BGH, Urt. v. 30. 3. 1955 i. VersR 1955, 342, 344 = VRS 8, 406, 409 = JZ 1955, 453; *Böhmer* i. JZ 1955, 699). Haben die Eltern die Beaufsichtigung des Kindes einer anderen Person übertragen, z. B. einer Verwandten oder einer Angestellten, muß sich das Kind auch deren Verschulden anrechnen lassen, weil das sich aus dieser Beaufsichtigung ergebende Risiko zum Rechtskreis des Kindes gehört (BGH, Urt. v. 28. 5. 1957 i. VersR 1957, 455 = NJW 1957, 1187 = VRS 13, 83). Der Geschädigte kann dieses Ergebnis nicht dadurch vermeiden, daß er den Anspruch ausdrücklich nicht auf den Vertrag, sondern auf eine **andere Rechtsgrundlage** stützt, z. B. auf das HG (BGH, Urt. v. 28. 5. 1957 aaO.).

b) Tatsächliche Gewalt über beschädigte Sache

17 Der **Eigentümer** einer **Sache** muß sich ein Verschulden desjenigen anrechnen lassen, der die **tatsächliche** Gewalt über die Sache ausübt. Diese Regelung setzt voraus, daß eine Sache beschädigt wird und daß der Ersatzberechtigte seine Ansprüche **allein** auf das **HG** stützen kann und nicht auch auf eine Verschuldenshaftung. Im letzteren Falle würde § 254 BGB, der diese Erweiterung nicht enthält, unmittelbar gelten (vgl. BGH, Urt. v. 25. 3. 1980 i. NJW 1980, 1579; *Full,* Zivilr. Haft., Rdz. 7 zu § 9; *Jagusch,* StVR, Rdz. 24 zu § 9; vgl. a. Rdz. 3). Die tatsächliche Gewalt über die Sache üben der **Besitzer** und auch der **Besitzdiener** aus, wobei unerheblich ist, ob dies berechtigterweise geschieht. Das Herrschaftsverhältnis darf nicht nur ganz vorübergehender Natur und muß äußerlich erkennbar sein (*Böhmer,* SHG, Anm. 61 zu § 3 u. i. VersR 1961, 582; *Full,* Zivilr. Haft., Rdz. 8 zu § 9 StVG). Eine **Entlastungsmöglichkeit,** wie sie § 831 Abs. 1 Satz 2 BGB vorsieht, gibt es **nicht** (*Böhmer* aaO.). Der Eigentümer muß sich z. B. das Verschulden desjenigen anrechnen lassen, der sein Fahrrad fährt, sein Pferd reitet oder seinen Koffer zur Bahn trägt (w. Beisp. bei *Böhmer* aaO. u. *Full* aaO. Rdz. 9 zu § 9 StVG; vgl. a. *Weimer* i. JR 1966, 174, 175 zur Rechtsstellung des Sicherungseigentümers).

III. Abwägung

Schrifttum: *Bode,* Das Auf- und Abspringen während der Fahrt, VersR 1957, 696; *Böhmer,* Unbeschrankte Eisenbahnübergänge und Prüfungsrecht des Gerichtes, MDR 1956, 654; Setzt § 254 BGB stets ein Verschulden des Geschädigten voraus?, JR 1956, 290; Zur Frage der Betriebsgefahr, VersR 1957, 347; „Allgemeine" und „Erhöhte" Betriebsgefahr, MDR 1958, 19; Zur Frage der Kausalität der Betriebsgefahr, VersR 1961, 1071; Zum Begriff der „Umstände" i. S. des § 254 BGB, MDR 1962, 442; Eventuelle Abwägung nach § 17 StVG, 254 BGB, JR 1962, 297; Erhöhung der Kraftwagenbetriebsgefahr trotz Gelingens des Entlastungsbeweises nach § 831 BGB, MDR 1965, 878; Hat die Schadenverteilung nach § 254 BGB nur nach dem Maß der Verursachung und des Verschuldens zu erfolgen?, VersR 1963, 26; Erhöht das Fehlen von Bahnschranken stets die Eisenbahnbetriebsgefahr?, MDR 1964, 633; Belastung mit der Kraftwagenbetriebsgefahr nach § 254 BGB setzt Mißlingen des Entlastungsbeweises nach § 7 Abs. 2 StVG voraus, MDR 1965, 91, 450; *Dunz,* Abwägungskriterien bei der Schadenausgleichung, NJW 1964, 2133; *Filthaut,* Die Verpflichtung des Fahrverkehrs, Straßenbahnen ungehinderte Durchfahrt zu gewähren, DAR 1973, 309; *Goltermann,* KVR v. A–Z, Eisenbahnübergang, Zivilr. Haft., Erl. 1; *Himer,* Zur Bewertung der Betriebsgefahr, MDR 1957, 534; Unbeschrankter Bahnübergang und erhöhte Betriebsgefahr, MDR 1960, 557; *Klauser,* Abwägungsgrundsätze zur Schadensverteilung bei Mitverschulden, NJW 1962, 369; Zum Begriff der Umstände i. S. des § 254 BGB, MDR 1963, 185; *Schlierf,* Abwägungskriterien bei der Schadenausgleichung nach § 254 BGB, NJW 1965, 676; *Seligsohn,* Eisenbahnverkehr und Tierhalter, JW 1912, 375.

1. Allgemeine Abwägungskriterien

18 Hat bei der Entstehung des Schadens ein Verschulden des Geschädigten mitgewirkt, hängt die Entscheidung der Frage, ob der Haftpflichtige überhaupt zum Ersatz verpflichtet ist oder ggf. in welchem Umfange, von den **Umständen** ab. Wie sich aus dem Wortlaut von § 254 Abs. 1 BGB ergibt, rechnet hierzu in erster Linie, inwieweit der Schaden überwiegend von dem einen oder dem anderen Teil **verursacht** worden ist. Demgemäß ist bei der Abwägung zunächst auf das Maß der beiderseitigen **Verursachung** abzustellen; erst dann ist das **Verschulden** zu berücksichtigen (h. A.; vgl. RG, Urt. v. 7. 12. 1933 i. RG 142, 356, 368; BGH, Urt. v. 4. 6. 1957 i. VersR 1957, 585, Urt. v. 4. 3. 1963 i. VersR 1963,

566, 567 = NJW 1963, 1447, 1449 u. Urt. v. 29. 1. 1969 i. VersR 1969, 406, 407; *Dunz* i. NJW 1964, 2133; a. A. *Rother,* Haftungsbeschränkung im Schadensrecht, S. 50, der allein auf das Maß des Verschuldens abstellt). Entscheidend ist die **Wahrscheinlichkeit,** mit der die Verursachungsbeiträge zur Herbeiführung des schädigenden Erfolges geeignet waren, wobei die zeitliche Reihenfolge der Verursachung unerheblich ist (BGH, Urt. v. 4. 3. 1963 u. Urt. v. 29. 1. 1969 aaO.; *Dunz* aaO.).

19 Die **Schwere** des **Verschuldens** kann mittelbar die Verursachungsabwägung beeinflussen. So führt eine grobe Verletzung der gebotenen Sorgfalt im allgemeinen zu einer höheren Gefährlichkeit der Ursache (*Palandt/Heinrichs,* BGB, Anm. 4a aa zu § 254; *Dunz* i. NJW 1964, 2133). Ein nur **vermutetes Verschulden** (z. B. nach § 831 BGB) ist für die Abwägung ohne Bedeutung (BGH, Urt. v. 16. 10. 1956 i. VersR 1956, 732, 733 = VRS 12, 17, 18 u. Urt. v. 23. 4. 1965 i. VersR 1965, 712); ebenso, aus welchen **Rechtsgründen** gehaftet wird (vgl. BGH, Urt. v. 16. 1. 1953 i. VRS 5, 163). Die gelegentlich vertretene Auffassung (vgl. OLG Celle, Urt. v. 6. 12. 1978 in NJW 1979, 724; *Böhmer* i. MDR 1962, 442 u. i. VersR 1963, 26; *Schlierf* i. NJW 1965, 676), neben der Verursachung und dem Verschulden seien auch **sonstige Umstände,** z. B. die Vermögensverhältnisse, zu berücksichtigen, läßt sich aus § 254 Abs. 1 BGB nicht herleiten (*Dunz* i. NJW 1964, 2133; *Klauser* i. MDR 1963, 185; *MünchKomm.-Grunsky,* Rdz. 66 zu § 254 BGB; für Berücksichtigung verwandtschaftlicher Beziehungen und Gefälligkeit *Palandt/Heinrichs,* BGB, Anm. 4d dd zu § 254).

2. Betriebsgefahr als Abwägungsfaktor

a) Allgemeines

20 Den Verursachungsbeitrag desjenigen, der aufgrund einer Gefährdungshaftung einzutreten hat, bezeichnet man als **Betriebsgefahr.** Die Betriebsgefahr ist als Abwägungsfaktor auf Seiten des Schädigers und auch des Geschädigten zu berücksichtigen, es sei denn, daß der Geschädigte – z. B. als Halter eines Kfz durch Führung des Entlastungsbeweises (vgl. Rdz. 195ff. zu § 12) – die Betriebsgefahr rechtlich nicht zu verantworten hat (vgl. BGH, Urt. v. 13. 4. 1956 i. VersR 1956, 370 = NJW 1956, 1067 u. Urt. v. 18. 5. 1956 i. VersR 1956, 518 = VRS 11, 6; *Böhmer* i. JR 1962, 297). Der Geschädigte muß sich die Betriebsgefahr auch anrechnen lassen, wenn der Schädiger aus Verschulden haftet und § 254 BGB unmittelbar Anwendung findet (vgl. BGH, Urt. v. 13. 4. 1956 aaO.: Anrechnung der Betriebsgefahr auf den Schmerzensgeldanspruch des Kfz-Halters).

21 In erweiterter Anwendung von § 254 BGB wird angenommen, daß zur Haftungsverkürzung genügt, daß der Geschädigte an der Entstehung des Schadens in **haftungsrechtlich zurechenbarer Weise,** nämlich so **mitgewirkt** hat, daß der Geschädigte, wenn der Schädiger den Schaden erlitten hätte, diesem **haftpflichtig wäre** (BGH, Urt. v. 13. 4. 1956 aaO., Urt. v. 18. 11. 1957 i. VersR 1958, 83 = NJW 1958, 341 u. Urt. v. 30. 5. 1972 i. VersR 1972, 959 = NJW 1972, 1415). Haftet der Schädiger nur aus der Gefährdungshaftung und hat der Geschädigte die Betriebsgefahr

eines Kfz zu vertreten, greifen die **Sonderregelungen** nach § 17 Abs. 1 Satz 2 i. Verb. m. Abs. 2 StVG und § 13 Abs. 1 Satz 2 i. Verb. m. Abs. 2 HG (vgl. Rdz. 2 zu § 13) ein. Die genannten Regelungen entsprechen jedoch inhaltlich §§ 254 BGB und 4 HG; sie werden deshalb in diesem Abschnitt mitbehandelt.

b) Konkrete Betriebsgefahr

22 Bei der Abwägung darf nur das im Einzelfall festgestellte Ausmaß der Betriebsgefahr herangezogen werden. Entscheidend ist, wie sich die Betriebsgefahr **konkret** ausgewirkt hat, für Art und Schwere des Schadens ursächlich war (RG, Urt. v. 7. 1. 1937 i. VAE 3, 114; BGH, Urt. v. 23. 4. 1965 i. VersR 1965, 712, 713 = VRS 29, 417, 419; *Böhmer,* SHG, Anm. 41 zu § 3, i. VersR 1961, 1071 u. i. MDR 1962, 83; *Full,* Zivilr. Haft., Rdz. 28 zu § 17 StVG). Das Fehlen von Bahnschranken ist z. B. nicht als gefahrenerhöhend zu berücksichtigen, wenn die Bahnschranke von einem mit hoher Geschwindigkeit herankommenden LKW durchbrochen worden wäre (OLG Stuttgart, Urt. v. 7. 4. 1948 i. VRS 1, 47, 48).

c) Allgemeine Betriebsgefahr

23 Es wird zwischen allgemeiner und erhöhter Betriebsgefahr unterschieden. Zur **allgemeinen** (gewöhnlichen) **Betriebsgefahr** rechnen die Gefahren, die **regelmäßig** mit dem Betrieb verbunden sind, z. B. bei einer Schienenbahn die Gefahren, die sich aus der Schienengebundenheit, dem längeren Bremsweg und der größeren Aufprallwucht ergeben (vgl. BGH, Urt. v. 9. 7. 1970 i. VersR 1970, 1049, 1050; *Böhmer,* SHG, Anm. 39 zu § 3). Wegen dieser Umstände ist die allgemeine Betriebsgefahr einer Bahn stärker zu bewerten und deshalb mit einer höheren Quote zu berücksichtigen als die Betriebsgefahr eines Kfz (vgl. für Zusammenstöße zwischen Schienenbahnen und PKW RG, Urt. v. 8. 3. 1937 i. JW 1937, 1778 m. Anm. v. *Wagner* S. 1778; BGH, Urt. v. 6. 10. 1964 i. VersR 1964, 1241, 1242 = VRS 28, 11, 12 u. Urt. v. 9. 7. 1970 i. VersR 1970, 1049, 1050; OLG Celle, Urt. v. 18. 7. 1956 i. VersR 1957, 134; OLG Düsseldorf, Urt. v. 30. 1. 1964 i. VersR 1966, 764 u. Urt. v. 15. 7. 1965 i. VersR 1965, 1158 = VRS 29, 332, 334; OLG Hamburg, Urt. v. 5. 2. 1954 i. VRS 7, 163, 164, Urt. v. 20. 8. 1964 i. VersR 1966, 741, Urt. v. 20. 8. 1964 i. VersR 1966, 196, 198 u. Urt. v. 15. 6. 1965 i. VRS 29, 330, 331; OLG München, Urt. v. 28. 10. 1966 i. VersR 1967, 167; *Goltermann* i. KVR v. A–Z, Eisenbahnübergang, Zivilr. Haft., Erl. 1 A IV S. 15).

d) Erhöhte Betriebsgefahr

24 Eine **erhöhte Betriebsgefahr** fällt bei der Abwägung verstärkt ins Gewicht. Von erhöhter Betriebsgefahr spricht man, wenn die allgemeine Betriebsgefahr (Rdz. 23) durch **besondere Umstände,** die nicht schlechthin und regelmäßig mit dem Betrieb verbunden sind, **vergrößert** wird (vgl. RG, Urt. v. 8. 12. 1919 i. JW 1919, 434; *Böhmer,* SHG, Anm. 37 zu § 3, i. MDR 1958, 19 u. i. MDR 1964, 633; krit. *Biermann,* SHG, Anm. IV zu § 1; *Friese,* RHG, § 1 C II 4 d; *Finger* i. NJW 1956, 1018). Der

Begriff der erhöhten Betriebsgefahr, der anfänglich umstritten war (vgl. hierzu *Böhmer* aaO.), hat sich in der Praxis durchgesetzt. Er umfaßt zwei Fallgruppen: Es kann sich einmal um Umstände handeln, die allein durch **objektives Vorliegen** und **Mitverursachen** eine Gefahrenerhöhung bewirken. Das Fehlen von Schranken an einem höhengleichen Bahnübergang kann z. B. auch dann eine Erhöhung der Betriebsgefahr auf Seiten der Eisenbahn begründen, wenn dies von niemandem verschuldet wurde (vgl. *Böhmer,* SHG, Anm. 40 zu § 3). Die Betriebsgefahr kann aber auch erhöht sein, weil auf Seiten des Haftpflichtigen ein **schuldhaftes Verhalten** zu berücksichtigen ist. Bei einem Zusammenstoß zwischen einer Straßenbahn und einem Kfz kann z. B. die Betriebsgefahr des Kfz dadurch erhöht sein, daß der Kraftfahrer das Vorrecht der Straßenbahn nach § 2 Abs. 3 StVO schuldhaft nicht beachtet hat. Auf Seiten der Straßenbahn kann eine Erhöhung der Betriebsgefahr bewirkt haben, daß der Straßenbahnfahrer auf die Verletzung des Vorrechtes zu spät reagiert hat. Diese Anrechnung des Verschuldens des Fahrers können der Kfz-Halter und der Straßenbahnunternehmer auch nicht durch Führung des Entlastungsbeweises nach § 831 Abs. 1 Satz 2 BGB vermeiden (vgl. a. Rdz. 19).

e) Einzelfälle objektiv erhöhter Betriebsgefahr

25 Ob die **Nichtsicherung** eines **höhengleichen Schienenübergangs** durch **Schranken** als Erhöhung der Betriebsgefahr zu werten ist, hängt von den Umständen des **Einzelfalles** ab. Es kommt jedoch nicht darauf an, ob die Anlage **behördlicherseits genehmigt** war (RG, Urt. v. 8. 3. 1937 i. JW 1937, 1776 m. zust. Anm. v. *Wagner* S. 1778; BGH, Urt. v. 5. 5. 1956 i. VersR 1956, 490, Urt. v. 11. 1. 1957 i. VersR 1957, 166 = VRS 12, 172, 173, Urt. v. 21. 11. 1958 i. VersR 1959, 333, Urt. v. 27. 11. 1958 i. VersR 1959, 462, 463 u. Urt. v. 21. 12. 1965 i. VersR 1966, 291; OLG München, Urt. v. 12. 12. 1969 i. VersR 1970, 235, 237; OLG Neustadt, Urt. v. 11. 7. 1953 i. VRS 6, 117, 118; *Böhmer* i. MDR 1956, 654, 655, i. MDR 1958, 19 u. i. MDR 1960, 557; a. A. OLG Bremen, Urt. v. 20. 11. 1953 i. VRS 6, 119, 120 m. zust. Anm. v. *Goltermann* S. 122 u. OLG Oldenburg, Urt. v. 5. 4. 1955 i. NJW 1955, 1032 m. zust. Anm. v. *Goltermann* = DAR 1955, 251; *Finger* i. NJW 1956, 1018; *Goltermann* i. DAR 1953, 291 u. i. KVR v. A–Z, Eisenbahnübergang, Zivilr. Haft., Erl. 1 B IV S. 34ff.; krit. *Himer* i. MDR 1957, 534 u. 1964, 537). Eine Erhöhung der Betriebsgefahr wurde auch in der **mangelnden Sicherung** durch einen **Warnposten** (BGH, Urt. v. 3. 12. 1955 i. VersR 1956, 99, 100), in der Beeinträchtigung der **Erkennbarkeit** von **Warnbaken** durch Schnee (BGH, Urt. v. 9. 11. 1965 i. VRS 30, 87, 88), in dem **Nichtschließen** (BGH, Urt. v. 8. 3. 1951 i. VRS 3, 217, 219 u. Urt. v. 2. 10. 1952 i. VersR 1953, 26 = VRS 5, 35) und dem **nicht richtigen Schließen** der **Schranken** (OLG Frankfurt, Urt. v. 19. 4. 1951 i. VRS 3, 251, 252; OLG München, Urt. v. 11. 7. 1960 i. VersR 1960, 1054, 1055), in dem **Fehlen** einer ausreichenden **Beleuchtung** (BGH, Urt. v. 5. 3. 1963 i. VersR 1963, 583, 585) und **mangelhaften Sichtverhältnissen** (OLG Hamm, Urt. v. 30. 3. 1973 i. VersR 1973, 864, 865; OLG Nürnberg, Urt. v. 3. 7. 1964 i. VersR 1964, 1181) gesehen. Es ist jedoch stets

zu prüfen, ob sich der Mangel im Einzelfall **konkret** ausgewirkt hat (verneint für Fehlen von Schranken BGH, Urt. v. 5. 5. 1956 aaO. S. 491 u. Urt. v. 11. 1. 1957 aaO.; Ausgleichung des Fehlens von Schranken durch Blinklichtanlage BGH, Urt. v. 21. 11. 1958 aaO.; vgl. jedoch a. Urt. v. 27. 11. 1958 aaO.; Fehlen von Warnbaken BGH, Urt. v. 3. 12. 1955 aaO. S. 100).

26 Weitere **Beispiele für erhöhte Betriebsgefahr:** Betrieb eines **Vergnügungszuges** (insbesondere das nahe Nebeneinanderliegen von Außentür und Toilettentür, BGH, Urt. v. 20. 6. 1961 i. VersR 1961, 756 = VRS 21, 184; OLG Stuttgart, Urt. v. 28. 3. 1979 i. VersR 1979, 1038); **Fehlen** der **Beaufsichtigung** eines abfahrtbereiten Nahverkehrszuges durch Zugbegleiter oder Bahnsteigaufsicht (OLG Düsseldorf, Urt. v. 21. 12. 1978, best. d. BGH, B. v. 17. 3. 1978 i. VersR 1978, 486); **Versagen** der **Bremsen** (BGH, Urt. v. 20. 3. 1960 i. VersR 1960, 609, 611 = VRS 18, 404); **Mangelhaftigkeit** des **Läutesignals** einer Straßenbahn (das nicht den vollen Ton wiedergibt, RG, Urt. v. 14. 9. 1943 i. RG 171, 354), der **Notbeleuchtung** an der Spitze eines Zuges (BGH, Urt. v. 4. 3. 1959 i. VersR 1959, 515, 416), des **Trittbretts** einer Straßenbahn (OLG Bremen, Urt. v. 6. 12. 1948 i. VRS 1, 223, 225); **Fehlen** von **Unterführungen** auf einem Bahngelände, so daß Fahrgäste über Gleise gehen müssen (RG, Urt. v. 20. 9. 1930 i. JW 1931, 868 m. zust. Anm. v. *Seligsohn* S. 868 = EE 51, 182; *Böhmer,* SHG, Anm. 49 zu § 3); **Beförderung** von Personen in **Güterwagen** (BGH, Urt. v. 8. 3. 1951 i. NJW 1951, 357 u. Urt. v. 21. 11. 1953 i. VersR 1954, 11 = VRS 6, 15); ungewöhnlicher **Andrang** von Reisenden (RG, Urt. v. 8. 12. 1919 i. JW 1920, 434 m. abl. Anm. v. *von der Leyen* S. 434 u. Urt. v. 11. 10. 1928 i. EE 48, 298; BGH, Urt. v. 8. 3. 1951 u. 21. 11. 1953 aaO.; OGH Köln, Urt. v. 24. 6. 1949 i. VRS 1, 227, 233 = NJW 1949, 669 L; *Böhmer,* SHG, Anm. 48 zu § 3); **Nichtbedienung** des **Sandstreuers** einer Straßenbahn auf Notsignal (BGH, Urt. v. 14. 10. 1953 i. VersR 1954, 11 = VRS 6, 13); Einbiegen der **Schienen** in Verkehrsraum der Straße mit **spitzem Bogen** (BGH, Urt. v. 17. 10. 1967 i. VersR 1967, 1197, 1199); **Schlüpfrigkeit** und **Glätte** auf **Schienen** (OLG Hamburg, Urt. v. 5. 12. 1967 i. VersR 1968, 975, 976); **Eingleisigkeit** eines Straßenbahnbetriebes, wenn die Gleise nahe dem Bürgersteig liegen (gegenüber Fußgängern, vgl. BGH, Urt. v. 11. 7. 1961 i. VersR 1961, 908, 909; anders für den Fall, daß Straßenbahngleise nahezu in Fahrbahnmitte liegen BGH, Urt. v. 19. 11. 1968 i. VersR 1969, 82 = VRS 36, 6, 7); zweigleisiger Staßenbahnbetrieb in **Einbahnstraße,** auch in Gegenrichtung (BGH, Urt. v. 23. 9. 1966 i. VersR 1966, 1142, 1143); **gefährlich naher Abstand** zwischen Mast und Bordsteinkante an **Haltestelle** (BGH, Urt. v. 26. 9. 1961 i. VersR 1961, 1020 = VRS 21, 321, 322; anders wenn Mast in vorschriftsmäßigem Abstand an Stelle steht, an der sich keine Haltestelle befindet BGH, Urt. v. 20. 12. 1955 i. VersR 1956, 238 = VRS 10, 332, 333). Nach der Auffassung des OLG Frankfurt (Urt. v. 21. 5. 1970 i. VersR 1970, 1162) soll die Betriebsgefahr einer Straßenbahn geringfügig erhöht sein, wenn ein Fußgänger gezwungen ist, beim Überqueren der Straße den **besonderen Bahnkörper** zu betreten (Urt. v. 21. 5. 1970 i. VersR 1970, 1162; anders für ampelgesicherten Fußgängerüberweg Urt. v. 3. 10. 1974 i. VersR 1976, 1135, 1137).

27 **Verneint** wurde eine **Erhöhung** der **Betriebsgefahr** in den folgenden Fällen: Verwendung von Straßenbahnwagen mit **offener Plattform** (BGH, Urt. v. 26. 9. 1961 i. VersR 1961, 1020, 1021; in der Praxis wohl überholt); **Verlängerung** des **Bremsweges** durch Behängung eines Straßenbahnmotorwagens mit **zwei Anhängern** (BGH, Urt. v. 11. 7. 1961 i. VersR 1961, 908, 909); **schaffnerloser** Straßenbahnbetrieb (LG Duisburg, Urt. v. 11. 1. 1972 i. VersR 1973, 240 für Omnibuslinienverkehr); **zweigleisiger** Straßenbahnbetrieb, bei dem Straßenbahnen **gleichzeitig** in **beiden Richtungen** fahren können (BGH, Urt. v. 30. 4. 1963 i. VersR 1963, 874 = VRS 25, 251, 253 m. zust. Anm. v. *Böhmer* i. VersR 1964, 88; a. A. OLG Karlsruhe, Urt. v. 28. 2. 1953 i. VersR 1953, 368, 369); **eingleisiger Straßenbahnbetrieb,** wenn die Gleise nahezu in der **Fahrbahnmitte** verlegt sind (BGH, Urt. v. 19. 11. 1968 i. VersR 1969, 82, 83 = VRS 36, 6, 7; anders bei Verlegung von Gleisen nahe dem Bürgersteig BGH, Urt. v. 11. 7. 1961 i. VersR 1961, 908, 909); **gleichzeitiges Befahren** von **mehreren nebeneinanderliegenden Gleisen** durch mehrere Züge derselben oder der entgegengesetzten Richtung und das **Vorbeifahren** einer einzeln fahrenden Lok an einem vor einem gesperrten Einfahrtsignal **haltenden Zug** im Einzugsgebiet eines größeren Bahnhofs (BGH, Urt. v. 22. 6. 1971 i. VersR 1971, 1018, 1019); Überqueren eines Verteilerkreises mit **Kreisverkehr** durch Straßenbahn, wobei der Straßenbahn **entgegen** der **allgemeinen Regelung** das **Vorfahrtsrecht** eingeräumt ist (verneint jedoch nur mit Rücksicht darauf, daß der Verunglückte die Regelung aus langjähriger Erfahrung kannte, BGH, Urt. v. 15. 11. 1966 i. VersR 1967, 138, 139; für leicht erhöhte Betriebsgefahr, die sich jedoch in dem entschiedenen Fall nicht auswirkte, OLG Hamburg, Urt. v. 29. 3. 1966 i. VersR 1967, 411, 412); **Rückwärtsfahren** einer Lok (OLG Oldenburg, Urt. v. 1. 4. 1953 i. NJW 1953, 1514, 1515 m. zust. Anm. v. *Goltermann* S. 1514; LG Aschaffenburg, Urt. v. 23. 12. 1971 i. VersR 1973, 166, 167; *Jagusch,* StVR, Rdz. 29 zu § 17 StVG); **Fehlen** von **Warnschildern,** die auf die Gefahren der Nähe der Gleise hinweisen (LG Aschaffenburg, Urt. v. 23. 12. 1971 aaO.); **Fehlen** eines **Drahtgitters zwischen** den **Gleisen** eines Bahnkörpers zum Schutz des Fußgängerverkehrs (BGH, Urt. v. 30. 4. 1963 i. VersR 1963, 874, 875 m. insoweit zust. Anm. v. *Böhmer* i. VersR 1964, 88); **Aufenthalt** von Gleisbauarbeitern **zwischen den Gleisen** (OLG Frankfurt, Urt. v. 1. 4. 1971 i. VersR 1971, 943; vgl. a. BGH, Urt. v. 22. 6. 1971 aaO.); **Verschlechterung** der **Sicht** für andere Verkehrsteilnehmer durch Dunkelheit und Regen (BGH, Urt. v. 15. 11. 1966 aaO.); eine sich aus **Handlungen** des **Verletzten** ergebende konkrete Gefahr, z. B. der Umstand, daß der Verletzte an der Bordsteinkante einer Fußgängerinsel in der Nähe der Gleise stand (OLG Frankfurt, Urt. v. 3. 10. 1974 i. VersR 1976, 1135, 1137).

3. Abwägungsgrundsätze

28 Da es bei der Abwägung, wie schon an anderer Stelle ausgeführt wurde (Rdz. 27), stets auf die Umstände des Einzelfalles ankommt, lassen sich **allgemeine Grundsätze** darüber, mit welchem Ergebnis unter be-

stimmten Voraussetzungen abzuwägen ist, nur schwerlich aufstellen. Dennoch hat sich in der Rechtsprechungspraxis eine gewisse Typik entwickelt. So tritt bei **Vorsatz** des Schädigers ein fahrlässiges Mitverschulden des Geschädigten in der Regel zurück (RG, Urt. v. 27. 5. 1911 i. RG 76, 313, 323 u. Urt. v. 6. 12. 1939 i. RG 162, 202, 208; BGH, Urt. v. 18. 1. 1973 i. VersR 1973, 348 = NJW 1973, 518; dies gilt jedoch nicht ausnahmslos, vgl. BAG, Urt. v. 18. 6. 1970 i. NJW 1970, 1861, 1862 u. BGH, Urt. v. 4. 10. 1971 i. NJW 1972, 36, 38). Haben beide Seiten nur die Betriebsgefahr zu vertreten, ist der Schaden nach dem **Ausmaß** der **Verursachung** zu verteilen. Bei **gleich hoch** zu bewertender Betriebsgefahr führt dies zu dem Ergebnis, daß der Geschädigte nur die **Hälfte** des Schadens ersetzt verlangen kann; bei unterschiedlich hoher Betriebsgefahr ist **entsprechend zu quoteln.** Eine erhöhte Betriebsgefahr auf der einen Seite kann durch ein Verschulden auf der anderen Seite **ausgeglichen** werden. Die bloße Gefährdungshaftung wird durch **leichte Fahrlässigkeit** des Geschädigten **nicht** schon ausgeschlossen (BGH, Urt. v. 11. 12. 1950 i. NJW 1951, 110f.; *Palandt/Heinrichs,* BGB, Anm. 4b cc zu § 254).

29 **Grobe Fahrlässigkeit** (vgl. z. Begriff Rdz. 13 zu § 12) des Schädigers oder des Geschädigten hat, wenn die Gegenseite nur die Betriebsgefahr zu vertreten hat, regelmäßig zur Folge, daß der Schädiger in **vollem Umfange** zu haften hat oder daß seine Haftung **gänzlich entfällt** (vgl. BGH, Urt. v. 8. 3. 1951 – III ZR 194/50 – i. VRS 3, 171 u. Urt. v. 8. 3. 1951 – III ZR 34/50 – i. VRS 3, 217: volle Haftung des Eisenbahnunternehmers für Zusammenstoß zwischen Zug und Kfz durch verspätetes Schließen oder Nichtschließen der Schranken; OLG Düsseldorf, Urt. v. 8. 2. 1973 i. VersR 1974, 1111: volle Haftung des Straßenbahnunternehmers, wenn Fahrer auf im Schienenbereich haltendes Kfz auffährt, obwohl dessen Behinderung deutlich und frühzeitig zu erkennen war; BGH, Urt. v. 5. 6. 1962 i. VersR 1962, 387, 388: keine Haftung für Unfall eines LKW auf unbeschranktem Bahnübergang, weil Vorrecht der Eisenbahn in grober Weise verletzt wurde; BGH, Urt. v. 30. 4. 1963 i. VersR 1963, 874, 875 = VRS 25, 251, 253: keine Haftung für Unfall eines auf dem Bahngelände beschäftigten Arbeiters, der sich unter grober Außerachtlassung der Sicherheitsvorschriften in den Fahrbereich eines Zuges begeben hatte; OLG Düsseldorf, Urt. v. 10. 11. 1980 i. VersR 1981, 785: keine Haftung für Unfall durch Auffahren einer Straßenbahn auf im Schienenbereich links abbiegendes Kfz, das Vorrecht der Straßenbahn nach §§ 2 Abs. 3, 9 Abs. 1 Satz 3 StVO schuldhaft verletzt hat).

30 Der BGH hat jedoch einen Rechtssatz des Inhalts, daß bei **grober Fahrlässigkeit** des Verletzten die Eisenbahnbetriebsgefahr **stets** außer Betracht bleiben müsse, abgelehnt (Urt. v. 8. 10. 1957 i. VersR 1957, 779); ebenso einen Rechtssatz, daß der Bahnunternehmer bei erhöhter Betriebsgefahr **stets** mit einem **Teil** des **Schadens** zu belasten sei (Urt. v. 28. 10. 1958 i. VersR 1959, 49). In letzterer Hinsicht wurde häufig entschieden, daß der Bahnunternehmer trotz leicht gesteigerter Betriebsgefahr der Bahn **nicht** zu haften habe (vgl. BGH, Urt. v. 30. 4. 1963 aaO.; OLG Celle, Urt. v. 26. 8. 1976 i. VersR 1978, 329; OLG Frankfurt, Urt. v. 21. 5. 1970 i. VersR 1970, 1162 u. Urt. v. 1. 4. 1971 i. VersR 1971,

943; OLG Hamburg, Urt. v. 29. 3. 1966 i. VersR 1967, 411, 412; LG Aschaffenburg, Urt. v. 23. 12. 1971 i. VersR 1973, 166).

IV. Einzelfälle

1. Unfälle im Bahnbereich

a) Fahrgastunfälle

31 Die Haftung der Bahn oder ihrer Bediensteten ist häufig dadurch gemindert, daß die geschädigten **Fahrgäste** die ihnen nach den Beförderungsbedingungen oder dem Gesetz obliegenden Verpflichtungen (vgl. Rdz. 113f. zu § 12) schuldhaft verletzt haben.

aa) Fester Halt

32 Nach § 4 Abs. 3 Satz 5 ABB (vgl. Anh. 5) ist jeder **Straßenbahnfahrgast** verpflichtet, sich im Fahrzeug stets einen **festen Halt** zu verschaffen (die gleiche Verpflichtung gilt nach dieser Vorschrift sowie nach § 14 Abs. 3 Nr. 4 BOKraft für den Omnibusfahrgast; die insoweit ergangene Rechtsprechung kann deshalb mitberücksichtigt werden). Damit soll der Fahrgast den Schwankungen und Erschütterungen beim Fahrbetrieb, die insbesondere beim Anfahren und Bremsen auftreten, entgegenwirken. Wird z. B. ein Fahrgast dadurch verletzt, daß er bei einer Bremsung im Fahrzeug zu Fall gerät, und ist dies auch darauf zurückzuführen, daß er es schuldhaft versäumt hat, sich einen festen Halt zu verschaffen, mindert dies regelmäßig den Haftungsumfang. Die Verpflichtung beinhaltet, daß sich der **stehende** Fahrgast mit **beiden Händen** an den vorhandenen Haltevorrichtungen festhalten muß. Personen, deren Standsicherheit, z. B. wegen Gebrechlichkeit oder hohen Alters, beeinträchtigt ist, ist zuzumuten, den nächstgelegenen **freien Sitzplatz** aufzusuchen. Führt ein Fahrgast eine Einkaufstasche oder eine Handtasche mit, so kann erwartet werden, daß er diese über dem Arm trägt, damit die Hand frei bleibt (OLG Düsseldorf, Urt. v. 26. 2. 1972 i. VersR 1972, 1171, 1172). Die Verpflichtung unterliegt jedoch **Einschränkungen,** die sich aus dem Betrieb ergeben. Nach den Beförderungsbedingungen (§ 4 Abs. 3 Satz 2 ABB) ist der Fahrgast auch verpflichtet, zügig ein- und auszusteigen sowie in das Wageninnere aufzurücken. Schon daraus folgt, daß der Fahrgast berechtigt ist, sich bei Annäherung an eine Haltestelle **noch während der Fahrt** zum Ausgang zu begeben (BGH, Urt. v. 11. 5. 1976 i. VersR 1976, 932; LG Passau, Urt. v. 4. 9. 1969 i. VersR 1971, 727; a. A. LG Hamburg, Urt. v. 10. 10. 1969 i. VersR 1971, 137, 138 u. *Schmalzl* i. VersR 1971, 873) oder während der Fahrt im Fahrzeug vorzurücken (OLG Hamm, Urt. v. 24. 5. 1974 i. VersR 1975, 58, 59; LG Köln, Urt. v. 21. 10. 1963 i. VersR 1964, 811 L = MDR 1964, 145). In diesen Situationen erscheint es ausreichend, daß sich der Fahrgast – vorübergehend – nur mit **einer Hand** festhält (BGH, Urt. v. 11. 5. 1976 aaO.). Dies gilt auch, wenn der Fahrgast ein Gepäckstück oder einen Stock mit sich führt (OLG Hamm, Urt. v. 24. 5. 1974 aaO.), eine Sache aus dem Gepäcknetz nimmt (LG Saarbrücken, Urt. v. 7. 2. 1975 i. VersR 1976,

475 L), eine Betriebseinrichtung bedient, z. B. den Fahrscheinentwerter oder ein Signal zur Angabe des Haltewunsches (vgl. BGH, Urt. v. 11. 5. 1976 aaO.), oder den Fahrschein löst. Der zu dem letzteren Fall vom OLG Celle (Urt. v. 21. 2. 1974 i. VersR 1975, 1122) vertretenen Auffassung, der Fahrgast müsse beim Bezahlen beide Hände frei haben, kann nicht zugestimmt werden. Dem Fahrgast ist auch hier zuzumuten, sich zumindest mit einer Hand einen festen Halt zu verschaffen, zumal sich dieser Vorgang meistens in der besonders gefährlichen Phase des **Anfahrens** (vgl. OLG Stuttgart, Urt. v. 22. 7. 1970 i. VersR 1971, 674) abspielt. Ein **körperbehinderter** Fahrgast handelt schuldhaft, wenn er es versäumt, den Fahrer zu bitten, mit dem Anfahren abzuwarten, bis er Platz genommen hat (OLG Hamm, Urt. v. 24. 5. 1974 aaO.; vgl. a. Rdz. 215 zu § 1).

33 Dem Fahrgast kann nicht vorgeworfen werden, sein Festhalten habe nicht ausgereicht, einen Sturz zu verhindern, der durch eine **Notbremsung** (Schnell- oder Gefahrbremsung) ausgelöst wurde (OLG Nürnberg, Urt. v. 30. 6. 1976 i. VersR 1977, 674 L = MDR 1977, 139); den bei einer Notbremsung freiwerdenden Kräften kann auch durch ordnungsgemäßes Festhalten nicht genügend entgegengewirkt werden. Wegen der Vielgestaltigkeit der Möglichkeiten, die hierfür ursächlich gewesen sein können, kann auch aus der Tatsache, daß ein Fahrgast während der Fahrt im Fahrzeug zu Fall geraten ist, ein **Beweis** des **ersten Anscheins** für eine schuldhafte Verletzung der Verpflichtung, sich einen festen Halt zu verschaffen, **nicht** hergeleitet werden (vgl. Rdz. 218 zu § 12).

34 Nach der Auffassung des OLG Stuttgart (Urt. v. 22. 7. 1970 i. VersR 1971, 674) wiegt die **schuldhafte Verletzung** der **Verpflichtung** eines **Omnibusfahrgastes,** sich einen festen Halt zu verschaffen, gegenüber der **Betriebsgefahr** des **Omnibusses** so schwer, daß die Haftung des Beförderungsunternehmers völlig entfällt. Das OLG Düsseldorf vertritt den Standpunkt, das Verschulden eines Omnibusfahrgastes sei, wenn auch der Omnibusunternehmer eine durch das Verschulden des Omnibusfahrers erhöhte Betriebsgefahr zu vertreten habe, mit 50% zu bewerten. In beiden Entscheidungen wurde dem Verschulden des Fahrgastes ein zu großes Gewicht beigemessen. Richtiger erscheint es, den Mithaftungsanteil des Fahrgastes gegenüber der bloßen Betriebsgefahr mit 40–50% (noch niedriger OLG Oldenburg, Urt. v. 1. 7. 1953 i. VRS 5, 406, 408: ⅓; LG Aachen, Urt. v. 21. 5. 1976 i. VersR 1977, 66: ¼) und, wenn der Unternehmer eine erhöhte Betriebsgefahr zu vertreten hat, mit einer noch geringeren Quote zu bewerten. Diese Grundsätze gelten auch für Unfälle von **Straßenbahnfahrgästen.**

bb) Sturz eines Fahrgastes aus dem fahrenden Fahrzeug

35 **Stürzt** ein Fahrgast einer Schienenbahn aus **ungeklärter Ursache während der Fahrt aus** dem **Zug** und bleibt offen, auf welche Ursachen dies zurückgeht, kann **nicht** ohne weiteres auf ein **Verschulden** des Fahrgastes geschlossen werden. Die Rechtsprechung hat es deshalb abgelehnt, auf diese Unfälle einen **Beweis** des **ersten Anscheins** für ein Verschulden des Fahrgastes anzuwenden (vgl. Rdz. 218 zu § 12 m. w. Nachw.). Fällt ein vierjähriges **Kind** aus einem fahrenden Zug, weil es in Anwesenheit der

Mutter am Türschloß gespielt hat, muß es sich deren Überwachungsverschulden anrechnen lassen (BGH, Urt. v. 29. 4. 1953 i. BGH 9, 316, 317 = VRS 5, 324 = NJW 1953, 977; ebenso für Sturz eines achtjährigen Kindes aus dem Zug BGH, Urt. v. 28. 5. 1957 i. VersR 1957, 455 = VRS 13, 83 = NJW 1957, 1187; vgl. Rdz. 15). Stürzt der Fahrgast eines **Tanzwagens** (sog. „Samba-Zug") aus dem Zug, weil er offenbar die Außentür mit der Toilettentür verwechselt hat, ist nicht von einem grob fahrlässigen Verschulden des Fahrgastes auszugehen. Der Bahnunternehmer muß sich als erhöhte Betriebsgefahr den Betrieb des Vergnügungszuges, in dem getanzt und Alkohol verzehrt werden darf, anrechnen lassen (BGH, Urt. v. 20. 6. 1961 i. VersR 1961, 756 = VRS 21, 188: ⅔ Mithaftung des verunglückten Fahrgastes; ähnlich OLG Stuttgart, Urt. v. 28. 3. 1979 i. VersR 1979, 1038: Berücksichtigung einer besonderen Betriebsgefahr durch das nahe Nebeneinanderliegen von Außentür und Toilettentür gegenüber dem Verschulden des Fahrgastes mit 50%). Die befehlsmäßige und mit überfüllten Zügen durchgeführte **Personenbeförderung** in der **Nachkriegszeit** wurde den Bahnen als erhöhte Betriebsgefahr angelastet, wenn sie bewirkte, daß ein Fahrgast während des Transportes aus dem Fahrzeug fiel, und gegenüber dem in der Außerachtlassung der Eigensorgfalt liegenden Verschulden des Verletzten abgewogen (vgl. OLG Koblenz, Urt. v. 27. 4. 1949 i. VRS 2, 68: Mitverschulden des Verletzten wegen Mitfahrens auf dem Dach eines Kalkwagens; Urt. v. 8. 3. 1950 i. VRS 2, 218 m. zust. Anm. v. *Goltermann:* Beschränkung der Ersatzansprüche des Geschädigten, der sich in einem behelfsmäßig eingerichteten Güterwagen einer Kleinbahn in der offenen Tür auf seine Aktenmappe gesetzt und vor der Einfahrt in einen Bahnhof hinausgefallen war, auf 25%; zu weitgehend OLG Hamm, Urt. v. 21. 5. 1948 i. VRS 1, 214: keine Haftung, weil Reisender infolge ungeschickten Verhaltens aus ungesicherter, offener Tür eines Güterwagens stürzte).

cc) Unfälle beim Ein- oder Aussteigen

36 Verunglückt ein **Fahrgast** beim **Einsteigen** in ein stehendes Schienenfahrzeug oder beim **Aussteigen** aus einem **stehenden** Schienenfahrzeug, weil er die Trittstufen verfehlt, ist ihm dies als Verschulden anzurechnen (OLG Celle, Urt. v. 30. 10. 1980 i. VersR 1981, 1059, das eine Haftung der Bahn völlig verneint; ebenso LG Düsseldorf, Urt. v. 23. 11. 1977 i. VersR 1979, 166). Von einem Verschulden kann jedoch nicht ausgegangen werden, wenn die Ursache des Sturzes **ungeklärt** bleibt, weil auch in Betracht zu ziehen ist, daß der Fahrgast durch nachdrängende Mitreisende gestoßen wurde oder daß die Trittstufen nicht verkehrssicher waren (vgl. für Omnibusunfall BGH, Urt. v. 12. 10. 1956 i. VersR 1956, 765, 766; a. A. LG Hanau, Urt. v. 23. 7. 1972 i. VersR 1973, 971; zum Anscheinsbeweis vgl. Rdz. 218 zu § 12). Einen Reisenden, der erkannt hat oder bei Anwendung der im Verkehr erforderlichen Sorgfalt hätte erkennen können, daß die **Abfahrt** eines am Bahnsteig mit geschlossenen Türen stehenden Zuges **unmittelbar bevorstand,** und dennoch **versucht,** den **Zug zu besteigen** und dabei auf die Gleise stürzt und überfahren wird, trifft ein erhebliches Mitverschulden (OLG Düsseldorf, Urt. v. 21. 12. 1978, best. durch BGH, B. v. 17. 12. 1981 i. VersR 1981, 486:

Bemessung des Mithaftungsanteils mit 7/10 gegenüber der durch fehlende Bahnsteigaufsicht erhöhten Betriebsgefahr der Bahn). Da auch **körperlich nicht behinderte** Menschen auf dem Bahnsteig bei **Gedränge** vor einem einfahrenden Zug auf die Gleise geraten können, gibt es keinen allgemeinen Erfahrungssatz des Inhalts, die Benutzung eines Stocks hätte einen Beingeschädigten vor einem derartigen Unfall bewahrt (BGH, Urt. v. 29. 4. 1958 i. VersR 1958, 592, 593).

37 Die Fahrzeuge dürfen von den Fahrgästen nur an den dafür **bestimmten Stellen betreten** oder **verlassen** werden und nur an der dazu **bestimmten Seite** (§ 63 Abs. 1 EBO, § 4 Abs. 3 Satz 1 ABB, vgl. Anh. 5). Ein Aussteigen außerhalb des Bahnsteigs oder einer Haltestelle begründet in der Regel den Vorwurf eines erheblichen Verschuldens. Dies gilt nicht, wenn der Fahrgast ortsunkundig ist und der Schaffner die Haltestelle entgegen seiner Dienstvorschrift nicht ausruft, so daß der Fahrgast irrtümlich davon ausgehen konnte, sich an einer planmäßigen Haltestelle zu befinden (vgl. RG, Urt. v. 12. 11. 1941 i. VAE 13, 57; BGH, Urt. v. 28. 1. 1958 i. VersR 1958, 233). Schuldhaft handelt auch nicht der Fahrgast, der infolge eines plötzlich auftretenden Versagens der Bremsen aus Furcht vor dem weiteren Ablauf der Fahrt abspringt (Österr. OGH, Urt. v. 3. 3. 1954 i. VRS 8, 230). Nach der Auffassung des KG (Urt. v. 19. 9. 1933 i. EE 56, 82) soll das Verschulden eines Fahrgastes, der aus einem außerhalb des Bahnsteigs hinausgefahrenen Zug auf die ebene Erde springt und sich dabei verletzt, gegenüber der erhöhten Betriebsgefahr der Bahn völlig zurücktreten. Mit Recht hält *Kröner* (i. VAE 15, 41, 42) dies für zu weitgehend.

38 Der aussteigewillige Fahrgast muß **rechtzeitig** die zum Aussteigen erforderlichen **Vorkehrungen** treffen. Dies gilt vor allem, wenn er weiß, daß er nur mit einer kurzen Haltezeit rechnen kann (vgl. dazu BGH, Urt. v. 5. 11. 1955 i. VersR 1955, 749 = VRS 10, 21; OLG Karlsruhe, Urt. v. 15. 6. 1977 i. VersR 1978, 768). Ein Fahrgast handelt indes nicht schuldhaft, wenn er wegen seines **Alters** oder **körperlicher Beschwerden** in seiner Beweglichkeit eingeschränkt ist und seinen Sitzplatz erst verläßt, wenn die Bahn bereits hält (LG Bochum, Urt. v. 15. 12. 1958 i. VRS 17, 158). Beim **Aussteigen** aus dem haltenden Fahrzeug muß sich der Fahrgast mit der **linken Hand am linken Griff festhalten** (vgl. OLG Hamm, Urt. v. 22. 10. 1935 i. VAE 1, 117; OLG Schleswig, Urt. v. 30. 8. 1951 i. VkBl. 1952, 286). Erkennt der Fahrgast beim Aussteigen, daß die Haltestellen- oder Bahnsteigfläche **nicht verkehrssicher** ist, z. B. wegen Vereisung, handelt er schuldhaft, wenn er beim Betreten die gebotene Sorgfalt außer acht läßt (vgl. OLG Frankfurt, Urt. v. 12. 7. 1972 i. VersR 1975, 381 L).

dd) Unfälle beim Auf- oder Abspringen während der Fahrt

39 Nachdem die meisten Bahnfahrzeuge mit fernbedienten Türen ausgestattet wurden, die während der Fahrt geschlossen gehalten werden können, haben Unfälle durch **Auf-** oder **Abspringen während der Fahrt** (vgl. hierzu *Bode* i. VersR 1957, 696) erheblich an Bedeutung verloren. Dieses auch heute noch verbotene Verhalten (§ 63 Abs. 3 EBO, § 67

Abs. 2 Nr. 3 BOStrab; § 4 Abs. 2 Nr. 4 ABB, vgl. Anh. 5) wurde regelmäßig als grob fahrlässiges Verschulden bewertet, demgegenüber die Betriebsgefahr der Bahn völlig zurückzutreten habe (RG, Urt. v. 20. 2. 1919 i. EE 36, 256, Urt. v. 17. 4. 1928 i. EE 48, 83 u. Urt. 14. 11. 1929 i. EE 50, 88; BGH, Urt. v. 21. 12. 1955 i. VersR 1956, 238 = VRS 10, 332, Urt. v. 26. 3. 1957 i. VersR 1957, 372, Urt. v. 12. 4. 1957 i. VersR 1957, 430, Urt. v. 6. 2. 1959 i. VersR 1959, 632 u. Urt. v. 19. 1. 1962 i. VersR 1962, 375 = VRS 22, 349; KG, Urt. v. 7. 4. 1975 i. VersR 1976, 93). Das kann jedoch im Einzelfall anders zu sehen sein (vgl. RG, Urt. v. 14. 2. 1927 i. EE 47, 176: Schadenteilung für Unfall beim Abspringen, weil Eisenbahnzug nicht weit genug vorgefahren war; BGH, Urt. v. 14. 10. 1953 i. VersR 1954, 11: ⅔ Mithaftung des Fahrgastes bei gesteigerter Betriebsgefahr der Strab; BGH, Urt. v. 12. 7. 1957 i. VersR 1957, 656: Fahrgast war schon im Begriff einzusteigen, als Strab anfuhr; Bewertung der schuldhaften Mithaftung wegen erhöhter Betriebsgefahr mit 50%; OLG Bremen, Urt. v. 6. 12. 1948 i. VRS 1, 223: gesteigerte Betriebsgefahr wegen schadhaften Trittbretts der Straßenbahn; ⅔ Mithaftung des Fahrgastes für Abspringen während der Fahrt).

ee) Sonstige Fahrgastunfälle

40 Der Bahnunternehmer haftet nicht für den Unfall eines Fahrgastes, der in **betrunkenem Zustand** (2,3 Promille Blutalkoholgehalt) an einer gefährlichen Stelle, an der er nichts zu suchen hatte (Bahngleise) überfahren wurde (BGH, Urt. v. 7. 3. 1961 i. VersR 1961, 796 = VRS, 20, 354; vgl. a. Urt. v. 6. 3. 1964 i. VersR 1964, 870 sowie *Wussow* i. WI 1964, 86: betrunkener Fahrgast wird auf Gleis angefahren). Ebenso entfällt die Haftung, wenn ein betrunkener Fahrgast von einem Zug erfaßt wird, weil er keinen genügenden Abstand zur Bahnsteigkante eingehalten hatte (OLG Karlsruhe, Urt. v. 14. 4. 1978 i. VersR 1978, 876). Ein Fahrgast, der auf dem Weg zum Zuge eine **Unebenheit** der **Bahnsteigfläche** (0,8 cm Höhendifferenz) **übersieht,** muß sich dies in Höhe eines Drittels als Mitverschulden anrechnen lassen (BGH, Urt. v. 20. 1. 1981 i. VersR 1981, 482). **Weitere Beispiele** bei *Böhmer,* RHG, Anm. XX u. XXII 1 zu § 1 u. SHG, Anm. 12 zu § 3.

b) Unfälle von Fußgängern und anderen Personen

41 **Fußgänger** sind gegenüber dem Fahrverkehr wartepflichtig. Gegen diese Verpflichtung verstößt ein Fußgänger in erheblicher Weise, wenn er noch **kurz** vor einem **sich nähernden Schienenfahrzeug** die Schienen betritt, um die Straße oder einen besonderen Bahnkörper zu überqueren; gegenüber diesem Verschulden tritt die allgemeine Betriebsgefahr der Bahn regelmäßig zurück (vgl. BGH, Urt. v. 21. 3. 1961 i. VersR 1961, 475 = VRS 20, 333, Urt. v. 30. 4. 1963 i. VersR 1963, 874 = VRS 25, 251, 253 m. zust. Anm. v. *Böhmer* i. VersR 1964, 88; OLG Düsseldorf, Urt. v. 27. 11. 1967 i. VersR 1968, 652; OLG Frankfurt, Urt. v. 21. 5. 1970 i. VersR 1970, 1162). Hat die Bahn eine erhöhte Betriebsgefahr zu vertreten, mindert sich der Anspruch im allgemeinen nur dem Umfange nach (BGH, Urt. v. 23. 9. 1966 i. VersR 1966, 1142: 50%ige Mithaftung, erhöhte Betriebsgefahr der Strab durch unechten Einbahnverkehr; BGH,

Urt. v. 1. 7. 1961 i. VersR 1961, 908: ⅓ Mithaftung für Unfall eines 11jährigen Schülers wegen Verschuldens des Straßenbahnfahrers; BGH, Urt. v. 25. 2. 1976 i. VersR 1976, 960 = VRS, 51, 198 = DAR 1976, 247 = NJW 1976, 2014: hälftiger Haftungsanteil des Fußgängers bei schuldhafter Mitverursachung durch Straßenbahnfahrer).

42 Die Bahn haftet nicht für Unfälle von Personen, die bei **Arbeiten auf dem Bahngelände** von Zügen erfaßt werden, weil sie die Sicherheitsvorschriften in grober Weise außer acht gelassen haben (BGH, Urt. v. 22. 6. 1971 i. VersR 1971, 1018, 1019; OLG Bamberg, Urt. v. 28. 4. 1941 i. VAE 13, 179; OLG Frankfurt, Urt. v. 1. 4. 1971 i. VersR 1971, 943). Der Führer eines Baggers, der den Baggerarm in den Schienenraum lenkt, obwohl sich eine Lok nähert, handelt grob fahrlässig. Für den hierdurch entstandenen Unfall haftet der Bahnbetriebsunternehmer aus der Betriebsgefahr nur in Höhe eines Viertels (BGH, Urt. v. 17. 3. 1961 i. VersR 1961, 797). Ist die Bundesbahn für einen Brandschaden haftpflichtig, der durch das Abreißen eines Benzinansaugeschlauchs von einem Tankwagen infolge **Rangierbewegungen** ihrer Bediensteten entstanden ist, muß sich der Eigentümer in Höhe eines Fünftels eine Mithaftung dafür anrechnen lassen, daß seine Fahrer es versäumt hatten, den Kesselwagen durch Vorlegeklötze zu sichern (BGH, Urt. v. 28. 3. 1972 i. VersR 1972, 747, 749; vgl. jedoch a. Urt. v. 19. 1. 1973 i. VersR 1973, 350, 351). **Weitere Beispiele** bei *Böhmer,* RHG, Anm. XXI u. XXIII zu § 1 u. SHG, Anm. 19 zu § 3.

c) Unfälle von Kfz-Insassen

43 Bei Zusammenstößen zwischen Bahnen und Kraftfahrzeugen werden häufig **Insassen** der **Kfz** geschädigt. Diesen Personen kann nur ausnahmsweise eine Mithaftung angelastet werden. Ein Kfz-Insasse kann grundsätzlich darauf vertrauen, daß der Fahrer seine Pflichten wahrnimmt (BGH, Urt. v. 27. 6. 1961 i. VersR 1961, 918, 919). Ist der Fahrer **fahruntüchtig,** kann ihm dies nur als Verschulden angerechnet werden, wenn er dies erkannt hat oder wenn sich ihm bei zumutbarer Aufmerksamkeit aus den für ihn erkennbaren Gesamtumständen begründete Zweifel hätten aufdrängen müssen (BGH, Urt. v. 9. 2. 1971 i. VersR 1971, 473 = VRS 40, 331 = DAR 1971, 130, Urt. v. 25. 1. 1972 i. VersR 1972, 398, 399 u. Urt. v. 19. 6. 1979 i. VersR 1979, 938), z. B. bei Anzeichen für **Trunkenheit** (vgl. OLG Hamburg, Urt. v. 12. 5. 1970 i. VersR 1971, 258: 40% Mithaftungsanteil; OLG Köln, Urt. v. 18. 5. 1965 i. VersR 1966, 95: 20% Mithaftungsanteil; OLG Nürnberg, Urt. v. 18. 3. 1969 i. VersR 1969, 836: 50% Mithaftungsanteil bei starker Betrunkenheit) oder für **Übermüdung** (OLG Celle, Urt. v. 23. 11. 1961 i. VersR 1962, 1110, 1111: 40% Mithaftungsanteil; OLG Düsseldorf, Urt. v. 20. 12. 1967 i. VersR 1968, 852: 25% Mithaftungsanteil).

44 Soweit zum 1. 1. 1976 für Kraftfahrzeuginsassen die **Anschnallpflicht** eingeführt wurde (§ 21a Abs. 1 StVO), kann eine Außerachtlassung dieser Verpflichtung den Einwand des Mitverschuldens begründen (es handelt sich um eine Verpflichtung nach § 254 Abs. 1 BGB; vgl. BGH, Urt. v. 30. 9. 1980 i. VersR 1981, 57, 58; a. A. *Full,* Zivilr. Haft., Rdz. 29 zu § 9 StVG). Die Mithaftungsquote beschränkt sich in jedem Falle auf den

Personenschaden und bezieht sich z. B. nicht auf den durch den Unfall entstandenen Sachschaden am Kfz (vgl. BGH, Urt. v. 30. 9. 1980 aaO. u. Urt. v. 10. 3. 1981 i. DAR 1981, 261, 262 = VRS 61, 81, 82). Darüber hinaus ist zu beachten, daß sich das Nichtanlegen des Sicherheitsgurtes je nach Art des Unfalles und der dabei erlittenen Verletzungen nicht stets in gleicher Weise auswirkt. Häufig treten im Verlauf eines Verkehrsunfalls auch Personenschäden auf, die von diesem **Pflichtverstoß nicht beeinflußt** sind, weil sie in gleicher Weise und in gleichem Umfange auch entstanden wären, wenn der Verletzte angegurtet gewesen wäre (vgl. BGH, Urt. v. 1. 4. 1980 i. VersR 1980, 824 = VRS 79, 166). Nach der Auffassung des BGH (Urt. v. 1. 4. 1980 aaO.) ist es jedoch mit dem Sinn des § 254 Abs. 1 BGB, der auf eine Gesamtbetrachtung der Schadenentstehung abhebt, vereinbar und aus Gründen praktischer Handhabung auch geboten, eine **einheitliche Mitschuldquote** auch zu bilden, wenn sich das Nichtangurten auf die einzelnen Verletzungen unterschiedlich ausgewirkt hat. Bleibt allerdings zweifelhaft, ob das Versäumnis des Verletzten die Verletzungen ganz oder zum Teil verursacht hat, geht dies zu Lasten des Schädigers (vgl. Urt. v. 30. 9. 1980 u. 10. 3. 1981 aaO.). Ist der Nachweis eines Mitverschuldens erbracht, wird dies im allgemeinen mit einer nur **geringen Mithaftungsquote** bewertet (BGH, Urt. v. 10. 3. 1981 aaO.; OLG Braunschweig, Urt. v. 4. 11. 1976 i. VersR 1977, 477; OLG Celle, Urt. v. 10. 10. 1978 i. VersR 1980, 91 L = DAR 1979, 305; KG, Urt. v. 21. 6. 1979 i. VRS 57, 402; LG Kaiserslautern, Urt. v. 24. 1. 1979 i. VersR 1979, 633: 20% Mithaftungsanteil; BGH, Urt. v. 1. 4. 1980 aaO.; OLG Köln, Urt. v. 14. 7. 1977 i. VersR 1977, 1133; OLG München, Urt. v. 14. 12. 1978 i. VersR 1979, 1157 = DAR 1979, 306; KG, Urt. v. 5. 6. 1980 i. VersR 1981, 64 = DAR 1980, 341: 25% Mithaftungsanteil; KG, Urt. v. 7. 12. 1981 i. VRS 62, 247; LG Mainz, Urt. v. 26. 10. 1978 i. VersR 1979, 1131: 30% Mithaftungsanteil; vgl. jedoch a. OLG Hamm, Urt. v. 16. 10. 1979 i. VRS 59, 5; LG Darmstadt, Urt. v. 14. 3. 1979 i. VersR 1980, 342; LG Essen, Urt. v. 4. 3. 1977 i. VersR 1978, 677 L: 50% Mithaftungsanteil; vgl. i. übrigen *Schlundt* i. VGT 1979, 79, 87ff.).

d) Unfälle mit Radfahrern

45 Verursacht ein **Radfahrer** schuldhaft einen Zusammenstoß mit einer Straßenbahn, muß sich der Unternehmer die Betriebsgefahr mit einem Fünftel anrechnen lassen (BGH, Urt. v. 15. 11. 1966 i. VersR 1967, 138). Wird ein 12 Jahre alter Radfahrer auf dem Überweg eines Bahnkörpers erfaßt und schwer verletzt, vermindert sich die Haftung der Bahn bei Vorliegen erhöhter Betriebsgefahr auf die Hälfte (BGH, Urt. v. 5. 11. 1974 i. VersR 1975, 258 = DAR 1975, 74 = NJW 1975, 449; ebenso OLG Nürnberg, Urt. v. 28. 12. 1966 i. VersR 1967, 815, 816 für Unfall auf unbeschränktem Bahnübergang, an dem Sicherungsposten fehlte). Fährt ein Straßenbahnfahrer an einer vor einer Kreuzung eingerichteten Pflichthaltestelle durch, ohne Warnsignale zu geben und seine Geschwindigkeit zu vermindern, haftet der Unternehmer für hierdurch verursachten Unfall eines wartepflichtigen Radfahrers in Höhe eines Drittels (BGH, Urt. v. 25. 1. 1957 i. VersR 1957, 296).

e) Unfälle mit Tieren

46 Wird ein **Tier** beim Betrieb einer Bahn oder durch eine der in § 2 Abs. 1 Satz 1 bezeichneten Anlagen geschädigt, richtet sich die Schadenabwägung nach § 13 Abs. 2 i. Verb. m. Abs. 1 Satz 2 (vgl. *Böhmer,* SHG, Anm. VIII zu § 8; *Biermann,* RHG, Anm. IV zu § 3; a. A. *Full* i. Zivilr. Haft., Rdz. 2 zu § 13 HG). Der Tierhalter muß sich grundsätzlich die Tiergefahr anrechnen lassen, wenn er sich nicht nach § 833 Satz 2 BGB entlasten kann (vgl. Rdz. 190ff. zu § 12). Bei der Schadensausgleichung sind die Betriebsgefahr der Bahn oder der Anlage mit der Tiergefahr abzuwägen. Ein nachweisliches Verschulden der Beteiligten ist zu berücksichtigen. So müssen Hunde auf einer großstädtischen Strecke grundsätzlich angeleint sein (OLG Köln, Urt. v. 13. 9. 1963 i. VRS 6, 26, 138; *Geigel/Schlegelmilch,* Haftpflichtprozeß, Kpt. 27 Rdz. 741). Ein Viehtreiben auf der Straße ist durch eine ausreichende Zahl von Treibern zu bewachen (vgl. *Geigel/Schlegelmilch* aaO. Rdz. 746 m. w. Nachw.).

47 Die vom RG (Urt. v. 24. 11. 1902 i. RG 53, 114, 117 u. Urt. v. 27. 6. 1904 i. RG 58, 335, 337) vertretene Auffassung, aus § 840 Abs. 3 BGB ergebe sich, daß die mitwirkende Tiergefahr gegenüber der Eisenbahnhaftung nicht zu berücksichtigen sei, wurde mit Recht als unbillig abgelehnt; die genannte Regelung setzt voraus, daß der andere aus Verschulden, zumindest aus vermutetem Verschulden haftet (vgl. OLG Hamm, Urt. v. 13. 7. 1957 i. NJW 1958, 346; Seligsohn i. JW 1912, 375; *Palandt/Thomas,* BGB, Anm. 3 Bc zu § 840; *MünchKomm.-Mertens* Rdz. 29 zu § 840). Soweit der Bahnbetriebsunternehmer oder der Inhaber einer der in § 2 Abs. 1 Satz 1 bezeichneten Anlagen nur nach dem HG haftet, greift im übrigen die spezielle Regelung des § 13 Abs. 2 ein, die die in § 840 Abs. 3 BGB gemachte Einschränkung nicht enthält. Die zum 1. 1. 1978 in Kraft getretene Neufassung von § 13 bezieht, anders als die früheren Regelungen (vgl. § 9b RHG u. § 8 Abs. 2 SHG, Anh. 1 u. 2), nunmehr auch die Bahnhaftung für Personenschäden ein (vgl. Rdz. 1).

f) Unfälle mit Kraftfahrzeugen

48 Handelt es sich bei dem Geschädigten um einen **Kraftfahrzeughalter** oder **-fahrer,** ist nach § 17 Abs. 1 Satz 2 i. Verb. m. Abs. 2 bzw. nach § 13 Abs. 1 Satz 2 i. Verb. m. Abs. 2 HG abzuwägen (vgl. Rdz. 3 zu § 4 u. Rdz. 2 zu § 13).

aa) Vorrang, Vorfahrt des Schienenfahrzeugs

49 Verletzt ein **Kraftfahrer** beim Befahren eines Bahnübergangs den **Vorrang** des **Schienenfahrzeugs** nach § 19 StVO, kann dies zum Wegfall der Haftung der Bahn führen (BGH, Urt. v. 5. 6. 1962 i. VersR 1962, 787; OLG Düsseldorf, Urt. v. 23. 11. 1954 i. VRS 9, 432; OLG Frankfurt, Urt. v. 5. 1. 1956 i. VRS 12, 15; OLG Schleswig, Urt. v. 15. 3. 1956 i. VRS 12, 15; OLG Celle, Urt. v. 26. 8. 1976 i. VersR 1977, 361 L). Häufig ist jedoch auf Seiten des haftenden Bahnunternehmers eine durch objektive Umstände oder ein Verschulden **erhöhte Betriebsgefahr** zu berücksichtigen, z. B. wegen **Unterlassens** eines **Signals** (BGH, Urt. v. 18. 10. 1957 i. VersR 1957, 800 = VRS 14, 16), vorzeitigen Öffnens der

Schranken (BGH, Urt. v. 19. 9. 1961 i. VersR 1961, 950 m. zust. Anm. v. *Böhmer* S. 1016 = VRS 21, 322: ¾ Mithaftung des Mopedfahrers, der Annäherung des Güterzuges erkannt hatte), weil die **Schranke nicht** ganz **geschlossen** war (OLG München, Urt. v. 11. 7. 1960 i. VersR 1960, 1054: ¾ Mithaftung des Motorradfahrers) oder **nicht** ausreichend **beleuchtet** war (BGH, Urt. v. 7. 10. 1966 i. VersR 1967, 132, 133: ⅔ Mithaftung wegen überwiegenden Verschuldens des Motorradfahrers, der gegen geschlossene Bahnschranke gefahren war), weil Lokführer bei Annäherung eines Lastzuges an unbeschrankten Bahnübergang **zu spät gebremst** hatte (BGH, Urt. v. 17. 10. 1967 i. VersR 1967, 1197, 1198: hälftige Haftung bei beiderseitigem Verschulden; vgl. a. BGH, Urt. v. 9. 5. 1961 i. VersR 1961, 634, 635 = VRS 21, 14 = MDR 1961, 675: Verschulden des Lokführers, der trotz erkennbarer Annäherung eines Omnibusses an unbeschrankten Bahnübergang nicht abbremst), wegen **ungenügender Sicherung** des **Bahnübergangs** (OLG München, Urt. v. 12. 12. 1969 i. VersR 1970, 235). Benutzt ein **langsames** und **schwerfälliges Fahrzeug** einen beschrankten **Bahnübergang,** ist der Fahrer verpflichtet, sich mit dem Schrankenwärter wegen der Dauer der Benutzung in Verbindung zu setzen (BGH, Urt. v. 7. 10. 1960 i. VersR 1960, 1049, 1052: ⅚ Mithaftung wegen Verschuldens des Fahrers). Bei Unübersichtlichkeit der Strecke muß er sich langsam, nötigenfalls mit Schrittgeschwindigkeit, an den Übergang herantasten, damit er auch bei plötzlichem Auftauchen eines Zuges noch rechtzeitig vor dem Gleis anhalten kann. Dies gilt auch, wenn sich der Bahnübergang auf einem **nicht öffentlichen Werksgelände** befindet (OLG Karlsruhe, Urt. v. 21. 9. 1978 i. VRS 56, 345; ähnlich BGH, Urt. v. 15. 9. 1961 i. VRS 21, 356; OLG Frankfurt, Urt. v. 5. 1. 1956 i. VRS 12,12; OLG Hamm, Urt. v. 20. 1. 1971 i. VersR 1971, 41 L).

50 Verletzt ein Motorradfahrer das **Vorfahrtsrecht** einer **Straßenbahn,** kann trotz des groben Verschuldens eine Haftung verbleiben (BGH, Urt. v. 8. 10. 1957 i. VersR 1957, 779: ¼ Haftung; anders OLG Hamburg, Urt. v. 29. 3. 1966 i. VersR 1967, 411: keine Haftung trotz geringfügiger Erhöhung der Betriebsgefahr der Strab). Erweckt der Fahrer einer Straßenbahn bei einem PKW-Fahrer den Eindruck, er werde ihn passieren lassen, ohne daß ein unmißverständlicher **Verzicht** auf die **Vorfahrt** besteht, muß sich der Halter des PKW eine Mithaftung von ⅓ anrechnen lassen (BGH, Urt. v. 12. 1. 1960 i. VersR 1960, 323, 325 = VRS 18, 249, 252). Kommt es auf einer Kreuzung zu einem Unfall zwischen einem LKW und einer Straßenbahn, weil der LKW-Fahrer schuldlos das **mangelhaft gekennzeichnete Vorfahrtsrecht** der Straßenbahn verletzt und der Straßenbahnfahrer hierauf nicht richtig reagiert hat, haften beide Seiten für den Schaden zur Hälfte (OLG Bremen, Urt. v. 1. 8. 1967 i. VersR 1967, 1161, 1163).

bb) Vorrecht der Straßenbahn

51 Unfälle zwischen Straßenbahnen und Kraftfahrzeugen im Schienenbereich beruhen häufig darauf, daß der Kraftfahrer das **Vorrecht** der **Straßenbahn,** ihr ungehinderte Durchfahrt zu gewähren, mißachtet hat. Das früher umfassend geregelte Vorrecht der Straßenbahn (§ 8 Abs. 6 StVO in der bis zum 1. 3. 1971 geltenden Fassung) befindet sich jetzt in mehreren Vorschriften der StVO und gilt für alle Schienenfahrzeuge, die am öffentlichen Straßenverkehr teilnehmen (vgl. a. Rdz. 213 zu § 1): Nach § 2 Abs. 3 StVO müssen Fahrzeuge, die in der Längsrichtung einer Schienenbahn verkehren, diese, soweit möglich, durchfahren lassen. Für den Linksabbiegeverkehr bestimmt § 9 Abs. 1 Satz 3 StVO noch zusätzlich, daß der Abbieger sich auf längs verlegten Schienen nur einordnen darf, wenn er kein Schienenfahrzeug behindert. Das Vorrecht gilt auch gegenüber dem Fahrverkehr, der aus der Gegenrichtung kommt, nicht jedoch gegenüber dem Rechtsabbiegeverkehr (vgl. *Filthaut* i. DAR 1973, 309, 310 m. w. Nachw.). Die Verpflichtung der Straßenbahn, die ungehinderte Durchfahrt zu gewähren, gilt **nicht uneingeschränkt.** Sie setzt voraus, daß sich die Straßenbahn erkennbar nähert und ein Freihalten des Schienenraums möglich ist. Sind diese Voraussetzungen gegeben, handelt der Fahrer des anderen Fahrzeugs schuldhaft, wenn er gleichwohl in den Schienenraum fährt oder sich weiterhin dort aufhält (vgl. BGH, Urt. v. 6. 2. 1962 i. VersR 1962, 380, Urt. v. 6. 10. 1964 i. VersR 1964, 1241, Urt. v. 29. 6. 1965 i. VersR 1965, 885 u. Urt. v. 11. 5. 1976 i. VersR 1976, 932 = VRS 51, 337 = DAR 1976, 271; OLG Braunschweig, Urt. v. 28. 11. 1967 i. VersR 1969, 1048 u. Urt. v. 22. 12. 1971 i. VersR 1972, 493; OLG Celle, Urt. v. 24. 11. 1965 i. VersR 1967, 289, Urt. v. 13. 5. 1974 i. VersR 1974, 980 u. Urt. v. 21. 4. 1975 i. VersR 1976, 1068; OLG Düsseldorf, Urt. v. 15. 7. 1965 i. VersR 1965, 1158 = VRS 29, 332, Urt. v. 8. 4. 1968 i. VersR 1969, 334, Urt. v. 6. 12. 1968 i. VersR 1969, 1026, Urt. v. 23. 6. 1969 i. VersR 1970, 91, Urt. v. 8. 2. 1973 i. VersR 1974, 111, Urt. v. 22. 2. 1973 i. VersR 1975, 243, Urt. v. 30. 6. 1975 i. VersR 1976, 499, Urt. v. 2. 2. 1976 i. VersR 1976, 171, Urt. v. 18. 9. 1975 i. VersR 1976, 1092 L = DAR 1976, 191 u. Urt. v. 10. 11. 1980 i. VersR 1981, 785; OLG Hamburg, Urt. v. 8. 7. 1964 i. VersR 1966, 741, Urt. v. 20. 8. 1964 i. VersR 1966, 166, Urt. v. 15. 6. 1965 i. VRS 29, 330, Urt. v. 24. 9. 1974 i. VersR 1975, 774, Urt. v. 20. 2. 1976 i. VersR 1976, 1039; OLG Hamm, Urt. v. 15. 6. 1967 i. VersR 1967, Urt. v. 10. 11. 1972 i. VersR 1973, 282, Urt. v. 22. 2. 1974 i. VersR 1974, 1228, Urt. v. 8. 12. 1978 i. VersR 1980, 172 u. Urt. v. 20. 3. 1981 i. VersR 1981, 961 = VRS 61, 331; OLG Köln, Urt. v. 5. 5. 1967 i. VRS 33, 380, Urt. v. 17. 12. 1970 i. VersR 1971, 1069 u. Urt. v. 6. 3. 1972 i. VersR 1972, 651 = NJW 1972, 1760; OLG München, Urt. v. 28. 1. 1966 i. VersR 1966, 786, Urt. v. 28. 10. 1966 i. VersR 1967, 167 u. Urt. v. 25. 11. 1966 i. VersR 1967, 236 = VRS 32, 249 = DAR 1967, 244; *Filthaut* aaO. m. w. Nachw.).

52 Wer **abbiegen** will, muß Schienenfahrzeuge auch dann durchfahren lassen, wenn sie **neben der Fahrbahn** in der gleichen Richtung fahren (§ 9 Abs. 3 Satz 1 StVO). Neben der Fahrbahn verkehren Straßenbahnen, wenn ihre Gleise auf besonderen Bahnkörpern verlaufen, die noch zum Verkehrsraum der Straße rechnen. Mit dieser Regelung wurde der Straßenbahn ein **uneingeschränktes Vorrecht** eingeräumt. Ähnliche Regelungen enthalten §§ 36 Abs. 2 Nr. 1 Satz 4 und 37 Abs. 2 Nr. 1 Satz 2 StVO. Der Straßenbahnfahrer kann grundsätzlich darauf **vertrauen,** daß sein Vorrecht beachtet wird (Näheres Rdz. 213 zu § 1). Kommt es im Schienenbereich zu einem Zusammenstoß mit einem Kraftfahrzeug, spricht nur unter bestimmten Voraussetzungen ein **Beweis** des **ersten Anscheins** für sein Verschulden (vgl. Rdz. 215ff. zu § 12).

53 Obwohl die Betriebsgefahr eines Kfz regelmäßig geringer zu bewerten ist als die eines Schienenfahrzeugs (vgl. Rdz. 23), wird in der Rechtsprechung überwiegend die Auffassung vertreten, die **Betriebsgefahr** eines Kfz, das den Schienenraum versperre, sei so hoch, daß sie der **Betriebsgefahr** der Straßenbahn **gleich** zu stellen sei. Demgemäß wird, wenn auf keiner Seite eine erhöhte Betriebsgefahr zu berücksichtigen ist oder wenn jede Seite eine erhöhte Betriebsgefahr zu vertreten hat, auf **hälftige** Schadenteilung erkannt (vgl. BGH, Urt. v. 6. 10. 1964 i. VersR 1964, 1241 = VRS 28, 11 u. Urt. v. 29. 6. 1965 i. VersR 1965, 885; OLG Celle, Urt. v. 13. 5. 1974 i. VersR 1974, 980; OLG Düsseldorf, Urt. v. 15. 7. 1965 i. VersR 1965, 1158 = VRS 29, 332, Urt. v. 16. 2. 1968 i. VersR 1969, 1026 u. Urt. v. 9. 5. 1968 i. VersR 1969, 334; OLG Hamburg, Urt. v. 5. 4. 1964 i. VersR 1966, 741, Urt. v. 15. 6. 1965 i. VRS 29, 330 u. Urt. v. 20. 2. 1976 i. VersR 1976, 1139; OLG Hamm, Urt. v. 20. 3. 1981 i. VersR 1981, 961).

54 Zuweilen wird die Auffassung vertreten, die an sich höhere Betriebsgefahr der Straßenbahn werde dadurch ausgeglichen, daß der Kraftfahrer durch sein Fehlverhalten die **entscheidende Ursache** für den Unfall gesetzt habe, während dem Straßenbahnfahrer nur angelastet werden könne, hierauf nicht in der richtigen Weise reagiert zu haben (vgl. BGH, Urt. v. 6. 10. 1964 i. VersR 1964, 1241 = VRS 28, 11; OLG Hamm, Urt. v. 10. 1. 1972 i. VersR 1973, 282). Wurde der Unfall überwiegend durch den Kraftfahrer verursacht, **mindert** sich die **Haftung** entsprechend (vgl. OLG Hamburg, Urt. v. 5. 5. 1964 i. VersR 1966, 741; OLG Köln, Urt. v. 17. 12. 1970 i. VersR 1971, 1069; OLG München, Urt. v. 28. 10. 1966 i. VersR 1967, 289) oder **entfällt** (OLG Düsseldorf, Urt. v. 17. 5. 1965 i. VersR 1965, 1158, Urt. v. 23. 6. 1969 i. VersR 1970, 91, Urt. v. 30. 6. 1975 i. VersR 1976, 499 u. Urt. v. 10. 11. 1980 i. VersR 1981, 785; LG Hannover, Urt. v. 26. 2. 1965 i. VersR 1966, 861), wie auch umgekehrt die Betriebsgefahr des Kfz so weit zurücktreten kann, daß nur noch eine geringfügige oder keine Mithaftung verbleibt (OLG Bremen, Urt. v. 28. 1. 1969 i. VersR 1969, 929: 25% Mithaftungsanteil; OLG Düsseldorf, Urt. v. 18. 9. 1975 i. DAR 1976, 191: ⅓ Mithaftungsanteil; OLG Hamburg, Urt. v. 20. 8. 1964 i. VersR 1966, 196: ⅙ Mithaftungsanteil; Urt. v. 13. 3. 1973 i. VersR 1974, 38: 30% Mithaftungsanteil; OLG München, Urt. v. 28. 1. 1966 i. VersR 1966, 786 = VRS 31, 344, OLG Düsseldorf, Urt. v. 8. 2. 1973 i. VersR 1974, 1111: volle Haftung der Straßenbahn).

cc) Sonstige Kraftfahrzeugunfälle

55 Die Vorschriften über das Vorrecht des Schienenverkehrs im Straßenverkehr (Rdz. 49) verpflichten nur die Teilnehmer des **Fahr**verkehrs. Sie gelten deshalb nicht für das **Parken** oder **Halten von Kfz im Schienenbereich** (OLG Celle, Urt. v. 21. 4. 1975 i. VersR 1976, 1068; *Filthaut* i. DAR 1973, 309, 310; a. A. OLG Düsseldorf, Urt. v. 18. 6. 1973 i. VersR 1974, 390). Ein Kraftfahrer, der einer Schienenbahn die Durchfahrt dadurch versperrt oder wesentlich erschwert, daß er im Schienenbereich hält oder parkt, verstößt jedoch regelmäßig gegen § 1 Abs. 2 StVO

(OLG Karlsruhe, B. v. 31. 7. 1974 i. VRS 48, 83; OLG Celle aaO.; *Bouska* i. DAR 1972, 253; *Filthaut* aaO. S. 310; *Schmidt* i. DAR 1968, 259). Andererseits muß der Fahrer des Schienenfahrzeuges mit Hindernissen und Engstellen rechnen (vgl. BGH, Urt. v. 5. 11. 1974 i. VersR 1975, 258 = DAR 1975, 75; OLG Celle, Urt. v. 21. 4. 1975 aaO.). Kommt es zu einem Unfall mit einem Kraftfahrzeug, ist die Betriebsgefahr der Straßenbahn im allgemeinen höher zu bewerten (vgl. OLG Celle, Urt. v. 21. 4. 1975 aaO.: 40% Mithaftungsanteil; OLG Düsseldorf, Urt. v. 4. 3. 1968 i. VersR 1968, 675: ⅓ Mithaftungsanteil; Urt. v. 18. 6. 1973 aaO.: 25% Mithaftungsanteil; ebenso Urt. v. 7. 12. 1972 i. VersR 1973, 947 zum Abstellen eines LKW im Schienenraum einer Straßenbahn; vgl. jedoch a. OLG München, Urt. v. 28. 1. 1966 i. VersR 1966, 786 = VRS 31, 344: volle Haftung wegen grober Fahrlässigkeit des Straßenbahnfahrers, der ein im Schienenraum befindliches Kfz beim Vorbeifahren beschädigt).

56 Wird auf dem Werksgelände einer Kokerei ein im Schienenbereich befindlicher **Autokran** durch einen Löschzug beschädigt, muß sich der Angestellte der Kokerei, der den Zusammenstoß durch eine **falsche Anweisung** verschuldet hat, auch die Gefahren zurechnen lassen, die zum Betrieb des Löschzuges gehören und sich im Unfall ausgewirkt haben (BGH, Urt. v. 3. 2. 1981 i. VersR 1981, 354, 356: 50% Mithaftungsanteil bei Abwägung mit der durch ein Verschulden des Fahrers erhöhten Betriebsgefahr des Autokrans). Die Bahn haftet nicht, wenn ein LKW **rückwärts** in den Schienenbereich fährt (LG Aschaffenburg, Urt. v. 23. 12. 1971 i. VersR 1973, 167) oder wenn der Fahrer das dem Lokführer auf dem Werksgelände eingeräumte unbedingte **Vorrecht verletzt** (OLG Hamm, Urt. v. 20. 1. 1971 i. VersR 1971, 41 L). Stoßen eine Straßenbahn und ein Kfz auf einer **beampelten Kreuzung** zusammen, ist das Verschulden des Kraftfahrers, der bei rot/gelb in die Kreuzung eingefahren ist, mit ⅘ gegenüber der Betriebsgefahr der Straßenbahn zu bemessen (OLG Celle, Urt. v. 24. 11. 1965 i. VersR 1967, 289, 291). War die **Sicht** des Kraftfahrers auf einer neben einer Bahnlinie verlaufenden Straße durch **Lokomotivdampf beeinträchtigt** und ist das Kraftfahrzeug hierdurch von der Fahrbahn abgekommen und mit der Bahn zusammengestoßen, wirkt sich die wegen eines schwereren Verschuldens größere Betriebsgefahr des Kfz dahin aus, daß der Kfz-Halter einen Mithaftungsanteil von ⅗ zu tragen hat (OLG Hamm, Urt. v. 25. 5. 1955 i. VersR 1956, 541). Bei einem Zusammenstoß zwischen einer Straßenbahn und einem entgegenkommenden LKW hat der Straßenbahnunternehmer für den überwiegenden Teil des Schadens (⅔) einzustehen, wenn die Betriebsgefahr dadurch erhöht war, daß der Verkehr auf die verkehrstechnisch unsachgemäße Anlage des Bahnkörpers in einer gefährlichen Kurve nicht genügend hingewiesen wurde (BGH, Urt. v. 17. 1. 1961 i. VersR 1961, 234).

57 Die Fahrer von **Krafträdern** und ihre **Beifahrer** müssen während der Fahrt **Schutzhelme** tragen (§ 21a Abs. 2 Satz 1 StVO). Hat sich eine Verletzung dieser Verpflichtung auf den Schaden ursächlich ausgewirkt, müssen sich die genannten Personen dies als Mitverschulden anrechnen lassen (vgl. BGH, Urt. v. 9. 2. 1965 i. VersR 1965, 467 m. zust. Anm. v.

W. Schmidt S. 1095 = NJW 1965, 1075: 25% Mithaftungsanteil; OLG Bremen, Urt. v. 10. 8. 1977 i. VersR 1978, 469; LG Mönchengladbach, Urt. v. 2. 9. 1975 i. VersR 1977, 51: ⅓ Mithaftungsanteil; vgl. a. OLG München, Urt. v. 23. 6. 1977 i. NJW 1978, 324; vgl. a. Rdz. 44).

2. Schäden beim Betrieb von Anlagen i. S. v. § 2

58 Erleidet jemand bei dem Versuch, ein Stück aus einem **Starkstromkabel herauszuschneiden** und zu stehlen, einen Stromstoß, tritt die Haftung des EVU für den dadurch entstandenen Schaden gegenüber dem schweren Verschulden des Verletzten völlig zurück (LG Hagen, B. v. 12. 5. 1950 best. d. OLG Hamm, B. v. 19. 9. 1950 – 3 W 208/50 – i. ElWirtsch RB 1952, 58). Dies gilt auch, wenn jemand beim **mutwilligen Besteigen** eines **Hochspannungsmastes** dadurch, daß er einen Draht oder einen sonstigen leitenden Gegenstand an eine Leitung führt, einen elektrischen Schlag erhält (vgl. *Rumpf* i. ElWirtsch 1943, 319, 322).

59 Handelt es sich in den zuletzt genannten Fällen, wie häufig, um **jugendliche** Personen, ist zu prüfen, ob sie die erforderliche **Einsicht** hatten und auch **schuldhaft** gehandelt haben (vgl. Rdz. 11 zu § 4). Dies hat das OLG Rostock (Urt. v. 7. 2. 1936 i. ElWirtsch RB 1937, 19, 20) für eine fast 13jährige Jugendliche bejaht. Die überdurchschnittlich begabte Schülerin habe sich trotz mehrfacher deutlicher Warnungen ihrer Mitschülerinnen nicht davon abhalten lassen, den Mast zu erklettern. Dieses wegen des jugendlichen Alters geringe Verschulden sei gegenüber dem schwerwiegenderen Verschulden, das das VU zu vertreten habe, mit einem Viertel zu berücksichtigen. Das OLG Hamm (Urt. v. 9. 5. 1950 i. ElWirtsch RB 1951, 1) nahm bei einem Neunjährigen Einsicht und Verschulden an, obwohl er in seiner Schulentwicklung zurückgeblieben war, weil er von seinem Vater ausdrücklich belehrt worden sei, die Masten der Hochspannungsleitung nicht zu besteigen. Wenn er sich über dieses Verbot hinweggesetzt habe, könne dahingestellt bleiben, ob an dem Unfallmast zur Zeit des Unfalles ein Warnschild angebracht gewesen sei und ob er es habe lesen können. Sein mutwilliges Hinwegsetzen über die ihm bekannten Verbote ergebe, daß er auch ein solches Warnschild nicht beachtet haben würde. Da das leichtsinnige und mutwillige Verhalten des Kindes die überwiegende Ursache für die Entstehung des Schadens gesetzt habe, erscheine eine Mithaftung in Höhe von ⅘ angemessen. Dieser Entscheidung kann nicht zugestimmt werden, weil sie nicht genügend die Ursächlichkeit der von der Stromversorgungsanlage ausgehenden Betriebsgefahr und den geringeren Verschuldensgrad bei dem jugendlichen Verletzten berücksichtigt.

60 Nach der Auffassung des OLG Zweibrücken (Urt. v. 20. 9. 1976 i. NJW 1976, 111 = ElWirtsch RB 1977, 6) steht der Annahme, einem 9 ¼ Jahre alten Jugendlichen sei ein Mitverschulden anzulasten, nicht entgegen, daß an dem Mast besondere **Warnzeichen** oder **Sicherungsmaßnahmen fehlten.** Der Jugendliche habe auch nicht darauf vertrauen dürfen, daß die Leitungen noch keine Spannung führten, weil der Mast neu errichtet gewesen sei. Die Schadenabwägung, bei der auf Seiten des Unternehmens die durch ein Verschulden gesteigerte Betriebsgefahr zu be-

rücksichtigen sei, führe zu dem Ergebnis, daß der Geschädigte ⅖ des Schadens selbst tragen müsse. Bedenklich erscheint die Auffassung des LG Aachen (Urt. v. 27. 3. 1973 i. ElWirtsch RB 1973, 92), einem 12 bis 13jährigen mit überdurchschnittlich intellektueller Leistungsfähigkeit habe es an der erforderlichen **Einsicht** in die Gefährlichkeit seines Verhaltens gefehlt, weil er den Leitungsmast, den er erklettert habe, für einen Telefonleitungsmast gehalten habe. Der Verletzte habe auch nicht schuldhaft gehandelt, weil ein ordentlicher Jugendlicher seiner Altersstufe das bloße Hinaufklettern nicht als gefährlich angesehen hätte und die Verstrebungen des Mastes nahezu ideale Klettermöglichkeiten böten. Selbst wenn ein Mitverschulden anzunehmen sei, trete dies gegenüber dem Verschulden des EVU, das versäumt habe, ein Warnschild anzubringen, völlig zurück. Wird ein 11jähriger dadurch geschädigt, daß sein in der Luft befindlicher **Drachen** eine Hochspannungsleitung berührt und durch die Verbindung mit dem Kind Strom geleitet wird, muß er sich nach Meinung des BGH ein Mitverschulden anrechnen lassen (Urt. v. 23. 10. 1952 i. VersR 1953, 27 = VRS 5, 4, 5 = LM Nr. 1 zu § 1a HaftpflG: 50% unter Berücksichtigung der mit dem jugendlichen Alter verbundenen geringen Besonnenheit sowie einer gegenüber gleichaltrigen Kindern etwas zurückgebliebenen geistigen Entwicklung und Überlegungsfähigkeit).

61 Wer einen von einer Leitung herabgefallenen **Draht berührt,** ohne sich zu vergewissern, ob er noch unter Strom steht, handelt schuldhaft. Das Verschulden ist jedoch bei der Schadenabwägung nicht zu berücksichtigen, wenn jemand den Draht angefaßt hat, um **andere vor Gefahren zu bewahren,** und ein sofortiges Handeln, bei dem keine sorgsamen Überlegungen angestellt werden konnten, geboten war (vgl. OLG Oldenburg, Urt. v. 17. 2. 1960 i. VersR 1960, 1126 m. Anm. v. *Böhmer* i. VersR 1961, 94; LG Schweinfurt, Urt. v. 30. 3. 1962 i. VersR 1964, 276; a. A. LG Fulda, Urt. v. 11. 11. 1971 i. ElWirtsch RB 1971, 37, 38). Erleidet der Eigentümer eines Grundstücks dadurch einen Brandschaden, daß ein auf seinem Grundstück befindlicher **morscher Baum** umstürzt und eine elektrische Freileitung beschädigt, kann ihm kein Mitverschulden angelastet werden, wenn die Morschheit des Baumes nicht zu erkennen war (OLG Hamm, Urt. v. 17. 5. 1965 i. ElWirtsch RB 1965, 67, 68). Kommt ein **betriebsfremder Arbeiter** in einem EVU mit stromführenden Teilen in Berührung, und ist dies darauf zurückzuführen, daß es das EVU versäumt hatte, die Arbeiten ausreichend zu beaufsichtigen, muß sich der Geschädigte, der schuldhaft eine **betriebliche Anweisung mißachtet** hatte, dies mit einem Drittel anrechnen lassen (RG, Urt. v. 22. 6. 1936 i. JW 1936, 2861 m. zust. Anm. v. *W. Weimar* S. 2862). Berührt ein **Kfz** mit einer über 8 m hohen **Funkantenne** eine die Straße überquerende Hochspannungsleitung, ist die Betriebsgefahr der Anlage gegenüber der durch ein Verschulden des Fahrers erhöhten Betriebsgefahr des Kfz mit einem Fünftel zu berücksichtigen (BGH, Urt. v. 26. 2. 1976 i. VersR 1976, 757, 759 = VRS 51, 259, 262 = DAR 1976, 271, 272).

62 Eine wertvolle unterirdische Anlage (Kabelschacht zur Aufnahme von Fernkabeln), die sich unmittelbar neben einer **Gaslaterne** befindet, muß gegen Schäden (Gasexplosion nach Zusammenstoß mit Kfz) abgesichert werden (RG, Urt. v. 25. 11. 1941 i. Akad. f. DR 1942, 187). Die von einer Hochspannungsleitung ausgehende Betriebsgefahr ist erhöht, wenn die Leitung **längere Zeit zerstört** war, so daß Passanten den Eindruck gewinnen konnten, sie sei außer Betrieb gesetzt (OLG Hamm, Urt. v. 9. 5. 1950 i. ElWirtsch RB 1951, 1). Zur Haftung wegen Schäden durch **Abwässeranlagen** bei Fehlen einer **Rückstausicherung** vgl. Rdz. 147 zu § 12.

D. Schuldhafte Verletzung der Verpflichtung, den Schaden abzuwenden oder zu mindern (§ 254 Abs. 2 BGB)

Schrifttum: *Böhmer,* Zur Frage der Arbeitspflicht des Unfallverletzten gemäß § 254 Abs. 2 BGB, DAR 1952, 161; Ist die vom Unfallgeschädigten beauftragte Werkstatt seine Erfüllungsgehilfin i. S. der §§ 254, 278 BGB?, DAR 1975, 295; Die Kraftfahrzeug-Werkstatt ist Erfüllungsgehilfe des Geschädigten, DAR 1960, 203; *Köhnken,* Inhalt und Grenzen der Schadenminderungspflicht in der Verkehrshaftpflicht, VGT 1979, 74 = VersR 1979, 788; *Loesdau, Ruhl,* Die Schadenminderungspflicht der Geschädigten und ihre Auswirkungen auf die Schadenersatzansprüche der SVT nach § 1542 RVO, VersR 1975, 293; *Medicus,* Inhalt und Grenzen der Schadenminderungspflicht in der Verkehrshaftpflicht, VGT 1979, 57; *Rentschler,* Inhalt und Grenzen der Schadenminderungspflicht in der Verkehrshaftpflicht, VGT 1979, 67; *W. Schmidt,* Die Schadenminderungspflicht – Inhalt und Grenzen bei Schadensersatzansprüchen aus Verkehrsunfällen, DAR 1970, 293; *Schneider,* Zusammentreffen eines Mitverschuldens bei der Entstehung des Schadens und eines solchen bei dessen Niedrighaltung, MDR 1966, 455.

I. Allgemeines

63 Wie sich aus § 254 Abs. 2 Satz 1 BGB ergibt, kann das Mitverschulden des Geschädigten auch darin liegen, daß er es unterlassen hat, den Schädiger auf die Gefahr eines **ungewöhnlich hohen Schadens aufmerksam zu machen** oder den **Schaden abzuwenden** oder zu **mindern.** Ein Verstoß gegen eine dieser Pflichten führt nicht zu einer quotenmäßigen Haftungsverteilung, sondern hat zur Folge, daß der Geschädigte den **Teil** des **Schadens** selbst zu tragen hat, der bei Wahrnehmung der Verpflichtung nicht entstanden wäre (vgl. OLG Bremen, Urt. v. 20. 11. 1975 i. VersR 1976, 558, 560; *MünchKomm.-Grunsky,* Rdz. 59, 44 zu § 254 BGB). Eine besondere Rechtspflicht wird auch hier nicht gefordert (vgl. Rdz. 6). Es genügt jedes Unterlassen von Maßnahmen, die ein **ordentlicher** und **verständiger Mensch** ergreifen würde, um Schaden von sich abzuwenden (BGH, Urt. v. 13. 12. 1951 i. VersR 1952, 99 u. Urt. v. 5. 10. 1965 i. VersR 1965, 1173, 1174; *Schmidt* i. DAR 1970, 293). Im Grundsatz hat der Geschädigte sich stets so zu verhalten, wie er sich verhalten würde, wenn ein Ersatzpflichtiger nicht vorhanden wäre. Das bedeutet allerdings

nicht, daß ihm die Einschränkungen zugemutet werden, die er auf sich nehmen müßte, wenn er für den Schaden selbst aufzukommen hätte (*Schmidt* aaO. S. 293; *Grunsky* aaO.).

64 Die **Warnpflicht** setzt voraus, daß der Schädiger die Gefahr weder kannte noch kennen mußte. Sie ist ein Unterfall der Schadenabwendungspflicht, die im Gegensatz zur Schadenminderungspflicht schon vorliegt, wenn der Schaden noch nicht entstanden ist. Auf alle Pflichten findet **§ 278 BGB** Anwendung (vgl. Rdz. 14ff.). Soweit dem Geschädigten durch die Wahrnehmung der Obliegenheiten nach § 254 Abs. 2 BGB **Aufwendungen** entstehen, kann er diese ersetzt verlangen. Dies gilt auch für Maßnahmen, die ohne sein Verschulden **erfolglos** geblieben sind (BGH, Urt. v. 23. 1. 1959 i. VersR 1959, 304 = NJW 1959, 993; *Palandt/Heinrichs,* BGB, Anm. 3b zu § 254; *MünchKomm.-Grunsky,* Rdz. 38 zu § 254). **Vorteile,** die dem Geschädigten dabei entstehen, sind ihm anzurechnen. Davon ausgenommen sind Vorteile, die auf einer **überobligationsmäßigen** Anstrengung des Geschädigten beruhen (vgl. z. B. zur Anrechnung nachgeholter Fahrstunden auf den Verdienstausfallanspruch eines geschädigten Fahrschulinhabers BGH, Urt. v. 16. 2. 1971 i. VersR 1971, 544 = VRS 41, 65 = NJW 1971, 837 = JR 1971, 370 m. krit. Anm. v. *Lieb* S. 371). Die Schadenminderungspflicht ist nicht davon abhängig, daß der Schädiger vorsätzlich oder fahrlässig gehandelt hat (vgl. BGH, Urt. v. 4. 10. 1963 i. VersR 1964, 94, 95). Der **Grad** des **Verschuldens** ist jedoch für das Ausmaß dessen, was der Geschädigte im Rahmen der Schadenminderung zu tun hat, mitbestimmend (vgl. OLG Köln, Urt. v. 29. 11. 1972 i. VersR 1973, 323, 324 = DAR 1973, 96; *Schmidt* i. DAR 1981, 293).

II. Einzelfälle

1. Ärztliche Behandlung

65 Ein Verletzter verstößt gegen seine Schadenminderungspflicht, wenn er sich ohne berechtigten Grund weigert, sich einer notwendigen – ambulanten oder stationären – **ärztlichen Behandlung** zu unterziehen (RG, Urt. v. 13. 2. 1905 i. RG 60, 147, 149 u. Urt. v. 29. 11. 1909 i. RG 72, 219, 220; BGH, Urt. v. 4. 10. 1963 i. VersR 1964, 94, 95) oder einer drohenden erheblichen Gewichtszunahme durch eine **Diät** oder **Bewegungsübungen** zu begegnen (OLG Hamm, Urt. v. 15. 6. 1959 i. VersR 1960, 859). Der Verletzte ist auch verpflichtet, sich einer **Operation** zu unterziehen, wenn diese einfach, gefahrlos und nicht mit besonderen Schmerzen verbunden ist, sichere Aussicht auf Heilung oder wesentliche Besserung bietet und der Schädiger für die Kosten und andere Vermögensnachteile einsteht (st. Rechtspr.; vgl. RG, Urt. v. 15. 12. 1939 i. RG 139, 131, 134; BGH, Urt. v. 13. 5. 1953 i. VersR 1953, 278 = VRS 5, 327 u. Urt. v. 24. 10. 1961 i. VersR 1961, 1125; OLG Düsseldorf, Urt. v. 19. 12. 1974 i. VersR 1975, 1031, 1032; KG, Urt. v. 1. 2. 1954 i. VersR 1955, 458, 459; OLG München, Urt. v. 17. 11. 1959 i. VersR 1960, 952,

953 u. Urt. v. 12. 7. 1960 i. VersR 1960, 1101). Selbst wenn dem Geschädigten die Behandlung objektiv zumutbar ist, kann die Anrechnung einer Verletzung der Schadenminderungspflicht daran scheitern, daß er **nicht schuldhaft** gehandelt hat (vgl. RG, Urt. v. 12. 7. 1930 i. RG 129, 398, 401 u. Urt. v. 15. 12. 1932 i. RG 139, 131, 135). Der vom Verletzten zugezogene **Arzt** ist **nicht** sein **Erfüllungsgehilfe** (BGH, Urt. v. 7. 6. 1951 i. NJW 1951, 797).

2. Verwertung der Arbeitskraft

66 Hat der Verletzte durch den Unfall seinen Arbeitsplatz verloren oder ist es ihm nicht mehr möglich, einer früher ausgeübten selbständigen Tätigkeit nachzugehen, muß er die ihm verbliebene **Arbeitskraft einsetzen,** um den Schaden zu mindern. Dabei hängt es von den Umständen des Einzelfalles, insbesondere den Lebensverhältnissen, dem Alter, den Kenntnissen und Fähigkeiten ab, welche Arbeit ihm zuzumuten ist (vgl. *Schneider* i. DAR 1970, 293, 295). Auf einen **anderen Beruf** braucht sich der Verletzte nur verweisen zu lassen, wenn damit keine nennenswerte Verschlechterung seiner sozialen Lebensstellung verbunden ist (BGH, Urt. v. 8. 12. 1959 i. VersR 1960, 159, Urt. v. 12. 7. 1960 i. VersR 1960, 1047, 1048 = VRS 31, 407, 409 u. Urt. v. 17. 1. 1967 i. VersR 1967, 352). Sonst ist er im Grundsatz gehalten, den Beruf und erforderlichenfalls auch die Wohnung zu wechseln (BGH, Urt. v. 13. 5. 1953 i. VRS 5, 327, 328 u. Urt. v. 3. 7. 1962 i. VersR 1962, 1100, 1101). Auch einer möglichen **Umschulung** muß sich der Verletzte unterziehen, wenn ihm dies zuzumuten ist und der Schädiger für die Kosten aufkommt (BGH, Urt. v. 13. 5. 1953 u. v. 3. 7. 1962 aaO.). Bezieht der Geschädigte wegen der unfallbedingten Behinderung eine **Pension** oder eine **Rente,** entbindet ihn dies nicht von seiner Schadenminderungspflicht (BGH, Urt. v. 27. 6. 1967 i. VersR 1967, 953 = VRS 33, 330 u. Urt. v. 23. 1. 1979 i. VersR 1979, 424, 425 = DAR 1980, 49, 50). Wird ein **Beamter** wegen der Unfallfolgen vorzeitig in den **Ruhestand** versetzt, kann der Schädiger einwenden, der Beamte sei imstande und nach § 254 Abs. 2 BGB verpflichtet, die ihm verbliebene Arbeitskraft zur Abwendung oder Minderung des Erwerbsschadens zu verwerten (BGH, Urt. v. 27. 6. 1967 u. v. 23. 1. 1979 aaO. u. Urt. v. 1. 12. 1970 i. VersR 1971, 348).

67 Der Geschädigte hat in erster Linie **selbst** die **Pflicht,** sich um eine Arbeitsaufnahme zu kümmern. Schon die mangelnde Bereitschaft des Verletzten, sich um einen anderweitigen Verdienst zu bemühen, kann eine Verletzung der Schadenminderungspflicht bedeuten. Deshalb hat der Geschädigte – unbeschadet der grundsätzlichen Verpflichtung des Schädigers, eine Verletzung der Schadenminderungspflicht nachzuweisen, – darzulegen, welche **Arbeitsmöglichkeiten** ihm **zumutbar** und durchführbar erscheinen und was er bereits unternommen hat, um einen angemessenen Arbeitsplatz zu erhalten. Demgegenüber ist es Sache des Schädigers zu behaupten und zu beweisen, der Verletzte habe in einem **konkret bezeichneten Fall** eine zumutbare Arbeit aufnehmen können (BGH, Urt. v. 23. 1. 1979 i. VersR 1979, 424, 425 = DAR 1980, 49, 50). Wird ein Selbständiger durch einen Unfall betroffen, muß er ggf. eine

Ersatzkraft einstellen (BGH, Urt. v. 2. 2. 1965 i. VersR 1965, 521, 522). Die notwendigen Aufwendungen sind zu erstatten, wenn und soweit sie der Verringerung des Schadens gedient haben (BGH, Urt. v. 4. 2. 1964 i. VersR 1964, 515; Näheres hierzu *Rukopf, Book* i. VersR 1970, 690, 694ff.). Zur Ersatzpflicht bei **Rentenneurose** vgl. Rdz. 139f. zu § 1.

68 Eine **Witwe,** die nach § 5 Abs. 2 (§ 844 Abs. 2 BGB) den Ersatz ihres **Unterhaltsschadens** verlangen kann, ist nach § 254 Abs. 2 BGB gehalten, den Schaden durch **Aufnahme** einer **beruflichen Tätigkeit** abzuwenden oder zu mindern, wenn ihr dies **zumutbar** ist. Maßgebend sind das Alter, die Leistungsfähigkeit und die sonstigen Lebensumstände (vgl. BGH, Urt. v. 29. 10. 1959 i. VersR 1960, 820, 821, Urt. v. 5. 7. 1966 i. VersR 1966, 977, 978 u. Urt. v. 12. 7. 1966 i. VersR 1966, 1047, 1048; *Loesdau* u. *Ruhl* i. VersR 1975, 293, 298; *Schmidt* i. DAR 1970, 293, 296). Ist die Witwe **schon** zu **Lebzeiten** des **Getöteten** einer beruflichen Tätigkeit nachgegangen, ist dies ein Indiz dafür, daß sie auch dem Geschädigten gegenüber nach § 254 Abs. 2 BGB hierzu verpflichtet ist. Trifft dies nicht zu, so kann jedoch nicht umgekehrt hieraus gefolgert werden, eine solche Pflicht komme auch nach dem Tode des Ehemannes nicht in Betracht (BGH, Urt. v. 6. 4. 1976 i. VersR 1976, 877, 878). So kann es z. B. einer jungen, kinderlosen, arbeitsfähigen Witwe auch dann zuzumuten sein, eine Erwerbstätigkeit aufzunehmen, wenn sie bei Fortbestehen der Ehe ihrem Manne gegenüber dazu nicht verpflichtet gewesen wäre (BGH, Urt. v. 6. 4. 1976 aaO.). Eine Arbeitsaufnahme ist der Witwe insbesondere **nicht zuzumuten,** wenn sie minderjährige Kinder zu versorgen hat (BGH, Urt. v. 11. 2. 1969 i. VersR 1969, 469), wenn dies zu einer Verschlechterung der sozialen Stellung führen würde (BGH, Urt. v. 8. 12. 1959 i. VersR 160, 159, 160 u. Urt. v. 12. 7. 1966 aaO. S. 1048) oder wenn die Witwe schon älter ist und deshalb nicht erwartet werden kann, daß sie sich in einer Berufstätigkeit zurechtfinden würde (BGH, Urt. v. 25. 9. 1962 i. VersR 1962, 1176). Ist die Witwe zur Schadenminderung verpflichtet, so entspricht es Treu und Glauben, daß ihr Verdienst zunächst auf den **nicht gedeckten Teil** des Schadens anzurechnen ist (vgl. BGH, Urt. v. 13. 12. 1966 i. VersR 1967, 259, 260 u. Urt. v. 6. 4. 1976 aaO. S. 878; OLG Nürnberg, Urt. v. 28. 9. 1977 i. VersR 1978, 774).

3. Kfz-Schäden

69 Der Geschädigte ist gehalten, zur Beseitigung des Schadens, z. B. hinsichtlich der Kosten der Reparatur eines Kfz, mit eigenen Mitteln in Vorlage zu treten oder einen **Kredit** aufzunehmen, soweit ihm dies möglich und zumutbar ist und hierdurch ein unverhältnismäßig hoher weiterer Schaden abgewendet werden kann (OLG Nürnberg, Urt. v. 20. 10. 1964 i. VersR 1964, 246; *MünchKomm.-Grunsky,* Rdz. 57 zu § 254; einschr. OLG Köln, Urt. v. 29. 11. 1972 i. VersR 1973, 323 = DAR 1973, 96; die entstandenen Kreditkosten sind zu erstatten, vgl. Rdz. 33 zu § 10). Auch die Inanspruchnahme einer **Kaskoversicherung** kann als Finanzierungsmittel geboten sein (OLG Celle, Urt. v. 25. 3. 1968 i. VersR 1968, 1070 L; Österr. OHG, Urt. v. 26. 2. 1980 i. WI 1981, 12; a. A.

OLG München, Urt. v. 24. 1. 1966 i. VersR 1966, 668; *Wussow* i. WI 1981, 12). Entsteht hierdurch ein **prämienmäßiger Nachteil,** ist dieser unter bestimmten Voraussetzungen zu ersetzen (vgl. Rdz. 34 zu § 10).

70 Ist ein beschädigtes **Kfz** zu **reparieren,** muß der Geschädigte sowohl bei der Beauftragung der Reparaturwerkstatt als auch bei der Überwachung darauf achten, daß der Herstellungsaufwand **gering** bleibt (BGH, Urt. v. 29. 10. 1974 i. VersR 1975, 184 = VRS 48, 81 = NJW 1975, 160; OLG Stuttgart, Urt. v. 28. 1. 1976 i. VersR 1977, 65 L). Für ein **Verschulden** der **Reparaturwerkstatt** braucht er jedoch nicht nach **§ 278 BGB** einzustehen (vgl. Rdz. 240 zu § 1). Verzögerungen oder Fehlleistungen, die seinem Einfluß und seiner Kontrolle entzogen sind, gehen deshalb im Verhältnis zum Schädiger grundsätzlich nicht zu seinen Lasten (BGH, Urt. v. 29. 10. 1974 aaO.; KG, Urt. v. 5. 11. 1970 i. VersR 1971, 547 = DAR 1971, 70; a. A. *Böhmer* i. DAR 1975, 295). Liegt ersichtlich kein Totalschaden vor, muß das Fahrzeug **unverzüglich** in Reparatur gegeben werden (OLG Celle, Urt. v. 28. 1. 1963 i. VersR 1963, 567; OLG Düsseldorf, Urt. v. 28. 3. 1963 i. VersR 1963, 1085). Bestehen Zweifel, ob auf Totalschadenbasis abzurechnen oder eine Reparatur noch möglich und wirtschaftlich ist, kann zunächst das Ergebnis einer **Begutachtung** durch einen **Kfz-Sachverständigen,** der **unverzüglich** zu beauftragen ist, **abgewartet** werden (OLG München, Urt. v. 12. 2. 1963 i. VersR 1964, 442; OLG Hamm, Urt. v. 21. 10. 1963 i. NJW 1964, 406 m. krit. Anm. *v. Maase*). Der Geschädigte muß insoweit **von sich aus tätig** werden und darf sich nicht darauf verlassen, daß der Schädiger die erforderlichen Schadensfeststellungen veranlaßt (OLG Hamm, Urt. v. 21. 10. 1963 aaO.).

71 Auch bei einer Schadenbehebung durch die **Beschaffung** eines **Ersatzfahrzeuges** ist eine Verzögerung zu vermeiden (OLG Oldenburg, Urt. v. 17. 11. 1966 i. VersR 1967, 362). Die **Verwertung der Restteile** hat der Geschädigte selbst vorzunehmen (BGH, Urt. v. 29. 6. 1965 i. VersR 1965, 901, 902; vgl. a. *Müller* i. VGT 1978, 217, 219). Von der Schadenminderungspflicht nach § 254 Abs. 2 BGB ist die Frage abzugrenzen, wie der Begriff des **„erforderlichen Geldbetrages"** i. S. v. § 249 Satz 2 BGB zu bestimmen ist und wann die Regelung des § 251 Abs. 2 BGB („unverhältnismäßige Aufwendungen") eingreift (vgl. BGH, Urt. v. 23. 3. 1976 i. VersR 1976, 874 = VRS 51, 178 = DAR 1976, 265 = NJW 1976, 1396; *Medicus* i. VGT 1979, 57; *Köhnken* i. VGT 1979, 74 = VersR 1979, 788; vgl. a. Rdz. 240 zu § 1).

72 Ist die Inanspruchnahme eines **Mietfahrzeugs** erforderlich, muß sich der Geschädigte um ein **preisgünstiges** Fahrzeug bemühen (OLG Düsseldorf, Urt. v. 5. 5. 1969 i. VersR 1970, 42). Hat das Fahrzeug nur einen geringen Schaden erlitten und ist es noch fahrfähig und verkehrssicher, ist es dem Geschädigten zuzumuten, es zunächst weiter zu benutzen (OLG München, Urt. v. 5. 12. 1967 i. VersR 1968, 605). Eine längere Mietzeit ist dadurch zu begrenzen, daß sich der Geschädigte vorerst mit einer **provisorischen** Reparatur begnügt (OLG Köln, Urt. v. 1. 3. 1967 i. VersR 1967, 1081) oder ein **Interimsfahrzeug** anschafft (OLG Nürnberg, Urt. v. 21. 9. 1973 i. VersR 1974, 677; OLG Frankfurt, Urt. v. 29. 6. 1976 i. VersR 1978, 452 u. Urt. v. 25. 10. 1979 i. VersR 1980, 432). Steht

von vornherein fest, daß ein geringfügiger und gleichbleibender Fahrbedarf ebensogut dadurch befriedigt werden kann, daß der Geschädigte **Taxi** oder **öffentliche Verkehrsmittel** benutzt, stellt es eine Verletzung der Schadenminderungspflicht dar, wenn gleichwohl höhere Mietwagenkosten verursacht werden (vgl. OLG Karlsruhe, Urt. v. 13. 9. 1974 i. VersR 1975, 1012; *Dörner* i. VersR 1973, 702; Näheres bei *Born* i. VersR 1978, 777, 783ff.).

E. Mehrheit von Schädigern

Schrifttum: *Dunz,* Berücksichtigung des eigenen Mitverschuldens gegenüber mehreren Haftpflichtigen, JZ 1953, 727; Zum Mitverschuldensausgleich gegenüber Mehreren, JR 1959, 592; Der Sinn der Haftungseinheit in der Schadenaufteilung, NJW 1968, 679; *Messer,* Haftungseinheit und Mitverschulden, JZ 1979, 385; *Koch,* Probleme der Schadenabwägung zwischen Nebentätern und einem mitschuldigen Verletzten, NJW 1967, 181.

73 Kann der Geschädigte **mehrere Schädiger** in Anspruch nehmen, die als **Nebentäter** gehandelt haben, ist gegenüber jedem Schädiger gesondert abzuwägen, weil der Geschädigte gegen jeden einen selbständigen Schadenersatzanspruch hat. Diese **Einzelabwägung** kann zu unterschiedlichen Ergebnissen führen. Die Schädiger haben jedoch zusammen nicht mehr als den Betrag aufzubringen, der bei einer **Gesamtschau** dem Anteil der Verantwortung entspricht, die sie im Verhältnis zur Mitverantwortung des Geschädigten insgesamt tragen (sog. Gesamtabwägung; vgl. BGH, Urt. v. 16. 6. 1959 i. VersR 1959, 623 u. Urt. v. 14. 7. 1964 i. NJW 1964, 2011; *Dunz* i. JZ 1953, 727 sowie die Berechnungsbeispiele bei *Palandt/Heinrichs,* BGB, Anm. 4c bb zu § 254 u. i. *MünchKomm.-Grunsky,* Rdz. 69, 70 zu § 254 BGB; krit. *Koch* i. NJW 1967, 181).

74 Haben die Schädiger als **Mittäter, Anstifter** oder **Gehilfen** (§ 830 BGB) den Schaden verursacht, entfällt eine Einzelabwägung, weil sich jeder den Tatbeitrag des anderen anrechnen lassen muß und bei der Abwägung die Verursachungsbeiträge der Schädiger insgesamt dem des Geschädigten gegenüberstehen (BGH, Urt. v. 16. 6. 1959 aaO.; OLG Saarbrücken, Urt. v. 21. 5. 1969 i. OLG 1970, 11).

75 Eine dritte Gruppe bilden die Schädiger, die als **Nebentäter** zwar nicht gemeinsam handeln, den Schaden jedoch durch **denselben Beitrag verursacht** haben. Hier besteht keine Veranlassung, den Geschädigten allein deshalb günstiger zu stellen als bei der Einzelabwägung, weil die Ursache von mehreren Schädigern gesetzt wurde. Deshalb nimmt man hier **Haftungs-** und **Zurechnungseinheiten** an, bei denen die Beteiligten mit einer **gemeinsamen** Quote haften. Solche Haftungseinheiten bestehen z. B. zwischen Kraftfahrzeughalter und Fahrer (BGH, Urt. v. 26. 4. 1966 i. VersR 1966, 664 = NJW 1966, 1262 m. Anm. v. *Dunz* i. NJW 1966, 1810), Bahnbetriebsunternehmer und Lokführer, einem EVU als Inhaber einer der in § 2 Abs. 1 Satz 1 bezeichneten Anlagen und dem mithaftenden Bediensteten, Geschäftsherrn und Erfüllungsgehilfen oder Verrichtungsgehilfen (BGH, Urt. v. 24. 4. 1957 i. BGH 6, 3, 20ff. u. Urt. v. 26. 4. 1966 aaO.; *Dunz* i. JR 1959, 592 u. i. NJW 1968, 679; *Messer* i. JZ 1979, 385), dem Betreiber einer Anlage i. S. v. § 3 und einer Aufsichtsperson (vgl. Rdz. 42 zu § 3) sowie in sonstigen Fällen, in denen die Verhaltensweisen sämtlicher Schädiger zu **ein** und **demselben unfallursächlichen Umstand** geführt haben (vgl. BGH, Urt. v. 18. 9. 1973 i. VersR 1974, 34: Haftungseinheit zwischen einem Polizeibeamten und dem von ihm kontrollierten Kraftfahrer; Urt. v. 18. 4. 1978 i. VersR 1978, 735 = NJW 1978, 2392, 2393: Haftungseinheit zwischen 10jährigem Kind und der Großmutter, unter deren Obhut es die Straße beschreitet; krit. zu den zuletzt genannten Fällen *Messer* aaO. S. 387ff.).

F. Beweis

76 Der Haftpflichtige hat die Umstände **darzulegen** und zu **beweisen,** aus denen sich ein Mitverschulden oder eine Mitverursachung des Geschädigten ergibt (RG, Urt. v. 30. 11. 1938 i. RG 159, 257, 261; BGH, Urt. v. 28. 5. 1975 i. MDR 1975, 924). Der Beweis unterliegt § 286 ZPO, während die Frage, inwieweit ein festgestelltes Verhalten oder Unterlassen des Geschädigten von Einfluß auf das Entstehen und die Höhe des Schadens war, unter Anwendung des § 287 ZPO (vgl. Rdz. 156 zu § 1) zu entscheiden ist (BGH, Urt. v. 7. 2. 1968 i. VersR 1968, 646 L = VRS 34, 322 = DAR 1968, 213 = NJW 1968, 985; vgl. a. zum Anscheinsbeweis Rdz. 209ff. zu § 12). Das Vorbringen des Schädigers ist ein Einwand, der von Amts wegen zu berücksichtigen ist (BAG, Urt. v. 18. 12. 1970 i. NJW 1971, 958).

Umfang des Schadensersatzes bei Tötung

5 (1) [1]**Im Falle der Tötung ist der Schadensersatz (§§ 1, 2 u. 3) durch Ersatz der Kosten einer versuchten Heilung sowie des Vermögensnachteils zu leisten, den der Getötete dadurch erlitten hat, daß während der Krankheit seine Erwerbsfähigkeit aufgehoben oder gemindert oder eine Vermehrung seiner Bedürfnisse eingetreten war.** [2]**Der Ersatzpflichtige hat außerdem die Kosten der Beerdigung demjenigen zu ersetzen, dem die Verpflichtung obliegt, diese Kosten zu tragen.**

(2) [1]**Stand der Getötete zur Zeit der Verletzung zu einem Dritten in einem Verhältnis, vermöge dessen er diesem gegenüber kraft Gesetzes unterhaltspflichtig war oder unterhaltspflichtig werden konnte, und ist dem Dritten infolge der Tötung das Recht auf den Unterhalt entzogen, so hat der Ersatzpflichtige dem Dritten insoweit Schadenersatz zu leisten, als der Getötete während der mutmaßlichen Dauer seines Lebens zur Gewährung des Unterhalts verpflichtet gewesen sein würde.** [2]**Die Ersatzpflicht tritt auch dann ein, wenn der Dritte zur Zeit der Verletzung erzeugt, aber noch nicht geboren war.**

Übersicht

A. Bedeutung der Vorschrift

1 § 5 hat die Regelung des § 3 RHG (vgl. Anh. 1) übernommen; er entspricht inhaltlich § 10 StVG und § 35 LVG. Gegenüber der Haftung nach dem BGB ist der **Umfang** der Ersatzpflicht **eingeschränkt.** Die Haftung umfaßt insbesondere **nicht bloße Vermögensschäden** (vgl. Rdz. 125 zu § 12) und gewährt **keinen Ersatz** für **entgangene Dienste** (§ 845 BGB; vgl. Rdz. 49ff. zu § 12). Diese Beschränkung, die sich auf alle Haftungsgründe nach dem HG (§§ 1–3) bezieht, soll ebenso wie die Regelungen über die Höchsthaftungsgrenzen (§§ 9, 10) einen **Ausgleich** dafür bewirken, daß die Haftung als solche von weniger strengen Voraussetzungen abhängig ist (vgl. Rdz. 2 zu § 9).

2 Darüber hinaus bestimmt § 5 – übereinstimmend mit § 844 BGB – den Kreis der **Anspruchsberechtigten.** Es wird wie dort abschließend geregelt, wer ausnahmsweise als nur **mittelbar** Geschädigter ersatzberechtigt ist und in welchem Umfange er Ersatz verlangen kann (vgl. a. Rdz. 152 zu § 1).

B. Nachteile durch Krankheit des Getöteten

3 Im Falle der **Tötung** (vgl. z. Begriff Rdz. 128 zu § 1) sind, wie § 5 Abs. 1 Satz 1 ausdrücklich hervorhebt und eigentlich selbstverständlich ist, auch die Kosten einer **versuchten Heilung** und **Vermögensnachteile**

zu ersetzen, die der Getötete dadurch erlitten hat, daß während der Krankheit seine **Erwerbsfähigkeit** aufgehoben oder gemindert oder eine **Vermehrung** seiner **Bedürfnisse** eingetreten war. Insoweit kann auf die Ausführungen zu § 6 verwiesen werden.

C. Beerdigungskosten

Schrifttum: *Böhmer,* Ersatz für Trauerkleidung, DAR 1951, 106; Beerdigungskosten und Unterhaltsersparnis, RdK 1953, 5; *Weimar,* Aufwendungen für Trauerkleidung als Beerdigungskosten, MDR 1967, 980.

4 Nach Abs. 1 Satz 2 hat der Ersatzpflichtige die **Kosten der Beerdigung** demjenigen zu ersetzen, dem die Verpflichtung obliegt, sie zu tragen.

I. Ersatzberechtigter

5 Den Ersatz von Beerdigungskosten können diejenigen verlangen, die **verpflichtet** sind, diese **Kosten** zu **tragen.** Das sind im allgemeinen die **Erben** (§ 1968 BGB), subsidiär die Verwandten (§ 1615 BGB), der Ehegatte (§ 1360a Abs. 3 i. Verb. m. § 1615 BGB), der Vater des nichtehelichen Kindes (§ 1615m BGB). Auch derjenige, der sich **vertraglich** zur Übernahme der Beerdigungskosten verpflichtet hat, kann Ersatz beanspruchen (*Palandt/Heinrichs,* BGB, Anm. 3 zu § 844). Die **tatsächliche** Übernahme der Beerdigungskosten begründet keine Ersatzberechtigung (BGH, Urt. v. 5. 2. 1962 i. VersR 1962, 335, 336 = NJW 1962, 791, 792). Hat jedoch jemand die Kosten ersetzt, ohne hierzu verpflichtet zu sein, kann sich ein Ersatzanspruch gegen den Schädiger aus den Vorschriften über die **Geschäftsführung ohne Auftrag** (§§ 683, 677 BGB) ergeben (OLG Saarbrücken, Urt. v. 6. 3. 1964 i. VersR 1964, 1257; KG, B. v. 12. 2. 1979 i. VersR 1979, 379 = VRS 57, 1 = DAR 1979, 249).

II. Umfang der Beerdigungskosten

6 Der Begriff der **Beerdigung** ist weit auszulegen. Als Beerdigung gilt auch eine Feuer- oder eine Hochseebestattung. Im übrigen beschränkt sich der Begriff **nicht** auf die eigentliche **Bestattung.** Vielmehr umfaßt er alles, was zu einer den Verhältnissen entsprechenden, angemessenen und nötigen Ausgestaltung des Begräbnisses gehört. Maßgebend sind die **Bedeutung** und die **Lebensstellung** des Verstorbenen und die in seinen Kreisen herrschenden **Auffassungen** und **Gebräuche** (vgl. § 1968 BGB: „standesgemäße Beerdigung"). Auch die **Leistungsfähigkeit** des Nachlasses und der Erben kann in Betracht kommen (vgl. RG, Urt. v. 9. 2. 1933 i. RG 139, 393, 394, Urt. v. 13. 5. 1939 i. RG 160, 255, 256; BGH, Urt. v. 19. 2. 1960 i. VersR 1960, 357, 358 = VRS 18, 328 u. Urt. v.

20. 9. 1973 i. VersR 1974, 140 = NJW 1973, 2103, 2104; OLG Karlsruhe, Urt. v. 7. 10. 1955 i. VersR 1956, 542 m. Anm. v. *Böhmer* S. 595 u. *Schultze* S. 631; *Böhmer* i. DAR 1951, 106 u. i. RdK 1953, 5; *Weimar* i. MDR 1967, 980).

7 Neben den Kosten für den **Sarg,** die **Bestattung** und die **Herrichtung** des **Grabes** rechnen z. B. zu den Beerdigungskosten auch Auslagen für die **Trauerkleidung** der nächsten Angehörigen (OLG Hamm, Urt. v. 25. 11. 1955 i. VersR 1956, 666 L = DAR 1956, 217; OLG Köln, Urt. v. 19. 3. 1975 i. VersR 1976, 373 L; LG Düsseldorf, Urt. v. 21. 7. 1967 i. VersR 1967, 985; LG Karlsruhe, Urt. v. 11. 7. 1957 i. VersR 1957, 725, 726; LG Ulm, Urt. v. 2. 12. 1966 i. VersR 1968, 183 L; einschr. OLG Hamm, B. v. 21. 1. 1954 i. VersR 1954, 129, 130: für minderjährigen Sohn braucht kein dunkler Anzug angeschafft zu werden; zum Ersparnisabzug vgl. Rdz. 11), für **Inserate, Totenbriefe** und **Danksagungen** (KG, Urt. v. 16. 9. 1937 i. VAE 5, 22; LG München, Urt. v. 23. 2. 1973 i. VersR 1975, 73, 74), **Kränze** und **Blumenschmuck** (OLG Köln, Urt. v. 9. 3. 1955 i. VersR 1956, 646, 647; LG München, Urt. v. 23. 2. 1973 aaO.), eine ortsübliche **Bewirtung** der Trauergäste (LG München, Urt. v. 23. 2. 1973 aaO.; LG Ulm, Urt. v. 2. 12. 1966 aaO.; einschr. OLG Hamm, Urt. v. 22. 6. 1971 i. VersR 1972, 405).

8 Ist der Getötete außerhalb seines Wohnortes verstorben oder existiert ein Familiengrab, auf dem er nach dem Willen der Angehörigen bestattet werden soll, sind auch die Kosten einer **Überführung** zu erstatten (OLG Karlsruhe, Urt. v. 19. 11. 1953 i. VersR 1954, 12 = NJW 1954, 720). Unter besonderen Voraussetzungen kommt auch die Übernahme der Kosten für eine **Umbettung** in Betracht (OLG München, Urt. v. 28. 9. 1973 i. NJW 1974, 703, 704). Der Beerdigungsakt findet seinen Abschluß mit der Herrichtung einer zur **Dauereinrichtung** bestimmten und geeigneten **Grabstätte** (RG, Urt. v. 13. 5. 1939 i. RG 160, 255, 266; BGH, Urt. v. 20. 9. 1973 i. VersR 1974, 140 = NJW 1973, 2103, 2104). Hierzu rechnen auch noch die Kosten für eine **Erstbepflanzung** (OLG Köln, B. v. 9. 3. 1955 i. VersR 1956, 646 m. zust. Anm. v. *Pikart* S. 647) und für die Errichtung eines **Grabsteins** (RG, Urt. v. 9. 2. 1933 i. RG 139, 393, 394; BGH, Urt. v. 20. 9. 1973 aaO.; OLG Karlsruhe, Urt. v. 10. 6. 1954 i. VersR 1955, 153 u. B. v. 7. 10. 1955 i. VersR 1956, 542 m. zust. Anm. v. *Böhmer* S. 595; OLG München, Urt. v. 11. 7. 1928 i. EE 49, 66 u. Urt. v. 15. 6. 1978 i. VersR 1979, 1066; OLG Stuttgart, Urt. v. 21. 7. 1954 i. VRS 7, 246, 252; LG Wiesbaden, Urt. v. 3. 11. 1969 i. VersR 1970, 1140; vgl. jedoch Rdz. 10).

9 **Nicht** erstattungspflichtig sind dagegen die Kosten der **Instandhaltung** und **Pflege** der **Grabstätte** und des **Grabdenkmals** (RG, Urt. v. 13. 5. 1939 i. RG 160, 255, 256; BGH, Urt. v. 20. 9. 1973 i. VersR 1974, 140 = NJW 1973, 2103, 2104; OLG Hamm, Urt. v. 27. 1. 1950 i. VRS 2, 105; LG München, Urt. v. 3. 11. 1972 i. VersR 1973, 853 L), **Reisekosten,** die Angehörigen durch die Teilnahme an der Beerdigung entstanden sind (BGH, Urt. v. 19. 2. 1960 i. VersR 1960, 357 = VRS 18, 328 = NJW 1960, 910; AG Würzburg, Urt. v. 18. 5. 1972 i. VersR 1974, 94), Kosten für **Fotografien** vom Grab (LG München, Urt. v. 23. 2. 1973 i. VersR 1975, 73, 74; LG Karlsruhe, Urt. v. 11. 7. 1957 i. VersR 1957, 725), die

Erstattung des **Lohnausfalls,** der Bediensteten des Vaters des Getöteten durch die Teilnahme an der Beerdigung entstanden ist (LG München, Urt. v. 23. 2. 1973 aaO.). Zu weitgehend erscheint es auch, den „Beerdigungskosten" noch den **Verdienstausfall** zuzurechnen, der dem **Erben** durch die Teilnahme an der Beerdigung und durch die Vorbereitung derselben entstanden ist (anders OLG Hamm, Urt. v. 25. 11. 1955 i. VersR 1955, 666 L = DAR 1956, 217).

10 Die Kostentragungspflicht ist weiter beschränkt auf die Ausgaben für die Beerdigung des Getöteten **selbst.** Nicht erstattungspflichtig sind deshalb die **Mehrkosten,** die durch den Kauf eines **Doppelgrabes** entstanden sind (BGH, Urt. v. 20. 9. 1973 i. VersR 1974, 140 = NJW 1973, 2103, 2104). Dies hat auch zu gelten, wenn ein **Doppelgrabstein** angeschafft wurde (a. A. OLG Köln, Urt. v. 19. 3. 1975 i. VersR 1976, 373 L; OLG München, Urt. v. 3. 11. 1967 i. DAR 1968, 19 = NJW 1968, 252).

11 Umstritten ist, ob von der **Trauerkleidung** ein **Abzug** wegen der **Ersparnis** zu machen ist, die dadurch entsteht, daß der Angehörige die Anschaffung oder Abnutzung sonstiger Kleidung erspart. Die teilweise vertretene Auffassung, der Ersatzanspruch lasse wegen seiner Besonderheit keine Vorteilsausgleichung zu (OLG Düsseldorf, Urt. v. 1. 4. 1948 i. VRS 1, 27; OLG Karlsruhe, B. v. 7. 10. 1955 i. VersR 1956, 542, 543 m. zust. Anm. v. *Böhmer* S. 595 m. w. Nachw. u. i. DAR 1951, 106; *Pikart,* Anm. z. OLG Köln, B. v. 9. 3. 1955 i. VersR 1956, 646, 647; im Ergebnis ebenso LG Ulm, Urt. v. 2. 12. 1966 i. VersR 1968, 183 L; a. A. OLG Köln, B. v. 9. 3. 1955 aaO.; *Schultze,* Anm. zu OLG Karlsruhe, B. v. 7. 10. 1955 i. aaO.; *Weimar,* i. MDR 167, 980), kann nicht überzeugen. Von den Kosten für Kleidungsstücke, die längere Zeit getragen werden können (z. B. ein Anzug), ist vielmehr grundsätzlich ein Abzug zu machen (vgl. OLG Hamm, Urt. v. 25. 11. 1955 i. VersR 1956, 666 L = DAR 1956, 217: 40%; OLG Köln, B. v. 9. 3. 1955 aaO.: 50%; LG Aachen, Urt. v. 8. 11. 1954 i. VersR 1956, 647: 40%; LG Düsseldorf, Urt. v. 21. 7. 1967 i. VersR 1967, 985: 40%; AG Würzburg, Urt. v. 18. 5. 1972 i. VersR 1974, 99: 50%). Es kommt jedoch immer auf den Einzelfall an. Keine meßbare Eigenersparnis tritt ein, wenn, wie es heute immer mehr üblich wird, Trauerkleidung nur kurzfristig getragen wird (OLG Hamm, Urt. v. 12. 11. 1976 i. VersR 1977, 1110; *Jagusch,* StVR, Rdz. 5 zu § 10 StVG).

D. Unterhaltsentziehung

Schrifttum: *Bursch,* Zum Unterhaltsanspruch minderjähriger unehelicher Kinder, NJW 1968, 429; *Eckelmann,* Ansprüche wegen Ausfalls in der Führung des Haushaltes und der Kinderbetreuung, DAR 1965, 291; Die neue höchstrichterliche Rechtsprechung zum Schadenersatzanspruch des Ehemannes und der Kinder bei Unfalltod der Ehefrau und Mutter, BB 1965, 1012; Schadenersatz bei Verletzung und Tötung einer Ehefrau, NJW 1971, 355; Die neue Rechtsprechung zur Höhe des Schadenersatzanspruches bei Verletzung oder Tötung einer Hausfrau und Mutter, DAR 1973, 255; *Fischer,* Zur Schadenberechnung im Rahmen des § 844 Abs. 2 BGB beim Tod des Familienernährers, VersR 1970, 21; *Fleer,* Modifizierte Nettomethode und Schadenersatzansprüche der Hinterbliebenen nach § 844 Abs. 2 BGB, VersR 1974, 108; *Geyer,* Der Ersatzanspruch des unehelichen Kindes bei Tötung des unterhaltspflichtigen Elternteils, VersR 1966, 905; Ersatzanspruch auf entgehenden (geldlichen) Unterhalt nach Tötung des Unterhaltspflichtigen (§ 844 Abs. 2 BGB), VersR 1975, 877; *Hofmann,* Schadenersatz bei Ausfall der Hausfrau, VersR 1977, 290; *Höring,* Die neue Rechtsprechung zu § 844 Abs. 2 BGB (Theorie und Praxis), VersR 1952, 334, 378; *Krebs,* Zum Schadenersatzanspruch der Witwe nach § 844 Abs. 2 BGB, VersR 1961, 293; *Millauer,* Zur Bemessung des Frauenunterhalts, NJW 1967, 1061; *Neumann-Duesberg,* Rückgriff nach § 1542 RVO beim Unfalltod eines Rentners, VersR 1968, 709; *Reinicke,* Die Vorteilsausgleichung bei den Ansprüchen aus § 844 Abs. 2, § 845 BGB, NJW 1952, 447; *Schlundt,* Schadenersatz bei Tötung oder Verletzung einer Hausfrau, DAR 1977, 281; *Schulze/Borg/Hofmann,* Schadenersatz bei Ausfall von Hausfrauen und Müttern im Haushalt, Karlsruhe 1979; *Wilts,* Schadensersatzansprüche bei Verletzung der im Haushalt tätigen Ehefrau, NJW 1963, 2156; *Wittkämper,* Die Berechnung des Unterhaltsschadens der Witwe nach § 844 Abs. 2 BGB, DB 1964, 1225; *Wussow,* Die Höhe des Schadenersatzanspruchs bei Verletzung oder Tötung einer Hausfrau und Mutter, NJW 1970, 1393.

12 Nach Abs. 2 ist auch derjenige ersatzberechtigt, dem der Getötete kraft Gesetzes unterhaltspflichtig war oder werden konnte und dem durch die Tötung das Recht auf **Unterhalt entzogen** worden ist.

I. Ersatzberechtigter

13 Zu dem Kreis der **Ersatzberechtigten** können gehören: der **Ehegatte** (§ 1360 BGB), auch der getrennt lebende (§ 1361 BGB), unter bestimmten Voraussetzungen auch der geschiedene Ehegatte (§§ 1601 ff. BGB; vgl. a. §§ 58 ff. EheG), **Verwandte** in gerader Linie (§§ 1601 ff. BGB), **nichteheliche Kinder** gegenüber dem Vater (§§ 1615 a ff. BGB) und gegenüber der Mutter (§ 1705 Abs. 1 Satz 2 BGB i. Verb. m. § 1606 Abs. 3 Satz 2 BGB), das für **ehelich erklärte Kind** (§§ 1736 ff. BGB), das **adoptierte Kind** und die **Adoptiveltern** (§ 1754 BGB). Keinen gesetzlichen Unterhaltsanspruch hat das **Stiefkind** gegenüber dem Stiefvater oder der Stiefmutter (BGH, Urt. v. 24. 6. 1969 i. VersR 1969, 998 = VRS 37, 338 = NJW 1969, 2205). **Vertragliche** Unterhaltsansprüche fallen nicht unter die Regelung nach Abs. 2 (OLG München, Urt. v. 15. 6. 1978, best. d. BGH, B. v. 10. 7. 1979 i. VersR 1979, 1066). Die gesetzliche Unterhaltspflicht muß im **Zeitpunkt** des **Unfalls** (Verletzung) bestanden haben. Keinen Schadenersatz kann z. B. die Witwe beanspruchen, die den Getöteten erst **nach** der **Verletzung geheiratet** hat. Der **Verlobte** einer tödlich Verunglückten kann für die Zeit nach der beabsichtigten Eheschließung keinen Unterhalt verlangen (KG, B. v. 6. 2. 1967 i. NJW 1967, 1089). Kraft ausdrücklicher Regelung (Abs. 2 Satz 2) ist auch ein Kind anspruchsberechtigt, das zur Zeit der Verletzung von dem Getöteten **gezeugt,** aber noch nicht geboren war.

II. Entziehung des Rechtes auf Unterhalt

14 Der Schadenersatzanspruch ist nur begründet, wenn dem Berechtigten das Recht auf **Unterhalt entzogen** wurde und ihm hierdurch ein **Schaden** entstanden ist.

1. Voraussetzungen der Unterhaltspflicht

15 Ersatz kann nur derjenige verlangen, dem der **Getötete** zum **Unterhalt verpflichtet** war. Die Erfordernisse der Unterhaltspflicht, **Leistungsfähigkeit** des Getöteten und **Bedürftigkeit** des Berechtigten (vgl. §§ 1602, 1603 BGB), müssen erfüllt sein. War der Getötete zunächst noch nicht leistungsfähig, kann die hypothetische Unterhaltsverpflichtung erst zu dem Zeitpunkt beginnen, in dem die Leistungsfähigkeit einsetzt. Ebenso kann die Bedürftigkeit beim Berechtigten erst später eintreten. Ist der Eintritt der Unterhaltsentziehung eine nicht nur ganz fernliegende Möglichkeit, kann der Berechtigte in diesen Fällen auf **Feststellung** klagen (BGH, Urt. v. 7. 4. 1952 i. VersR 1952, 210, Urt. v. 22. 6. 1956 i. VersR 1956, 572, 574 = NJW 1956, 1479, Urt. v. 12. 10. 1965 i. VersR 1965, 1202 u. Urt. v. 3. 5. 1966 i. VersR 1966, 375). Auf die Bedürftigkeit kommt es nicht an, soweit ein **Ehegatte** Unterhalt durch seine **Mitarbeitspflicht** im gemeinsamen Haushalt, im Beruf oder im Geschäft des anderen erbringt (BGH, Urt. v. 20. 5. 1980 i. VersR 1980, 921 = NJW 1980, 2196).

16 Maßgebend für die Unterhaltspflicht ist nicht, was der Getötete an Unterhalt **tatsächlich** geleistet hat, sondern wozu er **rechtlich verpflichtet** gewesen wäre (OLG Celle, Urt. v. 17. 2. 1972 i. VersR 1972, 694; OLG Hamm, Urt. v. 15. 3. 1971 i. VersR 1972, 309; OLG Nürnberg, Urt. v. 6. 10. 1964 i. VersR 1965, 526). Eine Unterhaltspflicht ist nicht begründet, soweit eine **vorrangige Leistungspflicht anderen** gegenüber besteht (LG Stuttgart, Urt. v. 25. 11. 1975 i. VersR 1977, 93). Der Ersatzpflichtige kann sich nicht darauf berufen, nach dem Tod des Unterhaltsverpflichteten sei ein anderer **hilfsweise** zum Unterhalt verpflichtet (vgl. § 8 Abs. 2 i. Verb. m. § 843 Abs. 4 BGB; vgl. a. BGH, Urt. v. 22. 9. 1970 i. VersR 1970, 1051 = NJW 1970, 2061: keine Verminderung des Schadenersatzanspruches von Unfallwaisen bei späterer Adoption).

2. Unterhaltsschaden

17 Der Anspruch nach Abs. 2 ist kein Unterhalts-, sondern ein **Schadensersatzanspruch,** der einen Ausgleich dafür schaffen soll, daß der Unterhaltsanspruch grundsätzlich nicht vererblich ist und mit dem Tode erlischt (vgl. § 1615 Abs. 1 BGB). Die Ersatzpflicht umfaßt nur Unterhaltsansprüche, die beim Fortleben des Verpflichteten entstanden wären und bezieht sich deshalb nicht auf **Unterhaltsrückstände** (BGH, Urt. v. 9. 3. 1973 i. VersR 1973, 620 = NJW 1973, 1076; KG, Urt. v. 3. 10. 1968 i. VersR 1970, 225 = NJW 1970, 470; OLG München B. v. 5. 1. 1972 i. NJW 1972, 586 L; a. A. OLG Nürnberg, Urt. v. 16. 10. 1970 i. VersR 1971, 479 m. zust. Anm. v. *Weyer* S. 717; LG Stuttgart, Urt. v. 15. 1. 1969 i. VersR 1970, 69). Kein ersatzpflichtiger Unterhaltsschaden liegt

auch vor, wenn die Unterhaltsverpflichtung auf die **Erben übergegangen** ist und diese auch zur Zahlung in der Lage sind (RG, Urt. v. 26. 10. 1910 i. RG 74, 375). Auch ist Abs. 2 nicht anwendbar, wenn nur die Unterhaltspflicht, nicht aber die **Unterhaltsquelle** gewechselt hat (BGH, Urt. v. 24. 6. 1969 i. VersR 1969, 251 = VRS 37, 335 = NJW 1969, 2008; OLG München, Urt. v. 10. 11. 1966 i. VersR 1967, 190) oder wenn dem Hinterbliebenen **durch denselben Unfall im Erbwege** Vermögen zufällt, aus dessen Einkünften er seinen **Unterhalt selbst** bestreiten kann (BGH, Urt. v. 12. 2. 1974 i. VersR 1974, 601 = NJW 1974, 745). Der Anspruch ist im übrigen davon abhängig, daß der Berechtigte den Unterhaltsanspruch auch hätte **realisieren** können; dies ist im Wege der Schätzung (§ 287 ZPO) zu ermitteln (BGH, Urt. v. 23. 4. 1974 i. VersR 1974, 906 = NJW 1974, 1373).

III. Höhe des Unterhaltsschadens

1. Berechnungsgrundsätze

a) Ermittlung des verfügbaren Einkommens des Verpflichteten

18 Die **Höhe** des **Unterhalts** bemißt sich danach, welche Beträge seines **Einkommens** der Getötete, wenn er am Leben geblieben wäre, hätte aufwenden müssen, um dem unterhaltsberechtigten Angehörigen den Lebensunterhalt zu verschaffen, auf den er nach den Vorschriften des Unterhaltsrechtes Anspruch gehabt hätte. Dabei ist auch die künftige Entwicklung zu berücksichtigen (BGH, Urt. v. 18. 2. 1964 i. VersR 1964, 597 u. Urt. v. 24. 6. 1969 i. VersR 1969, 897 = NJW 1969, 1667, 1668). Es ist das **Netto**einkommen zu ermitteln (BGH, Urt. v. 16. 12. 1960 i. VersR 1961, 213, 214 u. Urt. v. 23. 3. 1971 i. VersR 1971, 717; OLG Köln, Urt. v. 28. 8. 1968 i. VersR 1969, 382; OLG Saarbrücken, Urt. v. 13. 2. 1976 i. VersR 1977, 727, 728; *Fleer* i. VersR 1974, 108). **Nebeneinahmen** sind heranzuziehen, z. B. auch Renteneinkünfte (BGH, Urt. v. 27. 5. 1960 i. VersR 1960, 757 = VRS 19, 82 = NJW 1960, 1616; OLG Braunschweig, Urt. v. 6. 7. 1979 i. VersR 1979, 1124, 1125) und Wohnungsgeld (BGH, Urt. v. 21. 5. 1980 i. VersR 1980, 923). **Auslösungen** (Spesen) zählen zum anrechnungspflichtigen Einkommen nur, soweit sie zur Bestreitung des Mehrbedarfs nicht verwendet worden wären (OLG Saarbrücken, Urt. v. 13. 2. 1976 aaO.: Anrechnung mit 50%). Beträge, die jährlich nur einmal gezahlt werden, wie Weihnachts- und Urlaubsgelder sowie Treueprämien, sind bei der üblichen monatlichen Berechnung entsprechend umzulegen (BGH, Urt. v. 27. 10. 1970 i. VersR 1971, 152 = NJW 1971, 137).

19 Bei Unselbständigen sind auch die **Sozialversicherungsbeiträge** vom Einkommen abzuziehen. Jedoch ist zu beachten, daß zum Unterhaltsbedarf grundsätzlich auch der **Krankenversicherungsschutz** (vgl. BGH, Urt. v. 14. 11. 1958 i. VersR 1959, 51 = VRS 16, 103 u. Urt. v. 26. 5. 1964 i. VersR 1964, 846; OLG Karlsruhe, Urt. v. 31. 5. 1967 i. VersR 1967, 1051; *Fleer* i. VersR 1974, 108; anders bei mitverdienender und selbst krankenversicherter Ehefrau, vgl. OLG Celle, Urt. v. 14. 10. 1963

i. VersR 1964, 345, 346) und eine **angemessene Altersversorgung** (vgl. BGH, Urt. v. 29. 4. 1960 i. BGH 20, 246, 249 = VersR 1960, 551 = NJW 1960, 1200 u. Urt. v. 23. 3. 1971 i. VersR 1971, 717) gehören und daß der Verpflichtete diese durch Versicherungsleistungen oder durch zusätzliche Rücklagen oder unmittelbare Zahlungen an den Berechtigten sicherzustellen hat (eine entgangene oder verminderte Altersversorgung kann auch dadurch geltend gemacht werden, daß der Berechtigte für die Zeit nach dem mutmaßlichen Todeszeitpunkt eine zusätzliche Entschädigung fordert, vgl. BGH, Urt. v. 29. 4. 1960 aaO.).

b) Ermittlung des Unterhaltsbetrages

20 Es wird üblicherweise zwischen den Kosten, die der Unterhaltsberechtigte für seinen **persönlichen** Lebensbedarf benötigt und die nicht zu bestimmten Zeitpunkten in gleicher Art anfallen, und den regelmäßig wiederkehrenden **fixen Kosten** unterschieden. Zu den letzteren rechnen z.B. die Ausgaben für die **Wohnung** (Miete, Heizung, Licht, Reinigung), **Telefon, Versicherungen, Rundfunk-** und **Fernsehgebühren** und eine **PKW**-Nutzung (vgl. BGH, Urt. v. 18. 3. 1958 i. VersR 1958, 311 u. Urt. v. 23. 11. 1971 i. VersR 1972, 176; *Fleer* i. VersR 1974, 108; *Fischer* i. VersR 1970, 21; *Geyer* i. VersR 1975, 877, 882). Bei einem **Eigenheim** gehören zu den fixen Kosten die allgemeinen Unkosten und die Zinsbelastung, nicht jedoch die Tilgungsraten, weil der notwendige Unterhalt **nicht** auch Beträge umfaßt, die der **Vermögensbildung** oder der Ansammlung von **Ersparnissen** dienen sollen (BGH Urt. v. 29. 9. 1966 i. VersR 1966, 1141, 1142, Urt. v. 9. 10. 1966 i. VersR 1967, 60, 61 u. Urt. v. 13. 12. 1966 i. VersR 1967, 259, 260; für Berücksichtigung von Tilgungsraten bei einem Eigenheim OLG Braunschweig, Urt. v. 6. 7. 1979 i. VersR 1979, 1125; LG Lüneburg, Urt. v. 14. 4. 1964 i. VersR 1966, 272).

21 Die **gesamten fixen Kosten** sind von dem ermittelten **Nettoeinkommen** des Verpflichteten (vgl. Rdz. 20) **abzuziehen.** Von dem verbleibenden Einkommen ist unter Berücksichtigung des Eigenbedarfs des Verpflichteten ein bestimmter **Anteil (Quote)** zu bilden, der dem Hinterbliebenen **neben** den fixen Kosten zusteht. Dabei sind von den fixen Kosten die Beträge abzusetzen, die durch den Wegfall des Unterhaltsverpflichteten **erspart** werden konnten (vgl. BGH, Urt. v. 25. 4. 1967 i. VersR 1967, 756, 757). Bei der Bildung der Quote ist zu beachten, daß der Unterhaltspflichtige nicht den gesamten Betrag, der **über** seinen unmittelbaren **Eigenbedarf hinausgeht,** dem Unterhaltsberechtigten zuwenden muß. Dies gilt insbesondere für Einkommen, die über dem **Durchschnitt** liegen (st. Rechtspr., vgl. BGH, Urt. v. 14. 4. 1961 i. VersR 1961, 543, Urt. v. 1. 3. 1966 i. VersR 1966, 588 u. Urt. v. 25. 4. 1967 i. VersR 1967, 56). Hat der Verpflichtete, wie in den meisten Schadenfällen, nur durchschnittlich verdient, so hat es sich in der Regulierungspraxis eingebürgert, den Unterhaltsanteil einer kinderlosen, ausschließlich im Haushalt tätigen Witwe ebenso hoch zu bemessen wie den Eigenbedarf des Getöteten. Häufig wird aber auch der Bedarf des Getöteten mit Rücksicht auf die besonderen Aufwendungen, die ihm durch die Ausübung seines Berufes entstanden wären (Kleidung, Fahrtkosten, Repräsentationsbedarf u. dergl.), etwas höher – mit 55 oder 60% – bemessen und der Anteil der Witwe entsprechend gekürzt (vgl. BGH, Urt. v. 23. 3. 1971 i. VersR 1971, 717; OLG München, Urt. v. 3. 3. 1978 i. VersR 1979, 1064).

c) Eigenes Einkommen des Berechtigten

22 Erzielt auch der **Hinterbliebene,** z. B. eine Witwe, **Einkommen,** ist dieses ebenso wie das Einkommen des Getöteten zu ermitteln (vgl. Rdz. 20). Beide Einkünfte sind zusammenzurechnen; die fixen Kosten sind abzuziehen. Von dem verbleibenden Betrag ist der **Unterhaltsanteil (Quote)** für den Hinterbliebenen zu ermitteln; ihm sind die fixen Kosten zuzuschlagen (Rdz. 21). Sodann ist von dem Gesamtbetrag der Eigenverdienst des Hinterbliebenen abzuziehen; ein etwaiger Überschußbetrag stellt den Unterhaltsschaden dar (vgl. LG Konstanz, Urt. v. 2. 4. 1976 i. VersR 1978, 162).

d) Steuern

23 Hat der Hinterbliebene auf die Unterhaltsrente **Steuern** abzuführen, muß der Schädiger auch diese Beträge erstatten (BGH, Urt. v. 6. 12. 1960 i. VersR 1961, 213, 214 u. Urt. v. 10. 4. 1979 i. VersR 1979, 670, 672 = NJW 1979, 1501, 1502). Nicht zu ersetzen ist jedoch ein durch die **Aufhebung** der **Ehe entstandener** steuerlicher **Nachteil** (Verlust des Splitting-Tarifs, Verringerung der Höchst- und Pauschalbeträge für Werbungskosten und Sonderausgaben), weil es sich hierbei um einen allgemeinen Vermögensschaden handelt (BGH, Urt. v. 10. 4. 1979 aaO.).

e) Mehrere Berechtigte

24 Hinterläßt der Getötete **mehrere** unterhaltsgeschädigte Hinterbliebene, handelt es sich um **selbständige** Ansprüche, die gesondert berechnet und geprüft werden müssen (vgl. Rdz. 7 zu § 8). Dies bedeutet auch, daß für jeden Hinterbliebenen **eigene Unterhaltsbeträge (Quoten)** gebildet und die fixen Kosten (vgl. Rdz. 20) entsprechend **aufgeteilt** werden müssen (vgl. BGH, Urt. v. 23. 11. 1971 i. VersR 1972, 176 = NJW 1972, 251).

2. Einzelne Ansprüche

a) Tod eines Ehegatten

25 Soweit der Getötete dem hinterbliebenen Ehegatten **Barunterhalt** zu leisten hat, errechnet sich dieser nach den unter 1. (vgl. Rdz. 20f.) dargestellten Grundsätzen. **Eigene Einkünfte** des Hinterbliebenen sind zu berücksichtigen (vgl. Rdz. 22). Handelt es sich um den Verdienst, den eine Witwe durch eine berufliche Tätigkeit schon zu Lebzeiten ihres Ehemannes erzielt hat, steht es der Anrechnung nicht entgegen, daß sie dieser Tätigkeit **freiwillig** und **ohne** rechtliche Verpflichtung nachgegangen ist (BGH, Urt. v. 25. 4. 1967 i. VersR 1967, 756). Unter bestimmten Voraussetzungen ist eine Witwe verpflichtet, den **Schaden** durch Aufnahme einer beruflichen Tätigkeit nach dem Tode des verpflichteten Ehemannes **zu mindern** (vgl. Rdz. 68 zu § 4).

26 Ein Unterhaltsschaden kann auch darin liegen, daß der getötete Ehegatte zu **Dienstleistungen** im **Haushalt,** im **Geschäft** oder im **Beruf** des Getöteten verpflichtet war (vgl. § 1356 BGB). Dienstleistungen dieser Art obliegen nicht nur (wie es heute noch typisch ist) der „Nur-Hausfrau", sondern auch berufstätigen Eheleuten (vgl. z. B. zu den Pflichten des berufstätigen Ehemannes OLG Bamberg, Urt. v. 12. 10. 1976 i. VersR 1977, 724). Die Mitarbeitspflicht des Ehegatten ist Ausdruck der ehelichen Lebensgemeinschaft. Sie ist nicht mehr „Dienst" im Sinne von § 845 BGB, sondern wird als **Unterhaltsbeitrag** zur gemeinschaftlichen Lebensführung geschuldet (vgl. BGH, Urt. v. 20. 5. 1980 i. VersR 1980, 921 = VRS 59, 177 = DAR 1980, 338 m. w. Nachw.). Maßgebend ist nicht die tatsächliche, sondern die **geschuldete** Leistung des Getöteten (BGH, Urt. v. 10. 4. 1979 i. VersR 1979, 670 = VRS 57, 94 = DAR 80, 16 = NJW 1979, 1501 u. Urt. v. 20. 5. 1980 aaO.). Sind auch unterhaltsberechtigte **Kinder** vorhanden (vgl. Rdz. 29ff.), bemißt sich der Unterhaltsschaden des Ehegatten nach dem auf ihn entfallenden **Anteil** an der geschuldeten Haushaltsführung (BGH, Urt. v. 14. 3. 1972 i. VersR 1972, 743, 744 = NJW 1972, 1130, 1131).

27 Der **Wert** der Dienstleistung des getöteten Ehegatten richtet sich nach den Umständen des Einzelfalles, insbesondere der **Größe** des **Haushaltes,** dem **sozialen Stand,** der **Gesundheit** und dem **Alter.** Es muß sich um einen Betrag handeln, der den Geschädigten in die Lage versetzt, sich in der im Leben üblichen Weise, ohne sich Einschränkungen aufzuerlegen oder Mildtätigkeit Dritter in Anspruch nehmen zu müssen, wirtschaftlich gleichwertige Dienste zu verschaffen (BGH, Urt. v. 17. 1. 1967 i. VersR 1967, 352 u. Urt. v. 13. 7. 1971 – VI ZR 31/70 – i. VersR 1971, 1065 = NJW 1971, 2066). Die zum Ersatz der geschuldeten Haushaltstätigkeit erforderlichen Mittel können unabhängig davon gefordert werden, ob sich der Geschädigte **ohne** eine **Ersatzkraft behilft** (BGH, Urt. v. 13. 7. 1971 aaO.). Anhaltspunkte für den Wert der Haushaltsführung sind die **Kosten** einer **vergleichbaren Ersatzkraft** oder einer **Heimunterbringung.** Von diesem Grundsatz ist jedoch abzuweichen, wenn die **tatsächlichen** Kosten **niedriger** sind (vgl. BGH, Urt. v. 13. 7. 1971 – VI ZR 260/69 – i. VersR 1971, 1045 = NJW 1971, 2069: bei unentgeltlicher Versorgung durch Verwandte nur Ersatz der üblichen Kosten einer gleichwertigen Familienunterbringung). Ist eine Ersatzkraft eingestellt, sind die **tatsächlichen** Aufwendungen zu ersetzen, es sei denn, daß feststeht, daß die Ersatzkraft den Anforderungen nicht genügt und Familienangehörige unentgeltlich aushelfen müssen (BGH, Urt. v. 10. 4. 1979 i. VersR 1979, 670 = NJW 1979, 1501). Soweit die **Familienangehörigen** zur **Mitarbeit** verpflichtet sind, mindert sich der Umfang der geschuldeten Dienstleistung (vgl. BGH, Urt. v. 10. 11. 1959 i. VersR 1960, 147 u. Urt. v. 12. 6. 1973 i. VersR 1973, 939; KG, Urt. v. 21. 3. 1963 i. VersR 1963, 37). Wegen **näherer Einzelheiten** zur **Schadenberechnung** vgl. *Bursch* i. NJW 1968, 429; *Eckelmann* i. DAR 1965, 291, 1973, 255, i. BB 1965, 1012 u. i. NJW 1970, 1393; *Geyer* i. VersR 1966, 905; *Hofmann* i. VersR 1977, 296; *Schlundt* i. DAR 1977, 281).

28 Eine **Scheidungsabsicht** ist nur in Betracht zu ziehen, wenn zu Lebzeiten des Getöteten schon die **Scheidungsklage** erhoben war (BGH, Urt.

v. 19. 3. 1974 i. VersR 1974, 700 = NJW 1974, 1236). **Heiratet** der hinterbliebene Ehegatte **wieder,** verliert er seinen Schadenersatzanspruch nicht. Er muß sich aber den von dem jetzigen Ehegatten geleisteten Unterhalt anrechnen lassen (vgl. a. Rdz. 13 zu § 8). Der entfallene Unterhaltsanspruch lebt bei Auflösung der zweiten Ehe wieder auf. Für die Ansprüche beginnt dann eine neue Verjährungsfrist (BGH, Urt. v. 17. 10. 1978 i. VersR 1979, 55; KG, Urt. v. 30. 10. 1980 i. VRS 60, 263 = DAR 1981, 221; vgl. a. Rdz. 9 zu § 11).

b) Tod eines Elternteils

29 Zum Unterhalt eines Kindes gehören auch die Kosten der **Erziehung** und einer angemessenen **Vorbildung** zu einem Beruf (§ 1610 Abs. 2 BGB; vgl. BGH, Urt. v. 1. 3. 1966 i. VersR 1966, 588 u. Urt. v. 7. 1. 1969 i. VersR 1969, 350). Dem unterhaltsgeschädigten Kind ist wegen des Verlustes des Anspruches auf den **Barunterhalt** und des Wegfalls der **persönlichen Betreuung** und **Versorgung** Ersatz zu leisten (vgl. § 1606 Abs. 3 Satz 2 BGB). Ist **ein Elternteil berufstätig,** beschränkt sich seine Unterhaltsverpflichtung im allgemeinen auf die Leistung eines Geldbetrages, während der andere seinen Unterhalt durch die persönliche Dienstleistung erbringt. Sind **beide Elternteile berufstätig,** schulden sie dem Kind den Barunterhalt in dem Verhältnis ihrer Einnahmen, wobei es nicht darauf ankommt, ob der Einzelne überhaupt oder in dem gewählten Umfange zu einer Erwerbstätigkeit gesetzlich verpflichtet war. Auch haben sich in diesem Falle beide Elternteile an der persönlichen Unterhaltsleistung zu beteiligen (vgl. BGH, Urt. v. 13. 7. 1971 i. VersR 1971, 1043 = VRS 41, 340 = NJW 1971, 1983 u. Urt. v. 2. 4. 1974 i. VersR 1974, 885). **Eigene Einkünfte** muß sich das Kind auf seinen Unterhaltsanspruch grundsätzlich anrechnen lassen (vgl. zur Anrechnung der Ausbildungsbeihilfe BGH, Urt. v. 2. 5. 1972 i. VersR 1972, 948 = NJW 1972, 1718, 1719 = VRS 43, 334 u. Urt. v. 8. 4. 1981 i. NJW 1981, 2462). Der Umfang der persönlichen Dienstleistung ändert sich in dem Maße, in dem das Kind zur **Mitarbeit** im Haushalt befähigt ist (vgl. BGH, Urt. v. 2. 5. 1972 aaO. u. Urt. v. 12. 6. 1973 i. VersR 1973, 939; OLG Celle, Urt. v. 15. 5. 1972 i. VersR 1972, 691). Zur **Berechnung** des **Wertes** der ausgefallenen Dienste vgl. Rdz. 26ff.

30 Wird die Mutter eines **nichtehelichen** Kindes getötet und kann der Unterhaltsanspruch gegen den Vater nicht durchgesetzt werden, umfaßt der Unterhaltsanspruch des Kindes gegen die Mutter sowohl die Barleistung als auch die persönliche Betreuung. Daß Verwandte die Betreuung des Kindes übernehmen, mindert seinen Ersatzanspruch nicht (vgl. BGH, Urt. v. 26. 1. 1953 i. VersR 1953, 149, 150, Urt. v. 8. 3. 1966 i. VersR 1966, 487 = VRS 31, 19, Urt. v. 21. 9. 1969 i. VersR 1970, 41 u. Urt. v. 7. 5. 1974 i. VersR 1974, 966).

c) Tod eines Kindes

31 Durch die **Tötung** eines **Kindes** können die Eltern einen Unterhaltsanspruch verlieren. Der häufig noch in der Zukunft liegende Schaden kann mit einer **Feststellungsklage** geltend gemacht werden (vgl. Rdz. 15).

Von dem Unterhaltsanspruch ist der Anspruch auf entgangene Dienste (§ 1619 BGB) zu unterscheiden. Der letztere Anspruch kann nur auf § 845 BGB, der eine deliktische Haftung voraussetzt, gestützt werden (vgl. Rdz. 49ff. zu § 12).

IV. Vorteilsausgleichung

32 Der Schädiger hat ohne Rücksicht auf gesetzliche **Unterhaltsleistungen Dritter** vollen Ersatz zu leisten (§ 8 Abs. 2 i. Verb. m. § 843 Abs. 4 BGB; vgl. a. Rdz. 23 zu § 8). Dies gilt auch für **freiwillige** Unterhaltszahlungen (RG, Urt. v. 17. 1. 1918 i. RG 92, 57). Unterhaltszahlungen sind jedoch schadenmindernd zu berücksichtigen, wenn dem Berechtigten **unabhängig** von dem schädigenden Ereignis ein **neuer** Unterhaltsanspruch entsteht, z. B. bei **Wiederheirat** (vgl. Rdz. 28). Der genannte Grundsatz findet auch keine Anwendung, wenn nur der Unterhaltspflichtige, nicht aber die **Unterhaltsquelle** wegfällt (vgl. Rdz. 17).

33 Soweit dem Berechtigten sonstige Leistungen zufließen, ist eine Anrechnung davon abhängig, ob das den Ersatz begründende Ereignis den **Vorteil adäquat** zur Folge gehabt hat und ob dies „im Einzelfall nach Sinn und Zweck des Schadenersatzrechts unter Berücksichtigung der gesamten Interessenlage der Beteiligten nach Treu und Glauben dem Geschädigten **zugemutet** werden kann" (so BGH, Urt. v. 19. 12. 1978 i. VersR 1979, 323, 324 m. zust. Anm. v. *Rudloff* S. 1152 = VRS 56, 249, 250 = DAR 79, 97; vgl. a. BGH, Urt. v. 17. 6. 1953 i. VersR 1953, 148 = VRS 5, 161 u. Urt. v. 24. 3. 1959 i. VersR 1959, 399, 400 = NJW 1959, 1078). Keine auszugleichenden Vorteile sind deshalb z. B. die nicht durch den Tod des Unterhaltspflichtigen verursachte Arbeitslosenhilfe, die die Witwe wegen **eigener Arbeitslosigkeit** erhält (BGH, Urt. v. 13. 12. 1951 i. VRS 4, 85, 88), **freiwillige Leistungen anderer** Personen, auch des Arbeitgebers (RG, Urt. v. 14. 4. 1932 i. RG 136, 83, 86), Leistungen und Erträgnisse einer **Unfallversicherung** (RG, Urt. v. 19. 11. 1955 i. VersR 1956, 48 u. Urt. v. 5. 2. 1957 i. VersR 1957, 265, 266 = VRS 12, 328, 330) oder einer **Lebensversicherung** (BGH, Urt. v. 19. 12. 1978 aaO. unter Aufgabe der früheren Unterscheidung zwischen der sog. „Risikoversicherung" und der „Sparversicherung"). Nicht anzurechnen sind auch Leistungen des **Sozialversicherungsträgers,** des **Dienstherrn** eines verstorbenen **Beamten** und des **Sozialhilfeträgers** (vgl. RG, Urt. v. 18. 4. 1981 i. RG 92, 401, 405; BGH GrZS, B. v. 30. 3. 1953 i. VersR 1953, 22); auf sie geht jedoch in Höhe der Leistungen die Schadensersatzforderung des Berechtigten über (vgl. Rdz. 37ff.).

34 **Ererbte** Vermögenswerte (Stamm und Erträgnisse) sind als **Vorteile** zu berücksichtigen, wenn sie auch vor dem Tode des Verpflichteten zum Bestreiten des Unterhaltes gedient haben. Wären sie nämlich nicht hierzu verwandt worden, würden sie dem Erben ohnehin im Wege einer späteren Erbfolge zufallen (BGH, Urt. v. 19. 3. 1974 i. VersR 1974, 700, 702 = VRS 47, 162, 164). Wird der Erbe erst durch den **späteren Tod** eines weiteren Angehörigens **Erbe,** findet ein Vorteilsausgleich schon deshalb nicht statt, weil der Vorteil nicht auf dem Schadenereignis beruht (BGH,

Urt. v. 16. 12. 1975 i. VersR 1976, 471 = VRS 50, 256 = NJW 1976, 748). **Erträgnisse** eines ererbten **Erwerbsgeschäftes** sind als Vorteile anzurechnen, wenn den Hinterbliebenen eine **unentgeltliche Tätigkeit zumutbar** ist. Trifft dies nicht zu, beschränkt sich die Anrechnung auf den **objektiven Wert** der Nutzung des in dem Erwerbsgeschäft steckenden **Vermögens** (BGH, Urt. v. 20. 12. 1971 i. VersR 1972, 391 = VRS 42, 331 = DAR 1972, 110 = NJW 1972, 574; vgl. a. BGH, Urt. v. 13. 12. 1966 i. VersR 1967, 259).

35 **Entfällt** durch den Tod eines Ehegatten die Verpflichtung des hinterbliebenen Ehegatten, dem anderen **Dienste** zu leisten (vgl. Rdz. 26ff.), handelt es sich **nicht** um einen anrechenbaren Vermögensvorteil (RG, Urt. v. 1. 10. 1936 i. RG 152, 208, 209; BGH, Urt. v. 13. 12. 1951 i. VRS 4, 85, 86; *Full,* Zivilr. Haft., Rdz. 74 zu § 10 StVG; *Krebs* i. VersR 1961, 293). Dagegen ist eine Vorteilsausgleichung grundsätzlich zulässig, soweit es sich um eine **Minderung** des **Barunterhaltes** handelt. Zu denken ist insbesondere an Ersparnisse für Unterkunft und Verpflegung des Getöteten sowie an Ausgaben für Kleidung, Reisen, Körperpflegemittel u. dergl. (BGH, Urt. v. 13. 7. 1971 i. VersR 1971, 1065 = VRS 41, 326 = NJW 1971, 2066, Urt. v. 14. 3. 1972 i. VersR 1972, 743, 745, Urt. v. 12. 6. 1973 i. VersR 1973, 939, 941 u. Urt. v. 10. 4. 1979 i. VersR 1979, 670, 672 = VRS 57, 94, 99 = DAR 1980, 16, 18; *Schlundt* i. DAR 1977, 281, 285ff.). Die Vorteilsausgleichung bestimmt sich jedoch nach den **tatsächlichen** Verhältnissen (BGH, Urt. v. 10. 4. 1979 aaO.; *Wussow* i. WI 1979, 45, 46). Bei dem Vergleich ist deshalb von der Unterhaltsleistung auszugehen, die der Getötete **tatsächlich** erbracht hat, mag sie auch über das gesetzlich geschuldete Maß hinausgehen (BGH, Urt. v. 10. 4. 1979 aaO.). Häufig **verrechnen** sich auch die Ersparnisse mit den Kosten, die für die Unterbringung und Verpflegung der **Ersatzkraft** aufgewandt werden müssen (vgl. BGH, Urt. v. 14. 3. 1972 aaO.; *Schlundt* aaO.).

V. Dauer der Ersatzpflicht

36 Der Ersatzpflichtige hat dem Dritten bis zu dem Zeitpunkt Schadenersatz zu leisten, in dem der Getötete **mutmaßlich verstorben wäre** (Abs. 2 Satz 1). Wegen der weiteren Einzelheiten wird auf die Ausführungen zu § 8 Rdz. 11ff. verwiesen.

E. Rechtsübergang nach § 1542 RVO u.a. Vorschriften

Schrifttum: *Bode,* Das Angehörigenprivileg nach § 67 Abs. 2 VVG, DAR 1980, 228; *Becker-Schaffner,* Der Umfang des Regresses nach § 640 BGB u. § 1542 RVO, VersR 1968, 1023; *Berg,* Die Angehörigenhaftung, VersR 1975, 980; *Ebel,* Zur Dogmatik des Angehörigenprivilegs nach § 67 Abs. 2 VVG, VersR 1978, 1083; *Hüskes,* Die Ersatzansprüche gemäß § 1542 RVO in der Rentenversicherung der Arbeiter, VersR 1959, 411; Ausschluß der Regreßnahme von Sozialversicherungsträgern (SVT) bei Schadenzufügung unter Familienangehörigen (§§ 67 Abs. 2 VVG, 1542 RVO), VersR 1966, 20; *Geyer,*

Nochmals: Ausschluß der Regreßnahme von Sozialversicherungsträgern (SVT) bei Schadenzufügung unter Familienangehörigen (§§ 67 Abs. 2 VVG, 1542 RVO), VersR 1967, 213; *Klimke,* Anrechnung der während der stationären Behandlung eines Kindes ersparten Lebenshaltungskosten, NJW 1970, 1360; Probleme bei der Erstattung schadensadäquater Heilungskosten, VersR 1971, 882; *Lauterbach,* Gesetzliche Unfallversicherung, 3. Auflage, Stuttgart–Berlin–Köln–Mainz 1981; *Neumann-Duesberg,* Rückgriffsanspruch des Sozialversicherungsträgers nach § 1542 RVO beim Unfalltod eines Rentners, VersR 1968, 709; *Pentz,* Unfallausgleich und gesetzlicher Forderungsübergang, NJW 1965, 951; *Perkuhn,* Probleme des Forderungsübergangs gemäß § 87a Nr. 2 BBG in Verbindung mit § 1542 RVO, VersR 1979, 111; *Roloff,* Zur Übergangsfähigkeit der Leistungen der Sozialversicherungsträger an die berufstätige Ehefrau, VersR 1964, 703; *D. Schmidt,* Zur Frage der Anrechnung häuslicher Ersparnisse des verletzten Arbeitnehmers während seiner stationären Behandlung, VersR 1977, 311; *Theda,* Schnittpunkte von Privat- und Sozialversicherungsrecht, einschließlich Quotenvorrecht, VersR 1981, 412; *Weitnauer,* Aktuelle Probleme des Rückgriffs des Versicherers gegen den Schädiger, DB 1968, 879).

I. Allgemeines

37 Dem Geschädigten steht häufig neben dem zivilrechtlichen Anspruch gegen den Schädiger ein **Versorgungsanspruch** gegen einen **Träger** der **Unfall-, Kranken-** oder **Rentenversicherung** zu. Um zu vermeiden, daß dies zur Entlastung des Schädigers oder zur Bereicherung des Geschädigten führt, bestimmt § 1542 RVO, daß der gesetzliche Schadenersatzanspruch eines Sozialversicherten auf den Träger der Sozialversicherung (SVT) **übergeht,** soweit dieser wegen des Schadens **Leistungen** nach der RVO zu gewähren hat (vgl. Rdz. 40). Ähnliche Regelungen enthalten § 87a BBG für Leistungen des **Dienstherrn** aus der **Unfallfürsorge** (vgl. Rdz. 54) und § 90 BSHG für **Leistungen** der **Sozialhilfe** (vgl. Rdz. 55).

II. Übergang nach § 1542 RVO

1. Zeitpunkt und Wirkung des Rechtsübergangs

38 Die Schadenersatzansprüche des Geschädigten gehen nach § 1542 RVO dem **Grunde** nach bereits in dem **Zeitpunkt** auf den SVT über, in dem sich der **Schaden ereignet** hat (st. Rechtspr., vgl. z. B. BGH, Urt. v. 10. 7. 67 i. VersR 1967, 974 = NJW 1967, 2199 = DB 1967, 1593 u. Urt. v. 13. 2. 1975 i. VersR 1975, 446 = NJW 1975, 978). Von diesem Zeitpunkt an kann der Geschädigte über die Forderung **nicht** mehr **verfügen** (vgl. §§ 406ff. BGB). Für den Beginn der Verjährung kommt es ausschließlich auf die **Kenntnis** des **SVT** an (vgl. Rdz. 15 zu § 11). Voraussetzung ist, daß das Sozialversicherungsverhältnis im Zeitpunkt der Schädigung bereits **begründet** ist und daß die – wenn auch entfernte – **Möglichkeit** besteht, daß der SVT dem Geschädigten Leistungen zu gewähren hat. Das gilt auch, wenn der Versicherungsfall, wie z. B. in der

Rentenversicherung, in absehbarer Zeit nicht zu erwarten ist; es genügt, wenn er in Betracht zu ziehen ist (vgl. BGH, Urt. v. 13. 2. 1975 aaO.).

39 Der Schädiger kann, soweit die Forderung auf den SVT übergegangen ist, mit befreiender Wirkung **nicht** mehr an den Geschädigten leisten; Vereinbarungen (insbesondere Vergleiche) zwischen dem Schädiger und dem Geschädigten braucht der SVT nicht gegen sich gelten zu lassen. Diese Wirkung tritt nicht ein, wenn der Schädiger den Übergang nicht **kannte** (§§ 407, 412 BGB). Die Kenntnis ist schon gegeben, wenn dem Schädiger die **tatsächlichen** Umstände bekannt waren, die eine Sozialversicherungspflicht begründen (BGH, Urt. v. 13. 2. 1975 aaO.). Sie wird auch angenommen, soweit die Leistungen des SVT auf einer die Leistungshöhe verändernden **neuen gesetzlichen** Regelung beruhen, nicht jedoch, wenn durch eine **Änderung** des **gesetzlichen Systems** eine völlig neuartige Lage geschaffen wird (BGH, Urt. v. 11. 1. 1966 i. VersR 1966, 233 = VRS 30, 241).

2. Leistungen des Sozialversicherungsträgers

40 Die **Leistungen** des SVT müssen sich aus der RVO oder den hierzu ergangenen Gesetzen ergeben. Auch sog. **Kann-**Leistungen und Leistungen an **freiwillig** Versicherte reichen aus (BGH, Urt. v. 11. 5. 1976 i. VersR 1976, 756 = NJW 1976, 2449 u. Urt. v. 3. 5. 1977 i. VersR 1977, 769; OLG Düsseldorf, Urt. v. 17. 7. 1975 i. VersR 1976, 363; OLG Hamburg, Urt. v. 20. 11. 1973 i. VersR 1974, 595). Keine Versicherungsleistungen sind **Verwaltungskosten,** z. B. Aufwendungen für den vertrauensärztlichen Dienst der Krankenkassen (*Wussow,* UHR, Tz. 1417; anders sind die Kosten zu beurteilen, die durch die Tätigkeit eines Durchgangsarztes der BG entstehen: vgl. LG Verden, Urt. v. 18. 12. 1962 i. VersR 1963, 232; *Vollmar* i. VersR 1958, 436; *Wussow* aaO. Tz. 1418) oder Anwaltsgebühren (BGH, Urt. v. 13. 11. 1961 i. VersR 1961, 1141 = VRS 22, 23 = NJW 1962, 202). Der Rechtsübergang wird der Höhe nach nur wirksam, soweit der SVT **tatsächlich** Leistungen erbracht hat. Die Höhe dieser Leistungen hat er darzulegen und nachzuweisen. Teilweise können die Leistungen jedoch **pauschaliert** werden (vgl. Rdz. 7f. zu § 6).

3. Schadensersatzanspruch

41 Der Forderungsübergang erstreckt sich auf Schadenersatzansprüche, die dem Verletzten aufgrund anderweitiger **gesetzlicher** Bestimmungen zustehen. Hierzu gehören auch Ansprüche aus **positiver Vertragsverletzung** (BGH, Urt. v. 20. 2. 1958 i. VersR 1958, 339 u. Urt. v. 16. 9. 1969 i. VersR 1969, 1038L). Es muß sich um Ersatzansprüche handeln, die durch **Krankheit, Unfall, Invalidisierung** oder **Tod** entstanden sind. Hieraus folgt, daß die Ansprüche grundsätzlich auf Ersatz eines **Personenschadens** gerichtet sein müssen. Die **Rechtsposition** des **Schädigers** wird durch den Rechtsübergang **nicht nachteilig** berührt. Die Ersatzforderung geht auf den SVT mit den Einwendungen und Einreden über, die der Schädiger **gegenüber dem Verletzten** hätte erheben können.

42 Unerheblich ist, ob dem SVT **selbst** ein **Schaden** entstanden ist. Wird ein Sozialversicherungsrentner durch einen Unfall getötet, geht der An-

spruch auf Ersatz des Unterhaltsschadens der Witwe auf den SVT auch über, wenn deren Rente geringer ist als die weggefallene Altersrente des Getöteten. Stand der Getötete noch im Erwerbsleben, sind auch die Rentenleistungen übergangsfähig, die nach dem Zeitpunkt geleistet werden, in dem dem Getöteten ohnehin eine Altersrente hätte gezahlt werden müssen (BGH GrZS, B. v. 30. 3. 1953 i. VersR 1953, 229 u. Urt. v. 4. 10. 1963 i. VersR 1964, 94, 95; krit. hierzu *Neumann-Duesberg* i. VersR 1968, 709; der BGH billigt allerdings in den Fällen, in denen dem SVT kein Schaden entsteht, dem Geschädigten ein Quotenvorrecht – vgl. Rdz. 53 – zu, Urt. v. 29. 11. 1977 i. VersR 1978, 179 = NJW 1978, 640). Der übergangsfähige Schaden kann jedoch andererseits auch nicht durch eine **Vermögensschädigung** des **SVT ersetzt** werden (vgl. BGH, Urt. v. 4. 7. 1978 i. VersR 1978, 861 m. krit. Anm. v. *Patzak* S. 954 = NJW 1978, 2200: kein übergangsfähiger Schaden bei Ablösung des Kindergeldanspruchs durch den Anspruch auf Kindergeldzulage aus der Unfallversicherung; ebenso für Verkürzung der Altersrente durch Zusammentreffen mit der Unfallrente BGH, Urt. v. 26. 10. 1976 i. VersR 1977, 130).

4. Kongruenz

43 Der Übergang setzt weiter voraus, daß die Leistungen des SVT mit den Schadenersatzansprüchen **sachlich** und **zeitlich** übereinstimmen, **kongruent** sind.

a) Sachliche Kongruenz

44 Die Leistungen müssen denselben Zwecken dienen wie der zu leistende Schadenersatz. Um dies festzustellen, ist auf die einzelne **Schadensart („Gruppe")** abzustellen: **Heilbehandlungskosten, vermehrte Bedürfnisse, Erwerbsschaden, Unterhaltsschaden, Beerdigungskosten** (Näheres hierzu bei *Wussow,* UHR, Tz. 1485ff.). Das **Schmerzensgeld** (vgl. Rdz. 52ff. zu § 12) wird vom Übergang nicht erfaßt, weil der SVT hierfür keine Leistungen gewährt (BGH, Urt. v. 22. 9. 1970 i. VersR 1970, 1053, 1054).

45 Umstritten ist, ob und inwieweit im übrigen **innerhalb** der **Gruppe** noch nach den einzelnen **Schadenposten** unterschieden werden muß. Grundsätzlich kann sich der SVT auch an Forderungen halten, die auf den Ersatz von Schäden gerichtet sind, für die er im **konkreten Falle keinen Ersatz** zu leisten braucht (vgl. BGH, Urt. v. 2. 11. 1957 i. VersR 1957, 15, Urt. v. 20. 3. 1973 i. VersR 1973, 566, Urt. v. 10. 4. 1979 i. VersR 1979, 640 = VRS 58, 87 u. Urt. v. 1. 12. 1981 i. VersR 1982, 291, 292 = VRS 62, 253, 255). Die unmittelbare Zugehörigkeit eines Schadenpostens zu einer Schadensart **reicht** aber **nicht aus,** wenn die Leistung des SVT auf den in Frage stehenden Schaden nicht ausgerichtet ist, mit ihr in keinem **inneren Zusammenhang** steht. So bezieht sich die Zahlung des Krankengeldes durch einen Krankenversicherer zwar auf die Gruppe „Erwerbsschaden"; sie gewährt aber keinen Ersatz dafür, daß der Geschädigte als Folge **beitragsloser Ausfallzeit** Nachteile in der gesetzlichen Rentenversicherung hat. Diese Schadensart ist deshalb vom Übergang ausgenommen (BGH, Urt. v. 24. 2. 1981 i. VersR 1981, 417, 418). Man-

gels entsprechender Leistungen hat der SVT auch keinen Anspruch auf Ersatz der Mehraufwendungen, die dem Verletzten durch die Inanspruchnahme der **zweiten Pflegeklasse** bei **stationärer Behandlung** entstehen (BGH, Urt. v. 20. 12. 1977 i. VersR 1978, 323; vgl. a. zu den Besuchskosten naher Angehöriger Rdz. 46).

46 Die Übergangsfähigkeit von **Heilbehandlungskosten** (vgl. Rdz. 2ff. zu § 6) ist im allgemeinen unproblematisch. Bei einer **stationären Behandlung** sind die Kosten des **Unterhaltes** im Krankenhaus, wenn der Verletzte einen **Verdienstausfallschaden** erlitten hat, im Rahmen der Kongruenz diesem zuzurechnen, weil sie aus Mitteln des Verdienstes bestritten werden. In Höhe der **Ersparnisse,** die der Verletzte während der stationären Behandlung **an allgemeinen Lebenshaltungskosten** erzielt, ist dem SVT der Regreß versagt, wenn und soweit der Verdienstausfallschaden (unter Berücksichtigung der Ersparnis) das gezahlte **Verletztengeld** nicht deckt (vgl. BGH, Urt. v. 16. 9. 1966 i. VersR 1966, 1028 = NJW 1966, 2356 u. Urt. v. 13. 10. 1970 i. VersR 1971, 127, 128; OLG Braunschweig, Urt. v. 14. 3. 1968 i. VersR 1969, 249; *Wussow* i. WI 1981, 186; anders bei Pauschalierung der Kosten der stationären Unterbringung, vgl. BGH, Urt. v. 16. 9. 1966 aaO. Zu den Mehrkosten der zweiten Pflegeklasse vgl. Rdz. 45 sowie Rdz. 3 zu § 6). Abzulehnen ist die Auffassung, die Leistungen des SVT, der für die Kosten einer stationären Behandlung aufzukommen habe, umfaßten auch die Ausgaben, die durch **Besuche** oder **Geschenke** naher Angehöriger des Verletzten oder durch **Aufmerksamkeiten** oder **Trinkgelder** an das **Personal** entstünden (AG München, Urt. v. 25. 11. 1975 i. VersR 1976, 864 m. abl. Anm. v. *Klimke; Stamm* i. VersR 1975, 690, 691; *Finke* i. VersR 1976, 518; wie hier OLG München, Urt. v. 10. 11. 1977 i. VersR 1978, 373; LG Regensburg, Urt. v. 17. 1. 1978 i. VersR 1979, 249; *Klimke* i. VersR 1976, 314 u. 864; *Schmalzl* i. VersR 1976, 421; *Wussow* i. WI 1975, 143 u. 1978, 98 u. 200).

47 Bei Ansprüchen auf Ersatz für **vermehrte Bedürfnisse** (vgl. Rdz. 31 ff. zu § 6) ist häufig die Abgrenzung zum Erwerbsschaden problematisch. Der Ersatzanspruch der verletzten **Hausfrau,** die den Haushalt wegen des Unfalls nicht mehr versehen kann, ist nur insoweit auf einen Ausgleich für vermehrte Bedürfnisse gerichtet, als sich die Hausfrau nicht mehr **selbst versorgen** kann; im übrigen liegt ein **Erwerbsschaden** vor (BGH, Urt. v. 25. 9. 1973 i. VersR 1974, 162 = NJW 1974, 41 m. abl. Anm. v. *Meurer* S. 640 u. Urt. v. 29. 11. 1977 i. VersR 1978, 179 = NJW 1978, 640). Die **Verletztenrente** des **Unfallversicherungsträgers** soll nicht für vermehrte Bedürfnisse entschädigen, sondern nur den Erwerbsschaden decken (BGH, Urt. v. 20. 5. 1958 i. VersR 1958, 454; anders für Unfallausgleichsrente nach dem Beamtenrecht BGH, Urt. v. 10. 11. 1964 i. VersR 1964, 1307 u. Urt. v. 30. 6. 1970 i. VersR 1970, 899). **Mehrkosten,** die dem Geschädigten während einer **stationären Behandlung** entstehen, z. B. für Getränke, sind kein Schaden, der den Leistungen des SVT für eine stationäre Behandlung kongruent ist (*Freundofer* i. VersR 1976, 1114; *Klimke* i. VersR 1976, 314; *Schmalzl* i. VersR 1976, 421 u. i. Anm. zu Urt. des LG Bonn v. 23. 3. 1976 i. VersR 1976, 354; a. A. AG München, Urt. v. 25. 11. 1975 i. VersR 1976, 387 m. abl. Anm. v. *Klimke* S. 864).

48 Beim **Erwerbsschaden** ist der gesamte Verdienstausfallschaden (einschließlich der Nebeneinkünfte, vgl. hierzu BGH, Urt. v. 3. 10. 1967 i. VersR 1967, 1068 u. *Vollmar* i. VersR 1962, 15) übergangsfähig. Zum Erwerbsschaden gehört auch der Ersatzanspruch wegen **Verlustes** oder **Verringerung** der **Altersversorgung** (BGH, Urt. v. 13. 5. 1968 i. VersR 1968, 945 u. Urt. v. 26. 10. 1976 i. VersR 1977, 130; vgl. jedoch Urt. v. 1. 4. 1980 i. VersR 1981, 427: kein Übergang auf BG als Reabilitationsträger, wenn übergangsfähiger Schaden nicht nachgewiesen). Keinen ausgleichsfähigen Schaden stellt es jedoch dar, wenn der **Kindergeldanspruch** durch den Anspruch auf **Kindergeldzulage** gegen den **Unfallversicherungsträger** abgelöst wurde (vgl. a. Rdz. 42). Eine Beeinträchtigung in der **Haushaltsführung** ist ein übergangsfähiger Erwerbsschaden (BGH, Urt. v. 25. 9. 1973 i. VersR 1974, 162 = NJW 1974, 41 m. abl. Anm. v. *Meurer* S. 640 u. Urt. v. 1. 12. 1981 i. VersR 1982, 291 = VRS 62, 253; vgl. a. Rdz. 49). **Ersparnisse,** die eine verletzte Hausfrau während einer stationären Behandlung erzielt, können jedoch nicht einem fiktiven „Hausfrauenerwerb" zugerechnet werden (*Schmalzl* i. VersR 1976, 421, 422; a. A. *Freundofer* i. VersR 1976, 1114, 1116; *Stamm* i. VersR 1975, 690, 692).

49 Mit dem **Unterhaltsschaden** sind die **Witwen-** und **Waisenrenten** kongruent. Beim Tod des Unterhaltspflichtigen ist der Unterhaltsanspruch auch insoweit übergangsfähig, als es sich um den Verlust der **Betreuung** des Ehegatten und der Kinder durch den Getöteten handelt (BGH, Urt. v. 8. 3. 1966 i. VersR 1966, 487, Urt. v. 7. 5. 1968 i. VersR 1968, 771, Urt. v. 25. 9. 1973 i. VersR 1974, 162 = NJW 1974, 41 m. abl. Anm. v. *Meurer* S. 640 u. Urt. v. 1. 12. 1981 i. VersR 1982, 291 = VRS 62, 253; *Hofmann* i. VersR 1977, 296, 304; *Wussow,* UHR, Tz. 1494; a. A. OLG Frankfurt, Urt. v. 13. 6. 1979 i. VersR 1980 m. abl. Anm. v. *Perkuhn* i. VersR 1981, 136). Die Beiträge für die **Rentner-Krankenversicherung** gleichen den Verlust des Krankenversicherungsschutzes der Hinterbliebenen aus (vgl. BGH, Urt. v. 20. 12. 1977 i. VersR 1978, 323; vgl. a. Rdz. 19). Die Rechtsprechung geht davon aus, daß die Übergangsfähigkeit dieses Schadenpostens **getrennt** zu prüfen ist, daß also eine Verrechnung mit dem übrigen Unterhaltsschaden nicht zulässig ist (vgl. BGH, Urt. v. 20. 12. 1977 aaO.). Da sich eine nur im Haushalt tätige Mutter nicht an den Kosten des Krankenversicherungsschutzes zu beteiligen braucht, stellt es keinen übergangsfähigen Schaden dar, daß das Kind den von seinem Vater vermittelten Anspruch auf **Familienkrankenhilfe** verliert, weil es in der Krankenversicherung der Rentner selbst versichert ist (BGH, Urt. v. 6. 5. 1980 i. VersR 1980, 844; vgl. a. Rdz. 42).

50 Hat ein SVT **Sterbegeld** zu zahlen, geht der Anspruch des Berechtigten auf Ersatz von **Beerdigungskosten** in Höhe seiner Leistungen auf ihn über. Dies gilt auch, wenn der Ersatzberechtigte nicht der Versicherte ist (BGH, Urt. v. 14. 11. 1958 i. VersR 1959, 231; OLG Oldenburg, Urt. v. 18. 2. 1955 i. VRS 9, 16, 17). Kein Sterbegeld ist die nach § 1591 RVO an die Witwe gezahlte **Überbrückungshilfe** (OLG Hamm, Urt. v. 3. 12. 1979 i. VersR 1980, 390; anders für beamtenrechtliches Sterbegeld BGH, Urt. v. 18. 1. 1977 i. VersR 1977, 427 = NJW 1977, 802; KG, Urt. v. 30. 10. 1980 i. VRS 60, 263).

b) Zeitliche Kongruenz

51 Die Leistungen des SVT müssen nicht nur denselben Zwecken dienen, sondern sich auch auf die **Zeiträume** beziehen, für die der Schädiger Schadenersatz zu leisten hat. Deshalb ist es z. B. unzulässig, zum Anspruchsübergang Schadenersatzansprüche heranzuziehen, die dem Versicherten für einen Erwerbsschaden zustehen, der **außerhalb** des von der Versicherungsleistung gedeckten **Zeitraums** liegt (BGH, Urt. v. 13. 3. 1973 i. VersR 1973, 436 = VRS 45, 84; OLG München, Urt. v. 24. 6. 1966 i. VersR 1966, 927). Ebenso bedeutet es einen Verstoß gegen den Grundsatz der zeitlichen Kongruenz, wenn für einen bestimmten Zeitraum ein unterschiedlich hoher Verdienstausfall mit der **durchschnittlichen Höhe** zugrunde gelegt wird (OLG Bamberg, Urt. v. 12. 12. 1978 i. VersR 1979, 473). Entscheidend ist der **Zeitraum,** auf den sich die **Leistung** des SVT **erstreckt.** Das ist z. B. beim Krankengeld der einzelne Tag, bei der Rente einer BG der Monat (*Wussow,* UHR, Tz. 889 u. WI 1960, 187, 188).

5. Ausschluß des Übergangs bei Schädigung durch Familienangehörige

52 Nach § 67 Abs. 2 VVG ist es dem Versicherer verwehrt, bei Schäden, die von einem mit dem Geschädigten in **häuslicher Gemeinschaft lebenden Familienangehörigen** verursacht worden sind, Regreß gegen den Familienangehörigen zu nehmen. Bei dieser Regelung, deren Zweck es ist, der Familiengemeinschaft als **Wirtschaftseinheit** die Versicherungsleistungen zu erhalten und den **Familienfrieden** zu sichern, handelt es sich um einen allgemeinen Rechtsgrundsatz, der auch für den Regreß nach § 1542 RVO gilt (vgl. Rdz. 9 zu § 13). Dieses Regreß ist auch ausgeschlossen, wenn der Schädiger **haftpflichtversichert** ist (BGH, Urt. v. 9. 1. 1968 i. VersR 1968, 248 u. Urt. v. 5. 12. 1978 i. VersR 1979, 256 = VRS 56, 267 = NJW 1979, 981). Der Kreis der **Familienangehörigen** ist weit zu fassen. Alle Personen, die miteinander **verwandt, verschwägert** oder **verheiratet** sind, sind Familienangehörige i. S. v. § 67 Abs. 2 VVG (BGH, Urt. v. 15. 1. 1980 – VI ZR 270/78 – i. VersR 1980, 644). Auch **Adoptiv-, Stief-** und **Pflegekinder** rechnen zu den Familienangehörigen (vgl. BGH, Urt. v. 15. 1. 1980 – VI ZR 181/78 – i. VersR 1980, 526 = NJW 1980, 1468; *Wussow,* UHR, Tz. 1462ff.), nicht jedoch **geschiedene Ehegatten** und Personen, die in einer **eheähnlichen** Gemeinschaft zusammenleben (*Wussow* aaO.). Eine **häusliche Gemeinschaft** besteht nicht schon, wenn die Personen zusammen wohnen. Vielmehr muß es sich um eine **gemeinschaftliche,** auf eine gewisse **Dauer** angelegte **Wirtschaftsführung** handeln (BGH, Urt. v. 15. 1. 1980 – VI ZR 270/78 – aaO.). Es genügt, wenn die beiden Voraussetzungen – Familienangehörigkeit und häusliche Gemeinschaft – im **Zeitpunkt** des **Unfalls vorliegen.** Fallen sie später wieder weg, ist der Regreß gleichwohl ausgeschlossen (BGH, Urt. v. 30. 6. 1971 aaO.). Die Inanspruchnahme des Familienangehörigen ist dem SVT aber auch versagt, wenn der Schädiger die genannten Merkmale erst **zur Zeit** der **Regreßnahme** oder sogar erst **nach** Geltendmachung des Regresses erfüllt (BGH, Urt.

v. 9. 5. 1972 i. VersR 1972, 764, Urt. v. 25. 11. 1975 aaO. u. Urt. v. 21. 9. 1976 i. VersR 1977, 148).

6. Quotenvorrecht

53 Dem SVT steht beim Rechtsübergang nach § 1542 RVO das sog. **Quotenvorrecht** zu. Dies bedeutet, daß sich der SVT **vorrangig** befriedigen kann, wenn der Ersatzanspruch aus Rechtsgründen, etwa wegen einer **Mithaftung** des Geschädigten auf einen Bruchteil (Quote; vgl. Rdz. 18 ff. zu § 4) oder wegen der Geltung von **Höchstbeträgen** (vgl. Rdz. 10 zu § 9), zur Deckung des Gesamtschadens nicht ausreicht (st. Rechtspr., vgl. z. B. BGH, Urt. v. 7. 11. 1978 i. VersR 1979, 30). Der SVT kann sich dann wegen seiner Leistungen **vorab befriedigen.** Der Geschädigte geht dadurch häufig leer aus oder kann nur noch einen Schaden geltend machen, der die Leistung des SVT übersteigt. Trotz starker Kritik hat der BGH am Quotenvorrecht festgehalten (zuletzt noch mit Urt. v. 7. 4. 1981 i. VersR 1981, 675; vgl. a. *Theda* i. VersR 1981, 412). Er hat jedoch den Grundsatz des Quotenvorrechts durchbrochen, indem er dem Geschädigten eine vorrangige Berücksichtigung in den Fällen zugebilligt hat, in denen dem SVT kein Schaden entstanden ist (vgl. Urt. v. 29. 11. 1977 i. VersR 1978, 179 = NJW 1978, 640). Das Quotenvorrecht greift nicht ein, wenn der Schaden nur deshalb **nicht voll ausgeglichen** werden kann, weil der Schuldner dazu nicht in der Lage ist (vgl. BGH, Urt. v. 7. 11. 1978 aaO.), oder wenn nur ein **Teil** der Aufwendungen (z. B. der Heilungskosten) durch den Unfall verursacht worden ist (BGH, Urt. v. 10. 4. 1979 i. VersR 1979, 640 = VRS 58, 87. Im letzteren Falle handelt es sich um ein Problem der Kongruenz, vgl. Rdz. 45). Die jetzige Regelung soll **zugunsten des Geschädigten geändert** werden. Der in Vorbereitung befindliche § 122 SGB (BR-Drucks. 526/80, 9) sieht vor, daß bei einer **höhenmäßigen Begrenzung** der Haftung der Geschädigte bevorrechtigt ist (Abs. 2) und daß bei einer Minderung des Anspruchs durch eine **Mithaftungsquote** nur der verkürzte Anteil der Forderung auf den SVT übergeht, der Geschädigte jedoch nicht mehr als den vollen Ausgleich seines Schadens erhalten darf (Abs. 3).

III. Übergang nach § 80a BBG

54 Erleidet ein **Beamter** einen Personenschaden, gehen die Schadenersatzansprüche der Berechtigten auf den **Dienstherrn** über, soweit dieser während einer auf der Körperverletzung beruhenden Aufhebung der Dienstfähigkeit zur Gewährung von Dienstbezügen oder infolge der Körperverletzung oder der Tötung zur Gewährung einer Versorgung oder einer anderen Leistung verpflichtet ist (§ 87a Satz 1 BBG). Der Übergang des Anspruchs kann nicht zum Nachteil des Beamten oder der Hinterbliebenen geltend gemacht werden (§ 87a Satz 2 BBG). Diese in § 1542 RVO nicht enthaltene Einschränkung hat zur Folge, daß das **Quotenvorrecht** (vgl. Rdz. 53) nicht dem Dienstherrn sondern dem **verletzten Beamten** oder den **Hinterbliebenen** zusteht. Demnach geht nur der

Teil des Schadensersatzanspruches, der nach Deckung des Schadens des Beamten verbleibt, auf den Versorgungsträger über. Der Rechtsübergang ist nicht auf **Dienstunfälle** des Beamten beschränkt, sondern tritt auch bei Unfällen im **privaten** Bereich ein.

IV. Übergang nach § 90 BSHG

55 Hat ein Hilfsempfänger für die Zeit, für die Hilfe gewährt wird, einen Anspruch gegen einen anderen, kann der Träger der Sozialhilfe durch **schriftliche Anzeige** an den anderen bewirken, daß der Anspruch bis zur Höhe seiner Aufwendungen übergeht (§ 90 Abs. 1 Satz 1 BSHG). Der Rechtsübergang bewirkt praktisch, daß dem Sozialhilfeträger ein Quotenvorrecht zusteht (*Wussow,* UHR, Tz. 1579).

Umfang des Schadensersatzes bei Körperverletzung

6 Im Falle einer Körperverletzung ist der Schadenersatz (§§ 1, 2 u. 3) durch Ersatz der Kosten der Heilung sowie des Vermögensnachteils zu leisten, den der Verletzte dadurch erleidet, daß infolge der Verletzung zeitweise oder dauernd seine Erwerbsfähigkeit aufgehoben oder gemindert oder eine Vermehrung seiner Bedürfnisse eingetreten ist.

Übersicht

A. Bedeutung der Vorschrift

1 § 6 hat die Regelung des § 3a RHG (vgl. Anh. 1) übernommen; er entspricht inhaltlich § 11 StVG und § 36 LVG. Gegenüber der Haftung nach dem BGB ist der **Umfang** der **Ersatzpflicht eingeschränkt.** Ersetzt werden **nur Heilungskosten** (B.), **Erwerbsschäden** (C.) und **vermehrte Bedürfnisse** (D.). Die Haftung umfaßt **nicht bloße Vermögensschäden** (vgl. Rdz. 125 zu § 12) und gewährt **keinen Ersatz** für **entgangene Dienste** (§ 845 BGB; vgl. Rdz. 49ff. zu § 12) und **kein Schmerzensgeld** (§ 847 BGB; vgl. Rdz. 52ff. zu § 12). Diese Beschränkung ist ein Korelat zu der **strengeren** Haftung (vgl. a. Rdz. 1 zu § 5).

B. Heilungskosten

Schrifttum: *Freundofer,* Abrechnung stationärer Krankenhausbehandlungskosten mit Sozialversicherungsträgern, VersR 1976, 1114; *Friedrich,* Nochmals: Zum Rückgriffsanspruch der gesetzlichen Krankenkassen und der Ersatzkassen für die ambulante Krankenpflege (§§ 1542, 1524 RVO), VersR 1965, 322; *Höring,* Das Mißbrauchsprinzip der Rechtsprechung zu § 1542 RVO und die Vergleichswerte bei stationärer Behandlung, VersR 1958, 212; *Kirstein,* Nochmals: Zur Auslegung des § 1542 Abs. 2 RVO, VersR 1958, 822; *Klimke,* Probleme der Erstattung schadensadäquater Heilungskosten, VersR 1971, 882; Anrechnung der während eines unfallbedingten Krankenhausaufenthaltes im häuslichen Bereich eingetretenen Ersparnisse, VersR 1976, 314; *Lentzen,* Zum Rückgriffsanspruch der gesetzlichen Krankenkassen für die ambulante Krankenpflege (§§ 1542, 1524 RVO), VersR 1965, 15; *Möring,* Aufteilung der Berechnung nach § 1542 RVO in Pauschalierung und Nachweis?, VersR 1958, 78; *Raddatz,* Nochmals: Ersatz der Heilungskosten des Pflichtversicherten, VersR 1966, 1121; *Schmalzl,* Zum Wechsel der Berechnungsart durch den SVT bei Heilbehandlungskosten gemäß §§ 1524 Abs. 1 Satz 2–4, 1542 Abs. 2 RVO, VersR 1972, 818; Zum Rückgriff des SVT nach § 1542 RVO bei Verpflegungsersparnis des Verletzten einerseits und Mehraufwendungen des Verletzten andererseits während seines Krankenhausaufenthalts, VersR 1976, 421; *M. Schmid,* Für welche Pflegeklasse hat der Schädiger die Kosten zu erstatten?, VersR 1974, 1145; *W. Schmidt,* Ersatz der Heilungskosten des Pflichtversicherten, VersR 1966, 614; *Schneider,* Die Pauschalierung des Ersatzanspruchs gemäß § 1542 RVO in Verbindung mit § 1524 Abs. 1 RVO im Spiegel der Rechtsprechung, NJW 1961, 254; *W. Weimar,* Sind Ausgaben Dritter für Krankenhausbesuche vom Schadensstifter zu erstatten?, JR 1964, 296.

I. Angemessenheit

2 Zu den **Heilungskosten** gehören die Kosten, die zur **Wiederherstellung** des früheren Gesundheitszustandes oder zur Verhinderung einer **Verschlechterung** aufgewendet werden müssen (§ 249 BGB). Der Ersatzpflichtige hat die adäquat unfallbedingten Kosten insoweit zu erstatten, als sie **angemessen** sind. Die Angemessenheit bestimmt sich nach

den **Umständen des Einzelfalles** aufgrund einer Abwägung, deren Maßstab § 254 Abs. 2 BGB (vgl. Rdz. 63ff. zu § 4) bildet (BGH, Urt. v. 23. 9. 1969 i. VersR 1969, 1040 = VRS 38, 17 = NJW 1969, 2281 u. Urt. v. 11. 11. 1969 i. VersR 1970, 129). Zu erstatten sind auch die Kosten einer ärztlichen Behandlung, die **erfolglos** geblieben ist (anders bei unbefugtem, grob fahrlässigem Eingriff, vgl. BGH, Urt. v. 8. 1. 1965 i. VersR 1965, 439) oder die lediglich eine **Linderung** der Beschwerden erzielen kann (OLG Frankfurt, Urt. v. 28. 1. 1971 i. VersR 1972, 74 L = MDR 1971, 843). Die Kosten einer notwendigen **kosmetischen Operation** sind grundsätzlich zu ersetzen (KG, Urt. v. 5. 6. 1980 i. VRS 59, 162 = DAR 1980, 341; OLG Stuttgart, Urt. v. 30. 8. 1977 i. VersR 1978, 188), sofern sie nicht durch **Unverhältnismäßigkeit** die Grenze nach § 251 Abs. 2 BGB (Rdz. 243 zu § 1) überschreiten (in diesem Fall ist der Verzicht bei der Schmerzensgeldbemessung zu berücksichtigen, vgl. BGH, Urt. v. 3. 12. 1974 i. VersR 1975, 342 m. zust. Anm. v. *Seliger* S. 642 = LM Fa Nr. 14 zu § 249 BGB m. zust. Anm. v. *Steffen* = VRS 48, 241; vgl. a. KG, Urt. v. 25. 10. 1979 i. VersR 1980, 873); auch die Kosten einer Behandlung **im Ausland** können im Einzelfall angemessen sein (BGH, Urt. v. 23. 9. 1969 aaO.).

3 Die Kosten einer **privatärztlichen** Behandlung oder einer **höheren** Pflegeklasse bei stationärer Unterbringung sind zu erstatten, wenn diese Ausgaben im Rahmen der sonstigen Lebensführung des Verletzten liegen, der Verletzte entsprechend versichert ist oder die Maßnahme insbesondere aus ärztlicher Sicht notwendig erscheint (BGH, Urt. v. 16. 12. 1963 i. VersR 1964, 257 u. Urt. v. 11. 11. 1969 i. VersR 1969, 129, 130; OLG Neustadt, Urt. v. 28. 5. 1954 i. VersR 1954, 436; *W. Schmidt* i. VersR 1966, 614, 615; enger *Raddatz* i. VersR 1966, 1121 u. *M. Schmid* i. VersR 1974, 1145). Notwendige Heilungskosten sind nach § 249 Satz 2 BGB auch zu ersetzen, wenn der Verletzte die Kosten **nicht selbst trägt,** weil andere eintreten (OLG Celle, Urt. v. 16. 10. 1961 i. VersR 1962, 187 = DAR 1962, 206 = NJW 1962, 51 u. Urt. v. 27. 1. 1972 i. VersR 1972, 468, 469; OLG Hamm, Urt. v. 26. 4. 1972 i. NJW 1972, 1521), oder wenn die Ausgabe **unterblieben** ist, weil der Verletzte nicht in Vorlage treten konnte (BGH, Urt. v. 29. 10. 1957 i. VersR 1958, 176 = VRS 14, 248 = NJW 1958, 627).

II. Nebenkosten

4 **Ausgaben** für **Maßnahmen,** die nicht **unmittelbar** auf die Heilung gerichtet, ihr jedoch **förderlich** sind, zählen ebenfalls zu den erstattungspflichtigen Heilungskosten. Ist der Verletzte schwer erkrankt, kann davon ausgegangen werden, daß sich **Besuche** von Personen, die ihm nahe stehen, auf den Heilungsverlauf günstig auswirken. Nach h. A. hat deshalb der Schädiger auch die durch die Besuche entstehenden Kosten (insbesondere Fahrtkosten, unter bestimmten Voraussetzungen auch den durch den Besuch entstandenen Verdienstausfallschaden) zu ersetzen (vgl. BGH, Urt. v. 22. 10. 1957 i. VersR 1957, 790 m. zust. Anm. v. *Böhmer* i. VersR 1958, 108, Urt. v. 11. 2. 1960 i. VersR 1961, 272, Urt. v.

1. 4. 1961 i. VersR 1961, 545 u. Urt. v. 4. 2. 1964 i. VersR 1964, 532 = VRS 26, 323; OLG Hamm, Urt. v. 26. 4. 1972 i. VersR 1972, 1034 L = NJW 1972, 1521; *Wussow* i. WI 1978, 150, 151 unter Aufgabe der i. UHR, Tz. 1163 vertretenen Auffassung, es müsse eine Verpflichtung des Verletzten zur Erstattung dieser Kosten bestehen; vgl. a. BGH, Urt. v. 21. 12. 1978 i. VersR 1979, 350 = VRS 56, 258 = NJW 1979, 298: evtl. auch Ersatz v. Umzugskosten, krit. hierzu *Wussow* i. WI 1979, 40; bei Einsatz eines PKW sind nicht nur die reinen Betriebskosten zu ersetzen, so zutr. *Wussow* i. WI 1981, 192 gegen OLG Celle, Urt. v. 30. 1. 1975 i. DAR 1975, 269 = VersR 1976, 297 L). Zu erstatten sind auch die **Fahrtkosten,** die dem Verletzten durch **Arztbesuche** oder durch den **Transport** zum oder vom **Krankenhaus** entstehen, und **Mehrausgaben,** die durch den Aufenthalt im Krankenhaus bedingt sind, z. B. Telefonkosten oder ein Mehrbedarf an Kleidung oder Getränken (vgl. OLG Nürnberg, Urt. v. 11. 1. 1963 i. VersR 1964, 176; LG Lüneburg, Urt. v. 13. 7. 1973 i. VersR 1975, 1016; *Stamm* i. VersR 1975, 690), bei **Kindern** auch die Kosten für Geschenke, die ihnen den Aufenthalt erleichtern (BGH, Urt. v. 22. 10. 1957 aaO.; vgl. a. *Wussow* i. WI 1980, 56), sowie **Aufmerksamkeiten** oder **Trinkgelder** für das **Personal** (KG, Urt. v. 14. 2. 1974, zit. v. *Darkow* i. DAR 1975, 281, 282; LG Hanau, Urt. v. 15. 8. 1968 i. VersR 1969, 623 L; LG Lüneburg, Urt. v. 13. 7. 1973 aaO.; *Finke* i. VersR 1976, 518; *Stamm* aaO.; *Weimar* i. JR 1964, 296).

III. Vorteilsausgleichung

5 Von den Kosten für eine **stationäre Behandlung** und für **Kuren** ist grundsätzlich ein Abzug wegen der **Ersparnisse** zu machen, die der Verletzte an **häuslichen Lebenshaltungskosten,** insbesondere an Verpflegung, erzielt (vgl. BGH, Urt. v. 18. 5. 1965 i. VersR 1965, 786 = NJW 1965, 1592, Urt. v. 16. 9. 1966 i. VersR 1966, 1028 = NJW 1966, 2356 u. Urt. v. 13. 10. 1970 i. VersR 1971, 127; OLG Karlsruhe, Urt. v. 20. 7. 1973 i. VersR 1974, 659; OLG Celle, Urt. v. 14. 4. 1977 i. VersR 1977, 1027; *Wussow,* UHR, Tz. 1481; vgl. a. Rdz. 46 zu § 5). Es kann nicht anerkannt werden, daß diese Ersparnisse durch Aufwendungen für Stärkungsmittel, Getränke u. dergl. ausgeglichen werden (KG, Urt. v. 18. 3. 1968 i. DAR 1968, 181; OLG Saarbrücken, Urt. v. 30. 5. 1975 i. VersR 1976, 271). Nach der Auffassung des BGH (Urt. v. 22. 1. 1980 i. VersR 1980, 455 = VRS 58, 327) kann der in der häuslichen Ersparnis liegende Vorteil **nicht** auf einen **Verdienstausfallschaden** des Verletzten angerechnet werden, weil er nur in ursächlichem Zusammenhang mit der Unterbringung des Verletzten steht und nicht mit seiner Erwerbsunfähigkeit (vgl. a. Urt. v. 6. 12. 1977 i. VersR 1978, 251 m. abl. Anm. v. *Klimke* S. 513). Demnach ist der Abzug auch zu machen, wenn es sich bei den Verletzten um Personen handelt, die, wie **Hausfrauen** und **Kinder, keinen Verdienstausfallschaden** erleiden (vgl. OLG Braunschweig, Urt. v. 14. 3. 1968 i. VersR 1969, 249; OLG Nürnberg, Urt. v. 23. 6. 1970 i. VersR 1971, 260 L; LG Braunschweig, Urt. v. 28. 4. 1967 i. VersR 1967, 681; LG Regensburg, Urt. v. 17. 1. 1978 i. VersR 1979, 249; *Klimke* i.

NJW 1970, 1360, i. VersR 1971, 883, 886 u. i. VersR 1976, 314; vgl. jedoch BGH, Urt. v. 6. 12. 1977 i. VersR 1978, 251 m. abl. Anm. v. *Klimke* S. 513: keine Vorteilsausgleichung für verletzten Bundeswehrsoldaten, für den unentgeltlich Gemeinschaftsverpflegung bereitgestellt wird). Zahlt ein **SVT** die Krankenhaus- oder Kurkosten und ist dem Verletzten auch ein Verdienstausfallschaden entstanden, für den der SVT Leistungen erbringt (z. B. durch Zahlung des Verletztengeldes), ist nach den Grundsätzen der **sachlichen Kongruenz** (vgl. Rdz. 46 zu § 5) der Teil der Kosten, der auf die Verpflegung entfällt, dem Erwerbsschaden zuzurechnen, weil die Verpflegung aus den Mitteln des Verdienstes bestritten wird. Der SVT braucht sich deshalb die häusliche Ersparnis nicht als Vorteil anrechnen zu lassen, wenn und soweit der Verdienstausfallanspruch des Verletzten seine Barleistungen (zumindest in Höhe der Ersparnisse) übersteigt (vgl. BGH, Urt. v. 16. 9. 1966 aaO.).

6 Die **Höhe** der **Ersparnisse** richtet sich nach den **Lebensverhältnissen** des Verletzten. Für **Kinder** ist ein niedrigerer Betrag anzusetzen als für Erwachsene. Das KG (Urt. v. 9. 11. 1978 i. DAR 1979, 494) hat z. B. angenommen, die tägliche Ersparnis betrage bei einem Kind für den Zeitraum 1975/1976 die Hälfte des für Erwachsene geltenden Betrages von DM 8,– (vgl. a. *Klimke* i. VersR 1971, 883, 886 u. 1976, 314, 316; Anhaltspunkte geben auch die Werte der Sachbezugsverordnung v. 10. 12. 1980 i. d. F. v. 10. 12. 1981, BGBl. I, 1379).

IV. Pauschalierung

7 Geht der Anspruch auf Ersatz von Heilungskosten nach § 1542 RVO auf den SVT über (vgl. Rdz. 46 zu § 5), hat dieser die Wahl, die Kosten in ihrer **tatsächlichen** Höhe oder **pauschal** (vgl. §§ 1542 Abs. 2, 1524 Abs. 1 Sätze 2–4 RVO) zu berechnen. Bei einer pauschalen Berechnung der Kosten einer stationären Behandlung ist dem Schädiger der Einwand, es seien **Ersparnisse** an häuslichen Lebenshaltungskosten zu berücksichtigen (vgl. Rdz. 5 sowie Rdz. 46 zu § 5), von vornherein **versagt** (BGH, Urt. v. 16. 9. 1966 i. VersR 1966, 1208 = NJW 1966, 2356).

8 In der Praxis kommt es häufiger vor, daß die Kosten der **ambulanten Krankenpflege** mit dem dafür vorgesehenen Satz von 3/8 des Grundlohns für jeden Tag der Behandlung **pauschaliert** werden. Maßgebend sind hierbei die **Tage** der **Behandlungsdauer** und nicht diejenigen, an denen **tatsächlich** ärztlich behandelt wurde (BGH, Urt. v. 27. 1. 1954 i. VersR 1954, 166). Die Pauschalierung hat nicht selten zur Folge, daß der geforderte Betrag höher ist als die Kosten, die **tatsächlich** entstanden sind. Hiergegen kann sich der Schädiger nur dadurch wehren, daß er im Einzelfall **nachweist,** daß die Voraussetzungen einer **rechtsmißbräuchlichen Berechnung** vorliegen. Das ist nach der Auffassung des BGH anzunehmen, wenn die Pauschalierungssumme die **hypothetischen Kosten einer privatärztlichen Behandlung wesentlich übersteigt** (st. Rechtspr., vgl. BGH, Urt. v. 27. 1. 1954 – VI ZR 16/53 – i. VersR 1954, 141, Urt. v. 27. 1. 1954 – VI ZR 245/53 – i. VersR 1954, 166 u. Urt. v. 8. 11. 1977 i. VersR 1978, 178; *Wussow,* UHR, Tz. 1474ff. u. i. WI 1981, 101; *Schneider*

i. NJW 1961, 254). Eine mißbräuchliche Berechnung wurde z. B. bei einer Überschreitung auf das Doppelte bejaht (LG München I, Urt. v. 8. 5. 1968 i. VersR 1968, 1088) und bei einem Unterschied von nur ⅓ verneint (OLG Bamberg, Urt. v. 2. 2. 1966 i. VersR 1966, 652). Der in Vorbereitung befindliche § 122 Abs. 8 SGB (vgl. BR-Drucks. 526/80, 10) sieht vor, daß der SVT eine sog. **Fallpauschale** berechnen kann. Mit dem Inkrafttreten dieser Regelung dürfte die bisherige Rechtsprechung über die rechtsmißbräuchliche Berechnung praktisch bedeutungslos werden.

C. Erwerbsschaden

Schrifttum: *Bauer,* Zur Schadenregulierung bei Invalidität oder Tod eines freiberuflich Tätigen infolge Verkehrsunfalles, DAR 1970, 63; *Berg,* Schadenersatzanspruch des GmbH-Alleingesellschafters, der verletzt wurde, NJW 1974, 933; *Berger,* Zum Erwerbsschaden des Selbständigen, VersR 1981, 1104; *Ganßmüller,* Die Tantieme und andere umzurechnende Vergütungsteile beim Erwerbsschaden des Gesellschafter-Geschäftsführers, VersR 1978, 805; *Grunsky,* Entgangene Urlaubszeit als Vermögensschaden, NJW 1975, 609; *Hofmann,* Der Erwerbsschaden des Gesellschafters einer Personen- oder Kapitalgesellschaft, VGT 1980, 241 = VersR 1980, 60; Zur Anrechenbarkeit von Steuervorteilen des Geschädigten auf den Verdienstausfallanspruch, VGT 1980, 241, 256 = VersR 1980, 807; *Klimke,* Ersatzansprüche eines Taxiunternehmers im Falle eines Haftpflichtschadens, VersR 1972, 903 u. 1973, 397; *Landwehrmann,* Freizeitbeeinträchtigungen und allgemeines Persönlichkeitsrecht, NJW 1970, 1867; *Leierseder,* Der Erwerbsschaden bei Selbständigen, VGT 1980, 225; *Löffler,* Zur abstrakten Schadenberechnung im Haftpflichtprozeß, VGT 1980, 266; *Marschall von Biberstein,* Schadenberechnung bei Verdienstausfall, VersR 1975, 1065; *Riedmaier,* Schadensersatz wegen Arbeitsunfähigkeit, VersR 1978, 110; Pauschalierte Berechnung des Verdienstausfallschadens von Arbeitnehmern, VersR 1978, 1002; *Ruhkopf, Book,* Über die Haftpflichtansprüche körperlich verletzter, freiberuflich tätiger Personen und Gewerbetreibender wegen Gewinnentgangs, Teil I i. VersR 1970, 690, Teil II i. VersR 1972, 114; Ist § 34 des Einkommenssteuergesetzes bei der Beurteilung von Haftpflichtschäden wegen Gewinnentgangs von Freiberuflern und Gewerbetreibenden zu berücksichtigen?, VersR 1973, 781; *Schulte,* Die Vermögenseinbuße bei einer Kapitalgesellschaft – Ein ersatzfähiger Schaden des Alleingesellschafters?, NJW 1979, 2230; *Späth,* Zur Berechnung des Schadenersatzanspruchs wegen entgangener Einnahmen, VersR 1978, 1004.

I. Vermögensnachteil

9 Ein **Vermögensnachteil,** den der Verletzte dadurch erleidet, daß infolge der Verletzung zeitweise oder dauernd seine Erwerbsfähigkeit aufgehoben oder gemindert ist, ist nach § 6 zu ersetzen (vgl. a. § 842 BGB).

1. Konkreter Schaden

10 **Nicht** für eine **Beeinträchtigung** der **Erwerbsfähigkeit** als solche ist Ersatz zu leisten, sondern nur für **Vermögensschäden,** die hieraus ent-

standen sind. Der Schaden ist demnach nicht abstrakt, sondern nach der **tatsächlichen** Erwerbsminderung zu ermitteln (st. Rechtspr.; vgl. BGH, Urt. v. 22. 2. 1965 i. VersR 1965, 489, Urt. v. 14. 10. 1969 i. VersR 1970, 38, 39, Urt. v. 5. 5. 1970 i. VersR 1970, 766 = NJW 1970, 1411 u. Urt. v. 24. 10. 1978 i. VersR 1978, 1170; vgl. a. Urt. v. 29. 4. 1977 i. NJW 1977, 1446; *Piegler* i. VersR 1965, 103, 104). Selbst wenn feststeht, daß der Geschädigte konkret beeinträchtigt ist, weil er z. B. seine frühere Beschäftigung nicht oder nur noch teilweise ausüben kann, muß er weiter nachweisen, daß dies zu **finanziellen** Nachteilen geführt hat. Von diesem Erfordernis kann nur ausnahmsweise abgesehen werden, wenn der Erwerbsschaden **normativ** zu bewerten ist, z. B. bei Wegfall der Dienstleistung eines Ehegatten (vgl. Rdz. 27). Auch wenn die Arbeitskraft des Verletzten **objektiv** gesehen **weniger wert** ist als vor dem Schadenereignis, der Arbeitgeber ihn jedoch ohne Lohnkürzung (und nicht nur aus sozialen Gründen) weiterbeschäftigt, ist ein ausgleichspflichtiger Verdienstausfallschaden nicht gegeben (BGH, Urt. v. 3. 10. 1967 i. VersR 1967, 1068 = VRS 34, 27; vgl. a. OLG Stuttgart, Urt. v. 30. 4. 1980 i. VersR 1981, 290).

2. Kausalität

11 Der Erwerbsschaden muß durch das schädigende Ereignis **adäquat verursacht** worden sein. Das ist z. B. zu verneinen, wenn eine bereits vorhandene **Krankheit** oder **Disposition** unabhängig von dem Ereignis bewirkt hätte, daß der Erwerbsschaden ganz oder teilweise eingetreten wäre oder wenn der Verletzte seinen **Arbeitsplatz ohnehin verloren** hätte (vgl. BGH, Urt. v. 1. 12. 1961 i. VersR 1962, 281, Urt. v. 5. 2. 1965 i. VersR 1965, 491, 492, Urt. v. 30. 3. 1965 i. VersR 1965, 592 u. Urt. v. 20. 12. 1966 i. VersR 1967, 285; vgl. a. Urt. v. 22. 10. 1963 i. VersR 1964, 49 sowie Rdz. 137f. zu § 1). Auch muß sich derjenige, der laufend Verdienstausfall ersetzt verlangt, entgegenhalten lassen, daß er die Einkünfte auch ohne das schädigende Ereignis **später** im ganzen oder in der behaupteten Höhe **verloren** hätte (BGH, Urt. v. 29. 5. 1969 i. VersR 1969, 802, 803; vgl. a. Rdz. 9 zu § 8). Andererseits kann derjenige, der z. Zt. noch keinen Erwerbsschaden hat, geltend machen, daß ihm ein solcher **später,** z. B. durch Wegfall oder Minderung einer Altersversorgung, **noch** entsteht.

3. Bloßer Zeitaufwand

12 Eine **Einbuße an Zeit** ist als solche noch kein Vermögensnachteil (BAG, Urt. v. 24. 8. 1967 i. VersR 1968, 221; *Landwehrmann* i. NJW 1970, 1867). Der Geschädigte ist z. B. nicht berechtigt, für einen Zeitaufwand, der ihm bei der **Regulierung** des **Schadens** entstanden ist, einen Stundenlohn einzusetzen (OLG Celle, Urt. v. 21. 11. 1963 i. DAR 1964, 190; OLG Köln, Urt. v. 18. 12. 1964 i. VersR 1965, 905 = DAR 1965, 270 u. Urt. v. 19. 11. 1974 i. VersR 1975, 1106; OLG Nürnberg, Urt. v. 28. 10. 1964 i. VersR 1965, 627; *Wussow* i. WI 1971, 42; anders für Einsatz von Urlaubstagen OLG Frankfurt, Urt. v. 17. 2. 1967 i. NJW 1967, 1372). Dies gilt auch, wenn Betriebe oder größere Firmen wegen der

Häufung von Schadenfällen in ihrem Bereich für diese Tätigkeit **besonderes Personal** einsetzen (BGH, Urt. v. 9. 3. 1976 i. VersR 1976, 857 m. krit. Anm. v. *Klimke* i. VersR 1977, 615 = NJW 1976, 1256 m. krit. Anm. v. *J. Schmidt* S. 1932; vgl. a. BGH, Urt. v. 26. 2. 1980 i. VersR 1980, 675 u. *Klimke* i. VersR 1981, 1115; sowie Rdz. 249 zu § 1).

4. Urlaub

13 **Keinen** ersatzpflichtigen Vermögensschaden stellt es dar, wenn der Geschädigte wegen einer Verletzung gezwungen ist, einen **geplanten Urlaub** anders als beabsichtigt zu gestalten, oder wenn der mit dem Urlaub verfolgte Zweck erheblich vereitelt oder verfehlt wird (vgl. BGH, Urt. v. 22. 2. 1973 i. VersR 1973, 441 = VRS 44, 323 = NJW 1973, 747). In den zuletzt genannten Fällen, in denen der Urlaub **„vertan"** ist, soll jedoch nach der Auffassung des BGH derjenige ersatzberechtigt sein, für den der Urlaub als solcher **Vermögenswert** hat, weil er der Erhaltung oder Wiederherstellung der Arbeitskraft dient und durch Arbeitsleistung verdient oder durch besondere Aufwendungen für eine Ersatzkraft ermöglicht wird (Urt. v. 10. 10. 1974 i. VersR 1975, 82 = NJW 1975, 40; ebenso OLG Frankfurt, Urt. v. 17. 2. 1967 i. NJW 1967, 1373 u. Urt. v. 11. 10. 1972 i. VersR 1973, 470; a. A. KG, Urt. v. 25. 11. 1971 i. NJW 1972, 769; OLG Köln, Urt. v. 5. 12. 1973 i. VersR 1974, 812 L = NJW 1974, 561; *Grunsky* i. NJW 1975, 609; abl. für Klinikaufenthalt BGH, Urt. v. 21. 5. 1981 i. VersR 1981, 782 = NJW 1981, 1833). Als Maßstab für die Entschädigung gilt der **Aufwand,** den ein **zusätzlicher Urlaub** erfordert (BGH, Urt. v. 10. 10. 1974 aaO.). Bei einer nicht erwerbstätigen **Hausfrau** sollen die Verhältnisse des Ehemannes maßgebend sein (BGH, Urt. v. 12. 5. 1980 i. NJW 1980, 1947); richtiger erscheint es, auf den Wert der Tätigkeit der Hausfrau abzustellen (so zutr. *Palandt/Heinrichs,* BGB, Vorb. 2aee v. § 249; *Blaurock,* Anm. z. Urt. d. BGH v. 12. 5. 1980 i. NJW 1980, 1949).

5. Spesen, Auslösungen

14 **Spesen, Auslösungen** und ähnliche Entschädigungen, die erhöhte, mit der Berufsausübung verbundene Kosten ausgleichen sollen, sind grundsätzlich **nicht** zu ersetzen, weil diese Kosten dem Erwerbsunfähigen nicht entstehen und die weggefallenen Beträge durch eine entsprechende Ersparnis ausgeglichen werden (BGH, Urt. v. 22. 9. 1967 i. VersR 1967, 1080 = VRS 33, 323; OLG Düsseldorf, Urt. v. 24. 1. 1972 i. VersR 1972, 695; OLG München, Urt. v. 12. 11. 1957 i. VersR 1958, 116; OLG Nürnberg, Urt. v. 29. 2. 1968 i. VersR 1968, 976 L; AG Waiblingen, Urt. v. 24. 1. 1977 i. VersR 1977, 922 m. zust. Anm. v. *Schmalzl* S. 1137; *Bomhard* i. VersR 1960, 683). Nur ausnahmsweise ist Ersatz zu leisten, wenn der Verletzte nachweist, daß er die Spesen **nicht** oder nur **zum Teil** verbraucht hätte (OLG Frankfurt, Urt. v. 29. 1. 1964 i. MDR 1964, 843; vgl. a. OLG Saarbrücken, Urt. v. 13. 2. 1976 i. VersR 1977, 727, 728). Eine **Ministerialzulage** ist nur teilweise zur Deckung erhöhter Aufwendungen bestimmt; in dieser Höhe ist sie nicht zu erstatten (OLG Celle, Urt. v. 28. 11. 1968, zit. i. WI 1969, 21, 22). Die **Bordzulage,** mit der die

nicht angemessene Unterbringung eines Seemanns ausgeglichen werden soll, ist als Erwerbsschaden zu ersetzen, weil sie keine Entschädigung für Vermögensaufwendungen darstellt (BGH, Urt. v. 22. 9. 1967 aaO.; für Vorteilsausgleich beim Schmerzensgeld *Klimke* i. VersR 1969, 111, 785; hiergegen *Hüffer* i. VersR 1969, 500 u. 1970, 209).

6. Sittenwidriger, verbotener Erwerb

15 Ein **unsittlicher** oder **verbotener** Erwerb begründet grundsätzlich **keinen** Schadensersatzanspruch (RG, Urt. v. 14. 4. 1917 i. RG 90, 52, 64 u. Urt. v. 5. 6. 1917 i. RG 90, 305, 306; BGH, Urt. v. 21. 2. 1964 i. VersR 1964, 654). Das Verbotsgesetz muß nicht nur die Vornahme des Rechtsgeschäftes mißbilligen, sondern auch die **zivilrechtliche Wirksamkeit** verhindern (BGH, Urt. v. 30. 11. 1979 i. VersR 1980, 378 = NJW 1980, 775 u. Urt. v. 15. 1. 1981 i. NJW 1981, 920, 922). **Schwarzarbeit** ist nach § 2 des Gesetzes vom 30. 3. 1957 (BGBl. I, 315) nur verboten, wenn der Schwarzarbeiter aus Gewinnsucht in erheblichem Umfang Schwarzarbeit leistet (vgl. OLG Hamm, Strafurt. v. 18. 9. 1959 i. NJW 1960, 448; für Nichtberücksichtigung des durch Schwarzarbeit erzielten Verdienstes OLG Köln, Urt. v. 28. 8. 1968 i. VersR 1969, 382; vgl. jedoch BGH, Urt. v. 3. 10. 1967 i. VersR 1967, 1068). Ein Gewinn ist nicht schon deshalb rechtlich mißbilligt, weil der Geschädigte zur Ausübung des Geschäftes einer **behördlichen Genehmigung** bedurfte, die im Zeitpunkt des Schadeneintritts noch nicht vorlag. Hat der Geschädigte es nur irrtümlich versäumt, die Genehmigung einzuholen, ist dies im allgemeinen unschädlich (BGH, Urt. v. 7. 5. 1974 i. VersR 1974, 968, 970 = NJW 1974, 1374, 1376). Der Verlust eines Gewinns aus einer Tätigkeit, die rechtlich geduldet, aber **sittlich mißbilligt** wird (Dirne), ist bis zu einem Betrag zu ersetzen, der einem **existenzdeckenden Einkommen** entspricht, das auch in einfachen Verhältnissen von jedem gesunden Menschen zu beziehen ist (BGH, Urt. v. 6. 7. 1976 i. VersR 1976, 941 m. krit. Anm. v. *Born* i. VersR 1977, 118 = NJW 1976, 1883; OLG München, Urt. v. 12. 11. 1976 i. VersR 1977, 628; für vollständige Erstattung OLG Düsseldorf, Urt. v. 27. 7. 1980 i. NJW 1980, 1852 m. abl. Anm. v. *Weingart* S. 2248).

II. Bemessung des Erwerbsschadens

1. Unselbständige

a) Anspruch des Geschädigten

16 Hat der Geschädigte vor dem Schadenereignis als **Arbeitnehmer** ein **festes** Einkommen bezogen, ist die Höhe des Einkommens, z. B. durch Einholung einer Auskunft bei dem Arbeitgeber, zu ermitteln. Zum Lohn oder Gehalt gehören auch die auf den Zeitraum der Arbeitsunfähigkeit anteilig umzulegenden **Sonderzuwendungen,** wie Weihnachts- und Urlaubsgelder, Tantiemen (vgl. BGH, Urt. v. 4. 7. 1972 – VI ZR 88/71 – i. VersR 1972, 1056 = NJW 1972, 1705 u. Urt. v. 4. 7. 1972 – VI ZR 114/71 – i. VersR 1972, 1057 = NJW 1972, 1703; OLG Nürnberg Urt. v.

30. 9. 1970 i. VersR 1971, 481 = NJW 1972, 1703), und Urlaubsentgelte (BGH, Urt. v. 29. 2. 1972 i. VersR 1972, 566 = NJW 1972, 766; vgl. a. Urt. v. 9. 10. 1979 i. VersR 1980, 82: Ablehnung für Zusatzurlaub nach dem Schwerbeschädigtengesetz). Der Schädiger hat zu ersetzen, was der **Arbeitnehmer** durch seine Arbeit **„verdient"** hat. Hierzu gehören nach der herrsch. **Bruttolohntheorie** (Näheres bei *Geigel/Schlegelmilch,* Haftpflichtprozeß, Kpt. 4 Rdz. 160) nicht nur die ausgezahlten **Nettobeträge,** sondern auch die hierauf entrichteten **Einkommens-** und **Lohnsteuern** und die abgeführten **Arbeitgeberbeiträge** zur **Sozialversicherung** (BGH, Urt. v. 23. 6. 1965 i. VersR 1965, 793 = VRS 29, 84 = DAR 1965, 238 u. Urt. v. 13. 7. 1967 i. VersR 1967, 1096; OLG Celle, Urt. v. 27. 1. 1972 i. VersR 1972, 468; OLG Köln, B. v. 3. 3. 1969 i. VersR 1970, 426; *Marschall von Biberstein* i. VersR 1975, 1065), nicht jedoch die Beträge, die **allein** der **Arbeitgeber schuldet,** wie die **Lohnsummensteuer** (BGH, Urt. v. 16. 11. 1965 i. VersR 1966, 89) und die **Beiträge** zur **Berufsgenossenschaft** (BGH, Urt. v. 16. 11. 1965 aaO. u. Urt. v. 11. 11. 1975 i. VersR 1976, 340 = NJW 1976, 320; a. A. *E. Schmidt* i. VersR 1972, 28).

17 Der Geschädigte muß sich jedoch als **Vorteil** anrechnen lassen, was er an **Sozialversicherungsbeiträgen** und **Steuern erspart.** Die **Krankenversicherungsbeiträge** sind nicht zu ersetzen, wenn der Geschädigte trotz Beitragsfreiheit Anspruch auf den Krankenversicherungsschutz hat, wie es § 383 RVO für den Regelfall bestimmt (BGH, Urt. v. 31. 1. 1967 i. VersR 1967, 380 u. Urt. v. 21. 10. 1969 i. VersR 1970, 40; OLG München, Urt. v. 29. 8. 1980 i. VersR 1981, 170). **Beiträge** zur **Altersversorgung** in der Sozialversicherung sind nur zu erstatten, wenn und soweit der Geschädigte durch die Entrichtung von Beiträgen für eine **freiwillige** Versicherung Versorgungsnachteile vermeiden kann; dabei kommt es nicht darauf an, ob die Beiträge auch für diesen Zweck verwendet werden (BGH, Urt. v. 17. 1. 1967 i. VersR 1967, 277 = NJW 1967, 625, Urt. v. 31. 1. 1967 i. VersR 1967, 380, Urt. v. 11. 7. 1969 i. VersR 1969, 907, 909, Urt. v. 18. 10. 1977 i. VersR 1977, 1156 u. Urt. v. 25. 10. 1977 i. VersR 1977, 1158). Hat der Geschädigte diese Möglichkeit nicht, etwa weil er die Anwartschaft noch nicht erfüllt hat, steht ihm hinsichtlich seines künftigen Schadens zunächst nur ein **Feststellungsanspruch** zu, den er einklagen kann, wenn ihn der Schädiger nicht anerkennt (st. Rechtspr., vgl. BGH, Urt. v. 10. 4. 1954 i. VersR 1954, 277, Urt. v. 13. 5. 1968 i. VersR 1968, 945 u. Urt. v. 26. 10. 1976 i. VersR 1977, 130). Beiträge zur **Arbeitslosenversicherung** brauchen für einen Arbeitsunfähigen nicht gezahlt zu werden (vgl. § 168 AFG). Da eine freiwillige Arbeitslosenversicherung nicht möglich ist, kann der Verletzte keinen Anspruch auf Erstattung der Beiträge für die Arbeitslosenversicherung erheben (BGH, Urt. v. 31. 1. 1967 aaO.; OLG Düsseldorf, Urt. v. 14. 2. 1980 i. VersR 1980, 931; OLG München, Urt. v. 29. 8. 1980 aaO.). Ersatzansprüche wegen eines Erwerbsschadens sind zu **versteuern** (§§ 2, 24 Abs. 1 a EStG). Die Steuer ist deshalb **zusätzlich** zu übernehmen. Der Geschädigte muß sich jedoch den **Vorteil** anrechnen lassen, der dadurch entsteht, daß die Steuer sich nicht nach dem Einkommen, sondern nach der Höhe der Ersatzleistung bemißt. Auch **sonstige Steuerersparnisse**

sind grundsätzlich anzurechnen, sofern nicht der Verwendungszweck der Steuervergünstigung einer solchen Entlastung entgegensteht (vgl. BGH, Urt. v. 23. 1. 1979 i. VersR 1979, 519 u. Urt. v. 26. 2. 1980 i. VersR 1980, 529; vgl. i. übrigen *Hofmann* i. VGT 1980, 256 = VersR 1980, 807; vgl. a. Rdz. 22).

b) Übergang bei Lohn- oder Gehaltsfortzahlung

18 **Zahlt** der **Arbeitgeber** (Dienstherr) den **Lohn** oder das **Gehalt** für einen bestimmten Zeitraum der Arbeitsunfähigkeit **weiter,** entlastet dies den Schädiger nicht. Vielmehr wird in Höhe der Fortzahlung ein **Schaden** des Arbeitnehmers **normiert** (BGH, Urt. v. 19. 6. 1952 i. BGH 7, 30 = NJW 1952, 1249, Urt. v. 17. 6. 1953 i. NJW 1953, 1346 = VRS 5, 401 u. Urt. v. 22. 6. 1956 i. VersR 1956, 437 = VRS 11, 81 = NJW 1956, 1473). Die Pflicht zur Lohn- oder Gehaltsfortzahlung kann sich aus dem Arbeitsvertrag (Tarifvertrag) oder aus dem Gesetz (vgl. z. B. §§ 616 BGB, 63 HGB u. § 133c Abs. 2 GWO) ergeben. Für Arbeiter enthält das **Lohnfortzahlungsgesetz** vom 27. 7. 1969 (BGBl. I, 946) eine umfassende Regelung. Der Schadenersatzanspruch des Arbeitnehmers geht mit der Zahlung **kraft Gesetzes** (vgl. § 4 LFZG für den Anspruch des Arbeiters und § 87a BBG für den Anspruch des Beamten) oder in der Weise auf den Arbeitgeber über, daß sich dieser (z. B. bei einem Angestellten) den Anspruch **abtreten** läßt (vgl. BGH, Urt. v. 27. 4. 1965 i. VersR 1965, 620 = VRS 29, 81 = NJW 1965, 1430), wozu der Arbeitnehmer in entsprechender Anwendung von § 255 BGB verpflichtet ist (vgl. *Palandt/Putzo,* BGB, Anm. 5 zu § 616).

19 **Der Arbeitgeber** (Dienstherr) hat Anspruch auf Ersatz der **Bruttobeträge** (vgl. Rdz. 16 sowie BGH, Urt. v. 27. 4. 1965 i. VersR 1965, 620 = VRS 29, 81 = NJW 1965, 1430, Urt. v. 18. 5. 1965 i. VersR 1965, 786 = NJW 1965, 1592 u. Urt. v. 18. 6. 1973 i. VersR 1973, 1028). Für den Ersatzanspruch unfallgeschädigter Arbeiter ergibt sich dies im einzelnen aus § 2 LFZG (trotzdem bestehen Zweifel, vgl. z. B. zur Übergangsfähigkeit der Beiträge im Baugewerbe für Zusatzversorgung, Urlaubsgeld, Lohnausgleich und Winterbauumlage OLG Oldenburg, Urt. v. 23. 4. 1975 i. VersR 1975, 719; KG, Urt. v. 16. 12. 1976 i. DAR 1977, 217; LG Koblenz, Urt. v. 26. 11. 1974 i. VersR 1976, 102 = NJW 1976, 326 u. Urt. v. 13. 7. 1978 i. VersR 1979, 364).

20 Nach § 4 Abs. 3 LFZG hat der **verletzte Arbeiter** ein **Quotenvorrecht** (vgl. Rdz. 53 zu § 5) gegenüber dem Arbeitgeber. Handelt es sich bei dem Schädiger um einen **Familienangehörigen,** der mit dem Geschädigten in **häuslicher Gemeinschaft** lebt, ist eine Inanspruchnahme unzulässig (vgl. Rdz. 52 zu § 5 sowie BGH, Urt. v. 9. 1. 1968 i. VersR 1968, 248, Urt. v. 9. 6. 1970 i. VersR 1970, 897 = NJW 1970, 1546 m. zust. Anm. v. *Helle* S. 1917 u. Urt. v. 4. 3. 1976 i. VersR 1976, 567).

c) Pensionierung eines unfallgeschädigten Beamten

21 Wird ein unfallverletzter **Beamter pensioniert,** kann das ordentliche Gericht nur nachprüfen, ob die Pensionierung eine **adäquate Unfallfolge** war (BGH, Urt. v. 18. 2. 1969 i. VersR 1969, 538). Ob der Beamte

zwangsweise pensioniert wird oder auf eigenen Antrag oder ob die unfallbedingten Körperschäden nach der Pensionierung noch bestehen, ist unerheblich (BGH, Urt. v. 7. 10. 1960 i. VersR 1960, 1092 u. Urt. v. 18. 2. 1969 aaO.). Der pensionierte Beamte muß sich auf seinen Ersatzanspruch die **Einkünfte anrechnen** lassen, die er aus einer anderen Erwerbstätigkeit erzielt oder in zumutbarer Weise erzielen könnte (vgl. Rdz. 66 zu § 4). Der Dienstherr des Beamten kann von dem Zeitpunkt an, in dem der Beamte auch ohne Unfall pensioniert worden wäre, den **Unterschied** zwischen den erhöhten Versorgungsleistungen aufgrund des Unfalls und den sonst zu leistenden Versorgungsbeträgen nach § 87a BGB ersetzt verlangen (BGH, Urt. v. 17. 11. 1959 i. VersR 1960, 85 = VRS 18, 102).

2. Selbständige

22 Hat der Verletzte als **Selbständiger** kein festes Einkommen, wird der **entgangene Gewinn** im allgemeinen in der Weise ermittelt, daß anhand der Geschäftsunterlagen für einen längeren, in der Vergangenheit liegenden Zeitraum festgestellt wird, welche **Umsätze** der Geschädigte gemacht hat und welcher **Gewinn** ihm hiervon verblieben ist. Die Differenz zwischen diesem Betrag und dem Gewinn, der in der Zeit der Arbeitsunfähigkeit erzielt wurde, stellt den Verdienstausfallschaden dar, wobei jedoch unfallunabhängige Entwicklungen zu berücksichtigen sind. Der Geschädigte ist nicht gehalten, einzelne Tatsachen, die zwingend auf einen bestimmten Verdienstausfall schließen lassen, genau und vollständig anzugeben. Vielmehr stehen ihm die **Beweiserleichterungen** nach **§ 287 ZPO** (vgl. Rdz. 156 zu § 1) und **§ 252 Satz 2 BGB** zur Verfügung (BGH, Urt. v. 24. 6. 1968 i. VersR 1968, 987, Urt. v. 19. 5. 1969 i. VersR 1969, 801 u. Urt. v. 9. 6. 1970 i. VersR 1970, 860, 861). Er muß im Rahmen des § 287 ZPO nur so viel darlegen, daß das Gericht in der Lage ist, den Erwerbsschaden mit Hilfe eines Sachverständigen zu **schätzen.** Der Verletzte braucht auch nicht vorzutragen, daß der Gewinn mit **Gewißheit** erzielt worden wäre. Nach § 252 Satz 2 BGB, der als allgemeiner Rechtssatz auch auf Ersatzansprüche nach dem HG Anwendung findet (vgl. *Palandt/Heinrichs,* BGB, Vorb. 1 v. § 249), genügt vielmehr eine gewisse **Wahrscheinlichkeit** des Gewinnentgangs (vgl. BGH, Urt. v. 9. 6. 1970 aaO.). Von dem ermittelten Gewinn sind **Ersparnisse,** insbesondere solche, die durch den Wegfall von Einkommens-, Gewerbe- und Umsatzsteuer entstehen, in Abzug zu bringen (vgl. *Hofmann* i. VGT 1980, 256 = VersR 1980, 807; *Klimke* i. VersR 1972, 903 u. 1973, 397 u. i. DB 1978, 1323; vgl. a. Rdz. 17 u. 28).

23 Vermeidet der Verletzte einen Gewinnausfall durch den Einsatz von **Ersatzkräften,** kann er die hierfür gemachten **Aufwendungen** ersetzt verlangen, soweit sie die voraussichtliche Schadenshöhe nicht überschreiten. Die Auffassung, der Erwerbsschaden eines Selbständigen könne abstrakt nach der Höhe des Gehaltes einer gleichwertigen Ersatzkraft bestimmt werden (so *Bauer* i. DAR 1959, 113), hat der BGH (Urt. v. 7. 10. 1966 i. VersR 1966, 1158 u. Urt. v. 5. 5. 1970 i. VersR 1970, 766) abgelehnt (vgl. jedoch Entschließung des Arbeitskreises VI des 18. *Deut-*

schen Verkehrsgerichtstages i. VGT 1980, 13, der bei kurzfristigem Arbeitsausfall von Selbständigen zur Vermeidung unverhältnismäßigen Beweisaufwands eine Schätzung nach den Kosten für eine fiktive Ersatzkraft vorschlägt; vgl. hierzu a. *Berger* i. VersR 1981, 1105). **Näheres** zum Verdienstausfall Selbständiger findet sich bei *Ruhkopf, Book* i. VersR 1970, 690 u. 1972, 114 und *Leierseder* i. VGT 1980, 25.

3. Gesellschafter

24 Der Grundsatz, daß die **Weiterzahlung** von Lohn oder Gehalt an den verletzten, arbeitsunfähigen Arbeitnehmer die **Schadenersatzpflicht nicht berührt** (Rdz. 18), gilt auch, wenn dem geschädigten **Gesellschafter** einer OHG, einer KG oder einer GmbH für seine Geschäftsführertätigkeit eine vom Gewinn oder Verlust **unabhängige** Vergütung zusteht. Der Gesellschafter ist verpflichtet, in Höhe des Schadens seinen Anspruch an die Gesellschaft abzutreten (BGH, Urt. v. 22. 1. 1963 i. VersR 1963, 369, Urt. v. 6. 10. 1964 i. VersR 1964, 1243 u. Urt. v. 5. 7. 1977 i. VersR 1977, 864; *Ganßmüller* i. VersR 1978, 805). Soweit eine Tätigkeitsvergütung nicht vereinbart wurde, kann der verletzte Gesellschafter Schadenersatz wegen Ausfalls oder Minderung des **Gewinns** oder seines **Kapitalkontos** verlangen (BGH, Urt. v. 3. 4. 1962 i. VersR 1962, 622 u. Urt. v. 6. 10. 1964 aaO.). Wird nach dem Unfall des Gesellschafters eine **Vereinbarung** getroffen, die eine **Kürzung** seines **Gewinnanteils** vorsieht, bleibt der Schadenersatzanspruch unberührt, wenn die Vereinbarung sachlich geboten war und vom Geschädigten unter zumutbarer Wahrung seiner Interessen getroffen wurde (BGH, Urt. v. 6. 10. 1964 aaO.). Soweit durch den Ausfall des Gesellschafters **erhöhte Kosten** für **Ersatzkräfte** entstanden sind, sind sie dem Gesellschafter zu ersetzen (BGH, Urt. v. 15. 1. 1963 i. VersR 1963, 433 u. Urt. v. 5. 3. 1963 i. VersR 1963, 585).

25 Die **Gesellschaft** selbst und die **anderen Gesellschafter** haben keinen Anspruch auf Erstattung ihres Schadens. Ist der Verletzte **Alleingesellschafter** einer GmbH oder hat er eine ähnlich überragende Stellung wie ein Alleingesellschafter, kann er gleichwohl Erstattung des während seiner unfallbedingten Arbeitsunfähigkeit gezahlten Geschäftsführergehaltes verlangen, wenn es sich um eine **echte Tätigkeitsvergütung** handelt (BGH, Urt. v. 9. 3. 1971 i. VersR 1971, 570 = NJW 1971, 95 u. Urt. v. 13. 11. 1973 i. VersR 1974, 335 = NJW 1974, 134). Die Zahlung einer Entschädigung für einen entgangenen Gewinn soll der Alleingesellschafter nach der Auffassung des BGH (Urt. v. 8. 2. 1977 i. VersR 1977, 374 = NJW 1977, 1283; anders noch Urt. v. 13. 11. 1973 aaO.) nicht an sich selbst, sondern nur **an die Gesellschaft** verlangen können (krit. *Hofmann* i. VGT 1980, 241, 253 = VersR 1980, 605, 608; vgl. a. *Schulte* i. NJW 1979, 2230).

4. Verzögerung in der Berufsausbildung

26 Ein Erwerbsschaden kann auch dadurch eintreten, daß der Verletzte gehindert ist, eine **Berufsausbildung** zu **beginnen** oder **fortzusetzen** und daß sich dadurch der Eintritt in das Berufsleben **verzögert.** Da der Schaden erst in dem Zeitpunkt entsteht, in dem der Verletzte ohne den Unfall die berufliche Tätigkeit aufgenommen und Verdienst erzielt hätte, ist der Verletzte zunächst auf einen **Feststellungsanspruch** beschränkt. Wird schon während der Ausbildung eine Vergütung gezahlt, ist insoweit ein Verdienstausfallschaden bereits entstanden (vgl. OLG Bamberg, Urt. v. 21. 12. 1966 i. VersR 1967, 911; OLG Düsseldorf, Urt. v. 30. 12. 1968 i. VersR 1969, 671; KG, B. v. 10. 6. 1971 i. DAR 1971, 296; OLG Nürnberg, Urt. v. 29. 2. 1968 i. VersR 1968, 976 L; LG Darmstadt, Urt. v. 14. 3. 1979 i. VersR 1980, 342; vgl. a. OLG Hamm, Urt. v. 11. 5. 1970 i. NJW 1970, 1842: Ablehnung eines Schadens, wenn weitere Verzögerung durch Vorlesungsstreik und Prüfungsboykott eintritt). Es ist zu ermitteln, wie die Ausbildung ohne den Unfall verlaufen wäre. Das bereitet besondere Schwierigkeiten, wenn der Ausbildungsweg des Geschädigten im Zeitpunkt des Unfalls noch **nicht „angelegt"** war. Der BGH (vgl. Urt. v. 2. 2. 1965 i. VersR 1965, 489) hat es **abgelehnt,** bei der Entscheidung der Frage, welche Berufswahl ein Unfallgeschädigter ohne den Unfall getroffen haben würde, die Grundsätze über den **Beweis** des **ersten Anscheins** anzuwenden.

5. Dienste des Ehegatten

27 Wird ein **Ehegatte** körperlich verletzt und dadurch in der Führung des **Haushaltes** oder eines **Geschäftes** oder **Berufes** des anderen Ehegatten (vgl. Rdz. 26f. zu § 5) behindert, steht ihm ein **eigener** Schadenersatzanspruch zu (BGH GrZS, B. v. 9. 7. 1968 i. VersR 1968, 852). Der Schadenersatz wegen Beeinträchtigung der Fähigkeit zur Hausarbeit ist **aufzuteilen.** Soweit der Ehegatte damit den gesetzlich geschuldeten Beitrag zum Familienunterhalt leistet, handelt es sich um einen **Erwerbsschaden.** Soweit die Haushaltstätigkeit der Befriedigung der persönlichen Bedürfnisse des Ehepartners dient, handelt es sich um **vermehrte Bedürfnisse** (vgl. BGH, Urt. v. 25. 9. 1973 i. VersR 1974, 162 = NJW 1974, 41 m. abl. Anm. v. *Meurer* S. 640). Beide Schäden sind **unselbständige** Teile eines einheitlichen Schadenersatzanspruches (vgl. Rdz. 6 zu § 8). Geht nur ein **Teil,** z. B. der Erwerbsschaden, auf einen SVT über (vgl. Rdz. 48f. zu § 5), ist dieser Teil vom Gericht nach § 287 ZPO zu schätzen (BGH, Urt. v. 25. 9. 1973 i. VersR 1974, 162, 164 = NJW 1974, 41, 43).

III. Vorteilsausgleichung, Schadenminderung

28 Entfallen in der Zeit der Arbeitsunfähigkeit Kosten für **Fahrten** zwischen der Wohnung und der Arbeitsstätte, sind diese Ersparnisse grundsätzlich als **Vorteile** anzurechnen (BGH, Urt. v. 22. 1. 1980 i. VersR 1980, 455 = VRS 58, 327; vgl. a. OLG Schleswig, Urt. v. 30. 10. 1979 i. VersR 1980, 726). Etwaige **Steuernachteile** des Geschädigten durch den Fortfall abzugsfähiger Werbungskosten sind bei dieser Ersparnis mindernd zu berücksichtigen (vgl. BGH, Urt. v. 22. 1. 1980 aaO.; vgl. i. übrigen Rdz. 17 u. 22).

29 Zur **Schadenminderung** vgl. Rdz. 66f. zu § 4.

IV. Dauer, Rechtsübergang

30 Zur **Dauer** des Ersatzanspruchs vgl. Rdz. 8ff. zu § 8, zum **Rechtsübergang** vgl. Rdz. 48 zu § 5.

D. Vermehrte Bedürfnisse

Schrifttum: *W. Weimar,* Der Schadenersatzanspruch wegen vermehrter Bedürfnisse, VP 1969, 17.

I. Begriff

31 Der Verletzte kann den Ersatz der Vermögensnachteile verlangen, die er dadurch erleidet, daß eine **Vermehrung** seiner **Bedürfnisse** eingetreten ist. Unter diese Schadenersatzart fallen alle unfallbedingten Mehraufwendungen, die dem Verletzten infolge **dauernder** Störungen seines körperlichen Wohlbefindens **fortlaufend** entstehen (vgl. BGH, Urt. v. 25. 9. 1973 i. VersR 1974, 162 = NJW 1974, 41, 42 u. Urt. v. 19. 5. 1981 i. VersR 1982; 238 = NJW 1982, 757; KG, Urt. v. 11. 3. 1968 i. VersR 1969, 260 = VRS 36, 1 u. B. v. 10. 6. 1971 i. DAR 1971, 296; *Münch-Komm.-Mertens,* Rdz. 34 zu § 843; *Weimar* i. VP 1969, 17). Ausnahmsweise kommt zur Abgeltung vermehrter Bedürfnisse auch eine **einmalige** Zahlung, mit der ein ständiger Mehrbedarf gedeckt wird, in Betracht (BGH, Urt. v. 19. 5. 1981 aaO.). Die vermehrten Bedürfnisse sind vom **Erwerbsschaden** abzugrenzen. Ausgaben, die es ermöglichen sollen, einen Verdienstausfallschaden abzuwenden oder zu mindern, sind dem letzteren zuzurechnen. Bei einem verletzten Ehegatten, der ausschließlich im Haushalt tätig ist, ist zwischen dem vermehrten Bedarf für die persönliche Lebensführung und der **Arbeitsleistung** zu unterscheiden, die als Beitrag zum **Familienunterhalt** (§ 1360 BGB) geschuldet wird (vgl. BGH, Urt. v. 25. 9. 1973 aaO.; sowie Rdz. 27 u. Rdz 26f. zu § 5). Das Abgrenzungsmerkmal zu den **Heilungskosten** liegt darin, daß Ausgaben für vermehrte Bedürnisse nicht der Wiederherstellung der Gesundheit dienen (BGH, Urt. v. 19. 5. 1981 aaO.).

II. Einzelfälle

32 **Vermehrte Bedürfnisse sind z. B.** Ausgaben für eine **Pflegekraft** oder eine **Begleitperson** (RG, Urt. v. 11. 6. 1936 i. RG 151, 298; BGH, Urt. v. 19. 11. 1955 i. VersR 1956, 22 = NJW 1956, 219, Urt. v. 24. 10. 1958 i. VersR 1958, 887, 888 u. Urt. v. 15. 12. 1970 i. VersR 1971, 442, 444; vgl. a. BGH, Urt. v. 25. 9. 1973 i. VersR 1974, 162 = NJW 1974, 41). Der Ersatzanspruch besteht auch bei einer Betreuung durch **Angehörige** des Verletzten (vgl. BGH, Urt. v. 8. 11. 1977 i. VersR 1978, 149 = VRS 34, 331; zu eng OLG Frankfurt, Urt. v. 29. 4. 1977 i. VersR 1978, 157, das für zusätzliche Betreuung eines verletzten Kindes durch die Mutter

keinen Ersatz gewähren will). Wenn hierdurch die Nachteile einer dauernden Behinderung des Verletzten ausgeglichen oder gemindert werden können, sind unter dem Gesichtspunkt der vermehrten Bedürfnisse auch die Kosten der **Unterbringung** in einem **Heim,** des Umzuges in eine andere **Wohnung,** des Baus oder der Beschaffung eines Eigenheims oder einer Wohnung, die der Behinderung angepaßt sind, oder ihres Umbaus oder ihrer Ausstattung mit **besonderen Einrichtungen** (z. B. eines Telefons) zu erstatten (vgl. BGH, Urt. v. 19. 5. 1981 i. VersR 1982, 238 = NJW 1982, 757; OLG Celle, Urt. v. 22. 1. 1962 i. VersR 1962, 292 u. Urt. v. 23. 7. 1964 i. VersR 1965, 52 L = NJW 1964, 2162). Gehbehinderte können den Ersatz von Ausgaben für vermehrte **Fahrtkosten** (vgl. BGH, Urt. v. 19. 11. 1955 i. VersR 1956, 22 = NJW 1956, 219; KG, Urt. v. 11. 3. 1968 i. VersR 1969, 260 = VRS 36, 1), für die Anschaffung und Unterhaltung eines **Rollstuhls,** oder eines **Kfz** oder des **Einbaus** von **Zusatzeinrichtungen** in ein Kfz beanspruchen (vgl. BGH, Urt. v. 30. 6. 1970 i. VersR 1970, 899; OLG Celle, Urt. v. 19. 12. 1974 i. VersR 1975, 1103; KG, Urt. v. 11. 3. 1968 aaO.; LG Münster, Urt. v. 17. 1. 1967 i. VersR 1967, 587).

33 **Vermehrte Bedürfnisse** sind auch laufende Aufwendungen für **Kuren** (BGH, Urt. v. 25. 9. 1973 i. VersR 1974, 162 = NJW 1974, 41, 42), für **Medikamente,** die Erneuerung und Unterhaltung von sachlichen **Hilfsmitteln,** z. B. von Prothesen und orthopädischen Schuhen (vgl. BGH, Urt. v. 19. 11. 1955 i. VersR 1956, 22 u. Urt. v. 25. 9. 1973 aaO.; KG, B. v. 10. 6. 1971 i. DAR 1971, 296), für eine besondere **Verpflegung** (Diät) oder **Stärkungsmittel** (vgl. BGH, Urt. v. 29. 10. 1957 i. VersR 1958, 176 = NJW 1958, 627, Urt. v. 25. 9. 1973 aaO. u. Urt. v. 19. 5. 1981 i. VersR 1982, 238 = NJW 1982, 757; KG, Urt. v. 11. 3. 1968 aaO.), für **Zusatzkleidung** oder für einen **Mehrverschleiß** an Kleidung (BGH, Urt. v. 19. 11. 1955 aaO., KG, B. v. 10. 6. 1971 aaO.; LG Saarbrücken, Urt. v. 2. 11. 1963 i. VersR 1965, 1038). Auch die Kosten der Beauftragung eines **Steuerberaters** können unter bestimmten Voraussetzungen als vermehrte Bedürfnisse zu ersetzen sein (vgl. BGH, Urt. v. 13. 7. 1972 i. VersR 1972, 1020, 1022).

III. Ersatzanspruch

34 Der Anspruch wegen vermehrter Bedürfnisse ist **kein** Erstattungsanspruch, dessen Bestand und Umfang davon abhängt, daß ein **bestimmter Geldbetrag** zur Befriedigung der erhöhten Bedürfnisse **ausgegeben** wurde. Vielmehr entsteht er unmittelbar mit dem schädigenden Ereignis. Es kommt nicht darauf an, welche Aufwendungen der Geschädigte für vermehrte Bedürfnisse **tatsächlich** gehabt hat, sondern darauf, welche Anschaffungen **erforderlich** waren (§ 249 Satz 2 BGB; vgl. a. Rdz. 240 zu § 1). Konnte der Geschädigte, weil ihm die Mittel fehlten, die Ausgaben nicht vornehmen, oder haben Verwandte oder andere Personen ausgeholfen, so berührt dies den Ersatzanspruch nicht (st. Rechtspr., vgl. RG, Urt. v. 11. 6. 1936 i. RG 151, 298; BGH, Urt. v. 29. 10. 1957 i. VersR 1958, 176 = VRS 14, 248, Urt. v. 24. 10. 1958 i. VersR 1958, 887, 889 u.

Urt. v. 15. 12. 1970 i. VersR 1970, 442, 444; OLG Köln, B. v. 3. 3. 1969 i. VersR 1970, 426, 427; vgl. a. BGH, Urt. v. 8. 11. 1977 i. VersR 1978, 149 = VRS 54, 331; krit. *Wussow,* UHR, Tz. 1170ff.). Die Höhe des Ersatzanspruchs kann nach § 287 ZPO (vgl. Rdz. 156 zu § 1) **geschätzt** werden (BGH, Urt. v. 15. 12. 1970 aaO.).

IV. Vorteilsausgleichung

35 Von den Kosten für Kuren ist ein Abzug wegen der **Ersparnis** an **häuslichen Lebenshaltungskosten** zu machen (vgl. Rdz. 5 sowie Rdz. 46 zu § 5). Als Vorteil ist es auch anzurechnen, wenn die Kur gleichzeitig die übliche **Urlaubsreise** darstellt (OLG Celle, Urt. v. 19. 12. 1974 i. VersR 1975, 1103), nicht jedoch, wenn sich während eines unfallbedingten Kuraufenthaltes zufällig auch unfallunabhängige, keiner Behandlung bedürfende Leiden verbessern (OLG Frankfurt, Urt. v. 28. 1. 1971 i. VersR 1972, 74 L = MDR 1971, 843). Bei **orthopädischem Schuhwerk** ist durch einen Abzug zu berücksichtigen, daß der Träger den Gebrauch normalen Schuhwerks einspart (vgl. *Klimke* i. VersR 1971, 882, 886). Ist der Verletzte wegen seiner Behinderung genötigt, eine andere Wohnung anzumieten, ist die **Mietdifferenz** nur insoweit zu ersetzen, als der objektive Mietwert der neuen Wohnung den der bisherigen übersteigt (vgl. OLG Celle, Urt. v. 23. 7. 1964 i. VersR 1965, 52 L = NJW 1964, 2162). Von den Kosten eines wegen der Behinderung angeschafften **Kfz** sind die **Fahrtkosten** abzusetzen, die der Verletzte auch **sonst** (z. B. durch Benutzung eines Mopeds vor dem Unfall) gehabt hätte (KG, B. v. 10. 6. 1971 i. DAR 1971, 276; vgl. a. OGH Wien, Urt. v. 29. 6. 1964, zit. i. WI 1965, 129: kein Ersatz für unfallbeschädigtes Moped, wenn Geschädigter wegen Verletzung Kfz anschaffen muß).

V. Dauer, Rechtsübergang

36 Auf die Ausführungen zu § 8 Rdz. 9 und zu § 5 Rdz. 47 wird verwiesen.

Unabdingbarkeit der Haftung

7 **[1]Die Ersatzpflicht nach den §§ 1 bis 3 dieses Gesetzes darf, soweit es sich um Personenschäden handelt, im voraus weder ausgeschlossen noch beschränkt werden. [2]Das gleiche gilt für die Ersatzpflicht nach § 2 dieses Gesetzes wegen Sachschäden, es sei denn, daß der Haftungsausschluß oder die Haftungsbeschränkung zwischen dem Inhaber der Anlage und einer juristischen Person des öffentlichen Rechts, einem öffentlich-rechtlichen Sondervermögen oder einem Kaufmann im Rahmen eines zum Betrieb seines Handelsgewerbes gehörenden Vertrages vereinbart worden ist. [3]Entgegenstehende Bestimmungen und Vereinbarungen sind nichtig.**

Übersicht

A. Entstehung und Bedeutung der Vorschrift

1 Die Vorschrift will verhindern, daß die haftpflichtigen Unternehmer (Inhaber) ihre **wirtschaftliche** (häufig sogar monopolartige) **Vormachtstellung** dazu benutzen, die strenge Gefährdungshaftung gegenüber den Personen, die als Ersatzberechtigte in Betracht kommen (z. B. Fahrgäste, Abnehmer, Betriebsbedienstete) und im allgemeinen **wirtschaftlich schwächer** sind, **von vornherein auszuschließen** oder **einzuschränken.** Auch sollen die letzteren davor bewahrt werden, **übereilt** und ohne die rechtliche Tragweite **voll** zu **erkennen,** auf den Haftpflichtschutz ganz oder teilweise zu verzichten (vgl. RG, Urt. v. 1. 6. 1886 i. RG 16, 30 = EE 4, 457 u. Urt. v. 14. 2. 1889 i. RG 23, 38 = JW 1889, 139 = EE 6, 450; *Eger,* RHG, S. 493ff.; *Biermann,* RHG, Anm. I zu § 5). Aus diesen Erwägungen war schon die Haftung nach dem RHG unabdingbar (§ 5), während das SHG ein entsprechendes Verbot für die Sachschädenhaftung des Bahnunternehmers nicht enthielt. Um eine **Annäherung an die Kraftfahrzeughaftung** zu erreichen (§ 8a Abs. 2 S. 1 StVG), hat der Gesetzgeber die frühere Regelung mit dieser Begrenzung übernommen und auf die neuen Haftungstatbestände **ausgedehnt** (vgl. amtl. Begr. i. BT-Drucks. 8/108, 13). Neu ist nur, daß die Haftung des **Inhabers** einer Anlage i. S. v. § 2 Abs. 1 Satz 1 für **Sachschäden** nicht unabdingbar ist, wenn der Haftungsausschluß oder die Haftungsbeschränkung zwischen dem Inhaber der Anlage und einer **juristischen Person** des **öffentlichen Rechts,** einem **öffentlich-rechtlichen Sondervermögen** oder einem **Kaufmann** im Rahmen eines zum **Betriebe** seines **Handelsgewerbes** gehörenden Vertrages vereinbart worden ist (Satz 2).

B. Anwendungsbereich

I. Ersatzpflicht nach dem HG

2 Nur die **Ersatzpflicht nach dem HG** ist nicht abdingbar. Die Vorschrift findet deshalb auf Haftpflichtansprüche, die sich aus **anderen** Rechtsgrundlagen herleiten, z. B. aus unerlaubter Handlung (vgl. Rdz. 2ff. zu § 12) oder Vertrag (vgl. Rdz. 96ff. zu § 12), **keine** Anwendung (RG, Urt. v. 19. 5. 1927 i. RG 117, 107, 110; amtl. Begr. i. BT-Drucks. 8/108, 13; insoweit sind allerdings die sich aus anderen Vorschriften ergebenden Beschränkungen zu beachten, vgl. insbesondere §§ 134, 138, 276 Abs. 2 BGB u. § 11 Nr. 7 AGB-Gesetz). Obwohl mit den §§ 1 bis 3 nur Regelungen angeführt sind, die die Haftungsgrundla-

gen betreffen, muß nach der gesetzgeberischen Zielsetzung (vgl. Rdz. 1) angenommen werden, daß dem Verbot **alle Änderungen** unterliegen, die den **Haftpflichtschutz** des Ersatzberechtigten **nachteilig berühren,** z. B. auch solche, die nur die Höhe der Entschädigung betreffen, die Verjährungsregelung oder die Beweislast. Die Rechtsposition nach dem HG sollte dem Geschädigten **ungeschmälert** erhalten bleiben.

II. Sonderregelung für die Sachschädenhaftung des Inhabers einer gefährlichen Anlage (§ 2)

3 Unabdingbar ist nur die Haftung für **Personenschäden** (z. Begriff vgl. Rdz. 128ff. zu § 1), nicht jedoch für **Sachschäden** (z. Begriff vgl. Rdz. 131ff. zu § 1). Eine Ausnahme bildet die Haftung des **Inhabers** einer **gefährlichen Anlage** (§ 2) für **Sachschäden.** Diese kann nur ausgeschlossen oder beschränkt werden, wenn es sich auf Seiten des **Ersatzberechtigten** (z. Begriff vgl. Rdz. 145ff. zu § 1) um eine **juristische Person** des **öffentlichen Rechts,** um ein **öffentlich-rechtliches Sondervermögen** oder um einen **Kaufmann** handelt und bei dem letzteren der Haftungsausschluß oder die -beschränkung im Rahmen eines zum **Betrieb** seines **Handelsgewerbes** gehörenden Vertrages vereinbart worden ist (Satz 2). Bei diesem Personenkreis können eine größere wirtschaftliche Unabhängigkeit und genügende Sachkunde vorausgesetzt werden, so daß er keines besonderen Schutzes bedarf (vgl. a. die ähnliche Regelung in §§ 29 Abs. 2, 38 Abs. 1 ZPO und § 24 Satz 1 AGB-Gesetz). Der Gesetzgeber wollte insbesondere den Inhabern von Stromleitungs- und Rohrleitungsanlagen die Möglichkeit offen lassen, die Ersatzpflicht im Falle der **Kreuzung** von Leitungen **untereinander** oder mit **öffentlichen Straßen** oder **Eisenbahnen** vertraglich zu regeln (vgl. amtl. Begr. i. BT-Drucks. 8/180, 13).

4 **Juristische Personen des öffentlichen Rechts** sind rechtlich **selbständige,** in das **Staatsgefüge** durch **staatlichen Hoheitsakt eingegliederte öffentliche Einrichtungen** (vgl. BGH, Urt. v. 18. 12. 1954 i. BGH 16, 59, 64; *Mayer,* Allg. Verwaltungsrecht, S. 70; *Palandt/Heinrichs,* BGB, Vorb. 1 v. § 89). Man unterscheidet üblicherweise zwischen **öffentlichen Körperschaften, Anstalten** und **Stiftungen.** Zu den **öffentlichen Körperschaften** (bei denen das maßgebliche Kriterium die mitgliedschaftliche Verfassung ist) gehören insbesondere die sog. **Gebietskörperschaften,** wie Bund, Länder, Provinzen, Landschaftsverbände, Gemeinden, Gemeindeverbände, sowie **Selbstverwaltungsorganisationen,** wie Kammern und Innungen; ferner z. B. die katholische und die evangelische Kirche (insgesamt und ihre Gliederungen), Universitäten und Träger der Sozialversicherung, wie Berufsgenossenschaften, Allgemeine Ortskranken-, Betriebs- und Ersatzkassen (für die Ersatzkassen ergibt sich dies aus Art. 2 § 2 Abs. 1 Satz 2 d. 12. VO z. Aufbau d. Sozialversicherung, RGBl. I, 1537 = BGBl. III, 823 13; a. A. *Palandt/Heinrichs* aaO.). **Öffentliche Anstalten** sind z. B. die Rundfunk- und Fernsehanstalten, die Banken und Kreditinstitute der Länder, die Sparkassen und die Rentenversicherungsträger (LVA, BfA). Die **öffentliche Stiftung** ist nicht immer leicht von der nicht unter § 7 Satz 2 fallenden Stiftung des **Privatrechtes**

abzugrenzen (vgl. *Palandt/Heinrichs* aaO., Vorb. 1a v. § 80; *Forsthoff,* Lehrb. d. Verwaltungsrechts, 1. Bd. S. 507). **Öffentlich-rechtliche Sondervermögen** sind anders als juristischen Personen nicht rechtlich selbständig; sie nehmen jedoch selbständig am Rechtsverkehr teil. Hierzu rechnen z. B. die Deutsche Bundesbahn (vgl. §§ 1 u. 2 BBahnG) und die Deutsche Bundespost (vgl. §§ 3 u. 4 PostVerwG; weitere Beispiele bei *Diederichsen* i. BB 1974, 377, 379).

5 **Kaufmann** ist, wer eines der in § 1 HGB angeführten **Gewerbe** betreibt (Muß-Kaufmann) oder wer ein handwerkliches Gewerbe oder ein land- oder forstwirtschaftliches Unternehmen betreibt und in das **Handelsregister eingetragen** ist (Soll- oder Kann-Kaufmann, §§ 2 bis 3 HGB). Als Kaufmann ist auch derjenige anzusehen, dessen Gewerbebetrieb **keinen kaufmännisch eingerichteten Geschäftsbetrieb** erfordert (Minderkaufmann i. S. v. § 4 HGB; anders die Regelung i. §§ 29 Abs. 2, 38 Abs. 1 ZPO), dessen Firma **zu Unrecht** in das **Handelsregister** eingetragen ist (§ 5 HGB) oder wer den **Rechtsschein** erweckt, Kaufmann zu sein. Soweit nicht erst die **Eintragung** in das Handelsregister die Kaufmannseigenschaft begründet (§§ 2, 3 u. 5 HGB), wird sie nicht als zusätzliches Merkmal gefordert (anders die Regelung in § 8 AbzG). Auch die **Handelsgesellschaften** (OHG, KG, AG, KGaA, GmbH, eG) haben die Kaufmannseigenschaft (§ 6 HGB). Eine **BGB-Gesellschaft** kann als solche kein Kaufmann sein (OLG Frankfurt, Urt. v. 11. 7. 1979 i. MDR 1979, 1027). Wegen der weiteren Einzelheiten wird auf die Kommentierungen zu §§ 1 bis 6 HGB verwiesen (vgl. insbes. *Baumbach/Duden,* 24. Aufl. 1980; *Schlegelberger,* 5. Aufl. 1973–77). Für den Kaufmann gilt noch die besondere Einschränkung, daß der Haftungsausschluß oder die Haftungsbeschränkung **im Rahmen eines zum Betrieb des Handelsgewerbes** des Kaufmann gehörenden Vertrages vereinbart worden ist (ebenso § 24 Satz 1 Nr. 1 AGB-Gesetz). Es muß sich also um ein **Handelsgeschäft** i. S. v. § 343 Abs. 1 HGB handeln. Hierzu gehören nicht nur die für das betreffende Handelsgewerbe üblichen, dafür typischen Geschäfte, sondern alle Geschäfte, die sich auch nur **mittelbar** auf das **Handelsgewerbe** beziehen, mit ihm in einem auch nur entfernten, lockeren Zusammenhang stehen. Es genügt, wenn das Geschäft dem Interesse des Handelsgewerbes, seinem Zweck, die Substanz zu erhalten und mit ihm Gewinn zu machen, dienen soll (BGH, Urt. v. 5. 5. 1960 i. NJW 1960, 1852, 1853 = LM Nr. 1 zu § 406 HGB; *Baumbach/Duden,* HGB, Anm. 1c zu § 406). Im übrigen gilt die **Vermutung,** daß die von einem Kaufmann vorgenommenen Geschäfte im Zweifel zum Betrieb seines Handelsgewerbes gehören (§ 343 Abs. 2 HGB).

III. Bestimmungen, Vereinbarungen

6 Unzulässig sind Bestimmungen und Vereinbarungen. Der Hinweis auf **„Bestimmungen“** in Satz 3 bedeutet nicht, daß auch **gesetzliche** Haftungsausschlüsse und -beschränkungen, z. B. der Haftungsausschluß nach § 636 RVO oder die günstigere Verjährungsregelung nach § 15 ABB (vgl. Anh. 5) erfaßt werden sollen. Es handelt sich nur um eine Anpassung an den Wortlaut von § 8a Abs. 2 Satz 2 StVG, mit der her-

vorgehoben werden sollte, daß sich das Verbot auch auf **allgemeine rechtsgeschäftliche** Regelungen, z. B. auf Beförderungs- und Versorgungsbedingungen, bezieht (vgl. amtl. Begr. i. BT-Drucks. 8/108, 13). Mit **Vereinbarungen** sind alle **Einzelverträge** gemeint, mögen sie ausdrücklich oder stillschweigend getroffen sein, die Haftung ausschließlich regeln oder Bestandteil eines weitergehenden Vertrages, z. B. eines Beförderungs- oder Versorgungsvertrages, sein (vgl. RG, Urt. v. 4. 3. 1898 i. EE 15, 221). Mangels einer Vereinbarung wird das Verbot nicht berührt, wenn jemand den Wegfall oder die Minderung der Haftung **einseitig** dadurch bewirkt, daß er seinen eigenen Unfall schuldhaft herbeiführt (vgl. OLG Düsseldorf, Urt. v. 17. 4. 1952 i. VerkBl. 1952, 367 = VersR 1952, 390 L). Gemeint sind Vereinbarungen zwischen dem Haftpflichtigen und dem Ersatzberechtigten. Nicht betroffen sind z. B. Haftungsregelungen, die **mehrere Haftpflichtige** oder **Versicherer** untereinander treffen (vgl. Rdz. 55 zu § 1 u. Rdz. 148 ff. zu § 12). Eine weitere Einschränkung liegt darin, daß die Worte **„im voraus"** das Verbot bis zu dem Zeitpunkt begrenzen, in dem der Ersatzanspruch nach dem HG **entstanden** ist. Von diesem Zeitpunkt an erscheint der Ersatzberechtigte nicht mehr schutzwürdig, weil er nunmehr den Umfang der Schädigung übersehen kann (vgl. RG, Urt. v. 1. 6. 1886 i. RG 16, 30 = EE 4, 457, Urt. v. 14. 2. 1889 i. RG 23, 38 = JW 1889, 131 = EE 6, 450; *Eger*, RHG, S. 501; vgl. a. RG, Urt. v. 26. 11. 1903 i. EE 20, 332). Dem Verbot unterliegen demnach nicht Vereinbarungen, mit denen der Berechtigte **nach Eintritt** des **Schadens** im Ganzen oder teilweise auf seinen Ersatzanspruch verzichtet.

C. Folgen der Zuwiderhandlung

7 Entgegenstehende Bestimmungen und Vereinbarungen sind **nichtig** (Satz 3). Wurde die Vereinbarung im Rahmen eines weitergehenden Vertrages getroffen, z. B. eines Beförderungs- oder Versorgungsvertrages, so ist nach § 139 BGB das ganze Rechtsgeschäft nichtig, wenn nicht anzunehmen ist, daß es auch ohne den nichtigen Teil vorgenommen sein würde. Letzteres wird im Regelfall zu bejahen sein (vgl. a. § 49 Abs. 2 LVG).

Ersatz durch Geldrente

8 (1) **Der Schadensersatz wegen Aufhebung oder Minderung der Erwerbsfähigkeit und wegen Vermehrung der Bedürfnisse des Verletzten sowie der nach § 5 Abs. 2 einem Dritten zu gewährende Schadensersatz ist für die Zukunft durch Entrichtung einer Geldrente zu leisten.**

(2) **Die Vorschriften des § 843 Abs. 2 bis 4 des Bürgerlichen Gesetzbuchs finden entsprechende Anwendung.**

(3) **Ist bei der Verurteilung des Verpflichteten zur Entrichtung einer Geldrente nicht auf Sicherheitsleistung erkannt worden, so kann der**

Berechtigte gleichwohl Sicherheit verlangen, wenn die Vermögensverhältnisse des Verpflichteten sich erheblich verschlechtert haben; unter der gleichen Voraussetzung kann er eine Erhöhung der im Urteil bestimmten Sicherheit verlangen.

Übersicht

Schrifttum: *Böhmer,* Dauer der Witwenrente nach § 10 Abs. 2 KFG, DAR 1951, 181; Dauer der Rente, RDK 1954, 36; Zur Frage der Bemessung der Geldrente nach § 844 Abs. 2 BGB, MDR 1961, 744; *Brandner,* Zur Verjährung wegen gestiegener Preise und Löhne erhöhter Schadensersatzforderungen, VersR 1970, 873; *Geyer,* Kapitalisierung dynamischer Renten, NJW 1954, 1170; *Haase,* Abänderung von Prozeßvergleichen, NJW 1967, 1741; *Hüskes,* Zur Berechnung von Schadenrenten nach §§ 843, 844 Abs. 2 BGB, VersR 1959, 250; Kapitalabfindung von Rentenansprüchen unter dem Aspekt der Rentendynamik, VersR 1973, 699; *Kallfelz,* Die Kapitalabfindung für Rentenansprüche, KVR v. A–Z, Kapitalabfindung, Erl. 1; *Nehls,* Kapitalisierung dynamischer Schadenersatzrenten, VersR 1974, 841; Kapitalisierung von Schadensersatzrenten – Bedeutung der Rentendynamik –, VGT 1981, 259 = VersR 1981, 407; *Preussner,* Die Kapitalisierung von Renten wegen entgangenen Unterhalts, VersR 1967, 840; *Reinhardt,* Zur Frage des „wichtigen Grundes" nach § 843 Abs. 3 BGB, VersR 1956, 535; *Rinck,* Die Kapitalisierung von Unfallrenten im Straßen- und Luftverkehr, DB 1966, 480; *Schlund,* Juristische Grundlagen der Kapitalisierung, VGT 1981, 217 = VersR 1981, 401; *Schlund, Schneider,* Rentenkapitalisierung unter Berücksichtigung der mutmaßlichen Lebensdauer des Unterhaltsberechtigten, VersR 1976, 210; Die Berücksichtigung der mutmaßlichen Lebensdauer bei der Rentenberechnung, VersR 1976, 807; *M. Schmid,* Zur Berechnung der Kapitalabfindung nach § 843 Abs. 3 BGB, DAR 1981, 129; *Schneider,* Kapitalisierung von Schadenersatzrenten, VGT 1981, 236 = VersR 1981, 494; *Weiser,* Welcher Faktor ist für die Kapitalisierung einer Witwenrente maßgebend?, VersR 1976, 126.

A. Entstehung und Bedeutung der Vorschrift

1 Die Vorschrift entspricht mit geringfügigen Abweichungen § 7 RHG, dessen letzte Fassung auf Art. 42 EGBGB beruhte (vgl. *Seligsohn,* RHG,

Anm. 1 zu § 7; *Biermann,* RHG, Anm. II zu § 7). Sie stimmt inhaltlich mit §§ 13 StVG u. 38 LVG überein. Den in Abs. 1 angeführten Schadenersatzansprüchen ist gemeinsam, daß sie **in der Zukunft liegen.** Der Gesetzgeber war der Auffassung, für solche Ansprüche sei die **Rente** die angemessene, der Naturalrestitution (§ 249 Abs. 1 BGB) am nächsten kommende Entschädigung. Sie sei am besten geeignet, die in bestimmten zeitlichen Abständen eintretenden Erwerbsschäden, vermehrten Bedürfnisse und Unterhaltsschäden zu ersetzen, wobei späteren Änderungen in den Verhältnissen Rechnung getragen werden könne (vgl. *Biermann* aaO.). Deshalb wurde der Grundsatz aufgestellt, daß die Entschädigung in Gestalt einer **Geldrente** zu leisten ist, und gleichzeitig bestimmt, **wie** die Rente zu zahlen ist und unter welchen Voraussetzungen der Verletzte – **ausnahmsweise** – eine Entschädigung in **Kapital** verlangen kann. Die praktische Bedeutung dieser Regelung ist allerdings stark gemindert, weil es sich eingebürgert hat, Verpflichtungen zur Rentenzahlung im Wege freiwilliger Vereinbarungen **kapitalsmäßig abzufinden** (Rdz. 18).

B. Ersatz durch Geldrente

I. Voraussetzungen der Verpflichtung zur Rentengewährung

1. Die betroffenen Ersatzansprüche

2 Das Gesetz nennt drei Arten von Dauerschäden, für die es als Ersatzpflicht die Rentenzahlung vorschreibt: Schäden wegen **Aufhebung** oder **Minderung** der **Erwerbsfähigkeit** und wegen **Vermehrung** der **Bedürfnisse** (§ 6) sowie Schäden durch **Entziehung** der **Unterhaltspflicht** (§ 5 Abs. 2). Diese Aufzählung ist **abschließend** (vgl. *MünchKomm.-Mertens,* Rdz. 22 zu § 843 BGB). Dem Geschädigten kann jedoch nach anderen Vorschriften ein Rentenanspruch zustehen, z. B. der von der Rechtsprechung entwickelte Anspruch auf Zahlung einer **Schmerzensgeldrente** nach § 847 BGB (vgl. BGH, Urt. v. 20. 12. 1966 i. VersR 1967, 285, Urt. v. 21. 12. 1966 i. VersR 1967, 256 u. Urt. v. 2. 2. 1968 i. VersR 1968, 475; vgl. a. Rdz. 63 zu § 12). Auch **Heilungskosten** können in Rentenform erstattet werden (RG, Urt. v. 25. 2. 1919 i. RG 95, 85; BGH, Urt. v. 24. 3. 1964 i. VersR 1964, 777).

2. Für die Zukunft

3 Schadenersatz ist nur **für die Zukunft** durch Entrichtung einer Geldrente zu gewähren. Soweit ein Teil des Anspruchs in der **Vergangenheit** liegt, hat der Berechtigte die **Wahl,** ob er Ersatz in Form von Kapital oder Rente verlangen will (RG, Urt. v. 23. 6. 1931 i. RG 133, 179 u. Urt. v. 16. 12. 1937 i. RG 156, 392, 393; BGH, Urt. v. 17. 3. 1964 i. VersR 1964, 638, 639 = VRS 27, 87, 88, Urt. v. 13. 7. 1972 i. VersR 1972, 1017 = NJW 1972, 1711 u. Urt. v. 19. 5. 1981 i. VersR 1982, 238 = NJW 1982, 759). Wird der Anspruch **prozessual** durchgesetzt, ist der maßgebliche Zeitpunkt dafür, wie er geltend gemacht wird, der Tag der letzten Verhandlung in der Tatsacheninstanz (BGH, Urt. v. 13. 7. 1972 aaO.). Für

die Zuerkennung einer Rente ist kein Raum mehr, wenn der gesamte Anspruch bereits in der **Vergangenheit** liegt (RG, Urt. v. 23. 6. 1931 aaO.; *Friese,* RHG, § 7 I 2).

3. Geldrente

4 Wie sich ausdrücklich aus dem Wortlaut von Abs. 1 ergibt, ist Schadenersatz durch Zahlung einer **Geld**rente zu leisten. Dem Ersatzpflichtigen ist es somit verwehrt, Ersatz durch Naturalrestitution vorzunehmen.

II. Art der Rentengewährung

1. Zahlungsweise der Rente

5 Die Rente ist für **drei Monate im voraus** zu zahlen (Abs. 2 i. Verb. m. §§ 843 Abs. 2 Satz 1 u. 760 Abs. 2 BGB). Maßgebend ist nicht das Kalendervierteljahr, sondern der **Beginn** der Zahlungsverpflichtung. Hat der Ersatzberechtigte den Beginn dieses Zeitabschnitts **erlebt,** verbleibt ihm der volle Vierteljahresbetrag (§ 760 Abs. 3 BGB). Das bedeutet, daß der **Erbe** des Ersatzberechtigten Rentenbeträge, die für die Zeit nach dem Tode noch rückständig sind, verlangen und der Haftpflichtige solche Beträge nicht zurückfordern kann. Eine **Vereinbarung,** die eine **andere Zahlungsweise** vorsieht (in der Praxis wird häufig monatlich gezahlt), ist **zulässig.** Sie verstößt auch nicht gegen das in § 7 ausgesprochene Verbot, weil § 843 Abs. 2 BGB, auf den Abs. 1 verweist, kein zwingendes Recht ist. Eine Zahlungsvereinbarung ist z. B. anzunehmen, wenn der Ersatzberechtigte auf monatliche Zahlung klagt und der Beklagte hiergegen keine Einwendungen erhebt (*MünchKomm.-Pecher,* Rdz. 3 zu § 761 BGB). Das Gericht darf jedoch nicht gegen den Willen des Ersatzberechtigten von der vierteljährlichen Zahlungsweise abgehen (RG, Urt. v. 9. 7. 1908 i. RG 69, 296, 297).

2. Einheitlichkeit des Anspruchs

6 Die Voraussetzungen für die Gewährung einer Rente bei **Aufhebung** oder **Minderung** der **Erwerbsfähigkeit** einerseits und bei **Vermehrung** der **Bedürfnisse** andererseits sind **gesondert** zu prüfen. Beide Ersatzansprüche bilden jedoch einen rechtlich **einheitlichen** Rentenanspruch, der nicht in entsprechende Teilbeträge zerlegt werden darf (RG, Urt. v. 20. 6. 1910 i. RG 74, 131; BGH, Urt. v. 5. 7. 1960 i. VersR 1960, 810 u. Urt. v. 25. 9. 1973 i. VersR 1974, 162, 164). Bei einer **Abänderungsklage** nach § 323 ZPO sind beide Schadenersatzansprüche „austauschbar". Die Klage ist z. B. abzuweisen, wenn die geltend gemachte Erhöhung der vermehrten Bedürfnisse durch eine Verminderung des Verdienstausfalles **ausgeglichen** wird (RG, Urt. v. 20. 6. 1910 aaO.). Die Ansprüche können auch im Laufe eines Prozesses **ausgewechselt** werden (BGH, Urt. v. 8. 4. 1957 i. VersR 1957, 394). Sie sind dagegen selbständig, soweit es sich um ihr Verhältnis zu dem Rentenanspruch wegen **entgangenen Un-**

terhaltes nach § 5 Abs. 2 oder zu anderen Rentenansprüchen handelt (vgl. RG, Urt. v. 22. 5. 1936 i. RG 151, 279, 286).

7 **Mehrere** Berechtigte können ihre Ansprüche nur **getrennt** für jeden einzelnen geltend machen. Auch die Ansprüche **mehrerer Hinterbliebener** eines Getöteten nach § 5 Abs. 2 müssen **gesondert** betrachtet und **geprüft** werden, weil sie verschiedene rechtliche Voraussetzungen haben und auch nach Höhe und Dauer einer eigenen rechtlichen Beurteilung unterliegen (BGH, Urt. v. 3. 5. 1960 i. VersR 1960, 801 u. Urt. v. 23. 11. 1971 i. VersR 1972, 176 = NJW 1972, 25). Sie dürfen deshalb nicht in einem gemeinsamen Anspruch zusammengefaßt werden. Es widerspricht jedoch nicht dem Erfordernis der **Bestimmtheit** des **Klageantrages,** wenn mehrere Unterhaltsgeschädigte die vorgestellte Größenordnung jedes Ersatzanspruches bezeichnen und sich damit einverstanden erklären, daß der ihnen insgesamt geschuldete Betrag **anders aufgeteilt** wird. Wenn das Gericht in diesem Falle abweichend aufteilt, jedoch den Gesamtbetrag zuspricht, bedarf es keiner teilweisen Klageabweisung (BGH, Urt. v. 2. 5. 1972 i. VersR 1972, 948 = NJW 1972, 1716 u. Urt. v. 12. 6. 1972 i. VersR 1972, 915, 916 = NJW 1972, 2155, 2156).

3. Fälligkeit, Dauer

8 Der Rentenanspruch **entsteht** als Ganzes bereits mit der Beeinträchtigung der Erwerbsfähigkeit usw.; nur die **Fälligkeit** der einzelnen Rentenbeträge ist **hinausgeschoben** (RG, Urt. v. 20. 11. 1933 i. RG 142, 291, 295 u. Urt. v. 22. 5. 1936 i. RG 151, 279, 283). **Beginn** und **Ende** der Rente müssen im Urteil **kalendermäßig festgelegt** werden (RG, Urt. v. 14. 5. 1917 i. RG 90, 226, 227 u. Urt. v. 20. 4. 1931 i. JW 1932, 787, 789; vgl. a. Rdz. 9; im Zwischenurteil braucht die Begrenzung grundsätzlich nicht festgelegt zu sein, vgl. BGH, Urt. v. 3. 11. 1964 i. VersR 1965, 84, 85 sowie Rdz. 24). **Unzulässig** ist deshalb ein **Klageantrag** auf Zahlung einer Rente „bis zur Wiederherstellung der vollen Erwerbsfähigkeit"; er entbehrt der **Bestimmtheit** (RG, Urt. v. 19. 1. 1944 i. DR 1944, 290). Das Gericht muß die zukünftige Entwicklung einschätzen, wenn dies nach der Lebenserfahrung und nach der Lage z. Zt. des Urteils mit einiger Sicherheit möglich ist. Dieser Notwendigkeit darf es sich nicht dadurch entziehen, daß es den Kläger auf den Weg der **Abänderungsklage** nach § 323 ZPO verweist und ihn dadurch in die ungünstige Lage bringt, den schwierigen Beweis zu führen, daß eine wesentlich anders gestaltete Entwicklung eingetreten ist, als sie im Urteil angenommen wurde (RG, Urt. v. 14. 10. 1934 i. RG 145, 195, 198).

9 Eine **Rente** wegen **vermehrter Bedürfnisse** ist im allgemeinen **auf Lebenszeit,** also unbegrenzt zu gewähren. Der Mehrbedarf kann jedoch **zeitlich begrenzt** sein, z. B. die Beeinträchtigung der Möglichkeit des Verletzten, für sich selbst zu sorgen, auf den Zeitpunkt, in dem aus altersmäßigen Gründen auch ohne den Unfall die körperlichen Kräfte nachgelassen hätten. Bei der Feststellung der Dauer einer **Rente** wegen **Aufhebung** oder **Minderung** der **Erwerbsfähigkeit** wird nur ganz ausnahmsweise bei besonderer Fallgestaltung davon auszugehen sein, daß der Geschädigte bis ins hohe Alter hinein oder gar bis ans Lebensende in

der Lage gewesen wäre, einer Berufstätigkeit nachzugehen, z. B. bei Gelehrten oder Schriftstellern (vgl. RG, Urt. v. 14. 5. 1906 i. EE 23, 64, Urt. v. 11. 7. 1910 i. JW 1910, 812 u. Urt. v. 20. 4. 1931 i. JW 1932, 787, 789; OLG Braunschweig, Urt. v. 28. 10. 1949 i. VRS 2, 124, 126; *Böhmer* i. RdK 1954, 37). Für den **Regelfall** gilt die Erfahrung, daß die Erwerbsfähigkeit mit **Erreichen** eines **bestimmten Alters aufhört.** Dabei sind alle bekannten Tatsachen, insbesondere der **gesundheitliche** Zustand, der ohne Unfall bestanden hätte, und die **Arbeitsmarkt-** oder **Auftragslage** zu berücksichtigen (vgl. BGH, Urt. v. 26. 10. 1955 i. VersR 1956, 175, 176, Urt. v. 14. 4. 1964 i. VersR 1964, 778, 779 u. Urt. v. 29. 5. 1969 i. VersR 1969, 802, 803; *Böhmer* aaO.). Wenn nicht besondere Umstände für eine andere Beurteilung sprachen (vgl. BGH, Urt. v. 17. 10. 1961 i. VersR 1961, 1138, 1139), wurde für **Nichtselbständige** angenommen, daß sie mit Vollendung des **65.** Lebensjahres aus dem Erwerbsleben ausgeschieden wären (so noch BGH, Urt. v. 28. 11. 1979 i. VersR 1980, 132 = DAR 1980, 1115 = DB 1980, 126 m. Anm. v. Schneider S. 129). Seit Einführung der **flexiblen Altersrente** ist jedoch von einem geringeren Rentenalter auszugehen. So soll z. Zt. der Beginn der Altersrente für Männer im Durchschnitt auf das 63. Lebensjahr gesunken sein (*Schneider* i. VGT 1981, 236, 245 = VersR 1981, 493, 495; vgl. a. *Schlund* i. VGT 217, 227 = VersR 1981, 401, 404). Für Frauen und die Angehörigen bestimmter Berufe, z. B. Polizeibeamte, ist die Grenze noch niedriger anzusetzen (vgl. *Hüskes* i. VersR 1959, 250, 253 m. w. Nachw.).

10 War der Verletzte **selbständig** oder **freiberuflich tätig,** kann es angebracht sein, die Grenze **über** das **65. Lebensjahr** hinaus festzusetzen (vgl. RG, Urt. v. 3. 12. 1931 i. JW 1932, 2029 für Schauspieler; RG, Urt. v. 12. 1. 1933 i. JW 1933, 830; LG Freiburg, Urt. v. 16. 11. 1965 i. VersR 1967, 718 für selbständigen Handelsvertreter). Auch hier darf jedoch nicht schematisch vorgegangen werden. Insbesondere gesundheitliche Gründe oder eine gefährliche Lebensweise können es angebracht erscheinen lassen, die Ansprüche auf den Zeitpunkt der Vollendung des **65. Lebensjahres** oder eines noch **geringeren Alters** zu begrenzen (vgl. BGH, Urt. v. 20. 10. 1961 i. VersR 1961, 1140, 1141: Begrenzung auf 65. Jahr bei Bluthochdruckleiden eines selbständigen Elektromeisters; OLG Celle, Urt. v. 15. 12. 1952 i. VersR 1953, 103 = RdK 1953, 70: Begrenzung auf 65. Jahr für Fuhrunternehmer, der LKW selbst fuhr, wegen Berufsanstrengung; LG Freiburg, Urt. v. 16. 11. 1965 aaO.: Begrenzung wegen gefährlicher Tätigkeit als Fluglehrer). Oft ist **abzustufen.** So hat der BGH wegen des außerordentlich gesunden und rüstigen Zustandes eines im Alter von 62 Jahren getöteten Facharztes die Annahme gebilligt, dieser habe bis zum 65. Lebensjahr voll, bis zum 70. Lebensjahr nahezu voll und bis zum 75. Lebensjahr noch teilweise gearbeitet (Urt. v. 14. 4. 1964 i. VersR 1964, 778, 779; noch weitergehend OLG Braunschweig, Urt. v. 28. 10. 1949 i. VRS 2, 124, 126 für außerordentlich rüstigen 78jährigen Facharzt bis zum Lebensende). Von dem Inhaber einer Reparaturwerkstatt wurde angenommen, daß er ab dem 65. Lebensjahr körperlich nicht mehr voll hätte arbeiten können und daß ab dem 70. Lebensjahr die geistige Beweglichkeit nachgelassen hätte (BGH, Urt. v. 10. 2. 1976 i. VersR 1976, 663, 664; vgl. a. Urt. v. 15. 1. 1963 i.

VersR 1963, 433, 434 u. Urt. v. 17. 10. 1972 i. VersR 1973, 84, 86 = NJW 1974, 1651). Allgemein wird zu bedenken sein, daß sich die Altersversorgung Selbständiger in den letzten Jahren wesentlich verbessert hat und daß dies einen Anreiz bietet, sich früher als bisher zur Ruhe zu setzen. Ob die Dauer der Erwerbsfähigkeit durch gesundheitliche Gründe eingeschränkt ist, wird der Richter nicht ohne Anhörung eines **ärztlichen Sachverständigen** entscheiden können; diese ist auch im Rahmen der **Schätzung** nach § 287 ZPO (vgl. Rdz. 156 zu § 1) nicht entbehrlich (vgl. BGH, Urt. v. 13. 7. 1967 i. VersR 1967, 1096).

11 Für die Beendigung der Rente, die an **Unterhaltsgeschädigte** nach § 5 Abs. 2 zu zahlen ist, ist der **Zeitpunkt maßgebend,** in dem der Getötete ohne den Unfall **mutmaßlich verstorben** wäre (§ 5 Abs. 2 Satz 1). Auf die mutmaßliche Lebensdauer der Witwe kommt es nicht an (RG, Urt. v. 5. 7. 1906 i. RG 64, 33 u. Urt. v. 13. 4. 1927 i. JW 1927, 2371; *Böhmer* i. DAR 1951, 181. Die Rente endet jedoch stets dann, wenn die Witwe verstirbt, vgl. RG, Urt. v. 25. 2. 1909 i. JW 1909, 225). Ausnahmsweise kann der Rentenbezug **über** den mutmaßlichen Todeszeitpunkt **hinausgehen,** wenn dem Hinterbliebenen durch den vorzeitigen Tod die **Altersversorgung** entzogen wurde. In diesem Falle erscheint es gerechtfertigt, auch den Folgeschaden zuzusprechen (BGH, Urt. v. 29. 4. 1960 i. BGH 20, 246, 249 = VersR 1960, 551 = LM Nr. 2 zu § 844 Abs. 2 BGB m. zust. Anm. v. *Hauss*; vgl. a. Rdz. 19 zu § 5). Der mutmaßliche Todeszeitpunkt ist anhand der **allgemeinen Sterbetafeln** (vgl. Rdz. 19) und der Umstände des Einzelfalles, insbesondere des unfallunabhängigen Gesundheitszustandes des Getöteten, **kalendermäßig** zu bestimmen (vgl. *Schlund* i. VGT 1981, 217, 226 = VersR 1981, 401, 404). Daß der Getötete wegen einer Erkrankung **früher** gestorben wäre, hat der Schädiger zu beweisen (BGH, Urt. v. 25. 4. 1972 i. VersR 1972, 834 = NJW 1972, 1514). Eine **höhere** als die normale Lebenserwartung kann nicht schon daraus hergeleitet werden, daß sich der Getötete sportlich betätigt hat (LG Freiburg, Urt. v. 16. 11. 1965 i. VersR 1967, 718).

12 Eine Rente, die wegen der Tötung einer zur **Mitarbeit** im **Haushalt** verpflichtet gewesenen **Ehefrau** zu zahlen ist (vgl. Rdz. 26f. zu § 5), vermindert sich von dem Zeitpunkt an, in dem die Getötete wegen des Alters körperliche Arbeit nicht mehr hätte verrichten können. Die Rechtsprechung neigt zu einer Begrenzung mit der Vollendung des 70. (so OLG Hamm, Urt. v. 4. 7. 1975 i. MDR 1976, 45) oder 75. Lebensjahres (so OLG Zweibrücken, Urt. v. 29. 7. 1977 i. VersR 1978, 356; vgl. a. RG, Urt. v. 3. 2. 1942 i. Warn 1942 Nr. 42; BGH, Urt. v. 14. 3. 1972 i. VersR 1972, 743, 745 u. Urt. v. 7. 5. 1974 i. VersR 1974, 1016, 1018). Auch kann eine zeitliche Begrenzung oder Abstufung geboten sein, weil der **Ehemann** mit dem Beginn seines **Ruhestandes** zur **Mitarbeit** im **Haushalt** verpflichtet gewesen wäre (BGH, Urt. v. 14. 3. 1972 aaO.; vgl. a. LG Essen, Urt. v. 12. 2. 1976 i. VersR 1977, 674 L: Begrenzung der Mithilfe des Ehemannes auf Vollendung des 70. Lebensjahres).

13 Die Möglichkeit einer **Wiederverheiratung** ist nicht von vornherein zu berücksichtigen, weil die Witwe bei einer etwaigen Wiederverheiratung möglicherweise eine geringere Versorgung erhält und insoweit ihre Ersatzansprüche nicht verliert (OGH Köln, Urt. v. 26. 11. 1948 i. NJW

1949, 340, 342; BGH, Urt. v. 28. 1. 1969 i. VersR 1969, 424, Urt. v. 16. 2. 1970 i. VersR 1970, 522 = NJW 1970, 1127). Der Schädiger ist hier auf die **Abänderungsklage** nach § 323 ZPO angewiesen. Eine **Ehescheidungsabsicht** reicht zur Begrenzung nur aus, wenn schon zu Lebzeiten des Getöteten die **Ehescheidungsklage** erhoben war; in diesem Falle müssen die Erfolgsaussichten geprüft werden (BGH, Urt. v. 19. 3. 1974 i. VersR 1974, 700 = NJW 1974, 1236; vgl. a. Rdz. 28 zu § 5).

14 Bei **unterhaltsgeschädigten Kindern** ist der Rentenanspruch im allgemeinen auf die Vollendung des 18. Lebensjahres zu begrenzen (BGH, Urt. v. 12. 6. 1973 i. VersR 1973, 939; OLG Hamm, Urt. v. 1. 10. 1976 i. VersR 1978, 64 L). Nur bei bereits **älteren** Kindern, bei denen sich schon eine entsprechende Begabung abzeichnet, kann es angebracht sein, einen späteren Zeitpunkt festzusetzen (BGH, Urt. v. 1. 3. 1966 i. VersR 1966, 588). Nach der Auffassung des OLG Düsseldorf (Urt. v. 17. 11. 1960 i. NJW 1961, 1408) ist der Rentenbezug für einen seinen **Eltern** unterhaltspflichtigen Getöteten bis zur Vollendung des 25. Lebensjahres zu beschränken, weil anzunehmen sei, daß er dann geheiratet und einen eigenen Hausstand gegründet hätte, und deshalb seinen Eltern nicht mehr unterhaltsverpflichtet gewesen wäre.

4. Änderung der Verhältnisse

15 Wurde die Rente durch Urteil zugesprochen, kann jede Partei im Wege der Klage eine **Abänderung** verlangen, wenn und soweit sich die Verhältnisse, die für die Verurteilung zur Entrichtung der Rentenleistungen, für die Bestimmung ihrer Höhe oder der Dauer ihrer Entrichtung maßgebend waren, sich **wesentlich geändert** haben (§ 323 Abs. 1 ZPO). Dabei wird vorausgesetzt, daß die Veränderung erst **nach** dem **Schluß** der **letzten mündlichen Verhandlung eingetreten** ist (§ 323 Abs. 2 ZPO). In der Praxis handelt es sich hauptsächlich um die Anpassung der Renten an spätere **Lohn-** und **Preissteigerungen. Keine** für eine Abänderungsklage nach § 323 ZPO ausreichende Veränderung stellt es dar, wenn in dem Urteil, dessen Änderung begehrt wird, die im wesentlichen unverändert fortbestehenden damaligen Verhältnisse nur **unrichtig beurteilt** wurden; denn die Änderungsklage soll nicht dazu dienen, vermeidbare Fehler des erlassenen Urteils zu verbessern (vgl. BGH, Urt. v. 19. 11. 1968 i. VersR 1969, 236, 237). § 323 ZPO ist auf andere Titel, insbesondere auf **gerichtliche Vergleiche** entsprechend anwendbar (§ 323 Abs. 4 ZPO; vgl. hierzu *Stötter* i. NJW 1967, 1111). Gegenüber **außergerichtlichen Vergleichen** ist die Abänderungsklage nach § 323 ZPO nicht gegeben, weil es an einem Schuldtitel fehlt. Soweit ein solcher Vergleich nach dem Willen der Parteien nicht unabänderlich sein sollte (was nur ausnahmsweise anzunehmen ist), ist jedoch davon auszugehen, daß ihm die Klausel rebus sic stantibus innewohnt und die Parteien eine Änderung unter dem **Gesichtspunkt des § 242 BGB** nach Maßgabe des § 323 ZPO geltend machen können (vgl. BGH, Urt. v. 27. 10. 1959 i. VersR 1960, 130, Urt. v. 12. 7. 1960 i. VersR 1960, 947 = NJW 1960, 1948 u. Urt. v. 5. 1. 1968 i. VersR 1968, 450; krit. *Haase* i. NJW 1967, 1740). Wurde dem Geschädigten durch Urteil eine **Kapitalabfindung**

zugesprochen (vgl. Rdz. 16f.) oder wurde eine solche Abfindung vereinbart (vgl. Rdz. 18), kann eine **Abänderung** bei wesentlicher Veränderung der für die Berechnung der Kapitalabfindung maßgebenden Verhältnisse **nicht** verlangt werden, weil für den Regelfall angenommen werden kann, daß eine endgültige Befriedigung unter Einschließung des Risikos einer gewissen Unsicherheit der für die Schätzung maßgebenden Faktoren und Prognosen erzielt werden sollte (BGH, Urt. v. 8. 1. 1981 i. VersR 1981, 283 m. zust. Anm. v. *Nehls* S. 286 = VRS 60, 253 = DAR 1981, 46 = NJW 1981, 818). Der Abänderungsanspruch **verjährt** nicht, soweit es sich nur darum handelt, die Rentenforderung den veränderten allgemeinen wirtschaftlichen Verhältnissen anzupassen (vgl. BGH, Urt. v. 30. 6. 1970 i. VersR 1970, 840 = NJW 1970, 1642; *Brandner* i. VersR 1970, 873).

III. Kapitalabfindung

1. Anspruch des Berechtigten auf Kapitalabfindung

a) Allgemeines

16 Der **Ersatzberechtigte** kann bei Vorliegen eines **wichtigen Grundes** statt der Rente eine **Kapitalabfindung** verlangen (Abs. 2 i. Verb. m. § 843 Abs. 3 BGB). Dem Haftpflichtigen steht dieses Recht nicht zu (vgl. BGH, Urt. v. 8. 1. 1981 i. VersR 1981, 283 = VRS 60, 253 = DAR 1981, 46 = NJW 1981, 818). Denkbar ist allerdings, daß unter ganz besonderen Voraussetzungen in der Nichtannahme einer vom Haftpflichtigen angebotenen Kapitalabfindung ein Verstoß gegen die **Schadensminderungspflicht** (vgl. Rdz. 63ff. zu § 4) liegt (vgl. hierzu *Schlund* i. VGT 1981, 217, 222 = VersR 1981, 401, 403; a. A. *Full,* Zivilr. Haft. Rdz. 16 zu § 13 StVG). Das Wahlrecht des Geschädigten kann auch noch geltend gemacht werden, wenn der Berechtigte **schon Rentenzahlungen erhalten** hat (BGH, Urt. v. 19. 5. 1981 i. VersR 1982, 238, 239 = NJW 1982, 757). Das Verlangen des Berechtigten kann auf einen **Teil** der Ansprüche beschränkt werden (RG, Urt. v. 11. 7. 1917 v. i. Recht 1917 Nr. 1631; *Schlund* aaO.). Im Prozeß muß der Berechtigte einen entsprechenden **Klageantrag** stellen; das Gericht ist nicht befugt, von sich aus eine Kapitalabfindung zuzusprechen (RG, Urt. v. 3. 2. 1925 i. RG 110, 150 u. Urt. v. 16. 6. 1932 i. RG 136, 373, 375). Sind **mehrere** Gläubiger vorhanden, muß die entsprechende Erklärung **insgesamt** abgegeben werden (BGH, Urt. v. 13. 7. 1972 i. NJW 1972, 1711). Der Antrag braucht **nicht beziffert** zu werden (RG, Urt. v. 20. 3. 1911 i. JW 1911, 459 u. Urt. v. 17. 4. 1913 i. JW 1913, 750). Für den Fall, daß dem Antrag auf Zahlung einer Kapitalabfindung nicht stattgegeben wird, kann **hilfsweise** Verurteilung zur Zahlung einer Rente beantragt werden (RG, Urt. v. 16. 6. 1932 aaO. S. 375). Es handelt sich hier nicht um verschiedene Ansprüche, sondern nur um zwei **verschiedene Formen der Befriedigung** eines Anspruchs (RG, Urt. v. 10. 7. 1911 i. RG 77, 213, 216; OLG Karlsruhe, Urt. v. 11. 5. 1927 i. RdK 1928, 364 Nr. 489). Sind **mehrere** berechtigt oder verpflichtet, ist die Frage, ob die Voraussetzungen für

eine Kapitalabfindung gegeben sind, **einheitlich** zu beurteilen (RG, Urt. v. 27. 5. 1908 i. RG 68, 429, 430).

b) Wichtiger Grund

17 Ein **wichtiger Grund** ist gegeben, wenn besondere Umstände es gerechtfertigt erscheinen lassen, statt der an sich vorgesehenen und für den Regelfall auch günstigeren Form der Rentenentrichtung (vgl. Rdz. 1) **ausnahmsweise** einen Ausgleich durch Zahlung eines **Kapitals** zu schaffen, weil dies für den Ersatzberechtigten vorteilhafter ist. Dabei ist einmal auf den **Gesundheitszustand** und die sonstigen **Lebensverhältnisse** des **Geschädigten** abzustellen. Als ein wichtiger Grund wurde es z. B. angesehen, daß die Kapitalabfindung geeignet erschien, auf die krankhaft begründete **Furcht** des **Geschädigten,** er werde auch nach Beendigung des Prozesses wegen einer möglichen Abänderungsklage nach § 323 BGB keine Rente bekommen, heilend einzuwirken (RG, Urt. v. 23. 5. 1910 i. RG 73, 418, 420; vgl. a. Urt. v. 28. 1. 1909 i. JW 1909, 137) oder daß der Geschädigte durch die Kapitalabfindung in die Lage versetzt wurde, sich eine **neue Existenz aufzubauen** und „seinem Leben einen Inhalt zu geben" (RG, Urt. v. 26. 1. 1933 i. JW 1933, 840; vgl. a. *Reinhardt* i. VersR 1956, 535 m. w. Nachw.). Der Grund kann aber auch in der **Person** des **Ersatzpflichtigen** liegen, z. B. in **Zahlungsschwierigkeiten** (OLG Stuttgart, Urt. v. 11. 4. 1901 i. OLG 2, 240), in einem häufigen **Wohnungswechsel** oder der Verlegung des Wohnsitzes ins **Ausland** (OLG Nürnberg, Urt. v. 19. 12. 1967 i. FamRZ 1968, 476, 478; *Kallfelz* i. KVR v. A–Z, Kapitalabfindung, Erl. 1, C II 1). Andererseits kann auch der **Wegzug** des **Ersatzberechtigten** ins Ausland und die damit verbundene Schwierigkeit, die Rente zu übermitteln, einen wichtigen Grund bilden (vgl. OLG Hamburg, Urt. v. 25. 10. 1917 i. OLG 36, 143; OLG München, Urt. v. 21. 11. 1905 i. SeuffA 62, 108, 109). Zahlungsschwierigkeiten des Haftpflichtigen reichen zur Annahme eines wichtigen Grundes nicht aus, wenn eine **Haftpflichtversicherung** vorhanden ist und diese ihre Eintrittspflicht **anerkannt** hat (vgl. RG, Urt. v. 21. 6. 1918 i. RG 93, 209, 211; OLG Karlsruhe, Urt. v. 11. 5. 1927 i. RdK 1928, 364 Nr. 489; vgl. jedoch RG, Urt. v. 6. 5. 1935 i. JW 1935, 2949: Annahme eines wichtigen Grundes trotz Vorliegens einer Haftpflichtversicherung, weil es sich um eine ausländische Versicherungsgesellschaft handelte und der Geschädigte für einen Zeitraum von 36 Jahren auf die Rente unbedingt angewiesen war).

2. Vereinbarte Kapitalisierung

18 Auch wenn **kein wichtiger Grund** vorliegt, können der Ersatzberechtigte und der Haftpflichtige eine Kapitalisierung des Rentenanspruchs **vereinbaren.** Solche Vereinbarungen sind grundsätzlich zulässig. Das **Interesse,** eine einmalige Abfindung zu vereinbaren, rührt häufig daher, daß die Haftpflichtversicherer, die meistens für die Haftpflichtigen einzutreten haben, den mit der fortlaufenden Rentenzahlung und ihrer ständigen Anpassung an die veränderten Verhältnisse verbundenen Verwal-

tungsaufwand, wozu auch die Reservenbildung gehört, vermeiden möchten (vgl. hierzu *Schlund* i. VGT 1981, 217, 224 = VersR 1981, 401, 403; *Nehls* i. VGT 1981, 259, 273 = VersR 1981, 407, 412). Eine ähnliche Interessenlage besteht bei den anspruchstellenden SVT. Auf Seiten der Geschädigten selbst bilden häufig die Möglichkeit einer Wiederverheiratung oder einer ertragsreichen und wertbeständigen Anlagemöglichkeit (z. B. Hausbau) das Motiv für eine Abfindung.

3. Berechnung des Kapitals

19 Wie der **Kapitalbetrag** zutreffend zu **errechnen** ist, kann hier nur in den Grundzügen dargestellt werden. Zunächst ist die voraussichtliche **Dauer** der Rente zu ermitteln. Soweit es dabei auf die **mutmaßliche Lebensdauer** (mittlere Lebenserwartung) ankommt, wird diese den **Allgemeinen Sterbetafeln** für die Bundesrepublik Deutschland (Stand 1970/1972) entnommen (vgl. *Schlund, Schneider* i. VersR 1976, 210, 212 u. 807, 808; vgl. a. BGH, Urt. v. 8. 1. 1981 i. VersR 1981, 283 m. Anm. v. *Nehls* S. 286 = VRS 60, 253 = DAR 1981, 46 = NJW 1981, 818). Die in der Praxis gebräuchlichen Kapitalisierungstabellen (vgl. *Schlund, Schneider* aaO. S. 807, 812ff.) berücksichtigen die **Rentendauer** und durch eine **Abzinsung** den Zinsvorteil, den der Berechtigte dadurch erlangt, daß er das Kapital auf einmal erhält. Den Tabellen kann der sich aus beiden Größen errechnende **Kapitalisierungsfaktor** entnommen werden. Multipliziert man mit dem Kapitalisierungsfaktor den Jahresbetrag der Rente, so ergibt dies das **Abfindungskapital** (vgl. a. *Hüskes* i. VersR 1959, 250; *Rinck* i. DB 1966, 480). Die richtige Festsetzung des Abzinsungsprozentsatzes ist umstritten, ebenso die Frage, wie **künftige Rentensteigerungen** zu erfassen sind (Näheres bei *Hüskes* i. VersR 1973, 699; *Nehls* i. VersR 1974, 841 u. i. VGT 1981, 259 = VersR 1981, 407; *Schlund* i. VGT 1981, 217, 130ff. = VersR 1981, 401, 405ff.; *Schmid* i. DAR 1981, 129; *Schneider* i. VGT 1981, 236, 253ff. = VersR 1981, 493, 496ff.). Bei einer **Witwenrente** sind das **Vorversterbungs-** und das **Wiederverheiratungsrisiko** entsprechend dem Alter der Witwe durch Abschläge zu berücksichtigen (vgl. *Schlund* i. VGT 1981, 217, 228ff. = VersR 1981, 401, 406f., *Schlund, Schneider* i. VersR 1976, 807, 809f.; *Weiser* i. VersR 1976, 126).

IV. Anspruch des Berechtigten auf Sicherheitsleistung

20 Abs. 2 regelt i. Verb. m. § 843 Abs. 2 Satz 2 BGB, daß es „sich nach den **Umständen** bestimmt, **ob,** in welcher **Art** und für welchen **Betrag** der Ersatzpflichtige **Sicherheit** zu leisten hat". Die Anordnung der Sicherheit soll die **Realisierung** des **Rentenanspruchs** gewährleisten. Die Entscheidung hierüber liegt im **Ermessen** des Gerichtes (RG, Urt. v. 6. 5. 1935 i. JW 1935, 2949). Sie setzt voraus, daß das Urteil auf eine **Zahlungsverpflichtung** erstreckt wird; ein Feststellungsurteil reicht zur Anordnung einer Sicherheit nicht aus (vgl. RG, Urt. v. 4. 5. 1905 i. RG

60, 416, 417 = JW 1905, 370, 371). Die **„Umstände"**, die für die Anordnung maßgebend sind, müssen geeignet sein, **Zweifel** darüber zu erwekken, ob der Haftpflichtige seiner Verpflichtung überhaupt oder pünktlich nachzukommen vermag. Ist der Haftpflichtige ausreichend **haftpflichtversichert** und hat die Versicherung ihre Eintrittspflicht bejaht, ist eine Sicherheitsleistung nicht notwendig (RG, Urt. v. 7. 5. 1938 i. RG 157, 348, 350f. = JW 1938, 2014; vgl. jedoch a. RG, Urt. v. 6. 5. 1935 aaO.). Anders verhält es sich, wenn eine Haftpflichtversicherung nicht besteht und die wirtschaftlichen Verhältnisse in Anbetracht der Höhe und der Dauer der Rente nicht genügend gesichert erscheinen (RG, Urt. v. 6. 5. 1935 aaO.; vgl. a. Rdz. 17). Die **Art** der Sicherheitsleistung richtet sich nach §§ 232–240 BGB.

21 Kraft ausdrücklicher Regelung (Abs. 3) kann der Berechtigte auch noch **nach Rechtskraft** des Urteils die Anordnung einer **Sicherheit** oder die **Erhöhung** einer im Urteil bereits bestimmten Sicherheit verlangen, wenn die **Vermögensverhältnisse** des Verpflichteten sich erheblich **verschlechtert** haben.

V. Pfändbarkeit

22 Renten, die wegen Verletzung des Körpers oder der Gesundheit zu entrichten sind, und Renten wegen Entziehung einer Unterhaltsforderung sind grundsätzlich **unpfändbar** (§ 850b Abs. 1 Nr. 1 u. 2 ZPO). **Ausnahmsweise** ist eine Pfändung nach den für Arbeitseinkommen geltenden Vorschriften möglich, wenn die Vollstreckung in das sonstige bewegliche Vermögen des Schuldners zu einer vollständigen Befriedigung des Gläubigers nicht geführt hat oder voraussichtlich nicht führen wird und wenn nach den Umständen des Falles, insbesondere nach der Art des beizutreibenden Anspruchs und der Höhe der Bezüge, die Pfändung der Billigkeit entspricht (§ 850b Abs. 2 ZPO). **Kapitalabfindungen** sind dagegen pfändbar.

VI. Unterhaltspflicht eines anderen

23 Abs. 2 verweist auch auf § 843 Abs. 4 BGB, der bestimmt, daß der Rentenanspruch nicht dadurch ausgeschlossen wird, daß ein **anderer dem Verletzten Unterhalt zu gewähren hat.** Es handelt sich bei dieser Regelung um einen über den Wortlaut des Gesetzes hinausgehenden allgemeinen Rechtsgrundsatz (vgl. a. Rdz. 32f. zu § 5). Der Schädiger soll sich nicht dadurch entlasten können, daß ein Dritter, zu dem er in keinerlei Rechtsbeziehung steht, zu Leistungen herangezogen werden kann (vgl. BGH, Urt. v. 24. 10. 1956 i. VersR 1956, 796, 797 u. Urt. v. 20. 12. 1960 i. VersR 1961, 230, 231). Daher ist dieser Grundsatz auch auf andere Ersatzansprüche, z. B. auf den Anspruch auf Ersatz von Heilungskosten, anzuwenden (vgl. BGH, Urt. v. 21. 12. 1978 i. VersR 1979, 350).

VII. Prozessuales

24 Eine Verurteilung zur **künftigen Rentenzahlung** (§ 258 ZPO) setzt voraus, daß die für die Festsetzung der Rente maßgeblichen Umstände mit **ausreichender Sicherheit ermittelt** werden können (vgl. RG, Urt. v. 14. 10. 1934 i. RG 145, 195, 199). Liegt in der zukünftigen Entwicklung eine so starke Unsicherheit, daß zweifelhaft ist, ob sich das Gericht ein ausreichendes und auch nur einigermaßen zuverlässiges Bild machen kann, ist der Erlaß eines Urteils prozessual **unzulässig.** Die Parteien können insbesondere nicht darauf verwiesen werden, sie sollten ggf. Abänderung nach § 323 ZPO verlangen. Ist die künftige Entwicklung nicht hinreichend zu überblicken, steht ihnen jedoch die **Feststellungsklage** zur Verfügung (vgl. BGH, Urt. v. 26. 10. 1955 i. VersR 1956, 174, 175). In Prozessen auf Zahlung von Schadenersatzrenten ist es häufig auch angebracht, durch **Zwischenurteil** über den Grund des Anspruchs vorab zu entscheiden (§ 304 ZPO). Dabei kann die kalendermäßige Festsetzung der Rente dem **Betragsverfahren** überlassen bleiben. Es bedarf jedoch – zumindest in den Entscheidungsgründen – eines entsprechenden ausdrücklichen Vorbehaltes, damit der Umfang der Rechtskraft erkennbar ist (vgl. RG, Urt. v. 20. 4. 1931 i. JW 1932, 787, 789f.; BGH, Urt. v. 3. 11. 1964 i. VersR 1965, 84, 85 u. Urt. v. 29. 5. 1969 i. VersR 1969, 802, 803f.). Ein **zeitlich unbeschränkter Feststellungsantrag** ist als unbegründet abzuweisen, wenn er über den Zeitpunkt hinausgeht, bis zu dem die Rente zu zahlen ist; vielmehr muß der Antrag entsprechend eingeschränkt werden (BGH, Urt. v. 29. 5. 1969 aaO.).

Haftungsgrenze für Personenschäden

9 Der Unternehmer oder der in § 2 bezeichnete Inhaber der Anlage haftet im Falle des § 8 Abs. 1 nur bis zu einer Jahresrente von dreißigtausend Deutsche Mark für jede getötete oder verletzte Person.

Übersicht

Schrifttum: *Däubler,* Sind die Höchsthaftungsbeträge nach § 12 StVG noch zeitgemäß?, NJW 1951, 262; *Kötz,* Haftung für besondere Gefahr, AcP 170, 1, 36ff.; *Krüger,* Höchsthaftungsgrenzen und angemessener Schadenersatz, VersR 1970, 402; *Sander,* Nochmals: Höchsthaftungsgrenzen und angemessener Schadenersatz, VersR 1970, 895; *Schulz,* Die Höchstgrenze der Ansprüche mehrerer Unterhaltsberechtigter eines Getöteten im Rahmen des RHG, VersR 1967, 539; *Wussow,* Zur Anwendung des § 12 Abs. 2 Straßenverkehrsgesetz, NJW 1959, 563.

A. Entstehung und Bedeutung der Haftungsbegrenzung

1 Die **Haftungsbegrenzung** wurde erst durch VO vom 8. 7. 1923 (RGBl. I, 615) mit Wirkung vom 21. 7. 1923 in das RHG (§ 7a) eingeführt. Bis dahin war die Haftung nach dem RHG der **Höhe** nach **nicht eingeschränkt.** Auch nachdem der Grund für die Beschränkung – der damalige Verfall der Währung und die finanzielle Lage der Eisenbahnen, deren Einnahmen mit der Geldentwertung nicht Schritt halten konnten, – weggefallen war, wurde die Regelung überwiegend als fortbestehend angesehen (vgl. RG, Urt. v. 18. 3. 1929 i. RG 124, 179; *Biermann,* RHG, Anm. I zu § 7 a m. Nachw.). Durch VO vom 8. 12. 1939 (RGBl. I, 2391) wurde die Höchstgrenze ab 1. 1. 1940 auf einen Jahresbetrag von RM 15000,– festgesetzt. Mit der Währungsreform trat anstelle der RM die DM.

2 Die **ziffernmäßige Begrenzung** der Haftpflicht ist als notwendiges **Korrelat** zu der von einem Verschulden nicht abhängigen **Gefährdungshaftung** zu sehen (vgl. BGH, Urt. 27. 9. 1977 i. VersR 1978, 33 = VRS 54, 17 m. w. Nachw.; *Däubler* i. NJW 1951, 262; *Full* i. Zivilr. Haft., Rdz. 7 zu § 12 StVG; *Krüger* i. VersR 1970, 402). Das ist der maßgebende gesetzgeberische Grund, gegenüber dem die frühere Überlegung, die Haftungsbegrenzung ermögliche es, das **Risiko zu kalkulieren** und zu tragbaren Bedingungen **zu versichern,** zurückgetreten ist. Bei den Beratungen über das Gesetz zur Änderung schadensersatzrechtlicher Vorschriften vom 16. 8. 1977 (BGBl. I, 1577) wurde die Beibehaltung des Systems der Höchsthaftungsbeträge für das HG, das StVG und das LVG unter Hinweis auf das Fehlen solcher Begrenzungen in **ausländischen Rechten** mit vergleichbaren wirtschaftlichen und gesellschaftlichen Verhältnissen in Frage gestellt (vgl. a. *Kötz* i. AcP 170, 1, 36ff.; *Kuckuck* i. ZRP 1981, 186; befürwortend dagegen *Larenz* i. VersR 1967, 593, 603). Die vorliegenden Bedenken wurden jedoch zurückgestellt, weil die für notwendig erachtete gründliche Überprüfung mit dem Ziel, die Neuerungen des Entwurfs **kurzfristig** zu verwirklichen, nicht vereinbar erschien (vgl. BT-Drucks. 8/108, 6f.). Der Gesetzgeber beschränkte sich darauf, die Höchsthaftungssummen „beträchtlich zu erhöhen", was für das HG zum Ergebnis hatte, daß die Grenze **auf DM 30000,– heraufgesetzt** wurde (vgl. a. Rdz. 3).

3 Sonst wurde die Regelung des § 7a RHG (vgl. Anh. 1) unverändert übernommen. Anders als in § 12 StVG und § 37 LVG gilt nach wie vor die Höchstrente für **jeden Getöteten** oder **Verletzten,** ohne eine zusätzliche Begrenzung für den Fall der Tötung oder Verletzung **mehrerer.** Auch verblieb es dabei, daß sich die Begrenzung **nicht** auf **alle** Ansprüche wegen eines Personenschadens bezieht (so §§ 12 StVG u. 37 LVG), sondern nur auf **bestimmte,** in § 8 Abs. 1 angeführte **Rentenansprüche.**

Diese Verschärfung gegenüber den Höchsthaftungsregelungen in den anderen Haftungsgesetzen wurde allerdings teilweise dadurch ausgeglichen, daß der seit dem 1. 1. 1940 geltende Höchsthaftungsbetrag nur verdoppelt wurde. Damit sah der Gesetzgeber – wohl bewußt – von einer **vollständigen Anpassung** an die zwischenzeitliche **Teuerung** ab, wie sie gleichzeitig für das StVG und das LVG vorgenommen wurde (vgl. BT-Drucks. 8/108, 7, insbesondere die dort wiedergegebene Entwicklung der Arbeitsverdienste). Ob die insgesamt gesehen **für** den **Geschädigten günstigere** Regelung des HG auch heute noch ihre Rechtfertigung darin findet, daß sich im Bahnbetrieb häufiger **Massenunfälle** ereignen (so BGH, Urt. v. 27. 9. 1977 i. VersR 1978, 33 = VRS 54, 17), erscheint zweifelhaft (für eine Harmonisierung *Krüger* i. VersR 1970, 402). Massenunfälle gibt es im Rahmen der Anlagenhaftung (§ 2), die ebenfalls dieser Höchsthaftungsregelung unterliegt, nur selten, dagegen mindestens ebenso häufig wie beim Bahnbetrieb beim Betrieb von Luftfahrzeugen, für die sie nicht gilt. Die früher umstrittene Frage, ob mehrere Anspruchsberechtigte, z. B. die hinterbliebenen Unterhaltsgeschädigten eines Getöteten (§ 5 Abs. 2), den Höchstrentenbetrag **voll** (so *Seligsohn,* RHG, Anm. 4 zu § 7a; *Schulz* i. VersR 1967, 402) oder nur **verhältnismäßig** (so OLG München, Urt. v. 3. 11. 1959 i. VersR 1960, 1002; *Friese,* RHG, § 7a II 1; *Finger,* EG, Anm. 1a zu § 7 RHG; *Wussow* i. NJW 1959, 563; vgl. a. BGH aaO., der zutreffend darauf hinweist, daß diese Auffassung unter der Geltung des § 7a RHG nicht aus der Rechtsprechung zu dem anderslautenden § 12 StVG hergeleitet werden konnte) beanspruchen können, wurde durch den Zusatz **„für jede getötete oder verletzte Person"** in dem letzteren Sinne klargestellt (mißverständlich insoweit die amtl. Begr. i. BT-Drucks. 8/108, 13ff., die auf die gegenteilige Möglichkeit verweist; vgl. a. BGH, Urt. v. 27. 9. 1977 aaO.).

4 Die **praktische Bedeutung** der Haftungsbegrenzung sollte nicht überschätzt werden. Oft muß unbegrenzt gehaftet werden, weil gleichzeitig eine **deliktische** oder **vertragliche** Haftung gegeben ist; insbesondere der Bahnbetriebsunternehmer haftet den geschädigten Fahrgästen in der Regel auch aufgrund des Beförderungsvertrages (vgl. Rdz. 95ff. zu § 12). Aber auch in den Fällen, in denen sich die Haftung ausschließlich nach dem HG beurteilt, reicht die Jahresrente von DM 30000,– meistens zur vollständigen Befriedigung des Geschädigten aus (vgl. a. *Sander* i. VersR 1970, 895).

B. Anwendungsbereich

I. Die begrenzten Ersatzansprüche

5 Die Haftungsgrenze gilt **nur** für **Schadenersatzansprüche nach dem HG;** sie ergreift nicht Ersatzansprüche, die nach **anderen** Haftungsvorschriften begründet sind (vgl. § 12). Auch soweit eine Haftung nach dem HG gegeben ist, betrifft die Begrenzung nicht **alle** Ansprüche wegen eines Personenschadens, sondern nur diejenigen, die in § 8 Abs. 1 angeführt sind. Diesen Ansprüchen ist gemeinsam, daß der Ersatz durch Ent-

richtung einer **Geldrente** zu leisten ist. Es handelt sich um Schadenersatzansprüche wegen **Aufhebung** oder **Minderung** der **Erwerbsfähigkeit** (vgl. Rdz. 9ff. zu § 6), wegen **Vermehrung** der **Bedüfnisse** des Verletzten (vgl. Rdz. 31ff. zu § 6) und wegen **Entziehung** des **Rechtes** auf **Unterhalt** (vgl. Rdz. 12ff. zu § 5). Anders als in § 12 StVG und § 37 LVG werden Ansprüche auf Ersatz von Heilungskosten (vgl. Rdz. 2ff. zu § 6) und von **Beerdigungskosten** (vgl. Rdz. 4ff. zu § 5) von der Begrenzung **nicht** erfaßt. Unternehmer i. S. v. § 9 ist auch der „Betreiber" eines der in § 3 angeführten Betriebe (vgl. a. Rdz. 15 zu § 3).

II. Kapital statt Rente

6 Das Recht der Ersatzberechtigten, bei Vorliegen eines wichtigen Grundes eine Abfindung in **Kapital** zu verlangen (vgl. Rdz. 16f. zu § 8), wird durch die Höchsthaftungsregelung **nicht** berührt. Die Kapitalabfindung ist dann nach der Jahresrente von DM 30000,– zu berechnen (*Seligsohn,* RHG, Anm. 3 zu § 7a; *Friese,* RHG, § 7a II 1; *Biermann,* RHG, Anm. III zu § 7a). Das gilt auch, wenn die Ansprüche in der **Vergangenheit** liegen und sich insoweit als Kapital angesammelt haben (vgl. *Friese* aaO. sowie RG, Urt. v. 13. 12. 1928 i. RG 123, 40 = JW 1929, 916 zu § 12 KFG). Die **Wahl** zwischen einem Kapital- und einem Rentenbetrag, wie sie § 12 Abs. 1 Nr. 1 StVG einräumt, hat der Gesetzgeber dem Geschädigten bewußt **nicht** gegeben. Diese Regelung entsprechend auf § 9 zu übertragen, erscheint deshalb nicht zulässig (*Friese,* RHG, § 7a II 1; a. A. *Biermann,* RHG, Anm. V zu § 7a; *Geigel/Schlegelmilch,* Haftpflichtprozeß, Kpt. 4 Rdz. 110).

III. Quotenmäßige Beschränkung der Haftung

7 Ist die Haftung des Unternehmers oder Inhabers **dem Umfange nach** dadurch **gemindert,** daß sich der Geschädigte ein mitwirkendes Verschulden oder die Betriebsgefahr anrechnen lassen muß (vgl. Rdz. 18ff. zu § 4), hat dies nach allg. Auffassung nicht zur Folge, daß sich auch die Höchstgrenze entsprechend verkürzt. Vielmehr kann der Geschädigte **bis** zu dieser **Grenze** die **volle** Befriedigung seiner Haftungsquote verlangen (RG, Urt. v. 20. 12. 1915 i. RG 87, 402 u. Urt. v. 13. 12. 1928 i. RG 123, 40 = JW 1929, 916; BGH, Urt. v. 28. 4. 1954 i. VRS 7, 34, 37; *Friese,* RHG, § 7a II 2; *Geigel/Schlegelmilch,* Haftpflichtprozeß, Kpt. 4 Rdz. 200). Beträgt z. B. der Jahresrentenbetrag DM 60000,– und haftet der Unternehmer mit einer Quote von 50%, kann der Verletzte die volle Rente von DM 30000,– beanspruchen.

IV. Mehrere Haftpflichtige

8 Haftet der Unternehmer oder der Inhaber zusammen mit einem **anderen** Haftpflichtigen einem **Dritten** (vgl. Rdz. 15 zu § 13), reicht auch die **Ausgleichsforderung** nicht über die Haftungsgrenze hinaus. Im übrigen

ist ebenso zu verfahren wie bei der quotenmäßig beschränkten Haftung (Rdz. 7). Der Höchstbetrag ist nur die Grenze, bis zu dem der Ausgleich gefordert werden kann. Soweit der nach der Abwägungsquote geteilte Betrag die Grenze überschreitet, ist er zu reduzieren (RG, Urt. v. 14. 11. 1935 i. RG 149, 213; BGH, Urt. v. 14. 7. 1964 i. VersR 1964, 1145 = VRS 27, 169 = NJW 1964, 1898 = WI 1964, 143; *Seligsohn,* RHG, Anm. 3 zu § 7a; *Friese,* RHG, § 7a II 2). Handelt es sich dagegen um die eigenen Ansprüche des Unternehmers oder Inhabers, ist die Abwägung unabhängig von der Höchstbegrenzung vorzunehmen und kann auch zum Ergebnis haben, daß der Unternehmer oder Inhaber einen Teil des Eigenschadens auch dann selbst tragen muß, wenn dieser über die Höchstgrenze hinausgeht (RG aaO.; BGH, Urt. v. 28. 4. 1954 i. VersR 1954, 304, 305 = VRS 7, 34, 37 u. Urt. v. 13. 4. 1956 i. VersR 1956, 515 = VRS 11, 107, 108 = NJW 1956, 1067 = JZ 1956, 491 m. zust. Anm. v. *Böhmer* S. 492; a. A. OLG Neustadt, Urt. v. 27. 2. 1957 i. JZ 1957, 546 m. abl. Anm. v. *Böhmer* S. 547; *Full,* Zivilr. Haft., Rdz. 8 zu § 12 StVG u. Rdz. 25ff. zu § 7 StVG).

V. Für jede getötete oder verletzte Person

9 Ist aufgrund desselben Ereignisses für **mehrere** Verletzte oder Getötete Ersatz zu leisten, haftet der Unternehmer oder Inhaber für **jeden** Verletzten oder Getöteten bis zur **Höchstgrenze.** Eine **weitere** Begrenzung gibt es für diesen Fall **nicht** (anders § 12 Abs. 2 Nr. 2 StVG). **„Verletzer“** ist nur der **unmittelbar** Geschädigte (vgl. Rdz. 149 zu § 1). Hinterläßt ein Getöteter **mehrere Unterhaltsberechtigte,** sind deren Rentenansprüche (§§ 5, 8 Abs. 1) **insgesamt** auf jährlich DM 30000,– **beschränkt** und werden nicht etwa in der Weise erweitert, daß jeder die Jahresrente fordern kann (vgl. Rdz. 3). Was zu geschehen hat, wenn die Ansprüche mehrerer Unterhaltsgeschädigter die **Grenze insgesamt überschreiten,** ist in § 9 ausdrücklich nicht geregelt. Es bietet sich jedoch an, hier § 10 Abs. 2 (vgl. a. § 12 Abs. 2 StVG u. § 37 Abs. 3 LVG) **entsprechend** anzuwenden und die einzelnen Ansprüche **anteilsmäßig** zu kürzen, wenn der Höchstbetrag zur Befriedigung aller nicht ausreicht (vgl. a. Rdz. 5 zu § 10). **Verändern** sich die Verhältnisse, nach denen zu kürzen ist, ist der Höchstbetrag **neu** zu verteilen (vgl. BGH, Urt. v. 10. 12. 1968 i. VersR 1969, 281, 282; *Krumme/Steffen,* StVG, Rdz. 8 zu § 12).

C. Rechtsübergang bei Quotenvorrecht

10 Ist der Anspruch auf einen anderen übergegangen und steht diesem, wie z. B. dem Sozialversicherungsträger (SVT), nach § 1542 RVO (vgl. Rdz. 53 zu § 5) ein **Quotenvorrecht** zu, kann der Bevorrechtigte vorab die **volle Befriedigung** seines Anspruchs verlangen. Der Anspruch des Ersatzberechtigten verkürzt sich entsprechend oder fällt völlig aus (vgl. BGH, Urt. v. 23. 1. 1959 i. VersR 1959, 352). Bei der Prüfung, ob die in § 9 festgesetzte Grenze erreicht ist, muß deshalb das Gericht auch die

Ansprüche berücksichtigen, die auf den SVT **übergegangen** sind (RG, Urt. v. 13. 12. 1928 i. RG 123, 40 = JW 1929, 916; BGH, Urt. v. 19. 1. 1962 i. VersR 1962, 374, 375). Geht der Ersatzanspruch auf **mehrere SVT** über und reicht der Höchsthaftungsbetrag zur vollen Befriedigung aller nicht aus, sind die SVT, soweit sie konkurrieren, **Gesamtgläubiger** (§ 428 BGB), wobei die Verteilung im Innenverhältnis nach Maßgabe der jeweiligen Leistungen zu erfolgen hat (BGH, Urt. v. 27. 6. 1958 i. VersR 1958, 533). Fällt die Gesamtgläubigerschaft weg, weil z. B. ein SVT eine Klagefrist nach Art. 12 Abs. 3 NTS-AG versäumt hat, kann der andere den Höchsthaftungsbetrag voll ausschöpfen (BGH, Urt. v. 17. 5. 1979 i. VersR 1979, 741).

D. Zeitliche Geltung

11 Hat sich der Personenschaden **vor dem 1. 1. 1978,** dem Inkrafttreten des Jahreshöchstbetrages von DM 30000,–, ereignet, gilt für ihn grundsätzlich die **frühere** Grenze von DM 15000,– (Art. 5 Abs. 1, 8 Abs. 1 des Gesetzes zur Änderung schadensersatzrechtlicher Vorschriften, BGBl. I, 1577, 1580). Soweit nach dem RHG eine Schadenersatzpflicht bereits bestand und „es nach den Verhältnissen des Ersatzberechtigten aus **Billigkeitsgründen** erforderlich ist und dem Ersatzpflichtigen **zugemutet** werden kann", tritt jedoch eine **Rückwirkung** ein (Art. 5 Abs. 2; diese verstößt nach Auffassung des BGH nicht gegen das Grundgesetz, Urt. v. 24. 11. 1959 i. VersR 1960, 151 = VRS 18, 96). Im übrigen findet Art. 7 des Gesetzes über Maßnahmen auf dem Gebiete des Verkehrsrechtes und des Verkehrshaftpflichtrechtes vom 16. 7. 1957 (BGBl. I, 1710; auszugsw. wiedergegeben i. Anh. 6) entsprechende Anwendung.

12 Sind **mehrere** Unterhaltsberechtigte vorhanden, ist in der **Person des Einzelnen** zu prüfen, ob die Rückwirkung geboten erscheint. Ist dies nur für einen zu bejahen, ist der Höchstbetrag für diesen so zu berechnen, als wenn er für alle gelten würde. Sodann ist er verhältnismäßig für den Berechtigten zu verringern. Dadurch wird verhindert, daß der Berechtigte noch zusätzlich davon profitiert, daß die anderen keine Erhöhung beanspruchen können (BGH, Urt. v. 23. 5. 1972 i. VersR 1972, 954 = VRS 43, 165 = DAR 1972, 242 = NJW 1972, 1466). Im übrigen kommt es bei der Prüfung auf die **Umstände des Einzelfalles** an. In der Rechtsprechung wurden die Voraussetzungen für eine Anwendung der neuen Regelungen regelmäßig bejaht, wenn die Versorgung des Ersatzberechtigten weder durch die Entschädigung innerhalb der alten Grenzen noch aus anderen Mitteln gewährleistet war und für den Haftpflichtigen eine Haftpflichtversicherung eintrat (vgl. BGH, Urt. v. 24. 11. 1959 i. VersR 1960, 151, Urt. v. 20. 6. 1969 i. VersR 1969, 854 u. Urt. v. 23. 5. 1972 aaO.; LG Berlin, Urt. v. 26. 10. 1967 i. VersR 1968, 249; abl. wegen ausreichender Versorgung BGH, Urt. v. 5. 12. 1967 i. VersR 1968, 303; KG, Urt. v. 8. 1. 1970 i. VersR 1970, 265 = DAR 1971, 19; OLG Hamm, Urt. v. 27. 10. 1971 i. VersR 1973, 378).

13 Die Rückwirkung kann sich nur auf die **nach dem 1. 1. 1978 fällig** gewordenen Rentenbeträge beziehen (Art. 7 Abs. 1 Satz 2 des Maßnah-

mengesetzes, Anh. 6). Sie ist ausgeschlossen, wenn und soweit die Ersatzansprüche auf einen anderen **übergegangen** sind (Art. 7 Abs. 3 Nr. 3 Maßnahmengesetz, Anh. 6). Das gilt auch für den Rechtsübergang auf Sozialversicherungsträger (vgl. BGH, Urt. v. 23. 5. 1972 i. VersR 1973, 954 = VRS 43, 165 = DAR 1972, 242 = NJW 1972, 1466 u. B. v. 17. 3. 1981 i. VersR 1981, 486, 487; *Wussow* i. WI 1978, 54). Auch kommt der neue Höchsthaftungsbetrag nicht in Betracht, wenn vor dem 1. 1. 1978 durch **rechtskräftiges Urteil** statt einer Rente ein Kapitalbetrag **zugesprochen** wurde oder sich die Parteien auf eine **Kapitalabfindung geeinigt** haben (Art. 7 Abs. 3 Nr. 1 und 2 Maßnahmengesetz, Anh. 6). Dagegen steht eine Einigung, daß der Ersatz durch Entrichtung einer Geldrente zu leisten ist, der Rückwirkung nicht entgegen, es sei denn, daß der Höchstbetrag für die Bestimmung der Höhe der Rentenbeträge nicht maßgebend war oder daß sich aus der Vereinbarung etwas anderes ergibt (Art. 7 Abs. 2 Maßnahmengesetz, Anh. 6).

14 Der Anspruch auf rückwirkende Anwendung **verjährt** in zwei Jahren von dem Zeitpunkt an, in dem der Ersatzberechtigte von den Umständen **Kenntnis** erlangt, aus denen sich der Anspruch ergibt, frühestens jedoch vom 1. 1. 1978 an (Art. 7 Abs. 5 Maßnahmengesetz, Anh. 6). Die Kenntnis muß auch die Tatsachen umfassen, die die **Billigkeit** begründen (BGH, Urt. v. 20. 6. 1969 i. VersR 1969, 854: Kenntnis eines geschädigten Kindes von lebensbedrohender Erkrankung des Vaters).

E. Prozessuales

15 Im **Grund-** und **Feststellungs**urteil muß die Begrenzung zum Ausdruck gebracht werden (RG, Urt. v. 27. 11. 1930 i. JW 1931, 854 m. zust. Anm. v. *Müller* S. 854; BGH, Urt. v. 26. 6. 1962 i. VersR 1962, 964 = VRS 23, 348; einschr. Urt. v. 22. 9. 1981 i. VersR 1981, 1180). Das Berufungsgericht kann auch ohne ein hierauf gerichtetes Rechtsmittel die Urteilsformel entsprechend berichtigen (BGH, Urt. v. 26. 6. 1962 aaO.). Sind **mehrere** Unterhaltsberechtigte vorhanden, die zusammen Klage erheben, ist die Verteilung des Höchstbetrages bereits in der Klage vorzunehmen (*Wussow* i. NJW 1959, 563 m. w. Nachw.). Bei mehreren Ersatzberechtigten kann eine mögliche Zuvielzahlung des Haftpflichtigen dadurch vermieden werden, daß der Kläger beantragt festzustellen, daß der Beklagte vorbehaltlich einer Herabsetzung der Ersatzansprüche verpflichtet ist, den begehrten Betrag zu zahlen (BGH, Urt. v. 9. 10. 1961 i. VersR 1961, 115; *Wussow* aaO.). Ist eine Neuverteilung wegen Änderung der Verhältnisse erforderlich, die eine frühere Verteilung begründet haben (Rdz. 9 sowie Rdz. 15 zu § 8), kann dies im Wege der **Abänderungsklage** nach § 323 ZPO geltend gemacht werden (vgl. a. Art. 7 Abs. 4 Maßnahmengesetz, Anh. 6, zu der Möglichkeit, eine titulierte Rentenforderung dem neuen Höchstbetrag anzupassen).

Haftungsgrenze für Sachschäden

10 (1) **Der Unternehmer oder der in § 2 bezeichnete Inhaber der Anlage haftet für Sachschäden nur bis zum Betrag von einhunderttausend Deutsche Mark, auch wenn durch dasselbe Ereignis mehrere Sachen beschädigt werden.**

(2) **Sind aufgrund desselben Ereignisses an mehrere Personen Entschädigungen zu leisten, so verringern sich die einzelnen Entschädigungen in dem Verhältnis, in dem ihr Gesamtbetrag zu dem Höchstbetrag steht.**

(3) **Die Absätze 1 und 2 gelten nicht für die Beschädigung von Grundstücken.**

Übersicht

A. Entstehung und Bedeutung der Haftungsbegrenzung

Schrifttum: *Däubler,* Sind die Höchsthaftungsbeträge nach § 12 StVG noch zeitgemäß?, NJW 1951, 262; *Krüger,* Höchsthaftungsgrenzen und angemessener Schadenersatz, VersR 1970, 402; *Sander,* Nochmals: Höchsthaftungsgrenzen und angemessener Schadenersatz, VersR 1970, 895.

1 Die Vorschrift hat die Regelungen in § 7b RHG und § 4 SHG (vgl. Anh. 1 u. 2) übernommen. Die damals geltenden Höchstbeträge von DM 15000,– (RHG) und DM 25000,– (SHG) wurden durch das Gesetz zur Änderung schadensersatzrechtlicher Vorschriften vom 16. 8. 1977 (BGBl. I, 1577; vgl. Art. 4 Nr. 7 u. 8 Abs. 1) mit Wirkung vom 1. 1. 1978 **einheitlich** auf **DM 100000,–** festgesetzt und damit bewußt der für das StVG (§ 12 Abs. 1 Nr. 3) maßgebenden Grenze angepaßt (amtl. Begr. i. BT-Drucks. 8/108, 14). Mit der Erhöhung sollte die zwischen-

zeitliche **Teuerung** berücksichtigt werden (amtl. Begr. aaO. S. 7). Bei den Beratungen war erwogen worden, für einige Haftungsbereiche, insbesondere für die Haftung der Inhaber von Rohrleitungen zum Transport bestimmter Stoffe, höhere Haftungsgrenzen einzuführen (vgl. a. *Sander* i. VersR 1970, 895). Das unterblieb jedoch, weil ein ausreichender Haftungsschutz dadurch gewährleistet erschien, daß von der Höchsthaftungsregelung nach wie vor Ersatzansprüche ausgenommen wurden, die durch die Beschädigung von **Grundstücken** entstehen (Abs. 3). Auch wurden bei einer Staffelung der Haftungsgrenzen Abgrenzungsschwierigkeiten befürchtet (amtl. Begr. aaO. S. 14). Im übrigen kann auf die Ausführungen zu § 9 Rdz. 1 ff. verwiesen werden.

B. Anwendungsbereich

I. Die begrenzten Ansprüche

2 Die Haftungsgrenze gilt **nur** für **Ersatzansprüche nach dem HG.** Ansprüche, die sich nach anderen Haftungsvorschriften beurteilen (vgl. § 12), werden von der Begrenzung durch § 10 nicht erfaßt. Die Grenze bezieht sich auf Ersatzansprüche für **Sachschäden,** also auf den **Gesamtschaden** und nicht auf jede einzelne Sache, wenn jemand Schadenersatz wegen der Beschädigung mehrerer Sachen durch dasselbe Ereignis verlangen kann (vgl. Abs. 1, letzter Halbsatz). Zum **Sachschaden** (z. Begriff vgl. § 1 Rdz. 131 ff.) gehört nicht nur der an der Sache selbst entstandene Schaden, sondern auch der sog. **Sachfolgeschaden,** z. B. der durch die Zerstörung der Sache entgangene Gewinn.

3 Kraft ausdrücklicher Regelung (Abs. 3) gilt die Höchstgrenze **nicht** für die Beschädigung von **Grundstücken.** Diese Ausnahme, die es in den anderen Haftungsgesetzen nicht gibt (vgl. §§ 12 Abs. 1 Nr. 3 StVG u. 37 Abs. 4 LVG), beruht auf der Überlegung des Gesetzgebers des SHG, daß es einerseits solche Schäden im Bahnbetrieb verhältnismäßig selten gebe und andererseits das Ausmaß solcher Schäden unübersehbar sei (vgl. amtl. Begr. zu § 4 SHG i. DJ 1940, 544; ähnl. a. amtl. Begr. zum Gesetz zur Änderung des Reichshaftpflichtgesetzes vom 15. 8. 1943, RGBl. I, 489 i. DJ 1943, 430, 431). Der Begriff des **Grundstücks** ist dem allgemeinen Bürgerlichen Recht nachgebildet (BGH, Urt. v. 17. 2. 1956 i. BGH 20, 85, 87 = VersR 1956, 255 = NJW 1956, 748). Ein Grundstück ist ein räumlich abgegrenzter Teil der Erdoberfläche, der im Bestandsverzeichnis eines Grundbuchblattes unter einer besonderen Nummer oder gemäß § 3 Abs. 3 GBO gebucht ist (RG, Urt. v. 8. 7. 1900 i. RG 84, 265; *Palandt/Bassenge,* BGB, Überbl. 1 v. § 873). Zu einem Grundstück gehören auch seine **wesentlichen Bestandteile** (§ 94 BGB; so a. die amtl. Begr. i. DJ 1940, 544, 545). Verbrennt z. B. durch den Funkenflug einer vorbeifahrenden Lok Getreide auf dem Feld, ist dieses Bestandteil eines Grundstücks. Der Schaden ist somit der Höchstbegrenzung nicht unterworfen (BGH aaO.). Ist dagegen das Getreide geschnitten (mag es auch noch auf dem Feld zum Trocknen stehen), hat es seine Bestandteilseigenschaft verloren, so daß die Haftungsbegrenzung eingreift (BGH aaO.).

Zubehörsachen (§ 97 BGB) sind keine Grundstücke, weil sie mit diesen nicht verbunden sind, sondern ihnen nur wirtschaftlich dienen (zu weitgehend *Finger,* EG, Anm. 2 zu § 4, der Abs. 3 aus Billigkeitsgründen auch auf Zubehör anwenden will).

II. Quotenmäßige Beschränkung der Haftung, mehrere Haftpflichtige

4 Die Ausführungen zu § 9 Rdz. 7f. gelten hier entsprechend.

III. Mehrere Ersatzpflichtige

5 Sind aufgrund desselben Schadenereignisses an **mehrere Personen** Entschädigungen zu leisten, gilt die Haftungsgrenze von DM 100000,– nicht für jeden Ersatzanspruch. Vielmehr verringern sich nach Abs. 2 die einzelnen Entschädigungen in dem Verhältnis, in dem ihr Gesamtbetrag zu dem Höchstbetrag steht (ähnl. §§ 12 Abs. 2 StVG u. 37 Abs. 3 LVG). Beträgt z. B. der Sachschaden des A. DM 200000,– und der des B. DM 300000,–, erhält A., weil das Verhältnis der Höchstsumme von DM 100000,– zu dem Gesamtschaden von DM 500000,– 1 : 5 ist, DM 40000,– (2/5) und B. DM 60000,– (3/5). Die Regelung des Abs. 2 gilt nicht für die Beschädigung von **Grundstücken.** Grundstücksschäden dürfen deshalb in die Verrechnung nicht einbezogen werden (BGH, Urt. v. 17. 2. 1956 i. BGH 20, 85, 87 = VersR 1956, 255 = NJW 1956, 748).

C. Zeitliche Geltung

6 Der höhere Betrag von DM 100000,– gilt für alle Schäden, die sich **nach** dem **1. 1. 1978** ereignet haben (Art. 5 Abs. 1, 8 Abs. 1 des Gesetzes zur Änderung schadensersatzrechtlicher Vorschriften vom 16. 8. 1977, BGBl. I, 1577, 1580). Frühere Schäden unterliegen den alten Grenzen (vgl. Anh. 1 u. 2). Eine **Rückwirkung** wurde, anders als bei Personenschaden (§ 9 Rdz. 11ff.), nicht zugelassen.

D. Prozessuales

7 Die Ausführungen zu § 9 Rdz. 15 gelten entsprechend.

E. Anhang: Umfang des Schadensersatzes bei Sachschäden, insbesondere Kfz-Schäden

Schrifttum: *Becker,* Kraftverkehrs-Haftpflichtschäden, 14. Aufl. Heidelberg-Karlsruhe 1980; *Born,* Mietwagenkosten, VersR 1978, 777; *Darkow,* Der

Minderwert von Kraftfahrzeugen nach Unfällen und seine Ermittlung, VersR 1975, 207; *Dittmann,* Nutzungsentschädigung, DAR 1979, 201; *Giesen,* Kraftfahrzeug-Totalschaden und Haftpflichtrecht, NJW 1979, 2065; *Henrichs,* Berechnung des Schadenausgleichs bei Totalschäden an Gebrauchtfahrzeugen, NJW 1967, 1940; Zur Berechnung des Totalschadens bei Kraftfahrzeugunfällen, VersR 1968, 1011; *Himmelreich,* Unfallschäden und ihre Regulierung, NJW 1973, 673; Finanzierung von Unfallschäden im Blickwinkel der neuen BGH-Rechtsprechung, NJW 1974, 1897; *Himmelreich/Klimke,* Kfz-Schadenregulierung, Düsseldorf 1981; *Jordan,* Die Abwicklung des Kraftfahrzeug-Totalschadens, VGT 1978, 163 = VersR 1978, 688; *Klimke,* Erstattungsfähigkeit von Nebenkosten bei Totalschäden, VersR 1974, 832; Abrechnung von Mietwagenkosten im Falle eines Kfz-Haftpflichtschadens, DB 1974 Beil. Nr. 10; Schadenersatz für entgangene Gebrauchsvorteile aus haftungsrechtlicher und betriebswirtschaftlicher Sicht, DB 1974 Beil. Nr. 7; Die Bewertung des Verlustes einer günstigeren Rangstelle im Kfz-Brief nach einem Totalschaden, VersR 1979, 1078; *Kötz,* Die Abwicklung des Kraftfahrzeug-Totalschadens, VGT 1978, 193; *Pagendarm,* Das Quotenvorrecht des § 67 VVG in der Kasko-Versicherung, DAR 1960, 189; *Riedmaier,* Der Kfz-Schaden im Lichte der neueren Rechtsprechung, VersR 1971, 1; *Ruhkopf,* Über die Regulierung von Totalschäden in Kfz-Haftpflichtsachen, VersR 1962, 930; *Sanden,* Sachschadenrecht des Kraftverkehrs, 3. Aufl., München 1979; *W. Schmidt,* Fragen des Kraftfahrzeug-Schadenersatzrechtes, BB 1968, 1310; *Walter,* Ersatz von Sachschäden an Kraftfahrzeugen, KVR v. A–Z, Kraftfahrzeug, Fahrzeugschaden, Erl. 1.

I. Reparaturschaden

1. Reparaturkosten

8 Ist eine Sache so beschädigt, daß sie **wiederhergestellt** werden kann, kann der Geschädigte den hierzu **erforderlichen Geldbetrag** nach § 249 Satz 2 BGB verlangen (vgl. Rdz. 239f. zu § 1). Vor Erteilung des Reparaturauftrages hat er die **Werkstatt** sorgfältig auszusuchen und darauf zu achten, daß die Reparatur zügig durchgeführt wird; im übrigen trägt der Schädiger das **Prognose-** und das **Werkstattrisiko** (vgl. Rdz. 240 zu § 1). Sofern dadurch keine überhöhten Kosten entstehen, ist der Geschädigte grundsätzlich berechtigt, die Werkstatt seines **Vertrauens** zu beauftragen (OLG München, Urt. v. 28. 1. 1966 i. VersR 1966, 786 = VRS 31, 344; OLG Karlsruhe, Urt. v. 9. 3. 1976 i. VersR 1976, 1162). Den zur Reparatur „erforderlichen Geldbetrag" (z. Begriff vgl. Rdz. 240 zu § 1) kann der Geschädigte auch fordern, wenn er die Reparatur **nicht** ausführen läßt (vgl. Rdz. 240 zu § 1). Wer **selbst** repariert, kann gleichwohl die üblichen Werkstattpreise verlangen. Das gilt auch für den Geschädigten, der **Inhaber** einer Kfz-Reparaturwerkstatt ist, wenn nicht anzunehmen ist, daß er infolge einer mangelnden Ausschöpfung seiner Kapazität in dem gleichen Zeitraum nicht in der Lage gewesen wäre, einen anderen Auftrag auszuführen (BGH, Urt. v. 26. 5. 1970 i. VersR 1970, 832 m. abl. Anm. v. *Klimke* S. 832 = VRS 39, 81 = NJW 1970, 1454). Soweit es üblich ist, daß der Geschädigte die Schäden in eigener Werkstatt behebt (z. B. in einem öffentlichen Verkehrsunternehmen), richtet sich der verkehrsübli-

che Herstellungspreis nach den **Selbstkosten** (Lohn- und Materialaufwand sowie anteilige Gemeinkosten) einer solchen Werkstatt (BGH, Urt. v. 26. 5. 1970 aaO.; a. A. *Klimke* aaO.).

2. Minderwert

9 Trotz ordnungsgemäßer Reparatur kann ein **Minderwert** verbleiben, für den der Geschädigte nach § 251 Abs. 1 BGB eine Geldentschädigung verlangen kann, weil insoweit eine Wiederherstellung nicht möglich ist (*MünchKomm.-Grunsky,* Rdz. 8 zu § 249 BGB; vgl. a. Rdz. 242 zu § 1). Nach einer – umstrittenen – Unterscheidung kann es sich um eine **technische** oder um eine **merkantile** Wertminderung handeln. Ein technischer Minderwert liegt vor, wenn die Gebrauchsfähigkeit, die Betriebsfähigkeit, die Lebensdauer oder das Äußere des Fahrzeugs (es bestehen z. B. nach einer Teillackierung Farbdifferenzen) beeinträchtigt sind (*Himmelreich* i. NJW 1973, 673; *Himmelreich/Klimke,* Kfz-Schadenregulierung, Rdz. 787 ff.). Unter einer **merkantilen Wertminderung** versteht man die Werteinbuße, die ein Kfz dadurch erleidet, daß es wegen des Verdachtes verborgen gebliebener Mängel im Verkehr als **„Unfallfahrzeug"** angesehen wird und dadurch an Handelswert verliert (vgl. BGH, Urt. v. 29. 1. 1958 i. VersR 1958, 453 = VRS 15, 3; *Darkow* i. VersR 1975, 209; *Walter,* KVR v. A–Z, Kraftfahrzeug, Fahrzeugschaden, D II). Entsprechendes gilt auch für die Beschädigung anderer Sachen (vgl. BGH, Urt. v. 14. 1. 1971 i. VersR 1971, 446 = NJW 1971, 615 für Mängel eines Hauses). Die **Höhe** der Entschädigung richtet sich nach der Art des Schadens und nach dem Zustand der beschädigten Sache. Rechtsprechung und Schrifttum haben unterschiedliche Berechnungsmethoden entwikkelt (ausführl. hierzu *Himmelreich/Klimke* aaO. Rdz. 811 ff.; OLG Hamburg, Urt. v. 9. 10. 1981 i. VersR 1981, 1186 = DAR 1981, 388). Maßgebend für die Schadenberechnung ist der Zeitpunkt, in dem der Geschädigte das Fahrzeug nach der Reparatur wieder in Gebrauch nimmt.

10 Ob der Geschädigte die Sache weiter veräußert und damit den Schaden **„realisiert"**, oder ob er sie so lange weiterbenutzt, bis der Schaden nicht mehr eintreten kann (z. B. ein Kfz schrottreif wird), ist unerheblich (BGH, Urt. v. 3. 10. 1961 i. VersR 1961, 1043 = NJW 1961, 2253). Grundsätzlich tritt **keine** Wertminderung ein, wenn eine Sache nur einen **Bagatellschaden** erleidet oder von so **geringem Wert** ist (z. B. ein älteres Kfz), daß sich der Unfallschaden bei der Einschätzung durch den Verkehr nicht mehr meßbar auswirkt (vgl. BGH, Urt. v. 3. 10. 1961 aaO.; KG, Urt. v. 15. 2. 1971 i. VersR 1971, 647). Auch bei der Beschädigung von **Nutzfahrzeugen** kann ein Anspruch auf Entschädigung für eine merkantile Wertminderung entstehen, soweit es für diese Fahrzeuge einen **Markt** gibt (vgl. BGH, Urt. v. 18. 9. 1979 i. VersR 1980, 976; ausf. *Himmelreich/Klimke,* Kfz-Schadenregulierung, Rdz. 830 ff.). Der Entschädigungsbetrag ist nach § 849 BGB ab dem Schadenseintritt zu **verzinsen** (die Vorschrift gilt auch für Ansprüche nach dem HG, vgl. OLG Celle, Urt. v. 11. 3. 1976 i. VersR 1977, 1104; *MünchKomm.-Mertens,* Rdz. 1 zu § 849 BGB).

II. Totalschaden

11 Eine Sache kann so weitgehend zerstört sein, daß eine Wiederherstellung nicht möglich ist, sog. **technischer Totalschaden.** Häufiger kommt es vor, daß ein Fahrzeug aus wirtschaftlichen Gründen nicht mehr reparaturwürdig erscheint, sog. **wirtschaftlicher Totalschaden** (vgl. Rdz. 16). Von einem **„unechten" Totalschaden** spricht man, wenn die Schadenbehebung im Wege der Reparatur zwar geringere Kosten verursacht als eine Ersatzbeschaffung, die Reparatur jedoch dem Geschädigten nicht zuzumuten ist (vgl. Rdz. 18). In all diesen Fällen kann der Geschädigte nach §§ 249 Satz 2, 251 Abs. 1 BGB die Differenz zwischen dem Wert des unbeschädigten Fahrzeugs und dem verbliebenen Restwert verlangen. Maßgebend ist der **Wiederbeschaffungswert,** d. i. der Preis, den der Geschädigte aufwenden muß, um von einem seriösen Händler ein dem Unfallfahrzeug entsprechendes Ersatzfahrzeug zu erwerben (vgl. BGH, Urt. v. 17. 5. 1966 i. VersR 1966, 830 = NJW 1966, 1454 u. Urt. v. 7. 3. 1978 i. VersR 1978, 664 = VRS 55, 5 = NJW 1978, 1373; *Giesen* i. NJW 1979, 2065).

12 Einen **Zuschlag** wegen des allgemein mit dem Kauf von Gebrauchtfahrzeugen verbundenen **Risikos verborgener Mängel** kann der Geschädigte nicht beanspruchen (BGH, Urt. v. 17. 5. 1966 aaO. m. zust. Anm. v. *W. Schmidt* i. NJW 1966, 2159). Umstritten ist, ob der Wiederbeschaffungswert um die Beträge zu erhöhen ist, die durch die Einräumung einer **Werkstattgarantie** oder dadurch entstehen, daß sich der Geschädigte **sachverständig** beraten läßt (vgl. BGH, Urt. v. 17. 5. 1966 aaO.). Dies wird im Regelfall zu verneinen sein, weil die Kosten schon in dem (von dem Sachverständigen ermittelten) Wiederbeschaffungswert enthalten sind (vgl. OLG Bamberg, Urt. v. 12. 10. 1976 i. VersR 1977, 724; *Giesen* i. NJW 1979, 2065, 2069) oder weil eine Werkstattgarantie auch für das verunfallte Fahrzeug nicht bestand (OLG Stuttgart, Urt. v. 4. 10. 1971 i. VersR 1972, 448). Der sog. **Zweithandzuschlag** soll einen Ausgleich dafür gewähren, daß bei einem Wiederverkauf des Ersatzfahrzeuges ein geringerer Preis erzielt wird, weil im Kraftfahrzeugbrief der Verkäufer des Ersatzfahrzeugs als Erstveräußerer oder weiterer Veräußerer eingetragen ist. Nach der Auffassung des BGH (Urt. v. 7. 3. 1978 aaO.) soll sich der hierin liegende Schaden erst verwirklichen, wenn das Ersatzfahrzeug **tatsächlich veräußert** wird (krit. hierzu *Klimke* i. VersR 1979, 1078; *Giesen* aaO. S. 2069).

13 Wird ein **Händlerfahrzeug** beschädigt, ist der Wiederbeschaffungswert grundsätzlich dem **Einkaufspreis** gleichzusetzen (vgl. *Klimke* i. VersR 1977, 30 u. Himmelreich/Klimke, Kfz-Schadenregulierung Rdz. 1114ff. u. 1145ff.). Soweit der Geschädigte **Rabatte** in Anspruch nehmen kann, sind diese in Abzug zu bringen (OLG München, Urt. v. 5. 7. 1974 i. VersR 1975, 916 L = NJW 1975, 170; vgl. a. zu § 13 AKB BGH, Urt. v. 11. 12. 1974 i. VersR 1975, 127). Hatte der Geschädigte das Fahrzeug schon **vor** dem Unfall in **Zahlung** gegeben oder **verkauft,** kann er den **vereinbarten Preis** auch ersetzt verlangen, wenn er über dem Wiederbeschaffungswert liegt (vgl. OLG Bremen, Urt. v. 12. 3. 1968 i. VersR 1969, 333; vgl. a. zu § 13 AKB BGH, Urt. v. 18. 6. 1975 i. VersR

1975, 753 = NJW 1975, 1703; abl. *Giesen* i. VersR 1979, 389 ff. u. i. NJW 1979, 2065, 2070). Im ersteren Falle kann es sich allerdings um einen **versteckten Rabatt** handeln, den der Geschädigte auch ohne Inzahlungnahme erzielt hätte (vgl. OLG Stuttgart, Urt. v. 18. 4. 1972 i. VersR 1973, 773; *Klimke* i. VersR 1969, 692ff. u. *Himmelreich/Klimke,* Kfz-Schadenregulierung, Rdz. 1136ff.). Die **Verwertung** von **Restteilen** ist Sache des Geschädigten (BGH, Urt. v. 29. 6. 1965 i. VersR 1965, 901; OLG Hamburg, Urt. v. 12. 7. 1973 i. VersR 1974, 392; vgl. a. *Müller* i. VGT 1978, 217, 228ff.; *Himmelreich/Klimke,* Kfz-Schadenregulierung, Rdz. 1056ff.).

14 War das beschädigte Fahrzeug im Unfallzeitpunkt als **Handelsware** zur Weiterveräußerung bestimmt, kann der Geschädigte die Ersatzbeschaffung durch Lieferung eines **fabrikneuen** Fahrzeugs beanspruchen (BGH, Urt. v. 29. 6. 1965 i. VersR 1965, 201). Das gleiche Recht steht dem Geschädigten zu, dessen Fahrzeug **neuwertig** ist. Neuwertigkeit ist für den Regelfall anzunehmen, wenn das Fahrzeug z. Zt. des Unfalls eine Laufleistung von nicht mehr als **1000 km** und eine nur **kurze Gebrauchsdauer** hatte (BGH, Urt. v. 3. 11. 1981 i. VersR 1982, 163 = VRS 62, 163 = DAR 1982, 121 = NJW 1982, 433; OLG München, Urt. v. 15. 2. 1966 i. VersR 1966, 1082; OLG Schleswig, Urt. v. 20. 10. 1970 i. VersR 1971, 455 = NJW 1971, 141; OLG Saarbrücken, Urt. v. 15. 2. 1974 i. VersR 1975, 189 L). Nach der Auffassung des BGH (Urt. v. 3. 11. 1981 aaO.) kann bei Vorliegen besonderer Umstände (verbleibende Risiken und Fehler, Gefährdung der Garantieansprüche) auch bei einer Laufleistung **zwischen 1000 und 3000 km** eine Abrechnung auf Neuwagenbasis in Betracht kommen. In den genannten Fällen ist jedoch eine Reparatur stets zuzumuten, wenn die **Beschädigung nur unerheblich** ist (OLG Frankfurt, Urt. v. 8. 5. 1979 i. VersR 1980, 835; OLG Schleswig, Urt. v. 7. 5. 1980 i. VersR 1981, 562; OLG Stuttgart, Urt. v. 15. 4. 1981 i. DAR 1981, 266). Hat der Geschädigte Anspruch auf ein fabrikneues Fahrzeug, muß er sich als **Vorteil** anrechnen lassen, daß er dieses länger als das beschädigte benutzen kann (BGH, Urt. v. 3. 11. 1981 aaO.; OLG Saarbrücken, Urt. v. 15. 2. 1974 aaO.; *Klimke,* Anm. z. Urt. des OLG Bremen v. 14. 7. 1971 i. VersR 1972, 356). Hat ein beschädigtes Fahrzeug auf dem Markt **keinen Wiederbeschaffungspreis,** weil es als Spezialfahrzeug, als Altfahrzeug oder als noch neuwertiges Fahrzeug mit geringem Kilometerstand (insbes. der Luxusklasse) keinen Markt hat, kann der Geschädigte den Ersatz des Wertes beanspruchen, den das Fahrzeug für ihn selbst nach wirtschaftlichen Gesichtspunkten hat, sog. **Gebrauchswert** (BGH, Urt. v. 17. 5. 1966 i. VersR 1966, 830 = NJW 1966, 1454; OLG Stuttgart, Urt. v. 20. 7. 1966 i. NJW 1967, 252; OLG Karlsruhe, Urt. v. 8. 11. 1978 i. VersR 1979, 776; *Ruhkopf* i. VersR 1962, 931; *Schmidt* i. NJW 1966, 717).

15 Zu ersetzen sind im Totalschadensfalle auch die mit der Ersatzbeschaffung verbundenen **Nebenkosten,** insbesondere die Ausgaben, die dem Geschädigten durch die Beschaffung des Fahrzeugs (z. B. Inserat- und Fahrtkosten), die Zulassung und die Verwertung der Restteile entstehen (Näheres *Klimke* i. VersR 1974, 832).

III. Wahlrecht des Geschädigten

16 Der Geschädigte hat grundsätzlich die **Wahl,** ob er eine beschädigte Sache repariert oder ob er sich als Ersatz eine andere Sache beschafft (BGH, Urt. v. 20. 6. 1972 i. VersR 1972, 1024 = VRS 43, 250 = NJW 1972, 1800). Ihn trifft allerdings die sich aus §§ 242, 254 BGB ergebende Pflicht, den **Schaden gering** zu halten (BGH, Urt. v. 20. 6. 1972 aaO. u. Urt. v. 23. 3. 1976 i. VersR 1976, 874, 876). Auch dürfen die Aufwendungen die durch § 251 Abs. 2 BGB gesetzte Grenze der **Verhältnismäßigkeit** (vgl. Rdz. 243 zu § 1) **nicht** überschreiten (BGH, Urt. v. 17. 11. 1961 i. VersR 1962, 137). Nach h. A. liegt die **Obergrenze,** bis zu der der Ersatz von Reparaturkosten (einschl. einer etwaigen Entschädigung für einen Minderwert) beansprucht werden kann, bei **130% des Wiederbeschaffungswertes** (OLG Celle, Urt. v. 9. 1. 1964 i. VersR 1964, 519 = DAR 1964, 191 u. Urt. v. 20. 7. 1967 i. VersR 1968, 205 = DAR 1967, 216; OLG Oldenburg, Urt. v. 25. 5. 1965 i. VRS 29, 246; OLG Nürnberg, Urt. v. 10. 11. 1967 i. VersR 1969, 289; teils wird a. der Wert berücksichtigt, der sich nach Abzug des Restwertes ergibt, vgl. LG Freiburg, Urt. v. 19. 12. 1978 i. VersR 1979, 778 = DAR 1979, 332; teils wird eine Einbeziehung der Nebenkosten, insbesondere a. der Mietwagenkosten, in den Vergleich gefordert, vgl. *Jordan* i. VGT 1978, 163, 178 = VersR 1978, 688, 693). Repariert der Geschädigte dennoch die beschädigte Sache, kann er den Ersatz der Reparaturkosten nur verlangen, wenn sie noch in einem angemessenen Verhältnis zum Wiederbeschaffungswert stehen (BGH, Urt. v. 14. 6. 1972 i. VersR 1972, 1024, 1025 = NJW 1972, 1800, 1807; in dem Urteil v. 23. 3. 1976 aaO. spricht der BGH von einer noch zulässigen ,,geringfügiger Überschreitung").

17 Die Kosten einer Reparatur kann der Schädiger auch geltend machen, wenn er das beschädigte Fahrzeug beim **Erwerb** eines Ersatzfahrzeugs in **Zahlung** gegeben hat (BGH, Urt. v. 22. 11. 1977 – VI ZR 114/76 – i. VersR 1978, 182 u. Urt. v. 22. 11. 1977 – VI ZR 119/76 – i. VersR 1978, 235; vgl. a. Urt. v. 23. 3. 1976 aaO.). In diesem Falle dürfen jedoch die Reparaturkosten den Betrag, der bei einer Ersatzbeschaffung zu zahlen wäre (Wiederbeschaffungswert abzügl. Restwert) auch nicht geringfügig überschreiten (vgl. BGH, Urt. v. 23. 3. 1976 aaO.; OLG Karlsruhe, Urt. v. 12. 10. 1979 i. VersR 1980, 390; OLG München, Urt. v. 14. 12. 1979 i. VRS 59, 81; a. A. KG, Urt. v. 23. 3. 1976 i. VersR 1976, 874, 876). Fiktive Reparaturkosten sind auch nicht zu ersetzen, wenn eine Instandsetzung nicht möglich ist (vgl. Rdz. 239 zu § 1).

18 Auf die billigere Reparatur braucht sich der Geschädigte nicht verweisen zu lassen, wenn sie **keine Betriebssicherheit** gewährleistet oder dem Geschädigten unzumutbar ist (OLG Köln, Urt. v. 28. 5. 1962 i. VersR 1963, 345; OLG Bremen, Urt. v. 10. 6. 1970 i. VersR 1970, 1159 = DAR 1971, 181; OLG Frankfurt, Urt. v. 11. 6. 1971 i. VersR 1972, 177 L = DAR 1971, 266; OLG Hamburg, Urt. v. 6. 7. 1971 i. VersR 1973, 354, 355). Der letztere Fall, bei dem es sich um einen sog. **unechten Totalschaden** (vgl. Rdz. 11) handelt, liegt nicht schon vor, wenn die Voraussetzungen für eine Entschädigung wegen eines merkantilen Minderwerts erfüllt sind (*MünchKomm.-Grunsky,* Rdz. 7 zu § 249 BGB); vielmehr ist

zu fordern, daß es sich um **umfangreiche Schäden** an **wichtigen Teilen** des Fahrzeugs handelt (BGH, Urt. v. 25. 1. 1966 i. VersR 1966, 489 = VRS 30, 253; OLG Hamburg, Urt. v. 6. 7. 1971 aaO.; OLG München, Urt. v. 23. 8. 1973 i. VersR 1974, 65). Das **Risiko** einer **falschen Einschätzung** trägt der Schädiger, wenn der Geschädigte im übrigen sorgfältig vorgegangen ist (BGH, Urt. v. 25. 1. 1966 aaO.; OLG Karlsruhe, Urt. v. 14. 6. 1974 i. VersR 1975, 335; vgl. a. Rdz. 240 zu § 1).

IV. Abzug „neu für alt"

19 Im Rahmen der Vorteilsausgleichung (vgl. a. Rdz. 32ff. zu § 5) ist bei der Bemessung des Schadensersatzes für die Beschädigung oder Zerstörung einer gebrauchten oder schon vorher beschädigten Sache grundsätzlich ein **Abzug** zu machen, der den Unterschied von **alt** und **neu** berücksichtigt (BGH, Urt. v. 24. 3. 1959 i. VersR 1959, 399 = NJW 1959, 1078; OLG Nürnberg, Urt. v. 21. 9. 1962 i. DAR 1963, 268). Soweit es sich um eine **Ersatzbeschaffung** handelt, tritt das Problem dort auf, wo es dem Geschädigten nicht möglich oder nicht zumutbar ist, den Ausgleich durch den Erwerb einer **gebrauchten Sache** vorzunehmen, z. B. bei der Zerstörung oder völligen Beschädigung von Kleidungsstücken. Hier kann der Schaden nur durch die Anschaffung einer **neuen Sache** beseitigt werden, wobei durch einen Abzug (dessen Höhe nach § 287 ZPO zu schätzen ist) der Vorteil zu berücksichtigen ist, daß die neue Sache eine längere Lebensdauer hat (vgl. BGH, Urt. v. 16. 12. 1963 i. VersR 1964, 257 = VRS 26, 321).

20 Eine **Reparatur** der Sache führt im allgemeinen nicht zu einer wirtschaftlichen Besserstellung des Geschädigten. Anderes gilt nur, wenn die Reparatur bei einer bevorstehenden **Veräußerung** einen Gewinn bringt oder wenn es sich um Arbeiten oder Einbauten von Ersatzteilen handelt, für die der Geschädigte noch vor Ablauf der allgemeinen Nutzungsdauer **ohnehin Aufwendungen** hätte machen müssen. So kann bei einem Kfz eine Wertverbesserung durch eine Neulackierung (jedoch Vorteil grundsätzlich nur bei einer Vollackierung, vgl. OLG München, Urt. v. 29. 7. 1969 i. VersR 1970, 261 L; *Schmidt,* i. VersR 1965, 746; kein Vorteil bei neuem Fahrzeug, vgl. OLG Düsseldorf, Urt. v. 7. 3. 1974 i. DAR 1974, 215) oder durch den Einbau von Teilen eintreten, die einem schnellen Verschleiß unterliegen, wie Reifen, Batterien, Auspuffanlagen, Bremsbeläge und Glühbirnen (OLG Nürnberg, Urt. v. 20. 2. 1964 i. VersR 1964, 835; KG, Urt. v. 5. 11. 1970 i. DAR 1971, 40 = NJW 1971, 142; OLG Celle, Urt. v. 8. 11. 1973 i. VersR 1974, 1032).

V. Entziehung des Gebrauchs der Sache

1. Mietwagenkosten

21 Der Sachschaden entsteht nicht nur durch den Substanzverlust, sondern liegt auch in der **Entziehung** der **Nutzung** der Sache. Ein geschädigter Kfz-Halter erleidet z. B. einen Vermögensschaden, wenn ihm das

Fahrzeug während des unfallbedingten Ausfalls nicht zur Verfügung steht. Zum Ausgleich dieses Schadens kann er grundsätzlich einen **Mietwagen** in Anspruch nehmen und die hierdurch entstehenden Kosten nach § 249 Satz 2 BGB ersetzt verlangen (BGH, Urt. v. 6. 11. 1973 i. VersR 1974, 143 = NJW 1974, 91 u. Urt. v. 19. 11. 1974 i. VersR 1975, 261; *Born* i. VersR 1978, 776, 783; *Klimke* i. DB 1974, Beil. Nr. 10). Unerheblich ist, ob der Geschädigte das Fahrzeug **beruflich** oder nur zum **Vergnügen** benutzt (OLG Karlsruhe, Urt. v. 27. 2. 1974 i. VersR 1974, 1005). Grund und Höhe der Ersatzpflicht richten sich nach dem Merkmal der **„Erforderlichkeit"** i. S. v. § 249 Satz 2 BGB (vgl. *Born* aaO. S. 783 ff. sowie Rdz. 240 zu § 1). Der Geschädigte hat grundsätzlich Anspruch auf ein Mietfahrzeug, das dem beschädigten **gleichwertig** ist (OLG Nürnberg, Urt. v. 18. 6. 1980 i. VersR 1981, 43 = DAR 1981, 14).

22 Die **Mietzeit** ist auf das notwendige Maß zu begrenzen (vgl. OLG Schleswig, Urt. v. 11. 10. 1966 i. VersR 1967, 68; OLG Düsseldorf, Urt. v. 3. 2. 1969 i. VersR 1969, 429; *Himmelreich/Klimke*, Kfz-Schadenregulierung, Rdz. 1354 ff. m. w. Nachw.; vgl. a. Rdz. 71 f. zu § 4). Steht von vornherein nur ein **geringfügiger Fahrbedarf** fest, ist der Geschädigte im Rahmen der Schadenminderungspflicht gehalten, sich mit der Inanspruchnahme öffentlicher Verkehrsmittel oder Taxi zu begnügen (vgl. Rdz. 72 zu § 4). Mietwagenkosten kann der Geschädigte auch ersetzt verlangen, wenn ihm das Fahrzeug gegen Berechnung von einem **Privatmann** oder gar einem nahen **Angehörigen** zur Verfügung gestellt wird; in diesen Fällen liegt jedoch der „erforderliche Betrag" in der Regel unter dem Preis eines gewerblichen Vermieters (vgl. BGH, Urt. v. 9. 11. 1974 i. VersR 1975, 261 = NJW 1975, 255 m. krit. Anm. v. *Fenn* S. 684; LG Mainz, Urt. v. 10. 1. 1975 i. NJW 1975, 1420).

23 Der Geschädigte hat sich als Vorteile die **Ersparnisse** anrechnen zu lassen, die er dadurch erzielt, daß das beschädigte Fahrzeug während der Mietzeit nicht benutzt wird (bewegliche Kosten). In der Praxis ist es üblich, die Ersparnisse entsprechend der Fahrleistung des Mietwagens **pauschal** mit einem Abzug von 10 bis 20% der Mietwagenkosten zu berücksichtigen. Genauer ist die **konkrete** Methode, bei der anhand von Tabellen die leistungsabhängigen Kostenbestandteile (Öl, Reparaturen, Reifenverschleiß, Waschen und Pflege, betriebsabhängige Abschreibung) ermittelt und mit der Fahrleistung des Mietfahrzeugs multipliziert werden (vgl. BGH, Urt. v. 10. 5. 1963 i. VersR 1963, 931 u. Urt. v. 3. 6. 1969 i. VersR 1969, 828 = NJW 1969, 1477; OLG Celle, Urt. v. 11. 3. 1963 i. VersR 1963, 985 = NJW 1963, 1204; *Klimke* i. VersR 1976, 17). Der Abzug ist auch zu machen, wenn das Mietfahrzeug nur in **geringem** Umfange in Anspruch genommen wird (AG Köln, Urt. v. 19. 3. 1976 i. VersR 1977, 236 m. zust. Anm. v. *Himmelreich; Born* i. VersR 1978, 777, 779; *Klimke* i. ZfV 1976, 308) oder wenn der Geschädigte ein Fahrzeug anmietet, das einer **billigeren** Mietwagenklasse angehört als das eigene (OLG Hamburg, Urt. v. 10. 9. 1965 i. VersR 1965, 1182; OLG Karlsruhe, Urt. v. 12. 10. 1979 i. VersR 1981, 243; LG Aachen, B. v. 21. 1. 1981 i. DAR 1981, 321; *Born* aaO. S. 779; *Klimke* i. VersR 1975, 794; vgl. a. BGH, Urt. v. 21. 2. 1966 i. VersR 1967, 183).

24 Umstritten ist, ob der Schädiger verpflichtet ist, auch die Beträge zu ersetzen, die der Geschädigte an den Vermieter zusätzlich zahlt, um bei einem Unfall mit dem Mietfahrzeug von dem **Mietausfall-** und **Fahrzeugschadenrisiko** freigestellt zu sein. Die Erstattung dieser Beträge hängt davon ab, ob die Benutzung des Mietfahrzeugs mit einem höheren Risiko verbunden ist als die des eigenen Fahrzeugs. Dies kann nur von Fall zu Fall unter Heranziehung der Geschäftsbedingungen des Vermieters (die häufig ohne Zuschlag das Mietausfallrisiko gänzlich und das Fahrzeugschadenrisiko bis auf einen bestimmten Selbstbetrag ausschließen) entschieden werden (vgl. BGH, Urt. v. 19. 3. 1974 i. VersR 1974, 657 m. krit. Anm. v. *Klimke* S. 901; *Born* aaO. S. 781 ff.; *Himmelreich/Klimke,* Kfz-Schadenregulierung, Rdz. 1429 ff.).

2. Reservehaltungskosten

25 Bestimmte Betriebe, insbesondere solche, die linienmäßigen Personenverkehr betreiben, halten über ihren normalen Bedarf hinaus Fahrzeuge vor, um Fahrzeugausfälle zu überbrücken, die durch Unfälle eintreten. Obwohl es sich bei den hierdurch entstehenden **Reservehaltungskosten** um Aufwand handelt, der **vor** dem Schadenereignis gemacht wird, hat die Rechtsprechung dem Geschädigten grundsätzlich einen Anspruch auf Ersatz der Kosten zugebilligt, die anteilig auf den Ausfallzeitraum entfallen (BGH, Urt. v. 10. 5. 1960 i. VersR 1960, 661 = VRS 19, 1 = NJW 1960, 1339, Urt. v. 3. 2. 1961 i. VersR 1961, 358 = VRS 20, 248 = NJW 1961, 729 u. Urt. v. 13. 12. 1965 i. VersR 1966, 192 = VRS 30, 161; *Klimke* i. NJW 1974, 81). Der Anspruch ist davon abhängig, daß die getroffenen Vorsorgemaßnahmen notwendig und geeignet waren, den Ausfallschaden, etwa durch den Verlust von Einnahmen oder durch die Inanspruchnahme eines Mietfahrzeugs, zu vermeiden (BGH aaO.). Das ursprünglich aufgestellte Erfordernis, das ersatzweise eingesetzte Fahrzeug müsse **gerade** im Hinblick auf **fremdverschuldete Ausfälle** vorgehalten worden sein, hat der BGH später aufgegeben und es genügen lassen, daß der Fahrzeugpark wegen Ausfällen aller Art größer bemessen war und daß der Geschädigte die vorhandenen Fahrzeuge alle in etwa gleichem Umfang eingesetzt hat (BGH, Urt. v. 10. 1. 1978 – VI ZR 164/75 – i. VersR 1978, 374 u. Urt. v. 10. 1. 1978 – VI ZR 175/76 – i. VersR 1978, 375; vgl. a. Urt. v. 14. 10. 1975 i. VersR 1976, 170 m. zust. Anm. v. *Klimke* S. 828; krit. *Littbarsky* i. BB 1981, 1448). Bei den Reservehaltungskosten handelt es sich der **Höhe** nach um die leistungsunabhängigen Kosten des Fahrzeugs (ausf. *Himmelreich/Klimke,* Kfz-Schadenregulierung, Rdz. 1263 ff.; *Klimke* i. NJW 1974, 81, 84; *Danner* u. *Echtler* i. VersR 1978, 99 m. Tabellen). Der Geschädigte kann nicht anstelle der entstandenen Reservehaltungskosten eine (höhere) Nutzungsausfallentschädigung verlangen (BGH, Urt. v. 10. 1. 1978 aaO.; a. A. *Himmelreich/Klimke* aaO. Rdz. 1299 d ff.).

3. Nutzungsausfallentschädigung

26 Der Eigentümer (oder Besitzer) eines privat genutzten Kfz kann, wenn ihm durch das Schadenereignis die **Nutzung** des Fahrzeugs **entzogen**

worden ist, eine Entschädigung auch verlangen, wenn er den Ausfall nicht durch den Einsatz eines anderen Fahrzeugs ausgeglichen hat. Nach h. A. hat die **Benutzbarkeit** eines Kfz einen **selbständigen Vermögenswert,** so daß die vorübergehende Entziehung als **Vermögensschaden** anzusehen ist (st. Rechtspr., vgl. BGH, Urt. v. 30. 9. 1963 – III ZR 137/61 – i. VersR 1964, 225 = VRS 26, 161 = NJW 1964, 542 u. Urt. v. 30. 9. 1963 – III ZR 186/61 – i. VersR 1964, 380 = VRS 26, 241 = NJW 1964, 717; *Klimke* i. DB 1974 Beil. Nr. 7; a. A. für Entziehung des Gebrauchs eines Kleidungsstücks BGH, Urt. v. 12. 2. 1975 i. NJW 1975, 733 m. abl. Anm. v. *Batsch* S. 1163; für Grundstück BGH, Urt. v. 28. 2. 1980 i. VersR 1980, 480 = NJW 1980, 1380; für Motorboot KG, Urt. v. 15. 5. 1972 i. VersR 1972, 1144 = VRS 43, 401). Der auf § 251 Abs. 1 BGB (vgl. Rdz. 241 zu § 1) beruhende Entschädigungsanspruch soll vermeiden, daß der Geschädigte schlechter gestellt ist als bei **Anmietung** eines Ersatzfahrzeugs; er beurteilt sich deshalb nach den gleichen Voraussetzungen.

27 Eine Nutzungsausfallentschädigung soll nur derjenige erlangen, dem die Nutzung ohne den Unfall **möglich** war und der auch den **Willen** hierzu hatte (BGH, Urt. v. 15. 4. 1966 i. VersR 1966, 497 = VRS 30, 401 = NJW 1966, 1260). Die Nutzungsmöglichkeit fehlt z. B. wenn der Geschädigte in der Ausfallzeit keine Fahrerlaubnis hat oder – sei es auch im Zusammenhang mit einer bei dem Kfz-Unfall erlittenen Verletzung – fahrunfähig ist (BGH, Urt. v. 7. 6. 1968 i. VersR 1968, 803 = VRS 35, 81 = NJW 1968, 1778 u. Urt. v. 19. 9. 1974 i. VersR 1975, 32). Eine Nutzung des Fahrzeugs durch nahe Angehörige oder andere Personen (z. B. die Verlobte des Geschädigten) ist jedoch ausreichend (BGH, Urt. v. 16. 10. 1973 i. VersR 1974, 171 = NJW 1974, 33). Außerdem muß eine **„fühlbare"** Nutzungsbeeinträchtigung eingetreten sein. Daran fehlt es z. B., wenn der Geschädigte auf einen nicht voll ausgelasteten Zweitwagen ausweichen kann (BGH, Urt. v. 14. 10. 1975 i. VersR 1976, 170 m. Anm. v. *Klimke* S. 828 = VRS 51, 81 = NJW 1976, 286; anders für unentgeltliche Überlassung eines Kfz durch Dritten BGH, Urt. v. 17. 3. 1970 i. VersR 1970, 547 = VRS 38, 401 = NJW 1970, 1120) oder wenn er mit dem unreparierten Fahrzeug weiter fährt (OLG Nürnberg, Urt. v. 17. 3. 1972 i. VersR 1973, 865).

28 Die **Voraussetzungen** des Entschädigungsanspruchs und die **Dauer** des Nutzungsausfalls hat der **Geschädigte nachzuweisen;** in letzterer Hinsicht reicht die Schätzung des voraussichtlichen Ausfallzeitraums durch einen Sachverständigen oder eine Werkstatt nicht aus (BGH, Urt. v. 23. 3. 1976 i. VersR 1976, 874 = VRS 51, 178 = NJW 1976, 1396; KG, Urt. v. 4. 9. 1980 i. VersR 1981, 553; OLG Köln, Urt. v. 9. 11. 1978 i. VersR 1979, 725; *Klimke* i. VersR 1977, 698). Beim Ausfall eines **gewerblich genutzten** Fahrzeugs, mit dem **unmittelbar** ein **Verdienst** erzielt wird (z. B. eines Omnibusses oder eines Taxi), hat der Geschädigte nach der Auffassung des BGH nicht die Möglichkeit, entweder den **konkreten Verdienstausfallschaden** zu berechnen oder den Ertragsentgang **abstrakt** als **Nutzungsausfallentschädigung** zu fordern. Die letztere Möglichkeit soll nur bestehen, wenn kein konkreter Verdienstausfallschaden (vgl. Rdz. 30f.) eingetreten und auch Reservehaltungskosten (vgl. Rdz. 25) nicht entstanden sind, der Ausfall des Fahrzeugs jedoch nur durch **„zeitraubende** und **lästige Sonderbemühungen"** des Geschädigten aufgefangen werden konnte (Urt. v. 10. 1. 1978 – VI ZR 164/75 – i. VersR 1978, 374 u. Urt. v. 10. 1. 1978 – VI ZR 175/76 – i. VersR 1978, 375). Einem Einmann-Taxiunternehmen ist neben dem Verdienstausfall auch eine Entschädigung für die **private** Benutzung des Taxi zu zahlen (KG, Urt. v. 18. 12. 1975 i. DAR 1976, 296).

29 Die **Höhe** der Entschädigung orientiert sich an den Kosten eines **gleichwertigen** Mietfahrzeugs. In der Regulierungspraxis haben sich die auch vom BGH (vgl. Urt. v. 18. 5. 1971 i. VersR 1971, 720 = VRS 41, 161 = NJW 1971, 1691) gebilligten **Tabellen** von *Sanden u. Danner* (i. VersR 1981, 111 zur Nutzungsentschädigung für PKW, Stand 1981; i. VersR 1980, 1007 für Krafträder, Stand 1981) durchgesetzt (Näheres b. *Himmelreich/Klimke,* Kfz-Schadenregulierung, Rdz. 1689ff. u. *Klimke* i. DB 1974, Beil. Nr. 7 S. 10ff.). Für den Ausfall eines **älteren** Fahrzeugs kann die volle Nutzungsentschädigung beansprucht werden, weil es grundsätzlich den gleichen Nutzungszweck erfüllt wie ein neueres Fahrzeug (KG, Urt. v. 2. 6. 1980 i. VersR 1981, 536 = DAR 1981, 56; AG Köln, Urt. v. 15. 5. 1981 i. VRS 61, 325; *Himmelreich/Klimke* aaO. Rdz. 1707a; a. A. *Sanden,* Sachschaden des Kraftverkehrs, Rdz. 393ff.; *Sanden u. Danner* i. VersR 1980, 14, 15).

4. Verdienstausfall bei gewerblichen Fahrzeugen

30 Der Ausfall von **gewerblich eingesetzten Fahrzeugen** (z. B. Straßenbahnen, Omnibussen, LKW, Taxi, Miet- und Fahrschulwagen) kann zu einem **Verdienstausfallschaden** führen. Der Geschädigte ist im Rahmen seiner Schadenminderungspflicht (§ 254 Abs. 2 BGB) gehalten, den Schaden durch Ersatzanmietung (vgl. Rdz. 21ff.) oder durch eine vorsorgliche Reservebildung (vgl. Rdz. 25) zu vermeiden oder zu mindern, soweit dies möglich und zumutbar ist und die voraussichtlichen Kosten den hypothetischen Verdienstausfallschaden nicht überschreiten (vgl. OLG Hamburg, Urt. v. 10. 11. 1959 i. VersR 1960, 450; OLG München, Urt. v. 7. 2. 1975 i. VersR 1976, 373 L = MDR 1975, 755). Die **Höhe** des Verdienstentgangs wird üblicherweise anhand der **Bruttoumsätze** ermittelt, die in einem längeren, in der Vergangenheit liegenden Zeitraum erzielt wurden; von diesen sind die **ersparten** Umsatz-, Gewerbe- und Einkommenssteuern abzuziehen (vgl. a. Rdz. 22ff. zu § 6). Das Ergebnis ist auf die **Einsatztage** (nicht Kalendertage) des Ausfallzeitraumes des Fahrzeugs umzurechnen. Von dem so ermittelten Betrag sind die während der Ausfallzeit eingetretenen **Ersparnisse** an leistungsabhängigen Betriebskosten abzusetzen. Auch eine anderweitige wirtschaftliche Verwertung der Arbeitskraft des **Fahrers** ist als Vorteil zu berücksichtigen (AG Charlottenburg, Urt. v. 29. 11. 1973 i. VersR 1975, 1016; m. Recht abl. für Aushilfstätigkeit des Unternehmers selbst KG, Urt. v. 22. 3. 1973 i. VersR 1973, 768).

31 Soweit der Verdienstausfall nicht auf der Beschädigung des Fahrzeugs beruht, sondern auf die unfallbedingte **Verletzung** des angestellten **Fahrers** zurückzuführen ist, handelt es sich um einen nichtersatzpflichtigen

Drittschaden (BGH, Urt. v. 15. 5. 1979 i. VersR 1979, 936 = VRS 57, 325 = NJW 1979, 2244; vgl. a. Rdz. 152 zu § 1). Der **Inhaber** einer **Fahrschule,** dessen Schulfahrzeug unfallbedingt ausfällt, kann keinen Verdienstausfallschaden geltend machen, soweit es ihm möglich und zumutbar ist, die ausgefallenen Fahrstunden **nachzuholen** (LG Frankfurt, Urt. v. 29. 6. 1979 i. VersR 1980, 55; LG Konstanz, Urt. v. 25. 2. 1972 i. VersR 1973, 754; abl. wenn hierdurch gesetzlich vorgeschriebene Fahrthöchstzeit überschritten wird LG Nürnberg-Fürth, Urt. v. 13. 1. 1972 i. VersR 1972, 790). Soweit sich die Nachholung als **überpflichtmäßige Maßnahme** darstellt, braucht sich der Inhaber den Ertrag der Nachholung nicht anrechnen zu lassen (BGH, Urt. v. 10. 2. 1971 i. VersR 1971, 544 = VRS 41, 165 = NJW 1971, 837; vgl. a. Rdz. 64 zu § 4).

VI. Nebenkosten

1. Abschleppkosten

32 Ist ein unfallbeschädigtes Kfz nicht mehr fahrfähig, kann der Geschädigte grundsätzlich die Erstattung der Kosten verlangen, die durch das **Abschleppen** des Kfz entstehen. Hat das Kfz offensichtlich einen **Totalschaden** erlitten, sind nur die Kosten erstattungspflichtig, die durch das Abschleppen zu der Stelle entstehen, an der das Fahrzeug zweckmäßigerweise verwertet wird, z. B. zu den Geschäftsräume des Händlers, bei dem es der Geschädigte anläßlich der Ersatzbeschaffung in Zahlung gegeben hat (OLG Hamm, Urt. v. 18. 4. 1969 i. VersR 1970, 43). Bei einem **Reparaturschaden** kann der Geschädigte beanspruchen, daß das Fahrzeug in die Werkstatt seines Vertrauens verbracht wird, wenn nicht die hierdurch verursachten Mehrausgaben unangemessen hoch sind (OLG Celle, Urt. v. 4. 7. 1968 i. VersR 1968, 1196 L; zu weitgehend LG Köln, Urt. v. 28. 5. 1974 i. VersR 1974, 1232 m. abl. Anm. v. *Klimke* S. 1233). Ist zweifelhaft, wie der Schaden zu beheben ist, trägt das **Prognoserisiko** auch hier der Schädiger (vgl. Rdz. 8 sowie Rdz. 240 zu § 1).

2. Kreditkosten

33 **Kosten,** die dem Geschädigten durch die Inanspruchnahme von **Fremdmitteln** (Abschlußgebühren und Zinsen) entstehen, die er zur Schadenbehebung benötigt, rechnen zum Herstellungsaufwand i. S. v. § 249 Satz 2 BGB (vgl. Rdz. 239f. zu § 1) und sind deshalb auch zu ersetzen, wenn die Voraussetzungen des **Verzuges** (§§ 284ff. BGB) **nicht** vorliegen (BGH, Urt. v. 6. 11. 1973 – VI ZR 27/73 – i. VersR 1974, 90 m. krit. Anm. v. *Hartung* S. 147 = NJW 1974, 34; vgl. a. Urt. v. 6. 11. 1973 – VI ZR 163/72 – i. VersR 1974, 331; *Himmelreich* i. NJW 1974, 1897). Eine Erstattung kommt nur in Betracht, wenn und soweit sie „ein verständiger, wirtschaftlich denkender Kraftfahrzeughalter in der besonderen Lage des Geschädigten gemacht haben würde" (BGH, Urt. v. 6. 11. 1973 – VI ZR 27/73 – aaO.). Diese Umstände sind vom Geschädigten darzulegen und zu beweisen (vgl. OLG Karlsruhe, Urt. v. 12. 2. 1979 i. VersR 1980, 636 L; OLG Zweibrücken, Urt. v. 12. 12. 1980 i. VersR 1981, 343). Dem Geschädigten ist es grundsätzlich zuzumuten, die Ko-

sten aus **eigenen Mitteln** vorzustrecken, wenn dies ohne besondere Einschränkung der gewohnten Lebensführung möglich ist (z. B. bei kleineren Unfallschäden oder entsprechend guten Einkommensverhältnissen). Auch ist der Geschädigte verpflichtet, die **kostengünstigste** Finanzierungsart zu wählen (BGH, Urt. v. 6. 11. 1973 – VI ZR 27/73 – aaO.; OLG Zweibrücken, Urt. v. 12. 12. 1980 aaO.). Hat es der Geschädigte versäumt, den Schädiger auf die drohende Kreditaufnahme **hinzuweisen** und hätte dieser andernfalls einen **Vorschuß** gezahlt, kann der Geschädigte die Kreditaufwendungen nicht ersetzt verlangen (BGH, Urt. v. 6. 11. 1973 – VI ZR 27/73 – aaO.; KG, Urt. v. 4. 4. 1974 i. VersR 1975, 909).

3. Prämiennachteile

34 Dem Geschädigten können vermögensmäßige **Nachteile** dadurch entstehen, daß seine **Haftpflichtversicherung** oder seine **Kaskoversicherung** aufgrund des Unfalls eintritt und er dadurch eine Prämienvergünstigung verliert oder mit einer **höheren Prämie** belastet wird. Soweit solche Nachteile in der **Haftpflichtversicherung** eintreten, sind sie nicht zu erstatten, weil es sich nicht um einen aus der Beschädigung des Kfz folgenden Schaden handelt, sondern um einen allgemeinen Vermögensschaden, der darauf beruht, daß der Geschädigte eine andere Sache oder eine andere Person verletzt hat (BGH, Urt. v. 14. 6. 1976 i. VersR 1976, 1066 m. krit. Anm. v. *Klimke* i. VersR 1977, 134 = VRS 53, 85 = NJW 1976, 1846; anders noch Urt. v. 18. 1. 1966 i. VersR 1966, 256, 257 = NJW 1966, 654, 655).

35 Ein Prämienverlust in der **Kaskoversicherung** ist dagegen grundsätzlich zu ersetzen, wenn der Geschädigte wegen einer **verzögerten Schadenregulierung** gezwungen war, die Kaskoversicherung in Anspruch zu nehmen und eine kostengünstigere Finanzierungsart nicht wahrgenommen werden konnte (OLG München, Urt. v. 24. 2. 1967 i. VersR 1967, 573; OLG Celle, Urt. v. 25. 3. 1968 i. VersR 1968, 1070; *Himmelreich/Klimke,* Kfz-Schadenregulierung, Rdz. 1957; grunds. bejahend a. BGH, Urt. v. 18. 1. 1966 u. 14. 6. 1976 aaO.). Der Schaden steht erst fest, wenn das Schadenereignis, für das der Schädiger einzutreten hat, den Prämiennachteil nachweislich **verursacht** hat. Das ist zu verneinen, wenn sich nach Ablauf des maßgeblichen Berechnungszeitraums herausstellt, daß er wegen eines anderen Schadens **ohnehin** eingetreten wäre oder wenn der Geschädigte bei einer **Teilhaftung** auf die Leistungen der Kaskoversicherung nur zurückgreift, um in Wahrnehmung seines **negativen Quotenvorrechts** (vgl. Rdz. 41) den haftpflichtmäßig nicht gedeckten Teil des Schadens zu finanzieren (vgl. *Himmelreich/Klimke* aaO. Rdz. 1958 ff.).

4. Rechtsverfolgungs- und Schadensermittlungskosten

36 Auf die Ausführungen zu § 1 Rdz. 246 ff. wird verwiesen.

5. Sonstige Nebenkosten

37 **Kleinere Nebenausgaben,** die den Geschädigten im Zusammenhang mit der Regulierung des Schadens treffen, z. B. für Telefonate, Schreiben

und Fahrten, werden üblicherweise mit einem **pauschalen** Betrag abgegolten. Der in einem durchschnittlichen Schadenfall zuzubilligende Betrag schwankt z. Zt. zwischen DM 20.– und DM 30,– (vgl. KG, Urt. v. 25. 9. 1978 i. VersR 1979, 234 = VRS 56, 241; LG Karlsruhe, Urt. v. 26. 10. 1977 i. VersR 1978, 474; LG Mannheim, Urt. v. 16. 9. 1977 i. VersR 1978, 476; AG München, Urt. v. 28. 8. 1978 i. DAR 1979, 17). Hat der Geschädigte im Zusammenhang mit der Regulierung einen nicht vermeidbaren **Verdienstausfallschaden** erlitten, ist dieser unter Berücksichtigung etwaiger Ersparnisse (vgl. Rdz. 17 zu § 6) zu ersetzen.

VII. Mehrwertsteuer

38 Leistet der Schädiger Schadenersatz durch Naturalrestitution i. S. v. § 249 Satz 1 BGB oder erhält der Geschädigte Wertersatz nach § 249 Satz 2 BGB (vgl. Rdz. 239ff. zu § 1), löst dies mangels einer entgeltlichen Leistung (vgl. § 1 Abs. 1 Nr. 1 UStG) **keine Mehrwertsteuer** aus. Ebenso ist ein mehrwertsteuerpflichtiger Leistungsaustausch nicht gegeben, wenn ein geschädigter Unternehmer, der an sich umsatzsteuerpflichtig ist, den Schaden in seinem Unternehmen selbst behebt (vgl. BFH, Urt. v. 11. 3. 1965 i. NJW 1965, 1983; KG, Urt. v. 22. 3. 1973 i. VersR 1973, 768).

39 Dagegen kann Mehrwertsteuer anfallen, wenn der Geschädigte den Schädiger (vgl. BFH, Urt. v. 11. 3. 1965 i. NJW 1965, 1983) oder, wie es in der Praxis die Regel ist, einen **Dritten** mit der Ermittlung, Beseitigung oder Geltendmachung des Schadens beauftragt, z. B. eine Reparaturwerkstatt, einen Sachverständigen oder einen Anwalt. Ist der Geschädigte **nicht vorsteuerabzugsberechtigt** (vgl. § 15 UStG), handelt es sich bei der Mehrwertsteuer, die in den Rechnungen der beauftragten Personen enthalten ist, um einen **Schadenposten,** der vom Schädiger ebenfalls zu ersetzen ist. Das gilt auch, wenn der Geschädigte die Mehrwertsteuer **nicht tatsächlich** zahlt, sondern als Bestandteil des „erforderlichen Geldbetrages" i. S. v. § 249 Satz 2 BGB geltend macht (BGH, Urt. v. 19. 6. 1973 i. VersR 1973, 964 = VRS 45, 163 = NJW 1973, 1647 m. abl. Anm. v. *Selmann* S. 1971; OLG Bamberg, Urt. v. 22. 5. 1979 i. NJW 1979, 2316; OLG Hamm, Urt. v. 28. 2. 1980 i. VersR 1981, 287; OLG München, Urt. v. 24. 4. 1980 i. VersR 1981, 541; *Späth* i. VersR 1973, 1103; *Streck,* Anm. z. Urt. d. LG Mainz v. 14. 1. 1970 i. NJW 1970, 1550 u. i. BB 1971, 1085; vgl. a. Rdz. 240 zu § 1). Ist der Geschädigte dagegen **vorsteuerabzugsberechtigt,** handelt es sich bei der Mehrwertsteuer um einen **durchlaufenden Posten,** mit dem er nicht endgültig belastet bleibt. Sein Schaden besteht deshalb – auch hier ohne Rücksicht auf die gewählte Abrechnungsmethode – ausschließlich in den Nettobeträgen (BGH, Urt. v. 6. 6. 1972 i. VersR 1972, 973 = NJW 1972, 1460 m. abl. Anm. v. *Hübner* S. 1858; zust. *Selmann* i. NJW 1973, 1971; zur Nachweispflicht vgl. KG, Urt. v. 21. 2. 1974 i. DAR 1974, 158).

VIII. Rechtsübergang auf den Kaskoversicherer

40 Die Schadenersatzforderung des Geschädigten geht nach § 67 Abs. 1 VVG auf den **Kaskoversicherer** über, soweit dieser den Schaden ersetzt und es sich um Schadenpositionen handelt, die dem versicherten Risiko **kongruent** sind. Zum kongruenten Schaden rechnen nur der unmittelbare Sachschaden, der durch die Beschädigung, die Zerstörung oder den Verlust des Fahrzeugs eingetreten ist (vgl. § 12 AKB), sowie Abschleppkosten, Sachverständigengebühren und eine Entschädigung für einen merkantilen oder technischen Minderwert, nicht jedoch der in der Entziehung der Sachnutzung liegende Vermögensnachteil, wie Mietwagenkosten oder ein Nutzungsausfallschaden, und eine Auslagenpauschale (BGH, Urt. v. 30. 9. 1957 i. VersR 1958, 13, Urt. v. 21. 11. 1957 i. VersR 1958, 15, Urt. v. 28. 11. 1958 i. VersR 1958, 161, Urt. v. 8. 12. 1981 i. VersR 1982, 263 = NJW 1982, 827 u. Urt. v. 12. 1. 1982 i. VersR 1982, 383 = NJW 1982, 829; *Pagendarm* i. DAR 1960, 189). Anders als bei dem Forderungsübergang nach § 1542 RVO (vgl. Rdz. 38 zu § 5) tritt der Übergang nicht schon im Zeitpunkt des Schadenereignisses, sondern erst mit der **Leistung** des Versicherers ein. Zahlt der Schädiger nach dem Übergang an den Geschädigten, wird er von seiner Verpflichtung nicht befreit, wenn ihm der Übergang **bekannt** war (§§ 407 Abs. 1, 412 BGB). Zu dieser Kenntnis gehört auch, daß der Schädiger im Zeitpunkt der Zahlung wußte, daß der Kaskoversicherer bereits geleistet hatte (BGH, Urt. v. 7. 2. 1966 i. VersR 1966, 330).

41 Hat der Schädiger den Schaden wegen einer **Mithaftung** des Geschädigten (§ 4) oder wegen einer **Höchsthaftungsbegrenzung** (§ 10) nur **teilweise** zu ersetzen, geht die Forderung nach der herrsch. Differenztheorie auf den Kaskoversicherer nur insoweit über, als nach der vollen Befriedigung des Geschädigten noch eine Ersatzpflicht des Schädigers verbleibt. Es besteht somit ein Quotenvorrecht des geschädigten VN, auch **negatives Quotenvorrecht** genannt (BGH, Urt. v. 4. 4. 1967 i. VersR 1967, 674 = VRS 33, 92 = NJW 1967, 1419 u. Urt. v. 24. 11. 1964 i. VersR 1965, 165; OLG München, Urt. v. 24. 2. 1967 i. VersR 1967, 573; *Pagendarm* aaO.). Reicht die Schadenersatzpflicht des Schädigers zur Deckung eines Gesamtschadens nicht aus, der nur z. T. unter die Kaskoversicherung fällt, muß gesondert festgestellt werden, welchen Ersatz der Schädiger wegen der kongruenten Schäden schuldet. Nur dieser Betrag ist zwischen dem Versicherer und dem geschädigten VN unter Berücksichtigung des Quotenvorrechts des letzteren aufzuteilen (BGH, Urt. v. 18. 1. 1966 i. VersR 1966, 256 = VRS 30, 260). Hinsichtlich einer **Selbstbeteiligung** steht dem Geschädigten das Quotenvorrecht auch zu, wenn die Kaskoentschädigung den Haftpflichtschaden voll ausgeglichen hat, weil für den Übergang allein der nach den Kaskobedingungen berechnete Schaden maßgebend ist (BGH, Urt. v. 4. 4. 1967 i. VersR 1967, 674 = VRS 33, 92).

Verjährung

11 Auf die Verjährung finden die für unerlaubte Handlungen geltenden Verjährungsvorschriften des Bürgerlichen Gesetzbuchs entsprechende Anwendung.

Übersicht

Schrifttum: *Böhmer,* Zur Verjährungshemmung nach § 14 Abs. 2 StVG, RdK 1955, 67; *Gaisbauer,* Hemmung der Verjährung durch Verhandlungen im Kraftfahrzeughaftpflichtrecht, ZfV 1970, 238; *Kallfelz/Schleusener,* Die Verjährung der zivilrechtlichen Ansprüche aus dem Straßenverkehrsrecht, KVR v. A–Z, Verjährung, Erl. 1; *Krebs,* Anmerkungen zur Verjährung im Haftpflichtrecht, VersR 1959, 163; *Marburger,* Die Verjährungsvorschriften bei Anwendung des § 1542 RVO, VersR 1972, 11; *Rölle,* Beginn der Verjährung nach Unfällen, DAR 1959, 311.

A. Bedeutung der Verjährung

1 Die Verjährung ist ein durch Zeitablauf begründetes Recht des Ersatzpflichtigen, die Schadenersatzleistung zu verweigern (§ 222 Abs. 1 BGB). Sie bewirkt nicht das Erlöschen des Schadenersatzanspruches, sondern gibt dem Verpflichteten (oder seinem Rechtsnachfolger) nur eine **Einrede,** von der er nach seinem Belieben Gebrauch machen kann. Als

Einrede ist die Verjährung im Prozeß nicht von Amts wegen zu berücksichtigen, sondern nur dann, wenn sich der Verpflichtete **auf sie beruft.** Vor allem durch diese Wirkungen unterscheidet sich die Verjährung von den ähnlichen Rechtsinstituten der **Ausschlußfristen** und der **Verwirkung.** Die Verjährung dient dem **Rechtsfrieden** und der **Rechtssicherheit.** Ansprüche, die jahrelang nicht geltend gemacht worden sind, sind vermutlich nicht oder nicht mehr gerechtfertigt. Deshalb soll dem Verpflichteten ein Schutzmittel gegeben werden, sich gegen voraussichtlich unberechtigte Ansprüche ohne ein Eingehen auf die Sache und unabhängig von den durch den Zeitablauf bewirkten Beweisschwierigkeiten zu verteidigen (so BGH, Urt. v. 16. 6. 1972 i. NJW 1972, 1460 unter Hinweis auf die Motive zum BGB). Die Verjährung dient jedoch nicht nur den Belangen des Schuldners, sondern auch dem **Schutz** des **Rechtsverkehrs,** der klare Verhältnisse braucht und deshalb davor bewahrt werden muß, daß Rechtsansprüche aus längst vergangenen Tatsachen geltend gemacht werden (RG, Urt. v. 27. 10. 1934 i. RG 145, 239, 244; BGH, Urt. v. 10. 4. 1968 i. NJW 1968, 1381). Das erklärt das in § 225 Satz 1 BGB ausgesprochene **Verbot,** die Verjährung durch Rechtsgeschäft **auszuschließen** oder zu **erschweren,** und läßt es geboten erscheinen, die Verjährungsvorschriften **eng auszulegen** (RG, Urt. v. 8. 6. 1928 i. RG 120, 355, 359; BGH, Urt. v. 10. 4. 1968 aaO. u. Urt. v. 6. 11. 1969 i. VersR 1970, 176).

B. Verjährung nach dem Haftpflichtgesetz

I. Allgemeines

2 Als **Ausgleich** für die **strengere** Haftung war die **Verjährung** nach dem RHG und dem SHG für den Geschädigten **ungünstiger** als nach dem BGB. Gegenüber der dreijährigen Frist für unerlaubte Handlungen (§ 852 BGB) betrug die Verjährungsfrist nach diesen Gesetzen nur 2 Jahre, wobei für den Bereich des RHG eine zusätzliche Verschärfung darin lag, daß der Verjährungsbeginn unabhängig von der Kenntnis des Geschädigten von dem Schaden und der Person des Ersatzpflichtigen mit dem Unfall, bei Unterhaltsgeschädigten mit dem Tod des Verpflichteten einsetzte (§§ 8 RHG, 6 SHG, vgl. Anh. 1 u. 2). Diese Unterschiede wurden im Vorgriff auf die allgemeine Haftpflichtreform durch das Gesetz zur Änderung schadensersatzrechtlicher Vorschriften vom 16. 8. 1977 (BGBl. I, 1586) mit Wirkung zum **1. 1. 1978** beseitigt, um in den Fällen, in denen deliktische Ansprüche mit Gefährdungshaftungsansprüchen konkurrieren, die Verjährung **einheitlichen Regeln** zu unterstellen (vgl. amtl. Begr. z. Referentenentwurf eines Gesetzes zur Änderung schadensersatzrechtlicher Vorschriften von 1967 S. 159f. u. i. BT-Drucks. 8/108, 14). Seitdem gelten **einheitlich** die Verjährungsvorschriften für unerlaubte Handlungen, vornehmlich § 852 BGB, der gleichzeitig um die in einigen Haftungsgesetzen schon enthaltene Regelung (vgl. § 6 Abs. 2 SHG, § 14 Abs. 2 StVG, § 39 Abs. 2 LVG, § 32 Abs. 2 AtG) erweitert wurde, daß **schwebende Verhandlungen** die Verjährung **hem-**

men (§ 852 Abs. 2 BGB). Die genannte Vorschrift hat folgenden Wortlaut:

§ 852

(1) **Der Anspruch auf Ersatz des aus einer unerlaubten Handlung entstandenen Schadens verjährt in drei Jahren von dem Zeitpunkt an, in welchem der Verletzte von dem Schaden und der Person des Ersatzpflichtigen Kenntnis erlangt, ohne Rücksicht auf diese Kenntnis in dreißig Jahren von der Begehung der Handlung an.**

(2) **Schweben zwischen dem Ersatzpflichtigen und dem Ersatzberechtigten Verhandlungen über den zu leistenden Schadenersatz, so ist die Verjährung gehemmt, bis der eine oder der andere Teil die Fortsetzung der Verhandlungen verweigert.**

(3) **Hat der Ersatzpflichtige durch die unerlaubte Handlung auf Kosten des Verletzten etwas erlangt, so ist er auch nach der Vollendung der Verjährung zur Herausgabe nach den Vorschriften über die Herausgabe einer ungerechtfertigten Bereicherung verpflichtet.**

II. Geltungsbereich der Verjährungsregelung

1. Sachliche Geltung

3 Die Verweisung auf die Verjährungsvorschriften für unerlaubte Handlungen bezieht sich nur auf **Ansprüche nach dem HG.** Stützt der Anspruchsteller seine Ersatzforderung auf eine **andere Haftungsgrundlage,** so richtet sich die Verjährung nach den hierfür geltenden Regeln. So verjähren Schadenersatzansprüche, die aus einer Verletzung des **Beförderungsvertrages** (vgl. Rdz. 9ff. zu § 12) hergeleitet werden, erst nach Ablauf von 30 Jahren seit dem Unfall (§ 195 BGB). Die kürzere Verjährungsfrist nach § 638 BGB kommt hier nicht in Betracht, weil es sich bei der schuldhaften Schädigung eines Fahrgastes im Rahmen eines Beförderungsvertrages nicht um einen Mangel der Beförderungsleistung, sondern um einen mittelbaren, auf eine positive Vertragsverletzung zurückgehenden Schaden handelt (RG, Urt. v. 15. 4. 1907 i. JW 1907, 330, Urt. v. 24. 10. 1907 i. EE 24, 274 u. Urt. v. 13. 1. 1908 i. JW 1908, 196). **Konkurriert** die Haftung nach dem Beförderungsvertrag mit einer Haftung nach dem HG oder einer deliktischen Haftung, so wird die 30jährige Frist nicht durch die 3-Jahres-Frist verdrängt (RG, Urt. v. 24. 10. 1907 aaO.; BGH, Urt. v. 23. 9. 1975 i. VersR 1976, 166; *Friese,* RHG, § 8 I 2a; a. A. ohne nähere Begründung *Full* i. *Full/Möhl/Rüth,* StVR u. Zivilr. Haft., Rdz. 64 zu § 14 StVG). Ergibt sich die Haftung aus einem Verschulden bei Vertragsschluß – **culpa in contrahendo** – (vgl. Rdz. 156ff. zu § 12), gilt ebenfalls die 30jährige Verjährung (vgl. BGH, Urt. v. 16. 11. 1967 i. NJW 1968, 547 u. Urt. v. 28. 10. 1971 i. NJW 1972, 95). **Ausgleichsansprüche** sind vom Rechtsgrund des Gesamtschuldverhältnisses losgelöst; sie haben eine selbständige Grundlage in dem Gemeinschaftsverhältnis (vgl. Rdz. 5 zu § 13). Die für die einzelnen Schadenersatzansprüche geltenden kurzen Verjährungsfristen können wegen ihres

Ausnahmecharakters auch nicht analog angewandt werden. Ist die Verjährung zugunsten eines Ersatzpflichtigen bereits eingetreten, so wird hierdurch die Verjährung des Ausgleichsanspruchs des anderen Ersatzpflichtigen nicht berührt. Vielmehr verbleibt es bei der Regel, daß die Verjährung erst in 30 Jahren eintritt (h. A., vgl. RG, Urt. v. 16. 11. 1908 i. RG 69, 422, 426 ff., Urt. v. 20. 1. 1910 i. JW 1910, 235 = EE 26, 427, Urt. v. 29. 11. 1934 i. RG 146, 97 u. Urt. v. 15. 11. 1940 i. VAE 11, 104; BGH, Urt. v. 11. 7. 1960 i. VersR 1960, 996; vgl. a. BGH, Urt. v. 20. 5. 1979 i. VersR 1979, 838, 841).

2. Zeitliche Geltung

4 Für schädigende Ereignisse, die **vor** dem **1. 1. 1978** eingetreten sind, gelten noch die **früheren Verjährungsvorschriften** (vgl. Rdz. 2; vgl. a. LG Wuppertal, Urt. v. 18. 3. 1980 i. VersR 1980, 1129). Die neue Regelung in § 852 Abs. 2 BGB über die Hemmung der Verjährung durch **schwebende Verhandlungen** findet jedoch auch auf diese Ereignisse Anwendung (Art. 5 Abs. 1 i. Verb. m. Art. 4 des Gesetzes zur Änderung schadensersatzrechtlicher Vorschriften v. 16. 8. 1977, BGBl. I, 1577, 1580).

C. Beginn der Verjährung

5 Nach § 852 Abs. 1 BGB verjährt der Ersatzanspruch in **drei Jahren** von dem Zeitpunkt an, in dem der Verletzte von dem Schaden und der Person des Ersatzpflichtigen **Kenntnis** erlangt. Ohne Rücksicht auf diese Kenntnis verjährt der Anspruch in **dreißig Jahren** von der Begehung der Handlung an.

I. Kenntnis des Ersatzberechtigten vom Schaden und der Person des Ersatzpflichtigen

1. Bedeutung der Kenntnis

6 **Kenntnis** von dem Schaden und der Person des Ersatzpflichtigen bedeutet, daß der Geschädigte (oder sein Rechtsnachfolger) von den **klagebegründenden Tatsachen** soweit Kenntnis erlangt, daß er gegen eine bestimmte Person – wenn auch nur mit dem Ziel der Feststellung – **mit einigermaßen Sicherheit** auf **Erfolg Schadenersatzklage erheben kann** (st. Rechtspr., vgl. BGH, Urt. v. 9. 12. 1958 i. VersR 1959, 274, Urt. v. 15. 3. 1960 i. VersR 1960, 429, Urt. v. 25. 9. 1964 i. VersR 1964, 1201 u. Urt. v. 25. 11. 1969 i. VersR 1970, 89 = VRS 38, 88 = DAR 1970, 46 = NJW 1970, 326; OLG Braunschweig, Urt. v. 18. 9. 1973 i. VersR 1974, 1183). Eine **sichere** Erwartung des Obsiegens ist nicht erforderlich, weil es sonst überhaupt nicht zu der kurzen Verjährung nach § 852 BGB kommen würde (BGH, Urt. v. 9. 12. 1958 aaO. u. Urt. v. 23. 9. 1975 i. VersR 1976, 166; OLG Köln, Urt. v. 14. 10. 1969 i. VersR 1970, 49). Die Kenntnis braucht nur die Tatsachen zu umfassen, die in der **Behauptungs-** und **Beweislast** des **Ersatzberechtigten** liegen. Hierher gehört

z. B., daß sich der Unfall beim Betrieb einer Bahn ereignet hat (§ 1 Abs. 1), nicht jedoch, daß keine höhere Gewalt (§ 1 Abs. 2 Satz 1) oder daß kein unabwendbares Ereignis (§ 1 Abs. 2 Sätze 2–3) oder kein mitwirkendes Verschulden (§ 4) vorliegt (vgl. BGH, Urt. v. 9. 12. 1958 u. v. 25. 11. 1969 aaO.).

7 Maßgebend sind nicht die persönlichen Kenntnisse des Berechtigten, sondern die Aussichten, wie sie ein **Rechtskundiger** beurteilen würde. Eine zutreffende **rechtliche** Würdigung aller Einzelheiten des schädigenden Handelns ist nicht erforderlich (BGH, Urt. v. 20. 12. 1959 i. VersR 1959, 1045). Auch **schwierige Rechtsfragen** gehören grundsätzlich zum Risiko (BGH, Urt. v. 27. 10. 1970 i. VersR 1971, 154 m. Anm. v. *Förste* i. VersR 1971, 716; OLG Koblenz, Urt. v. 8. 10. 1980 i. VersR 1981, 465; *Wussow*, UHR, Tz. 1325). Die erforderliche Kenntnis fehlt jedoch, wenn es sich um verwickelte und zweifelhafte Rechtsfragen handelt, die in der Rechtsprechung noch keine Klärung gefunden haben, und zwar insbesondere im Zusammenhang mit der Feststellung, welche von **mehreren Personen** für den Schaden **haftbar** zu machen ist (BGH, Urt. v. 3. 11. 1961 i. VersR 1962, 86, Urt. v. 25. 11. 1969 aaO. u. Urt. v. 11. 2. 1980 i. VersR 1980, 846; vgl. a. Rdz. 11). Nachträgliche Zweifel des Berechtigten hinsichtlich seiner Rechtsauffassung haben jedoch auf den Lauf der Verjährungsfrist keinen Einfluß (BGH, Urt. v. 18. 1. 1972 i. VersR 1972, 394). Gefordert wird Kenntnis. Ein bloßes **„Kennenmüssen"** oder **„Kennenkönnen"** reicht **nicht** aus (BGH, Urt. v. 23. 10. 1962 i. VersR 1963, 145, Urt. v. 27. 9. 1968 i. VersR 1968, 1165, Urt. v. 25. 11. 1969 aaO. u. Urt. v. 30. 1. 1973 i. VersR 1973, 371 = VRS 44, 401 = NJW 1973, 702). Der Kenntnis steht es gleich, wenn der Geschädigte **ohne besondere Mühe** und **Aufwendungen** auf entsprechende **Erkundigungen hin die** naheliegenden Tatsachen **hätte erfahren können** (BGH, Urt. v. 11. 7. 1961 i. VersR 1961, 910, Urt. v. 30. 1. 1973 aaO. u. Urt. v. 29. 5. 1973 i. VersR 1973, 841 = VRS 45, 254 = NJW 1973, 1496; OLG Köln, Urt. v. 14. 5. 1974 i. VersR 1975, 91; vgl. jedoch Rdz. 10).

2. Kenntnis vom Schaden

8 Die Kenntnis vom **Schaden** ist gegeben, wenn der Berechtigte das schädigende Ereignis **im allgemeinen** kennt; den Umfang des Schadens braucht er nicht zu kennen. Vielmehr gelten alle **Schadenfolgen** als bekannt, die der Geschädigte als **möglich vorhersehen konnte** (RG, Urt. v. 2. 12. 1927 i. RG 119, 204, 208; BGH, Urt. v. 14. 6. 1957 i. VersR 1957, 534 = VRS 13, 247, Urt. v. 30. 1. 1973 i. VersR 1973, 371 = VRS 44, 401 = NJW 1973, 702, Urt. v. 20. 12. 1977 i. VersR 1978, 350 u. Urt. v. 10. 7. 1979 i. VersR 1979, 1106 = VRS 57, 249). Bei **Verletzungsschäden** sind auch **spätere Folgen** in der Regel vorhersehbar. So muß bei Knochenverletzungen und -brüchen nach der Lebenserfahrung stets mit Komplikationen und Folgeschäden gerechnet werden (BGH, Urt. v. 14. 6. 1957 aaO.: Arthrose nach Handknochenverletzung; BGH, Urt. v. 10. 7. 1967 i. VersR 1967, 974 = NJW 1967, 2199 u. OLG Köln, Urt. v. 30. 1. 1969 i. VersR 1969, 189: Dienstunfähigkeit nach kompliziertem Beinbruch; BGH, Urt. v. 30. 1. 1973 aaO.: Kniegelenkbeschwerden

nach Bruch des Schienbeinkopfes; OLG Köln, Urt. v. 2. 3. 1972 i. VersR 1973, 131: Arthrose nach Knochenverletzung; OLG Hamburg, Urt. v. 7. 10. 1977 i. VersR 1978, 546: Venenentzündung nach Unfallthrombose).

9 Nicht vorhersehbar sind jedoch die Folgen einer Verletzung, die der Geschädigte neben anderen Unfallverletzungen überhaupt **nicht** oder **nicht als unfallursächlich erkannt** hat (BGH, Urt. v. 27. 9. 1968 i. VersR 1968, 1163: Rückenschmerzen als Folge einer nicht erkannten Wirbelsäulenschädigung; BGH, Urt. v. 25. 4. 1960 i. VersR 1960, 752: Erblindung auf einem Auge als Folge einer nicht als unfallbedingt erkannten Sehstörung; vgl. a. BGH, Urt. v. 29. 5. 1959 i. VersR 1959, 994). Auch findet der **Grundsatz,** daß die Kenntnis alle Schäden umfaßt, **keine Anwendung,** wenn sich ,,wider Erwarten aus leichten Verletzungen schwere Folgezustände herausbilden, aus anscheinend vorübergehenden Erkrankungen sich chronische Leiden entwickeln oder später neue Wirkungen der schädigenden Handlungen hervortreten, die erst infolge nachträglich auftretender Umstände dem Verletzten weitere Nachteile bereiten" (vgl. RG, Urt. v. 2. 12. 1927 i. RG 119, 204, 208: weiterer Unfall infolge Gehbehinderung durch Beinprothese; BGH, Urt. v. 23. 10. 1962 i. VersR 1963, 161: chronische Tetanie als Folge einer Kropfoperation). In diesen Fällen beginnt die Verjährung erst, wenn der Berechtigte die Kenntnis erlangt, daß Folgeschäden eingetreten sind und daß sie im Zusammenhang mit der schädigenden Handlung stehen (u. U. erst nach Aufklärung durch den Arzt, vgl. BGH, Urt. v. 29. 5. 1959 i. VersR 1959, 994 u. Urt. v. 25. 4. 1960 aaO. S. 754). Treten nach einem **Abfindungsvergleich** unvorhersehbare **Spätfolgen** auf und sind die Voraussetzungen gegeben, unter denen es möglich ist, trotz des Vergleichs weitere Ansprüche zu erheben (unzumutbares Mißverhältnis zwischen Schäden und Abfindungsbetrag), kommt es für die Verjährung auf die Kenntnis von diesen Umständen an (BGH, Urt. v. 21. 12. 1965 i. VersR 1966, 243 = DAR 1966, 130 u. Urt. v. 27. 9. 1968 i. VersR 1968, 1165). Bei **Immissionen** (vgl. Rdz. 33 zu § 2) stellt jede schädigende Teilhandlung eine verjährungsrechtlich selbständige neue Schädigung dar, die einen neuen Ersatzanspruch mit eigenem Verjährungsablauf erzeugt (RG, Urt. v. 18. 12. 1931 i. RG 134, 335, 338; BGH, Urt. v. 4. 3. 1977 i. VersR 1977, 665 u. Urt. v. 31. 10. 1980 i. VersR 1981, 135). Die Verjährung des Anspruchs einer **Witwe** auf Ersatz ihres **Unterhaltsschadens** beginnt erneut zu laufen, wenn die von ihr nach dem Tod des Ehemannes eingegangene zweite Ehe **geschieden** worden ist (BGH, Urt. v. 17. 10. 1978 i. VersR 1979, 55; KG, Urt. v. 30. 10. 1980 i. VersR 1981, 1080; vgl. a. Rdz. 28 zu § 5).

3. Kenntnis von der Person des Ersatzpflichtigen

10 Die **Person** des Schädigers kennt der Verletzte (oder sein Rechtsnachfolger), wenn ihm der **Name** und die **ladungsfähige Anschrift** sowie die **Umstände** bekannt sind, die die Ersatzpflicht dieser Person begründen. Sind **mehrere** ersatzpflichtig, kann die Kenntnis von der Person zu verschiedenen Zeitpunkten eintreten (BGH, Urt. v. 11. 5. 1964 i. VersR

1964, 927). Der Kenntnis steht es gleich, wenn der Ersatzpflichtige das Unfallgeschehen in seinen **Grundzügen** kennt und sich aufgrund entsprechender **Anhaltspunkte** die noch fehlenden Angaben **ohne besondere Mühe** und **Aufwendungen beschaffen** kann, z. B. durch Einholung einer Auskunft bei der Polizei oder der Staatsanwaltschaft (BGH, Urt. v. 2. 6. 1959 i. VersR 1959, 757 = VRS 17, 245 u. Urt. v. 29. 5. 1973 i. VersR 1973, 841 = VRS 45, 254 = NJW 1973, 1496; OLG Braunschweig, Urt. v. 18. 9. 1973 i. VersR 1974, 1183), durch Einsichtnahme in die Ermittlungsakten (BGH, Urt. v. 16. 9. 1975 i. VersR 1976, 147; OLG Köln, Urt. v. 14. 5. 1974 i. VersR 1975, 91), durch Befragung des behandelnden Arztes (BGH, Urt. v. 23. 10. 1962 i. VersR 1963, 161) oder des Arbeitgebers, in dessen Diensten der Ersatzpflichtige die schädigende Handlung begangen hat (BGH, Urt. v. 9. 2. 1955 i. NJW 1955, 706: Ermittlung des Namens eines an einem Straßenbahnunfall beteiligten Straßenbahnfahrers). Die Kenntnis gilt dann in dem Zeitpunkt als erlangt, in dem der Berechtigte die Angaben auf eine entsprechende Erkundigung erhalten hätte. Den Berechtigten trifft jedoch **keine selbständige Erkundigungspflicht.** Ermittlungen, die besondere Mühe und Kosten bereiten, sind ihm nicht zuzumuten. Um die Anschrift des Schädigers zu erfahren, braucht er z. B. keine zeitraubenden und kostspieligen Telefongespräche mit der Polizei zu führen, sondern kann sich auf eine schriftliche Anfrage beschränken (BGH, Urt. v. 29. 5. 1973 aaO.).

11 Dem Berechtigten müssen darüber hinaus die **Umstände bekannt** sein, die die **Schadenersatzpflicht begründen,** z. B. bei einer Haftung nach § 1 die Tatsachen, aus denen sich ergibt, daß sich der Unfall beim Betrieb einer Bahn ereignet hat. Soweit eine Verschuldenshaftung in Betracht kommt, muß die Kenntnis auch die Tatsachen umfassen, aus denen sich ein **schuldhaftes** Verhalten des Schädigers herleiten läßt (BGH, Urt. v. 15. 3. 1960 i. VersR 1960, 429, Urt. v. 25. 11. 1969 i. VersR 1970, 89 = VRS 38, 88 = NJW 1970, 326 = DAR 1970, 46 u. Urt. v. 14. 3. 1978 i. VersR 1978, 564). Ergeben sich aus dem Unfallgeschehen, insbesondere aus den Ermittlungsakten, keine Anhaltspunkte dafür, daß sich der Ersatzpflichtige schuldhaft verhalten hat, so fehlt die für den Verjährungsbeginn erforderliche Kenntnis, wenn nicht das Verschulden aus einer Verschuldensvermutung oder aus einem Anscheinsbeweis hergeleitet werden kann (BGH, Urt. v. 27. 10. 1970 i. VersR 1971, 154 m. Anm. v. *Förste* i. VersR 1971, 717 u. Urt. v. 14. 3. 1978 aaO.). Kommen **mehrere** Personen **alternativ** als Ersatzpflichtige in Betracht, so beginnt die Verjährung erst, wenn begründete Zweifel darüber, wer ersatzpflichtig ist, nicht mehr bestehen (BGH, Urt. v. 17. 12. 1959 i. VersR 1960, 515, Urt. v. 11. 5. 1964 i. VersR 1964, 927 u. Urt. v. 13. 2. 1975 i. VersR 1975, 520, 522). Das gilt jedoch nur, wenn die Rechtslage besonders zweifelhaft und verwickelt ist, was nach der Auffassung des BGH z. B. zu verneinen ist, wenn ein schuldhafter Verkehrsverstoß eines bestimmten Schädigers feststeht und nur offen ist, ob eine anderweitige Ersatzpflicht einer Behörde aus der Amtshaftung besteht (BGH, Urt. v. 18. 1. 1972 i. VersR 1972, 394 unter Hinweis darauf, daß die Rechtsunkenntnis u. U. eine Hemmung der Verjährung nach § 203 BGB bewirken könne; vgl. a. Rdz. 26). Kenntnis von der Urheberschaft einer Schädigung oder von einem bloßen Verdacht reicht nicht aus (BGH, Urt. v. 3. 11. 1961 i. VersR 1962, 86 u. Urt. v. 25. 11. 1969 aaO.; OLG München, Urt. v. 8. 4. 1960 i. VersR 1961, 1048). Ist der Geschädigte aufgrund der Unfallverletzung **bewußtlos** oder in seinem **Auffassungs-** und **Denkvermögen beeinträchtigt,** schließt dies die Kenntnisnahme von der Person des Ersatzpflichtigen aus (BGH, Urt. v. 16. 1. 1959 i. VersR 1959, 445, 447 u. Urt. v. 12. 11. 1963 i. VersR 1964, 302).

4. Kenntnis des Ersatzberechtigten

a) Begriff des Ersatzberechtigten

12 Entscheidend ist die Kenntnis des **Verletzten.** Hierunter sind der durch einen Personen- oder Sachschaden **unmittelbar Geschädigte** (vgl. Rdz. 149ff. zu § 1) und der **ersatzberechtigte Dritte** (vgl. Rdz. 2 zu § 5) zu verstehen (RG, Urt. v. 3. 8. 1936 i. RG 152, 115, 116). Bei dem letzteren reicht die Kenntnisnahme davon, daß der Verpflichtete verletzt wurde und zu befürchten ist, daß er versterben werde, nicht aus (OLG Koblenz, Urt. v. 20. 9. 1966 i. VersR 1967, 668 = NJW 1967, 256). Bei **juristischen Personen** ist die Kenntnis des Organs maßgebend. Stehen einer **Erbengemeinschaft** Ansprüche zu, tritt der Beginn der Verjährung, wenn der Erblasser die Kenntnis nicht mehr erlangt hat, erst ein, wenn **jeder Miterbe** die erforderliche Kenntnis erlangt hat (OLG Celle, B. v. 10. 1. 1964 i. NJW 1964, 869 für den Fall, daß eine Erbengemeinschaft als Ganzes klagt).

b) Vertretung

13 Ist der Geschädigte **geschäftsunfähig** oder **-beschränkt** und damit zur selbständigen Rechtswahrnehmung außerstande, beginnt die Verjährung in dem Zeitpunkt, in dem der **gesetzliche Vertreter** die Kenntnis erlangt (RG, Urt. v. 3. 8. 1936 i. RG 152, 115; BGH, Urt. v. 23. 10. 1962 i. VersR 1963, 161. Besteht eine gesetzliche Vertretung nicht, ist der Ablauf der Verjährung nach § 206 BGB gehemmt; vgl. BGH, Urt. v. 8. 7. 1969 i. VersR 1969, 906 sowie Rdz. 28). Beim **Nasciturus** beginnt die Verjährung ebenfalls mit der Kenntnis des gesetzlichen Vertreters. Der Anspruch entsteht jedoch erst mit der Geburt, so daß die Verjährung frühestens in diesem Zeitpunkt einsetzen kann (anders noch BGH, Urt. v. 6. 11. 1962 i. NJW 1963, 299 zu § 8 RHG). Die Vorschrift des § 164 BGB, wonach sich der **rechtsgeschäftlich** Vertretene die Kenntnis seines Vertreters anrechnen lassen muß, findet wegen ihrer Beschränkung auf Willenserklärungen im Rahmen der Kenntniserlangung nach § 852 Abs. 1 BGB keine Anwendung. Hat jedoch der Geschädigte einen Dritten beauftragt, die erforderlichen Tatsachenfeststellungen vorzunehmen, macht er ihn gewissermaßen zu seinem **Wissensvertreter** und handelt **arglistig,** wenn er sich gegenüber dem Geschädigten darauf beruft, der Vertreter habe seine Erkenntnisse nicht an ihn weitergegeben (BGH, Urt. v. 29. 1. 1968 i. VersR 1968, 453 = NJW 1968, 321; OLG Köln, Urt. v. 4. 2. 1974 i. VersR 1974, 1089; ebenso BGH, Urt. v. 20. 1. 1976 i. VersR 1976, 565 = NJW 1976, 2344 für den Fall, daß ein Ehegatte dem anderen die Wahrung der Belange des Kindes im Zusammenhang mit

einer an dem Kind begangenen Schädigung allein überläßt; vgl. a. RG, Urt. v. 22. 10. 1934 i. Warn 1934 Nr. 187).

c) Rechtsübergang

14 **Gehen** die **Ersatzansprüche** im ganzen oder teilweise **auf einen anderen über,** z. B. auf den Kaskoversicherer (§ 67 VVG; vgl. a. Rdz. 40 zu § 10) oder auf den Erben des Geschädigten (§ 1922 Abs. 1 BGB), muß sich der **Rechtsnachfolger** des Geschädigten dessen Kenntnis anrechnen lassen (§§ 404, 412 BGB). War die Verjährungsfrist bereits vollständig abgelaufen, erwirbt der neue Gläubiger eine schon verjährte Forderung. Hat dagegen die Frist noch nicht zu laufen begonnen, weil der Geschädigte noch keine Kenntnis erlangt hatte, so ist von dem Augenblick des Rechtsübergangs an nur noch die Kenntnis des neuen Gläubigers entscheidend (BGH, Urt. v. 11. 11. 1958 i. VersR 1959, 34 = VRS 16, 90, Urt. v. 8. 4. 1960 i. VersR 1960, 630 u. Urt. v. 10. 7. 1967 i. VersR 1967, 974 = NJW 1967, 2199).

15 Die Kenntnis des Geschädigten ist unerheblich, wenn es sich um einen Forderungsübergang handelt, der – wie der **gesetzliche** Rechtsübergang im Rahmen der **Sozialversicherung** (§ 1542 RVO) und des **Beamtenrechts** (§ 87a BBG) – bereits im Zeitpunkt des Unfalls eintritt, wenn auch nur die entfernte Möglichkeit besteht, daß aufgrund des Unfalls Leistungen zu gewähren sind (vgl. Rdz. 38 zu § 5). Hier ist hinsichtlich des auf den **Sozialversicherer** oder den **Dienstherrn** übergegangenen Teils der Forderung **allein deren Kenntnis** maßgebend (BGH, Urt. v. 10. 7. 1967 i. VersR 1967, 974 = NJW 1967, 2199 u. Urt. v. 30. 5. 1969 i. VersR 1969, 921; OLG Hamm, Urt. v. 20. 9. 1974 i. VersR 1975, 864; *Kubisch,* Anm. z. Urt. des LG Saarbrücken v. 15. 11. 1968 i. NJW 1969, 1814; *Marburger* i. VersR 1972, 11; *Wussow,* UHR, Tz. 1411). Seine frühere Rechtsprechung, der Geschädigte könne in einer juristischen Sekunde zwischen der Schädigung und dem Übergang die erforderliche Kenntnis erlangen (vgl. Urt. v. 8. 4. 1960 i. VersR 1960, 630, Urt. v. 18. 10. 1960 i. VersR 1960, 1142 u. Urt. v. 12. 11. 1963 i. VersR 1964, 302), hat der BGH aufgegeben. Auf die **Kenntnis** des **Geschädigten** kommt es nur in den verhältnismäßig seltenen Fällen an, in denen der Übergang erst **nach** dem Unfall eintritt, weil z. B. aufgrund neuer gesetzlicher Regelungen die Leistungsverpflichtungen des Sozialversicherungsträgers erst später entstehen (BGH, Urt. v. 10. 7. 1967 aaO.; OLG Nürnberg, Urt. v. 23. 11. 1977 i. VersR 1980, 1069). Beim Sozialversicherungsträger oder der Dienstbehörde muß der **zuständige Beamte** die Kenntnis erlangen (BGH, Urt. v. 20. 1. 1961 i. VersR 1961, 416). Hat die zur Leistung verpflichtete Körperschaft die Durchführung ihrer Aufgaben einer anderen Körperschaft **übertragen,** ist allein die Kenntnis der letzteren maßgebend (BGH, Urt. v. 20. 11. 1973 i. VersR 1974, 319 = NJW 1974, 340). Geht die Forderung von einem **Sozialversicherungsträger auf** einen **anderen über,** so erwirbt dieser die Forderung behaftet mit der Kenntnis des ersteren (BGH, Urt. v. 4. 4. 1978 i. VersR 1978, 660; OLG Hamm, Urt. v. 20. 9. 1974 aaO.; OLG Braunschweig, Urt. v. 26. 3. 1976 i. VersR 1977, 450; LG Kassel, Urt. v. 19. 9. 1968 i. VersR 1969, 155; *Marburger* aaO S. 12).

II. Begehung der Handlung

16 Erlangt der Ersatzberechtigte (oder sein Rechtsnachfolger) keine Kenntnis, so tritt die Verjährung in jedem Falle nach Ablauf von **dreißig Jahren** ein. Dabei richtet sich der Beginn der Frist nach dem Zeitpunkt der **„Begehung"** der schädigenden Handlung (§ 852 Abs. 1, letzter Halbsatz BGB). Hierunter ist allein das Setzen der **Schadenursache** zu verstehen und nicht auch der Eintritt des Schadens, mit dem der Anspruch erst entsteht (§ 198 BGB). Das hat zur Folge, daß ein Schadenersatzanspruch schon verjährt sein kann, bevor er mangels eines Schadenseintritts überhaupt entstanden ist (BGH, Urt. v. 1. 3. 1973 i. VersR 1973, 617 = NJW 1973, 1077).

D. Vollendung der Verjährung

17 Die Verjährung **endet** im Regelfall, wenn nach drei oder dreißig Jahren der **Tag abgelaufen** ist, der demjenigen entspricht, an dem die Kenntnis erlangt oder die Handlung begangen wurde. Der für den Beginn maßgebende Tag wird nicht mitgerechnet (§ 187 Abs. 1 BGB).

E. Hemmung der Verjährung

Der normale Verjährungsablauf kann sich dadurch verlängern, daß die Verjährung **gehemmt** ist.

I. Wirkung der Hemmung

18 Der **Zeitraum,** in dem die Verjährung **gehemmt** ist, wird in die Verjährungsfrist **nicht** eingerechnet (§ 205 BGB). Die Frist **verlängert** sich also um die Zeit der Hemmung. Der Zweck der Verjährung erfordert es, das Anwendungsgebiet der Hemmung **eng** zu begrenzen (vgl. RG, Urt. v. 8. 6. 1928 i. RG 120, 355, 359 sowie Rdz. 1). Im Rahmen der Schadenshaftung hat die Verjährungshemmung vor allem in den folgenden Fällen größere praktische Bedeutung:

II. Hemmung durch schwebende Verhandlungen

Solange **Verhandlungen** zwischen dem Ersatzberechtigten und dem Ersatzverpflichteten **schweben,** ist die Verjährung **gehemmt** (§ 852 Abs. 2 BGB).

a) Begriff der Verhandlungen

19 Diese Regelung, die früher nur für die Sachschädenhaftung des Bahnunternehmers (§ 6 Abs. 2 SHG) galt, soll verhindern, daß die kurze Verjährungsfrist abläuft, während der Berechtigte durch Verhandlungen

hingehalten wird (RG, Urt. v. 17. 3. 1932 i. JW 1932, 2022 m. zust. Anm. v. *Lechner* = HRR 1932 Nr. 1876 = EE 55, 73 unter Hinw. auf die amtl. Begr. zu dem früheren § 17 KFG, später § 14 Abs. 2 StVG; vgl. a. BGH, Urt. v. 28. 9. 1981 i. VersR 1981, 1174). Der Begriff der **„Verhandlungen"** ist **weit** auszulegen. Es genügt, daß der Berechtigte (oder sein Vertreter) seine Ansprüche stellt und der Verpflichtete (oder der Versicherer) diese nicht sofort ablehnt, sondern sich auf **Erörterungen einläßt** (RG, Urt. v. 18. 3. 1929 i. JR 1929 Nr. 1365 u. Urt. v. 17. 3. 1932 aaO.; BGH, Urt. v. 11. 11. 1958 i. VersR 1959, 34 = VRS 16, 90, Urt. v. 13. 2. 1962 i. VersR 1962, 615 = VRS 22, 404, Urt. v. 7. 12. 1962 i. VersR 1963, 145 = VRS 24, 93 u. Urt. v. 20. 6. 1969 i. VersR 1969, 857 m. Anm. v. *Gaisbauer* i. VersR 1969, 997; OLG Karlsruhe, Urt. v. 12. 1. 1957 i. VersR 1957, 183; *Gaisbauer* i. ZfV 1970, 238). Daß die Verhandlungspartner **Vergleichsbereitschaft** zeigen, ist **nicht** erforderlich (BGH, Urt. v. 11. 11. 1958 u. v. 13. 2. 1962 aaO.; *Krumme/Steffen,* StVG, Rdz. 5 zu § 14). Auf seiten des Verpflichteten reicht eine Antwort aus, die erkennen läßt, daß er im Sinne einer Befriedigung der Ansprüche **Entgegenkommen** zeigen werde. Eine solche Erwartung ist nicht begründet, wenn der Verpflichtete die Haftung sofort und endgültig **ablehnt** (OLG Köln, Urt. v. 16. 12. 1977 i. VersR 1978, 1074). Anders verhält es sich, wenn der Verpflichtete die Haftung zwar (vorläufig) ablehnt, jedoch hiermit den Vorschlag verbindet, den Ausgang eines Prozesses abzuwarten (RG, Urt. v. 18. 3. 1929 u. Urt. v. 17. 3. 1932 aaO.). Von Verhandlungen kann noch keine Rede sein, wenn der Verpflichtete nur den Eingang des Anspruchsschreibens bestätigt (BGH, Urt. v. 20. 12. 1974 i. VersR 1975, 440; OLG Stuttgart, Urt. v. 6. 11. 1970 i. VersR 1971, 1178L; *Jagusch,* StVR, Rdz. 6 zu § 14 StVG) oder auf eine entsprechende Bitte des Berechtigten nur den zuständigen Versicherer benennt, unter ausdrücklicher Ablehnung jeglicher Haftung (LG Stuttgart, Urt. v. 21. 7. 1965 i. VersR 1966, 149).

20 Dagegen **schweben Verhandlungen schon,** wenn der Verpflichtete den Berechtigten **auffordert,** seinen Anspruch näher zu begründen oder zu belegen (BGH, Urt. v. 13. 2. 1962 i. VersR 1962, 615 = VRS 22, 404) oder zunächst den Ausgang eines Verfahrens abzuwarten (RG, Urt. v. 17. 3. 1932 i. JW 1932, 2022 m. zust. Anm. v. *Lechner* = HRR 1932 Nr. 1876 = EE 55, 73; BGH, Urt. v. 20. 12. 1974 i. VersR 1975, 440), oder mitteilt, daß er nach interner Klärung der Anspruchsgrundlagen auf die Sache **zurückkomme** (BGH, Urt. v. 11. 11. 1958 i. VersR 1959, 34 = VRS 16, 90). Auch bloße **Zwischenbescheide** und **formularmäßige** Mitteilungen, wie sie insbesondere bei den Versicherern weitgehend üblich geworden sind, können den Berechtigten „hinhalten" (a. A. OLG Düsseldorf, Urt. v. 18. 11. 1965 i. OLG 1966, 535; wie hier *Full* i. *Full/Möhl/Rüth,* StVR u. Zivilr. Haft., Rdz. 51 zu § 14 StVG). Selbst in der Übersendung eines **Fragebogens** an den Berechtigten kann schon ein sachliches Eingehen auf seinen Anspruch und damit die Aufnahme von Verhandlungen gesehen werden (OLG Nürnberg, Urt. v. 29. 10. 1976 i. VersR 1977, 382 L; a. A. KG, Urt. v. 13. 2. 1969 i. VersR 1969, 999; zu eng a. OLG Frankfurt, Urt. v. 4. 2. 1966 i. VersR 1966, 1056 u. LG Stuttgart, Urt. v. 21. 7. 1965 i. VersR 1966, 149). Schweben Verhandlungen, so tritt die Hemmung nur hinsichtlich der Ansprüche ein, die zum **Gegenstand** der **Verhandlungen** gemacht worden sind. Hat z. B. der Verpflichtete, der über den Ersatz des materiellen Schadens verhandelt, die Zahlung eines von einer deliktischen Haftung abhängigen Schmerzensgeldes von vornherein abgelehnt und weitere Erörterungen hierüber verweigert, ist der Geschädigte, wenn er den Ablauf der Verjährung insoweit vermeiden will, gehalten, sie durch Klageerhebung oder eine ihr gleichstehende Maßnahme zu unterbrechen (vgl. OLG Nürnberg, Urt. v. 31. 3. 1952 i. VersR 1954, 197; *Böhmer* i. RdK 1955, 67). Ist ein **Teil** der Forderung auf einen **Sozialversicherungsträger** übergegangen (vgl. Rdz. 15), berühren Verhandlungen, die der Geschädigte mit einem Versicherer führt, nur eine Hemmung des nicht übergegangenen Forderungsteils (OLG Frankfurt, Urt. v. 4. 2. 1966 aaO.).

b) Beendigung der Verhandlungen

21 Die **Hemmung** der Verjährung **endet,** wenn der eine oder andere Teil die Fortsetzung der Verhandlungen **verweigert.** Soweit eine Weigerung des **Ersatzpflichtigen** in Betracht kommt, muß diese zwar nicht ausdrücklich ausgesprochen werden, jedoch aus seinem Verhalten **eindeutig** erkennbar sein. Dies erfordert das Schutzbedürfnis des Berechtigten (BGH, Urt. v. 12. 7. 1960 i. VersR 1960, 947, Urt. v. 7. 12. 1962 i. VersR 1963, 145 = VRS 24, 93 u. Urt. v. 20. 6. 1969 i. VersR 1969, 857 m. Anm. v. *Gaisbauer* i. VersR 1969, 997; KG, Urt. v. 30. 5. 1938 i. VAE 6, 538; OLG Düsseldorf, Urt. v. 4. 4. 1957 i. VersR 1958, 198; OLG München, Urt. v. 21. 4. 1959 i. VersR 1959, 925; OLG Nürnberg, Urt. v. 5. 4. 1966 i. VersR 1966, 1144 L; vgl. a. BGH, Urt. v. 28. 9. 1981 i. VersR 1981, 1174). Das Erfordernis der **Eindeutigkeit fehlt** z. B., wenn der Verpflichtete mitteilt, im Augenblick keine Erklärungen abgeben zu können (KG, Urt. v. 30. 5. 1938 aaO.), oder den Ersatz zwar ablehnt, jedoch mit dem Vorbehalt, daß die Ermittlungsakte der Staatsanwaltschaft etwas anderes ergeben sollte (OLG Düsseldorf, Urt. v. 11. 12. 1971 i. VersR 1971, 1126 = NJW 1971, 1614 m. Anm. v. *Gaisbauer* i. VersR 1971, 1153), oder den Berechtigten auffordert, weitere Auskünfte zur Anspruchsberechtigung zu geben (OLG München, Urt. v. 21. 4. 1959 aaO.). Auch die ausdrückliche Erklärung des Verpflichteten, eine Unterredung sei keine Verhandlung im Sinne der Verjährungsvorschriften, schließt die Hemmung nicht aus, wenn **tatsächlich** doch weiter verhandelt wird (BGH, Urt. v. 13. 2. 1962 i. VersR 1962, 615, 616 = VRS 22, 404, 406). Das Schreiben eines Versicherers, mit dem er an den Versicherer des Zweitschädigers verweist und das Anspruchschreiben als „erledigt" bezeichnet, ist jedoch als Weigerung zu werten, weil es nicht auf die Ablehnung der Haftung, sondern der **Verhandlungen** ankommt (BGH, Urt. v. 20. 1. 1970 i. VersR 1970, 327).

22 Anders als beim Verpflichteten kann beim **Berechtigten** auch bloßes **Schweigen** als eine Weigerung der Fortsetzung der Verhandlungen angesehen werden, weil von dem Berechtigten erwartet werden kann, daß er sein Interesse an der Fortführung der Verhandlungen zu erkennen gibt. Die Verjährung will es dem Schuldner ersparen, nach Ablauf einer gewissen Zeit noch mit Ansprüchen rechnen zu müssen. Nach h. A. erfor-

dert es deshalb das Schutzbedürfnis des Schuldners, die Fortsetzung der Verhandlungen von dem Zeitpunkt an als verweigert anzusehen, in dem nach den Grundsätzen von **Treu** und **Glauben** eine Antwort des Berechtigten auf die letzte Äußerung des Ersatzpflichtigen zu **erwarten** gewesen wäre (BGH, Urt. v. 7. 12. 1962 i. VersR 1963, 145 = VRS 24, 93, Urt. v. 17. 9. 1965 i. VersR 1965, 1149, Urt. v. 15. 3. 1966 i. VersR 1966, 618 u. Urt. v. 7. 3. 1967 i. VersR 1967, 502; OLG Celle, Urt. v. 4. 4. 1963 i. VersR 1964, 173; OLG Frankfurt, Urt. v. 4. 2. 1966 i. VersR 1966, 1056; OLG München, Urt. v. 13. 12. 1968 i. VersR 1969, 932). Der Hauptanwendungsfall ist der, daß der Berechtigte oder sein Vertreter der Aufforderung des Versicherers, die geltend gemachte Forderung näher zu begründen oder nachzuweisen, nicht oder erst zu einer Zeit nachkommt, in der hiermit nicht mehr zu rechnen war (vgl. OLG Frankfurt, Urt. v. 4. 2. 1966 aaO.). Gegen die Folgerung, die die Rechtsprechung aus einem solchen Verhalten gezogen hat, ist eingewandt worden, der Verpflichtete habe es in der Hand, die Ungewißheit dadurch zu beseitigen, daß er dem Berechtigten mitteile, er lehne die Fortsetzung der Verhandlungen ab, wenn er nicht bis zu einem bestimmten Tage Antwort erhalte (*Geigel/Schlegelmilch,* Haftpflichtprozeß, Kpt. 11 Rdz. 29; offen gelassen BGH, Urt. v. 14. 12. 1976 i. NJW 1976, 674). Es widerspricht jedoch der Regulierungspraxis und ist dem Verpflichteten auch nach Treu und Glauben nicht zuzumuten, von sich aus die Verhandlungen wieder aufzugreifen. Vielmehr ist es Sache des Geschädigten, die Voraussetzungen dafür zu schaffen, daß die für ihn günstige Wirkung der Hemmung der Verjährung andauert. **Keine** Verweigerung der Fortsetzung von Verhandlungen durch den Berechtigten ist darin zu sehen, daß dieser seine Ansprüche spezifiziert und zur Prüfung der Auswirkungen eines Dauerschadens um Zurückstellung bittet (BGH, Urt. v. 12. 7. 1960 i. VersR 1960, 831). Ein **teilweiser** Abbruch der Verhandlungen kann in der Ankündigung des Berechtigten zu sehen sein, seinen neben anderen Ansprüchen geltend gemachten Schmerzensgeldanspruch nach der Ablehnung durch den Versicherer einklagen zu wollen (OLG Nürnberg, Urt. v. 31. 3. 1952 i. VersR 1954, 197; vgl. a. *Böhmer* i. RdK 1955, 67).

23 **Verweigert** ein **Teil** die Fortsetzung der Verhandlungen, so dauert die Hemmung der Verjährung nicht an, wenn der andere Teil, ohne Gehör zu finden, mit neuen Vorstellungen und Vorschlägen kommt (OLG Düsseldorf, Urt. v. 4. 4. 1957 i. VersR 1958, 198). Dagegen tritt eine **erneute** Hemmung ein, wenn es in nicht verjährter Zeit zu weiteren Verhandlungen kommt (OLG Hamm, Urt. v. 15. 5. 1955 i. VersR 1955, 717; LG Mannheim, Urt. v. 8. 6. 1956 i. MDR 1957, 37).

III. Sonstige Fälle der Hemmung

24 Nach § 202 Abs. 1 BGB ist die Verjährung gehemmt, wenn der Verpflichtete die Leistung **gestundet** hat oder solange er aus einem anderen Grunde vorübergehend zur **Leistungsverweigerung berechtigt** ist. Eine Stundungsvereinbarung enthält in der Regel auch ein **Anerkenntnis** des Verpflichteten i. S. v. § 208 BGB, so daß die Verjährung auch unterbrochen wird (*MünchKomm.-v. Feldmann,* Rdz. 5 zu § 202 BGB). Bei dem in § 202 Abs. 1 BGB erwähnten Leistungsverweigerungsrecht braucht es sich nicht um eine echte Einrede zu handeln. Es genügt ein **rechtliches Hindernis,** das der Durchsetzung des Anspruches entgegensteht. So ist z. B. ein Hemmungsgrund auch darin zu sehen, daß eine Berufsgenossenschaft in einem Bescheid einen Arbeitsunfall verneint und dieser Bescheid später durch das Sozialgericht aufgehoben wird. Die Verjährung des nach § 1542 RVO auf die Berufsgenossenschaft übergegangenen Anspruchs dauert dann vom Erlaß des Bescheides bis zur rechtskräftigen Aufhebung (BGH, Urt. v. 20. 6. 1969 i. VersR 1969, 856).

25 Als Hemmung wirkt auch eine **Vereinbarung** zwischen dem Berechtigten und dem Verpflichteten, den Anspruch für einen **bestimmten Zeitraum nicht geltend** zu machen – **pactum de non petendo** –. Die Verjährungsfrist läuft dann erst nach diesem Zeitraum weiter. Eine solche Abrede, die ausdrücklich oder stillschweigend getroffen werden kann, ist z. B. anzunehmen, wenn sich die Parteien darüber einig sind, daß die Regulierung bis zum Ausgang eines anderen Verfahrens **zurückgestellt** (BGH, Urt. v. 28. 11. 1972 i. VersR 1973, 232 = NJW 1973, 316; KG, Urt. v. 28. 10. 1971 i. VersR 1972, 352) oder daß **zunächst** ein **Dritter** in **Anspruch** genommen werden soll (BGH, Urt. v. 31. 3. 1960 i. VersR 1960, 543). Sie liegt dagegen nicht schon vor, wenn der Verpflichtete eine Prüfung der Ansprüche zugesagt und um Geduld gebeten hat (OLG München, Urt. v. 30. 9. 1966 i. VersR 1967, 565 = VRS 32, 161; OLG Karlsruhe, Urt. v. 9. 11. 1971 i. VersR 1972, 247). Es kann jedoch einen Verstoß gegen **Treu** und **Glauben** darstellen, wenn der Berechtigte hierdurch von der rechtzeitigen Erhebung der Klage abgehalten wird und der Verpflichtete sich auf Verjährung beruft (vgl. Rdz. 38 ff.). Die häufig zwischen Sozialversicherungsträgern und Haftpflichtversicherern geschlossenen **Teilungsabkommen** enthalten eine Hemmungsvereinbarung, die den Sozialversicherungsträger und auch den Schädiger berechtigen, Leistungen aus dem Haftpflichtfall zu verweigern. Die Hemmung der Verjährung dauert, wenn die abkommensmäßigen Leistungen summenmäßig begrenzt sind, bis zur Ausschöpfung dieses Betrages (vgl. Rdz. 155 zu § 12).

26 Nach § 203 BGB ist die Verjährung gehemmt, wenn der Berechtigte durch **Stillstand der Rechtspflege** oder durch **höhere Gewalt** innerhalb der letzten sechs Monate der Verjährungsfrist verhindert ist, seine Ansprüche einzuklagen. **Höhere Gewalt** bedeutet im Rahmen des § 203 BGB ein Ereignis, das unter den gegebenen Umständen auch durch äußerste, nach der Sachlage vernünftigerweise vom Berechtigten zu erwartende Sorgfalt nicht verhindert werden kann (BGH, Urt. v. 4. 5. 1955 i. VersR 1955, 477 = NJW 1955, 1225 u. Urt. v. 13. 11. 1962 i. VersR 1963, 93). Trifft den **Prozeßbevollmächtigten** des Geschädigten ein Verschulden, schließt dies höhere Gewalt aus, weil sich der Geschädigte dessen Verschulden anrechnen lassen muß (BGH, Urt. v. 4. 5. 1955 aaO.; anders noch RG, Urt. v. 3. 11. 1938 i. RG 158, 357, 359 f.). Eine **Erkrankung** des Berechtigten ist nur dann als höhere Gewalt anzusehen, wenn sie den Berechtigten völlig außerstande setzt, seine Rechtsangelegenheiten zu besorgen, und er auch nicht in der Lage ist, einen anderen hiermit zu beauftragen (BGH, Urt. v. 13. 11. 1962 aaO.; für den Fall des nicht vertretenen Geschäftsunfähigen- oder beschränkten vgl. Rdz. 28). **Rechtsunkenntnis** ist in aller Regel keine höhere Gewalt. Jedoch kann ausnahmsweise höhere Gewalt angenommen werden, wenn sich der Berechtigte entschuldbar in einem schwerwiegenden Irrtum befindet, der die Rechtsverfolgung als ganz aussichtslos erscheinen läßt (BGH, Urt. v. 18. 1. 1972 i. VersR 1972, 394).

27 Höhere Gewalt kann auch vorliegen, wenn der Berechtigte unverschuldet **arm** ist und seine Bemühungen, das **Armenrecht** für eine Klage zu erlangen, mit der er die Verjährung unterbrechen kann, daran scheitern, daß das Gericht die Entscheidung über das rechtzeitig eingereichte und ordnungsgemäß begründete und belegte Armenrechtsgesuch (jetzt Antrag auf Bewilligung der Prozeßkostenhilfe, vgl. das am 1. 1. 1981 in Kraft getretene Gesetz über die Prozeßkostenhilfe vom 13. 6. 1980, BGBl. I, 677) ungewöhnlich verzögert oder hierüber überhaupt nicht oder unrichtig entscheidet (RG, Urt. v. 22. 10. 1929 i. RG 126, 58, 61; BGH, Urt. v. 29. 5. 1959 i. VersR 1959, 994 u. Urt. v. 16. 1. 1961 i. VersR 1961, 326). Eine **Hemmung** der Verjährung tritt dann in dem **Zeitpunkt** ein, in dem der Berechtigte bei sachgemäßer Behandlung eine richtige Entscheidung erwarten durfte. Sie **endet** in jedem Fall in dem Zeitpunkt, in dem das Armenrecht bewilligt oder das Gesuch durch einen nicht mehr anfechtbaren Beschluß zurückgewiesen wird (BGH, Urt. v. 7. 5. 1962 i. VersR 1962, 669 = NJW 1962, 1291. Ob das Armenrecht zutreffend abgelehnt wird, ist unerheblich; anders noch BGH, Urt. v. 29. 5. 1959 aaO.). In diesen Fällen bleibt dem Berechtigten noch eine **gewisse Frist** zur Klageerhebung oder zu der Überlegung, ob er das Verfahren nach Versagung des Armenrechts mit eigenen oder fremden Mitteln durchführen will (BGH, Urt. v. 16. 1. 1961 aaO. u. Urt. v. 8. 3. 1977 i. VersR 1977, 622). Der **befristete Verzicht** des Gläubigers auf die Erhebung der Einrede der Verjährung im Armenrechtsprüfungsverfahren schließt höhere Gewalt i. S. v. § 203 BGB nicht aus (BGH, Urt. v. 29. 1. 1981 i. VersR 1981, 482 = NJW 1981, 550; vgl. a. Rdz. 40). Auch die grundlose Weigerung einer Behörde, das **Armutszeugnis** auszustellen, kann eine Verjährungshemmung nach § 203 BGB bewirken (*Palandt/ Heinrichs,* BGB, Anm. 1 zu § 203). Höhere Gewalt liegt jedoch nicht vor, wenn der Berechtigte nicht mit **äußerster Sorgfalt** und ihm **zumutbaren Mitteln** dafür gesorgt hat, das in der Armut liegende **Hindernis zu beseitigen,** indem er es z. B. versäumt hat, das Gesuch rechtzeitig einzureichen (BGH, Urt. v. 20. 6. 1960 i. VersR 1960, 991: eine Woche vor Eintritt der Verjährung ohne Hinweis auf Eilbedürftigkeit; OLG Karlsruhe, Urt. v. 14. 5. 1964 i. VersR 1967, 667: einen Monat vor diesem Zeitpunkt; vgl. a. BGH, Urt. v. 8. 3. 1977 aaO.), den ihm gemachten Auflagen ausreichend und rechtzeitig nachzukommen (BGH, Urt. v. 28. 9. 1959 i. VersR 1960, 60 u. Urt. v. 29. 3. 1960 i. VersR 1960, 611) oder gegen einen das Armenrecht zu Unrecht versagenden Beschluß alsbald ein Rechtsmittel einzulegen (BGH, Urt. v. 29. 5. 1959 aaO. u. Urt. v. 10. 2. 1962 i. VersR 1962, 636). Ein die Annahme höherer Gewalt ausschließendes Verschulden des Berechtigten ist weiter gegeben, wenn die Ablehnung oder die Verzögerung darauf zurückzuführen ist, daß er den Antrag

unvollständig begründet oder **belegt** hat (BGH, Urt. v. 27. 11. 1959 i. LM Nr. 6 zu § 203 BGB; einschr. für den Fall der Bezugnahme auf Unterlagen eines anderen Verfahrens BGH, Urt. v. 30. 9. 1980 i. VersR 1981, 59).

28 Bestehen Ersatzansprüche zwischen **Eheleuten, Eltern** und **Kindern** oder dem **Vormund** und dem **Mündel,** so regelt § 204 BGB, daß die Verjährung während der Ehe, der Minderjährigkeit oder der Dauer der Vormundschaft gehemmt ist. Eine **entsprechende Anwendung** der Hemmung aus **„familiärem Grund"** auf ähnliche Rechtsverhältnisse erscheint wegen der gebotenen engen Auslegung **nicht** zulässig (vgl. Rdz. 1. Die Vorschrift gilt jedoch auch für die Ansprüche zwischen dem nichtehelichen Kind und dem Vater, vgl. BGH, Urt. v. 27. 2. 1980 i. NJW 1980, 1517). Ist eine **geschäftsunfähige** oder **-beschränkte** Person **ohne gesetzlichen Vertreter,** wird die gegen sie laufende Verjährung nicht vor dem **Ablauf von sechs Monaten** nach dem Zeitpunkt vollendet, in dem die Person unbeschränkt geschäftsfähig wird oder der Mangel der Vertretung aufhört (§ 206 Abs. 1 Satz 1 BGB). Mit der sog. **Ablaufhemmung** soll verhindert werden, daß der nicht voll geschäftsfähige Geschädigte seinen Anspruch dadurch verliert, daß er die Verjährung durch eine Klage oder eine dieser gleichstehenden Handlung nicht unterbrechen kann. Das nur **vorübergehende** Fehlen der Geschäftsfähigkeit berührt die Verjährung nicht (BGH, Urt. v. 27. 9. 1968 i. VersR 1968, 1165). Die Vorschrift schützt jedoch auch Personen, deren Geschäftsunfähigkeit sich auf die Angelegenheiten **beschränkt,** die mit dem Unfall zusammenhängen (BGH, Urt. v. 8. 7. 1969 – VI ZR 193/67 – i. VersR 1969, 1020 u. Urt. v. 8. 7. 1969 – VI ZR 200/67 – i. VersR 1969, 906).

F. Unterbrechung der Verjährung

Auch durch eine **Unterbrechung** kann der Lauf der Verjährung beeinflußt werden (§§ 208 ff. BGB).

I. Wirkung der Unterbrechung

29 Wird die Verjährung **unterbrochen,** bleibt die bis zur Unterbrechung verstrichene Zeit außer Betracht, und eine **neue** Verjährungsfrist beginnt nach der Beendigung der Unterbrechung zu laufen (§ 217 BGB). Sind **mehrere** gemeinschaftlich berechtigt oder verpflichtet, wirkt die Unterbrechung grundsätzlich nur für oder gegen die **Personen, zwischen** denen die Unterbrechungshandlung erfolgt (BGH, Urt. v. 30. 5. 1969 i. VersR 1969, 921).

II. Die Unterbrechungshandlungen

1. Anerkenntnis

30 Ein **Anerkenntnis** des Verpflichteten unterbricht die Verjährung (§ 208 BGB). Der Verpflichtete **erkennt** den Anspruch **an,** wenn er er-

klärt, daß er ihn für **berechtigt** hält. Eine solche Erklärung braucht **nicht ausdrücklich** ausgesprochen zu werden. Es muß sich nicht einmal um eine Willenserklärung handeln. Auch ein positives Handeln des Verpflichteten ist nicht erforderlich. Vielmehr genügt jedes **tatsächliche** Verhalten des Schuldners dem Gläubiger gegenüber, aus dem sich das **Bewußtsein** des Schuldners von dem **Bestehen** des **Anspruches klar** und **unzweideutig** ergibt (BGH, Urt. v. 6. 4. 1965 i. NJW 1965, 1430, Urt. v. 17. 9. 1965 i. VersR 1965, 1149 u. Urt. v. 1. 2. 1966 i. VersR 1966, 536). Es kommt bei der Auslegung entscheidend auf die Umstände des **Einzelfalles** an. In der Praxis handelt es sich meistens darum, wie das Verhalten des Haftpflichtversicherers gegenüber dem Anspruchsteller, insbesondere der Schriftverkehr, auszulegen ist. Unterbreitet der Versicherer dem Geschädigten ein **Vergleichsangebot,** so kann dies als Anerkenntnis zu werten sein, wenn aus ihm hervorgeht, daß der Anspruch nicht bestritten wird (vgl. BGH, Urt. v. 17. 9. 1965 aaO.). Ein Anerkenntnis liegt jedoch nicht schon vor, wenn sich der Versicherer beim Geschädigten erkundigt, mit welcher Abfindung er sich vergleichsweise zufriedengeben werde (BGH, Urt. v. 1. 2. 1966 aaO.). Der bei einem Angebot häufig gemachte **Vorbehalt** „ohne Anerkennung einer Rechtspflicht" oder „unter Aufrechterhaltung sämtlicher Einwendungen zur Haftung" läßt nicht zwingend den Schluß zu, daß der Versicherer nicht anerkennen will. Vielmehr kann eine Gesamtwürdigung des Verhaltens des Versicherers ergeben, daß solche Erklärungen nur eine formelhafte Bedeutung haben und der Annahme, daß anerkannt werden soll, nicht widersprechen (BGH, Urt. v. 28. 2. 1969 i. VersR 1969, 567, Urt. v. 11. 1. 1972 i. VersR 1972, 372 u. Urt. v. 25. 1. 1972 i. VersR 1972, 398).

31 In dem Bestreben, unstreitige Punkte aus den weiteren Verhandlungen auszuklammern, **beschränkt** der Schädiger (Versicherer) häufig das Anerkenntnis auf den **Grund** der Haftung und erhebt Einwendungen nur noch zur Höhe des geltend gemachten Anspruchs. Ein solches Anerkenntnis reicht grundsätzlich zur Unterbrechung der Verjährung der **gesamten** Forderung aus (BGH, Urt. v. 12. 7. 1960 i. VersR 1960, 831, Urt. v. 13. 10. 1964 i. VersR 1965, 155 u. Urt. v. 17. 9. 1965 i. VersR 1965, 1149). Denkbar ist aber auch, daß sich das Anerkenntnis, was bei teilbaren Verbindlichkeiten möglich ist, auf einen **bestimmten Teil** beschränken soll, z. B. wegen Mitverschuldens des Geschädigten auf eine bestimmte **Haftungsquote** (BGH, Urt. v. 12. 7. 1960 aaO.), auf einen **zeitlich begrenzten** Schaden (OLG Stuttgart, Urt. v. 31. 1. 1967 i. VersR 1967, 888; OLG Nürnberg, Urt. v. 9. 10. 1969 i. VersR 1970, 92), auf einen **summenmäßig begrenzten** Schaden (BGH, Urt. v. 12. 12. 1978 i. VersR 1979, 284, 285; OLG München, Urt. v. 29. 10. 1980 i. VersR 1981, 13) oder auf den **materiellen** Schaden unter Ausschluß einer **deliktischen** Haftung als Voraussetzung für die Zahlung eines Schmerzensgeldes. Was gemeint ist, ist im Einzelfall sorgfältig zu untersuchen (BGH, Urt. v. 5. 12. 1967 i. VersR 1968, 277). Kein Anerkenntnis ist die Erklärung der **Aufrechnung** mit einer bestrittenen Forderung gegen eine unbestrittene Forderung (BGH, Urt. v. 24. 1. 1972 i. NJW 1972, 525). Das Anerkenntnis erstreckt sich im übrigen nur auf die Ansprüche, die **geltend** gemacht wurden (OLG Düsseldorf, Urt. v. 26. 11. 1959 i. VersR

1960, 1053). Es muß nicht unmittelbar **gegenüber** dem **Berechtigten** erklärt werden. Wird das Anerkenntnis gegenüber einem vermeintlich Berechtigten abgegeben, tritt dennoch Verjährung ein, wenn die Erklärung für den Berechtigten bestimmt war und dieser hiervon Kenntnis erhalten, und der Verpflichtete seine Befriedigung nicht abgelehnt hat (BGH, Urt. v. 15. 12. 1958 i. LM Nr. 1 zu § 208 BGB).

32 Ein Anerkenntnis kann auch darin zu sehen sein, daß der Schädiger oder sein Versicherer auf die geltend gemachte Forderung **zahlt** (vgl. RG, Urt. v. 17. 11. 1931 i. RG 135, 9, 12; BGH, Urt. v. 25. 9. 1964 i. VersR 1964, 1199). Wie sich ausdrücklich aus § 208 BGB ergibt, kann eine **Teilzahlung** verjährungsunterbrechende Wirkung hinsichtlich des **Gesamtanspruchs** haben. Erweisen jedoch die Umstände, daß sich die Zahlung nur auf einen **bestimmten Forderungsteil** oder eine bestimmte **Schadensart** beziehen soll, **beschränkt** sich die Unterbrechung der Verjährung hierauf (vgl. BGH, Urt. v. 12. 12. 1978 i. VersR 1979, 284, 285; OLG Oldenburg, Urt. v. 15. 12. 1966 i. VersR 1967, 384; OLG Stuttgart, Urt. v. 31. 1. 1967 i. VersR 1967, 888). Das zum **Teilanerkenntnis** Ausgeführte (Rdz. 31) gilt hier entsprechend. Auch ein bei der Zahlung gemachter **Vorbehalt** „ohne Anerkennung einer Rechtspflicht“ kann die Wirkung der Unterbrechung beschränken, wenn sich nicht aus dem übrigen Verhalten des Schädigers oder seines Versicherers doch das Bewußtsein vom Bestehen des gesamten Anspruchs ergibt (vgl. einerseits BGH, Urt. v. 25. 1. 1972 i. VersR 1972, 398 u. andererseits OLG Köln, Urt. v. 27. 10. 1966 i. VersR 1967, 463). Werden die **Einzelansprüche vorbehaltslos** erfüllt, so unterbricht dies auch die Verjährung hinsichtlich des **Gesamtanspruchs** (BGH, Urt. v. 3. 10. 1967 i. VersR 1967, 1182).

2. Klageerhebung

a) Klage und gleichstehende Maßnahmen

33 Die Verjährung wird ebenfalls unterbrochen, wenn der Berechtigte auf **Befriedigung** oder auf **Feststellung** des Anspruchs, auf Erteilung einer **Vollstreckungsklausel** oder auf Erlaß eines **Vollstreckungsurteils klagt** (§ 209 Abs. 1 BGB). Als Klage sind auch eine **Widerklage** (mag sie auch im Einzelfall unzulässig sein, vgl. RG, Urt. v. 16. 11. 1935 i. RG 149, 321, 326 = JW 1936, 818), die **Zwischenfeststellungsklage** nach § 280 ZPO (RG, Urt. v. 15. 4. 1907 i. RG 66, 12, 13 = JW 1907, 330) und, soweit im Gesetz angeordnet, auch ein Antrag auf Einleitung eines **Beweissicherungsverfahrens** (vgl. §§ 477 Abs. 2, 639 Abs. 1 BGB; BGH, Urt. v. 6. 11. 1969 i. VersR 1970, 176) anzusehen, nicht jedoch, weil sie nur auf Abwehr und nicht auf Zuerkennung gerichtet sind, die Erhebung einer **negativen Feststellungsklage** und der Antrag auf **Abweisung** einer solchen Klage (RG, Urt. v. 19. 2. 1937 i. RG 153, 375; BGH, Urt. v. 6. 11. 1962 i. VersR 1963, 90, Urt. v. 24. 5. 1963 i. VersR 1963, 955 u. Urt. v. 21. 3. 1972 i. VersR 1972, 644 = NJW 1972, 1043); ebenso nicht die Einreichung einer **Verfassungsbeschwerde** (BGH, Urt. v. 4. 4. 1957 i. VersR 1957, 429) und eine Klage auf **Ersatz zukünftiger Schäden** hinsichtlich der Verjährung bereits entstandener Ansprüche (OLG Neustadt, Urt. v. 15. 6. 1960 i. VersR 1961, 167 L = MDR 1960,

93). Kraft ausdrücklicher Regelung (§ 209 Abs. 2 BGB) haben auch verjährungsunterbrechende Wirkung die Zustellung eines **Mahnbescheids** im Mahnverfahren, die Anbringung eines **Güteantrags,** die Anmeldung des Anspruchs im **Konkurs,** die Geltendmachung der **Aufrechnung** des Anspruchs **im Prozeß,** die **Streitverkündung** in dem Prozeß, von dessen Ausgang der Anspruch abhängt, die Vornahme einer **Vollstreckungshandlung** und, soweit die Zwangsvollstreckung den Gerichten oder anderen Behörden zugewiesen ist, die Stellung des Antrages auf **Zwangsvollstreckung** (§ 209 Abs. 2 BGB); ferner der Antrag auf **Vorentscheidung** einer Behörde oder auf **Bestimmung** des **zuständigen Gerichts** durch ein höheres Gericht (§ 210 BGB).

b) Voraussetzungen der Unterbrechung

34 Nur eine **wirksame** Klageerhebung unterbricht die Verjährung. Erforderlich ist die **Zustellung** einer Klageschrift, die den wesentlichen Formvorschriften (§ 253 ZPO) genügt. Grundsätzlich ist ein bezifferter Antrag erforderlich. Jedoch reicht eine Klage aus, die (z. B. für einen Schmerzensgeldanspruch) genügend Grundlagen für die Ausübung des **richterlichen Ermessens** enthält (BGH, Urt. v. 13. 5. 1974 i. NJW 1974, 1551). Auch eine **unzulässige** oder nur **unvollständig begründete** Klage kann die Unterbrechung bewirken (vgl. BGH, Urt. v. 2. 3. 1979 i. VersR 1979, 764). Nach § 270 Abs. 3 ZPO tritt die Unterbrechungswirkung nicht erst mit der Zustellung, sondern schon mit der **Einreichung** der Klageschrift bei Gericht ein. Voraussetzung ist, daß die Zustellung **„demnächst"** erfolgt. Dieser Begriff ist Gegenstand zahlreicher Entscheidungen geworden, aus denen sich folgende Grundsätze herleiten lassen: Unter „demnächst" ist eine den Umständen nach angemessene Frist zu verstehen, die vom letzten Tage der Verjährungsfrist ab zu berechnen ist (BGH, Urt. v. 12. 10. 1971 i. VersR 1972, 49 = NJW 1972, 208). Wird diese Frist nicht nur geringfügig überschritten und hat der Kläger die Verzögerung verschuldet (wobei er sich ein Verschulden seines Prozeßbevollmächtigten anrechnen lassen muß), wird die Verjährung nicht unterbrochen (BGH, Urt. v. 30. 5. 1956 i. VersR 1956, 303, Urt. v. 25. 2. 1971 i. VersR 1971, 518 = NJW 1971, 891 u. Urt. v. 6. 4. 1972 i. VersR 1972, 690 = NJW 1972, 1948). Der Kläger muß nicht nur jede **Verschleppung** vermeiden, sondern alles ihm **Zumutbare** tun, um eine **alsbaldige Zustellung zu ermöglichen.** Insbesondere muß er für die unverzügliche Einzahlung des **Gerichtskostenvorschusses** sorgen, nachdem dieser angefordert worden ist (BGH, Urt. v. 15. 12. 1955 i. LM Nr. 2 zu § 261 ZPO u. Urt. v. 12. 10. 1971 aaO.). Schon für den Fall, daß der Kläger den Vorschuß erst 14 Tage nach Zugang der Zahlungsaufforderung einzahlt, wurde eine Verletzung der notwendigen Sorgfaltspflicht angenommen (BGH, Urt. v. 29. 1. 1962 i. VersR 1962, 448; ebenso i. Urt. v. 14. 7. 1960 i. VersR 1960, 834 = NJW 1960, 1952 für einen Zeitraum von 3 Wochen; vgl. jedoch Urt. v. 12. 5. 1977 i. NJW 1977, 1686: Zeitraum von einer Woche als nur geringe Verzögerung). Auch wenn das Gericht den Vorschuß nicht angefordert hat, ist die Zustellung nicht „demnächst", wenn erst zwei Monate nach Fristablauf gezahlt wird

(BGH, Urt. v. 19. 10. 1977 i. VersR 1977, 1353 = NJW 1978, 215). Kann der Kläger den Vorschuß nicht zahlen, so muß von ihm erwartet werden, daß er einen Antrag nach § 65 Abs. 7 Nr. 3 oder 4 GKG stellt, ihm die Zahlung des Vorschusses zu erlassen (BGH, Urt. v. 31. 1. 1963 i. MDR 1963, 388). Wurde dem Kläger das Armenrecht bewilligt, so ist es ihm als Verschulden anzurechnen, wenn er nicht **alsbald** eine entsprechende Klageschrift einreicht (BGH, Urt. v. 5. 1. 1968 i. VersR 1968, 368, 369).

35 Die Klage eines **Nichtberechtigten** unterbricht die Verjährung grundsätzlich **nicht** (BGH, Urt. v. 26. 11. 1957 i. NJW 1958, 338). Die Verjährungsunterbrechung tritt jedoch ein, wenn es sich um eine **gewillkürte Prozeßstandschaft** handelt (BGH, Urt. v. 29. 11. 1966 i. VersR 1967, 162 u. Urt. v. 3. 7. 1980 i. NJW 1980, 2461) oder wenn jemand als **Vertreter** ohne Vertretungsmacht klagt, z. B. ein Anwalt für einen bewußtlosen Verletzten (vgl. BGH, Urt. v. 19. 9. 1967 i. NJW 1967, 2304. Wird ein Schmerzensgeldanspruch eingeklagt, so tritt jedoch damit noch keine „Rechtshängigkeit" i. S. v. § 847 Abs. 1 Satz 2 BGB ein, vgl. Rdz. 64 zu § 12). Wurde die Forderung **abgetreten,** so reicht die Feststellungsklage des Zedenten für die Verjährungsunterbrechung aus, weil dieser trotz der Abtretung zur Feststellungsklage berechtigt ist (RG, Urt. v. 17. 6. 1930 i. Recht 1930 Nr. 1982). Ist die Forderung mit dem Zeitpunkt des Unfalls bereits auf einen **Sozialversicherungsträger** oder den **Dienstherrn** des Berechtigten **übergegangen** (vgl. Rdz. 15), kann nur dessen Klage hinsichtlich des übergegangenen Teils die Verjährung unterbrechen (RG, Urt. v. 29. 6. 1905 i. RG 61, 164, 169f.; BGH, Urt. v. 30. 3. 1965 i. VersR 1965, 610; *Marburger* i. VersR 1972, 11, 12. Anders für das Feststellungsurteil eines Beamten bei Rechtsübergang nach dem Unfall auf den Dienstherrn nach § 87a BBG BGH, Urt. v. 2. 12. 1966 i. VersR 1967, 181 = NJW 1967, 562). Der **Umfang** der Unterbrechung richtet sich nach dem Umfang des Klagebegehrens. Eine **Teilklage** unterbricht die Verjährung nur hinsichtlich des **eingeklagten** Teils, weil der Anspruch auch nur insoweit der richterlichen Überprüfung unterstellt wird (BGH, Urt. v. 22. 2. 1978 i. NJW 1978, 1058). Das gilt auch, wenn die Geltendmachung des übrigen Teils vorbehalten und der Gesamtanspruch in der Klagebegründung schon dargelegt wird (RG, Urt. v. 10. 7. 1911 i. RG 77, 213, 215). Eine Klage auf Ersatz **künftigen Schadens** unterbricht nicht die Verjährung von Ansprüchen, die z. Zt. der Klageerhebung bereits mit einer Leistungsklage hätten geltend gemacht werden können (OLG Neustadt, Urt. v. 15. 6. 1960 i. VersR 1961, 167 L = MDR 1960, 923); ebenso unterbricht eine auf Ersatz von **Vermögensschäden beschränkte** Klage nicht die Verjährung des Anspruchs auf Ersatz von Nichtvermögensschäden (Schmerzensgeld; RG, Urt. v. 11. 7. 1927 i. Warn 1927 Nr. 153). Dagegen kann mit einer **Feststellungsklage** die Verjährungsunterbrechung auf alle mit ihr geltend gemachten Schäden erstreckt werden. Dies gilt sogar dann, wenn das Feststellungsinteresse (§ 256 Abs. 1 ZPO) fehlt (BGH, Urt. v. 13. 6. 1967 i. VersR 1967, 903). Wird ein sich aus **Einzelforderungen** zusammengesetzter Schaden eingeklagt, ohne daß eine entsprechende Aufgliederung vorgenommen wurde, wird die Verjährung der Einzelforderungen auch dann unterbro-

chen, wenn sie erst zu einem Zeitpunkt beziffert werden, in dem die Verjährungsfrist ohne die Umstellung abgelaufen wäre (BGH, Urt. v. 13. 7. 1959 i. VersR 1959, 835). Werden **Rentenansprüche** als Unterhaltsschaden (§§ 5 Abs. 2 HG, 844 Abs. 2 BGB) eingeklagt, wird die Verjährung auch hinsichtlich einer wesentlichen Veränderung der für die Schadenbemessung maßgebenden Lohn- und Preisverhältnisse unterbrochen, die im Laufe des Rechtsstreits eingetreten ist (BGH, Urt. v. 30. 6. 1970 i. VersR 1970, 840 = VRS 39, 161).

c) Dauer der Unterbrechung

36 Die **Wirkung** der Unterbrechung der Verjährung durch Klageerhebung **endet,** wenn der Prozeß **rechtskräftig entschieden** oder **anderweitig erledigt** ist (§ 211 Abs. 1 BGB). Die dann beginnende Verjährung ist diejenige, die vor der Unterbrechung lief. Wird der Anspruch **rechtskräftig** festgestellt oder ist er in einem **gerichtlichen Vergleich** oder einer **vollstreckbaren Urkunde** enthalten, verjährt er erst in **dreißig Jahren** (§ 218 Abs. 1 BGB. Soweit sich jedoch die Feststellung auf regelmäßig wiederkehrende, erst künftig fällig werdende Leistungen bezieht, verbleibt es bei der kürzeren Verjährungsfrist, vgl. § 218 Abs. 2 BGB i. Verb. m. § 197 BGB; vgl. a. BGH, Urt. v. 24. 6. 1980 i. VersR 1980, 927 = VRS 59, 161). Auch ein **Feststellungsurteil** ist eine „rechtskräftige Feststellung" i. S. v. § 218 Abs. 1 BGB. Sie ist das ideale Mittel für den Geschädigten, der das Ausmaß der Schäden noch nicht übersehen kann und den Eintritt der Verjährung für einen langen Zeitraum aufschieben möchte. Die Feststellung erstreckt sich nicht nur auf schon entstandene, nur dem Umfange und den Auswirkungen nach noch nicht erkennbare Schäden, sondern auch auf Verletzungsfolgen, deren Eintritt **ungewiß,** möglicherweise sogar **unwahrscheinlich** ist (BGH, Urt. v. 2. 12. 1966 i. VersR 1967, 181 = NJW 1967, 562). In dreißig Jahren verjährt auch erst ein Urteil, mit dem eine **negative** Feststellungsklage abgewiesen wird, wenn sich das Feststellungsbegehren gegen einen bestimmten Anspruch richtet (BGH, Urt. v. 21. 3. 1972 i. VersR 1972, 644 = NJW 1972, 1043).

37 Gerät der Prozeß infolge einer **Parteivereinbarung** oder dadurch, daß er **nicht betrieben** wird, in **Stillstand,** endet die Unterbrechung mit der **letzten Prozeßhandlung** der Parteien oder des Gerichtes. Die nach Beendigung der Unterbrechung beginnende **neue** Verjährung wird dadurch, daß eine der Parteien den Prozeß weiter betreibt, in gleicher Weise wie durch Klageerhebung unterbrochen (§ 211 Abs. 2 BGB). Beim **Ruhen** des **Verfahrens** endet die Unterbrechung nicht erst mit der Anordnung, sondern mit der letzten Prozeßhandlung (RG, Urt. v. 16. 3. 1938 i. RG 157, 379, 381; BGH, Urt. v. 17. 1. 1968 i. NJW 1968, 692; BAG, Urt. v. 18. 2. 1972 i. NJW 1972, 1247). Bei einem **angeordneten Ruhen** des Verfahrens ist die neue Verjährung während der dreimonatigen Sperrfrist (§ 251 Abs. 2 Satz 1 ZPO) gehemmt, wenn nicht die jederzeitige Wiederaufnahme möglich ist (RG, Urt. v. 29. 4. 1932 i. RG 136, 193, 196; BGH, Urt. v. 17. 1. 1968 aaO.). Die **Unterbrechung durch Klageerhebung** gilt als **nicht erfolgt,** wenn die Klage **zurückgenommen** oder durch ein nicht in der Sache selbst entscheidendes Urteil rechtskräftig **abgewiesen** wird

(§ 212 Abs. 1 BGB). Für das **Beweissicherungsverfahren** bedeutet dies sinngemäß, daß die Unterbrechung entfällt, wenn der Antrag zurückgenommen oder aus prozessualen Gründen zurückgewiesen wird (BGH, Urt. v. 16. 11. 1969 i. VersR 1970, 176 unter Ablehnung einer entsprechenden Anwendung des § 212 BGB; anders OLG Hamm, Urt. v. 3. 12. 1964 i. NJW 1965, 1535). Der Kläger kann den Wegfall der Unterbrechung vermeiden, wenn er binnen sechs Monaten **erneut Klage** erhebt (§ 212 Abs. 2 BGB). Der Klageerhebung steht ein Gesuch um Bestimmung des zuständigen Gerichtes gleich (BGH, Urt. v. 24. 2. 1970 i. VersR 1970, 463).

G. Unzulässige Rechtsausübung, „Verzicht" auf die Einrede der Verjährung

38 Ausnahmsweise kann die Verjährung daran scheitern, daß sie sich als **unzulässige Rechtsausübung** darstellt und ihr der Berechtigte den Einwand der **Arglist** entgegenhalten kann. Der Einwand der **Arglist** ist begründet, wenn der Gläubiger nach dem Verhalten des Schädigers oder seines Haftpflichtversicherers der Meinung sein durfte, seine Ansprüche würden wenigstens **teilweise befriedigt** oder nur mit **sachlichen Einwendungen bekämpft,** und ihn dies davon **abgehalten** hat, die Verjährung durch Klageerhebung oder gleichgestellte Maßnahmen zu unterbrechen (BGH, Urt. v. 21. 12. 1955 i. VersR 1956, 116 = VRS 10, 161, Urt. v. 11. 4. 1961 i. VersR 1961, 595 = VRS 21, 1 u. Urt. v. 30. 1. 1973 i. VersR 1973, 371 = VRS 44, 401; OLG Hamburg, Urt. v. 29. 6. 1965 i. VersR 1965, 1084). So ist die Einrede der Verjährung in der Regel versagt, solange die Parteien in **Verhandlungen** über die Regulierung des Schadens stehen, mögen diese sich auch auf die Höhe der Forderung beschränken (BGH, Urt. v. 20. 3. 1959 i. VersR 1959, 513, Urt. v. 20. 12. 1962 i. VersR 1963, 359 u. Urt. v. 11. 7. 1972 i. VersR 1972, 1078. Insoweit kann auch die Verjährungshemmung nach § 852 Abs. 2 BGB bei „schwebenden Verhandlungen" eingreifen, die sich aber z. B. nicht auf vertraglich begründete Schadenersatzansprüche bezieht, vgl. Rdz. 19ff.). Als arglistig ist es auch anzusehen, wenn der Versicherer **kurz vor Eintritt der Verjährung** eine Prüfung zusagt und um Geduld bittet und der Geschädigte hierdurch veranlaßt wird, von der Erhebung der Klage abzusehen (OLG München, Urt. v. 30. 9. 1966 i. VersR 1967, 565 = VRS 32, 161; vgl. a. Rdz. 25). Der Schädiger braucht jedoch auf die drohende Verjährung **nicht hinzuweisen** (BGH, Urt. v. 27. 11. 1958 i. VersR 1959, 22 = NJW 1959, 241). **Auch die spätere** Erhebung der Einrede der Verjährung nach längerer Bekämpfung mit sachlichen Mitteln ist nicht ohne weiteres arglistig (BGH, Urt. v. 11. 4. 1961 aaO. u. Urt. v. 13. 2. 1962 i. VersR 1962, 470 = VRS 22, 404; OLG Celle, Urt. v. 23. 1. 1954 i. VersR 1954, 541). Der Einwand der Arglist kann auch z. B. nicht darauf gestützt werden, daß der verklagte Versicherer gegen den zunächst eingeklagten Teilanspruch nur sachliche Einwendungen

geltend gemacht und die Verjährungseinrede gegen den Restanspruch erst nach Eintritt der Verjährung erhoben hat (BGH, Urt. v. 27. 11. 1958 aaO.).

39 Eine **Vereinbarung** über einen **befristeten Verzicht** auf die Einrede der Verjährung führt nicht zu einer Verlängerung der Verjährungsfrist (dies wäre nach § 225 Satz 1 BGB unzulässig), sondern hat nur zur Folge, daß dem Verpflichteten die abredewidrige Berufung auf die Verjährung als **Rechtsmißbrauch** verwehrt ist (BGH, Urt. v. 10. 12. 1974 i. VersR 1975, 373, Urt. v. 12. 5. 1977 i. NJW 1977, 1686, Urt. v. 14. 2. 1978 i. VersR 1978, 521, Urt. v. 12. 12. 1978 i. VersR 1979, 284, Urt. v. 5. 3. 1981 i. VersR 1981, 471 u. Urt. v. 18. 12. 1981 i. VersR 1982, 365). Wurde eine Befristung **nicht ausdrücklich** erklärt und ist sie auch nicht den Umständen zu entnehmen (vgl. BGH, Urt. v. 12. 12. 1978 aaO.), gilt der „Verzicht" bis zu dem Zeitpunkt, in dem der Geschädigte Grund zu der Annahme hat, der Verpflichtete werde an seiner Zusage nicht mehr festhalten (BGH, Urt. v. 14. 2. 1978 aaO.). Zahlt der Versicherer **nach** Ablauf der Verjährung, so liegt darin kein Verzicht auf die Einrede der Verjährung (BGH, Urt. v. 11. 7. 1967 i. VersR 1967, 1092).

40 In den genannten Fällen (Rdz. 38f.) bewirkt die Einrede der Arglist **weder** eine **Hemmung noch** eine **Unterbrechung** der Verjährung. Ist die Sache noch nicht rechtshängig, muß der Berechtigte seinen Anspruch durch **Klage** oder in einer anderen zur Unterbrechung der Verjährung geeigneten Weise innerhalb **angemessener Frist** geltend machen; andernfalls ist der Einwand der Arglist nicht mehr gegeben (BGH, Urt. v. 20. 3. 1959 i. VersR 1959, 513, Urt. v. 20. 12. 1962 i. VersR 1963, 359 u. Urt. v. 23. 4. 1963 i. VersR 1963, 753, 755). Die Frist **beginnt,** wenn der Geschädigte erkennt, daß der Schädiger nicht mehr bei der Abrede verbleibt. Sie **endet** im allgemeinen nach zwei bis drei Wochen (*Wussow,* UHR, Tz. 1316; vgl. a. BGH, Urt. v. 12. 12. 1978 i. VersR 1979, 284). Bei einem **zeitlich befristeten** „Verzicht" sind die zu dem Begriff **„demnächst"** in § 270 Abs. 3 ZPO entwickelten Grundsätze (vgl. Rdz. 34) entsprechend anzuwenden (BGH, Urt. v. 26. 3. 1974 i. VersR 1974, 862 u. Urt. v. 10. 12. 1974 i. VersR 1975, 373). Wegen dieser ungünstigeren Rechtswirkungen ist nach der Auffassung des BGH (Urt. v. 29. 1. 1981 in VersR 1981, 482 = NJW 1981, 550) höhere Gewalt i. S. v. § 203 BGB auch dann anzunehmen, wenn der Schädiger im Armenrechtsprüfungsverfahren gegenüber der armen Partei befristet auf die Einrede der Verjährung verzichtet.

H. Beweis

41 Nach der allgemeinen Regel hat der Verpflichtete darzulegen und zu **beweisen,** daß die Verjährungsfrist **begonnen** hat und daß sie **abgelaufen** ist (vgl. RG, Urt. v. 19. 10. 1937 i. RG 156, 291, 298). Dagegen obliegt es dem Berechtigten, die **Umstände** darzulegen und zu beweisen, die dem Ablauf der Verjährungsfrist **entgegenstehen,** z. B. eine Hemmung oder eine Unterbrechung der Verjährung bewirken oder den Einwand der unzulässigen Rechtsausübung begründen.

J. Anzeigepflicht des Berechtigten

42 Die Regelung, daß der Ersatzberechtigte seine Ersatzansprüche **verliert,** wenn er nicht spätestens innerhalb von drei Monaten nach Kenntniserlangung von dem Schaden den Unfall dem Ersatzpflichtigen **anzeigt** (früher § 5 SHG; ähnlich heute noch § 15 StVG), hat das HG **nicht** übernommen (vgl. Einl. Rdz. 3). Zur Anzeigepflicht bei **vertraglicher** oder **deliktischer** Haftung vgl. Rdz. 144 u. 167 zu § 12.

Haftpflicht aufgrund sonstigen Rechtes

12 **Unberührt bleiben gesetzliche Vorschriften, nach denen ein Ersatzpflichtiger in weiterem Umfange als nach den Vorschriften dieses Gesetzes oder nach denen ein anderer für den Schaden verantwortlich ist.**

Übersicht

A. Entstehung und Bedeutung der Vorschrift

1 Die Vorschrift hat die früheren Regelungen der §§ 9, 9a RHG u. 7 SHG übernommen, jedoch mit der Abweichung, daß ,,im Interesse eines umfassenden Opferschutzes" (amtl. Begr. i. BT-Drucks. 8/108, 115) nicht nur bundesrechtliche Vorschriften (so noch § 16 StVG u. § 42 LVG; vgl. a. RG, Urt. v. 1. 11. 1918 i. RG 94, 102, 103; BGH, Urt. v. 17. 2. 1956 i. VersR 1956, 748), sondern **alle** gesetzlichen Haftungsvorschriften, also auch solche des **Landes**rechtes, unberührt bleiben. Sie enthält zwei verschiedene Tatbestände: Zunächst wird klargestellt, daß derjenige, der nach dem HG haftet, auch nach anderen Vorschriften haftpflichtig sein kann. Es besteht dann Anspruchskonkurrenz mit der Folge, daß der Geschädigte zwischen den **verschiedenen Haftungsgrundlagen** wählen und seinen Anspruch auch auf **mehrere Gründe** stützen kann (im letzteren Fall genügt es, den jeweils ausreichenden Haftungsgrund zu prüfen, vgl. BGH, Urt. v. 9. 7. 1953 i. LM Nr. 5 zu § 304 ZPO). Weiter wird die – eigentlich selbstverständliche – Feststellung getroffen, daß die **Haftung anderer** für den Schaden, z. B. die eines Bahnbediensteten nach § 823 Abs. 1 BGB für einen Betriebsunfall, bestehen bleibt und nicht etwa durch die Haftung nach dem HG verdrängt wird.

B. Deliktische Haftung

Schrifttum: *Abt,* Zur Haftung bei Wasserrohrbrüchen, gwf 1957, 1252; *v. Bar,* Verkehrspflichten, Köln–Berlin–Bonn–München 1980; *Börner,* Haftung für Anlagen: Delikt und Gefährdung, VEnergR 32, 33; *Butze,* Beschädigung von Leitungen bei Tiefbauarbeiten, BB 1959, 178; *Filthaut,* Haftung und Haftpflichtversicherung im öffentlichen Personennahverkehr, Handb. d. Verkehrswirtschaft, Düsseldorf 1978; *Finger,* Eisenbahnverkehrsordnung, Kommentar, München, Stand 1. 3. 1981; Schadenhaftung der Eisenbahnen bei der Personenbeförderung, transpR 1980, 52; *Goltermann,* Die zivilrechtliche Haftung für Unfälle an Eisenbahnübergängen, KVR v. A–Z, Eisenbahnübergang, Zivilrechtliche Haftung, Erl. 1; *Gronau,* Kletterschutz an Gittermasten, ElWirtsch 1978, 330; *Hofmann,* Bei der Verlegung von Gasrohrleitungen auftretende Rechtsfragen, gwf 1963, 15; *Klimke,* Haftung für Unfälle nichtdeliktsfähiger Kinder beim Betrieb von Schienenfahrzeugen, DB 1976, 2385; *Knöpfke,* Zur Problematik der Beurteilung einer Norm als Schutzgesetz im Sinne des § 823 Abs. 2 BGB, NJW 1967, 697; *Kröner,* Haftung der Eisenbahn für Unfälle beim Ein- und Aussteigen, VAE 15, 41; *Kube,* Fernleitungen zum Befördern gefährlicher Gase, DB 1971, 1899; *Lohe,* Der Begriff der groben

Fahrlässigkeit, VersR 1968, 323; *Mattheis,* Zur Haftung eines Energieversorgungsunternehmens bei dem Betrieb von Erdgas-Transportleitungen, DB 1970, 1575; *Riedmaier,* Grobe Fahrlässigkeit und Straßenverkehr, DAR 1978, 263; *Rumpf,* Vorkehrungen gegen das Erklettern von Leitungsmasten, ElWirtsch 1936, 379; *Sachs,* Über die Rechtsverbindlichkeit der VDE- und sonstiger Vorschriften, insbesondere im Hinblick auf die Folgerung des Zivil- und Strafrechts, ElWirtsch 1955, 582; *Sanden,* Zum Rechtsbegriff der groben Fahrlässigkeit, VersR 1967, 1013; *Sanders,* Schadenhaftung im Bereich der öffentlichen Wasserversorgung, gwf 1959, 983; *Thomas,* Eisenbahn-Bau- und Betriebsordnung (EBO), Kommentar, Darmstadt 1969; *Tegethoff,* Ersatzansprüche bei Beschädigung von Versorgungsleitungen, DB 1964, 19.

I. Vorbemerkung

2 Mit der Haftung nach dem HG konkurriert häufig die dem **Deliktsrecht** zuzuordnende Haftung nach §§ 823 Abs. 1 u. 2 u. 831 u. 836 BGB. Anders als nach §§ 1 u. 3 HG (vgl. Rdz. 123ff. zu § 1 u. Rdz. 34 zu § 3) setzt die deliktische Haftung **nicht** voraus, daß der Schaden durch einen **Unfall** eingetreten ist; sonst sind jedoch die Voraussetzungen dadurch **strenger,** daß der Nachweis gefordert wird, daß der Schaden durch ein bestimmtes tatbestandsmäßiges, rechtswidriges und schuldhaftes Verhalten entstanden ist. Gewissermaßen die Kehrseite dieser Anforderungen ist, daß die Haftung der **Höhe** nach **unbegrenzt** ist und dem **Umfange** nach **weiter** reicht als die Haftung nach dem HG. Insbesondere gewährt die deliktische Haftung als einzige Haftungsart im Falle der Verletzung des Körpers oder der Gesundheit einen Anspruch auf Zahlung eines **Schmerzensgeldes** (vgl. Rdz. 52ff.).

II. Verletzung von absoluten Rechten (§ 823 Abs. 1 BGB)

1. Verletzungshandlung

3 Nach § 823 Abs. 1 BGB macht sich schadensersatzpflichtig, wer vorsätzlich oder fahrlässig das **Leben,** den **Körper,** die **Gesundheit,** die **Freiheit,** das **Eigentum** oder ein **sonstiges Recht** eines anderen widerrechtlich verletzt. Eine Verletzung des Lebens (Tötung) liegt nicht vor, wenn die schädigende Handlung dazu führt, daß eine **Leibesfrucht** tot geboren wird. Dagegen setzt die Verletzung des Körpers oder der Gesundheit eines Menschen nicht voraus, daß der Verletzte im Zeitpunkt des Unfalles **rechtsfähig** war (vgl. Rdz. 130 zu § 1). Zu den „sonstigen Rechten" gehören z. B. der **Besitz** (RG, Urt. v. 1. 7. 1942 i. RG 170, 1, 6; BGH, Urt. v. 13. 7. 1976 i. VersR 1976, 943 = VRS 51, 409, Urt. v. 23. 11. 1976 i. VersR 1977, 227 u. Urt. v. 18. 11. 1980 i. VersR 1981, 161 = NJW 1981, 750) und der **eingerichtete** und **ausgeübte Gewerbebetrieb** (vgl. BGH, Urt. v. 28. 1. 1957 i. NJW 1957, 630 u. Urt. v. 18. 12. 1962 i. NJW 1963, 484; *Palandt/Thomas,* BGB, Anm. 6g zu § 823). **Nicht** geschützt ist das **Vermögen** als solches, z. B. ein Produktionsausfall ohne Eigentumsverletzung infolge einer Störung in der Stromversorgung (vgl. Rdz. 136ff.).

4 Vom Verletzten ist nachzuweisen, daß der Schädiger **handlungsfähig** war. Es muß sich um ein menschliches Tun handeln, das der Bewußtseinskontrolle und Willenslenkung unterlag und soweit beherrschbar war. Das ist z. B. zu verneinen, wenn der Schädiger bewußtlos war (vgl. BGH, Urt. v. 12. 12. 1963 i. VersR 1963, 485 u. Urt. v. 10. 10. 1978 i. VersR 1978, 1163 = VRS 56, 13, 15).

2. Rechtswidrigkeit (Widerrechtlichkeit)

5 Eine Verletzung der angeführten Rechtsgüter (Rdz. 3) indiziert die **Rechtswidrigkeit** des Handelns. Rechtswidrig handelt nicht, wer sich **verkehrsrichtig** verhält (BGH GrZS, B. v. 4. 3. 1957 i. BGH 29, 21 = VersR 1957, 288 = DAR 1957, 184). Rechtswidrigkeit ist auch nicht gegeben, wenn dem Handelnden ein **Rechtfertigungsgrund** zur Seite steht, z. B. **Notwehr** (§ 227 BGB), **Notstand** (§§ 228, 904 BGB) oder **Selbsthilfe** (§§ 229, 230 BGB). Auch die **Einwilligung** des Verletzten schließt Widerrechtlichkeit aus, wenn sie nicht gegen das Gesetz oder die guten Sitten verstößt (vgl. Rdz. 153 zu § 1).

3. Verkehrssicherungspflicht

6 Der Haftungsregelung des § 823 Abs. 1 BGB ist die allgemeine Pflicht zu entnehmen, sein Verhalten so einzurichten, daß dadurch die Rechte und Rechtsgüter anderer möglichst nicht gefährdet werden. Diesen Grundsatz hat die Rechtsprechung in der sog. **Verkehrssicherungspflicht** konkretisiert. Der Verkehrssicherungspflicht liegt in Anlehnung an die Regelung in § 836 BGB (vgl. Rdz. 90ff.) die Überlegung zugrunde, daß derjenige, der als Eigentümer oder tatsächlich Verfügungsberechtigter eine Sache beherrscht, für den Schaden, der durch sie oder durch Arbeiten an ihr entstehen, insoweit aufzukommen hat, als er sie bei zumutbarer Rücksichtnahme auf die Interessen anderer verhüten kann. Diese **Zustandsverantwortlichkeit** gilt insbesondere für Grundstücke, Gebäude, Fahrzeuge und sonstige Anlagen. Je größer und typischer die Gefährdungen sind, umso intensiver ist die Sicherungspflicht des Verfügungsberechtigten (vgl. RG, Urt. v. 22. 6. 1936 i. JW 1936, 2861 m. zust. Anm. v. *W. Weimar* S. 2861). Ein weiterer Anknüpfungspunkt für die Verkehrssicherungspflicht ist die **Eröffnung** oder **Veranstaltung** eines **Verkehrs** für die Allgemeinheit oder einen gewissen Personenkreis. Haftungsgrund ist hier die Übernahme der Verantwortung für die verkehrsübliche Sicherheit der Verkehrsteilnehmer und der Schutz der Erwartung, daß sie vor nicht ohne weiteres erkennbaren Gefahren geschützt oder, soweit dies nicht möglich oder zumutbar ist, zumindest gewarnt werden (ausführl. hierzu *MünchKomm.-Mertens,* Rdz. 182ff. zu § 823 BGB; vgl. a. RG, Urt. v. 6. 1. 1939 i. RG 153, 283, 290 u. Urt. v. 9. 1. 1940 i. RG 162, 364, 367; BGH, Urt. v. 30. 4. 1953 i. NJW 1953, 1297, Urt. v. 30. 12. 1954 i. BGH 16, 95, 96, Urt. v. 4. 6. 1956 i. BGH 21, 48, 50, Urt. v. 30. 1. 1961 i. BGH 34, 206, 209, Urt. v. 5. 11. 1960 i. VersR 1961, 64, 66, Urt. v. 21. 12. 1961 i. BGH 36, 237, 247 u. Urt. v. 9. 11. 1967 i. NJW 1968, 443). Als Teil der Verkehrssicherungspflicht oder als besondere Verkehrspflicht ist auch die Verpflichtung des **Produzenten**

anzusehen, alle ihm möglichen und zumutbaren Maßnahmen einzusetzen, um zu verhindern, daß die Produkte bei Vertrieb, Lagerung oder Gebrauch Schäden verursachen (vgl. hierzu *MünchKomm.-Mertens,* Rdz. 279ff. zu § 823 BGB).

7 Das **Ausmaß** der Verpflichtung ergibt sich teilweise aus speziellen **gesetzlichen** Regelungen, z. B. aus den Vorschriften der Eisenbahn-Bau- und Betriebsordnung – **EBO-** und der VO über den Bau und Betrieb der Straßenbahnen – **BOStrab** –. Hinweise geben auch die **Unfallverhütungsvorschriften** (vgl. BGH, Urt. v. 20. 6. 1978 i. VersR 1978, 869), die **anerkannten Regeln der Technik** (vgl. Rdz. 22f. zu § 2 u. Rdz. 16; *Lukes* i. VEnergR 23/24, 22ff.; *Mattheis* i. DB 1970, 1575, 1577ff.) und die **Fahrdienstvorschriften** (für die Deutsche Bundesbahn und die von der zuständigen Landesbehörde bestimmten nichtbundeseigenen Eisenbahnen die Fahrdienstvorschrift – FV – vom 28. 5. 1972; für die übrigen Bahnen die vereinfachte Fahrdienstvorschrift – eFV –, Ausgabe 1967; für Straßenbahnen die Dienstanweisung für den Fahrdienst der Straßenbahnen – DFStrab –, Ausgabe 1978; vgl. a. Rdz. 23).

4. Kausalität, Schutzzweck der Norm

8 Die Haftung nach § 823 Abs. 1 BGB setzt neben der **haftungsbegründenden** (vgl. Rdz. 77ff. zu § 1) und der **haftungsausfüllenden Kausalität** (vgl. Rdz. 135ff. zu § 1) des Ereignisses für den Schaden voraus, daß der Schaden im **Bereich** der **Gefahren** liegt, die die **verletzte Norm** abwenden soll (vgl. Rdz. 82 u. 136 zu § 1). Die Vorgänge, die für die Zuordnung eines Schadens erheblich sein sollen, müssen deshalb einer wertenden Betrachtung unterzogen werden. Dabei sind, weil es sich im Rahmen des § 823 Abs. 1 BGB um Verhaltenspflichten handelt, andere Maßstäbe anzulegen als bei der Gefährdungshaftung (vgl. Rdz. 82 zu § 1; BGH, Urt. v. 21. 8. 1981 i. VersR 1981, 676 = NJW 1981, 983; *Krumme/Steffen,* StVG, Rdz. 3 zu § 16). Wer einen Verkehrsunfall verschuldet hat, kann z. B. auch für die Verletzung haftbar sein, die ein Unfallbeteiligter dadurch erleidet, daß ein Dritter in die Unfallstelle hineinfährt (BGH, Urt. v. 11. 7. 1972 i. VersR 1972, 1072 = NJW 1972, 1804). Ein an einem Verkehrsunfall Beteiligter, der in einem Strafverfahren freigesprochen wird oder sich an einem Strafverfahren als Nebenkläger beteiligt hat, kann von demjenigen, der den Unfall schuldhaft verursacht hat, nicht den Ersatz der Kosten verlangen, die ihm durch die Verteidigung oder durch die Wahrnehmung der Nebenklage entstanden sind (BGH, Urt. v. 17. 5. 1957 i. VersR 1957, 599 = VRS 13, 241; Urt. v. 22. 4. 1958 i. NJW 1958, 1041; vgl. a. Rdz. 53).

5. Verschulden

a) Zurechnungsfähigkeit

9 Das Verschulden setzt **Zurechnungsfähigkeit** i. S. v. §§ 827, 828 BGB voraus (vgl. hierzu Rdz. 8ff. zu § 4).

b) Verschuldensformen

10 Das Gesetz spricht von **Vorsatz** und **Fahrlässigkeit** (§ 276 Abs. 1 Satz 1 BGB).

aa) Vorsatz

11 **Vorsatz** ist das Wissen und Wollen des rechtswidrigen Erfolges. Der Erfolg braucht nicht gewünscht oder beabsichtigt zu sein; ein sog. **bedingter** Vorsatz reicht aus (RG, Urt. v. 9. 4. 1904 i. RG 57, 239, 241 u. Urt. v. 1. 6. 1904 i. RG 58, 214, 216). Letzterer ist gegeben, wenn der Handelnde den als möglich vorgestellten Erfolg in seinen Willen aufgenommen und für diesen Fall seinen Eintritt gebilligt hat (RG, Urt. v. 18. 12. 1933 i. RG 143, 46, 51; BGH, Urt. v. 27. 12. 1954 i. VersR 1954, 591 = VRS 8, 12). Die Voraussicht braucht nicht die Einzelheiten des Unfalles, insbesondere Art und Umfang der eingetretenen Schäden, zu erfassen (BGH, Urt. v. 8. 1. 1963 i. NJW 1963, 579, 580 u. Urt. v. 26. 5. 1971 i. VersR 1971, 806).

bb) Fahrlässigkeit

12 In der Praxis handelt es sich meistens um ein **fahrlässiges** Verschulden. Fahrlässigkeit wird in § 276 Abs. 1 Satz 2 BGB als die **Außerachtlassung der im Verkehr erforderlichen Sorgfalt** definiert. Entscheidend ist die **erforderliche,** nicht die übliche Sorgfalt. Verkehrsunsitte und Nachlässigkeit entschuldigen daher nicht (ROHG, Urt. v. 11. 10. 1877 i. ROHG 23, 47; RG, Urt. v. 2. 4. 1921 i. RG 102, 47, 49; BGH, Urt. v. 10. 3. 1954 i. VersR 1954, 531 = VRS 7, 223). Anders als im Strafrecht gilt ein **objektiver** (abstrakter) Maßstab. Es kommt nicht darauf an, ob dem Schädiger nach seinen subjektiven Kenntnissen und Fähigkeiten ein Schuldvorwurf gemacht werden kann (RG, Urt. v. 20. 1. 1893 i. JW 1893, 185 = EE 10, 157; BGH, Urt. v. 13. 6. 1958 i. VersR 1958, 532). Dennoch sind die Anforderungen **nicht absolut,** sondern für verschiedene **Menschengruppen** (Berufs-, Alters-, Bildungs-, Lebenskreise) unterschiedlich (BGH, Urt. v. 21. 5. 1963 i. BGH 39, 281, 283, Urt. v. 2. 11. 1966 i. VersR 1967, 159 u. Urt. v. 10. 3. 1970 i. VersR 1970, 467 = NJW 1970, 1038) und auch von den **örtlichen** und **zeitlichen** Verhältnissen (RG, Urt. v. 14. 5. 1926 i. RG 113, 425, 426) und der **Größe** der **Gefahr** (RG, Urt. v. 11. 4. 1935 i. RG 147, 353, 356 u. Urt. v. 22. 6. 1936 i. JW 1936, 2861 m. zust. Anm. v. *W. Weimar* S. 2862; OLG Bremen, Urt. v. 14. 5. 1959 i. VersR 1959, 815) abhängig. Gefordert wird das Maß an Umsicht und Sorgfalt, das nach dem Urteil besonnener und gewissenhafter Angehöriger der betreffenden Verkehrsbereiche von dem in seinem Rahmen Handelnden zu verlangen ist (RG, Urt. v. 26. 6. 1880 i. EE 1, 236, Urt. v. 15. 2. 1919 i. RG 95, 16, 17 u. Urt. v. 2. 4. 1921 i. RG 102, 47, 49; BGH, Urt. v. 15. 11. 1971 i. NJW 1972, 150, 151).

13 Eine besondere Form der Fahrlässigkeit ist die **grobe Fahrlässigkeit.** Für diesen Begriff kommt es neben objektiven Kriterien auch auf die subjektive Vorwerfbarkeit an. Es müssen demnach **objektive und subjektive** Merkmale erfüllt sein (vgl. BGH, Urt. v. 22. 10. 1968 i. VersR 1969, 77, 78 u. Urt. v. 14. 12. 1971 i. VersR 1972, 197, 198; *Sanden* i. VersR 1967, 1013; *Lohe* i. VersR 1968, 323; *Weingart* i. VersR 1968, 427; *Riedmaier* i. DAR 1978, 263). Grobe Fahrlässigkeit liegt nach einer von der Rechtsprechung entwickelten Definition vor, wenn die im Verkehr erforderliche Sorgfalt in besonders schwerem Maße verletzt wird (RG, Urt. v. 26. 5. 1933 i. RG 141, 129, 131), indem schon einfachste, nahelie-

gende Überlegungen, die sich jedem durchschnittlich verständigen Menschen gewissermaßen von selbst aufdrängen, nicht angestellt werden (vgl. RG, Urt. v. 26. 5. 1933 aaO. u. Urt. v. 28. 11. 1933 i. RG 143, 14, 18; BGH, Urt. v. 30. 6. 1960 i. VersR 1960, 626, Urt. v. 15. 12. 1966 i. VersR 1967, 127, Urt. v. 11. 7. 1967 i. VersR 1967, 909 u. Urt. v. 7. 4. 1970 i. VersR 1970, 578). Nach einer anderen Formulierung muß eine schlechthin unentschuldbare Pflichtverletzung vorliegen, die das übliche Maß weit übersteigt (BAG, Urt. v. 19. 12. 1967 i. VersR 1968, 296 u. Urt. v. 13. 3. 1968 i. VersR 1968, 738; BGH, Urt. v. 4. 7. 1970 i. VersR 1970, 619, Urt. v. 2. 11. 1971 i. VersR 1972, 144 u. Urt. v. 1. 3. 1977 i. VersR 1977, 619). Im allgemeinen ist von dem Handelnden das **Bewußtsein** der **Gefährlichkeit** zu fordern (OLG Stuttgart, Urt. v. 7. 6. 1968 i. VersR 1968, 953, 954; *Lohe* i. VersR 1968, 323). Als grob fahrlässig wurde z. B. das Verhalten eines Kraftfahrers gewertet, der auf einen ordnungsgemäß gesicherten Bahnübergang fuhr, obwohl sich ein Zug näherte (OLG Oldenburg, Urt. v. 22. 10. 1963 i. VersR 1964, 670 L = DAR 1964, 111). Wegen des subjektiven Merkmals lassen sich **allgemeine Regeln** darüber, was grob fahrlässig ist, nicht ohne weiteres aufstellen (BGH, Urt. v. 22. 10. 1968 aaO.; *Riedmaier* aaO. S. 268). Ein Verhalten, das gegen die **Unfallverhütungsvorschriften** verstößt, ist nicht schon deshalb grob fahrlässig (BGH, Urt. v. 8. 10. 1968 i. VersR 1969, 39; OLG Saarbrücken, Urt. v. 26. 4. 1972 i. VersR 1973, 961). Steht **Übermüdung** des Fahrers als Unfallursache fest, so folgt hieraus nicht zwingend, daß das Verhalten grob fahrlässig war (BGH, Urt. v. 1. 3. 1977 aaO.).

14 In besonders geregelten Fällen hat der Verantwortliche nur für dasjenige Maß an Sorgfalt einzustehen, das er in **eigenen Angelegenheiten** zu beachten pflegt (§ 277 BGB). Die Bedeutung der **konkreten** Fahrlässigkeit (diligentia quam in suis) liegt darin, daß der Schuldner kraft Gesetzes praktisch nur für grobe Fahrlässigkeit (Rdz. 13) haftet. Hauptanwendungsfälle sind die Sorgfaltspflichten, für deren Erfüllung **Ehegatten** aus dem ehelichen Verhältnis (§ 1359 BGB) und **Eltern** bei der Ausübung der elterlichen Gewalt den Kindern gegenüber (§ 1664 Abs. 1 BGB) einzustehen haben (wegen der Berücksichtigung bei der Schadensausgleichung vgl. Rdz. 10 zu § 13).

c) Entlastungsgründe

aa) Behördliche Zulassung und Aufsicht bei technischen Anlagen

15 Die **behördliche Prüfung** der **Einrichtung** und **Sicherung** von **technischen Anlagen** entbindet nicht von der eigenen Verantwortung (vgl. zur Sicherung eines Bahnübergangs RG, Urt. v. 7. 7. 1942 i. RG 169, 376, 378; BGH, Urt. v. 2. 7. 1957 i. VersR 1957, 588 = VRS 13, 244 = DB 1957, 820; *Böhmer,* RHG, Anm. XXV 6 zu § 1 u. i. MDR 1956, 654; *Finger,* EG, Anm. 1 zu § 11 EBO; *Stiege* i. MDR 1958, 71; a. A. *Finger* i. NJW 1956, 1018, 1019; vgl. a. Rdz. 29). Der Verfügungsberechtigte muß vielmehr die Entwicklung **beobachten** und **prüfen,** ob wegen einer Änderung der Verhältnisse weitergehende oder andere Sicherungsmaßnahmen notwendig sind (für Sicherung eines Bahnübergangs BGH, Urt. v.

21. 11. 1953 i. BGH 11, 175 = VersR 1954, 81 = VRS 6, 92 = NJW 1954, 640). Die Anforderungen können auch über die von einer Aufsichtsbehörde genehmigten **Betriebsvorschriften** hinausgehen (BGH, Urt. v. 9. 2. 1960 i. VersR 1960, 498). Auch kann sich der Verkehrssicherungspflichtige nicht auf die Auffassung einer Aufsichtsbehörde berufen, wenn er deren **Irrigkeit** erkannt hat (BGH, Urt. v. 30. 12. 1955 i. VersR 1956, 303: Irrtum über Vorfahrtsregelung bei Straßenbahn). Der für die Anlage Verantwortliche handelt jedoch nicht schuldhaft, wenn die Anlage noch **kurze Zeit** vor dem Unfall von der Aufsichtsbehörde geprüft worden war und sich ihm die Erkenntnis, daß weitere Sicherungen vorzunehmen waren, nicht aufdrängen mußte (BGH, Urt. v. 2. 7. 1957 aaO. für Sicherung eines Bahnübergangs; vgl. a. Urt. v. 18. 10. 1957 i. VersR 1957, 800).

bb) Technische Regeln

16 Werden bei der **Errichtung** und dem Betrieb von technischen Anlagen die **einschlägigen** und **anerkannten technischen Regeln** und **Normen** beachtet, ist ein Schuldvorwurf im allgemeinen nicht begründet (vgl. *Mattheis* i. DB 1970, 1575, 1577ff.; *Sachs,* ElWirtsch 1955, 582, 587; *MünchKomm.-Mertens,* Rdz. 23 zu § 823 BGB). Es ist jedoch jeweils zu prüfen, ob die in Frage kommenden technischen Normen den konkreten Fall überhaupt regeln oder ob sie offen lassen, welche bestimmten Maßnahmen aufgrund besonderer betrieblicher oder örtlicher Gegebenheiten zu treffen sind. Im letzteren Falle kann sich der Verfügungsberechtigte zu seiner Entlastung nicht darauf berufen, er habe den Regeln bestimmte Verhaltenspflichten nicht entnehmen können. Vielmehr muß er in **eigener Verantwortung** prüfen, welche Sicherheitsmaßnahmen aufgrund der ihm bekannten Gefahrenlage zu treffen sind (vgl. für Absicherung einer Straße gegen Herabfallen einer Starkstromleitung RG, Urt. v. 14. 10. 1931 i. HRR 1932 Nr. 444, Urt. v. 11. 4. 1935 i. RG 147, 153 = JW 1935, 2196 m. zust. Anm. v. *W. Weimar* S. 2198 u. Urt. v. 12. 2. 1938 i. JW 1938, 1254; für Sicherung eines Leitungsmastes gegen Erklettern von Kindern OLG Zweibrücken, Urt. v. 20. 9. 1976 i. NJW 1977, 111 = ElWirtsch RB 1977, 4 u. LG Aachen, Urt. v. 27. 3. 1973 i. ElWirtsch RB 1977, 92). Maßgebend sind die Regeln, die im **Zeitpunkt** des **Schadensfalles** gelten. Soweit es sich um die **Errichtung** der Anlage handelt, reicht jedoch die Beachtung der im **Zeitpunkt** der Errichtung gültigen Regeln aus, wenn sich die neuen Regeln nicht ausnahmsweise eine rückwirkende Geltung beilegen. Dagegen kommt es hinsichtlich des **Betriebes** (Wartung, Beaufsichtigung) der Anlage auf den **jeweiligen** Stand der Technik an (vgl. *Mertens* aaO.). Ist dem Verantwortlichen bekannt oder hätte sich ihm die Kenntnis aufdrängen müssen, daß die technischen Regeln insoweit überholt sind, ist er verpflichtet, den Sicherheitsstand, soweit dies möglich und wirtschaftlich zumutbar ist, den neuen Erfordernissen anzupassen (vgl. *Sachs* i. ElWirtsch 1955, 582, 587).

6. Organhaftung

17 Bei dem Betriebsunternehmer einer Bahn oder dem Inhaber einer Anlage i. S. v. § 2 handelt es sich in der Regel um eine **juristische Person.**

Juristische Personen sind nach § 31 BGB für den Schaden verantwortlich, den der **Vorstand,** ein **Mitglied** des **Vorstandes** oder ein anderer **verfassungsmäßig berufener Vertreter** durch eine in Ausführung der ihm zustehenden Verrichtungen begangene, zum Schadenersatz verpflichtende Handlung einem Dritten zufügt. Auf juristische Personen des **öffentlichen Rechtes** findet diese Vorschrift entsprechende Anwendung (§ 89 BGB), wenn sie sich im **privaten Rechtsverkehr** betätigen. Nach h. A. traf dies z. B. für die Personen- und Güterbeförderung und für den Rangierdienst der Deutschen Bundesbahn zu, nicht jedoch für die bahnpolizeiliche Tätigkeit (vgl. RG, Urt. v. 19. 1. 1940 i. RG 162, 364, 369, Urt. v. 14. 6. 1940 i. VAE 10, 176, Urt. v. 1. 7. 1942 i. RG 170, 1, 8 ff. u. Urt. v. 7. 7. 1942 i. RG 169, 372, 373; OGH Köln, Urt. v. 10. 2. 1950 i. NJW 1950, 348; BGH, Urt. v. 28. 3. 1963 i. VersR 1963, 925 u. Urt. v. 28. 3. 1972 i. VersR 1972, 747, 748; OLG Hamburg, Urt. v. 18. 3. 1942 i. VAE 15, 14; *Finger,* EVO, Vorb. 6 cc v. § 8 u. Anm. 1 e dd zu § 82). Das am 1. 1. 1982 in Kraft getretene **Staatshaftungsgesetz** (vgl. Rdz. 169 ff.) enthält nunmehr eine ausdrückliche Abgrenzung (§ 17 StHG). Hiernach wird bei der Beförderung von Personen und Gütern durch Verkehrsbetriebe einschließlich der Deutschen Bundesbahn und bei der Versorgung mit Wasser und Energie (§ 17 Abs. 2 Nr. 3 u. 5 StHG) auch für hoheitliches Verhalten nur nach den Vorschriften des **Privatrechts** gehaftet (vgl. Rdz. 175).

18 Zu den juristischen Personen i. S. v. § 31 BGB rechnen auch die **OHG** und die **KG** (RG, Urt. v. 13. 12. 1911 i. RG 76, 35, 48; BGH, Urt. v. 8. 2. 1952 i. MDR 1952, 285), nicht jedoch die **BGB-Gesellschaft** (so BGH, Urt. v. 30. 6. 1966 i. BGH 45, 311; i. übrigen umstritten). **Organe** sind bei einer AG die **Mitglieder** des **Vorstandes** (§ 78 AktG), bei einer GmbH die **Geschäftsführer** (§ 35 GmbHG), bei einer OHG und einer KG die **geschäftsführenden Gesellschafter** (§§ 125, 161 Abs. 2 u. 170 HGB), bei juristischen Personen des öffentlichen Rechts der nach dem Gesetz berufene **Leiter.** Bei einer Gesamtvertretung genügt schon das Verschulden **eines** der Vertreter.

19 Umstritten ist der Begriff des **„anderen verfassungsmäßig berufenen Vertreters".** Die Rechtsprechung hat ihn weit ausgelegt, um den Raum zwischen der Haftung des eigentlichen Vertreters und des Verrichtungsgehilfen i. S. v. § 831 BGB (vgl. Rdz. 71 ff.) haftungsmäßig auszufüllen. Nach einer Definition des BGH (Urt. v. 30. 10. 1967 i. BGH 49, 19, 21 = NJW 1968, 391, 392; vgl. a. Urt. v. 27. 4. 1962 i. VersR 1962, 664) genügt es, daß dem **„Vertreter durch die allgemeine Betriebsregelung und Handhabung bedeutsame, wesensgemäße Funktionen der juristischen Person zur selbständigen Erfüllung zugewiesen sind".** Ein Aufgabenbereich innerhalb der geschäftsführenden Verwaltung der juristischen Person ist nicht erforderlich. Die Tätigkeit braucht demnach **nicht** in der **Satzung** vorgesehen zu sein. Sie muß jedoch nach Verantwortung und Selbständigkeit der eines **Vorstandes ähneln** (BGH, Urt. v. 12. 7. 1977 i. VersR 1977, 2259).

20 Die Rechtsprechung hat den Bereich der Organhaftung noch weiter dadurch **ausgedehnt,** daß sie den juristischen Personen die Verpflichtung auferlegt hat, für bestimmte Tätigkeiten, die nach ihrer Bedeutung und den besonderen Umständen vom Vorstand allein nicht ausreichend verwaltet oder überwacht werden können, einen verfassungsmäßig berufenen Vertreter zu **bestellen.** Die unterlassene Bestellung bewirkt, daß sie wegen **fehlerhafter Organisation** für die Folgen zu haften haben (vgl. RG, Urt. v. 27. 11. 1916 i. RG 89, 136, 137ff. u. B. v. 7. 12. 1939 i. RG 162, 128, 166ff.; BGH, Urt. v. 19. 5. 1958 i. VersR 1958, 521, 522 u. Urt. v. 19. 1. 1971 i. VersR 1971, 448, 449). Eine Haftung wegen mangelnder Organisation kann auch darin begründet sein, daß durch einen **Plan** nicht ausreichend sichergestellt wird, welche Maßnahmen zu ergreifen sind, oder daß die handelnden Personen keine ausreichenden **Anweisungen** erhalten (vgl. BGH, Urt. v. 9. 7. 1962 i. VersR 1962, 1013ff. = VRS 23, 324, 326ff.: unzureichender Streuplan; RG, Urt. v. 14. 9. 1938 i. VAE 6, 452: mangelnde Belehrung über Bedienung von Signalen; OLG Düsseldorf, Urt. v. 16. 8. 1939 i. VAE 8, 399: mangelnde Dienstanweisung zur Überprüfung von Schrankenbäumen auch auf Rostung; OLG Celle, Urt. v. 29. 10. 1938 i. VAE 7, 15: mangelhafte Unterweisung bei Inbetriebnahme einer noch nicht fertiggestellten Drehscheibe; BGH, Urt. v. 13. 5. 1955 i. VersR 1955, 381 = NJW 1955, 1314 m. Anm. v. *Goltermann:* fehlende Dienstvorschrift für Säuberung von Güterwagen von giftigen Bleiresten; KG, Urt. v. 29. 7. 1937 i. VAE 6, 288: mangelnde Sicherung von zwei hintereinander liegenden Bahnübergängen; KG, Urt. v. 14. 10. 1937 i. VAE 5, 29: unzureichende Unterweisung des Personals über besondere Gefahrenstelle.

21 Als **satzungsmäßige Vertreter** wurden z. B. der **Leiter** einer Filiale und eines Zweigwerks (RG, Urt. v. 5. 3. 1936 i. HRR 1936 Nr. 864; BGH, Urt. v. 6. 3. 1972 i. NJW 1972, 1200, 1202 u. Urt. v. 12. 7. 1977 i. VersR 1977, 2259) und ein **Prokurist** mit selbständigem Geschäftsbereich, auch wenn er dem Filialleiter unterstellt war (BGH, Urt. v. 2. 2. 1970 i. BB 1970, 685, 686), angesehen. Bei der Deutschen Bundesbahn sind die Mitglieder der **Bundesbahndirektionen** verfassungsmäßig berufene Vertreter (RG, Urt. v. 7. 10. 1915 i. LZ 1916 Sp. 221 = EE 33, 106); ebenso die **Bahnhofsvorsteher** (OLG Kiel, Urt. v. 29. 11. 1940 i. VAE 11, 52; OLG Breslau, Urt. v. 14. 3. 1941 i. VAE 12, 131; OLG Stuttgart, Urt. v. 20. 4. 1928 i. JW 1928, 1756; abl. für Bahnhofsvorstand einer Kleinbahn OLG Karlsruhe, Urt. v. 13. 3. 1940 i. VAE 15, 51), **nicht** dagegen **Aufsichtsbeamte** und **Fahrdienst-** und **Rangierleiter** (OLG Köln, Urt. v. 13. 3. 1940 i. VAE 9, 92; OLG Kiel, Urt. v. 6. 8. 1940 i. VAE 10, 205; OLG München, Urt. v. 17. 3. 1941 i. VAE 12, 216, 217). Die technischen **Betriebsleiter,** die im Eisenbahn- und Straßenbahnbetrieb bestellt werden müssen (vgl. hierzu §§ 47 Abs. 1 Nr. 1 u. 60 Abs. 1 Nr. 2a EBO, § 7 BOStrab) und die für die Sicherheit des Fahrbetriebes eine besondere Verantwortung tragen, werden im allgemeinen als verfassungsmäßige Vertreter anzusehen sein (a. A. für den entschiedenen Fall RG, Urt. v. 13. 5. 1911 i. JW 1911, 640: Straßenbahnbetriebsleiter einer Gemeinde; OLG Karlsruhe, Urt. v. 13. 3. 1940 i. VAE 11, 51: Betriebsleiter einer Kleinbahn). Verfassungsmäßiger Vertreter ist auch ein Dipl.-Ing. als **Leiter der Erdgasumstellung** eines GVU (BGH, Urt. v. 15. 2. 1978 i. VersR 1978, 538, 540).

22 Die Haftung der juristischen Person setzt voraus, daß das Organ „in

Ausführung der ihm zustehenden Verrichtungen" die schädigende Handlung begangen hat und nicht nur bei **Gelegenheit.** Zwischen dem Aufgabenkreis und dieser Handlung muß ein **sachlicher,** nicht bloß zufälliger zeitlicher und örtlicher Zusammenhang bestehen (RG, Urt. v. 6. 12. 1939 i. RG 162, 202, 207; BGH, Urt. v. 20. 2. 1979 i. NJW 1980, 115; vgl. zur ähnl. Begrenzung beim Erfüllungsgehilfen Rdz. 117f.). Haftet die juristische Person nach § 31 BGB, schließt dies die **persönliche** Haftung des Vertreters nicht aus.

7. Haftung der Bediensteten

23 Ein **schuldhaftes** Verhalten der **Bediensteten** kann, wenn die Voraussetzungen der Organhaftung (Rdz. 17ff.) oder der Verrichtungsgehilfenhaftung (Rdz. 71ff.) erfüllt sind, eine Haftung des Bahnbetriebsunternehmers oder Inhabers, im übrigen aber auch eine **eigene Haftung** der **Bediensteten** begründen (vgl. jedoch Rdz. 175 zur Haftung nach § 17 Abs. 4 StHG). Wichtige Aufschlüsse darüber, welche Anforderungen an das **Fahrverhalten** der Bediensteten im Eisenbahnverkehr zu stellen sind, enthalten die **Fahrdienstvorschriften** (vgl. Rdz. 15 u. 27) und das **Signalbuch** (SB). Sie spiegeln die Erfahrungen des Fahrdienstes wider und haben den Zweck, die mit dem Eisenbahnverkehr verbundenen Gefahren abzuwenden. Den Fahrdienstvorschriften der Deutschen Bundesbahn mißt die Rechtsprechung die gleiche Bedeutung zu wie den **Unfallverhütungsvorschriften.** Wer sich über sie hinwegsetzt, kann sich in der Regel nicht darauf berufen, ein durch die Verletzung der Vorschriften verursachter Unfall sei nicht vorhersehbar gewesen (BGH, Strafurt. v. 12. 6. 1964 i. VRS 27, 129; OLG Karlsruhe, Strafurt. v. 21. 5. 1979 i. VRS 27, 411; vgl. a. Urt. v. 5. 11. 1974 i. VersR 1975, 258, 260). Andererseits führt die Einhaltung der Fahrdienstvorschriften nicht in jedem Falle zur Entlastung, so z. B. nicht, wenn die Vorschriften offensichtlich **überholt** (vgl. BGH, Urt. v. 16. 11. 1971 i. VersR 1972, 152, 153: Anfahren einer Straßenbahn, bevor Fahrgast Platz genommen hat) oder aus anderen Gründen **unzureichend** waren (BGH, Strafurt. v. 5. 3. 1953 i. VRS 5, 284: Notwendigkeit eines weiteren Warnsignals durch Lokführer bei der Annäherung an einen Bahnübergang entgegen den Vorschriften des Signalbuchs). Der Fahrer einer Schienenbahn, die am öffentlichen Straßenverkehr durch Befahren der Straße oder durch Benutzung eines schienengleichen Übergangs teilnimmt, handelt schuldhaft, wenn er die ihm nach der **StVO** gegenüber den anderen Verkehrsteilnehmern obliegenden Verpflichtungen nicht beachtet (vgl. BGH, Urt. v. 19. 3. 1953 i. VRS 5, 304 = DAR 1953, 118; w. Beisp. i. Rdz. 24ff. u. Rdz. 110 sowie Rdz. 211ff. zu § 1).

8. Einzelfälle

a) Unfälle im Bahnbereich

aa) Fahrbetrieb

24 Ein am Bahnsteig **abfahrbereit** stehender **Zug** darf nicht **unbeaufsichtigt** bleiben, weil andernfalls die Gefahr besteht, daß Reisende, die glauben, der Zug sei noch nicht abgefertigt, versuchen einzusteigen (OLG

Düsseldorf, Urt. v. 21. 12. 1978 i. VersR 1981, 486, best. d. BGH, B. v. 17. 3. 1981 aaO. S. 487). Ein **Lokführer,** der den Zug **außerhalb** eines Bahnsteigs anhält und dadurch verursacht, daß ein Fahrgast beim Aussteigen zu Schaden kommt, handelt schuldhaft (offen gelassen KG, Urt. v. 19. 3. 1935 i. EE 56, 82). Ebenso handeln ein **Zugführer** und ein **Lokführer** schuldhaft, die „**über Signal**" in einen verdunkelten Bahnhof fahren und einen Fahrgast, der den Zug auf dem zweiten Gleis besteigen will, erfassen (LG Schweidnitz, Urt. v. 28. 4. 1942 i. VAE 13, 179). Bei Annäherung an einen **unbeschrankten Bahnübergang** hat der **Lokführer** die vorgeschriebene Geschwindigkeitsbegrenzung einzuhalten, die Strekke zu beobachten und die in der Signalordnung vorgesehenen Warnzeichen zu geben (vgl. BGH, Strafurt. v. 6. 5. 1954 i. VRS 7, 54 u. Urt. v. 18. 10. 1957 i. VersR 1957, 800 = VRS 14, 16 = VkBl. 1958, 214).

25 Soweit ein **Lokführer** durch Befahren einer **öffentlichen Straße,** z. B. auf einem schienengleichen Wegeübergang, am Straßenverkehr teilnimmt, unterliegt er der Pflicht des § 1 Abs. 2 StVO, auf den Straßenverkehr Rücksicht zu nehmen (vgl. BGH, Strafurt. v. 19. 3. 1953 i. VRS 5, 304). Grundsätzlich kann er jedoch an Übergängen darauf **vertrauen,** daß die Teilnehmer des Straßenverkehrs seinen **Vorrang** (§ 19 StVO) beachten, und ist deshalb z. B. nicht verpflichtet, von vornherein langsam zu fahren. Nur wenn eine drohende **Verletzung** des Vorrechts **erkennbar** wird, muß er Gegenmaßnahmen ergreifen (BGH, Urt. v. 9. 5. 1961 i. VersR 1961, 634 = VRS 21, 14 = MDR 1961, 675, Strafurt. v. 27. 11. 1961 i. VRS 22, 141 = DAR 1962, 84 = NJW 1962, 403 u. Urt. v. 5. 6. 1962 i. VersR 1962, 787; OLG Köln, Urt. v. 9. 10. 1953 i. VersR 1953, 436 = MDR 1954, 38 L; OLG Düsseldorf, Urt. v. 23. 11. 1954 i. VRS 9, 432; OLG Koblenz, Strafs., B. v. 13. 9. 1974 i. VRS 48, 267; OLG Celle, Urt. v. 26. 8. 1976 i. VersR 1977, 316 L). Ein **Schrankenwärter** muß die **Schranken** bei Annäherung eines Zuges **schließen** (BGH, Urt. v. 2. 10. 1952 i. LM Nr. 1 zu § 9b HaftG). Dies muß rechtzeitig geschehen (BGH, Strafurt. v. 7. 10. 1960 i. VRS 20, 58 = MDR 1961, 247, Urt. v. 7. 10. 1960 i. VRS 19, 405, 408 u. Strafurt. v. 19. 7. 1963 i. VRS 25, 197). Andererseits darf die Bahnschranke **nicht vorzeitig geöffnet** werden (BGH, Urt. v. 19. 1. 1961 i. VerkBl. 1962, 8 u. Urt. v. 19. 9. 1961 i. VersR 1961, 950 = VRS 21, 322; OLG Hamm, Strafurt. v. 17. 1. 1957 i. VRS 13, 138). Verneint wurde eine Verpflichtung des Schrankenwärters, **Haltezeichen** gegenüber dem Straßenverkehr statt mit der Hand mit einer Signalflagge zu geben (OLG Düsseldorf, Urt. v. 28. 5. 1948 i. VRS 1, 55) oder an einem Bahnübergang einen **zusätzlichen Warnposten** aufzustellen (BGH, Urt. v. 9. 2. 1960 i. VersR 1960, 498). Verunglückt ein **betrunkener Fahrgast** beim Fahrbetrieb, ist ein Bahnbediensteter, der von der Möglichkeit, den Fahrgast von der Beförderung auszuschließen, keinen Gebrauch gemacht hat, u. U. hierfür haftbar (für den entschiedenen Fall verneint BGH, Urt. v. 6. 3. 1964 i. VersR 1964, 870, 871).

26 In einer **grundlegenden** Entscheidung (Urt. v. 10. 10. 1978 i. VersR 1978, 1163 = VRS 56, 13) hat der BGH ausgesprochen, die **Organe** der **Bundesbahn** seien wegen der mit dem Eisenbahnbetrieb verbundenen erheblichen Gefahren verpflichtet, diesen mit allen technisch möglichen und zumutbaren Mitteln zu begegnen. Wo das Risiko der Gefährdung anderer nicht nach menschlichem Ermessen sicher zu beherrschen sei, müßten sie auf eine Erweiterung und Verbesserung des Betriebes, etwa durch Erzielung höherer Geschwindigkeiten und damit eines Zeitgewinns, verzichten. Weil der **Eisenbahnbetrieb** aufgrund seiner technischen Eigenart besonders schwerwiegende Gefährdungen mit sich bringe, müsse ein **strenger Maßstab** bei der **Aufstellung** und **Einhaltung** der **Sicherheitsvorschriften** angelegt werden. Je größer die Gefahren für die Sicherheit seien, umso höher müßten die Anforderungen an die Verkehrssicherheitspflichten sein. Das bedeute jedoch **nicht,** daß **jedes Risiko ausgeschlossen** sein müsse. Es genüge, daß die Organe diejenigen Sicherheitsvorkehrungen träfen, „die sie nach dem **jeweiligen Stand** der **Technik** als verständige, umsichtige, vorsichtige und gewissenhafte Fachleute für das Eisenbahnwesen für ausreichend hätten halten dürfen, um andere Personen vor Schaden zu bewahren, und die nach den Umständen zumutbar gewesen seien." In dem entschiedenen Fall – ein im Ein-Mann-Betrieb gefahrener Schnellzug war wegen Bewußtlosigkeit des Triebwagenfahrers entgleist, wodurch es zu einem schweren Unglück kam – wurde die Haftung der Deutschen Bundesbahn verneint, weil sie die zur Unfallzeit geltenden und bekannten Sicherheitsvorschriften eingehalten habe. Insbesondere sei ihr damals nicht zumutbar gewesen, einen zweiten Lokomotivführer einzusetzen, die sog. Sifa-Anlage (autom. Abbremsung des Zuges bei längerer Nichtbetätigung von Schaltern) wirksamer zu gestalten oder eine sog. Indusi-Anlage (autom. Abbremsung des Zuges mittels elektromagnetischer Beeinflussung des Triebwagens vom Gleis aus) einzubauen oder Geschwindigkeitsbeschränkungen einzuführen.

27 Für den **Rangierbetrieb** einer Eisenbahn müssen klare und eindeutige **Anweisungen** gegeben werden (OLG Bremen, Urt. v. 4. 3. 1952 i. VersR 1953, 70 L = VRS 5, 27). **Treffen Entladungen** und **Rangierbewegungen zeitlich zusammen,** muß sichergestellt werden, daß hieraus keine Gefahren entstehen (BGH, Urt. v. 28. 3. 1972 i. VersR 1972, 747: Brandunglück durch Abreißen eines Benzin-Ansaugeschlauchs infolge eines Rangierstosses). Ein auf dem Güterbahnhof zum Ausladen **abgestellter Waggon** ist **ordnungsgemäß abzusichern,** damit der Empfänger beim Abladen keinen Schaden erleidet (BGH, Urt. v. 19. 1. 1973 i. VersR 1973, 350 = NJW 1973, 511; vgl. a. BGH, Urt. v. 1. 6. 1976 i. VersR 1976, 963 = VRS 51, 333). Ein Rangierleiter handelt schuldhaft, wenn er einen Rangiervorgang auf einem **unbeschrankten Bahnübergang** zuläßt, obwohl dieser **nicht ausreichend abgesichert** war (OLG Nürnberg, Urt. v. 28. 11. 1966 i. VersR 1967, 815). Keine Verletzung der Sorgfaltspflicht stellt es dar, wenn ein Lokführer mit geringer Geschwindigkeit an einem in **Schienennähe** befindlichen Bagger vorbeifährt und Anhaltspunkte dafür, daß der Baggerarm in den Fahrbereich eingeschwenkt wird, nicht bestehen (BGH, Urt. v. 17. 3. 1961 i. VersR 1961, 797; vgl. a. LG Aschaffenburg, Urt. v. 23. 12. 1971 i. VersR 1973, 166). Soll ein **Autokran** im **Schienenbereich** aufgestellt werden und ist ein Zug zu erwarten, darf nicht durch Beseitigung einer Absperrung vor den Schienen und durch die Aufforderung, den Kran vorzusetzen, beim Kranführer der mißverständliche Eindruck hervorgerufen werden, der

Schienenbereich könne gefahrlos benutzt werden (BGH, Urt. v. 3. 2. 1981 i. VersR 1981, 354).

28 Zu Unfällen im **Fahrbetrieb** von **Straßenbahnen** vgl. die Ausführungen i. § 1 Rdz. 211 ff.

bb) Verkehrssicherungspflicht

29 Der Bahnunternehmer muß die **Betriebsanlagen** und die **Fahrzeuge** so gestalten, daß sie bei bestimmungsgemäßem Betrieb und ordnungsgemäßer Bedienung andere **nicht schädigen** (vgl. § 2 EBO u. § 6 Abs. 1 BOStrab). Er hat in eigener Verantwortung zu prüfen, welche Maßnahmen zu treffen sind, und wird grundsätzlich nicht dadurch entlastet, daß die zuständigen Behörden die Anlagen und Fahrzeuge zugelassen und im Wege der **Aufsicht** keine zusätzlichen Sicherheitsvorkehrungen gefordert haben (vgl. Rdz. 15). An die **Sicherung höhengleicher Bahnübergänge,** die einen außerordentlichen Gefahrenpunkt darstellen, sind **strenge** Anforderungen zu stellen. Hier wurde z. B. ein Verschulden darin gesehen, daß die Bahnübergänge nicht mit **Bahnschranken** (vgl. RG, Urt. v. 7. 7. 1942 i. RG 169, 73; *Böhmer* i. MDR 1956, 654 m. w. Nachw.; abl. für Nichtanbringung einer Vorwerkanlage OLG Braunschweig, Urt. v. 13. 4. 1954 i. VersR 1954, 487 L) oder nicht mit einer **Blinkanlage** (BGH, Urt. v. 9. 2. 1960 i. VersR 1960, 498) ausgestattet, nicht ausreichend **beleuchtet** (BGH, Urt. v. 7. 10. 1966 i. VersR 1967, 132), unzureichend **gekennzeichnet** (LG Düsseldorf, Urt. v. 22. 5. 1950 i. VRS 2, 353 = VkBl. 1951, 171; abgelehnt wegen mangelnder Ursächlichkeit OLG Hamm, Urt. v. 7. 10. 1950 i. VRS 3, 146) oder **nicht** genügend **übersichtlich** (OLG Bremen, Urt. v. 14. 3. 1952 i. VRS 5, 27; OLG Köln, Urt. v. 16. 10. 1952 i. VRS 5, 16) waren oder der eigentliche Überweg den **Sicherheitserfordernissen** des **Kraft-** und **Fußgängerverkehrs** nicht genügte (vgl. BGH, Urt. v. 19. 2. 1962 i. VRS 22, 417: Fußgängerunfall durch schadhaften Gleisüberweg; OLG Hamm, Urt. v. 18. 9. 1953 i. VersR 1956, 129: Beschädigung von Kfz-Reifen durch vorstehende Schraubenknöpfe an Schienenbohlen; BGH, Urt. v. 3. 11. 1964 i. VersR 1965, 84: Bahnübergang bildet wegen des spitzen Winkels, in dem die Schienen die Straße schneiden, für den Straßenbenutzer eine besondere Gefahrenquelle; KG, Urt. v. 29. 10. 1937 i. VAE 6, 288: zwei Bahnübergänge liegen kurz hintereinander). Die **Aufhebung** der **Geschwindigkeitsbegrenzung** für den Kraftfahrzeugverkehr verpflichtet den Bahnunternehmer allein noch nicht, zusätzliche Sicherheitsmaßnahmen zu treffen (OLG Hamm, Urt. v. 6. 4. 1954 i. VersR 1954, 369).

30 Insbesondere in den Schienennetzen von Straßenbahnen treten häufig durch „Versackungen" **Niveauunterschiede** zwischen den **Gleisen** und dem **Straßenbelag** auf, die bei der Benutzung durch Fußgänger oder Kraftfahrzeuge Unfälle auslösen können. Es würde den Straßenbahnunternehmer **überfordern,** wollte man von ihm erwarten, daß in dem meist weitverzweigten Streckennetz **jede Unebenheit,** also auch ein geringer Höhenunterschied, beseitigt wird und daß dies **sofort** nach dem Auftreten geschieht. Die Rechtsprechung hat deshalb wiederholt entschieden, der Straßenbenutzer müsse mit **geringfügigen Unebenheiten** rechnen. In der Regel brauche der Unternehmer erst tätig zu werden, wenn der

Niveauunterschied **mehr als 3 cm** betrage (BGH, Urt. v. 2. 6. 1958 i. VersR 1958, 609: Haftung verneint bei Höhendifferenz von 2 cm auf einer Länge von 2–4 m; vgl. a. Urt. v. 21. 6. 1951 i. VRS 4, 7 u. Urt. v. 8. 4. 1954 i. VRS 7, 20; OLG Oldenburg, Urt. v. 4. 11. 1953 i. VRS 6, 82; OLG Hamm, Urt. v. 3. 11. 1954 i. VRS 8, 410 m. Anm. v. *Goltermann;* LG Siegen, Urt. v. 22. 2. 1951 i. VRS 3, 388). Anderes soll nur gelten, wenn **besondere Umstände** vorliegen, z. B. eine 20 mm tiefe Rille sich dicht neben den Schienen befindet und schlecht erkennbar ist (BGH, Urt. v. 20. 1. 1961 i. VersR 1961, 236 = VRS 20, 174).

31 Auch ohne entsprechende Warnschilder muß der Kraftfahrer damit rechnen, daß **Gleise** bedingt durch die Straßenführung in den Bereich einer Fahrbahn **überwechseln** (OLG Hamm, Urt. v. 6. 5. 1980 i. VersR 1981, 389). Wird der **Schienenverkehr stillgelegt,** besteht die Verkehrssicherungspflicht des Unternehmers fort, solange die Schienen in der Fahrbahn sind. Nicht mehr benutzte Schienen, die sich in der allgemeinen Fahrbahn befinden, können für den Straßenbenutzer schon dadurch gefährlicher sein, daß er ihr Vorhandensein wegen des fehlenden Bahnbetriebs, insbesondere auch des Wegfalls der Oberleitung, übersieht. Aus dieser verhältnismäßig **geringfügigen Gefahr** kann aber allein noch nicht die Forderung hergeleitet werden, die Schienen aus der Straße zu entfernen oder mit Teer auszugießen (anders wohl BGH, Urt. v. 10. 4. 1962 i. VersR 1962, 636; vgl. a. OLG Schleswig, Urt. v. 21. 4. 1970 i. VersR 1970, 870: keine Haftung des Straßenbahnunternehmers für Schäden, die Fahrzeugverkehr dadurch erleidet, daß Teervergußmasse aus den Schienen tritt). Anders ist zu entscheiden, wenn noch weitere Gefahrenumstände hinzutreten.

32 Die Ausstattung der **Fahrzeuge** muß den Sicherheitsanforderungen entsprechen. Der Unternehmer oder die Bediensteten haften deshalb, wenn ein von ihnen verschuldeter **fahrzeugtechnischer Mangel** einen Unfall bewirkt, z. B. defekte **Bremsen** (RG, Urt. v. 13. 4. 1938 i. VAE 6, 385; BGH, Urt. v. 22. 3. 1960 i. VRS 18, 404), ein nicht ordnungsgemäßer **Verschluß** an einer **Abteiltür** (BGH, Urt. v. 16. 1. 1962 i. VersR 1962, 325), nicht ausreichende **Haltemöglichkeiten** im Fahrzeug (OLG Hamburg, Urt. v. 5. 3. 1954 i. VersR 1954, 368, 369; vgl. a. LG Göttingen, Urt. v. 14. 7. 1960 i. NJW 1960, 2342) oder ein schadhaftes **Trittbrett** (OLG Bremen, Urt. v. 6. 12. 1948 i. VRS 1, 223).

33 Eine schuldhafte Verletzung der Verkehrssicherungspflicht liegt nicht bereits darin, daß im Bahnbetrieb **automatische Türen** verwendet werden. Der technische Fortschritt erlaubt die **Einführung neuer Techniken,** soweit der Fahrgast in der Lage ist, sich darauf einzustellen, und die Anwendung für jeden vernünftig Handelnden keine unabwendbaren Gefahren mit sich bringt (OLG Karlsruhe, Urt. v. 15. 6. 1977 i. VersR 1978, 768). Hat der Betrieb diesem Erfordernis dadurch Rechnung getragen, daß die Türen nur schließen, solange die Trittstufen nicht betreten werden, und ein evtl. Schließvorgang unverzüglich unterbrochen wird, wenn die Trittstufen wieder belastet werden bzw. die sog. fühlenden Kanten (Gummileisten an den Türen) oder Lichtschranken berührt werden, hat der Unternehmer alles Erforderliche getan, um seiner Verkehrssicherungspflicht nachzukommen. Die Verwendung von automatischen

Türen ist für den Fahrgast auch nicht so überraschend, daß er hiermit nicht zu rechnen braucht. Auf das Vorhandensein solcher technischen Einrichtungen muß sich das Publikum heute gerade im Bereich des öffentlichen Beförderungswesens einstellen. Der Betrieb mit öffentlichen Verkehrsmitteln läßt sich mit Rücksicht auf die erforderliche Schnelligkeit und wirtschaftliche Ausnutzung der Beförderungsmittel grundsätzlich nicht völlig gefahrlos gestalten (vgl. OLG Oldenburg, Urt. v. 11. 12. 1955 i. VRS 10, 421; LG Duisburg, Urt. v. 11. 1. 1972 i. VersR 1973, 240; LG Kiel, B. v. 18. 5. 1972 i. VersR 1973, 870; vgl. a. BGH, Urt. v. 16. 11. 1971 i. VersR 1972, 152, 153ff. = VRS 42, 88; LG Aachen, Urt. v. 21. 5. 1976 i. VersR 1977, 66; LG Kiel, Urt. v. 18. 7. 1980 i. VersR 1981, 663).

34 Bei regnerischem Wetter kann sich auf dem Belag im Fahrzeuginnern **Nässe** bilden und eine gewisse Rutschgefahr bewirken; an den Trittstufen kann bei winterlichem Wetter **Schnee-** oder **Eisglätte** eintreten. Der Unternehmer und das Fahrpersonal wären überfordert, wollte man von ihnen erwarten, daß diese Gefahren noch **während** des **Betriebs** der Fahrzeuge beseitigt werden. Vielmehr muß davon ausgegangen werden, daß der Fahrgast diese Gefahren erkennt und sich hierauf einstellt (OLG Oldenburg, Urt. v. 8. 7. 1976 i. VersR 1977, 90 L; LG Regensburg, Urt. v. 30. 10. 1980 i. VersR 1981, 1087; vgl. a. LG Ansbach, Urt. v. 8. 1. 1956 i. VersR 1956, 165; zur Frage der Unabwendbarkeit vgl. OLG Celle, Urt. v. 30. 10. 1980 i. VersR 1981, 1059).

35 **Schranken** sind ausreichend zu **beleuchten** (BGH, Urt. v. 7. 10. 1966 i. VersR 1967, 132, 133). Durch eine **Dienstanweisung** ist sicherzustellen, daß sie regelmäßig auf **Durchrostungsschäden** untersucht werden (OLG Düsseldorf, Urt. v. 16. 8. 1939 i. VAE 8, 399). Das Öffnen von Schranken durch **Unbefugte** ist unmöglich zu machen oder doch zu erschweren (RG, Urt. v. 28. 2. 1916 i. JW 1916, 747, 748 m. Anm. v. *von der Leyen* S. 747 = EE 33, 323).

36 Die Flächen, die der Fahrgast vor oder nach der Beförderung benutzt, insbesondere die **Bahnsteige,** müssen **verkehrssicher** gehalten werden. Sie sind ausreichend zu **beleuchten** (vgl. RG, Urt. v. 5. 11. 1903 i. RG 55, 335, Urt. v. 15. 3. 1915 i. RG 86, 321 u. Urt. v. 30. 10. 1929 i. RG 126, 137, 143) und im Winter von **Schnee-** und **Eisglätte** zu befreien (RG, Urt. v. 15. 11. 1903 aaO. u. Urt. v. 15. 3. 1915 aaO.; OLG Hamburg, Urt. v. 4. 4. 1917 i. LZ 1917 Sp. 195; Österr. OGH, Urt. v. 23. 5. 1956 i. VRS 13, 312; OLG Celle, Urt. v. 13. 12. 1957 i. VersR 1957, 607). **Unebenheiten,** insbesondere Höhendifferenzen, und sonstige Mängel, von denen nicht erwartet werden kann, daß der Fahrgast sie von sich aus erkennt und berücksichtigt, sind zu beseitigen (vgl. BGH, Urt. v. 20. 1. 1981 i. VersR 1981, 482 = VRS 60, 342: Gefährdung durch 0,8 cm Höhendifferenz auf Bahnsteigplatte). Dabei ist zu bedenken, daß die Fahrgäste durch die **Eile** und die **Konzentration** auf den einfahrenden Zug abgelenkt sind, und daß das mitgeführte **Gepäck** die Möglichkeit, den Boden zu beobachten, zusätzlich eingeschränkt und das sonst übliche Abheben der Füße erschwert (BGH, Urt. v. 20. 1. 1981 aaO.).

37 Die Verkehrssicherungspflicht beschränkt sich auf solche Flächen, die sich im **Eigentum** oder der **Verfügungsgewalt** des Bahnbetriebsunternehmers befinden, z. B. auf den Komplex der Bahnhöfe, der Verwaltungsgebäude, Verkaufskioske und Wartehallen (vgl. Rdz. 96 u. 101 ff.). Sie erstreckt sich nicht auf Haltestellen, die auf **öffentlichen Straßen** oder **Bürgersteigen** angelegt sind. Verkehrssicherungspflichtig ist hier allein derjenige, der diese Flächen dem öffentlichen Verkehr gewidmet hat, also regelmäßig die **Gemeinde** (BGH, Urt. v. 29. 11. 1969 i. VersR 1970, 179 = NJW 1970, 305, best. durch Urt. v. 18. 12. 1972 i. VersR 1973, 346; vgl. a. Urt. v. 13. 11. 1954 i. VersR 1955, 81 = VRS 8, 117). Wird ein Fahrgast auf dem Bahnsteig durch einen **Gepäckherren** angefahren, begründet dies nicht ohne weiteres eine Haftung des Bahnunternehmers (RG, Urt. v. 5. 12. 1918 i. JW 1919, 316 m. zust. Anm. v. *von der Leyen* = EE 37, 170; offen gelassen RG, Urt. v. 30. 10. 1929 i. RG 126, 137 = EE 49, 271; verneinend OLG Braunschweig, Urt. v. 13. 2. 1951 i. VRS 3, 390, 392).

b) Schäden im Bereich von Versorgungsanlagen

aa) Stromversorgungsanlagen

38 **Hochspannungsmasten,** die im freien Gelände stehen, stellen in zweifacher Hinsicht eine Gefahr dar: Die Masten können von **Unbefugten,** insbesondere **Kindern, erklettert** werden. Dabei kann es zu schädlichen Berührungen mit stromführenden Teilen kommen. Schäden können auch dadurch eintreten, daß sich stromführende Drähte von der Verankerung **lösen.** Da die einer Hochspannungsleitung innewohnende Gefahr allgemein bekannt ist, brauchen Abwehrmaßnahmen nicht getroffen zu werden, soweit es sich um das Erklettern von Masten durch Erwachsene oder ältere Kinder handelt (vgl. OLG Hamm, Urt. v. 9. 5. 1950 i. ElWirtsch RB 1951, 1; *Rumpf* i. ElWirtsch 1936, 379). Im allgemeinen wird eine entsprechende Kennzeichnung der Gefahrenlage (z. B. durch ein Hinweisschild „Vorsicht! Hochspannung! Lebensgefahr!", verbunden mit einem roten Blitzpfeil) genügen (RG, Urt. v. 5. 12. 1927 i. ElWirtsch RB 1936, 17; OLG Naumburg, Urt. v. 1. 11. 1935 i. ElWirtsch RB 1936, 21; LG Aachen, Urt. v. 27. 3. 1973 i. ElWirtsch RB 1977, 92).

39 Solche Hinweise können von **Kleinkindern** nicht wahrgenommen werden. Auch entspricht es kindlicher Mentalität, dem Anreiz zum Erklettern der Masten trotz dieser Warnungen nachzugeben. Andererseits **erschweren** weitergehende Sicherungsmaßnahmen, etwa die Anbringung eines Strahlenkranzes oder von Stacheldraht, die **Arbeit** des **Wartungs-** und **Bedienungspersonals** der E.-Werke (vgl. hierzu *Rumpf* i. ElWirtsch 1936, 379). Die zuständige Berufsgenossenschaft für Feinmechanik und Elektrotechnik hat sich deshalb im Interesse der bei ihr gegen Arbeitsunfälle versicherten Arbeiter gegen einen Kletterschutz ausgesprochen und die Auffassung vertreten, ein Strahlenabwehrkranz bedeute eine schwere Gefährdung des Betriebspersonals und könne nicht zugelassen werden (vgl. RG, Urt. v. 24. 4. 1911 i. ElWirtsch RB 1934, 5 u. Urt. v. 5. 12. 1927 i. ElWirtsch RB 1936, 17; OLG Naumburg, Urt. v. 11. 1. 1935 i. ElWirtsch RB 1936, 21; OLG Stuttgart, Urt. v. 19. 1. 1977 i. VersR 1978, 161 L = ElWirtsch RB 1978, 77; OLG Zweibrücken, Urt. v. 20. 9. 1976 i. NJW 1977, 111 = ElWirtsch RB 1977, 33; *Vaubel* i. *Eiser/*

Riederer/Obernolte/Danner, EnergWR, XIII 13). Diese Erwägungen müssen jedoch zurücktreten, wenn **besondere Umstände** das Erklettern der Masten durch Kinder **begünstigen,** z.B. die technische Ausgestaltung das Erklettern erleichtert oder der Mast innerhalb oder in der Nähe einer **Wohngegend** aufgestellt ist oder sich an einem Ort befindet, den Kinder zum **Spielen** aufzusuchen pflegen (RG, Urt. v. 29. 4. 1935 i. JW 1935, 2628 L = ElWirtsch RB 1936, 20; OLG Rostock, Urt. v. 7. 2. 1936 i. ElWirtsch RB 1936, 19, 20; OLG Zweibrücken, Urt. v. 20. 9. 1976 aaO.; *Gronau* i. ElWirtsch 1978, 330).

40 Als **Sicherungsmaßnahmen** wurden z.B. die Errichtung eines Drahtzauns mit einer verschließbaren Tür (so OLG Rostock, Urt. v. 7. 2. 1936 i. ElWirtsch RB 1936, 19, 20), die Entfernung der unteren Quersprossen an dem Mast bis zu der Höhe, in der sie mit den Händen nicht mehr zu erreichen sind, oder die Umwicklung des unteren Teils des Mastes mit Stacheldraht oder mit glattem Blech gefordert, um das Erklettern zu erschweren und eine Warnfunktion auszuüben (so OLG Zweibrücken, Urt. v. 20. 9. 1976 i. NJW 1977, 111 = ElWirtsch RB 1977, 33). Das OLG Hamm (Urt. v. 9. 5. 1950 i. ElWirtsch RB 1951, 1) hat eine besondere Gefahr darin gesehen, daß eine Stromleitung längere Zeit zerstört und für die Passanten als **außer Betrieb** gesetzt in Erscheinung getreten war. Dadurch hätten insbesondere Kinder, die sich Zutritt zu der Leitung verschaffen wollten, nicht mehr das Bewußtsein, sich einer besonderen Gefahr auszusetzen.

41 **Überkreuzt** eine **Starkstromleitung** eine **öffentliche Straße,** muß durch technische Vorkehrungen erreicht werden, daß die Leitung beim Reißen stromlos wird (so RG, Urt. v. 4. 10. 1931 i. HRR 1932 Nr. 444 u. Urt. v. 11. 4. 1935 i. RG 147, 353 = JW 1935, 2196 m. zust. Anm. v. *W. Weimar* S. 2197). Die Überkreuzung einer Stromleitung mit einer **Fernmeldeleitung** der Post ist zu vermeiden; in jedem Falle sind **Schutzmaßnahmen** gegen ein **Berühren der Drähte** zu treffen (OLG Köln, Urt. v. 14. 4. 1954 i. ArchPF 1954, 606 m. Anm. v. *Aubert* S. 607). Zu angrenzenden **Bäumen** ist ausreichender Abstand zu wahren (RG, Urt. v. 12. 2. 1938 i. JW 1938, 1254). **Holzmasten** müssen regelmäßig auf Fäulnis untersucht werden (OLG Kolmar, Urt. v. 14. 7. 1911 i. DRiZ 1912, 760). Nach der Auffassung des OLG Oldenburg (Urt. v. 17. 2. 1960 i. VersR 1960, 1126 m. zust. Anm. v. *Böhmer* i. VersR 1961, 94) genügt es, wenn das **elektrische Leitungsnetz** einmal jährlich durch Bedienstete des Unternehmens begangen wird und Mißstände unverzüglich gemeldet werden (weitergehend OLG Dresden, Urt. v. 24. 2. 1908 i. SeuffA 64 Nr. 30 für Kontrolle eines Schutznetzes an Überkreuzung einer Stromversorgungsleitung mit einer Straßenbahnoberleitung). Um Flurschäden zu vermeiden, soll die Beobachtung durch Ferngläser ausreichen (OLG Oldenburg, Urt. v. 17. 2. 1960 aaO.). Wird nach einem **Erdschluß** der Strom erst 25 Minuten später **abgeschaltet,** soll dies nicht ohne weiteres einen Schuldvorwurf begründen (OLG Oldenburg, Urt. v. 17. 2. 1960 aaO.).

42 Die unsteten, wechselvollen und außergewöhnlichen Verhältnisse auf einem **Kirmesplatz** machen es notwendig, daß auch die von einem Fachmann installierte Stromversorgungsanlage für einen Verkaufskiosk täg-

lich vor der Inbetriebnahme und während der Geschäftszeit **in bestimmten Abständen** auf ihre Unversehrtheit **geprüft** wird. Eine ständige Überwachung ist nicht erforderlich (OLG Köln, Urt. v. 18. 11. 1969 i. VersR 1970, 229). Werden in einem **E.-Werk** von **Betriebsfremden Arbeiten** in der Nähe von Teilen ausgeführt, die unter Strom stehen, ist eine dauernde Aufsicht durch Fachleute erforderlich (RG, Urt. v. 22. 6. 1936 i. JW 1936, 2861 m. zust. Anm. v. *W. Weimar* S. 2862). Bei **Anstreicherarbeiten,** die an mehreren **Masten** durchgeführt werden, an denen sich stromführende Leitungen befinden, die **nicht alle** isoliert sind, reicht eine allgemeine Mahnung der Arbeiter zur Vorsicht nicht aus; vielmehr sind genaue Hinweise zu geben (BGH, Urt. v. 26. 11. 1956 i. VersR 1957, 44). Ein **Transformator** darf nicht so in einer Anschlagsäule einer Großstadt untergebracht werden, daß **Kinder** hineingreifen können, wenn sich die Klappe bei einer Erschütterung von selbst öffnet. Dem VU ist es auch dann zuzumuten, die Klappe höher anzulegen, wenn hierdurch die Revisionsarbeiten erschwert werden (RG, Urt. v. 9. 5. 1912 i. JW 1912, 792; vgl. a. OLG Hamburg, Urt. v. 10. 11. 1953 i. VersR 1954, 113: offene Klappe eines Schaltkastens auf Bürgersteig in etwa 1½ m Höhe als Gefährdung des Fußgängerverkehrs, jedoch kein Verschulden der Organe).

bb) Gasversorgungsanlagen

43 Die Verkehrssicherungspflicht eines **Gasversorgungsunternehmens** (GVU) besteht auch hinsichtlich von **unbenutzten Leitungen** auf **Trümmergrundstücken,** die noch unter **Gasdruck** stehen. Insbesondere muß vermieden werden, daß die Leitungen im Zuge von Wiederaufbauarbeiten beschädigt werden. Zu diesem Zweck sind die toten Leitungen von den Hauptversorgungsleitungen zu trennen; auch ist sicherzustellen, daß das GVU rechtzeitig von dem Wiederaufbau eines Ruinengrundstücks Kenntnis erhält (BGH, Urt. v. 25. 11. 1960 i. VersR 1961, 64). Wegen der Vergiftungs- und Explosionsgefahren muß bei der **Überwachung** eines **Rohrnetzes** für **Stadtgas** ein hohes Maß an Sorgfalt gewahrt werden. Besondere Sicherungsmaßnahmen müssen getroffen werden, wenn bei Arbeiten beim Bau einer S-Bahn Gasleitungen **freigelegt** werden müssen und die Arbeiten teilweise mit schwerem Gerät in unmittelbarer Nähe der Leitungen ausgeführt werden. Dies gilt erst recht, wenn es sich um eine ältere Leitung handelt, bei der mit Verschleiß oder ähnlichen Defekten gerechnet werden muß (BGH, Urt. v. 8. 1. 1980 i. VersR 1980, 355).

44 Bei der **Umstellung** der Versorgung von **Stadt- auf Erdgas** muß der Leiter der Umstellungsarbeiten dafür sorgen, daß die von den einzelnen Monteurtrupps durchgeführten Arbeiten insbesondere auf solche Fehlleistungen überprüft werden, die bei den in Rede stehenden Verrichtungen häufig sind (BGH, Urt. v. 15. 2. 1978 i. VersR 1978, 538). Die **Betriebsvorschriften** eines GVU müssen Weisungen darüber enthalten, daß sich die Bediensteten, wenn ein Haus von Gas bedroht ist, persönlich durch eine Besichtigung jeden Raumes davon überzeugen, daß kein Bewohner gefährdet ist. Sie müssen auch vorschreiben, daß die Bediensteten einen verschlossenen Raum selbst oder unter Zuhilfenahme der Poli-

zei betreten, um sich davon zu überzeugen, daß sich dort niemand mehr befindet (OLG München, Urt. v. 28. 3. 1963 i. VersR 1963, 1208).

cc) Wasserversorgungsanlagen

45 Es gibt **keinen Erfahrungssatz,** daß der Eintritt eines **Schadens** an einem **Wasserrohr** auf eine nicht ordnungsgemäße Verlegung oder Unterhaltung der Leitung schließen läßt. Das Wasserversorgungsunternehmen (WVU) genügt seiner Verkehrssicherungspflicht, wenn es das Rohrnetz **fortlaufend** durch **Abhorchtrupps überwacht.** Die **automatische Aufzeichnung** des Wasserstandes eines Wasserbehälters (oder der Druckverhältnisse des Rohrnetzes) ist ein ausreichendes Mittel zur Feststellung eines größeren **Wasserrohrbruches.** Es genügt allgemein anzulegenden Sorgfaltsmaßstäben, wenn weder bei der Beachtung des Diagramms noch bei den seinem Ergebnis folgenden Maßnahmen, noch bei der Organisation und Überwachung der Abhorch- und Hilfsmannschaften die Verkehrssicherungspflicht vernachlässigt wird (OLG Neustadt, Urt. v. 14. 7. 1960 i. gwf 1961, 44; vgl. a. LG Hannover, Urt. v. 8. 7. 1958 i. gwf 1958, 1142 u. LG Heidelberg, Urt. v. 29. 5. 1974 i. VersR 1974, 101). Ein **Aufreißen der Straßendecke** zur Überprüfung des Netzes auf Undichtigkeiten ist nicht zumutbar. Der Einsatz von **Abhörgeräten** ist zwecklos, wenn es sich bei der Schadenursache um feine Haarrisse handelt (BGH, Urt. v. 24. 1. 1958 i. VersR 1958, 194 m. Anm. v. *Böhmer* i. VersR 1958, 221; vgl. a. BGH, Urt. v. 26. 3. 1957 i. VersR 1957, 373 u. *Sanden* i. gwf 1959, 983, 985). Bei einem beträchtlichem Wasseraustritt, bei dem an der Oberfläche kein Wasser sichtbar geworden ist, muß mit einer **Unterspülung** der Straße und dem Einbruch der Straßendecke gerechnet werden (OLG Nürnberg, Urt. v. 9. 6. 1965 i. VRS 29, 401, 403). Die infolge Wasserrohrbruchs in der Straßendecke entstandene **Aufbruchstelle** ist gegenüber dem Straßenverkehr ausreichend **abzusichern** (BGH, Urt. v. 19. 1. 1962 i. VersR 1962, 326).

46 Im Bereich von **Wasserversorgungsanlagen** (für Abwässeranlagen besteht die Staatshaftung, vgl. Rdz. 168 ff.; es gelten jedoch im übrigen die gleichen Grundsätze) kommt es häufig zu Unfällen, weil sich durch **herausragende** Kanaldeckel Unebenheiten in Fahrbahnen oder Bürgersteigen bilden. Der Benutzer kann nicht mit einer **völligen Gefahrlosigkeit** rechnen; auf gewisse Unebenheiten hat er sich einzustellen. Das Maß der zu beachtenden Sorgfalt hängt auch von der **Verkehrsdichte** ab sowie davon, ob noch **weitere gefahrerhöhenden Umstände** hinzutreten (vgl. BGH, Urt. v. 20. 9. 1954 i. VRS 7, 412, Urt. v. 18. 3. 1957 i. VersR 1957, 371 u. Urt. v. 27. 10. 1966 i. VersR 1967, 281). Trifft letzteres nicht zu, ist bei einer Höhendifferenz von **nicht mehr** als **2 cm** eine Verkehrsgefährdung **nicht** gegeben (BGH, Urt. v. 18. 3. 1957 aaO.: 1,2 cm auf Bürgersteig; OLG Hamm, Urt. v. 9. 6. 1953 i. VersR 1954, 128 u. LG Hagen, Urt. v. 14. 4. 1977 i. VersR 1978, 1176 L: 2 cm auf Bürgersteig; a. A. AG Köln, Urt. v. 19. 2. 1970 i. VersR 1970, 1114 L; bejahend für nicht ordnungsgemäß gesicherten Gullydeckel, der auf der einen Seite 5–6 cm, auf der anderen Seite 1 cm aus dem Erdreich hervorragt OLG Celle, Urt. v. 23. 1. 1978 – 9 U 144/77 –, zust. zit. b. *v. Bar,* Verkehrspflichten, S. 227). **Zusätzliche Gefahrenmomente** erfordern jedoch häu-

fig eine andere Beurteilung (vgl. BGH, Urt. v. 20. 9. 1954 aaO.: 1 cm, herausragender Rahmen mit schwankendem Deckel in Zusammenhang mit Bodenvertiefung durch Einfahrt; OLG München, Urt. v. 22. 10. 1967 i. VersR 1968, 1170: 5 cm herausragender Kanaldeckel in Verb. m. 15 cm tiefer Regenrinne; OLG Koblenz, Urt. v. 22. 9. 1975 i. VersR 1976, 739: ungleichmäßig abstehender Kontrollschachtdeckel; KG, Urt. v. 22. 3. 1976 i. VersR 1977, 37: 1,5–2 cm Höhendifferenz im Zusammenhang mit Fahrbahnabsenkung). Für Straßen, die sich noch im **Ausbau** befinden oder auf denen **Bau**arbeiten vorgenommen werden, bestehen **geringere** Anforderungen, weil der Benutzer hier allgemein mit Unebenheiten und Hindernissen rechnen muß (KG, Urt. v. 22. 1. 1973 i. VersR 1973, 351: verneint bei Aufstellung eines Warnzeichens und Geschwindigkeitsbeschränkung; OLG Koblenz, Urt. v. 17. 12. 1979 i. VersR 1980, 1148: verneint für 15 cm Niveauunterschied auf noch nicht ausgebauter Straße). Nach der Auffassung des OLG München (Urt. v. 3. 2. 1977 i. VersR 1977, 939) ist bei einer in Ausbau befindlichen Straße ein 6 cm herausragender Kanaldeckel nicht verkehrswidrig, weil Kraftfahrzeuge eine Bodenfreiheit von 10 cm hätten und mit einer Bodenfreiheit von nur 5,5 cm, wie sie das verunglückte Kfz gehabt habe, nicht habe gerechnet werden müssen. Das erscheint bedenklich, wenn das Kfz eine gültige Betriebserlaubnis hatte (nicht etwa nur überladen war) und dies nicht ganz außergewöhnlich war (so zutr. *Schulze* i. VersR 1978, 66). Ein **Kanalrost** mit 4 cm breiten Schlitzen stellt auf einem Fußgängerüberweg mit regem Verkehr eine Verkehrsgefährdung dar (OLG Düsseldorf, Urt. v. 19. 1. 1978 i. VersR 1978, 768; vgl. a. OLG Celle, Urt. v. 2. 6. 1954 i. VersR 1955, 356: Gefährdung durch unsachgemäß angebrachten Kanalrost auf öffentlichem Platz).

dd) Tiefbauarbeiten

47 Bei **Tiefbauarbeiten** werden häufig unterirdisch verlegte **Versorgungs- oder Abwässerleitungen beschädigt.** In der Regel sind der Bauunternehmer und die von ihm beauftragten Personen verantwortlich. Verlegt ein VU selbst Leitungen, kann es sich haftpflichtig machen, wenn es nicht die erforderliche Sorgfalt beachtet. Bei Aufbrucharbeiten in **öffentlichen Straßen** oder in einem **bebauten** oder **baureifen** Gelände muß mit dem Vorhandensein von unterirdischen Rohren, Kabeln u. dergl. gerechnet werden. Es sind deshalb vor Aufnahme der Arbeiten Erkundigungen einzuziehen, damit Schäden vermieden werden. Dazu genügt nicht eine Auskunft der kommunalen Baubehörden, weil diese im allgemeinen nur den Verlauf von Abwasserleitungen und gelegentlich auch von Wasserversorgungsleitungen kennen. Das Unternehmen muß sich vielmehr auch an die in Betracht kommenden anderen Versorgungsunternehmen und an die Fernmeldebauämter wenden (st. Rechtspr., vgl. BGH, Urt. v. 20. 4. 1971 i. VersR 1971, 741 = NJW 1971, 1313; OLG Koblenz, Urt. v. 16. 4. 1958 i. VersR 1959, 628 = ElWirtsch RB 1958, 58; OLG Saarbrücken, Urt. v. 18. 6. 1958 i. ElWirtsch RB 1959, 33; OLG Düsseldorf, Urt. v. 27. 6. 1958 i. ElWirtsch RB 60, 13; *Butze* i. BB 1959, 178; *Tegethoff* i. BB 1964, 19; *Sanders* i. gwf 1959, 983, 1985; *Hofmann* i. gwf 1963, 15, 22). Bei unsachgemäßer Verlegung oder unzureichender Mitwirkung

(z. B. durch eine unrichtige oder unvollständige Auskunft) kann eine Mithaftung des geschädigten Unternehmens begründet sein (vgl. OLG Kassel, Urt. v. 16. 2. 1954 i. VersR 1954, 194; OLG Köln, Urt. v. 17. 9. 1975 i. VersR 1976, 791; sehr weitgehend *Roth-Stielow* i. VersR 1973, 894; krit. hierzu *Jansen* i. VersR 1975, 405).

9. Haftungsumfang und -höhe

a) Haftungsumfang

aa) Allgemeines

48 Die Haftung beschränkt sich auf **Personen-** und **Sachschäden** (vgl. Rdz. 128ff. zu § 1). **Vermögensschäden** sind nur zu ersetzen, soweit sie sich als adäquate Folge eines Personen- oder Sachschadens darstellen. Die Ersatzpflicht erstreckt sich **nicht** auf **reine** Vermögensschäden (vgl. Rdz. 125). Im übrigen richtet sich der Umfang des Schadensersatzes nach §§ 249–253 (vgl. Rdz. 228ff. zu § 1) u. 842–847 BGB. Hieraus ergeben sich gegenüber der Haftung nach dem HG folgende Abweichungen:

bb) Ersatzansprüche wegen entgangener Dienste (§ 845 BGB)

49 Im Fall einer Tötung, einer Körper- oder Gesundheitsverletzung sowie einer Freiheitsentziehung hat der Ersatzpflichtige, wenn der Verletzte **kraft Gesetzes** einem **Dritten** zur **Leistung** von **Diensten** in dessen **Hauswesen** oder **Gewerbe** verpflichtet war, dem Dritten für die entgangenen Dienste durch Entrichtung einer Geldrente Ersatz zu leisten. Die Vorschriften des § 843 Abs. 2–4 BGB finden entsprechende Anwendung (§ 845 BGB). Seitdem die Mitarbeitspflicht des **Ehegatten** als Unterhaltsleistung gewertet wird (BGH, Urt. v. 20. 5. 1980 i. VRS 1980, 921 = VRS 59, 177 = NJW 1980, 2196 m. w. Nachw.), hat die Regelung des § 845 BGB nur noch **geringe** Bedeutung. Der Anwendungsbereich beschränkt sich auf die **Dienstleistungspflicht** des **Kindes** nach § 1619 BGB. Diese Vorschrift legt dem Kind, solange es dem elterlichen Haushalt angehört und von den Eltern erzogen oder unterhalten wird, die Verpflichtung auf, in einer seinen Kräften und seiner Lebensstellung entsprechenden Weise den Eltern in ihrem Haushalt und Geschäft Dienste zu leisten. Eine entsprechende Verpflichtung trifft das nichteheliche Kind gegenüber der Mutter (§ 1705 Satz 2 BGB) sowie das legitimierte (§§ 1719, 1736 BGB) und das adoptierte (§ 1754 BGB) Kind.

50 Problematisch ist häufig, ob die Dienste aufgrund des **familienrechtlichen Verhältnisses** oder eines **Arbeitsvertrages** geleistet werden. Nach h. A. richtet sich dies entscheidend nach dem **Willen** der Beteiligten (vgl. BGH, Urt. v. 7. 12. 1971 i. VersR 1972, 301, 302 = NJW 1972, 429, 430 m. w. Nachw.; OLG Saarbrücken, Urt. v. 14. 3. 1980 i. VersR 1981, 542, 543). Auch wenn das Hauskind schon erwachsen ist, seine Arbeitskraft voll einsetzt oder inzwischen schon eine Ehe geschlossen hat oder wenn nach der Sachlage eine Aussicht auf Betriebsübernahme nicht besteht, muß dies der Annahme eines familienrechtlichen Verhältnisses **nicht** entgegenstehen (BGH, Urt. v. 21. 10. 1958 i. VRS 14, 340, Urt. v. 12. 10. 1965 i. VersR 1965, 1202, 1203 u. Urt. v. 7. 12. 1971 aaO.; ebenso OLG Karlsruhe, Urt. v. 6. 6. 1956 i. VersR 1957, 271 für den Fall, daß

Beiträge zur AOK gezahlt werden; a. A. für den Fall, daß ein Sohn anderweitig vollberuflich tätig ist LG Arnsberg, Urt. v. 29. 11. 1968 i. VersR 1969, 911 u. für den Fall, daß der Sohn nach früherer Tätigkeit in einem fremden Betrieb in den elterlichen Betrieb zurückkehrt LG Konstanz, Urt. v. 17. 5. 1968 i. VersR 1969, 1126). Obwohl sich die gesellschaftlichen Gegebenheiten, die zur Schaffung von § 845 BGB geführt haben, in der Zwischenzeit **wesentlich geändert** haben, hat es die Rechtsprechung abgelehnt, hieraus zu folgern, daß die Vorschrift nicht mehr anzuwenden sei (so ausdrückl. BGH, Urt. v. 7. 12. 1971 aaO. u. Urt. v. 25. 11. 1977 i. VersR 1978, 90, 91 = NJW 1978, 159).

51 Der **Schaden,** der durch den Ausfall der Arbeitskraft des Hauskindes entsteht, muß **einheitlich** beurteilt werden. Die Regelung des § 845 BGB darf nicht dazu führen, daß der Schädiger sowohl mit dem Ersatzanspruch der Eltern als auch mit dem des Kindes belastet wird. Die Eltern können deshalb einen Ersatzanspruch nicht verfolgen, wenn und soweit es dem Kind inzwischen durch zumutbare Bemühungen gelungen ist, seine Arbeitskraft in zwar anderer, aber wirtschaftlich mindestens gleichwertiger Weise einzusetzen und damit den Ausfall ihres wirtschaftlichen Wertes zu vermeiden (BGH, Urt. v. 25. 10. 1977 i. VersR 1978, 90, 91 = NJW 1978, 159 m. w. Nachw.). Zu erstatten ist der **Wert** der entgangenen Dienste. Der Anspruch besteht auch, wenn die Eltern **keine Ersatzkraft** einstellen, sondern die Arbeit insoweit selbst übernehmen (vgl. BGH, Urt. v. 10. 7. 1959 i. VersR 1959, 833; OLG Stuttgart, Urt. v. 8. 5. 1954 i. VersR 1954, 372), oder wenn ein anderes im Haushalt lebendes Kind vermehrt herangezogen wird (BGH, Urt. v. 20. 12. 1960 i. VersR 1961, 230, 231).

cc) Schmerzensgeld (§ 847 BGB)

Schrifttum: *Berger,* Tendenzen bei der Bemessung des Schmerzensgeldes, VersR 1977, 877; *Cramer/Kindermann,* Wege zur Reform des Schmerzensgeldanspruchs, DAR 1980, 33; *Ebel,* Zur Höchstpersönlichkeit des Schmerzensgeldanspruches, VersR 1978, 204; *Füchsel,* Nochmals: Schmerzensgeld, VersR 1970, 16; *Hacks,* Schmerzensgeld, KVR v. A–Z, Erl. 1; Schmerzensgeld bei schweren und tödlichen Verletzungen, NJW 1975, 1450; Reform des Schmerzensgeldanspruchs, DAR 1977, 181; *Hacks/Ring/Böhm,* Schmerzensgeldbeträge, 10. Aufl., München 1981; *Harbauer,* Zur Bemessung des Schmerzensgeldes bei Körperverletzungen, VersR 1969, 589; *Honsel,* Die Funktion des Schmerzensgeldes, VersR 1974, 205; *Hupfer,* Schmerzensgeld bei Verkehrsunfällen, JZ 1977, 781; *Koebel,* Billigkeitsansprüche aus Schadenszufügung, NJW 1957, 1009; *Kramer,* Nochmals Schmerzensgeldprobleme, DAR 1969, 39; *G. Schmidt,* Die rechtlichen Grundlagen des Schmerzensgeldes, VersR 1970, 990; *Schunack,* Schmerzensgeld, 1955–1966 u. 1967–1974, Karlsruhe; *Sprenger,* Aktuelle Fragen zum Schmerzensgeld, DAR 1977, 42; *Teplitzky,* Die unzureichende Schmerzensgeldbemessung, NJW 1966, 388; Neue Tendenzen bei der Schmerzensgeldbemessung, NJW 1968, 1315; *Weimar,* Bemessung beim Ableben des Verkehrsopfers, MDR 1960, 816.

52 Hat der Geschädigte eine Verletzung des Körpers oder der Gesundheit erlitten, kann er wegen des Schadens, der **nicht Vermögensschaden** ist,

eine **billige Entschädigung** in **Geld** verlangen (§ 847 Abs. 1 Satz 1 BGB). Diese Regelung ist eine der in § 253 BGB erwähnten Ausnahmen von dem Grundsatz, daß ein Nichtvermögensschaden nicht in Geld zu entschädigen ist. Nach h. A. ist der Schmerzensgeldanspruch kein gewöhnlicher Schadenersatzanspruch. Vielmehr hat er eine Doppelfunktion: Er soll einmal die Schäden **ausgleichen,** die nicht vermögensrechtlicher Art sind, wie die erlittenen Schmerzen und Verunstaltungen und die entgangene Lebensfreude. Zum anderen soll er dem Geschädigten **Genugtuung** für das verschaffen, was der Schädiger ihm angetan hat (BGH GrZS, B. v. 6. 7. 1955 i. BGH 18, 150 = VersR 1955, 615 = VRS 9, 325 = NJW 1955, 1675 = DAR 1955, 276; vgl. a. BGH, Urt. v. 19. 9. 1961 i. NJW 1961, 2059 u. Urt. v. 16. 12. 1975 i. NJW 1976, 1147, 1148; *Koebel* i. NJW 1957, 1009; krit. z. Genugtuungsfunktion *Honsel* i. VersR 1974, 205; *Hupfer* i. JZ 1977, 781; *Ebel* i. VersR 1978, 204; *MünchKomm.-Mertens,* Rdz. 2ff. zu § 847 BGB). Es handelt sich jedoch um einen **einheitlichen** Anspruch. Eine Aufteilung in einen Betrag zum Ausgleich und einen weiteren Betrag zur Genugtuung ist deshalb unzulässig (BGH, Urt. v. 6. 12. 1960 i. VersR 1961, 164). Bei **Verkehrsunfällen** tritt im allgemeinen die Genugtuungsfunktion gegenüber der Ausgleichsfunktion stark **zurück** (BGH GrZS, B. v. 6. 7. 1955 aaO.).

53 Eine einen Schmerzensgeldanspruch auslösende Gesundheitsschädigung liegt nicht vor, wenn es sich um eine **seelische Erschütterung** (Schockschaden) durch das Miterleben oder die Nachricht vom tödlichen Unfall eines **nahen Angehörigen** handelt, die zwar medizinisch erfaßbare Auswirkungen hat, aber nicht über die gesundheitlichen Beeinträchtigungen hinausgeht, denen nahe Angehörige bei einer Todesnachricht erfahrungsgemäß ausgesetzt sind. Der **Schutzzweck** der deliktischen Vorschriften deckt nur Gesundheitsschädigungen, die nach Art und Schwere diesen Rahmen überschreiten (BGH, Urt. v. 11. 5. 1971 i. VersR 1971, 905; OLG Düsseldorf, Urt. v. 21. 4. 1977 i. VersR 1977, 1011; vgl. a. Rdz. 92 u. 129 zu § 1 u. Rdz. 8). Die Zubilligung eines Schmerzensgeldes entfällt auch, wenn es sich um eine sog. **Bagatellverletzung** handelt, die zu einer nur geringen Lebensbeeinträchtigung ohne Dauerfolgen geführt hat (vgl. OLG Celle, Urt. v. 22. 3. 1973 i. VersR 1973, 717 u. v. 24. 1. 1980 i. VersR 1980, 358; KG, Urt. v. 4. 7. 1974 i. DAR 1974, 297 u. Urt. v. 2. 11. 1977 i. VersR 1978, 569; OLG München, Urt. v. 16. 3. 1978 i. VersR 1979, 726; LG Aachen, Urt. v. 26. 11. 1976 i. VersR 1977, 1059 m. abl. Anm. v. *Kaiser* S. 1060; *Jordan* i. VersR 1981, 565, Anm. z. abl. Urt. des AG Köln v. 23. 1. 1979 i. VersR 1980, 246; vgl. a. Entschließung des Arbeitskreises 3 des *Deutschen Verkehrsgerichtstages* i. VGT 1977, 8ff.). Diese Einschränkung ist ebenso zu begrüßen wie die in den letzten Jahren zu beobachtende Rechtsprechungstendenz, bei außerordentlich **schweren** Verletzungen wesentlich **höhere** Entschädigungen als früher zuzusprechen (vgl. hierzu OLG Frankfurt, Urt. v. 15. 12. 1967 i. NJW 1968, 1972 m. Anm. v. *Teplitzky;* OLG Köln, Urt. v. 24. 1. 1973 i. DAR 1973, 299; *Berg* i. VersR 1977, 877).

54 Die **Höhe** des Schmerzensgeldes bestimmt der Richter nach **freiem Ermessen** (§ 287 ZPO), das einer revisionsgerichtlichen Nachprüfung nur in beschränktem Maße zugänglich ist (vgl. hierzu BGH, Urt. v.

14. 4. 1981 i. VersR 1981, 677). Wegen der Zweckbestimmung des Schmerzensgeldes kommt es in erster Linie auf den **Umfang** des Schadens, die Größe, Heftigkeit und Dauer der Schmerzen und das Ausmaß des Leidens und der Entstellung an. Daneben sind die **wirtschaftlichen Verhältnisse** der Beteiligten und der **Grad** des **Verschuldens** zu berücksichtigen (BGH GrZS, B. v. 6. 7. 1955 i. BGH 18, 150 = VersR 1955, 615 = VRS 9, 325 = NJW 1955, 1675 = DAR 1955, 276). Obwohl der Gesetzgeber bewußt davon abgesehen hat, Schmerzensgeldtaxen aufzustellen, hat es sich in der Regulierungspraxis und in der Rechtsprechung eingebürgert, zur Findung und zur Kontrolle der Entscheidung über die Bemessung der Höhe des Schmerzensgeldes Urteilssammlungen, sog. **Schmerzensgeldtabellen,** zu Rate zu ziehen (vgl. *Hacks/Ring/Böhm,* Schmerzensgeldbeträge, 10. Aufl. 1981; *Lieberwirth,* Das Schmerzensgeld, 3. Aufl. 1965; *Schunack,* Schmerzensgeld 1955–1966 u. 1967–1974; *Hellwig,* Der Schaden, 8. Aufl. 1981, Anh. I; *Geigel/Schlegelmilch,* Haftpflichtprozeß, Kpt. 7 Rdz. 41). Das ist unbedenklich, wenn die spezifischen Einzelheiten des Falles beachtet und eine zwischenzeitliche Geldentwertung berücksichtigt werden (vgl. hierzu OLG Karlsruhe, Urt. v. 2. 11. 1972 i. NJW 1972, 850; krit. OLG Köln, Urt. v. 21. 9. 1977 i. DAR 1978, 105).

55 Neben der Schwere der Verletzung sind die **physischen** und auch die **psychischen** Folgen für die Bestimmung der Höhe des Schmerzensgeldes maßgebend. So wirkt sich ein überdurchschnittlich **langer** und **komplizierter Heilungsverlauf** schmerzensgelderhöhend aus (OLG Frankfurt, Urt. v. 15. 12. 1967 i. NJW 1968, 1972 m. Anm. v. *Teplitzky*), während andererseits eine **kurze** Leidenszeit, mag sie auch durch den **Tod** beendet worden sein, die Höhe des Schmerzensgeldes mindert (BGH, Urt. v. 16. 12. 1976 i. NJW 1976, 1147, 1149; a.A. OLG München, Urt. v. 16. 12. 1969 i. VersR 1970, 643, 644). Der Tod als solcher wird zivilrechtlich nicht mit Sühne belegt; wegen des höchstpersönlichen Charakters des Schmerzensgeldes kommen beim Tod auch nicht die Erben oder die Angehörigen als Begünstigte in Betracht (BGH, Urt. v. 16. 12. 1976 aaO.).

56 Als **seelische Beeinträchtigungen** sind z.B. zu berücksichtigen: die Fraglichkeit einer endgültigen **Heilung** (OLG Frankfurt, Urt. v. 15. 12. 1967 i. NJW 1968, 1972 m. Anm. v. *Teplitzky*), eine Verminderung der **Heiratsaussichten** (BGH, Urt. v. 13. 3. 1959 i. VersR 1959, 458 = VRS 16, 341 = NJW 1959, 1031; OLG Celle, Urt. v. 9. 11. 1967 i. NJW 1968, 1677; OLG Oldenburg, Urt. v. 6. 2. 1975 i. VersR 1975, 742), **Berufsunfähigkeit** oder sonstige Nachteile oder Störungen in der Berufsausübung oder -ausbildung (BGH, Urt. v. 2. 12. 1966 i. VersR 1967, 256; OLG Karlsruhe, Urt. v. 21. 1. 1960 i. NJW 1960, 2058; OLG Hamm, Urt. v. 14. 10. 1966 i. VersR 1967, 383 L; OLG Köln, Urt. v. 2. 5. 1972 i. MDR 1972, 779; OLG Stuttgart, Urt. v. 17. 7. 1974 i. DAR 1975, 70; LG Köln, Urt. v. 12. 6. 1964 i. VersR 1964, 1277; vgl. a. *Klimke* i. VersR 1969, 111 zu der Frage der Berücksichtigung von Vorteilen), die Aufgabe eines **Sportes** oder einer sonstigen **Liebhabertätigkeit** (OLG Celle, Urt. v. 27. 1. 1972 i. VersR 1972, 468), die Beeinträchtigung oder der Verlust der **Ehe-** oder **Lebensgemeinschaft** (OLG Hamm, Urt. v. 3. 7. 1974 i. MDR

1975, 490; vgl. a. OLG Celle, Urt. v. 6. 3. 1967 i. DAR 1967, 298 = NJW 1967, 1514), eine **Verzögerung** der **Schadenregulierung** (BGH, Urt. v. 18. 11. 1969 i. VersR 1970, 134; OLG Hamburg, Urt. v. 5. 10. 1965 i. VersR 1966, 449; OLG Celle, Urt. v. 9. 11. 1967 i. NJW 1968, 1677; OLG Frankfurt, Urt. v. 15. 12. 1967 i. NJW 1968, 1972 m. Anm. v. *Teplitzky;* OLG Koblenz, Urt. v. 30. 12. 1969 i. VersR 1970, 551; a. A. für den Fall, daß die Rechtslage für Haftpflichtversicherung noch nicht geklärt war KG, Urt. v. 15. 12. 1969 i. VersR 1970, 379), eine unnötige **Kränkung** des Geschädigten durch den **Versicherer** während der Prozeßführung (BGH, Urt. v. 23. 6. 1964 i. VersR 1964, 1103).

57 Wenn es bei dem Geschädigten aufgrund der Verletzung zu einer erheblichen **Persönlichkeitsveränderung** gekommen ist, fällt dies erschwerend ins Gewicht (BGH, Urt. v. 8. 5. 1979 i. VersR 1979, 739 = NJW 1979, 1654; OLG Karlsruhe, Urt. v. 15. 12. 1977 i. VersR 1979, 164). Ist das **Empfinden** des Verletzten wegen Bewußtlosigkeit oder einer schweren geistigen Störung **ausgeschaltet,** kann ein Schmerzensgeld aus dem Gesichtspunkt der Ausgleichung nicht zugebilligt werden. Das bedeutet jedoch nach der Auffassung des BGH nicht, daß überhaupt kein Schmerzensgeld zu zahlen ist; vielmehr ist eine – wenn auch **geringere** – Entschädigung zum Zwecke der **Genugtuung** zu zahlen (BGH, Urt. v. 16. 12. 1975 i. VersR 1976, 660 = NJW 1976, 1147 m. w. Nachw.).

58 Dem Schädiger sind auch solche Auswirkungen der Verletzungshandlung zuzurechnen, die sich erst dadurch ergeben, daß der Betroffene bereits eine **Krankheitsanlage** oder einen **Körperschaden** hatte. Wer einen gesundheitlich bereits geschwächten Menschen verletzt, hat keinen Anspruch darauf, so gestellt zu werden, als ob es sich um einen gesunden Menschen handele (BGH, Urt. v. 5. 5. 1959 i. VersR 1959, 752, 753 u. Urt. v. 15. 10. 1968 i. VersR 1969, 43; vgl. a. Rdz. 137 ff. zu § 1). Dieser Grundsatz gilt auch für die Bemessung des Schmerzensgeldes (vgl. OLG Frankfurt, Urt. v. 11. 4. 1979 i. VersR 1980, 564; *MünchKomm.-Mertens,* Rdz. 26 zu § 847 BGB), wie es sich der Geschädigte auch andererseits mindernd anrechnen lassen muß, wenn eine Beeinträchtigung aufgrund der Vorerkrankung schon vorhanden war oder ab einem bestimmten Zeitraum eingetreten wäre (vgl. OLG Bremen, Urt. v. 29. 11. 1972 i. VersR 1974, 148 ff.; OLG Bamberg, Urt. v. 14. 1. 1954 i. VersR 1954, 124). Von diesem Grundsatz macht jedoch die h. A. eine Ausnahme: Beruhen die Unfallfolgen **im wesentlichen** oder **in erster Linie** darauf, daß der Verletzte **vorgeschädigt** war, soll es der **Billigkeit** entsprechen, dies zugunsten des Schädigers zu berücksichtigen (BGH, Urt. v. 10. 11. 1961 i. VersR 1962, 93, 94 = VRS 22, 13, 14 = NJW 1962, 243, Urt. v. 1. 12. 1961 i. VersR 1962, 281, 282; ebenso für schadenträchtige seelische Anlage Urt. v. 19. 12. 1969 i. VersR 1970, 281, 284; vgl. a. OLG Hamburg, Urt. v. 13. 7. 1964 i. VersR 1965, 770; LG Nürnberg-Fürth, Urt. v. 8. 6. 1972 i. VersR 1974, 398; a. A. *MünchKomm.-Mertens* aaO.; *Hacks* i. KVR v. A–Z, Schmerzensgeld, Erl. 1, Bl. 10 ff.).

59 Der Auffassung, ein höheres **Alter** mindere den Umfang des Schmerzensgeldes (so ohne nähere Begr. BGH, Urt. v. 16. 10. 1961 i. VersR 1961, 1094 = VRS 22, 14; vgl. a. OLG Bamberg, Urt. v. 14. 1. 1954 i.

VersR 1954, 124; LG Düsseldorf, Urt. v. 4. 3. 1965 i. VersR 1965, 1013), kann in dieser Allgemeinheit nicht gefolgt werden. Vielmehr kommt es auf den Einzelfall an. Handelt es sich z. B. um einen Dauerschaden mit einer wesentlichen Behinderung, so kann berücksichtigt werden, daß die Leidenszeit **geringer** ist als bei einem jüngeren Menschen (so LG Stuttgart, Urt. v. 30. 9. 1969 i. VersR 1970, 1064 L). Auch sind z. B. die Folgen einer unfallbedingten Erwerbsunfähigkeit geringer zu bewerten, wenn der Verletzte ohnehin in Kürze aus dem Erwerbsleben ausgeschieden wäre (vgl. KG, Urt. v. 25. 11. 1965 i. VRS 30, 12).

60 Im Rahmen der **Genugtuungsfunktion** ist die Schwere des **Verschuldens** des Schädigers zu berücksichtigen (BGH, Urt. v. 14. 10. 1958 i. VersR 1958, 849, 850; OLG Karlsruhe, Urt. v. 2. 11. 1972 i. NJW 1972, 851, 852; OLG Oldenburg, Urt. v. 6. 2. 1975 i. VersR 1975, 742), wobei umstritten ist, ob dies nicht oder nur noch eingeschränkt gilt, wenn der Schädiger wegen der Verletzungshandlung im **Strafverfahren** rechtskräftig verurteilt wurde (so OLG Hamburg, Urt. v. 23. 3. 1972 i. MDR 1972, 1033; OLG Düsseldorf, Urt. v. 12. 3. 1974 i. VersR 1974, 787; a. A. OLG Hamm, Urt. v. 13. 5. 1974 i. VersR 1975, 161 L = MDR 1974, 1018; vgl. a. LG Stuttgart, Urt. v. 30. 11. 1977 i. NJW 1978, 595). Auch der **Anlaß** der Tat, z. B. die Verursachung der Verletzung bei einer **Gefälligkeitsfahrt** (vgl. BGH GrZS, B. v. 6. 7. 1955 i. VersR 1955, 615 = VRS 9, 325 = NJW 1955, 1675 = DAR 1955, 276; a. A. OLG Saarbrükken, Urt. v. 9. 3. 1973 i. VersR 1975, 430ff.), kann die Höhe des Schmerzensgeldes beeinflussen.

61 Von Bedeutung sind auch die **wirtschaftlichen Verhältnisse** der Beteiligten. Sie können z. B. beim Geschädigten so günstig sein, daß ein Ausgleich durch die Zahlung eines Geldbetrages nicht möglich ist (BGH GrZS, B. v. 6. 7. 1955 aaO.). Auf seiten des Schädigers kommt es auf die Vermögensverhältnisse nur an, wenn kein **Haftpflichtversicherungsschutz** besteht (BGH GrZS, B. v. 6. 7. 1955 aaO. u. Urt. v. 12. 7. 1957 i. VersR 1957, 671; OLG Neustadt, Urt. v. 30. 7. 1957 i. VersR 1958, 727, 728; OLG Nürnberg, Urt. v. 6. 4. 1965 i. VersR 1965, 819; KG, Urt. v. 22. 2. 1971 i. VersR 1971, 869 = DAR 1971, 242; LG Stuttgart, Urt. v. 30. 11. 1977 i. NJW 1978, 595). Ob es sich hierbei um eine Pflichtversicherung oder um eine freiwillige Versicherung handelt, ist unerheblich (OLG Karlsruhe, Urt. v. 4. 10. 1977 i. VersR 1978, 574). Die Versicherung ist auch dann zu berücksichtigen, wenn der Geschädigte den Verlust des Versicherungsschutzes schuldhaft herbeigeführt hat (BGH, Urt. v. 21. 3. 1967 i. VersR 1967, 607; OLG München, Urt. v. 27. 6. 1969 i. VersR 1970, 477).

62 **Mitverschulden** und **Mitverursachung** des Verletzten sind ebenfalls maßgebende Faktoren für die Bildung des Schmerzensgeldes (BGH GrZS, B. v. 6. 7. 1955 aaO.). Es ist nicht zulässig, eine bestimmte **Schadensquote** (vgl. Rdz. 18ff. zu § 4) von einem „an sich angemessenen Schmerzensgeld" zu bilden, weil es diesen Begriff nicht gibt (BGH, Urt. v. 21. 4. 1970 i. VersR 1970, 624, 625; KG, Urt. v. 12. 6. 1975 i. VersR 1976, 391 L; *Koebel* i. NJW 1957, 1009, 1010).

63 Haften **mehrere gesamtschuldnerisch,** ist das Schmerzensgeld für **jeden** Schuldner **gesondert** – unter Umständen auch verschieden – festzusetzen (BGH, Urt. v. 16. 5. 1961 i. VersR 1961, 727). Es ist zulässig, das Schmerzensgeld für bestimmte abgrenzbare Zeiträume in **einzelnen Beträgen** zu bemessen (OLG Hamburg, Urt. v. 23. 1. 1973 i. NJW 1973, 1503) oder wegen mangelnder Übersichtlichkeit der Folgen auf einen **Zeitabschnitt** zu **beschränken** (BGH, Urt. v. 16. 5. 1961 aaO.; OLG Hamm, Urt. v. 29. 4. 1977 i. VersR 1977, 773). Liegen **schwere Dauerschäden** vor, die nicht mehr behoben werden können und die mit einer **lebenslänglichen Beeinträchtigung** verbunden sind, z. B. der Verlust von Gliedmaßen, hat der Richter auch darüber zu befinden, ob ein Kapitalbetrag oder eine **Rente** dem Zweck des Schmerzensgeldes am besten gerecht wird (BGH, Urt. v. 11. 12. 1956 i. VersR 1957, 66 u. Urt. v. 30. 11. 1965 i. VersR 1966, 144; OLG Celle, Urt. v. 17. 3. 1977 i. VersR 1977, 1009; OLG Frankfurt, Urt. v. 29. 3. 1978 i. VersR 1978, 874; vgl. a. BGH, Urt. v. 3. 7. 1973 i. VersR 1973, 1007 = VRS 45, 332 = NJW 1973, 1653: Ablehnung einer „dynamischen Schmerzensgeldrente"; krit. hierzu *Heidel* i. VersR 1974, 927).

64 Der Schmerzensgeldanspruch ist nur **übertragbar** und **vererblich,** wenn er durch Vertrag **anerkannt** oder **rechtshängig** ist (§ 847 Abs. 1 Satz 2 BGB). Die **Anerkennung** ist **formlos** möglich und kann auch konkludent erfolgen, z. B. durch eine Teilzahlung (KG, B. v. 19. 3. 1970 i. NJW 1970, 1050). Die **Rechtshängigkeit** tritt erst mit der **Zustellung** der Klage ein (BGH, Urt. v. 22. 6. 1976 i. VersR 1976, 1045 = NJW 1976, 1045), bei einem Mahnbescheid, gegen den der Schuldner Widerspruch eingelegt hat, nur, wenn alsbald Termin anberaumt wird (BGH, Urt. v. 8. 3. 1977 i. VersR 1977, 475 = NJW 1977, 1149). Wird die Klage namens eines **bewußtlosen** Verletzten, jedoch ohne Vertretungsmacht erhoben, wird der Schmerzensgeldanspruch auch dann nicht vererblich, wenn die Erben später die Prozeßführung genehmigen. Hier fehlt der vom Gesetzgeber geforderte Wille des Verletzten zur Geltendmachung des Anspruches (BGH, Urt. v. 4. 10. 1977 i. VersR 1978, 62 = VRS 54, 17 = NJW 1978, 214 unter Aufgabe seiner früheren Rechtspr.). Gegenüber den anderen Ersatzansprüchen ist der Schmerzensgeldanspruch **selbständig.** Er kann deshalb mit diesen nicht ausgewechselt werden (RG, Urt. v. 6. 4. 1932 i. RG 140, 392, 395). Ein **unbezifferter Klageantrag** ist zulässig, wenn der Kläger die nötigen tatsächlichen Grundlagen vorträgt und die Größenordnung angibt (BGH, Urt. v. 1. 2. 1966 i. NJW 1966, 780). Hat der Kläger den Betrag nur durch eine **Mindestsumme** bezeichnet, ist er nicht **beschwert,** wenn ihm diese zugesprochen wird (BGH, B. v. 14. 11. 1969 i. NJW 1970, 198 L u. Urt. v. 5. 7. 1977 i. VersR 1977, 861).

b) Haftungshöhe

65 Der **Höhe** nach ist die Haftung nach § 823 Abs. 1 BGB **unbegrenzt.** Von diesem Grundsatz gibt es jedoch Ausnahmen (vgl. Rdz. 127f. u. 141).

III. Verletzung eines Schutzgesetzes (§ 823 Abs. 2 BGB)

66 Wer gegen ein den **Schutz** eines anderen bezweckendes Gesetz verstößt, ist ebenfalls zum Schadenersatz verpflichtet (§ 823 Abs. 2 BGB).

1. Schutzgesetz

67 Ein **Schutzgesetz** i. S. v. § 823 Abs. 2 BGB ist jede Norm, die nach ihrem Inhalt und Zweck dem **Schutz** eines **anderen** zu dienen bestimmt ist. Die Rechtsnorm darf jedoch nicht nur die Gesamtheit schützen, sondern muß auch dem **Schutz** von **Einzelnen** oder eines **Personenkreises** dienen (RG, Urt. v. 15. 2. 1927 i. RG 116, 151 ff. u. Urt. v. 26. 10. 1932 i. RG 138, 165, 168). Außerdem muß der geltend gemachte Schaden im Rahmen der durch das Gesetz **geschützten Interessen** liegen, das Gesetz muß den Schutz gewähren wollen, den der Geschädigte für sich in Anspruch nimmt (vgl. BGH, Urt. v. 27. 1. 1954 i. NJW 1954, 675, Urt. v. 20. 11. 1958 i. NJW 1958, 382, Urt. v. 19. 9. 1974 i. VersR 1975, 37 u. Urt. v. 5. 10. 1974 i. VersR 1975, 45 = NJW 1975, 47; *Knöpfle* i. NJW 1967, 697; *Steffen/Krumme,* StVG, Rdz. 4 zu § 16; vgl. a. Rdz. 8 u. § 1 Rdz. 81 f. u. 135).

68 Als **Schutzgesetze** wurden Vorschriften der Eisenbahn-Bau- und Betriebsordnung – **EBO** – (vgl. zu §§ 18, 46, jetzt §§ 11, 17 EBO RG, Urt. v. 7. 7. 1942 i. RG 169, 376, 380; BGH, Urt. v. 3. 12. 1955 i. VersR 1956, 99, 100; OLG Karlsruhe, Urt. v. 28. 10. 1955 i. VersR 1956, 133) und der Verordnung über den Bau und Betrieb von Straßenbahnen – **BOStrab** – (vgl. BGH, Urt. v. 15. 4. 1953 i. VersR 1953, 255; OLG Düsseldorf, Urt. v. 6. 12. 1951 i. VkBl. 1952, 195) gewertet. Schutzgesetze sind auch die Verkehrsregeln der **StVO** (vgl. z. B. zu § 41, jetzt § 32 StVO BGH, Urt. v. 17. 2. 1961 i. VersR 1961, 492). Gerade hier ist jedoch darauf zu achten, welche **Interessen** die Vorschrift schützen soll. So dient z. B. das Gebot des Rechtsfahrens (§ 2 Abs. 2 StVO) nur dem Schutz des sich in der Längsrichtung abwickelnden Begegnungs- und Überholverkehr und nicht des Linksabbiegerverkehrs (BGH, Urt. v. 19. 5. 1981 i. VersR 1981, 837). Die Vorschriften über die **Eisenbahngefährdung** (früher §§ 315, 316, jetzt § 315 a StGB) und den **Schutz** der **Bahnanlagen, Betriebseinrichtungen** und **Fahrzeuge** vor Beschädigungen (§ 80, jetzt § 64 EBO) schützen nur Gesundheit und Eigentum des Eisenbahnunternehmers und der anderen vom **Verkehr** unmittelbar betroffenen Personen, **nicht** aber deren allgemeine **Vermögensinteressen** (BGH, Urt. v. 23. 11. 1956 i. BGH 19, 125 = VRS 10, 112 u. Urt. v. 21. 5. 1957 i. VersR 1957, 465).

69 Soweit Vorschriften des **Landesbaurechtes** regeln, wie Beschädigungen von **Versorgungsanlagen** zu vermeiden sind, schützen sie nur die **Anlagen als solche,** nicht jedoch den **Stromabnehmer** (vgl. zu § 18 Abs. 3 LBauord. f. Baden-Württemberg BGH, Urt. v. 8. 6. 1976 i. VersR 1976, 1043 unter Aufgabe seiner früheren Rechtsprechung; OLG Karlsruhe, Urt. v. 10. 7. 1974 i. VersR 1975, 475 L = NJW 1975, 221; vgl. zu § 13 Abs. 2 LBauord. des Landes NRW OLG Hamm, Urt. v. 27. 4. 1972 i. VersR 1973, 1053 = NJW 1973, 760 m. zust. Anm. v.

Finzel S. 761; LG Wuppertal, Urt. v. 28. 12. 1964 i. NJW 1965, 305; vgl. zu § 13 der BayerBauord. BayerObLG, Urt. v. 2. 12. 1966 i. VersR 1967, 459 = NJW 1967, 354 u. Urt. v. 28. 2. 1972 i. VersR 1972, 667). Keinen Normcharakter haben **interne Verwaltungsvorschriften,** z. B. die Regelungen einer Fahrdienstanweisung (vgl. OLG Düsseldorf, Urt. v. 2. 4. 1953 i. VRS 5, 577) oder der Kabelschutzanweisung der Deutschen Bundespost (OLG Zweibrücken, Urt. v. 21. 5. 1975 i. VersR 1975, 45; LG Bremen, Urt. v. 22. 5. 1958 i. VersR 1959, 219). Schutzgesetzcharakter haben auch nicht die **Unfallverhütungsvorschriften,** weil es sich bei ihnen um eine Sonderordnung handelt (BGH, Urt. v. 17. 5. 1957 i. VersR 1957, 584 u. Urt. v. 29. 11. 1960 i. VersR 1961, 160, 161).

2. Verschulden, Beweis

70 Auch die Haftung nach § 823 Abs. 2 setzt ein **Verschulden** (vgl. Rdz. 10ff.) voraus. Dies gilt auch, wenn der **Tatbestand** des Schutzgesetzes ein Verschulden **nicht** vorsieht (§ 823 Abs. 2 Satz 2 BGB). Gefordert wird nur das Verschulden, das auch für das Schutzgesetz maßgebend ist. Verlangt das Schutzgesetz z. B. vorsätzliches Handeln, muß auch im Rahmen des § 823 Abs. 2 diese Verschuldensform erfüllt werden (RG, Urt. v. 10. 10. 1927 i. RG 118, 312, 315). Im Gegensatz zu dem Verschulden nach § 823 Abs. 1 BGB bezieht sich die Vorhersehbarkeit nicht auf den schädigenden Erfolg (Schaden), sondern nur darauf, daß ein **Schutzgesetz übertreten** wurde (RG, Urt. v. 18. 10. 1917 i. RG 91, 72, 76; BGH, Urt. v. 13. 7. 1965 i. VersR 1965, 1050, 1052). Die Beweislast hat der Geschädigte. Tritt ein Schaden ein, dessen Verhinderung oder Ausschaltung das Schutzgesetz bezweckt, spricht jedoch ein **Beweis des ersten Anscheins** (vgl. Rdz. 222) dafür, daß zwischen der Verletzung des Schutzgesetzes und dem Eintreten des Schadens ein kausaler Zusammenhang besteht (BGH, Urt. v. 9. 5. 1961 i. VersR 1961, 824, Urt. v. 25. 2. 1964 i. VersR 1964, 621, Urt. v. 30. 6. 1964 i. VersR 1964, 1082, 1083 u. Urt. v. 27. 6. 1975 i. VersR 1975, 1007, 1008). Steht ein **objektiver** Verstoß gegen ein Schutzgesetz fest, spricht eine **Vermutung** dafür, daß der Verletzer **schuldhaft** gehandelt hat (RG, Urt. v. 23. 10. 1915 i. JW 1916, 38 u. Urt. v. 18. 10. 1917 aaO.; BGH, Urt. v. 3. 1. 1961 i. VersR 1961, 231, 232).

IV. Verrichtungsgehilfenhaftung (§ 831 BGB)

71 Der Bahnbetriebsunternehmer oder der Inhaber einer Anlage i. S. von § 2 haften nach § 831 Abs. 1 Satz 1 BGB für den Schaden, den jemand, den sie zu einer Verrichtung bestellt haben – **Verrichtungsgehilfe** – einem Dritten in Ausführung der Verrichtung widerrechtlich zufügt.

1. Begriff des Verrichtungsgehilfen

a) Die einzelnen Merkmale

72 Zu einer **Verrichtung bestellt** ist derjenige, dem ein anderer, von dessen **Weisungen** er abhängig ist, eine Tätigkeit übertragen hat (vgl.

BGH, Urt. v. 5. 1. 1960 i. VersR 1960, 354). In einem Bahnunternehmen sind insbesondere die **Betriebsbediensteten** Verrichtungsgehilfen, z. B. die Lok- und Straßenbahnfahrer (vgl. BGH, Urt. v. 16. 12. 1958 i. VersR 1959, 375 u. Urt. v. 22. 3. 1960 i. VRS 13, 404) und die Schrankenwärter (BGH, Urt. v. 2. 10. 1952 i. LM Nr. 1 zu § 9b HaftpflG, Bl. 215); in einem VU die Personen, die die **Anlagen zu bedienen** oder **zu warten** haben (vgl. RG, Urt. v. 11. 4. 1935 i. RG 147, 353 = JW 1935, 2196 m. zust. Anm. v. *W. Weimar* S. 2198; OLG München, Urt. v. 28. 3. 1963 i. VersR 1963, 1208). Die Bestellung muß nicht rechtsgeschäftlicher Natur sein. Sie braucht nicht ausdrücklich und auch nicht unmittelbar durch den Geschäftsherrn vorgenommen zu werden. Auch ist unerheblich, ob die Tätigkeit entgeltlich oder unentgeltlich, dauernd oder vorübergehend ist (RG, Urt. v. 25. 3. 1918 i. RG 95, 345, 346). Verrichtungsgehilfe ist jedoch nur, wer bei der Ausführung der Verrichtung von dem Willen des Geschäftsherrn **abhängig** ist (RG, Urt. v. 25. 3. 1918 aaO.; BGH, Urt. v. 30. 6. 1966 i. NJW 1966, 1807, 1808), wie insbesondere **Arbeiter, Angestellte** und **Beamte,** mag ihnen auch eine gewisse Selbständigkeit eingeräumt sein (BGH, Urt. v. 29. 6. 1956 i. NJW 1956, 1715).

73 Der Geschäftsherr muß die Tätigkeit jederzeit beschränken, entziehen oder nach Zeit und Umfang bestimmen können (BGH, Urt. v. 30. 6. 1966 aaO.). **Kein** Verrichtungsgehilfe ist deshalb ein **selbständiger Unternehmer,** der die Arbeit unabhängig von allen Weisungen in **eigener Verantwortung** auszuführen hat (RG, Urt. v. 25. 3. 1918 i. RG 95, 345, 346; BGH, Urt. v. 24. 6. 1969 i. NJW 1969, 2005, 2007). Das gilt selbst dann, wenn der Auftraggeber dem Unternehmer die Arbeiter stellt (RG, Urt. v. 1. 7. 1942 i. VAE 14, 192; BGH, Urt. v. 24. 6. 1953 i. VersR 1953, 358 = BB 1953, 690; OLG Stuttgart, Urt. v. 7. 1. 1954 i. VersR 1954, 39). Als Unterscheidungskriterium kann die Feststellung dienen, ob die Tätigkeit im Rahmen eines **Dienst-** oder eines **Werkvertrages** geleistet wird (*Geigel/Schlegelmilch,* Haftpflichtprozeß, Kpt. 17 Rdz. 6). Hat der Beauftragte, z. B. als Bauunternehmer, nur die Ausführung eines „Werkes“ (§ 631 BGB) übernommen, ist die Verrichtungsgehilfeneigenschaft in der Regel zu verneinen.

b) Abgrenzung zu anderen Personen

74 Anders als bei der Haftung für den **Erfüllungsgehilfen** (§ 278 BGB, vgl. Rdz. 116f.) wird **nicht** gefordert, daß der Handelnde die Schädigung bei der Erfüllung einer bestimmten **schuldrechtlichen Verbindlichkeit** zugefügt und daß der Verrichtungsgehilfe **schuldhaft** gehandelt hat. Wer als **Organ** i. S. v. §§ 31, 89 BGB anzusehen ist, bestimmt sich nach anderen Kriterien (vgl. Rdz. 17ff.). Wegen der weiten Ausdehnung, den der Begriff des Organs durch die Rechtsprechung erfahren hat, ist jedoch die Abgrenzung zum bloßen Verrichtungsgehilfen oft schwierig. Die **Organhaftung** setzt ein haftpflichtiges (meist schuldhaftes) Verhalten des Organs voraus. Durch das Erfordernis des schuldhaften Verhaltens unterscheidet sich auch die **Repräsentantenhaftung** (vgl. Rdz. 1 zu § 3) von der Verrichtungsgehilfenhaftung (vgl. a. Rdz. 175 z. Haftung von Verkehrs- und Versorgungsbetrieben nach § 17 Abs. 4 StHG).

2. Ausführung der Verrichtung

75 Der Schaden muß in **Ausführung der Verrichtung** zugefügt worden sein, **nicht** nur **gelegentlich.** Der Geschäftsherr haftet deshalb nur für schädigende Handlungen, die in den Kreis der Maßnahmen fallen, deren Ausführung die Verrichtung darstellen, mit ihr nach Art und Zweck in einem unmittelbaren **inneren** Zusammenhang stehen (RG, Urt. v. 25. 3. 1918 i. RG 92, 345, 347; BGH, Urt. v. 23. 2. 1955 i. VersR 1955, 214 = VRS 8, 334 u. Urt. v. 6. 10. 1970 i. NJW 1971, 31, 32; vgl. a. Rdz. 32 zu § 3 u. Rdz. 117). Auch ein **irrtümliches,** sogar ein **bewußtes** und **eigenmächtiges** Überschreiten der Grenzen des Auftrages schließen die Anwendung des § 831 BGB nicht aus, wenn der **innere** Zusammenhang noch gegeben ist (BGH, Urt. v. 23. 2. 1955 aaO., Urt. v. 20. 9. 1966 i. VersR 1966, 1074, 1075, Urt. v. 24. 1. 1967 i. VersR 1967, 353, 354 u. Urt. v. 6. 10. 1970 aaO.).

3. Widerrechtlichkeit

76 Der Verrichtungsgehilfe muß **handlungsfähig** (vgl. Rdz. 4) gewesen und **widerrechtlich** (vgl. Rdz. 5) gehandelt haben. Ein **Verschulden** wird **nicht** gefordert, wenn es sich nicht ausnahmsweise um die Verletzung eines Schutzgesetzes handelt, dessen Verletzung ein Verschulden voraussetzt (z. B. § 263 StGB i. Verb. m. § 823 Abs. 2 BGB).

4. Verschulden

a) Allgemeines

77 Für eine widerrechtliche Schadenszufügung des Verrichtungsgehilfen haftet der Geschäftsherr, wenn er **nicht nachweisen** kann, daß er bei der Auswahl und der Überwachung die im Verkehr **erforderliche Sorgfalt beachtet** hat. Hat der Geschäftsherr **Verrichtungen** oder **Gerätschaften** zu beschaffen und die Ausführung der Verrichtung zu leiten, so hat er sich auch insoweit von dem Verschuldensvorwurf zu entlasten. Ist eine Entlastung nicht möglich, kann er sich schließlich von der Haftung durch den Nachweis befreien, daß der **Schaden auch** bei Anwendung der erforderlichen Sorgfalt **entstanden wäre** (§ 831 Abs. 1 Satz 2 BGB). Der in der Pflichtverletzung des Verrichtungsgehilfen zutage getretene Mangel vereitelt **nicht** schon von vornherein den Entlastungsbeweis (BGH, Urt. v. 20. 10. 1952 i. LM Nr. 1 zu § 9b HaftpflG, Bl. 215).

b) Auswahl, Überwachung, Anleitung und Ausrüstung

78 Die Pflichten, die dem Geschäftsherrn hinsichtlich des Verrichtungsgehilfen obliegen, bilden einen **zusammenhängenden Pflichtenkomplex.** Konnten z. B. die Anforderungen bei der Auswahl optimal erfüllt werden, kann sich das Ausmaß der Beaufsichtigungspflicht verringern (vgl. BGH, Urt. v. 10. 11. 1959 i. VersR 1959, 473), während umgekehrt an die Beaufsichtigung höhere Anforderungen zu stellen sind, wenn sich der Gehilfe bei der Auswahl nur als knapp tauglich dargestellt hat (vgl. BGH, Urt. v. 22. 10. 1955 i. VersR 1955, 746 = VRS 10, 4, 7; vgl. a. *MünchKomm.-Mertens,* Rdz. 8 zu § 831 BGB). Eine **starre** Regel dafür,

welcher Sorgfaltsmaßstab gelten soll, gibt es **nicht** (vgl. BGH, Urt. v. 22. 11. 1957 i. LM Nr. 8 zu § 831 BGB). **Strenge Maßstäbe** gelten für Betriebe, die **erhebliche Gefahrenquellen** darstellen. So wurde in ständiger Rechtsprechung die Auffassung vertreten, bei der Auswahl und Beaufsichtigung von Fahrbediensteten öffentlicher Schienenverkehrsunternehmen sei wegen der mit ihrer Tätigkeit verbundenen hohen Gefahren auch ein außerordentliches Maß an Sorgfalt zu beachten (vgl. RG, Urt. v. 26. 8. 1935 i. JW 1935, 3536 m. abl. Anm. v. *Abitz-Schulze* S. 3537; BGH, Urt. v. 22. 10. 1955 aaO., Urt. v. 22. 11. 1957 aaO. u. Urt. v. 19. 12. 1958 i. VRS 16, 164).

79 Schon bei der **Einstellung** muß sich der Geschäftsherr im Rahmen des Möglichen von der **Eignung** des Gehilfen überzeugen. Fahrbedienstete müssen nicht nur die für die technische Ausübung des Berufes erforderlichen Fähigkeiten haben, sondern auch bestimmte **charakterliche Eigenschaften,** vor allem Gewissenhaftigkeit, Zuverlässigkeit und Verantwortungsgefühl besitzen (RG, Urt. v. 14. 12. 1911 i. RG 78, 107, Urt. v. 25. 2. 1915 i. RG 87, 4 u. Urt. v. 22. 2. 1937 i. JW 1937, 1964; BGH, Urt. v. 14. 5. 1957 i. VersR 1957, 463 = VRS 13, 88, 89 = DAR 1957, 234, Urt. v. 19. 12. 1958 i. VRS 16, 164 u. Urt. v. 4. 3. 1960 i. VersR 1960, 59). Über frühere Arbeitsstellen muß sich der Geschäftsherr **Zeugnisse** vorlegen lassen und, soweit dies nicht möglich ist oder noch Unklarheiten bestehen, zusätzliche Auskünfte einholen (RG, Urt. v. 19. 11. 1936 i. VAE 3, 43 u. Urt. v. 27. 4. 1938 i. VAE 6, 299; BGH, Urt. v. 4. 3. 1960 aaO.; KG, Urt. v. 20. 7. 1930 i. VAE 2, 581). In Zweifelsfällen kann es angebracht sein, ein **psychologisches Eignungsgutachten** einzuholen.

80 Vor der Aufnahme seiner Tätigkeit muß der Fahrbedienstete auf seine **körperliche** und **geistige Tauglichkeit ärztlich untersucht** werden (vgl. §§ 48 Satz 1 EBO u. 56 Abs. 3 Satz 1 BOStrab). Die Untersuchungen sind insbesondere auf Hör- und Sehvermögen und Farbtüchtigkeit zu erstrecken (vgl. §§ 50 ff. EBO u. 56 Abs. 3 Satz 3 BOStrab). Sie sind in bestimmten zeitlichen Abständen zu **wiederholen** und auch zwischenzeitlich, wenn Anzeichen für eine gesundheitliche Verschlechterung vorliegen (a. A. für Straßenbahnfahrer nach der damaligen Gesetzeslage BGH, Urt. v. 30. 6. 1964 i. VersR 1964, 1081). Es kommt nicht darauf an, ob gerade diejenige fehlerhafte Eigenschaft das Versagen verursacht hat, die der Einstellung hätte im Wege stehen müssen (RG, Urt. v. 24. 9. 1934 i. JW 1934, 2973 m. w. Nachw.; BGH, Urt. v. 15. 3. 1960 i. VersR 1960, 372, 373 = VRS 13, 321). **Übertriebene** Anforderungen dürfen nicht gestellt werden. Eine Verpflichtung, „die unbedingt Besten für bestimmte Aufgaben verhältnismäßig geringer Schwierigkeit zu verwenden", besteht nicht (so BGH, Urt. v. 2. 10. 1952 i. LM Nr. 1 zu § 9b HaftpflG, Bl. 214 R für Schrankenwärter). **Schuldhaft** handelt der Geschäftsherr nur, wenn er die mangelnde Eignung erkennen konnte (BGH, Urt. v. 14. 5. 1957 i. VersR 1957, 463 = VRS 13, 88, 89 = DAR 1957, 234).

81 Die **Befähigung** muß auch noch **zur Zeit** der schädigenden **Handlung** vorhanden sein (RG, Urt. v. 14. 12. 1911 i. RG 78, 107 u. Urt. v. 25. 2. 1915 i. RG 87, 4). Davon muß sich der Geschäftsherr durch ständige **Kontrollen** überzeugen. Hierdurch muß er weiter sicherstellen, daß nicht

Gewöhnung und **Gleichgültigkeit** einreißen (BGH, Urt. v. 22. 10. 1955 i. VRS 10, 4, 7). Gerade in öffentlichen Verkehrsunternehmen ist die Überwachungspflicht **streng** zu handhaben. Die Rechtsprechung fordert regelmäßige, konkrete und wirksame Kontrollen. Die Kontrollen sind in **gewissen Abständen** vorzunehmen, wobei sich die Häufigkeit nach dem Ausmaß der Gefahr richtet (vgl. RG, Urt. v. 26. 8. 1935 i. JW 1935, 3536 m. abl. Anm. v. *Abitz-Schulze* S. 3537; BGH, Urt. v. 22. 10. 1955 aaO. u. Urt. v. 16. 12. 1958 i. VersR 1959, 375; vgl. a. RG, Urt. v. 22. 2. 1937 i. JW 1937, 1964 m. abl. Anm. v. *Gülde* S. 1965; BGH, Urt. v. 4. 3. 1960 i. VersR 1960, 597 u. Urt. v. 20. 1. 1970 i. VersR 1970, 327). Eine **allgemeine** Überwachung reicht **nicht** aus. Vielmehr muß sich die Beaufsichtigung gerade auf diejenige **Person** beziehen, die sich den Unfall hat zuschulden kommen lassen (BGH, Urt. v. 22. 10. 1955 aaO.). Auch hat der Geschäftsherr darzulegen und nachzuweisen, **welche** namentlich zu benennende Person zu welchem Zeitpunkt die Kontrolle ausgeübt hat und welche **Aufzeichnungen** hierüber gemacht wurden (vgl. RG, Urt. v. 26. 8. 1935 aaO.).

82 Gefordert wird auch, daß die **Aufsicht „unauffällig"** ist, damit sich der Beaufsichtigte, z. B. ein Straßenbahnfahrer, mit seinem Fahrverhalten hierauf nicht einrichtet und ein unzutreffendes Bild von seinen durchschnittlichen Fähigkeiten gibt (vgl. BGH, Urt. v. 16. 12. 1958 i. VersR 1959, 375, Urt. v. 24. 4. 1959 i. VersR 1959, 852, 853, Urt. v. 10. 11. 1959 i. VersR 1959, 473, Urt. v. 25. 1. 1966 i. VersR 1966, 490 u. Urt. v. 20. 1. 1970 i. VersR 1970, 327). Die kontrollierende Person darf z. B. durch Tragen einer Uniform nicht schon als solche zu erkennen sein (vgl. a. BGH, Urt. v. 24. 4. 1959 aaO.: mangelnde Eignung eines nahen Angehörigen als Aufsichtsperson). In **kleinen** Unternehmen ist das Erfordernis der unauffälligen Kontrolle nicht durch Mitfahren der Aufsichtsperson, sondern nur in der Weise zu verwirklichen, daß das Fahrverhalten (z. B. im Straßenbahnbetrieb) durch Nachfahren oder durch Beobachtung an der Haltestelle oder durch Auswertung von Fahrtenschreibern überprüft wird. Daß hier ein **Betriebsfremder** als Aufsichtsperson eingesetzt wird, erscheint zu weitgehend, zumal das Fehlen dieser Kontrolle durch eine größere Übersichtlichkeit der Betriebsverhältnisse ausgeglichen wird.

83 In der **ersten Zeit** der Tätigkeit ist die Aufsicht, insbesondere gegenüber Berufsanfängern, **strenger** zu handhaben (BGH, Urt. v. 15. 3. 1960 i. VersR 1960, 372; KG, Urt. v. 12. 4. 1937 i. VAE 4, 406; OLG Braunschweig, Urt. v. 11. 3. 1938 i. VAE 6, 292), z. B. auch durch das Mitfahren eines **„Lehrfahrers"**. Eine stärkere Kontrolle ist auch geboten, wenn die Eignungsprüfung bei der Auswahl ergeben hat, daß den Anforderungen nur **knapp** entsprochen werden konnte (BGH, Urt. v. 19. 12. 1958 i. VRS 16, 164, 165; vgl. a. Urt. v. 2. 10. 1952 i. LM Nr. 1 zu § 9b HaftpflG). Andererseits können die Anforderungen an die Beaufsichtigung **herabgesetzt** werden, wenn sich der Betriebsbedienstete in langjähriger Tätigkeit als zuverlässig erwiesen hat (vgl. BGH, Urt. v. 10. 11. 1959 i. VersR 1959, 473 u. Urt. v. 25. 1. 1966 i. VersR 1966, 490; vgl. a. BGH, Urt. v. 20. 1. 1970 i. VersR 1970, 327 u. OLG Köln, Urt. v. 13. 2. 1958 i. VersR 1958, 724).

84 Kommt es zu **dienstlichen Verfehlungen,** ist die Aufsicht zu **verschärfen** (vgl. RG, Urt. v. 14. 12. 1911 i. RG 78, 107; BGH, Urt. v. 22. 10. 1955 i. VRS 10, 4, 8 u. Urt. v. 9. 12. 1964 i. VersR 1965, 290, 291; vgl. a. BGH, Urt. v. 19. 10. 1955 i. VRS 10, 12). Außerdem ist der Verrichtungsgehilfe zu **ermahnen** und zu **belehren** (vgl. BGH, Urt. v. 15. 3. 1960 i. VersR 1960, 372, 373). Dies ist in der Personalakte zu vermerken. Handelt es sich um einen Angehörigen des Fahrdienstes und haben die Vorkommnisse erkennen lassen, daß die praktischen oder theoretischen Fahrfertigkeiten nicht ausreichend waren, kann sich eine **Nachschulung** als notwendig erweisen. Bei schwerwiegenden Verstößen kommt eine zeitweilige oder dauernde **Entfernung** aus dem Fahrdienst oder eine **Entlassung** in Betracht (vgl. RG, Urt. v. 14. 12. 1911 aaO.).

85 Zur Entlastung des Geschäftsherrn gehört es auch, daß er den Verrichtungsgehilfen sorgfältig **angeleitet** und **angewiesen** hat. Für den Fahrdienst der Bahnen bedarf es **schriftlicher Dienstanweisungen,** die **klare** und **eindeutige** Regelungen enthalten müssen (vgl. RG, Urt. v. 7. 7. 1942 i. RG 169, 376, 381; BGH, Urt. v. 18. 2. 1969 i. VersR 1969, 518, 519; KG, Urt. v. 14. 10. 1937 i. VAE 5, 29; vgl. a. BGH, Urt. v. 5. 11. 1974 i. VersR 1975, 258, 260). Die Anweisungen müssen die Bediensteten auf **besondere Gefahren** hinweisen und sind den sich ändernden Verhältnissen **anzupassen** (vgl. RG, Urt. v. 7. 7. 1942 aaO.: Befahren eines Bahnübergangs; OGH Köln, Urt. v. 24. 6. 1949 i. VRS 1, 227, 229 = NJW 1949, 669: Anfahren von Straßenbahnhaltestelle bei starkem Gedränge; BGH, Urt. v. 15. 3. 1960 i. VersR 1960, 372, 373: Einsatz eines Sicherungspostens bei Arbeiten im Gleisbereich; OLG Bremen, Urt. v. 4. 3. 1952 i. VersR 1953, 70 L = VRS 5, 27: Anweisung für Rangierbetrieb; OLG München, Urt. v. 28. 3. 1963 i. VersR 1963, 1208: Betriebsvorschrift für Rettung von Menschen aus einem gasbedrohten Haus).

86 Hat der Geschäftsherr **technische Vorrichtungen** oder **Gerätschaften** zu beschaffen (die Notwendigkeit der Beschaffung hat der Geschädigte zu beweisen), bezieht sich die Sorgfaltspflicht des Geschäftsherrn auch hierauf. Hierzu gehört z. B. Verpflichtung des Bahnunternehmers, für den verkehrssicheren Zustand der Bahnfahrzeuge zu sorgen (vgl. BGH, Urt. v. 11. 7. 1958 i. VersR 1958, 626: Bremsversagen bei einer Straßenbahn; vgl. a. Rdz. 32).

87 In **größeren** Betrieben kann der Geschäftsherr die Verpflichtung zur Auswahl und Beaufsichtigung nicht selbst wahrnehmen, sondern muß diese Funktionen einer **Aufsichtsperson** übertragen. Nach h. A. kann der Geschäftsherr in einem solchen Fall den Entlastungsbeweis schon dadurch führen, daß er nachweist, daß er die Aufsichtsperson sorgfältig ausgewählt und überwacht hat (vgl. BGH, Urt. v. 18. 11. 1963 i. VersR 1964, 297; *Palandt/Thomas,* BGB, Anm. 6b zu § 831; *Geigel/Schlegelmilch,* Haftpflichtprozeß, Kpt. 17 Rdz. 30ff.). Dieser sog. **dezentralisierte Entlastungsbeweis** setzt jedoch voraus, daß eine lückenlose Beaufsichtigung organisationsmäßig sichergestellt ist und daß die allgemeinen Anordnungen, insbesondere **generelle** Aufsichtsanweisungen durch den Geschäftsherrn **selbst** erlassen wurden.

c) Beweis

88 Der Geschädigte hat die Umstände **darzulegen** und **nachzuweisen,** aus denen sich ergibt, daß er durch einen Verrichtungsgehilfen des Geschäftsherrn widerrechtlich geschädigt wurde. Kommen **mehrere Personen,** die der Geschäftsherr zu derselben Verrichtung bestellt hat, als Schädiger in Betracht, ist der Geschädigte nicht gehalten, die richtige Person zu benennen (RG, Urt. v. 11. 3. 1909 i. RG 70, 380, 381; BGH, Urt. v. 29. 6. 1971 i. VersR 1971, 1020, 1021). Es genügt, daß der Geschädigte die schädigende Handlung zeitlich und örtlich näher beschreibt, indem er z. B. angibt, als Straßenbahnfahrgast zu einer bestimmten Zeit und auf einer bestimmten Strecke durch das Fahrverhalten eines Straßenbahnfahrers widerrechtlich verletzt worden zu sein. Der Straßenbahnunternehmer hat dann zu ermitteln, welche Personen zur Unfallzeit als Straßenbahnfahrer eingesetzt waren, und sich hinsichtlich **aller** Fahrer zu entlasten. Ist dies auch nur für einen Straßenbahnfahrer nicht möglich, ist der Entlastungsbeweis mißglückt.

d) Sonderregelungen

89 Auch dann, wenn sich der Geschäftsherr entlasten kann, haftet er unter bestimmten Voraussetzungen nach § 17 Abs. 4 StHG **anstelle** des Schädigers (vgl. Rdz. 175). Nach §§ 6 Abs. 1 Satz 2 AVBEltV, AVBGasV, AVBFernwärmeV u. AVBWasserV ist der Entlastungsbeweis nach § 831 Abs. 1 Satz 2 BGB nur zulässig, wenn der Verrichtungsgehilfe des VU den Schaden **vorsätzlich** verursacht hat (vgl. Rdz. 136ff. u. Anh. 7).

V. Haftung des Grundstücksbesitzers für Einsturz (§§ 836, 837 BGB)

90 Der **Besitzer** eines **Grundstücks** haftet, wenn durch den **Einsturz** eines **Gebäudes** oder eines anderen mit einem Grundstück verbundenen **Werkes** oder durch die **Ablösung** von **Teilen** des Gebäudes oder des Werkes ein Mensch getötet, der Körper oder die Gesundheit eines Menschen verletzt oder eine Sache beschädigt wird und der Einsturz oder die Ablösung die Folge fehlerhafter Errichtung oder mangelhafter Unterhaltung ist (§ 836 BGB). Die Haftung beruht auf dem **vermuteten Verschulden** des Grundstücksbesitzers und dem **vermuteten ursächlichen** Zusammenhang zwischen dem Verschulden des Besitzers und dem Schaden (BGH, Urt. v. 16. 6. 1952 i. LM Nr. 4 zu § 836 BGB).

91 Als mit einem Grundstück verbundene **Werke** wurden z. B. angesehen: die mit einem Bahndamm verbundenen **Zuggleise** (RG, Urt. v. 13. 1. 1908 i. JW 1908, 196: Zugentgleisung durch Dammbruch), **Starkstromleitungen** (RG, Urt. v. 11. 5. 1925 i. JR 1925 Nr. 1633, Urt. v. 14. 10. 1931 i. JR 1932 Nr. 444, Urt. v. 11. 4. 1935 i. RG 147, 353, 356 = JW 1935, 2196 m. zust. Anm. v. *W. Weimar* S. 2198 u. Urt. v. 12. 2. 1938 i. JW 1938, 1254; OLG Hamm, Urt. v. 3. 10. 1935 – 11 U 83/35 –, zit. b. *Vaubel* i. *Eiser/Riederer/Obernolte/Danner,* EnergWRecht, III 11a; a. A. OLG Hamm, Urt. v. 30. 5. 1931 – 9 U 370/79 – u. Urt. v. 21. 11. 1931 –

9 U 202/31 –, zit. b. *Vaubel* aaO.), ein **Schutzdraht** an einer Leitungskreuzung (OLG Dresden, Urt. v. 24. 2. 1908 i. SeuffA 64 Nr. 30), ein **Leitungsmast** (OLG Kolmar, Urt. v. 14. 7. 1911 i. DRiZ 1912, 760), **Rohrleitungen** (RG, Urt. v. 17. 2. 1916 i. Soergel 1917 Nr. 5 zu § 836 BGB u. Urt. v. 9. 5. 1931 i. RG 133, 1, 6; BGH, Urt. v. 24. 1. 1958 i. VersR 1958, 194; OLG Neustadt, Urt. v. 14. 7. 1960 i. gwf 1961, 44; LG Essen, Urt. v. 21. 11. 1960 i. gwf 1961, 202; *Sanden* i. gwf 1959, 983, 985; *Wernicke* i. DVBl. 1968, 578, 583; vgl. a. amtl. Begr. i. BT-Drucks. 8/108, 11), eine **Straßenlaterne** (RG, Urt. v. 4. 10. 1915 i. Recht 1916 Nr. 451 u. Urt. v. 12. 7. 1919 i. Recht 1919 Nr. 2120; AG Krefeld, Urt. v. 25. 7. 1967 i. VersR 1968, 103).

92 Das **Herabfallen** einer **Starkstromleitung** ist eine **„Ablösung"** (RG, Urt. v. 11. 5. 1925 i. JR 1925 Nr. 1633, Urt. v. 11. 4. 1935 i. RG 147, 353, 356 = JW 1935, 2196 m. zust. Anm. v. *W. Weimar* S. 2198 u. Urt. v. 12. 2. 1938 i. JW 1938, 1254); ebenso ein **Rohrbruch** (vgl. z. B. RG, Urt. v. 9. 5. 1931 i. RG 133, 1, 6; BGH, Urt. v. 24. 1. 1958 i. VersR 1958, 194). Der Schaden muß nach Sinn und Zweck des § 836 BGB durch die **„bewegend wirkende Kraft des Einsturzes oder der Ablösung"** verursacht worden sein. **Kein Ablösungsschaden** liegt deshalb vor, wenn Leitungsdrähte, die auf dem Boden herumliegen, den Unfall verursachen (OLG Jena, Urt. v. 26. 9. 1932 i. JW 1933, 60) oder wenn der Schaden dadurch eintritt, daß aus einem unterirdischen Tank auslaufender Kraftstoff in das Erdreich eindringt und das Grundwasser verunreinigt oder nach einer Explosion einer Gasleitung das ausströmende Gas von einem Menschen eingeatmet wird (vgl. BGH, Urt. v. 14. 6. 1976 i. VersR 1976, 1085 m. w. Nachw.).

93 Besitzt jemand auf einem fremden Grundstück **in Ausübung eines Rechtes** ein Gebäude oder ein Werk, trifft ihn anstelle des Besitzers des Grundstücks die in § 836 BGB bestimmte Verantwortlichkeit (§ 837 BGB). Ein EVU haftet z. B. für eine Schädigung durch das Herunterfallen einer Starkstromleitung, wenn es die Leitung in Ausübung eines Rechtes an dem fremden Grundstück errichtet hatte (RG, Urt. v. 12. 2. 1938 i. JW 1938, 1254; vgl. a. RG, Urt. v. 11. 5. 1925 i. JR 1925 Nr. 1633).

94 Der Verpflichtete kann sich durch den **Nachweis entlasten,** zur Abwehr der Gefahr die im Verkehr erforderliche Sorgfalt beachtet, insbesondere zumutbare Maßnahmen für die Überwachung getroffen zu haben. Hierzu reicht die Beseitigung erkennbar gewordener Schäden nicht aus; vielmehr ist eine **fortdauernde Beobachtung** erforderlich (BGH, Urt. v. 24. 1. 1958 i. VersR 1958, 194; vgl. a. OLG Dresden, Urt. v. 24. 2. 1908 i. SeuffA 64 Nr. 30: periodische Untersuchung eines Schutznetzes bei einer Leitungskreuzung; OLG Kolmar, Urt. v. 14. 7. 1911 i. DRiZ 1912, 760: regelmäßige Untersuchung von Holzmasten auf Fäulnis). Ein Wasserwerk ist aber z. B. nicht verpflichtet, die Straßendekke aufzureißen, um Undichtigkeiten am Rohrnetz festzustellen. Auch brauchen Abhörgeräte nicht eingesetzt zu werden, wenn die zu erwartende Schadensursache – feine Haarrisse – hiermit nicht entdeckt werden kann (BGH, Urt. v. 24. 1. 1958 aaO.).

C. Vertragliche Haftung

I. Vorbemerkung

95 Der Bahnbetriebsunternehmer oder der Inhaber einer Anlage i. S. v. § 2 haftet dem Geschädigten aus **Vertrag,** wenn sie den Schaden durch die **schuldhafte Verletzung** einer ihnen gegenüber dem Geschädigten obliegenden **vertraglichen Verpflichtung** verursacht haben. Ebenso wie die deliktische Haftung (Rdz. 2ff.) setzt die vertragliche Haftung nicht voraus, daß der Schaden durch einen **Unfall** eingetreten ist, und ist der **Höhe** nach **unbegrenzt.** Dem Umfange nach erstreckt sich die Haftung auch auf **reine Vermögensschäden** (Rdz. 125). Sie gewährt jedoch **keinen** Ersatz für **Drittschäden** (vgl. §§ 844, 845 BGB, § 5 Abs. 2 HG) und billigt dem Geschädigten, der einen Personenschaden erlitten hat, **kein Schmerzensgeld** zu. In der Praxis wird sie häufig nur ins Feld geführt, wenn es wegen drohender oder eingetretener Verjährung der anderen Haftpflichtansprüche auf die **längeren Verjährungsfristen** der vertraglichen Haftung (vgl. Rdz. 3 zu § 11) oder auf die besondere **Beweiserleichterung** dieser Haftungsgrundlage (vgl. Rdz. 120) ankommt.

II. Beförderungsvertrag

Schrifttum: *Canaris,* Geschäfts- und Verschuldensfähigkeit aus „culpa in contrahendo", Gefährdung und Aufopferung, NJW 1964, 1987; *Berg,* Leistungspflicht aus sozialtypischem Verhalten und Minderjährigenschutz, MDR 1967, 448; *Filthaut,* Haftung und Haftpflichtversicherung im öffentlichen Personennahverkehr, Handbuch der Verkehrswirtschaft, Düsseldorf 1978; *Finger,* Eisenbahnverkehrsordnung, Kommentar, München, Stand 1. 3. 1981; Schadenhaftung der Eisenbahnen bei der Personenbeförderung, transpR 1980, 52; *Goltermann/Konow,* Eisenbahn-Verkehrsordnung, Kommentar, 3. Aufl., Berlin 1959, Stand 14. 9. 1981; *Gudian,* Inanspruchnahme tarifmäßig zu vergütender Versorgungsleistungen – echter Vertrag oder nicht?, JZ 1967, 303; *Kellmann,* Schuldverhältnisse aus sozialtypischem Verhalten, NJW 1971, 265; *Klimke,* Haftung für Unfälle nichtdeliktsfähiger Kinder beim Betrieb von Schienenfahrzeugen, DB 1976, 2385; *Konow,* Die Verpflichtungen aus sozialtypischem Verhalten und der Minderjährigenschutz bei der Benutzung öffentlicher Verkehrsmittel, DB 1967, 1840; Haftungsprobleme im Eisenbahn-Frachtrecht, DB 1970, 1257; Frachtrecht als Sonderordnung, DB 1971, 1095; *Kröner,* Haftung der Eisenbahn für Unfälle beim Ein- und Aussteigen, VAE 15, 41; *Larenz,* Die Begründung von Schuldverhältnissen durch sozialtypisches Verhalten, NJW 1956, 1897; Sozialtypisches Verhalten als Verpflichtungsgrund, DRiZ 1958, 245; *Lehmann,* Faktische Vertragsverhältnisse, NJW 1958, 1; *Mezger,* Das schwarzfahrende Kind, NJW 1967, 1740; *Schlechtriem,* Abgrenzungsfragen bei der positiven Vertragsverletzung, VersR 1973, 581; *Tegelen,* Die Haftung der Eisenbahn bei der Beförderung von Gütern, DB 1965, 1377; *Weimar,* Der Beförderungsvertrag und Schutzwirkung für Dritte, DAR 1972, 62; Die Schutzwirkung für Dritte beim Beförderungsvertrag und bei Verschulden bei Vertragsanbahnung, DAR 1977, 66.

1. Rechtsnatur, Inhalt des Vertrages

96 Bei Schädigungen im Bahnbetrieb kommt dem **Beförderungsvertrag** als Anspruchsgrundlage eine größere Bedeutung zu. Der Beförderungsvertrag ist gesetzlich nicht eigenständig geregelt. Es handelt sich um eine Sonderform des **Werkvertrages,** auf den §§ 631 ff. BGB Anwendung finden. Die Hauptverpflichtung des Unternehmers des Beförderungsvertrages besteht darin, **Personen** oder **Sachen** mit **Fahrzeugen von Ort zu Ort** zu **befördern.** Hierdurch unterscheidet sich der Beförderungsvertrag vom **Mietvertrag,** bei dem sich der Vermieter nur verpflichtet, das Beförderungsmittel dem anderen zum **Gebrauch** zu überlassen (§ 535 ff. BGB). Dem Unternehmer obliegt auch die Verpflichtung, die Beförderung so durchzuführen, daß der Besteller (Fahrgast) hierbei **keinen Schaden** erleidet (vgl. Rdz. 110). Die Hauptverpflichtung des Bestellers liegt in der Entrichtung der vereinbarten Vergütung (§ 631 BGB). Im übrigen bestimmt sich das Ausmaß der Pflichten nach den im Einzelfall gesetzlich geltenden oder vereinbarten **Beförderungsbedingungen** (vgl. Rdz. 113 f. u. Anh. 5) sowie, mangels einer Festlegung, nach **Treu** und **Glauben** unter Berücksichtigung der **Verkehrssitte** (vgl. RG, Urt. v. 22. 10. 1908 i. RG 69, 357, 362, Urt. v. 19. 12. 1913 i. RG 83, 343, 347 u. Urt. v. 10. 7. 1914 i. Warn. 1914 Nr. 268 = EE 31, 371; BGH, Urt. v. 29. 4. 1953 i. BGH 9, 311 = VRS 5, 425, 427 f. u. Urt. v. 31. 1. 1961 i. VersR 1961, 417).

2. Personenbeförderungsvertrag

a) Wirksamkeit des Vertrages

97 Die vertragliche Haftung setzt voraus, daß die Schädigung **während** der **Geltung** des Vertrages verursacht wurde. Deshalb ist häufig die Feststellung wichtig, ob bei der Schädigung eine vertragliche Haftung schon oder noch bestanden hat.

aa) Abschluß des Vertrages

98 Der Vertrag kommt durch **Angebot** und **Annahme** zustande (§§ 145 ff. BGB). Im **Straßenbahnbetrieb** macht der Unternehmer durch das Anhalten der Bahn an der Haltestelle dem Benutzer das **Angebot** zum Abschluß des Beförderungsvertrages. Das Angebot **endet** mit der **Abfahrt** (OGH Köln, Urt. v. 24. 6. 1949 i. VRS 1, 227, 231 = NJW 1949, 669 L; BGH, Urt. v. 19. 1. 1962 i. VersR 1962, 375, 376; OLG Kiel, Urt. v. 15. 10. 1947 i. VRS 1, 70; OLG Bremen, Urt. v. 6. 12. 1948 i. VRS 1, 223; *Friese,* RHG, § 9 B III 1 c). Befindet sich der Fahrgast noch auf dem Bürgersteig an der Haltestelle, bestehen noch keine vertraglichen Beziehungen; ebenso nicht, wenn er in einer Wartehalle an der Haltestelle auf das Eintreffen der Bahn wartet (vgl. OLG Hamburg, Urt. v. 19. 3. 1926 i. EE 24, 240; in dem letzteren Fall bestehen jedoch vorvertragliche Beziehungen, vgl. Rdz. 156 f.). Das Angebot des Unternehmers setzt voraus, daß der Benutzer das Fahrzeug **ordnungsgemäß** betritt. Kein Beförderungsvertrag kommt mit dem Fahrgast zustande, der die Aufforderung des Fahrpersonals, das Trittbrett zu verlassen, nicht befolgt (OGH Köln, Urt. v. 24. 6. 1949 aaO.) oder entgegen dem Verbot (vgl. § 67 Abs. 2 Nr. 3 BOStrab sowie § 4 Abs. 2 Nr. 4 ABB, Anh. 5) auf eine

bereits fahrende Bahn springt (vgl. BGH, Urt. v. 19. 1. 1962 aaO.; wie *Friese* aaO. zutreffend feststellt, endet das Angebot der Bahn schon mit dem Abfahrtsignal oder dem Schließen der Türen). In diesen Fällen kommt auch eine Haftung aus **vorvertraglichen Beziehungen** (vgl. Rdz. 156f.) nicht in Betracht, weil ein Angebot nicht vorliegt (OGH Köln, Urt. v. 24. 6. 1949 aaO.; BGH, Urt. v. 19. 1. 1962 aaO.). Mit dem **Besteigen** der Straßenbahn gilt der Beförderungsvertrag regelmäßig als **abgeschlossen** (OLG Kiel, Urt. v. 19. 12. 1940 i. DR 1941, 591 m. zust. Anm. v. *Wussow* S. 592; vgl. a. OLG Frankfurt, Urt. v. 7. 12. 1949 i. VRS 1, 110). Daß der Fahrgast ins Innere des Fahrzeugs gelangt, ist nicht erforderlich (OLG Bremen, Urt. v. 6. 12. 1948 aaO.; OLG Hamburg, Urt. v. 23. 5. 1947 i. MDR 1948, 222). Der **Fahrschein,** der schon vor Antritt der Fahrt oder erst im Fahrzeug gelöst werden kann, hat nur deklaratorische Bedeutung (OLG Kiel, Urt. v. 15. 10. 1947 aaO.; *Friese, Wussow* aaO.).

99 Im **Eisenbahnverkehr** kommt es zum Abschluß des Beförderungsvertrages, wenn der Fahrgast einen gültigen **Fahrausweis löst** und sich **innerhalb** des **Bahngebietes** (Bahnhofs) **zum Zug begibt** (RG, Urt. v. 23. 1. 1908 i. Recht 1908 Nr. 967 = EE 24, 389 u. Urt. v. 20. 4. 1914 i. LZ 1914 Sp. 1530; *Seligsohn,* RHG, Anm. 10 zu § 9; *Böhmer,* RHG, Anm. 14 zu § 9 u. SHG, Anm. 16 zu § 7; *Wussow,* UHR, Tz. 845; *Finger,* EVO, Vorb. 6b bb v. § 8). Noch nicht vertraglich geschützt ist der **Weg** zum **Fahrkartenschalter** (vgl. RG, Urt. v. 23. 1. 1908 aaO.; OLG Stettin, Urt. v. 23. 1. 1930 i. Recht 1930 Nr. 2053; *Böhmer,* SHG, Anm. 21 zu § 7; vgl. jedoch Rdz. 157). Die vertragliche Haftung kann **frühestens nach** dem **Kauf** der **Fahrkarte** mit dem Weg vom Fahrkartenschalter zum Bahnsteig beginnen oder, wenn der Fahrgast das Bahnhofsgebäude nach dem Kauf wieder verlassen hat, mit dem **erneuten Betreten** des Bahnhofsgebäudes (vgl. *Finger* aaO.; *Glanzmann* i. BGB-RGRK, Rdz. 177 zu § 631). Die Absicht des Fahrgastes, die Beförderung **anzutreten,** ist den **äußeren** Umständen zu entnehmen. Hierzu gehört insbesondere das Durchschreiten der **Bahnsteigsperre.** Daraus ist jedoch nicht zu folgern, daß der Beförderungsvertrag frühestens in diesem Zeitpunkt beginnt (so *Friese,* RHG, § 9 B III 1c). Vielmehr muß angenommen werden, daß auch der Weg des Fahrgastes bis zur Sperre in den vertraglichen Schutzbereich einbezogen werden soll (ebenso *Böhmer,* SHG, Anm. 7 zu § 7). Kann die **Fahrkarte** zulässigerweise **im Zug** gelöst werden (vgl. § 9 Abs. 1 EVO), kommt der Vertrag erst mit dem **Besteigen** des Bahnfahrzeugs zustande, weil erst dann sicher zu erkennen ist, daß der Fahrgast einen Vertrag abschließen will (a. A. *Glanzmann* aaO., der das Betreten des Bahnsteigs für den maßgeblichen Zeitpunkt hält, sowie *Goltermann/Konow,* EVO, Vorb. 2a aa v. § 8, die den Vertrag erst mit dem Lösen der Fahrkarte beginnen lassen wollen, jedoch zu dem hier vertretenen Ergebnis dadurch gelangen, daß sie ein vorvertragliches Rechtsverhältnis annehmen).

100 Wie auch sonst im modernen **Massenverkehr** werden die Beförderungsleistungen der Bahnen zu gleichen Bedingungen einer Vielzahl von Menschen öffentlich angeboten und in Anspruch genommen, ohne daß dies von den Benutzern im Einzelfall **ausdrücklich** vereinbart wird. Nach einer im Schrifttum, insbesondere von *Larenz* (NJW 1956, 1897, DRiZ 1958, 245), vertretenen Auffassung, der teilweise auch der BGH (vgl. Urt. v. 14. 5. 1956 i. BGH 21, 319 = NJW 1956, 1475 sowie LG Bremen, Urt. v. 17. 8. 1966 i. NJW 1966, 2360) gefolgt ist, sollen solche Schuldverhältnisse nicht in einer rechtsgeschäftlichen Einigung, sondern in dem **tatsächlichen** Angebot und der **tatsächlichen** Inanspruchnahme begründet sein. Dieses Verhalten soll wegen seiner **Sozialtypik** die gleiche Bedeutung haben wie ein rechtsgeschäftliches Handeln. Hiergegen wurde jedoch zutreffend eingewandt, daß die Rechtsprobleme, die mit diesem Rechtsverkehr verbunden sind, durchaus auch mit der herkömmlichen Figur des Rechtsgeschäftes gelöst werden können (vgl. *Berg* i. MDR 1967, 448; *Gudian* i. JZ 1967, 303; *Kellmann* i. NJW 1971, 265; *Konow* i. DB 1967, 1840; *MünchKomm.-Kramer,* Anm. 58 i. Einl. v. § 241 BGB; *Lehmann* i. NJW 1958, 1; *Medicus,* Anm. z. Urt. d. LG Bremen v. 17. 8. 1966 i. NJW 1967, 354; *Mezger* i. NJW 1967, 1740; *Palandt/Heinrichs,* Anm. 5b i. Einf. v. § 145 BGB).

bb) Beendigung des Vertrages

101 Mit Erreichung des Fahrtziels ist der Beförderungsvertrag regelmäßig beendet. Beim **Straßenbahnbeförderungsvertrag** ist dies der Zeitpunkt, in dem sich der Fahrgast **vollständig** vom **Fahrzeug gelöst** und mit beiden Beinen den Boden der Haltestellenfläche (auf dem Bürgersteig oder der Straße) erreicht und dort sicheren Halt gefunden hat (vgl. BGH, Urt. v. 24. 11. 1969 i. VersR 1970, 179, best. d. Urt. v. 18. 12. 1972 i. VersR 1973, 346; vgl. a. BGH, Urt. v. 16. 4. 1959 i. VersR 1959, 443, 444 = NJW 1959, 1366 sowie Rdz. 103 zu § 1). Auch das Schließen der Tür nach dem Betreten der Haltestellenfläche rechnet noch zum Beförderungsvertrag (vgl. BGH, Urt. v. 29. 10. 1957 i. VersR 1957, 809), nicht jedoch der **Weg** von einer auf einer Straße befindlichen Haltestelle zum Bürgersteig (BayerObLG, Urt. v. 30. 7. 1954 i. VersR 1954, 531) oder von einer Haltestelle auf einem Bürgersteig **nach** dem **vollständigen Verlassen des** Fahrzeugs (BGH, Urt. v. 24. 11. 1969 aaO.). Für den **verkehrssicheren Zustand** der **Haltestellenflächen** ist der Beförderungsunternehmer nicht mehr verantwortlich (vgl. BGH, Urt. v. 24. 11. 1969 aaO.). Dem Unternehmer obliegt jedoch die Verpflichtung, die verantwortlichen Stellen auf etwaige Mängel hinzuweisen oder notfalls von der Benutzung einer für den Fahrgast gefährlichen Haltestelle abzusehen (vgl. OLG Frankfurt, Urt. v. 12. 7. 1972 i. VersR 1975, 381 L; LG Wiesbaden, Urt. v. 6. 12. 1957 i. VersR 1958, 872; LG Hagen, Urt. v. 19. 3. 1970 i. VersR 1972, 164). Für den **Eisenbahnfahrgast** ist der Beförderungsvertrag erst mit dem Durchschreiten des **Bahnhofsausgangs** oder, wenn ein Bahnhof nicht vorhanden ist, mit dem Verlassen des **Bahnsteigs** abgeschlossen. Erst dann **endet** die **vertragliche** Verpflichtung des Eisenbahnunternehmers, die Abgänge des Fahrgastes verkehrssicher zu gestalten (vgl. Rdz. 110). Dies gilt auch für den Beförderungsvertrag über die Benutzung von anderen Bahnen, die nicht auf Straßen verkehren und über eigene Ein- und Ausstiegsanlagen verfügen, wie z. B. U.-Bahnen.

102 Die Beförderung **endet vorzeitig,** wenn sie noch **vor** Erreichung des

Fahrtzieles unmöglich wird, z. B. durch den Tod oder die Verletzung des Fahrgastes bei einem Unfall oder durch eine nicht behebbare Betriebsstörung.

b) Vertragspartner

aa) Mehrere Personen

103 Sind an einer Beförderung **mehrere** Bahnen beteiligt und hat der Fahrgast bei der ersten Bahn einen **durchgehenden** Fahrausweis gelöst, schließt diese den Vertrag auch im Namen der anderen Bahnen ab. Unter den einzelnen Bahnen besteht ein Gesamtschuldverhältnis i. S. v. § 421 BGB (Näheres hierzu bei *Finger,* EVO, Vorb. 2d dd v. § 8; vgl. a. BGH, Urt. v. 29. 4. 1953 i. BGH 9, 311 = VRS 5, 425, 428).

104 Nach allg. Auffassung können auch am Vertragsschluß selbst nicht beteiligte **Dritte** in den **Schutzbereich** des Beförderungsvertrages einbezogen werden. Das hat zur Folge, daß sie zwar nicht Vertragspartner werden, aber auf den durch den Vertrag gebotenen Schutz Anspruch erheben, insbesondere bei Verletzung der vertraglichen Pflichten im eigenen Namen Schadenersatzansprüche geltend machen können (vgl. BGH, Urt. v. 28. 1. 1976 i. VersR 1976, 589 m. w. Nachw.; *Weimar* i. DAR 1972, 64 u. 1977, 66).

bb) Freifahrt

105 Soweit Bedienstete der Bahn die Beförderungsmittel in Ausübung ihres Dienstes benutzen, schließen sie keinen Beförderungsvertrag. **Freifahrten,** die der Bahnunternehmer den Bediensteten oder ihren Angehörigen gewährt, werden jedoch innerhalb von Beförderungsverträgen erbracht; es handelt sich um entgeltliche Sozialleistungen. Werden andere Personen **unentgeltlich** befördert, z. B. als Bundestags- oder Landtagsabgeordnete durch die Deutsche Bundesbahn nach § 47 BBG, schließt dies die Annahme eines **Beförderungsvertrages nicht** aus (vgl. BGH, Urt. v. 31. 1. 1961 i. VersR 1961, 417, 418; *Steffen/Krumme,* StVG, Rdz. 16 zu § 16; *Jagusch,* StVR, Rdz. 2 zu § 16; *Finger,* EVO, Vorb. 1a v. § 8; vgl. a. § 632 BGB u. BGH, Urt. v. 24. 3. 1965 i. NJW 1965, 1226). Anders ist nur zu entscheiden, wenn die Beförderung aus reiner **Gefälligkeit,** ohne rechtsgeschäftlichen Charakter übernommen wird (BGH, Urt. v. 31. 1. 1961 aaO.).

cc) Schwarzfahrer

106 Hat jemand als **Schwarzfahrer** nicht die Absicht, einen Beförderungsvertrag zu schließen, kommt mit der Abfahrt des Fahrzeugs gleichwohl ein Vertrag zustande. Wer ein öffentliches Verkehrsmittel betritt, gibt durch **schlüssiges** Verhalten zu verstehen, daß er einen Beförderungsvertrag schließen will. Der geheime Vorbehalt, dies nicht zu wollen oder nicht zahlen zu wollen, ist **unbeachtlich** (§ 116 Abs. 1 Satz 1 BGB; vgl. i. übrigen *Kellmann* i. NJW 1971, 265, 268; *Palandt/Heinrichs,* BGB, Anm. 5d i. Einf. v. § 145; i. Ergebnis ebenso *Finger,* EVO, Vorb. 2c v. § 8).

dd) Geschäftsfähigkeit

107 Für den **geschäftsunfähigen** Fahrgast, z. B. ein Kind, kann nur der **gesetzliche Vertreter** den Beförderungsvertrag gültig vereinbaren (Nä-

heres hierzu bei *Klimke* i. DB 1976, 2385ff.). Der Vertreter kann den Vertrag entweder im Namen des Kindes oder im eigenen Namen zugunsten des Kindes schließen. Beide Möglichkeiten führen im wesentlichen zu den gleichen Rechtsfolgen (vgl. BGH, Urt. v. 29. 4. 1953 i. NJW 1953, 977 u. Urt. v. 29. 9. 1954 i. VersR 1955, 20). **Mangels einer Vertretung** kommt ein gültiger Vertrag nicht zustande. Das gilt auch, wenn zu dem von einem Minderjährigen geschlossenen Beförderungsvertrag die **Einwilligung** oder die **Zustimmung** des gesetzlichen Vertreters fehlt. Es kann auch nicht ein gültiger Vertragsschluß aus der **„Sozialtypik"** des Verhaltens (vgl. Rdz. 100) hergeleitet werden, weil der Geschäftsunfähige und der in der Geschäftsfähigkeit Beschränkte vor Nachteilen geschützt werden müssen, die ihnen aus der Teilnahme am Rechtsverkehr entstehen (so unter Aufgabe seiner früheren Auffass. a. *Larenz,* Allg. Teil des BGB, § 28 II S. 494; ebenso *Palandt/Heinrichs,* BGB, Anm. 5b i. Einf. v. § 145; *Berg* i. MDR 1967, 498; *Konow* i. DB 1967, 1840; *Lehmann* i. NJW 1958, 1; *Medicus,* Anm. z. Urt. des LG Bremen v. 17. 8. 1966 i. NJW 1967, 354; a. A. LG Bremen, Urt. v. 17. 8. 1966 i. NJW 1966, 2360). Der Schutz dieser Personen wird im übrigen auch dadurch gewährleistet, daß der Unternehmer ihnen gegenüber in gleichem Umfange aus einer Verletzung **vorvertraglicher Pflichten** (vgl. Rdz. 156ff.) zu haften hat (vgl. hierzu *Canaris* i. NJW 1964, 1987, 1988; *Palandt/Heinrichs* aaO.). Bei Minderjährigen wird häufig eine **generelle** Einwilligung des gesetzlichen Vertreters, Beförderungsverträge des täglichen Lebens abzuschließen, anzunehmen sein (§ 107 BGB; vgl. a. §§ 110 u. 113 BGB sowie AG Frankfurt, Urt. v. 8. 4. 1976 i. VRS 51, 241; *Lehmann* i. NJW 1958, 1, 5). Auch kann die **Geltendmachung** von vertraglichen Schadenersatzansprüchen durch den gesetzlichen Vertreter als nachträgliche **Genehmigung** des Abschlusses des Beförderungsvertrages (§ 108 BGB) gewertet werden.

ee) Willensmängel

108 Auch derjenige, der sich in einem Zug von einem Abreisenden nur verabschieden will oder der **irrtümlich** in eine falsche Bahn steigt, schließt mit der Abfahrt einen Beförderungsvertrag ab, weil sein Verhalten einen entsprechenden **objektiven** Erklärungswert hat. Eine Anfechtung wegen Irrtums ist grundsätzlich möglich, jedoch nur in der Form des Rücktritts (z. B. konkludent erklärt durch Aussteigen an der nächsten Haltestelle) mit Wirkung für die Zukunft, weil es der beiderseitigen Interessenlage entspricht, daß die Vertragspflichten für den begonnenen Teil der Beförderung gelten sollen (vgl. *Lehmann* i. NJW 1958, 1, 5; *Gudian* i. JZ 1967, 303, 308).

c) Beförderung von Handgepäck

109 Führt ein Reisender **Handgepäck** (z. Begriff vgl. Rdz. 226 zu § 1) mit sich, wird über die Beförderung kein zusätzlicher Vertrag geschlossen. Es handelt sich nur um eine Erweiterung des Personenbeförderungsvertrages (*Finger,* EVO, Vorb. 8 1 d v. § 8 u. Anm. 1 a zu § 16).

d) Vertragspflichten des Bahnbetriebsunternehmers

aa) Sichere Beförderung

110 Der Unternehmer hat die Beförderung so durchzuführen, daß der Fahrgast hierbei **keinen Schaden** erleidet. Hat er **besondere Anlagen** geschaffen, die der **Fahrgast vor** oder **nach** der Beförderung benutzen muß, wie insbesondere Bahnsteige und Bahnhöfe, obliegt ihm auch die **Nebenverpflichtung,** diese **verkehrssicher** zu halten (RG, Urt. v. 22. 4. 1881 i. RG 4, 192, Urt. v. 5. 11. 1903 i. RG 55, 335, Urt. v. 15. 4. 1907 i. RG 66, 15, Urt. v. 9. 12. 1913 i. RG 83, 343, 347 u. Urt. v. 15. 3. 1915 i. RG 86, 321; OGH Köln, Urt. v. 24. 6. 1949 i. VRS 1, 227, 232 = NJW 1949, 669 L; BGH, Urt. v. 18. 12. 1952 i. BGH 8, 239, 241 f. = VersR 1953, 117, 118 = NJW 1954, 584, 585, Urt. v. 16. 4. 1959 i. VersR 1959, 443, 444 = NJW 1959, 1366, Urt. v. 24. 11. 1969 i. VersR 1970, 179 u. Urt. v. 18. 12. 1972 i. VersR 1973, 346; BayerObLG, Urt. v. 30. 7. 1954 i. VersR 1954, 539, 540; OLG Saarbrücken, Urt. v. 9. 5. 1975 i. VersR 1977, 1163; *Friese,* RHG, § 9 III 1 a; *Finger,* EVO, Vorb. 6 a v. § 8). Zum Teil ergeben sich **konkrete** Pflichten auch aus den speziellen gesetzlichen Regelungen der **EBO** und der **BOStrab** (vgl. Rdz. 7) und, soweit die Bahnen am Straßenverkehr teilnehmen, aus den Vorschriften der **StVO** (vgl. Rdz. 7 u. § 1 Rdz. 211 ff.).

bb) Ermittlung des Schadenverursachers

111 Ein Fahrgast kann bei der Beförderung einen Unfall erleiden, für den ein **Dritter** allein oder in weitergehendem Umfange als der Unternehmer oder seine Bediensteten **haftet.** Ein Kraftfahrer verletzt z. B. das Vorfahrtsrecht des Straßenbahnfahrers und zwingt ihn hierdurch zu einer (unabwendbaren) Notbremsung, die eine Verletzung eines Straßenbahnfahrgastes zur Folge hat. Es entspricht **Treu** und **Glauben,** daß der Unternehmer bzw. der für ihn insoweit tätige Schienenbahnfahrer die **Personalien** des **Unfallverursachers** notiert (bei Beteiligung eines Kfz genügt die Feststellung des amtl. Kennzeichens) und diese dem verletzten Fahrgast zur Verfügung stellt. Bei einer schuldhaften Verletzung dieser Verpflichtung hat der Unternehmer den Geschädigten so zu stellen, als wenn dieser seinen Haftpflichtanspruch gegen den Dritten hätte durchsetzen können. Die Ermittlung muß jedoch mit den Erfordernissen des betrieblichen Ablaufes zu vereinbaren sein. Zeitraubende und intensivere Nachforschungen sind im allgemeinen **nicht möglich** oder **nicht zumutbar** (vgl. *Wussow* i. WI 1965, 6; offen gelassen BGH, Urt. v. 26. 1. 1960 i. VersR 1960, 403; vgl. a. OLG Hamburg, Urt. v. 5. 5. 1954 i. VersR 1954, 368).

cc) Auskunft

112 Wird eine **Auskunft** über Grundlagen der Beförderung, wie Tarife, Beförderungsvorschriften, Fahrpläne usw., gegeben, haftet die Bahn für die Folgen unrichtiger Angaben, wenn die Auskunft innerhalb des **Beförderungsvertrages** erteilt wurde (vgl. *Goltermann* i. JW 1925, 134 u. i. EE 41, 171 f.; *Soergel/Mühl,* BGB, Rdz. 26 zu § 676; *Finger,* EVO, Anm.

1 b zu § 4). Bei Auskünften über **Eisenbahntarife** kann jedoch die unrichtige Auskunft nicht dazu führen, daß sich die tarifmäßigen Vorschriften entsprechend der Auskunft ändern, weil dies nach § 6 Abs. 2 Satz 2 EVO unzulässig ist (vgl. *Finger* aaO. Anm. 1 d dd). Soweit die Auskunft vor Abschluß eines Beförderungsvertrages erteilt wird, kommt nur eine Haftung nach den deliktischen Vorschriften (Rdz. 2ff.) in Betracht, u. U. auch eine Haftung aus einem Verschulden bei Vertragsschluß (vgl. Rdz. 156ff.).

e) Pflichten des Fahrgastes

113 Aus dem Beförderungsvertrag ergeben sich auch **Pflichten** des **Fahrgastes.** Eine schuldhafte Verletzung dieser Pflichten kann entweder eine **eigene Haftung** des Fahrgastes begründen oder zur Folge haben, daß sich der **Ersatzanspruch** des geschädigten Fahrgastes dem Umfange nach mindert oder entfällt (vgl. Rdz. 31 ff. zu § 4). Zum Teil haben die Pflichten des Fahrgastes eine **gesetzliche** Ausgestaltung erhalten, so für den Eisenbahnfahrgast in § 7 EVO i. Verb. m. §§ 60ff. EBO und für den Straßenbahnfahrgast in § 67 BOStrab u. §§ 4, 11 u. 12 ABB (teilw. wiedergegeben i. Anh. 5).

114 Hiernach darf sich der Fahrgast nicht innerhalb der **Bahngleise** aufhalten; er hat von ihnen einen genügenden Abstand zu halten und darf sie nur an den dafür bestimmten Stellen überschreiten (§§ 62, 63 Abs. 2 Satz 1 EBO). Die **Fahrzeuge** dürfen **nur** an den dafür **bestimmten Stellen betreten** oder **verlassen** werden und nur an der dazu bestimmten Seite (§ 63 Abs. 1 EBO, § 4 Abs. 3 Satz 1 ABB). Jeder Straßenbahnfahrgast ist verpflichtet, sich im Fahrzeug stets einen **festen Halt** zu verschaffen (§ 4 Abs. 3 Satz 5 ABB; vgl. a. Rdz. 32ff. zu § 4). Wird die **Abfahrt** angekündigt oder schließen sich die Türen, darf das Fahrzeug **nicht** mehr betreten oder verlassen werden (§ 4 Abs. 3 Satz 4 ABB). **Kinder** sind von einem Begleiter zu beaufsichtigen, der insbesondere dafür Sorge zu tragen hat, daß sie sich nicht auf den Sitzplatz knien oder stellen (§ 4 Abs. 4 ABB). Im Eisenbahnbetrieb ist für Kinder bis zum 4. Lebensjahr eine Begleitung vorgeschrieben (§ 8 Abs. 1 EVO); im Straßenbahnbetrieb kann sie für Kinder bis zur Vollendung des 6. Lebensjahres gefordert werden (§ 3 Abs. 2 ABB). Der Fahrgast hat **mitgeführte Sachen** so unterzubringen oder zu beaufsichtigen, daß die Sicherheit und Ordnungsmäßigkeit des Betriebes nicht gefährdet und andere Fahrgäste nicht belästigt werden können (§ 11 Abs. 4 ABB). Die Benutzbarkeit der Betriebseinrichtungen, der Durchgänge und der Ein- und Ausstiege darf nicht durch **sperrige Gegenstände** beeinträchtigt werden (§ 67 Abs. 2 Nr. 4 BOStrab, § 4 Abs. 2 Nr. 6 ABB). Es ist dem Fahrgast verboten, während der Fahrt **auf-** oder **abzuspringen** (§ 63 Abs. 3 EBO, § 67 Abs. 2 Nr. 3 BOStrab, § 4 Abs. 2 Nr. 4 ABB), die **Türen** zu **bedienen** (§ 63 Abs. 3 EBO), **Gegenstände,** durch die jemand verletzt oder eine Sache beschädigt werden kann, aus dem Fenster zu werfen (§ 63 Abs. 4 EBO, § 4 Abs. 2 Nr. 3 ABB) und Gegenstände aus dem Fahrzeug herausragen zu lassen (§ 4 Abs. 2 Nr. 3 ABB).

f) Verschulden

aa) Allgemeines

115 Die vertragliche Haftung setzt eine **schuldhafte – vorsätzliche** oder **fahrlässige** – Verletzung der vertraglichen Pflichten voraus (vgl. Rdz. 10ff.).

bb) Verschulden anderer

116 Ist der Beförderungsunternehmer eine **juristische Person,** hat er ein Verschulden seiner **Organe** (§ 31 BGB) zu vertreten (vgl. Rdz. 17ff.). Darüberhinaus hat der Unternehmer für ein Verschulden seiner **Erfüllungsgehilfen** einzustehen. Erfüllungsgehilfen sind Personen, deren sich der Unternehmer zur **Wahrnehmung** seiner **Verpflichtungen** aus dem **Beförderungsvertrag bedient** (§ 278 BGB). Zu diesem Personenkreis gehören insbesondere alle an der **Beförderung unmittelbar** beteiligten Personen, z. B. die **Fahrer, Schaffner** und **Zugbegleiter** (vgl. Rdz. 206 zu § 1), sowie diejenigen Personen, die für den **verkehrssicheren Zustand** der Fahrzeuge und Anlagen, insbesondere auch der Zu- und Abgänge zu und von den Fahrzeugen **verantwortlich** sind, wie das **Reinigungs-** und **Werkstättenpersonal.** Die Pflichten der Fahrbediensteten beziehen sich auf den **Gesamtbetrieb** der Bahn. Stoßen z. B. zwei Schienenfahrzeuge zusammen, ist auch der Fahrer des Fahrzeugs, in dem sich der Verletzte nicht befunden hat, Erfüllungsgehilfe (RG, Urt. v. 19. 3. 1912 i. Warn. 1912 Nr. 245 u. Urt. v. 9. 12. 1913 i. JW 1914, 302).

117 Die schuldhafte Handlung des Erfüllungsgehilfen muß in einem **unmittelbaren inneren Zusammenhang** mit den Aufgaben stehen, die ihm zugewiesen waren (BGH, Urt. v. 19. 9. 1960 i. VersR 1960, 154, Urt. v. 31. 1. 1961 i. VersR 1961, 417, 418 u. Urt. v. 22. 5. 1967 i. NJW 1967, 2255, 2257). Der Unternehmer haftet nicht, wenn sich der Gehilfe **nur bei Gelegenheit** der Erfüllung schuldhaft verhalten hat. Das ist nicht schon zu bejahen, wenn der Gehilfe bei Wahrnehmung der vertraglichen Verpflichtungen **leichtsinnig** oder **neugierig** war (BGH, Urt. v. 19. 9. 1966 i. VersR 1966, 1154) oder wenn er **entgegen** einer ausdrücklichen **Weisung** des Unternehmers gehandelt hat (BGH, Urt. v. 22. 5. 1967 aaO.). Selbst derjenige, der eine **vorsätzlich** unerlaubte Handlung begeht, kann noch in Erfüllung einer vertraglichen Verpflichtung handeln (vgl. BGH, Urt. v. 15. 12. 1959 i. NJW 1960, 669, 671 u. Urt. v. 7. 5. 1965 i. NJW 1965, 1709). Anders ist jedoch zu entscheiden, wenn sich Verfehlung als selbständige unerlaubte Handlung darstellt, die mit Vertragserfüllung nur in einem äußeren Zusammenhang steht (vgl. BGH, Urt. v. 7. 5. 1965 aaO; vgl. a. Rdz. 75).

118 Ein Fahrgast, der mangels Schuldfähigkeit selbst nicht schuldhaft handeln kann, z. B. ein Kind (vgl. Rdz. 8ff. zu § 4), hat ein Verschulden seines **gesetzlichen Vertreters** (§ 278 BGB) zu vertreten (vgl. Rdz. 14ff. zu § 4).

119 Abweichend von der allgemeinen Regelung (Rdz. 116ff.) haftet der **Eisenbahnunternehmer** für seine Bediensteten nach § 4 EVO **uneingeschränkt,** also auch dann, wenn die Voraussetzungen des § 278 BGB nicht gegeben sind und nur ein rein äußerlicher Zusammenhang mit der

Beförderungstätigkeit bestanden hat (vgl. a. Rdz. 175 zur Haftung nach § 17 Abs. 4 StHG).

cc) Beweis

120 Das Verschulden hat grundsätzlich derjenige **nachzuweisen,** der die Ansprüche geltend macht. Nach allg. Auffassung hat jedoch der Unternehmer die **Beweislast,** wenn sich aus der Sachlage zunächst der Schluß rechtfertigt, daß er die ihm obliegende Sorgfalt verletzt hat. Das ist insbesondere anzunehmen, wenn die Ursache des Schadeneintritts aus einem **Gefahrenkreis** hervorgegangen ist, für den im Zweifelsfalle der **Unternehmer verantwortlich** ist (RG, Urt. v. 10. 4. 1914 i. Warn. 1914 Nr. 268 u. Urt. v. 30. 10. 1929 i. RG 126, 137, 141; BGH, Urt. v. 18. 12. 1952 i. BGH 9, 241 = VersR 1953, 117, 118 u. Urt. v. 1. 7. 1980 i. VersR 1980, 1027, 1028). Diese Regel gilt nur für Schäden, die der Reisende bei der **Beförderung im eigentlichen Sinne** erleidet. Auf die vertragliche **Nebenpflicht,** die der Beförderung vorausgeht oder ihr nachfolgt und die darauf gerichtet ist, dem Reisenden einen sicheren Zu- und Abgang zu verschaffen (vgl. Rdz. 110), findet sie **keine** Anwendung (RG, Urt. v. 15. 3. 1915 i. RG 86, 321, 322 u. Urt. v. 30. 10. 1929 aaO.; BGH, Urt. v. 16. 4. 1959 i. VersR 1959, 443, 444 = NJW 1959, 1366). Im übrigen gelten auch hier die Grundsätze des **Anscheinsbeweises** (vgl. Rdz. 209ff.).

dd) Einzelfälle

121 Als eine **schuldhafte Verletzung vertraglicher Pflichten wurde z. B. angesehen:** ein **rasantes Anfahren** und **abruptes Abbremsen** (RG, Urt. v. 9. 12. 1913 i. RG 83, 343; vgl. a. OLG Karlsruhe, Urt. v. 21. 7. 1977 i. VRS 54, 123); das **Abfahren** von der Haltestelle, **bevor** das **Aussteigen** vollständig **beendet** ist (BGH, Urt. v. 29. 10. 1957 i. VersR 1957, 809; vgl. a. Urt. v. 25. 11. 1969 i. VersR 1970, 140 = VRS 38, 81); der unterlassene **Hinweis** des Fahrpersonals auf eine plötzliche **Kälteeinwirkung** im Zug (RG, Urt. v. 10. 4. 1914 i. Warn. 1914 Nr. 268 = EE 31, 371) oder auf besondere **Gefahren** beim **Aussteigen** (BGH, Urt. v. 9. 6. 1957 i. VersR 1957, 532; a. A. OLG Zweibrücken, Urt. v. 21. 12. 1965 i. VersR 1966, 1087, 1088); die Nichtbeachtung der **Vorfahrtsregelung** nach der StVO (OLG Saarbrücken, Urt. v. 9. 5. 1975 i. VersR 1977, 1163); die mangelnde **Absicherung** auf einem Güterbahnhof **abgestellter Waggons** (BGH, Urt. v. 19. 1. 1973 i. VersR 1973, 350 = VRS 44, 409 = NJW 1973, 511); die Verletzung der Verpflichtung, die **Bahnanlagen,** insbesondere die Bahnsteige, **verkehrssicher** zu halten (vgl. Rdz. 36; verneint für Flächen außerhalb des Bahnhofs RG, Urt. v. 15. 12. 1913 i. LZ 1914 Sp. 763). **Verneint** wurde z. B. eine Verpflichtung, die **Verwechslung** des tiefer gelegenen **Gepäckbahnsteigs** mit dem **Personenbahnsteig** durch aussteigende Fahrgäste auszuschließen (BGH, Urt. v. 22. 6. 1955 i. VRS 9, 123, 126) oder das Befahren von Bahnsteigen mit **Elektrokarren** strikt zu **beaufsichtigen** (OLG Braunschweig, Urt. v. 13. 2. 1951 i. VRS 3, 390; w. Beisp. i. Rdz. 24 u. i. § 1 Rdz. 211ff.).

3. Beförderung von Sachen (Eisenbahnfrachtvertrag)

122 Die vertragliche Haftung von Bahnen, die **Güter befördern,** richtet sich außer nach den Vorschriften des BGB (vgl. Rdz. 96) nach den **gesetzlichen Sonderregelungen** der §§ 454ff. HGB u. §§ 82ff. EVO. Es handelt sich um eine komplexe Materie, die hier nicht im einzelnen dargestellt werden kann (Näheres bei *Konow* i. DB 1970, 1257 u. 1971, 1095; *Tegelen* i. DB 1965, 1377). Die wichtigste Vorschrift ist § 82 EVO, der bestimmt, daß die Bahn für einen Schaden, der durch den gänzlichen oder teilweisen **Verlust** oder durch die **Beschädigung** eines **Frachtgutes** in der Zeit von der Annahme zur Beförderung bis zur Ablieferung entsteht, auch **ohne Verschulden** und bis zur Grenze der **höheren Gewalt** (z. Begriff vgl. Rdz. 158ff. zu § 1) haftet. Es handelt sich um eine gesetzlich geregelte Vertragshaftung, die ihrem Wesen nach eine **Gefährdungshaftung** ist (*Finger,* EVO, Anm. 1b zu § 82).

123 Die einleitend erwähnten Vorschriften (Rdz. 122), insbesondere § 82 EVO, lassen Haftungsansprüche nach **anderen Haftungsgrundlagen,** z. B. aus Delikt oder vorvertraglichen Beziehungen, unberührt (BGH, Urt. v. 9. 7. 1957 i. BGH 24, 188, Urt. v. 21. 4. 1960 i. BGH 32, 194 = VersR 1960, 531, Urt. v. 23. 4. 1966 i. BGH 46, 140 u. Urt. v. 21. 5. 1980 i. VRS 60, 5; *Baumbach/Duden,* HGB, Anm. C zu § 456; *Goltermann/Konow,* EVO, Anm. 2 zu § 82; *Schlegelberger/Geßler,* HGB, Anm. 79 zu § 454; *Schlechtriem* i. VersR 1973, 581, 585; a. A. *Finger* aaO. Anm. 1e zu § 82). Erst recht bleibt die außervertragliche Haftung der Bahn anwendbar, wenn die Sache eines **Dritten,** die nicht befördert wurde, beschädigt wird, mag auch der Schaden durch das beförderte Gut verursacht sein (BGH, Urt. v. 13. 5. 1955 i. BGH 17, 214 = VersR 1955, 381, 667 = NJW 1955, 1314 m. zust. Anm. v. *Goltermann:* Erkrankung von Kühen durch Rübenschnitzel, die beim Transport in einem von Bleiresten verschmutzten Waggon vergiftet worden waren; ebenso *Baumbach/Duden* aaO. Anm. D zu § 456). Es handelt sich auch nicht um eine **abschließende** Regelung der **vertraglichen** Haftung. Vielmehr bleibt die allgemeine vertragliche Haftung für andere Schäden bestehen, z. B. wegen Verletzung einer beförderungsvertraglichen Nebenverpflichtung der Bahn, das Ladegut des Empfängers beim Entladen durch Rangierbewegungen nicht zu schädigen (vgl. RG, Urt. v. 10. 11. 1924 i. RG 109, 150, 151; BGH, Urt. v. 19. 1. 1973 i. VersR 1973, 350 = VRS 44, 409 = NJW 1973, 511; *Baumbach/Duden* aaO. Anm. B zu § 456; *Konow* i. DB 1971, 1095; a. A. *Finger* aaO. Anm. 1c zu § 82).

124 Das **Gepäck** des Reisenden, das nicht als Handgepäck aufgegeben wird, wird im Rahmen eines besonderen **Gepäckbeförderungsvertrages** transportiert. Auf diesen Vertrag finden die **frachtrechtlichen** Vorschriften, insbesondere § 82 EVO (Rdz. 122f.), Anwendung (vgl. §§ 25 u. 31 Abs. 1 EVO).

4. Haftungsumfang und -höhe

a) Haftungsumfang

125 Dem **Umfange** nach weicht die vertragliche Haftung sowohl von der Haftung nach dem HG als auch von der deliktischen Haftung ab (vgl.

Rdz. 95). Eine erhebliche Erweiterung der Haftung liegt darin, daß sie sich auch auf **Vermögensschäden** erstreckt, die sich **nicht** als adäquate Folge eines Personen- oder Sachschadens, sondern als **reine Vermögensschäden** darstellen. Wird die Beförderungsleistung nicht oder nicht rechtzeitig erbracht, haftet der Beförderungsunternehmer dem Fahrgast grundsätzlich nach den Vorschriften über die Unmöglichkeit oder den Verzug (§§ 323 ff. BGB) auf Ersatz des Vermögensschadens, z. B. für die durch die Wahl eines teureren Beförderungsmittels (Taxi) entstandenen Mehrkosten oder für den durch die Versäumung eines wichtigen geschäftlichen Termins erlittenen Verdienstausfall. Im **fahrplanmäßigen** Verkehr kann der **Leistungszeitpunkt** eine so wichtige Bedeutung haben, daß die Nachholung nicht mehr als vollständige Leistung anzusehen ist und es sich um ein sogen. **Fixgeschäft** (§§ 361 BGB, 376 HGB) handelt (so *Finger,* EVO, Vorb. 1 b v. § 8); bei einer Sonderreise kann es sich sogar um ein **absolutes Fixgeschäft** handeln, bei dem die Leistungszeit so wesentlich ist, daß ihre Verfehlung die Leistung unmöglich macht (so für Sonderflugreise BGH, Urt. v. 30. 11. 1972 i. BGH 60, 14, 16 = NJW 1971, 318 u. Urt. v. 21. 3. 1974 i. NJW 1974, 1046, 1047).

126 Da betriebliche Störungen sich nicht gänzlich ausschließen lassen und die Bahnen durch solche Ersatzansprüche finanziell außerordentlich belastet würden, wurde ihre grundsätzliche Ersatzpflicht jedoch wesentlich eingeschränkt. Nach § 17 Satz 1 EVO begründet im Eisenbahnverkehr **Verspätung** oder **Ausfall** eines Zuges **keinen** Anspruch auf Entschädigung. Für die Beförderung mit Straßenbahnen bestimmt § 16 ABB (Anh. 5), daß **Abweichungen** von **Fahrplänen** durch **Verkehrsbehinderungen, Betriebsstörungen** oder **Unterbrechungen keine** Ersatzansprüche auslösen und daß für das **Einhalten** von **Anschlüssen keine** Gewähr übernommen wird. Entsteht einem Eisenbahnfahrgast ein Schaden dadurch, daß der Zug **früher** als im Fahrplan angegeben abfährt, schließt § 17 Satz 1 EVO die Ersatzpflicht hierfür **nicht** aus (*Goltermann/Konow,* EVO, Anm. 1 zu § 17), während der weitergehende Wortlaut des für den Straßenbahnverkehr geltenden § 16 ABB auch diesen Fall umfaßt. Weichen Tarif- oder Beförderungsbedingungen der Bahn zum Nachteil des Fahrgastes von den genannten Regelungen ab, indem sie weitergehende Haftungsausschlüsse vorsehen, beurteilt sich ihre Zulässigkeit nach dem AGB-Gesetz, insbesondere nach § 11 Nr. 7 u. 8 (vgl. a. § 23 Abs. 2 Nr. 3 AGB-Gesetz).

b) Haftungshöhe

127 Der **Höhe** nach ist die Haftung grundsätzlich unbeschränkt. Von diesem Grundsatz gibt es Ausnahmen. Hat der **Eisenbahn**unternehmer Schadenersatz für den gänzlichen oder teilweisen Verlust oder für die Beschädigung von **Reisegepäck** (Rdz. 124) zu leisten, ist die Ersatzpflicht (z. Zt.) auf DM 1600,– je Gepäckstück **beschränkt** (§ 31 Abs. 2 Satz 1 EVO). Ein fehlendes Gepäckstück gilt nach Ablauf einer Woche als verloren (vgl. § 32 EVO, der auch den Fall einer späteren Wiederauffindung regelt). Beruhen der Verlust oder die Beschädigung auf Vorsatz (Rdz. 11), hat die Eisenbahn den Schaden voll zu ersetzen; im Falle grober

Fahrlässigkeit (Rdz. 13) der Eisenbahn verdoppelt sich der genannte Höchstbetrag (§ 31 Abs. 4 EVO).

128 Der Unternehmer einer **Straßenbahn** haftet für **Sachschäden** gegenüber **jeder beförderten Person** bis zu einem Höchstbetrag von DM 2000,–; die Begrenzung gilt nicht, wenn die Sachschäden auf **Vorsatz** (Rdz. 11) oder **grobe Fahrlässigkeit** (Rdz. 13) zurückzuführen sind (§ 14 ABB, Anh. 5).

5. Verjährung

129 Ansprüche aus dem Beförderungsvertrag **verjähren** nach § 195 BGB in **dreißig** Jahren (vgl. Rdz. 3 zu § 11). Eine Sonderregelung gibt es für Ansprüche aus dem **Frachtvertrag** (Rdz. 122ff.). Die Ansprüche aus dem Frachtvertrag verjähren grundsätzlich in **einem** Jahr, in bestimmten Einzelfällen in **drei** Jahren (Näheres hierzu i. § 94 EVO). Nach § 15 ABB (vgl. Anh. 5) verjähren Ersatzansprüche von geschädigten **Straßenbahnfahrgästen** in **zwei** Jahren seit der Entstehung des Anspruchs.

III. Gepäckaufbewahrungsvertrag

130 Auf Bahnhöfen gibt es vielfach **Aufbewahrungsstellen für Reise- und Handgepäck.** Wird eine aufbewahrte Sache beschädigt, ist eine Haftung nach § 1 nicht gegeben (vgl. Abs. 3 Nr. 1). Eine Ersatzpflicht kann nur aus Delikt (Rdz. 2ff.) oder aus einem **Gepäckaufbewahrungsvertrag** hergeleitet werden. Der Gepäckaufbewahrungsvertrag kann unabhängig von einem Beförderungsvertrag (Rdz. 96ff.) abgeschlossen werden. Er kommt durch Übergabe und Annahme der Sache zustande. Derjenige, der das Gepäck aufgibt, erhält einen **Hinterlegungsschein** (§ 36 Abs. 3 EVO), der jedoch nur deklaratorische Bedeutung hat. Es handelt sich um einen **Verwahrungsvertrag** (§ 36 Abs. 2 Satz 1 EVO), auf den die Vorschriften des BGB über den Verwahrungsvertrag (§§ 688ff.) Anwendung finden.

131 Dagegen beruht die Gepäckaufbewahrung in **Schließfächern** auf einem **Mietvertrag,** weil die Gegenstände der Bahn nicht zur Verwahrung übergeben werden (vgl. RG, Urt. v. 16. 5. 1933 i. RG 141, 99, 103; vgl. a. BGH, Urt. v. 5. 10. 1951 i. BGH 3, 200; *Finger,* EVO, Anm. 2k zu § 36).

132 Für den gänzlichen oder teilweisen **Verlust** der aufbewahrten Gegenstände, ihre **Beschädigung** oder ihre **verspätete** Auslieferung haftet die Bahn, wenn der Schaden durch eine **schuldhafte** Verletzung der Vertragspflichten (§§ 688, 276 BGB) entstanden ist. Eine Ersatzpflicht ist z. B. gegeben, wenn ein Gepäckstück dadurch verloren gegangen ist, daß es einem Unberechtigten ohne Vorlage des Hinterlegungsscheins (§ 29 Abs. 1 Satz 1 EVO) oder ohne Glaubhaftmachung der Berechtigung (§ 29 Abs. 6 EVO) ausgehändigt wurde (Näheres bei *Finger,* EVO, Anm. 3a zu § 36). Nach den derzeitigen Tarifbestimmungen ist die Ersatzpflicht auf DM 500,– je Gepäckstück **begrenzt** (§ 36 Abs. 2 Satz 2 EVO). Diese Begrenzung gilt jedoch nicht, soweit die Schäden vorsätz-

lich (Rdz. 11) oder grob fahrlässig (Rdz. 13) herbeigeführt wurden (§ 36 Abs. 1 EVO). Die Ersatzansprüche aus dem Gepäckaufbewahrungsvertrag **verjähren** in **dreißig** Jahren.

IV. Versorgungsvertrag

Schrifttum: *Börner,* Haftungsstruktur bei Stromschäden, DB 1978, Beil. Nr. 27; *Danner,* Die Neuordnung der Geschäftsbedingungen in der Versorgungswirtschaft, BB 1979, 76; *Ebel,* Neufassung der Allgemeinen Geschäftsbedingungen der Versorgungswirtschaft (AVB Strom und Gas) aus der Sicht industrieller Sonderabnehmer, DB 1979, 1829; Elektrizitäts- und Gasversorgungsbedingungen für kaufmännische Sonderabnehmer, BB 1980, 477; Die neuen Allgemeinen Bedingungen für die Elektrizitäts- und Gasversorgung von Tarifkunden, Einführende Erläuterung für die Praxis der Versorgungsunternehmen, herausgegeben v. d. Vereinigung Deutscher Elektrizitätswerke e. V. – VdEW – u. dem Bundesverband der Deutschen Gas- und Wasserwirtschaft e. V. – BGW –, Frankfurt 1981; *Hermann,* Ergänzende Stellungnahme zu den Ausführungen von Dr. Joachim Schmidt-Salzer, RdE 1980, 239; *Hermann/Recknagel/Schmidt-Salzer,* Kommentar zu den Allgemeinen Versorgungsbedingungen für Elektrizität, Gas, Fernwärme und Wasser, Bd. 1, Heidelberg 1981; *Janke-Weddige,* Zur Bedeutung von § 6 AVBEltV/GasV für die Haftung des Energieversorgungsunternehmens gegenüber Tarif- und Sonderkunden, BB 1981, 1427; *Knüppel,* Neue Haftungsbestimmungen für die Energieversorgung, NJW 1980, 212; *Ludwig/Cordt/Stech/Odenthal,* Recht der Elektrizitäts-, Gas- und Wasserversorgung, Kommentar, Frankfurt 1981; *Plum,* Zur Klassifizierung von Schäden beim industriellen Energiekunden, VersR 1982, 307; Haftung der Versorgungsunternehmen für Folgen einer Energieleiterunterbrechung, BB 1982, 769; *Schmidt-Salzer,* Zur Haftung der Versorgungsunternehmen im Sonderkundenbereich, RdE 1980, 238; Haftung der Energieversorgungsunternehmen im Sonderkunden-Bereich der Elektrizitäts- und der Gasversorgung sowie im Industriekunden-Bereich der Fernwärme- und der Wasserversorgung, BB 1980, 1701; *Taupitz,* Haftungsausschluß zugunsten und zu Lasten Dritter nach den allgemeinen Energieversorgungsbedingungen, VersR 1982, 315.

1. Allgemeine Regelung

133 Der **Versorgungsvertrag** ist auf die Lieferung von **Elektrizität, Gas, Öl, Wasser** oder **Fernwärme** gerichtet. Nach h. A. ist er rechtlich wie ein Vertrag über die Lieferung von Waren zu behandeln, so daß die Vorschriften über den **Kaufvertrag** (§§ 433ff. BGB) grundsätzlich Anwendung finden (vgl. RG, Urt. v. 25. 10. 1935 i. HRR 1936 Nr. 190; BGH, Urt. v. 15. 2. 1978 i. VersR 1978, 538, 539; *Palandt/Putzow,* BGB, Anm. 1a zu § 433; *Schmidt-Salzer* i. *Hermann/Recknagel/Schmidt-Salzer,* Allgem. Versorgungsbedingungen, Bd. I, Vorb. 6ff. v. § 6). Aus dem Versorgungsvertrag folgt insbesondere die Pflicht des VU, seine **Abnehmer vor Schäden zu bewahren,** deren Ursachen in den **Anlagen** oder dem **Betrieb** der **Versorgungseinrichtungen** liegen. Dies gilt auch, wenn das Versorgungsverhältnis **öffentlich-rechtlich** gestaltet ist oder eine sog. **Anstaltsnutzung** (z. B. bei der Wasserversorgung) vorliegt, weil hier die privatrechtlichen Normen sinngemäß Anwendung finden (BGH, Urt. v. 4. 10. 1972 i. VersR 1973, 33, 34 = NJW 1972, 2300, Urt. v. 15. 12. 1977 i. VersR 1978, 253 u. Urt. v. 9. 1. 1980 i. VersR 1980, 355; *Schmidt-Salzer* aaO. Vorb. 9ff. v. § 6). Das Unternehmen hat dabei für ein Verschulden seiner **Organe** (Rdz. 17ff.) und seiner **Erfüllungsgehilfen** (Rdz. 116f.) einzutreten.

134 Eine **vertragliche Haftung** wurde z. B. in den folgenden Fällen angenommen: Fehlen einer ausreichenden **Anweisung** und **Warnung** vor den Gefahren bei der Betätigung eines **Absperrschiebers** in den Räumen des Abnehmers einer **Ferndampfheizung** (RG, Urt. v. 25. 10. 1935 i. HRR 1936 Nr. 190); Verletzung der Verpflichtung des **EU,** eine **Stromleitung** einschließlich der Hausanschlußanlagen **ordnungsgemäß einzurichten** und zu **unterhalten** (BGH, Urt. v. 21. 10. 1958 i. VersR 1958, 853 = NJW 1959, 38 u. Urt. v. 2. 7. 1969 i. VersR 1969, 904); mangelnde Sicherung einer im Bereich von **Bauarbeiten** an einer unterirdischen S-Bahn liegenden **Gasleitung** (BGH, Urt. v. 9. 1. 1980 i. VersR 1981, 355); unzureichende Überwachung der Arbeiten zur **Umstellung** von **Stadt- auf Erdgas** (BGH, Urt. v. 15. 2. 1978 i. VersR 1978, 538); Lieferung von **verunreinigtem Wasser** in eine **Molkerei** (BGH, Urt. v. 4. 10. 1972 i. VersR 1973, 33 = NJW 1972, 2300).

135 Ähnlich wie beim Beförderungsvertrag (Rdz. 120) obliegt die **Beweislast** dem Abnehmer. Er hat grundsätzlich nachzuweisen, daß eine schuldhafte Vertragsverletzung vorliegt. Steht jedoch fest, daß ein objektiver Mangel oder ein Zustand der Verkehrswidrigkeit im **Organisations-** und **Gefahrenbereich** des **Unternehmens** den Schaden ausgelöst hat, hat das **VU** den Beweis zu führen, daß es und die für ihn handelnden Personen kein Verschulden trifft (BGH, Urt. v. 26. 9. 1961 i. VersR 1961, 1078, 1079 = NJW 1962, 31, 32). Der BGH hat auch ausgesprochen, daß dann, wenn jemand bei bestimmungsgemäßer Verwendung eines Industrieerzeugnisses einen Schaden erleidet, z. B. eine Molkerei durch die Lieferung verunreinigten Wassers, es Sache des **Herstellers** sei, die Vorgänge aufzuklären, die den Fehler verursacht hätten, und dabei darzutun, daß ihn kein Verschulden treffe (Urt. v. 4. 10. 1972 i. VersR 1973, 33 = NJW 1972, 2300).

2. Haftungsregelung für Schäden von Tarifkunden

a) Schäden durch Unterbrechung der Versorgung oder durch Unregelmäßigkeiten in der Belieferung

136 Die **vertragliche** und die **deliktische** Haftung für Schäden, die eine Tarifkunde durch eine **Unterbrechung** der **Versorgung** mit Elektrizität, Gas, Wasser oder Fernwärme oder durch **Unregelmäßigkeiten** in der **Belieferung** dieser Energien oder Stoffe erleidet, unterliegen den Beschränkungen der §§ 6 u. 7 der am 1. 4. 1980 in Kraft getretenen Verordnungen über Allgemeine Bedingungen für die Elektrizitätsversorgung von Tarifkunden – **AVBEltV** – vom 21. 6. 1979 (BGBl. I, 684) über Allgemeine Bedingungen für die Gasversorgung von Tarifkunden – **AVBGasV** – vom 21. 6. 1979 (BGBl. I, 676), über Allgemeine Bedingungen für die Versorgung mit Fernwärme – **AVBFernwärmeV** – vom

20. 6. 1980 (BGBl. I, 742) und über Allgemeinen Bedingungen für die Versorgung mit Wasser – **AVBWasserV** – vom 20. 6. 1980 (BGBl. I, 750). Die genannten Bedingungen (der Wortlaut der §§ 6 u. 7 ist i. Anh. 7 wiederg.) gelten **nicht** für Ersatzansprüche nach dem **HG.** Sie haben die früheren Versorgungsbedingungen, die teilweise einen **völligen Ausschluß** der deliktischen und vertraglichen Haftung des VU vorsahen (so Abschnitt II Nr. 5 der Allgemeinen Bedingungen für die Versorgung mit elektrischer Arbeit aus dem Niederspannungsnetz der Elektrizitätswirtschaftsunternehmen vom 27. 1. 1941 i. BGBl. III 752-1-7 und Teil II der Allgemeinen Bedingungen für die Versorgung mit Gas aus dem Versorgungsnetz i. RAnz. 1942 Nr. 39) abgelöst.

137 Eine solche umfassende **Freizeichnung** hatte die Rechtsprechung grundsätzlich aus der Erwägung als **zulässig** erachtet, daß sie die Funktion habe, die VU von ihrem **typischen Betriebsrisiko** zu entlasten, das darin liege, daß sich infolge der großen Zahl von Abnehmern bei der kleinsten Versorgungsstörung etwaige Schadenersatzverpflichtungen ins Unermeßliche steigern würden. Sie beschränkte jedoch die Wirkung des Ausschlusses auf Schäden aus mangelnder Vertragserfüllung, die unmittelbar mit der Versorgung zusammenhingen, wie insbesondere Schäden, die der Abnehmer aus der Unterbrechung der Versorgung oder Unregelmäßigkeiten in der Belieferung erlitt, z. B. Schwankungen der Spannung, des Druckes, des Heizwertes, Minderung der Qualität des Wassers. **Nicht** unter den Haftungsausschluß sollten dagegen Schäden fallen, die durch eine **positive Vertragsverletzung** des Unternehmens unmittelbar an Rechtsgütern des Abnehmers hervorgerufen wurden (vgl. amtl. Begr. zur AVBEltV i. BR-Drucks. 76/79 v. 15. 2. 1979 u. zur AVBGasV i. BR-Drucks. 77/79 v. 15. 2. 1979; *Ludwig/Corth/Stech,* Recht der Elektrizitäts-, Gas- und Wasserversorgung, III Anm. 1 zu § 6 AVBEltV; BGH, Urt. v. 21. 10. 1958 i. VersR 1958, 853 = NJW 1959, 38, Urt. v. 9. 6. 1959 i. NJW 1959, 1453, Urt. v. 2. 7. 1969 i. VersR 1969, 904, Urt. v. 4. 10. 1972 i. VersR 1973, 33 = NJW 1972, 2300, Urt. v. 4. 6. 1975 i. VersR 1975, 926, Urt. v. 15. 2. 1978 i. VersR 1978, 538 u. Urt. v. 9. 1. 1980 i. VersR 1980, 355).

138 Die Haftung aus **positiver Vertragsverletzung** wird auch von den **neuen Bedingungen nicht** berührt. Die Bedingungen schließen jedoch, anders als früher, die Ersatzpflicht für Schäden durch Versorgungsstörungen **nicht** mehr **absolut** aus, sondern lassen die Haftung grundsätzlich auch für Schäden bestehen, die dem Tarifkunden durch eine **Unterbrechung** der **Versorgung** oder durch **Unregelmäßigkeiten** in der Belieferung entstehen. Diese Haftung setzt **Rechtswidrigkeit** voraus. Eine erlaubte Unterbrechung (§ 5 der Bedingungen) oder Spannungs- oder Druckabweichungen innerhalb der erlaubten Schwankungsbreiten (vgl. § 4 der Bedingungen) begründen deshalb keine Haftung (Die neuen Allgemeinen Bedingungen für die Elektrizitäts- und Gasversorgung von Tarifkunden, S. 125; vgl. a. für Energieleiterunterbrechung Taupitz i. BB 1982, 769). Im übrigen richtet sich die Haftung nach der **Art des Schadens** und dem **Verschuldensgrad** (§ 6).

139 Für einen **Personenschaden** (vgl. Rdz. 128ff. zu § 1), den das Unternehmen oder seine Erfüllungsgehilfen (Rdz. 116f.), bei deliktischer Haftung seine Verrichtungsgehilfen (Rdz. 71 ff.), **vorsätzlich** (Rdz. 11) oder **fahrlässig** (Rdz. 12) verursacht haben, haftet das Unternehmen **unbegrenzt** (§ 6 Abs. 1 Nr. 1 der Bedingungen). Es genügt also auch **einfache** Fahrlässigkeit. Bei einem **Sachschaden** (vgl. Rdz. 131 ff. zu § 1) haftet das VU nur für **vorsätzliches** (Rdz. 11) oder **grob fahrlässiges** (Rdz. 13) Verschulden (§ 6 Abs. 1 Nr. 2 der Bedingungen); bei einem reinen **Vermögensschaden** (vgl. Rdz. 125), z. B. bei einem Produktionsausfall durch den Stillstand von Maschinen bei einer Stromunterbrechung, besteht die Haftung nur, wenn der Schaden durch **Vorsatz** (Rdz. 11) oder **grobe Fahrlässigkeit** (Rdz. 13) des Inhabers des Unternehmens oder eines vertretungsberechtigten Organs (vgl. Rdz. 17 ff.) oder eines Gesellschafters verursacht wurde (§ 6 Abs. 1 Nr. 3 der Bedingungen).

140 Wie sich aus der Fassung ,,es sei denn“ (§ 6 Abs. 1 Nr. 1–3 der Bedingungen) ergibt, wurde in Anlehnung an die Rechtsprechung zu den früheren Bedingungen (Rdz. 134; vgl. a. Rdz. 120) die **Beweislast** dafür, daß ein Personenschaden nicht verschuldet wurde oder daß bei einem Sach- oder Vermögensschaden weder vorsätzlich noch grob fahrlässig gehandelt wurde, dem **Tarifkunden** auferlegt.

b) Summenmäßige Begrenzung

141 Die Haftung für grob fahrlässig (Rdz. 13) verschuldete **Sach- und Vermögensschäden** (Rdz. 139) ist auf **DM 5000,– je Einzelfall begrenzt** (§ 6 Abs. 2 Satz 1 der Bedingungen). Für jedes **Schadenereignis** gilt eine Begrenzung, deren Höhe nach der Zahl der Abnehmer des Unternehmens von DM 5 Mio. bis DM 20 Mio. gestaffelt ist (§ 6 Abs. 2 Satz 2 der Bedingungen; krit. hierzu *Knüppel* i. NJW 1980, 212, 213). In diese Regelung kann das Unternehmen auch seine **Sonderkunden** (vgl. Rdz. 143) einbeziehen, wenn dies vereinbart und die Haftung für den einzelnen Sonderkunden im Schadenfall auf DM 5000,– begrenzt ist (§ 6 Abs. 2 Satz 3 der Bedingungen). Reichen die jeweiligen Höchsthaftungssummen zur vollen Befriedigung aller Ansprüche nicht aus, werden sie **anteilsmäßig** gekürzt (§ 6 Abs. 4 der Bedingungen). Die Ersatzpflicht entfällt generell bei Schäden unter **DM 30,–** (§ 6 Abs. 5). Mit dieser **Bagatellklausel** soll das Unternehmen von einem unwirtschaftlichen Bearbeitungsaufwand bei Kleinschäden entlastet werden. Obwohl der Wortlaut eine solche Einschränkung nicht enthält, ist entsprechend der Regelung in § 276 Abs. 2 BGB davon auszugehen, daß sich die Klausel auf **vorsätzlich** verursachte Schäden nicht bezieht (*Knüppel* aaO. S. 214; *Janke-Weddige* i. BB 1981, 1427). Maßgebend ist der Betrag, der sich vor einer anteiligen Kürzung (§ 6 Abs. 4 der Bedingungen) errechnet (*Janke-Weddige* aaO. S. 1430; *Knüppel* aaO. S. 214).

c) Persönlicher Wirkungsbereich

142 Die Haftungsbeschränkungen der Versorgungsbedingungen **gelten** für die Rechtsgüter des **Tarifkunden** und derjenigen Personen, die sich in seinem **Schutzbereich** aufhalten, z. B. der Familienangehörigen der Mieter und der Mitarbeiter des Kunden (vgl. BGH, Urt. v. 15. 2. 1978 i. VersR 1978, 538; *Ludwig/Cordt/Stech,* Elektrizitäts-, Gas- und Wasserversorgung, III Anm. 4 zu § 6 AVBEltV; *Janke-Weddige* i. BB 1981, 1427,

1430; *Schmidt-Salzer* i. *Hermann/Recknagel/Schmidt-Salzer,* Allgem. Versorgungsbedingungen, Rdz. 73 zu § 6 AVBEltV/GasV; *Taupitz* i. VersR 1982, 315, 322f. u. i. BB 1982, 769, 771). Keine Anwendung finden die Haftungsbeschränkungen z. B. auf den Schaden des Benutzers eines Skiliftes, der in einem Wintersportort wegen einer plötzlich aussetzenden Stromlieferung verletzt wird (angef. b. *Janke-Weddige* aaO. S. 1428). Kraft ausdrücklicher Regelung gelten die zuvor angeführten Haftungsbeschränkungen (Rdz. 138ff.) nicht nur für die Ersatzansprüche gegen das unmittelbar liefernde Unternehmen, sondern auch gegen **dritte Unternehmen** (z. B. Vorlieferanten, vgl. §§ 6 Abs. 3 AVBEltV u. AVBGasV u. §§ 6 Abs. 2 AVBFernwärmeV u. AVBWasserV). Eine sich nach dem Sinn der Haftungsregelung orientierende Betrachtung muß auch zu dem Ergebnis führen, daß die Haftungsvergünstigungen nicht nur von dem VU, sondern auch von seinen **Arbeitnehmern** in Anspruch genommen werden können (vgl. Taupitz aaO. S. 318ff.; vgl. a. BGH, Urt. v. 22. 9. 1969 i. VersR 1969, 1039), nicht jedoch von **Subunternehmern** (Taupitz aaO. S. 319).

d) Sonderkunden

143 Die AVB und die in ihnen enthaltenen Haftungsregelungen werden nicht von Gesetzes wegen Bestandteil der Verträge, die Elektrizitäts- und Gasversorgungsunternehmen mit **Sonderkunden** und Fernwärme- und Wasserversorgungsunternehmen mit **Industrieunternehmen** schließen (§§ 1 Abs. 2 AVBEltV, AVBGasV, AVBFernwärmeV, AVBWasserV). Soweit in diesen Verträgen die Haftung ausgeschlossen oder beschränkt wird, ist das AGB-Gesetz anzuwenden, insbesondere § 11 Nr. 7 mit dem Verbot der Haftungsbeschränkung für eine vorsätzliche oder grob fahrlässige Vertragsverletzung. Dies gilt nach § 23 Abs. 2 Nr. 2 AGB-Gesetz nur dann **nicht,** wenn **Elektrizitäts-** und **Gasversorgungs**unternehmen den Verträgen die Bedingungen der AVBEltV und AVBGasV zugrunde legen (Näheres bei *Danner* i. BB 1979, 76, 78ff.; *Hermann* i. RdE 1980, 239; *Knüppel* i. NJW 1980, 212, 214; *Plum* i. VersR 1982, 307; *Schmidt-Salzer* i. BB 1980, 1701, i. RdE 1980, 238 u. i. *Hermann/Recknagel/Schmidt-Salzer,* Allgemeine Versorgungsbedingungen, Rdz. 279ff. zu § 6 AVBEltV/GasV).

3. Verjährung, Anzeigepflicht

144 Die Ersatzansprüche **verjähren** gemäß der allgemeinen Regelung (§ 195 BGB) in **dreißig Jahren.** Soweit sie §§ 6 AVB unterliegen, verjähren sie in **einem** Jahr von dem Zeitpunkt an, in dem der Ersatzberechtigte von dem Schaden, von den Umständen, aus denen sich seine Anspruchsberechtigung ergibt, und von dem ersatzpflichtigen Unternehmen **Kenntnis** erlangt (vgl. hierzu Rdz. 6ff. zu § 11), ohne Rücksicht auf diese Kenntnis in **zwei** Jahren von dem schädigenden Ereignis an (§§ 7 Abs. 1 AVB). Schweben zwischen dem Ersatzpflichtigen und dem Ersatzberechtigten **Verhandlungen** über den zu leistenden Schadenersatz, ist die Verjährung **gehemmt,** bis der eine oder andere Teil die Fortsetzung der Verhandlungen verweigert (§§ 7 Abs. 2 AVB; vgl. a. Rdz. 19ff. zu § 11). Die kurze Verjährungsfrist soll eine Beschleunigung der Schadenabwicklung bewirken. Mit ihr korrespondiert die Verpflichtung des Geschädigten, den Schaden **unverzüglich,** d.h. ohne schuldhaftes Zögern (vgl. § 121 BGB), dem ihn beliefernden Versorgungsunternehmen oder, wenn dieses feststeht, dem ersatzpflichtigen Unternehmen mitzuteilen (§§ 6 Abs. 6 AVB).

V. Öffentlich-rechtliches Benutzungsverhältnis

145 Der Betrieb einer von einer Gemeinde errichteten und unterhaltenen **Abwasseranlage** stellt sich als eine Betätigung **schlichthoheitlicher Verwaltung** im Rahmen der Daseinsvorsorge dar. Auf das öffentlich-rechtliche Vertragsverhältnis zwischen der Gemeinde und dem Anschlußnehmer finden die Vorschriften über die **vertragliche Haftung** nach **Bürgerlichem Recht** sinngemäß Anwendung (vgl. Rdz. 133). Dazu gehört auch, daß die Gemeinde nach den Grundsätzen haftet, die für eine Schädigung des Gläubigers durch den Schuldner innerhalb einer schuldrechtlichen Sonderverbindung (§§ 276, 278 BGB) gelten. Die Gemeinde ist deshalb unbeschadet ihrer Haftung nach dem **Staatshaftungsgesetz** (vgl. Rdz. 168ff.) im Rahmen des bestehenden Leistungs- und Benutzungsverhältnisses verpflichtet, ihre Vertragspartner vor **Schäden** zu bewahren, die ihnen durch den **Betrieb** der Abwasseranlagen entstehen können (vgl. BGH, Urt. v. 30. 9. 1970 i. VersR 1970, 1131 = NJW 1970, 2208, Urt. v. 22. 9. 1977 i. VersR 1978, 38 u. Urt. v. 13. 10. 1977 i. VersR 1978, 85; OLG Köln, Urt. v. 29. 3. 1979 i. VersR 1980, 145; OLG Celle, Urt. v. 7. 5. 1981 i. BADK – Inf. 1981, 30 u. OLG Oldenburg, Urt. v. 5. 6. 1981 i. BADK-Inf. 1981, 31; vgl. a. BGH, Urt. v. 17. 5. 1973 i. NJW 1973, 1741 u. Urt. v. 2. 3. 1977 i. VersR 1977, 571).

146 Auch hier gilt, daß es Sache des Verpflichteten ist, sich zu **entlasten,** wenn sich aus der **Sachlage** zunächst der Schluß rechtfertigt, daß er die ihm obliegende Sorgfaltspflicht verletzt habe, und wenn die Schadenursache aus einem **Gefahrenkreis** hervorgegangen ist, für den er im Zweifel verantwortlich ist (vgl. BGH, Urt. v. 13. 10. 1977 aaO. S. 87; vgl. a. Rdz. 120, 134 u. 140).

147 Die vielfach in den **Satzungen** vorgenommenen **Haftungsausschlüsse** sind **eng** auszulegen. Sie beziehen sich nur auf solche bei einem Benutzer infolge des Betriebs einer Abwasseranlage eingetretenen Schäden, die bei einem derartigen Betrieb nicht völlig auszuschließen sind und die immer wieder auftreten können, wenn es sich also um sog. **typische Beeinträchtigungen** einer ordnungsgemäß eingerichteten und betriebenen Kanalisationsanlage handelt. Hierunter fallen z. B. nicht Rückstauschäden, die infolge einer fehlerhaften, von der Gemeinde schuldhaft zu vertretenden Anlage beim Benutzer entstehen (vgl. insbes. BGH, Urt. v. 30. 9. 1970 i. VersR 1970, 1131, 1132 = NJW 1970, 2208, 2210 u. Urt. v. 22. 9. 1977 i. VersR 1978, 38, 40f.; OLG Oldenburg, Urt. v. 5. 6. 1981 i. BADK-Inf. 1981, 31; das AGB-Gesetz findet keine Anwendung, vgl. hierzu *Dietlein* i. NJW 1974, 969, 973). Das OLG Köln (Urt. v. 29. 3. 1979 i. VersR 1980, 145) hat jedoch eine Verpflichtung der Gemeinde verneint, ein **Kanalsystem** zur Abwässerung so auszubauen und zu unterhalten, daß es auch bei **ungewöhnlichen Bedingungen** – heftige Regenfälle, nicht befestigtes Erdreich in einem Neubaugebiet – in dem Kanal nicht zu Verstopfungen und damit zum **Rückstau** in den Räumen eines Hauses kommt. Die Schadenersatzverpflichtung kann auch entfallen, weil es der Geschädigte versäumt hat, der ihm satzungsmäßig auferlegten Pflicht, eine **Rückstausicherung** einzubauen, nachzukommen (vgl. OLG Oldenburg, Urt. v. 5. 6. 1981 aaO., das für diesen Fall eine Verpflichtung der Gemeinde verneint, während das OLG Köln, Urt. v. 29. 3. 1979 aaO. u. das OLG Celle, Urt. v. 7. 5. 1981 i. BADK-Inf. 1981, 30 zu dem gleichen Ergebnis dadurch gelangen, daß sie das Versäumnis des Geschädigten bei der Schadenabwägung nach § 254 Abs. 1 BGB – vgl. Rdz. 18ff. zu § 4 – so stark bewerten, daß demgegenüber das schuldhafte Verhalten der Gemeinde völlig zurücktritt). Die Anwendung des **Staatshaftungsrechtes** (vgl. Rdz. 168ff.) kann durch eine gemeindliche Satzung **nicht** gültig **ausgeschlossen** werden; die hierauf beruhenden Ansprüche des Geschädigten bleiben auch dann bestehen, wenn die vertragliche Haftung wirksam abbedungen ist (vgl. BGH, Urt. v. 17. 5. 1973 i. VersR 1973, 1025, 1027).

VI. Haftungsvereinbarungen

148 In den Grenzen der **Vertragsfreiheit** kann die Haftung abweichend von der gesetzlichen Haftpflicht vereinbart werden. Solche Vereinbarungen gibt es häufig in Verträgen, die **Eisenbahnen** über die gemeinschaftliche Benutzung von Betriebseinrichtungen schließen, und als sog. **Teilungabkommen.**

1. Abkommen zwischen mehreren Eisenbahnen

149 Auf die Ausführungen zu § 1 Rdz. 55ff. und auf den im Anh. 3 u. 4 wiedergegebenen Wortlaut der PAB und der Einführungsrichtlinien wird verwiesen.

2. Teilungsabkommen

Schrifttum: *Clauß,* Teilungsabkommen mit Krankenkassen, VersR 1957, 557; *Klimke,* Ausgleichsansprüche bei Abrechnung nach Teilungsabkommen im Falle der Beteiligung von Kraftfahrzeugen, VersR 1972, 414; *Lindlar,* Teilungsabkommen mit Sozialversicherungsträgern unter besonderer Berücksichtigung des BGH-Urteils v. 2. 6. 1966, VersR 1967, 210; *Prengel,* Voraussetzungen und Anwendbarkeit von Teilungsabkommen zwischen Krankenkassen und Haftpflichtversicherern, VersR 1960, 201, 972; *G. Schmidt,* Teilungsabkommen bei Gesamtschuldner- und Gläubigerschaft, VersR 1965, 1117; *W. Wussow,* Teilungsabkommen, 4. Aufl., Frankfurt 1965; Zur Rechtsnatur des Teilungsabkommens, VersR 1968, 811; *H.-J. Wussow,* Die Nichtanwendung eines Teilabkommens und ihre Folgen, VersR 1960, 968.

150 Um den mit der Regulierung von Ersatzansprüchen verbundenen Aufwand zu begrenzen und um Prozesse zu vermeiden, schließen Haftpflichtversicherer und Sozialversicherungsträger häufig mit- und untereinander **Teilungsabkommen.** Partner solcher Abkommen sind häufig auch **Schienenverkehrsunternehmen** in ihrer Eigenschaft als Selbstversicherer oder als Mitglieder eines kommunalen Haftpflichtschadenausgleichs (vgl. § 2 Abs. 1 Nr. 5 PflVersG). Bei den Teilungsabkommen handelt es sich um **Rahmenvergleiche,** durch die festgelegt wird, daß alle in den Anwendungsbereich des Abkommens fallenden Haftpflichtansprüche bis zu einem bestimmten **Höchstbetrag** (Akommensgrenze) **ohne Prüfung** der **Sach-** und **Rechtslage** mit einer bestimmten **Haftungsquote** reguliert werden. Häufig regeln die Abkommen noch weitere Einzelheiten, z. B. zu der für die Regulierungspraxis wichtigen Frage, wie die Kosten einer ambulanten Behandlung zu berechnen sind (vgl. Rdz. 7f. zu § 6). Nach h. A. enthalten die Teilungsabkommen hinsichtlich des Haftpflichtanspruches ein **Stillhalteabkommen,** das den Schädiger gegenüber dem Geschädigten berechtigt, Leistungen aus dem Haftpflichtfall zu verweigern (vgl. BGH, Urt. v. 10. 4. 1973 i. VersR 1973, 759 u. Urt. v. 13. 12. 1977 i. VersR 1978, 278, 280). Soweit ein **Haftpflichtversicherer** das Abkommen schließt, handelt er **in eigenem Namen** und nicht namens des VN (BGH, Urt. v. 13. 12. 1977 aaO. S. 279; *Wussow,* Teilungsabkommen, I 6).

151 Für die Erstattungspflicht eines Haftpflichtversicherers aufgrund eines Teilungsabkommens genügt im allgemeinen der **Nachweis,** daß der Schadensfall als solcher in den **Deckungsbereich** der Haftung fällt und daß insoweit ein **kausaler Zusammenhang** zwischen dem versicherten Ereignis und dem Schadensfall besteht (BGH, Urt. v. 28. 5. 1956 i. VersR 1956, 403, 404 u. Urt. v. 2. 6. 1966 i. VersR 1966, 816, 817; OLG Frankfurt, Urt. v. 27. 6. 1961 i. VersR 1961, 1004). Im übrigen braucht der andere Abkommenspartner nicht die Voraussetzungen des Haftpflichtanspruchs nachzuweisen, weil die Prüfung der Haftungsfrage **ausgeschlossen** ist. Die vereinbarte Abkommensquote muß selbst dann bezahlt werden, wenn feststeht, daß der Unfall, der zu der Schädigung geführt hat, ein **unabwendbares Ereignis** i. S. v. § 7 Abs. 2 StVG (§ 1 Abs. 2 Satz 1 HG) war (BGH, Urt. v. 29. 9. 1963 i. VersR 1963, 1066 = VRS 26, 16, 18 = NJW 1964, 104).

152 Der Ersatzanspruch ist jedoch **rechtsmißbräuchlich,** wenn es sich um einen sog. **Groteskfall** handelt, bei dem ,,nach dem unstreitigen Sachverhalt eine Haftung offensichtlich und unzweifelhaft entfällt" (BGH, Urt. v. 2. 6. 1966 aaO. u. Urt. v. 19. 9. 1979 i. VersR 1979, 1093, 1094; krit. *Lindlar* i. VersR 1967, 210 u. *Wussow,* UHR, Tz. 1443). Darüber, wie das Abkommen anzuwenden ist, entscheidet letztlich der **Vertragswortlaut.** So sehen die Abkommen der **Schienenverkehrsunternehmen** häufig vor, daß sie nur Anwendung finden, wenn der **,,Schaden nachweisbar bei dem Betrieb eines Fahrzeugs"** des Unternehmens entstanden ist. Das Merkmal ,,bei dem Betrieb" ist dem entsprechenden Erfordernis in § 1 Abs. 1 HG nachgebildet, und deshalb in gleicher Weise (allerdings bezogen auf das Fahrzeug) zu interpretieren (vgl. Rdz. 59ff. zu § 1). Ob ein Sozialversicherungsträger auch nachweisen muß, daß es sich bei seiner im Rahmen des Abkommens geforderten Leistung um einen **kongruenten** Schaden i. S. v. § 1542 RVO (vgl. Rdz. 43ff. zu § 5) handelt, ist ebenfalls vom Wortlaut des Abkommens abhängig; im Zweifel wird dies zu verneinen sein (vgl. *Wussow* i. WI 80, 176).

153 Die meisten Abkommen enthalten einen **Höchstbetrag** als **Abkommensgrenze.** Wird dieser Betrag überschritten, kann damit die Anwendung des Abkommens überhaupt entfallen oder, wie es häufiger geregelt wird, sich auf den bis zu der Grenze reichenden Forderungsteil beschränken. Im letzteren Falle ist nur der **überschießende** Betrag nach der Sach- und Rechtslage zu regulieren. Häufig regeln die Abkommen, daß im Falle einer **Wiedererkrankung** des Verletzten die Ansprüche erneut abkommensmäßig zu regulieren sind, der Höchstbetrag also noch einmal ausgeschöpft werden kann. Nach § 1503 Abs. 1 RVO, der für die Auslegung des Begriffes herangezogen werden kann, liegt eine Wiedererkrankung vor, wenn die wegen der ersten Erkrankung entstandene **Arbeitsunfähigkeit** beendet war und nun erneut Arbeitsunfähigkeit eintritt (vgl. *Wussow,* UHR, Tz. 857 u. i. WI 1973, 199). Entstehen durch eine Krankheit weitere **Aufwendungen,** wird z. B. bei einem Beinamputierten die Anschaffung einer neuen Prothese erforderlich, so stellt dies **keine** Wiedererkrankung dar (vgl. *Wussow* i. WI 1980, 187).

154 Hat ein Haftpflichtversicherer aufgrund eines Teilungsabkommens an einen Sozialversicherungsträger geleistet, kann er von einem **Dritten,** der allein für den Schaden zu haften hat, die Leistung aus ungerechtfertigter Bereicherung (§ 812 BGB) **zurückverlangen** (BGH, Urt. v. 5. 5. 1969 i. VersR 1969, 641, 642; *Klimke* i. VersR 1972, 414; *Sieg* i. VersR 1973, 194, 196). Dies gilt auch, wenn der Haftpflichtversicherer des Dritten mit dem Sozialversicherungsträger **ebenfalls** ein **Abkommen** unterhält (BGH, Urt. v. 13. 6. 1978 i. VersR 1978, 843ff. i. Abw. v. Urt. v. 29. 9. 1970 i. VersR 1970, 1108, 1109).

155 Der Anspruch aus dem Teilungsabkommen **verjährt** erst in **dreißig** Jahren (BGH, Urt. v. 19. 12. 1973 i. VersR 1974, 546, 547). Soweit ein Anspruch über die Abkommensgrenze hinausgeht und nach der Rechtslage zu regulieren ist, unterliegt er der jeweils für ihn geltenden Verjährung. Diese ist aufgrund der in dem Abkommen enthaltenen Stillhaltevereinbarung **gehemmt.** Die Hemmung endet nicht schon, wenn erkennbar ist, daß das Abkommenslimit erreicht wird, sondern erst, wenn die Leistungen diese Höhe **tatsächlich** erreichen (BGH, Urt. v. 19. 12. 1973 aaO. u. Urt. v. 13. 12. 1977 i. VersR 1978, 278, 280). Die Verjährungshemmung tritt auch ein, wenn das Abkommen **keine** Höchstbegrenzung hat (BGH, Urt. v. 13. 12. 1977 aaO.).

D. Verschulden bei Vertragsschluß

156 Die Haftung aus Vertrag setzt voraus, daß der Abschluß des Vertrages **zustande** gekommen ist (Rdz. 98ff.). Es ist jedoch allgemein anerkannt und heute als Gewohnheitsrecht anzusehen (vgl. BGH, Urt. v. 11. 5. 1979 i. NJW 1979, 1982), daß schon die **Aufnahme** von **Vertragsverhandlungen** ein Rechtsverhältnis begründet, das den Unternehmer oder den Inhaber verpflichtet, sich so zu verhalten, daß die Person, das Eigentum oder sonstige Rechtsgüter des anderen nicht verletzt werden (Haf-

tung aus culpa in contrahendo). Dabei ist es nicht erforderlich, daß die Verhandlungen tatsächlich zum Abschluß führen (BGH, Urt. v. 28. 1. 1976 i. VersR 1976, 580, Urt. v. 11. 5. 1979 aaO. u. Urt. v. 21. 5. 1980 i. VRS 61, 5; *Wussow,* UHR, Tz. 839; *Geigel/Schlegelmilch,* Haftpflichtprozeß, Kpt. 28 Rdz. 8ff.).

157 Ein Straßenbahnunternehmer haftet z. B. aus Verschulden bei Vertragsschluß, wenn jemand ordnungsgemäß eine Straßenbahn **besteigen will** und den Griff zum Einsteigen schon angefaßt hat, jedoch zu Fall kommt, weil der Straßenbahnfahrer als Erfüllungsgehilfe des Unternehmers (§ 278 BGB; vgl. Rdz. 116f.) schuldhaft die Verpflichtung verletzt, erst abzufahren, wenn das Einsteigen vollständig beendet ist (*Wussow,* UHR, Tz. 1896; *Weimar* i. DAR 1977, 66, 67). Ein Eisenbahnunternehmer haftet z. B., wenn jemand auf dem **Weg zum Fahrkartenschalter,** also noch vor Abschluß des Beförderungsvertrages (vgl. Rdz. 99), wegen eines verkehrswidrigen Zustandes des Bodenbelages in der Bahnhofshalle stürzt (*Friese,* RHG, B III 4c) oder wenn er seine Verpflichtung, das Frachtbriefdoppel erst nach der Annahme des zu befördernden Gutes abzustempeln, verletzt (BGH, Urt. v. 21. 5. 1980 i. VRS 61, 5). Ein **Wartehaus,** das neben einer an einer öffentlichen Straße befindlichen Straßenbahnhaltestelle aufgestellt ist, ist eine **Betriebseinrichtung** der Straßenbahn, für die der Unternehmer verkehrssicherungspflichtig ist. Personen, die ein Wartehaus in der Absicht benutzen, einen **Beförderungsvertrag zu schließen,** genießen auch **vertragliche Schutzpflichten,** deren schuldhafte Verletzung eine Haftung des Unternehmers begründet (a. A. OLG Hamburg, Urt. v. 19. 3. 1926 i. EE 24, 240). Die Verpflichtung des Unternehmers beschränkt sich jedoch auf den Bereich des Wartehauses. Erleidet der Fahrgast noch vor dem Betreten oder nach dem Verlassen des Wartehauses auf der Straße oder dem Bürgersteig einen Unfall, kommt eine Ersatzpflicht des Unternehmers aus culpa in contrahendo **nicht** in Betracht (vgl. Rdz. 37).

158 Der Beförderungsunternehmer will den Beförderungsvertrag nur mit Personen schließen, die sich nach den **Beförderungsbedingungen** richten (vgl. Rdz. 196 u. 198). Er haftet deshalb nicht, wenn ein Fahrgast auf das Trittbrett einer schon angefahrenen Straßenbahn springt und während der Fahrt abstürzt (BGH, Urt. v. 19. 1. 1962 i. VersR 1962, 375; OLG Braunschweig, Urt. v. 6. 12. 1948 i. VRS 1, 223). Hat der Fahrgast das Trittbrett ordnungsgemäß bestiegen, wird die Verpflichtung des Unternehmers aus der vorvertraglichen Beziehung ausreichend dadurch erfüllt, daß der Schaffner an die auf dem Trittbrett befindlichen Fahrgäste die Aufforderung richtet, dieses wegen Überfüllung zu verlassen, und die Abfahrt durch Klingelzeichen ankündigt. Eine Verpflichtung, das Anfahren zu unterlassen, um eine Gefährdung der Fahrgäste zu vermeiden, ist nicht zumutbar (OGH Köln, Urt. v. 24. 6. 1949 i. VRS 1, 227, 232 = NJW 1949, 669 L.).

E. Haftungsrechtlicher Einfluß des Arbeitsverhältnisses

159 Erleidet der Geschädigte den Schaden in seiner Eigenschaft als **Arbeitnehmer** des Bahnbetriebsunternehmers oder des Inhabers einer Anlage

i. S. v. § 2 oder schädigt ein Arbeitnehmer den Unternehmer oder Inhaber in deren Eigenschaft als **Arbeitgeber** oder einen **Arbeitskollegen,** sind die hierfür entwickelten besonderen Haftungsgrundsätze zu beachten.

I. Haftung des Arbeitgebers

1. Personenschäden

160 Auf die Ausführungen zu § 1 Rdz. 228ff. wird verwiesen.

2. Sach- und Vermögensschäden

161 Der Arbeitgeber (ArbG) ist aufgrund seiner **Fürsorgepflicht** gehalten, das berechtigterweise in den Betrieb eingebrachte **Eigentum** des Arbeitnehmers (AN) vor Schäden zu bewahren, z.B. die **Arbeitskleidung.** Der Umfang dieser Pflicht richtet sich nach den Umständen des Einzelfalles, insbesondere danach, welche Maßnahmen dem ArbG nach den konkreten beruflichen und betrieblichen Verhältnissen zuzumuten sind. Auch wird die Fürsorgepflicht des ArbG durch die **Treuepflicht** des AN, in eigenem Interesse das ihm Zumutbare zu tun, um das Eigentum vor Verlust oder Beschädigung zu bewahren, **begrenzt** (BAG, Urt. v. 1. 7. 1965 i. NJW 1965, 2174 u. Urt. v. 17. 12. 1968 i. VersR 1969, 479, 480). Eine Verletzung der Fürsorgepflicht des Arbeitgebers und auch eine Verletzung der Verkehrssicherungspflicht (vgl. Rdz. 6f.) kommen als Anspruchsgrundlagen in Betracht, wenn der ArbG dem AN einen **Parkplatz** zur Verfügung stellt und der PKW bei der Benutzung einen Schaden erleidet. Die Frage, welche Maßnahmen dem ArbG bei der Einrichtung sowie bei der Organisation der Benutzung durch die Kfz-Halter und möglicherweise auch durch andere Personen obliegen, bestimmt sich nach den Besonderheiten des Einzelfalles (BAG, Urt. v. 16. 3. 1966 i. NJW 1966, 1534; vgl. a. Urt. v. 4. 2. 1960 i. NJW 1960, 1318).

162 Grundsätzlich haftet der ArbG nur, wenn er ein eigenes oder fremdes (§ 278 BGB) **Verschulden** zu vertreten hat. Für Sachschäden, die der AN **ohne Verschulden** des ArbG an seinem Eigentum erleidet, haftet der ArbG nur, wenn sie in Vollzug einer **gefährlichen** Arbeit entstehen und darüber hinaus **außergewöhnlich** sind. Nicht zu ersetzen sind Schäden, die zu tragen dem AN herkömmlicherweise angesonnen werden oder für deren Hinnahme der AN ausdrücklich oder erkennbar **bezahlt** wird (Schmutzzulage; Kilometergeld). Für solche Schäden kann der AN Ersatz nur verlangen, wenn sie wider Erwarten nach Anlaß und Umfang **ungewöhnlich** sind. Dagegen sind nicht vergütete Schäden des AN aus dem **Betätigungsbereich** des **ArbG** grundsätzlich zu ersetzen.

163 Ist der Schaden an einem **Kfz** eingetreten, das der AN im Einverständnis mit dem ArbG im Zusammenhang mit seinen Dienstpflichten ohne besondere Vergütung für das damit verbundene Unfallrisiko verwendet hat, ist darauf abzustellen, ob die Kraftfahrzeugbenutzung dem **persönlichen Lebensbereich** des **AN** oder dem **Tätigkeitsbereich** des **ArbG** zuzurechnen ist. Letzteres trifft zu, wenn der ArbG ohne den Einsatz des

Kraftfahrzeugs des AN ein **eigenes** Fahrzeug einsetzen und das damit verbundene Unfallrisiko tragen müßte (vgl. BAG, Urt. v. 10. 11. 1961 i. VersR 1962, 189 = NJW 1962, 411, Urt. v. 6. 11. 1978 i. NJW 1979, 1423 u. Urt. v. 8. 5. 1980 i. VersR 1981, 363 = NJW 1981, 702). Mit der im Schrifttum herrschenden Auffassung hat das BAG den Ersatzanspruch auf die analoge Anwendung des **§ 670 BGB** (Auftrag) gestützt (krit. hierzu *Köbler* i. NJW 1969, 1413). Ein **Mitverschulden** des AN schließt die Ersatzpflicht des ArbG nicht aus. Vielmehr kommt es entsprechend den Grundsätzen, die zur Freistellungspflicht des ArbG bei gefahrengeneigter Tätigkeit entwickelt wurden (vgl. Rdz. 165 u. 167), auf den **Verschuldensgrad** an. Ein **geringes** Verschulden ist nicht anzurechnen, bei **normalem** Verschulden ist zu quoteln. Nur bei **grobem** Verschulden (Vorsatz und grobe Fahrlässigkeit, vgl. Rdz. 11 u. 13) entfällt der Anspruch (BAG, Urt. v. 8. 5. 1980 aaO.).

II. Haftung des Arbeitnehmers

164 Schädigt ein AN den **Arbeitgeber,** haftet er für den Schaden grundsätzlich nach den Vorschriften des Deliktrechtes und aufgrund des Arbeitsvertrages. Man hat es jedoch als unbillig empfunden, einen AN für einen dem ArbG zugefügten Schaden uneingeschränkt auch dann haften zu lassen, wenn der Schaden bei der Ausführung einer Tätigkeit verursacht wurde, die ihrer Art nach leicht zu Schäden führen kann – sog. **gefahrengeneigte Tätigkeit.** Es wurde der Grundsatz entwickelt, daß der AN für das Risiko einer solchen Tätigkeit nur einzustehen hat, wenn ihn **schwere Schuld** trifft (Vorsatz oder grobe Fahrlässigkeit, vgl. Rdz. 11, 13) oder wenn er **pflichtversichert** ist. Liegen diese Voraussetzungen nicht vor, soll bei **geringer Schuld** (leichter Fahrlässigkeit) die Haftung entfallen und bei **„mittlerer“** Fahrlässigkeit nur eine Teilhaftung gegeben sein (BAG, Urt. v. 14. 2. 1958 i. VRS 14, 477 = VersR 58, 540 L, Urt. v. 1. 4. 1958 i. VersR 1958, 398, Urt. v. 19. 3. 1959 i. VersR 1960, 1028 u. Urt. v. 18. 12. 1971 i. VersR 1972, 155; für Beamte vgl. Rdz. 175).

165 **Gefahrengeneigt** ist eine Tätigkeit, wenn die vom AN zu leistende Arbeit ihrer Art nach eine besonders große Wahrscheinlichkeit in sich birgt, daß Versehen unterlaufen und dadurch Schäden verursacht werden, die zum Arbeitseinkommen des AN in unangemessenem Verhältnis stehen. Dabei ist auf die Umstände des **Einzelfalles** abzustellen und auf den **konkreten Anlaß,** aus dem der Schaden entstanden ist (BAG, Urt. v. 28. 5. 1960 i. VersR 1960, 1028 u. Urt. v. 13. 5. 1970 i. VersR 1970, 962). So wird man die Tätigkeit von **Fahrtbediensteten** in der Regel als gefahrengeneigt ansehen können, die von Angestellten in der Verwaltung jedoch nur ausnahmsweise (abl. f. leitenden Angestellten BGH, Urt. v. 25. 2. 1969 i. VersR 1969, 475 u. Urt. v. 7. 10. 1969 i. VersR 1969, 1137; anders für Tätigkeit in Bauaufsicht Urt. v. 11. 11. 1976 i. VersR 1977, 555). **Leicht** fahrlässig handelt z. B. ein AN, wenn sein Verhalten im wesentlichen darin besteht, daß er sich einer im Betrieb eingebürgerten fehlerhaften Arbeitsmethode angeschlossen hat (vgl. BGH, Urt. v. 12. 5.

1959 i. VersR 1959, 754: bejaht für Einfahrt einer Lok in einen Werkstattschuppen ohne Einweisung des Aufsichtsführenden).

166 Auch für Schäden von **Arbeitskollegen** hat der AN grundsätzlich zu haften. Es gibt jedoch zwei wichtige Einschränkungen, die diesen Grundsatz im Normalfall ausschließen: Für **Sachschäden** besteht die gleiche Haftungserleichterung, die der AN im Verhältnis zum ArbG hat (Rdz. 165). Für **Personenschäden** gilt die Sonderregelung des § 637 Abs. 1 RVO, der bestimmt, daß der Haftungsausschluß nach § 636 RVO (Rdz. 228ff. zu § 1) auch auf die Ersatzansprüche des AN, seiner Angehörigen und seiner Hinterbliebenen gegen einen **in demselben Betrieb tätigen Betriebsangehörigen** anzuwenden ist, wenn dieser den Arbeitsunfall durch eine **betriebliche Tätigkeit** verursacht hat. Der Begriff des **„Betriebs"** ist **eng** auszulegen. Die Zugehörigkeit zu einem **einheitlichen Unternehmen** genügt **nicht.** Der Haftungsausschluß nach § 637 RVO greift deshalb z. B. nicht ein, wenn ein bei einem **Verbundunternehmen** angestellter Straßenbahnfahrer einen Arbeiter eines zum Unternehmen gehörenden Wasserwerkes, der auf der Straße Rohre verlegt, beim Vorbeifahren erfaßt und verletzt (vgl. BGH, Urt. v. 5. 5. 1975 i. VersR 1975, 900).

167 Schädigt ein AN in Ausübung des Dienstes einen **Dritten,** haftet er nach den allgemeinen Vorschriften. Handelt es sich um eine **gefahrengeneigte Tätigkeit,** hat er gegen den ArbG einen **Freistellungsanspruch,** dessen Voraussetzungen und Umfang sich nach den Grundsätzen beurteilen, die für die Haftung des AN gegenüber dem ArbG entwickelt wurden (vgl. Rdz. 165). Soweit zwischen den Parteien tarifvertragliche Beziehungen bestehen, sind die dort häufig vereinbarten **Ausschlußfristen** für die Geltendmachung von Schadenersatzansprüchen zu beachten (vgl. hierzu BAG, Urt. v. 26. 5. 1981 i. VersR 1981, 1164).

F. Staatshaftung

Schrifttum: *Bender,* Staatshaftungsrecht, 3. Aufl., Heidelberg-Karlsruhe 1981; *Bischof,* Das neue Staatshaftungsrecht, AnwBl. 1982, 133; *Bonk,* Zum neuen Staatshaftungsgesetz, DVBl. 1981, 801; *Brinkmann,* Die Reform des Staatshaftungsrechts und ihre Auswirkung auf die kommunale Haftpflicht, Städte- und Gemeinderat 1981, 8; Das Haftungssystem des Staatshaftungsgesetzes, BADK-Inf. 1981, 59; *Gosch,* Einzelregelungen des Staatshaftungsgesetzes, BADK-Inf. 1981, 64; *Papier,* Das neue Staatshaftungsrecht, NJW 1981, 2321; *Schäfer,* Das neue Staatshaftungsgesetz (StHG), DB 1981, 1499; *Schäfer/Bonk,* Staatshaftungsgesetz, München 1982; *Schullan,* Straßenverkehrssicherungspflicht und Staatshaftungsrecht, BADK-Inf. 1981, 62; *Weimar,* Das neue Staatshaftungsrecht, VP 1981, 249.

I. Frühere Haftung

168 Die **Staatshaftung** wurde **bis zum 31. 12. 1981** hauptsächlich durch § 839 BGB i. Verb. m. Art. 34 GG geregelt. Nach diesen Vorschriften

haftete der **Staat** oder die zuständige **Körperschaft** anstelle des **Beamten,** wenn dieser schuldhaft eine ihm einem Dritten gegenüber obliegende **Amtspflicht** verletzt hatte, für den daraus entstandenen Schaden. Es mußte sich um eine **Amtspflicht** handeln, die dem Beamten einem **Dritten** gegenüber oblag und nicht nur gegenüber der Allgemeinheit oder der Behörde. Auch setzte die Staatshaftung voraus, daß der Beamte in Ausübung **hoheitlicher Gewalt** und nicht nur auf privatrechtlicher Ebene gehandelt hatte. Zum hoheitlichen Bereich rechnete z. B. die Tätigkeit der **Bundespost** (BGH, Urt. v. 17. 1. 1955 i. NJW 1955, 458), zum privatrechtlichen Bereich die Personen- und Güterbeförderung der Bundesbahn (vgl. Rdz. 17) und die Tätigkeiten der rechtlich unselbständigen **kommunalen Verkehrs-** und **Versorgungsbetriebe** (vgl. RG, Urt. v. 13. 6. 1906 i. RG 63, 374). **Die Verkehrssicherungspflicht** für den baulichen Zustand von **Straßen, Plätzen und Brücken** wurde als privatrechtliche Verpflichtung angesehen, die eine Haftung nach § 823 Abs. 1 BGB (vgl. Rdz. 6) begründete. Zum Teil beurteilte sich diese Haftung nach § 839 BGB, Art. 34 GG, weil die zuständigen Körperschaften von der zulässigen Möglichkeit, durch Gesetz oder nach außen kundgegebenen Organisationsakt die Verpflichtung hoheitsrechtlich zu gestalten, Gebrauch gemacht hatten (vgl. *Palandt/Thomas,* BGB, Anm. 8c zu § 823). Stark umstritten war die sog. **Subsidiaritätsklausel** des § 839 Abs. 1 Satz 2 BGB. Nach dieser Vorschrift war die Haftung, wenn dem Beamten nur Fahrlässigkeit zur Last fiel, davon abhängig, daß der Verletzte nicht auf andere Weise Ersatz erhielt. Der Anwendungsbereich der Klausel wurde in den letzten Jahren von der Rechtsprechung immer stärker eingeschränkt (vgl. z. B. BGH, Urt. v. 30. 10. 1980 i. VersR 1981, 335 u. Urt. v. 20. 11. 1980 i. VersR 1981, 252).

II. Haftung nach dem Staatshaftungsgesetz

1. Haftungsgrundlagen

169 Das am **1. 1. 1982** in Kraft getretene **Staatshaftungsgesetz** (StHG) vom 26. 6. 1981 (BGBl. I, 553; eine eingeleitete Überprüfung der Verfassungsmäßigkeit durch das BVerfG ist z. T. noch nicht abgeschlossen) hat die Haftung umfassend neu geregelt. Nach § 1 Abs. 1 StHG ist der Träger der öffentlichen Gewalt einem anderen zum Ersatz des Schadens verpflichtet, wenn er eine **Pflicht** des **öffentlichen Rechts,** die ihm dem anderen gegenüber obliegt, **verletzt.** Die **Pflichtwidrigkeit** ist i. S. v. **Rechtswidrigkeit** (vgl. Rdz. 5) zu verstehen (*Brinkmann* i. BADK-Inf. 1981, 59). Als Pflicht des öffentlichen Rechts gilt auch die Pflicht zur Verkehrssicherung für Straßen, Wege, Plätze und für Wasserstraßen und Wasserflächen, die dem öffentlichen Verkehr gewidmet sind (§ 17 Abs. 3 StHG). Damit ist die **Straßenverkehrssicherungspflicht,** anders als früher (vgl. Rdz. 168), einheitlich dem neuen Staatshaftungsrecht unterstellt (vgl. *Brinkmann* aaO. S. 61; *Schullan* i. BADK-Inf. 1981, 62). Das Versagen einer **technischen Einrichtung,** z. B. der Ausfall einer Verkehrsampel, gilt als Pflichtverletzung, wenn der Träger anstatt durch Personen

durch diese Einrichtung öffentliche Gewalt selbständig ausüben läßt und das Versagen einer Pflichtverletzung dieser Personen entsprechen würde (§ 1 Abs. 2 StHG).

170 Der Träger kann sich von der Haftung befreien, wenn er den ihm obliegenden **Nachweis** führt, daß die Pflichtverletzung auch bei Beachtung der bei der Ausübung öffentlicher Gewalt den Umständen nach gebotenen **Sorgfalt nicht** hätte vermieden werden können (§ 2 Abs. 1 Satz 2 StHG). Dies gilt nicht bei Versagen technischer Einrichtungen (§§ 1 Abs. 2, 2 Abs. 1 Satz 3 StHG) oder wenn die Pflichtverletzung in einem rechtswidrigen **Grundrechtseingriff,** z. B. der Verletzung von grundrechtsgeschützten Gütern, wie Leben, Gesundheit oder Eigentum besteht (§ 2 Abs. 2 StHG). Die zuletzt genannte Ausnahme liegt z. B. nicht vor, wenn ein reiner **Vermögensschaden** (vgl. Rdz. 125) verursacht wurde. Soweit eine Entlastungsmöglichkeit nicht besteht, umfaßt der Ersatzanspruch nicht einen **entgangenen Gewinn** und die Zahlung eines **Schmerzensgeldes** (§ 2 Abs. 3 Satz 2 StHG).

171 Die frühere **subsidiäre Haftung** (Rdz. 168) gibt es nicht mehr. Der Geldersatzanspruch entfällt, wenn es der Geschädigte schuldhaft unterlassen hat, den Schaden durch Einlegung eines **Rechtsmittels** abzuwenden (§ 6 StHG). Besteht der Schaden in der Veränderung eines tatsächlichen Zustandes zum Nachteil des Geschädigten, hat der Geschädigte einen **Folgenbeseitigungsanspruch** (§ 3 StHG). Die Ansprüche **erlöschen drei** Jahre nach dem Zeitpunkt, in welchem der Geschädigte von dem Schaden und der Behörde oder der Stelle, aus deren Verhalten die Ansprüche hergeleitet werden, **Kenntnis** erhält, ohne Rücksicht auf diese Kenntnis **dreißig Jahre** nach der Pflichtverletzung (vgl. § 13 StHG m. weiteren Einzelh.).

2. Verhältnis zu anderen Haftungsregelungen

172 Die Entschädigungsansprüche wegen **Enteignung** oder **Aufopferung** bleiben neben den Schadenersatzansprüchen nach dem Staatshaftungsgesetz bestehen. Gibt es insoweit keine gesetzliche Regelung, haftet der Träger wie für einen rechtswidrigen Grundrechtseingriff nach dem Staatshaftungsgesetz (§ 14 StHG).

173 Ansprüche aus **öffentlich-rechtlichen Verträgen** und ähnlichen **Rechtsverhältnissen,** z. B. aus dem Benutzungsverhältnis zu einer gemeindlichen **Entsorgungsanlage** (vgl. Rdz. 145ff.), bleiben unberührt (§ 15 Nr. 1 StHG). **Nicht** betroffen werden auch **Ersatzansprüche** nach dem **HG** (§ 15 Nr. 2 StHG).

174 Das Staatshaftungsgesetz regelt nur die Haftung für **hoheitliches** Verhalten. Für die Teilnahme am **Privatrechtsverkehr** gelten nach wie vor die Vorschriften des Bürgerlichen Rechts (§ 17 Abs. 1 StHG; vgl. a. *Gosch* i. BADK-Inf. 1981, 64). Bei den folgenden Tatbeständen haftet der Träger auch für hoheitliches Verhalten **nur** nach den Vorschriften des Privatrechts: Verletzung der **Verkehrssicherungspflicht** für **Grundstükke, Gewässer, Bauwerke** u. **sonst. Anlagen** (§ 17 Abs. 2 Nr. 1 StHG), Teilnahme am **Land-, Wasser-** und **Luftverkehr** (§ 17 Abs. 2 Nr. 2 StHG), **Beförderung** von **Personen** und **Gütern** durch **Verkehrsbetriebe**

einschließlich der **Deutschen Bundesbahn** und der **Deutschen Bundespost** im **Postreisedienst** (Abs. 2 Nr. 3), **Versorgung** mit **Wasser** und **Energie** (Abs. 2 Nr. 5). Bei der **Versorgung** kommt es jetzt nicht mehr darauf an, ob die Benutzung privatrechtlich oder öffentlich-rechtlich geregelt ist; die Haftung richtet sich in jedem Falle nach den Vorschriften des Privatrechtes. Die **Entsorgung** (Entwässerung, Abfallbeseitigung) wurde dem Privatrecht **nicht** zugeordnet; hier besteht neben der Haftung aufgrund des öffentlich-rechtlichen Benutzungsverhältnisses (vgl. Rdz. 145f.) eine **ausschließliche** Haftung nach dem **Staatshaftungsgesetz.** Handelt es sich z. B. um die Haftung für den verkehrswidrigen Zustand einer **Wasserleitungsanlage** (vgl. Rdz. 45ff.), richtet sich diese nach dem Staatshaftungsgesetz, wenn die Anlage der Entsorgung dient, und nach den Vorschriften des BGB (§§ 823ff.), wenn es sich um eine Wasserversorgungsanlage handelt.

175 **Personen,** durch die der Träger die genannten Tätigkeiten (Rdz. 174) **ausübt,** haften dem Geschädigten **nicht.** An ihrer Stelle haftet der Träger, für den sie die Tätigkeit ausgeübt haben (§ 17 Abs. 4 StHG). Die **persönliche** Haftung des Bediensteten ist somit **ausgeschlossen.** Ihr mögliches Bestehen ist jedoch **Voraussetzung** dafür, daß eine Haftung des Trägers nach § 17 Abs. 4 StHG gegeben ist. **Neben** der Haftung nach § 17 Abs. 4 StHG bleibt die **eigene** Haftung des Trägers, z. B. nach § 831 BGB, bestehen. Ist der Bedienstete **Verrichtungsgehilfe** i. S. v. § 831 Abs. 1 Satz 1 BGB (vgl. Rdz. 71ff.), kann sich der Träger von der Haftung durch Führung des **Entlastungsbeweises** befreien, wenn eine eigene Haftung des Bediensteten, z. B. mangels Verschuldens, nicht begründet ist. Ist dagegen der Bedienstete selbst haftpflichtig, haftet der Träger nach § 17 Abs. 4 StHG auch dann, wenn er sich nach § 831 Abs. 1 Satz 2 BGB entlasten könnte. Als Träger kommen insbesondere die Gemeinden in Betracht, soweit sie durch ihre **Eigenbetriebe** die **Personenbeförderung** oder die **Versorgung** mit **Wasser** oder **Energie** betreiben (§ 17 Abs. 2 Nr. 3 u. 5 StHG). Wie sich aus der Anführung in § 17 Abs. 2 Nr. 3 StHG ergibt, ist bei der Beförderung von Personen und Gütern Träger auch die **Deutsche Bundesbahn.** Soweit die öffentliche Hand die genannten Tätigkeiten in der **Rechtsform** des **Privatrechts** ausübt, z. B. als AG oder GmbH, kommt eine Haftung nach § 17 Abs. 4 StHG **nicht** in Betracht. Es entscheidet somit z. B. bei einem gemeindlichen Wasserwerk die Rechtsform darüber, ob die Bediensteten für die Folgen ihrer schädigenden Handlungen persönlich in Anspruch genommen werden können oder ob das Unternehmen einzutreten hat (vgl. a. *Gosch* i. BADK-Inf. 1981, 64). Ist der Bedienstete **Beamter,** hat er dem Dienstherrn, dessen Aufgaben er wahrgenommen hat, den daraus entstandenen Schaden zu **ersetzen,** wenn er die ihm obliegenden Pflichten **vorsätzlich** (z. Begriff vgl. Rdz. 11) oder **grob fahrlässig** (z. Begriff vgl. Rdz. 13) verletzt hat (§ 46 Abs. 1 BRRG u. § 78 Abs. 1 BBG i. d. F. d. Gesetzes v. 26. 6. 1981, vgl. § 27 StHG). Durch diese Beschränkung ist der Maßstab der **Innenhaftung** geringer als bei **Angestellten** und **Arbeitern** (vgl. Rdz. 164f.). Unerheblich ist, ob der Beamte in Wahrnehmung **öffentlich-rechtlicher** Aufgaben oder im **privatrechtlichen** Bereich tätig geworden ist. Die Rückgriffsansprüche **verjähren** in **drei** Jahren seit Kenntniserlangung von dem Schaden und der Person des Ersatzpflichtigen, in jedem Falle in **zehn** Jahren nach Begehung der Handlung (§ 46 Abs. 2 BRRG u. § 78 Abs. 2 BBG n. F., vgl. § 27 StHG).

G. Haftung im zwischenstaatlichen Eisenbahnverkehr

176 Die **Haftung** im **zwischenstaatlichen Eisenbahnverkehr** richtet sich weitgehend nach **internationalen Übereinkommen.** Art. 25–43 des **Internationalen Übereinkommens über den Eisenbahn-Personen- und Gepäckverkehr (CIV)** vom 7. 2. 1970 (BGBl. 1974 II, 493) regeln i. Verb. m. den Bestimmungen des **Zusatzübereinkommens** (ZÜ) zum Internationalen Übereinkommen über den Eisenbahn-Personen- und Gepäckverkehr (CIV) v. 26. 2. 1961 (auszugsw. wiederg. i. Anh. 8) die Haftung für Schäden von **Reisenden** und für Schäden an **Hand-** und **Reisegepäck.** Die **CIV** finden auf alle Personen- und Gepäckbeförderungen mit internationalen Beförderungsausweisen **Anwendung,** die auf einem Wege gelten, der die Gebiete mindestens zweier Vertragsstaaten berührt und ausschließlich Strecken umfaßt, die in der nach Art. 55 aufgestellten Liste verzeichnet sind (§ 1; zum Durchgangsverkehr vgl. § 2). Art. 25 § 1 stellt den Grundsatz auf, daß die Haftung der Eisenbahn für **Tötung** und **Verletzung** von **Reisenden** und für Schäden, die durch **Verspätung** oder **Ausfall** eines Zuges oder durch **Anschlußversäumnis** entstehen, sich nach den Gesetzen und Vorschriften des Staates richtet, in dem das **schädigende Ereignis eingetreten** ist. Dies gilt jedoch nicht, soweit die Sonderregelungen des ZÜ eingreifen. Nach Art. 2 § 1 ZÜ haftet die Eisenbahn für den Schaden, der dadurch entsteht, daß ein **Reisender** (vgl. z. Begriff Art. 1 § 1 ZÜ) durch einen **Unfall** im Zusammenhang mit dem Eisenbahnbetrieb während seines **Aufenthaltes** in den **Fahrzeugen** oder beim **Ein-** oder **Aussteigen** getötet, verletzt oder sonst in seiner körperlichen oder seiner geistigen Gesundheit beeinträchtigt wird (Satz 1). Sie haftet ferner für den Schaden, der durch **Beschädigung** oder gänzlichen oder teilweisen **Verlust** von **Sachen** entsteht, die der durch einen solchen Unfall betroffene Reisende **an sich trägt** oder als **Handgepäck** mit sich führt (vgl. hierzu § 1 Rdz. 226); dies gilt auch für **Tiere,** die Reisende mit sich führen (Satz 2).

177 Die **Haftung** der Eisenbahn **entfällt,** wenn der Unfall durch **außerhalb** des **Betriebes gelegene Umstände** verursacht worden ist und die Eisenbahn diese Umstände trotz Anwendung der nach Lage des Falles gebotenen **Sorgfalt** nicht vermeiden und deren Folgen nicht abwenden konnte (Art. 2 § 2 ZÜ). Dieser Haftungsausschließungsgrund beurteilt sich trotz des abweichenden Wortlautes im wesentlichen nach den gleichen Kriterien wie der Begriff der **„höheren Gewalt“** (vgl. Einl. Rdz. 4, § 1 Rdz. 161 u. BT-Drucks. Nr. 8/108, 8 ff.; *Goltermann/Konow,* EVO, Anl. 86, Anm. 3 zu Art. 2). Die Eisenbahn ist von der Haftung ganz oder teilweise in dem Maße befreit, in welchem der Unfall auf ein **Verschulden** des Reisenden oder auf ein **Verhalten** des Reisenden zurückzuführen ist, das nicht dem **normalen** Verhalten von Reisenden entspricht (Art. 2 § 3 ZÜ). Sie ist weiter von der Haftung befreit, wenn der Unfall auf das

Verhalten eines **Dritten** zurückzuführen ist und die Eisenbahn dieses Verhalten trotz Anwendung der nach Lage des Falles gebotenen **Sorgfalt** nicht **vermeiden** und dessen Folgen nicht **abwenden** konnte (Art. 2 § 4 Satz 1 ZÜ). Haftbar ist diejenige Eisenbahn, die nach der CIV-Streckenliste die Strecke betreibt, auf der sich der Unfall ereignet hat. Besteht nach der Streckenliste ein gemeinsamer Betrieb zweier Bahnen, so ist jede von ihnen haftbar (Art. 2 § 6 ZÜ). Wegen weiterer **Einzelheiten** wird auf den im Anh. 8 auszugsweise wiedergegebenen Wortlaut des Zusatzübereinkommens (ZÜ) verwiesen.

178 Die Haftung für **Frachtschäden** regeln Art. 26–40 des **Internationalen Übereinkommens über den Eisenbahn-Frachtverkehr (CIM)** v. 7. 2. 1970 (BGBl. 1974 II, 381). Die CIM finden auf alle Sendungen von Gütern **Anwendung,** die mit durchgehendem Frachtbrief zur Beförderung auf einem Wege aufgegeben werden, der das Gebiet mindestens zweier Vertragsstaaten berührt und ausschließlich Strecken umfaßt, die in der nach Art. 59 aufgestellten Liste verzeichnet sind (Art. 1 § 2; zum Durchgangsverkehr und zum Wahlrecht für Abschluß eines Frachtvertrages nach den Vorschriften über den Binnenverkehr vgl. Art. 1 § 3). Die Haftung entspricht im wesentlichen den **Regelungen** der **§§ 82ff. EVO** (vgl. Rdz. 122f.). Hervorzuheben ist, daß Art. 40 bestimmt, daß in den Fällen, auf die das Übereinkommen Anwendung findet, gegen die Eisenbahn ein Anspruch auf Schadenersatz, auf welchem Rechtsgrund er auch beruht, **nur unter den darin vorgesehenen Voraussetzungen und Beschränkungen** geltend gemacht werden kann. Damit ist, anders als für das nationale Recht (insbesondere für § 82 EVO, vgl. Rdz. 123), die Frage, ob Ersatzansprüche **auch** auf Vorschriften des **Deliktsrechtes** oder des **HG** gestützt werden können, für den Geltungsbereich der CIM zu **verneinen.** Das gilt jedoch nicht, soweit die außervertraglichen Ansprüche den Ausgleich **anderer** Schäden bezwecken oder soweit es sich um die Haftung von Personen handelt, die **nicht** Vertragspartner sind (*Goltermann/Konow,* EVO, Anl. 89, Anm. 2 zu Art. 40). Ebenso bleiben Ansprüche unberührt, die, wie Ansprüche wegen positiver Verletzung oder wegen Verschuldens bei Vertragsschluß, **nicht** außervertragliche Ansprüche sind (*Goltermann/Konow* aaO. Anm. 1 zu Art. 40).

179 Die internationalen Übereinkommen gelten auch im Verkehr zwischen der Bundesrepublik und der **Deutschen Demokratischen Republik** (Art. 11 des Vertrages über Fragen des Verkehrs v. 26. 5. 1972, Ratifizierungsgesetz v. 16. 10. 1972, BGBl. II, 1449).

H. Sonstige Haftungsgrundlagen

I. Geschäftsführung ohne Auftrag (Selbstaufopferung)

Schrifttum: *Belemann,* Die Anwendung des § 254 BGB auf Ersatzansprüche eines Kraftfahrers aus Geschäftsführung ohne Auftrag, MDR 1963, 186; *Böhmer,* Analoge Anwendung des § 7 StVG?, MDR 1963, 184; Zur Frage der Anwendung des § 683 BGB im Verkehrsunfallrecht, JR 1967, 178; *Canaris,* Notstand und ,,Selbstaufopferung" im Straßenverkehr, JZ 1963, 655; *Deutsch,*

Die Selbstaufopferung im Straßenverkehr, AcP 1965, 193; *Hagen,* Fremdnützige Selbstgefährdung im Straßenverkehr, NJW 1966, 1893; *Helm,* Haftung und Versicherung bei der Selbstaufopferung des Kraftfahrers im Straßenverkehr, VersR 1968, 209, 318; *Imhof,* Hilfsbereitschaft und Haftung, DAR 1974, 253; *Imlau,* Selbstaufopferung des Kraftfahrzeughalters und Betriebsgefahr, NJW 1963, 1039; *W. Weimar,* Für wen erfolgt die Geschäftsführung ohne Auftrag bei Hilfeleistung an Verkehrsopfern?, MDR 1964, 821.

180 Wird jemand tätig, um in einer **Gefahrenlage** einen **Schaden abzuwenden,** und erleidet er hierbei **selbst** einen Schaden, kommt eine Ersatzpflicht aus **Geschäftsführung ohne Auftrag** (§§ 677, 683 BGB) in Betracht. In Rechtsprechung und Schrifttum ist allgemein anerkannt, daß auch solche Schäden zu den **„Aufwendungen“** gehören, die dem Handelnden (Geschäftsführer) zu ersetzen sind (§§ 683, 670 BGB; vgl. a. RG, Urt. v. 7. 5. 1941 i. RG 167, 85, 89; BGH, Urt. v. 7. 11. 1960 i. VersR 1960, 1119, 1120). Zu einer Geschäftsbesorgung i. S. v. § 677 BGB rechnen auch Handlungen rein **tatsächlicher** Art, z. B. das Herumreißen eines PKW, um eine auf der Straße liegende Person nicht zu überfahren (vgl. BGH, Urt. v. 27. 11. 1962 i. VersR 1963, 143, 144). Der Annahme einer Geschäftsführung für einen anderen steht nicht entgegen, daß der Hilfeleistende **selbst** ein **Interesse** an der Hilfeleistung hat oder in Wahrnehmung einer öffentlich-rechtlichen oder privaten **Pflicht** tätig wird (BGH, Urt. v. 25. 5. 1970 i. VersR 1970, 952, 953 u. Urt. v. 24. 10. 1974 i. VersR 1975, 151). Eine **Selbstaufopferung** im Rahmen einer Teilnahme am öffentlichen Straßenverkehr ist nicht schon deshalb dem eigenen Rechtskreis des Handelnden zuzurechnen, weil er nach **§ 1 StVO verpflichtet** ist, alles zu tun, um einen Unfall zu vermeiden. Die StVO verpflichtet niemanden, sich selbst zu opfern, wenn er vor der Wahl steht, entweder sich selbst in Lebensgefahr zu begeben oder einen anderen anzufahren oder zu überfahren (BGH, Urt. v. 27. 11. 1962 aaO.).

181 Der **Geschäftsführungswille** setzt jedoch voraus, daß der Handelnde für den Schaden selbst **nicht** hätte **haften** müssen, daß er z. B. als Halter eines Kfz den ihm nach § 7 Abs. 2 StVG obliegenden Nachweis führen kann, daß der drohende Unfall für ihn unabwendbar gewesen wäre. Andernfalls wird vermutet, daß er tätig geworden ist, um den ihm sonst zur Last fallenden fremden Schaden zu vermeiden, und er somit ein Geschäft besorgt hat, das seinem **eigenen** Rechtskreis zuzurechnen ist (BGH, Urt. v. 19. 3, 1957 i. VersR 1957, 340, 341; OLG Celle, Urt. v. 7. 4. 1975 i. VersR 1976, 448, 449 = DAR 1976, 72; OLG Hamm, Urt. v. 18. 4. 1975 i. VersR 1976, 392, 393; a. A. *Helm* i. VersR 1968, 209, 216ff.). Dagegen ist nicht erforderlich, daß der **Rettungsversuch** auch **erfolgreich** war (BGH, Urt. v. 16. 3. 1965 i. VersR 1965, 588, 589 u. Urt. v. 24. 10. 1974 i. VersR 1975, 151, 153; *Deutsch* i. AcP 165, 213; *Hagen* i. NJW 1966, 1893, 1896, 1898; *Helm* aaO. S. 217; unberührt hiervon bleibt die Schadenersatzpflicht des Geschäftsführers bei vorsätzlichem oder grob fahrlässigem Verhalten nach § 680 BGB, vgl. BGH, Urt. v. 24. 10. 1974 aaO.).

182 Gerade diese Besonderheit macht nach der Auffassung des BGH deutlich, daß es sich **nicht** um einen **echten Schadenersatzanspruch** handelt, der auf vollen Schadenersatz gerichtet ist. Dem Retter soll nur eine **angemessene Entschädigung** gewährt werden, wobei die näheren Umstände des Einzelfalles berücksichtigt werden sollen, darunter auch die Feststellung, ob der Handelnde unabhängig von seiner haftungsrechtlichen Eintrittspflicht zum Entstehen der Gefahrenlage beigetragen hat (BGH, Urt. v. 27. 11. 1962 i. VersR 1963, 143, 144, der im entschiedenen Falle die Hälfte des Schadens zugesprochen hat; krit. hierzu *Böhmer* i. MDR 1963, 184 u. *Belemann* i. MDR 1963, 186; vgl. a. OLG Oldenburg, Urt. v. 22. 6. 1972 i. VersR 1972, 1178, 1180, das eine volle Ersatzpflicht annimmt, jedoch als Vorteil anrechnen will, daß sonst von dem angefahrenen Kind kein Ersatz des eigenen Schadens des Retters hätte beansprucht werden können). Die Rechtsprechung hat es auch abgelehnt, einen Anspruch auf Entschädigung für einen **immateriellen Schaden** (§ 847 BGB) im Rahmen der Geschäftsführung ohne Auftrag zuzubilligen; dieser müsse auf den Bereich der deliktischen Haftung beschränkt bleiben (vgl. BGH, Urt. v. 19. 5. 1969 i. VersR 1969, 757, 758).

II. Billigkeitshaftung (§ 829 BGB)

Schrifttum: *Böhmer,* Ist eine freiwillige Haftpflichtversicherung des gemäß § 828 BGB Nichtverantwortlichen bei Anwendung des § 829 BGB zu berücksichtigen?, MDR 1963, 21; Kann § 829 BGB auch bei einem einsichtsfähigen, aber schuldlosen Jugendlichen angewandt werden?, MDR 1964, 278; Anwendung von § 829 BGB bei außerdeliktischen Schadenersatzfällen, NJW 1967, 865; Zur Frage der Billigkeitshaftung des geschädigten Unzurechnungsfähigen nach §§ 254, 829 BGB, JR 1970, 339; *Bosch,* Zur Haftung Minderjähriger und ihrer aufsichtspflichtigen Eltern, VersR 1964, 888; *Deutsch,* Zurechnungsfähigkeit und Verschulden, JZ 1964, 86, 88ff.; *Geilen,* Beschränkte Deliktsfähigkeit, Verschulden und Billigkeitshaftung, FamRZ 1965, 401; *Hanau,* Rückwirkung der Haftpflichtversicherung auf die Haftung, VersR 1960, 291, 296; *Koebel,* Billigkeitshaftung von Kindern und Jugendlichen, NJW 1956, 969; *Lehnertz,* Die Bedeutung des Bestehens einer Haftpflichtversicherung für den Billigkeitsanspruch gemäß § 829 BGB, VersR 1974, 940; *Mezger,* Haftet ein zurechnungsfähiger Jugendlicher nach § 829 BGB, wenn ihn wegen der typischen Eigenart seiner Altersgruppe kein Verschulden trifft?, MDR 1954, 597.

183 Wer in einem der in §§ 823–826 BGB bezeichneten Fälle für einen von ihm verursachten Schaden aufgrund der §§ 827, 828 BGB **nicht verantwortlich** ist (vgl. Rdz. 8ff. zu § 4), hat gleichwohl, sofern der Ersatz des Schadens nicht von einem **aufsichtspflichtigen** Dritten erlangt werden kann, den Schaden insoweit zu ersetzen, als die **Billigkeit** nach den Umständen, insbesondere nach den Verhältnissen der Beteiligten, eine Schadloshaltung erfordert und ihm nicht die Mittel entzogen werden, deren er zum angemessenen Unterhalt sowie zur Erfüllung seiner gesetzlichen Unterhaltspflichten bedarf (§ 829 BGB). Die Vorschrift weicht von dem Grundsatz ab, daß eine deliktische Schadenersatzpflicht **nur** bei **schuldhaftem** Verhalten gegeben ist. Sie findet auch auf die Fälle der §§ 830, 831, 833 Satz 2 u. 836 BGB Anwendung, weil es sich bei diesen

Vorschriften nur um besondere Ausgestaltungen des § 823 BGB handelt, **nicht** jedoch auf die **vertragliche** Haftung (*Böhmer* i. NJW 1967, 865). Nach h. A. ist die Billigkeitshaftung – gewissermaßen spiegelbildlich – auch im Rahmen des **§ 254 Abs. 1 BGB** zu berücksichtigen (vgl. Rdz. 13 zu § 4).

184 Der Billigkeitsanspruch ist auch gegeben, wenn eine Haftung nach einer **anderen Vorschrift** besteht, z. B. eine Gefährdungshaftung (BGH, Urt. v. 15. 1. 1957 i. NJW 1957, 674). Kraft ausdrücklicher Regelung tritt die Haftung zurück, wenn ein **Aufsichtspflichtiger** (§ 832 BGB) haftet und von ihm Ersatz erlangt werden kann. Die Schadenhaftung muß **objektiv** den Tatbestand einer unerlaubten Handlung erfüllen. Umstritten ist, ob auch festzustellen ist, ob ein **„natürliches" Verschulden** in dem Sinne gegeben ist, daß das Verhalten – Zurechnungsfähigkeit unterstellt – als vorsätzlich oder fahrlässig zu werten gewesen wäre (vgl. hierzu *MünchKomm.-Mertens,* Rdz. 14 zu § 829 BGB). Nach der Auffassung des BGH ist eine solche Prüfung entbehrlich, wenn die Schadenszufügung gerade mit der Unzurechnungsfähigkeit zusammenhängt (Urt. v. 24. 6. 1958 i. NJW 1959, 1630; krit. hierzu *MünchKomm.-Mertens* aaO.). Der Billigkeitshaftung unterliegt auch ein Jugendlicher, der zwar bei der Begehung der Handlung die zur Erkenntnis seiner Verantwortlichkeit erforderliche **Einsicht** (vgl. Rdz. 11 zu § 4), nicht jedoch die nach dem allgemeinen Stande der Entwicklung von Jugendlichen seiner Altersgruppe erforderliche **Reife** hatte (BGH, Urt. v. 21. 5. 1963 i. VersR 1963, 952; krit. *Böhmer* i. MDR 1964, 278). Ebenso wird § 829 BGB entsprechend angewandt, wenn bei einem Jugendlichen die Verantwortlichkeit i. S. v. § 828 BGB bestand, die **Fahrlässigkeit** wegen des Alters (vgl. Rdz. 11 zu § 4) jedoch zu verneinen war (OLG Braunschweig, Urt. v. 29. 4. 1954 i. VersR 1954, 461).

185 Die **Billigkeit** bestimmt **Grund, Art** und **Ausmaß** der Entschädigung; sie muß eine Schadloshaltung **erfordern.** Dabei sind insbesondere die Umstände der Tat, Art und Umfang des Schadens, ein etwaiges Mitverschulden des Verletzten und die wirtschaftlichen Verhältnisse der Beteiligten zu berücksichtigen. Bei der Anwendung darf die Vorschrift den Charakter als **Ausnahme** nicht verlieren (BGH, Urt. v. 26. 6. 1973 i. VersR 1973, 925 = VRS 45, 241 = NJW 1973, 1795). Für die **wirtschaftlichen** Verhältnisse bedeutet dies, daß sie beim Schädiger erheblich besser sein müssen als beim Geschädigten (vgl. BGH, Urt. v. 24. 4. 1979 i. VersR 1979, 645 = NJW 1979, 2097). Ist der Schädiger **haftpflichtversichert,** ist nach Auffassung des BGH zu prüfen, ob der Zweck der Versicherung in erster Linie auf die Freistellung des Schädigers und damit auf den Schutz seines **Vermögens** (freiwillige Versicherung) oder auch auf seine **Schadloshaltung** (Pflichtversicherung, gewisse Berufshaftpflichtversicherungen, deren Abschluß einer anerkannten Standespflicht des VN entspricht) gerichtet ist. Im ersteren Falle soll sich die Versicherung nur im Sinne „einer Korrektur hinsichtlich der Höhe des zu zahlenden Betrages" auswirken, die aber nicht jeden Zusammenhang mit den wirtschaftlichen Möglichkeiten des Schädigers verlieren darf (Urt. v. 18. 12. 1979 i. VersR 1980, 625, 627 unter teilw. Abw. v. seiner früheren Rechtspr.; vgl. a. BGH, Urt. v. 26. 6. 1973 aaO.; krit. *MünchKomm.-*

Mertens aaO. Rdz. 20; *Böhmer* i. MDR 1963, 21, 22; *Pohle,* Anm. z. Urt. des BGH v. 13. 6. 1958 i. MDR 1958, 838, 839).

III. Haftung des Aufsichtspflichtigen (§ 832 BGB)

Schrifttum: *Bosch,* Zur Haftung Minderjähriger und ihrer aufsichtspflichtigen Eltern, VersR 1964, 888; *Ohm,* Die Aufsichtspflicht der Eltern unter Berücksichtigung der neueren Rechtsprechung, VersR 1959, 780; *Roth-Stielow,* Haftung der Eltern für Verkehrunfälle, die spielende Kinder verursachen, NJW 1957, 489; *Schnitzerling,* Die Aufsichtspflicht über Minderjährige im Straßenverkehr, DAR 1967, 151.

186 Wer kraft Gesetzes oder durch vertragliche Übernahme die Verpflichtung hat, eine Person zu **beaufsichtigen,** die wegen Minderjährigkeit oder wegen ihres geistigen oder körperlichen Zustandes der Beaufsichtigung bedarf, ist zum Ersatz des Schadens verpflichtet, den diese Person einem Dritten zufügt (§ 832 Abs. 1 Satz 1 BGB). Das Gesetz stellt die **doppelte Vermutung** auf, daß die Aufsichtspflicht nicht erfüllt, insoweit also schuldhaft gehandelt worden sei, und daß zwischen der Verletzung der Aufsichtspflicht und dem Schaden ein ursächlicher Zusammenhang besteht. Der Aufsichtspflichtige kann sich nur durch den **Nachweis** entlasten, daß er der Aufsichtspflicht genügt habe oder daß der Schaden auch eingetreten wäre, wenn er dieser Verpflichtung ausreichend nachgekommen wäre (§ 832 Abs. 1 Satz 2 BGB).

187 **Aufsichtspflichtige** sind **kraft Gesetzes** der **Inhaber** der **elterlichen Gewalt** (§§ 1626, 1705 BGB), soweit ihm die Personensorge zusteht (vgl. OLG Düsseldorf, Urt. v. 9. 6. 1959 i. NJW 1959, 2020), der **Vormund** und der **Pfleger** (§§ 1793, 1797, 1800, 1909ff. BGB); ebenso der **Ausbildende** gegenüber dem Auszubildenden (RG, Urt. v. 23. 6. 1902 i. RG 52, 69, 73 u. Urt. v. 11. 2. 1919 i. RG 97, 229, 230). Aufsichtspflichtig aufgrund eines **Vertrages** sind z. B. Ärzte und Pfleger von Heilanstalten, Kindermädchen und die Leiter von Schülerinternaten. Eine rein **tatsächliche** Übernahme genügt **nicht.** So wird eine Aufsichtspflicht z. B. nicht schon dadurch begründet, daß Eltern ihren Kindern gegenseitige Besuche in der Wohnung erlauben (BGH, Urt. v. 2. 7. 1968 i. VersR 1968, 1043 = NJW 1968, 1874).

188 Das **Maß** der anzuwendenden Aufsicht richtet sich nach Alter, Eigenart und Charakter des Aufsichtsbedürftigen, nach der Voraussehbarkeit des schädigenden Verhaltens und nach dem, was dem Aufsichtspflichtigen zugemutet werden kann (RG, Urt. v. 23. 6. 1902 i. RG 52, 69, 73; BGH, Urt. v. 28. 2. 1969 i. NJW 1969, 2138; OLG Köln, Urt. v. 5. 4. 1968 i. VersR 1969, 44). Eine **erhöhte** Aufsichtspflicht besteht gegenüber Kindern, die zu Streichen neigen (BGH, Urt. v. 27. 11, 1979 i. NJW 1980, 1044).

189 Es ist zulässig, Kinder – vor allem **Schulkinder** – am **Straßenverkehr** teilnehmen zu lassen (OLG Oldenburg, Urt. v. 3. 4. 1970 i. VersR 1972, 54 für 6jähriges Kind; LG Berlin, Urt. v. 29. 4. 1966 i. VersR 1967, 237 für 7jähriges Kind; vgl. a. OLG Frankfurt, Urt. v. 26. 6. 1979 i. VersR

1980, 236; a. A. für 6jähriges, verkehrsungewandtes Kind, das beim Überschreiten einer belebten Durchgangsstraße angefahren wird LG München, Urt. v. 2. 12. 1970 i. VersR 1971, 1158). Der Vater eines 6½jährigen Kindes braucht dieses beim Überqueren einer Bundesstraße nicht so fest an die Hand zu nehmen, daß es sich überhaupt nicht losreißen kann (OLG Hamm, Urt. v. 18. 4. 1975 i. VersR 1976, 392). Bei **Kleinkindern** ist eine strengere Beaufsichtigung erforderlich (vgl. OLG München, Urt. v. 15. 10. 1976 i. VersR 1977, 729: Verletzung der Aufsichtspflicht der Mutter, die zuläßt, daß 2¾jähriges Kind die Fahrbahn überquert; OLG Schleswig-Holstein, Urt. v. 2. 5. 1979 i. VersR 1980, 54: Verletzung der Aufsichtspflicht der Mutter, die nicht verhindert, daß 5jähriges Kind von der anderen Seite eine verkehrsreiche Straße überquert, um zu ihr zu gelangen; vgl. a. OLG Köln, Urt. v. 5. 4. 1968 i. VersR 1969, 44). Ein 4jähriges Kind muß darauf hingewiesen werden, daß es mit dem Roller nicht auf die Fahrbahn fahren darf. Es muß über die Gefahren belehrt und hinsichtlich seiner Fahrweise geprüft und überwacht werden (BGH, Urt. v. 3. 12. 1957 i. VersR 1958, 85). Einem 9jährigen Kind darf ein Fahrrad überlassen werden, wenn es über die Verkehrsvorschriften unterrichtet worden ist (LG München, Urt. v. 24. 3. 1955 i. VersR 1955, 636, 637).

IV. Haftung des Tierhalters und -hüters (§§ 833, 834 BGB)

Schrifttum: *Böhmer,* Tierhalter und Straßenbahn, JR 1959, 15; *Bornhövd,* Zur Tierhalterhaftung, VersR 1979, 398; *Deutsch,* Der Reiter auf dem Pferd und der Fußgänger unter dem Pferd, NJW 1978, 1998; *Knüttel,* Tierhalterhaftung gegenüber dem Vertragspartner?, NJW 1978, 297; *W. Schmidt,* Tiere im Verkehrsrecht, KVR v. A–Z, Tiere, Erl. 1; Weidesicherung und Straßenverkehr, DAR 1965, 174; *Stötter,* Die Beschränkung der Tierhalterhaftung nach § 833 Satz 1 BGB durch das von der Rechtsprechung entwickelte Tatbestandsmerkmal der Tiergefahr, MDR 1980, 100; *Weimar,* Einzelfragen zur Tierhalterhaftung, MDR 1964, 901; *Wilts,* Tierhalterhaftung für entlaufene Tiere?, VersR 1965, 1019.

190 Erleidet jemand **durch ein Tier** einen Personen- oder Sachschaden, ist der **Tierhalter** zum Schadenersatz verpflichtet (§ 833 Satz 1 BGB). Es handelt sich um eine **Gefährdungshaftung,** die durch eine Haftung für **vermutetes Verschulden** durchbrochen wird. Die Ersatzpflicht tritt nicht ein, wenn der Schaden durch ein **Haustier** verursacht wird, das dem **Berufe,** der **Erwerbstätigkeit** oder dem **Unterhalt** des Tierhalters zu dienen bestimmt ist, und entweder der Tierhalter bei der Beaufsichtigung des Tieres die im Verkehr erforderliche **Sorgfalt** beobachtet oder der Schaden **auch** bei Anwendung dieser Sorgfalt entstanden sein würde (§ 833 Satz 2 BGB).

191 Der Schaden muß **„durch ein Tier“** entstanden sein. Dies bedeutet, daß zwischen dem Schaden und einem der **tierischen Natur** entsprechenden selbständigen, willkürlichen Verhalten des Tieres (Tiergefahr) ein **kausaler Zusammenhang** bestanden haben muß (RG, Urt. v. 20. 9. 1933

i. RG 141, 406, 407; BGH, Urt. v. 13. 12. 1975 i. VersR 1975, 522, 523, Urt. v. 13. 7. 1976 i. VersR 1976, 1175, 1176, u. Urt. v. 12. 1. 1982 i. VersR 1982, 366 = NJW 1982, 221; krit. OLG Köln, Urt. v. 9. 6. 1971 i. VersR 1972, 177 u. *Stötter* i. MDR 1970, 100). An einem selbständigen Tierverhalten **fehlt** es z. B., wenn ein Hund von einem PKW angefahren und gegen einen zweiten PKW geschleudert wird (LG Kiel, Urt. v. 20. 12. 1968 i. VersR 1969, 456). Eine **unmittelbare** Einwirkung des Tieres wird jedoch **nicht** vorausgesetzt. So genügt es z. B., daß ein Mensch durch ein Tier in Angst oder Schrecken versetzt wird und infolgedessen stürzt und sich verletzt (vgl. OLG Nürnberg, Urt. v. 15. 10. 1964 i. VersR 1965, 93, 94). Die Tierhalterhaftung findet auch zugunsten desjenigen Anwendung, der, z. B. als Reiter eines Pferdes, über das Tier eine gewisse **Herrschaft** ausübt. Das soll jedoch nach der Auffassung des BGH nicht gelten, wenn das Tier nur der Leitung und dem Willen eines Menschen folgt (BGH, Urt. v. 12. 7. 1966 i. VersR 1966, 1073, 1074; krit. *Deutsch* i. NJW 1978, 1998, 1999). Wird ein Reiter durch ein Pferd verletzt, das er sich vom Tierhalter erbeten hat, um diesem seine bessere Reitkunst zu beweisen, fällt der Schaden nicht unter den **Schutzzweck** der Tierhalterhaftung (BGH, Urt. v. 13. 11. 1973 i. VersR 1974, 356 = NJW 1974, 234; vgl. a. Urt. v. 14. 7. 1977 i. VersR 1977, 864, 865 = NJW 1977, 2158 ff.; einschr. für Reitschüler Urt. v. 12. 1. 1982 aaO. u. Urt. v. 19. 1. 1982 i. VersR 1982, 348 = NJW 1982, 763). Ein Ausschluß der Haftung kann sich auch aus einem **„Handeln aus eigener Gefahr"** oder einer entsprechenden **vertraglichen Abrede** ergeben (BGH, Urt. v. 14. 7. 1977 aaO.; *Knüttel* i. NJW 1978, 297).

192 **Tierhalter** ist, wer im eigenen Interesse durch Gewährung von Obdach und Unterhalt die Sorge für das Tier übernommen hat, sofern dies nicht nur zu einem ganz vorübergehenden Zweck geschieht (RG, Urt. v. 3. 2. 1901 i. RG 52, 117, 118 u. Urt. v. 20. 11. 1905 i. RG 62, 79, 81; OLG Hamm, Urt. v. 10. 4. 1970 i. VersR 1970, 729, 730). **Eigentum** oder **Eigenbesitz** ist keine notwendige Voraussetzung, wenn sie auch in aller Regel vorliegen werden. Eine **vorübergehende** Besitzentziehung, z. B. durch Entlaufen, berührt die Haltereigenschaft nicht (LG Mönchen-Gladbach, Urt. v. 18. 4. 1966 i. VersR 1967, 486).

193 **Haustiere** i. S. des Satz 2 sind Tiere, die vom Menschen in seiner Wirtschaft zu seinem Nutzen gezogen und gehalten werden (RG, Urt. v. 18. 4. 1912 i. RG 79, 246, 248), z. B. Pferde, Kühe, Schafe, Ziegen, Schweine, Geflügel (auch Tauben), Hunde, Katzen, zahme Kaninchen, nicht dagegen Bienen (da nicht beherrschbar, vgl. RG, Urt. v. 19. 11. 1933 i. RG 158, 388, 391), gezähmte Tiere und Versuchstiere (RG, Urt. v. 18. 4. 1912 aaO.). Die Tiere müssen **überwiegend** der **Erwerbstätigkeit** usw. dienen. Dadurch scheiden sog. **Luxustiere,** die zum Vergnügen oder aus sportlichen Gründen gehalten werden (dies gilt auch für Pferdehaltung durch Idealverein, vgl. BGH, Urt. v. 12. 1. 1982 i. VersR 1982, 366 = NJW 1982, 221), aus. Der Tierhalter ist in vollem Umfange dafür **beweispflichtig,** daß er bei der Beaufsichtigung des Tieres die im Verkehr erforderliche Sorgfalt beachtet hat oder daß zwischen der Verletzung der Aufsichtspflicht und dem Schaden kein ursächlicher Zusammenhang besteht.

194 Der Tierhalter haftet jedoch nicht für ein Verschulden des **Tierhüters.** Dieser haftet nach § 834 BGB selbständig und unter den gleichen Voraussetzungen. Sind sowohl der Halter als auch der Hüter verantwortlich, haften sie **gemeinschaftlich.**

V. Kraftfahrzeughaftung (§§ 7ff. StVG)

Schrifttum: *Cramer,* Straßenverkehrsrecht, Kommentar, 2. Aufl., Frankfurt 1977; *Darkow,* Die Bedeutung des Begriffs „Betrieb" im Straßenverkehrsgesetz, KVR v. A–Z, Betrieb des Kraftfahrzeugs, Erl. 1; Die Bedeutung des Begriffs des „Halters" im Straßenverkehrsrecht, KVR v. A–Z, Halter, Begriff, Erl. 1; Der Entlastungsbeweis des Kraftfahrzeughalters nach § 7 Abs. 2 StVG, KVR v. A–Z, Halter, Haftung nach StVG, Erl. 2; *Drees/Kukkuk, Werny,* Straßenverkehrsrecht, Kommentar, 4. Aufl., Münster 1981; *Full,* Zivilrechtliche Haftung im Straßenverkehr, Berlin–New York 1980; *Full/Möhl/Rüth,* Straßenverkehrsrecht, Kommentar, Berlin–New York 1980; *Jagusch,* Straßenverkehrsrecht, 26. Aufl., München 1981; *Krumme,* Straßenverkehrsgesetz, Kommentar, Köln–Berlin–Bonn–München 1977; *Lüttkes/Meyer/Wagner,* Straßenverkehr, Kommentar, Bd. 1 Teil I, Frankfurt 1977.

195 Nach § 7 Abs. 1 StVG ist der **Halter** eines **Kraftfahrzeugs** zum Schadenersatz verpflichtet, wenn **bei dem Betrieb** eines **Kraftfahrzeugs** ein Mensch getötet, der Körper oder die Gesundheit eines Menschen verletzt oder eine Sache beschädigt wird. Es handelt sich um einen Tatbestand der **Gefährdungshaftung.** Wie bei der Bahnhaftung nach § 1 muß der Schaden infolge eines **Unfalls** (vgl. Rdz. 123ff. zu § 1) eingetreten sein.

196 Der Unfall muß sich **„beim Betrieb"** eines Kraftfahrzeugs ereignet haben. Dieses Erfordernis wurde in Anlehnung an die Bahnhaftung aufgestellt. Es bezieht sich jedoch anders als dort nicht auf das Unternehmen, sondern auf das **einzelne Fahrzeug** (RG, Urt. v. 12. 11. 1928 i. RG 122, 270, 271). Zum „Betrieb" eines Fahrzeugs rechnet in jedem Falle der Zeitraum vom Anlassen des Motors (oder dem Einschalten des Stroms) bis zu dem Zeitpunkt, in dem das Fahrzeug wieder zum Stillstand kommt (sog. maschinentechnische Auffassung). Nach der vorherrschenden verkehrstechnischen Auffassung ist der Begriff des Betriebes noch weiter auszulegen, um alle Gefahren des Kraftfahrzeugs im Straßenverkehr zu erfassen. Hiernach ist ein Schaden auch dann „beim Betrieb" eines Kfz entstanden, wenn zwischen dem **Schaden** und einem **bestimmten Betriebsvorgang** oder einer **bestimmten Betriebseinrichtung** ein **unmittelbarer ursächlicher** und **örtlicher** und **zeitlicher Zusammenhang** besteht (vgl. RG, Urt. v. 12. 11. 1928 aaO.; BGH, Urt. v. 21. 9. 1955 i. VersR 1955, 678 = VRS 9, 414, 415; Urt. v. 27. 4. 1956 i. VersR 1956, 420, 422, Urt. v. 28. 6. 1966 i. VersR 1966, 934, 935 u. Urt. v. 18. 3. 1969 i. VersR 1969, 668, 669; *Darkow,* KVR v. A–Z, Betrieb des Kraftfahrzeugs, Erl. 1; vgl. jedoch a. Rdz. 198). Von dieser Definition werden insbesondere auch Unfälle erfaßt, die sich durch **stehende** Fahrzeuge ereignen. So ist allgemein anerkannt, daß eine **bloße Fahrtunterbrechung,** z. B. zum Parken oder zum Be- oder Entladen oder wegen

eines Schadens oder eines Unfalls, den Betrieb nicht beendet (vgl. BGH, Urt. v. 21. 9. 1955 aaO. u. Urt. v. 16. 2. 1972 i. VersR 1972, 560, 561 = VRS 43, 5, 6).

197 Der Betrieb i. S. v. § 7 Abs. 1 StVG **dauert** so lange, wie der Fahrer das Fahrzeug im **Verkehr beläßt** und die dadurch geschaffene **Gefahrenlage fortbesteht** (BGH, Urt. v. 9. 1. 1959 i. VersR 1959, 157, 158 u. Urt. v. 16. 2. 1972 aaO.). Nach der Auffassung des BGH ist sogar ein Unfall noch zum Betrieb zu rechnen, den ein am Straßenrand abgestellter, vom Motorfahrzeug gelöster Anhänger verursacht hat, und zwar ohne Rücksicht auf die Dauer der Trennung (Urt. v. 21. 3. 1961 i. VersR 1961, 473, 474 = VRS 20, 414, 415; vgl. a. z. Unfall durch Liegenbleiben eines Kfz auf einer Schnellstraße wegen Motorschadens, wobei es auf die Dauer dieses Zustandes nicht ankommen soll Urt. v. 9. 1. 1959 aaO. u. Urt. v. 19. 9. 1960 i. VersR 1960, 1140, 1142 m. zust. Anm. v. *Böhmer* i. VersR 1961, 322; krit. Full i. *Full/Möhl/Rüth,* StVR, Rdz. 33ff. zu § 7; *Krumme/Steffen,* StVG, Rdz. 10 zu § 7). „Bei dem Betrieb" sind auch Unfälle verursacht, die sich beim **Be-** oder **Entladen** oder beim **Ein-** oder **Aussteigen** ereignen (BGH, Urt. v. 24. 4. 1956 i. VersR 1956, 420 u. Urt. v. 24. 11. 1969 i. VersR 1970, 179). Nicht erforderlich ist, daß es zu einer unmittelbaren **Berührung** zwischen dem Fahrzeug und dem Verletzten kommt (vgl. BGH, Urt. v. 10. 10. 1972 i. VersR 1973, 83 = VRS 44, 170, 172).

198 Eine Einschränkung ergibt sich auch im Rahmen der Kfz-Haftung daraus, daß eine wertende Betrachtung darüber anzustellen ist, ob es sich bei dem Schaden um eine Folge handelt, die in den Bereich der **Gefahren** fällt, zu deren **Zweck** die **Rechtsnorm** erlassen worden ist (vgl. z. B. BGH, Urt. v. 16. 2. 1972 i. VersR 1972, 560, 562 = VRS 43, 5, 8; *Krumme/Steffen,* StVG, Rdz. 16 zu § 7; vgl. a. Rdz. 82 u. 136 zu § 1).

199 **Kraftfahrzeuge** sind **Landfahrzeuge,** die durch **Maschinenkraft** bewegt werden, **ohne** an **Bahngleise** gebunden zu sein (§ 1 Abs. 2 StVG). Zu den Kraftfahrzeugen gehören auch **elektrisch** betriebene Fahrzeuge (Obusse, Elektrokarren), **Kleinkrafträder** und **Fahrräder** mit **Hilfsmotor** (Mofas; vgl. § 4 Abs. 1 Nr. 1 StVZO). **Anhänger** von Kraftfahrzeugen sind keine Kraftfahrzeuge, weil sie sich nicht selbst durch Maschinenkraft bewegen.

200 Ersatzpflichtig ist der **Halter.** Halter ist, wer das Kfz für **eigene Rechnung** in Gebrauch hat und die **Verfügungsgewalt** darüber besitzt, die ein solcher Gebrauch voraussetzt. Eigentum und Zulassung auf einen bestimmten Namen sind nur Anzeichen für die Haltereigenschaft (BGH, Urt. v. 29. 5. 1954 i. VersR 1954, 365 u. Urt. v. 11. 7. 1969 i. VersR 1969, 907, 908). Halter eines Kfz können auch **mehrere** Personen sein, z. B. der Mieter neben dem Vermieter (vgl. RG, Urt. v. 27. 1. 1930 i. RG 124, 174, 176; BGH, Urt. v. 23. 5. 1960 i. VersR 1960, 650 = VRS 19, 9, 10).

201 Die Haftung entfällt, wenn der Halter nachweisen kann, daß der Unfall durch ein **unabwendbares Ereignis** verursacht wurde (§ 7 Abs. 2 StVG). Der Begriff des unabwendbaren Ereignisses wird ähnlich wie in § 1 Abs. 2 Sätze 2 und 3 HG definiert. Auf die hierzu gemachten Ausführungen (Rdz. 203ff. zu § 1) kann deshalb verwiesen werden. Für

Schwarzfahrten – Benutzung des Fahrzeugs ohne Wissen und Willen des Halters – haftet dieser nicht, wenn er die Inbetriebnahme des Fahrzeugs nicht schuldhaft ermöglicht hat. Diese Entlastungsmöglichkeit besteht nicht, wenn der Halter den Benutzer des Fahrzeugs angestellt oder ihm das Fahrzeug überlassen hat (§ 7 Abs. 3 StVG).

202 Nach § 18 Abs. 1 Satz 1 StVG haftet der **Fahrer,** wenn sich ein Unfall beim Betrieb des von ihm geführten Fahrzeugs ereignet hat, wie der Fahrzeughalter auf Schadenersatz (§ 7 StVG). Die Ersatzpflicht ist jedoch ausgeschlossen, wenn der Schaden nicht durch ein **Verschulden** des Fahrers verursacht wurde (Abs. 1 Satz 2). Demnach handelt es sich nicht um eine Gefährdungshaftung, sondern um eine **Verschuldenshaftung,** wobei jedoch das Verschulden des Fahrers zunächst **vermutet** wird.

203 Die Haftung nach dem StVG **gilt nicht** für Fahrzeuge, die **nicht** am **öffentlichen Straßenverkehr** teilnehmen (§ 1 Abs. 1 Satz 1 StVG) und die auf ebener Bahn mit keiner höheren **Geschwindigkeit** als **20 km/h** fahren können (§ 8 StVG). Sie findet weiter keine Anwendung, wenn der Verletzte bei dem Betrieb des Kfz **tätig** war (§ 8 StVG). Wird eine durch ein Kraftfahrzeug **beförderte Person** getötet oder verletzt, so haftet der Halter nur, wenn es sich um eine **entgeltliche, geschäftsmäßige Personenbeförderung** handelt (§ 8a Abs. 1 Satz 1 StVG). Für die Beschädigung einer **beförderten Sache** besteht eine Haftung nach § 7 StVG nur, wenn eine entgeltlich, geschäftsmäßig beförderte Person sie **an sich trägt** oder **mit sich führt** (§ 8a Abs. 1 Satz 1 StVG; vgl. a. Rdz. 226 zu § 1).

204 Die Haftung ist dem **Umfange** nach wie bei der HG-Haftung **beschränkt** (vgl. §§ 10, 11 u. 13 StVG). Im Falle einer **Tötung** oder **Verletzung** eines Menschen wird der **Höhe** nach bis zu einem Kapitalbetrag von DM 500000,– oder bis zu einem Rentenbetrag von jährlich DM 30000,– gehaftet (§ 12 Abs. 1 Nr. 1 StVG). Werden durch dasselbe Ereignis **mehrere** Menschen getötet oder verletzt, wird nur bis zu einem Kapitalbetrag von insgesamt DM 750000,– oder bis zu einem Rentenbetrag von DM 45000,– gehaftet. Diese Beschränkung gilt nicht für Schädigungen bei entgeltlichen, geschäftsmäßigen Beförderungen für den ersatzpflichtigen Halter des Kraftfahrzeugs (§ 12 Abs. 1 Nr. 2 StVG). Für **Sachschäden** beträgt die Haftungsgrenze DM 100000,–, und zwar auch dann, wenn durch dasselbe Ereignis mehrere Sachen beschädigt werden (§ 12 Abs. 1 Nr. 3 StVG). Übersteigen die Entschädigungen, die **mehreren** aufgrund desselben Ereignisses zu leisten sind, insgesamt die Höchstbeträge, so verringern sich die einzelnen Entschädigungen in dem Verhältnis, in welchem ihr Gesamtbetrag zu dem Höchstbetrag steht (§ 12 Abs. 2 StVG).

VI. Gewässerschädenhaftung (§ 22 WHG)

Schrifttum: *Appel, Schlarmann,* Haftungsprobleme bei Ölschäden, VersR 1973, 993; *Gieseke/Wiedemann/Czychowski,* Wasserhaushaltsgesetz, Kommentar, 3. Aufl., München 1979; *Larenz,* Die Schadenshaftung nach dem Wasserhaushaltsgesetz im System der zivilrechtlichen Haftungsgründe, VersR 1963,

593; *Schullan,* Zum Umfang der Haftung nach § 22 Abs. 1 WHG, VersR 1970, 308; *Wernicke,* Verjährung der Ansprüche aus § 22 Wasserhaushaltsgesetz, NJW 1965, 1262.

205 Nach § 22 Abs. 1 des Gesetzes zur Ordnung des Wasserhaushaltes – **Wasserhaushaltsgesetz** (WHG) – in der Fassung der Bekanntmachung v. 16. 10. 1976 (BGBl. I, 3017) ist derjenige zum Schadenersatz verpflichtet, der in ein **Gewässer Stoffe einbringt** oder **einleitet** oder der auf ein Gewässer derart **einwirkt,** daß die physikalische, chemische oder biologische Beschaffenheit des Wassers **verändert** wird. Die Vorschrift enthält einen **Gefährdungstatbestand;** sie setzt kein Verschulden voraus.

206 Umstritten ist, wie die Begriffe des **„Einleitens"** und des **„Einbringens"** zu verstehen sind. Teilweise wird die Auffassung vertreten, es müsse sich um ein vom Täter **bewußt** auf ein Ziel gerichtetes Verhalten handeln (OLG Hamm, B. v. 24. 7. 1962 i. DB 1962, 1106). Nach einer anderen Auffassung genügt ein Verhalten, das nur **äußerlich** nach seiner objektiven Eignung auf das Hineingelangen gerichtet ist (*Gieseke/Wiedemann/Czychowski,* WHG, Rdz. 7 zu § 22; *Larenz* i. VersR 1963, 593, 594, 602). Der BGH hat diese Frage bisher offen gelassen (vgl. Urt. v. 29. 4. 1966 i. VersR 1966, 1029 = NJW 1966, 2014, 2015, Urt. v. 28. 10. 1971 i. VersR 1972, 99 = NJW 1972, 204 u. Urt. v. 23. 10. 1975 i. VersR 1976, 272 = NJW 1976, 291). Die genannten Begriffe können auch durch ein **Unterlassen** verwirklicht werden, wenn eine Rechtspflicht zum Handeln besteht (BGH, Urt. v. 23. 10. 1975 aaO.). Der Haftende muß **nicht selbst** gehandelt haben. Es genügt eine ,,geistige, durch Befehle, Anweisungen u. dergl. ausgeübte Herrschaft" (BGH, Urt. v. 10. 5. 1976 i. VersR 1976, 930 = NJW 1976, 1686). Die Vorschrift ist auch erfüllt, wenn die Giftstoffe nicht unmittelbar, sondern über eine **andere Anlage,** wie eine gemeinschaftliche Kanalisation, die kein Gewässer ist, in ein Gewässer gelangen (BGH, Urt. v. 30. 5. 1974 i. VersR 1974, 1022 = NJW 1974, 1770; vgl. a. Urt. v. 28. 10. 1971 aaO.). Dabei ist es ohne Bedeutung, ob gegen den **Willen** der **Gemeinde** oder gegen ein entsprechendes **Verbot** eingeleitet wurde (BGH, Urt. v. 30. 5. 1974 aaO.; *Gieseke/Wiedemann/Czychowski,* WHG, Rdz. 11 zu § 22; a. A. *Schullan* i. VersR 1970, 308).

207 Ein weiterer Gefährdungstatbestand ist die **Anlagenhaftung** nach § 22 Abs. 2 WHG. Sie knüpft die Haftung daran, daß aus einer **Anlage** Stoffe in ein Gewässer gelangen, ohne in dieses eingebracht oder eingeleitet zu sein. Es muß sich um eine Anlage handeln, die bestimmt ist, **Stoffe herzustellen,** zu **verarbeiten,** zu **lagern, abzulagern,** zu **befördern** oder **wegzuleiten.** Als Anlagen sind auch **nichtortsfeste** Einrichtungen, wie Tankwagen, Tankschiffe, Kesselwagen und Behältnisse, die auf einem Kraftfahrzeug befördert werden, zu verstehen (vgl. BGH, Urt. 23. 12. 1966 i. VersR 1966, 375, Urt. v. 14. 7. 1969 i. VersR 1969, 925 = VRS 38, 31, Urt. v. 22. 11. 1971 i. VersR 1972, 174 = NJW 1972, 205 u. Urt. v. 8. 1. 1981 i. VersR 1981, 458 = NJW 1981, 1516). Haftpflichtig ist der **Inhaber** (z. Begriff vgl. Rdz. 28ff. zu § 2). Die Ersatzpflicht tritt nicht ein, wenn der Schaden durch **höhere Gewalt** (z. Begriff vgl. Rdz. 158ff. zu § 1 u. Rdz. 55ff. zu § 2) verursacht ist.

208 Hat der **Geschädigte** die Gefahrenlage durch Erfüllung eines der Tatbestände des § 22 WHG **selbst** geschaffen, kann er aus dieser Vorschrift **keine** Ansprüche herleiten (BGH, Urt. 10. 5. 1976 i. VersR 1976, 930 = NJW 1976, 1686, 1687; *Gieseke/Wiedemann/Czychowski,* WHG, Rdz. 22 zu § 22). Die Haftung ist der **Höhe** nach **unbegrenzt** und erstreckt sich auf **alle materiellen** Schäden einschließlich **reiner Vermögensschäden** (vgl. Rdz. 125). Nach h. A. gilt für die **Verjährung** die Regelung des § 852 BGB (BGH, Urt. v. 28. 10. 1971 i. VersR 1972, 99 = NJW 1972, 204, 205; die von *Wernicke* i. NJW 1965, 1262 vertretene Auffassung, es müsse die damals noch geltende Sonderregelung für die Verjährung von Ansprüchen aus der Gefährdungshaftung angewandt werden, ist durch die Vereinheitlichung überholt, vgl. Rdz. 2 zu § 11).

I. Beweis des ersten Anscheins

Schrifttum: *Böhmer,* Zur Frage des Anscheinsbeweises für eigenes Verschulden des Eisenbahnfahrgastes, NJW 1956, 1908; Zum Anscheinsbeweis bei Kraftfahrzeugunfällen, JR 1958, 173; Zur Frage der Beweislast bei nicht aufgeklärten Eisenbahnunfällen, MDR 1959, 82; *Diederichsen,* Zur Rechtsnatur und systematischen Stellung von Beweislast und Anscheinsbeweis, VersR 1966, 211; *Fleck,* Der Beweis des ersten Anscheins in der Rechtsprechung des BGH, VersR 1956, 329; *Greger,* Praxis und Dogmatik des Anscheinsbeweises, VersR 1980, 1091; *Küppersbusch,* Beweiserleichterungen im zivilrechtlichen Verkehrsunfallprozeß, VGT 1976, 194; *Prölss,* Beweiserleichterungen im Schadenersatzprozeß, Beiträge zum Privat- und Wirtschaftsrecht, Heft 7, Karlsruhe 1966; *Sanden,* Der prima-facie-Beweis in der Verkehrsrechtsprechung des BGH und seine Ausstrahlung auf die Haftpflichtschäden, VersR 1966, 200; *Schneider,* Die neue Beweisrechtsjudikatur in Haftpflichtprozessen (II.), VersR 1977, 687; *Weyreuther,* Die höchstrichterliche Rechtsprechung zum Anscheinsbeweis, DRiZ 1957, 55.

I. Allgemeines

209 Wer aus unerlaubter Handlung oder Vertragsverletzung einen Ersatzanspruch herleitet, hat die anspruchsbegründenden Tatsachen **nachzuweisen.** Diesen Nachweis **erleichtern** in bestimmten Fällen die von der Rechtsprechung entwickelten Regeln des **Beweises des ersten Anscheins,** auch **prima-facie-Beweis** genannt. Dieser Anscheinsbeweis stützt sich auf die **Erfahrung,** daß bei **typischen Geschehensabläufen** regelmäßig von einem bestimmten Ereignis auf eine bestimmte Folge geschlossen werden kann und umgekehrt. Die Gestaltung des Falles muß so sein, daß sich der Schluß geradezu **aufdrängt** (BGH, Urt. v. 4. 1. 1951 i. NJW 1951, 195, Urt. v. 7. 4. 1954 i. VersR 1954, 288, Urt. v. 2. 2. 1955 i. VersR 1955, 189 = VRS 8, 258 u. Urt. v. 24. 9. 1957 i. VersR 1957, 733, 734 = DAR 1958, 13; BAG, Urt. v. 30. 8. 1966 i. VersR 1967, 169, 171 = VRS 32, 293, 296 = NJW 1967, 269, 271). Kein Anscheinsbeweis besteht deshalb, wenn der Ablauf **nicht** typisch ist oder wenn **zwei** Mög-

lichkeiten in Betracht kommen, mag auch die eine wahrscheinlicher als die andere sein (vgl. zum Sturz eines Reisenden beim Aussteigen aus einem haltenden Zug aus nicht geklärter Ursache BGH, Urt. v. 24. 1. 1956 i. VersR 1956, 194 = VRS 10, 259 = NJW 1956, 709; vgl. a. Urt. v. 28. 4. 1966 i. NJW 1966, 1262, 1263; *Böhmer* i. NJW 1956, 1908 u. i. MDR 1959, 82; *Weyreuther* i. DRiZ 1957, 55, 57ff.).

210 Die **dogmatische Einordnung** des Beweises des ersten Anscheins ist umstritten (vgl. hierzu *Diederichsen* i. VersR 1966, 211 u. *Greger* i. VersR 1980, 1091). Er wird hauptsächlich angewandt auf den Nachweis der **Ursächlichkeit** und des **Verschuldens.** Umstritten ist, ob der Beweis des ersten Anscheins auch zum Nachweis von **subjektiven** Merkmalen, insbesondere der Annahme eines individuellen Willensentschlusses (verneinend BGH, Urt. v. 19. 6. 1972 i. NJW 1972, 1946) oder der auch subjektiv bestimmten groben Fahrlässigkeit (verneinend BGH, Urt. v. 11. 7. 1967 i. VersR 1967, 909, 910 u. Urt. v. 23. 10. 1968 i. VersR 1969, 77, 78; a. A. *Schneider* i. VersR 1977, 687, 688), herangezogen werden kann.

211 Die **Nachweispflicht** beschränkt sich auf die Tatsachen, aus denen sich der Anscheinsbeweis herleitet. Sind mehrere Geschehensabläufe typisch, haftet aber der Gegner nur für eine der möglichen Ursachen, muß der Beweisführer nachweisen, daß **gerade dieser Umstand ursächlich** gewesen ist (BGH, Urt. v. 10. 3. 1954 i. VersR 1954, 224). Der Anscheinsbeweis begründet jedoch **keine Umkehrung** der **Beweislast.** Es genügt, daß die andere Partei Tatsachen nachweist, aus denen sich die **ernsthafte Möglichkeit** eines anderen Geschehensablaufs ergibt (BGH, Urt. v. 17. 4. 1951 i. VRS 4, 91, 92, Urt. v. 18. 12. 1952 i. VRS 5, 178, 180 u. Urt. v. 19. 3. 1964 i. VersR 1964, 639, 640; LG Stade, Urt. v. 4. 2. 1952 i. VRS 4, 245, 247; *Böhmer* i. JR 1958, 173; *Weyreuther* i. DRiZ 1957, 55, 58). Der bloße Hinweis auf die **Möglichkeit** eines anderen Ablaufs genügt zur Erschütterung des Anscheinsbeweises nicht. Vielmehr bedürfen die Tatsachen, aus denen der andere Geschehensablauf hergeleitet wird, des **vollen Nachweises,** was nicht bedeutet, daß die Möglichkeit als solche gewiß sein muß (vgl. BGH, Urt. v. 14. 1. 1958 i. VersR 1958, 228, 229, Urt. v. 18. 4. 1972 i. VersR 1972, 767, 768 u. Urt. v. 20. 6. 1978 i. VersR 1978, 945 = NJW 1978, 2032; *Schneider* i. VersR 1977, 687). Umfaßt der Anscheinsbeweis **mehrere** mögliche schuldhafte Verursachungen, kann er erst als widerlegt gelten, wenn alle unterstellten Ursachen widerlegt sind (BGH, Urt. v. 2. 12. 1955 i. VRS 10, 128, 129). Ist der Anscheinsbeweis entkräftet, kann der Beweisführer die tatsächlichen Grundlagen des „Erschütterungsbeweises" **widerlegen** oder den Nachweis nach **§§ 286, 287 ZPO** führen.

II. Einzelfälle

1. Auffahren, Entgleisen

212 **Fährt** ein Kraftfahrzeug auf ein in gleicher Richtung fahrendes Fahrzeug **auf,** ist regelmäßig prima-facie bewiesen, daß der Auffahrende **fahr-**

lässig gehandelt hat, weil er entweder mit zu geringem Sicherheitsabstand oder nicht mit der notwendigen Aufmerksamkeit gefahren ist (BGH, Urt. v. 13. 7. 1962 i. VersR 1962, 1101 u. Urt. v. 20. 12. 63 i. VersR 1964, 263 = VRS 26, 251; OLG Köln, Urt. v. 18. 1. 1957 i. DAR 1957, 293; KG, Urt. v. 19. 3. 1962 i. VersR 1962, 991; *Schneider* i. VersR 1977, 687, 689). Diese Regel läßt sich nicht ohne weiteres auf Unfälle übertragen, die dadurch zustande gekommen sind, daß eine **Straßenbahn** auf ein im **Schienenraum befindliches Kraftfahrzeug aufgefahren** ist. Die hierfür von der Rechtsprechung gegebene Begründung, gegen die Anwendung des Anscheinsbeweises spreche die Eigenart der Schienenbahn, die insbesondere darin bestehe, daß sie infolge ihrer Schienengebundenheit keine Ausweichmöglichkeit habe und im Verhältnis zu Kraftfahrzeugen über einen wesentlich längeren Anhalteweg verfüge (vgl. OLG Düsseldorf, Urt. v. 8. 4. 1968 i. VersR 1968, 334, 335 u. Urt. v. 30. 6. 1975 i. VersR 1976, 499; OLG Hamburg, Urt. v. 24. 9. 1974 i. VersR 1975, 474, 475), kann allerdings nicht recht überzeugen, weil die Straßenbahn trotz dieser Besonderheiten wie jedes andere Fahrzeug den Vorschriften der StVO, insbesondere auch der Regel des § 4 Abs. 1 Satz 1 StVO unterliegt. Gegen die Annahme eines Anscheinsbeweises spricht vielmehr, daß der am Straßenverkehr teilnehmenden Straßenbahn in bestimmten Fällen (vgl. §§ 2 Abs. 3, 9 Abs. 1 Satz 3 u. Abs. 3 Satz 1, 36 Abs. 2 Nr. 1 Satz 4 und 37 Abs. 2 Nr. 1 Satz 2 StVO) ein **Vorrecht** gegenüber dem sich im Schienenraum befindlichen Fahrzeugverkehr zusteht, auf dessen Beachtung der Fahrer vertrauen darf (vgl. Rdz. 213 zu § 1 u. Rdz. 52f. zu § 4). Ist eine **Verletzung** dieses Vorrechtes durch den Fahrer des anderen Fahrzeugs **in Betracht zu ziehen,** kann nicht primafacie von einem Verschulden des aufgefahrenen Straßenbahnfahrers ausgegangen werden (vgl. OLG München, Urt. v. 28. 10. 1966 i. VersR 1967, 167 für den Fall, daß das Kfz so nahe vor der Straßenbahn auf das Gleis gefahren worden war, daß die Notwendigkeit einer Schnellbremsung in Erwägung gezogen werden mußte). Dagegen verbleibt es bei der allgemeinen Anscheinsregel, wenn eine solche Annahme ausscheidet, weil sich z. B. das andere Fahrzeug „weithin sichtbar" auf den Schienen befunden hatte (vgl. BGH, Urt. v. 11. 7. 1958 i. VersR 1958, 626) oder die Straßenbahn im Großstadtverkehr in einer Fahrzeugkolonne gefahren war und sich ihr Fahrer auf die dadurch gegebene besondere Verkehrslage hatte einstellen können (vgl. *Filthaut* i. DAR 1973, 309, 317). Handelt es sich nicht um einen Auffahrunfall, sondern um einen Verkehrsunfall, bei dem es – wie häufig zwischen abbiegenden Kraftfahrzeugen und nachfolgenden Straßenbahnen – zu einer **seitlichen** Berührung der Fahrzeuge gekommen ist, scheidet schon aus diesem Grunde ein Beweis des ersten Anscheins aus (vgl. OLG Hamburg, Urt. v. 5. 12. 1967 i. VersR 1968, 975).

213 **Entgleist** ein Schienenfahrzeug auf einem vereisten Wegübergang, an dem die Spurrillen seit langer Zeit nicht mehr geräumt worden waren, spricht ein Beweis des ersten Anscheins dafür, daß dieser Zustand für die Entgleisung ursächlich war (BGH, Urt. v. 24. 3. 1959 i. VersR 1959, 670, 671).

2. Vorfahrt, sonstige Vorrechte

214 Ereignet sich ein Zusammenstoß auf einer Straßenkreuzung oder -einmündung, spricht gegen den Wartepflichtigen ein Beweis des ersten Anscheins, das **Vorfahrtsrecht** des anderen **schuldhaft** verletzt zu haben (BGH, Urt. v. 10. 1. 1958 i. VersR 1958, 217, Urt. v. 19. 9. 1958 i. VersR 1958, 781, Urt. v. 4. 3. 1960 i. VersR 1960, 597 u. Urt. v. 10. 3. 1964 i. VersR 1964, 639; OLG Hamburg, Urt. v. 16. 9. 1958 i. VersR 1959, 159; *Böhmer* i. JR 1958, 173; *Schneider* i. VersR 1977, 687, 689). Fährt ein **linksabbiegendes** Fahrzeug auf der Gegenfahrbahn gegen ein Fahrzeug des **Gegenverkehrs,** besteht ein Anscheinsbeweis für ein Verschulden des Abbiegenden (vgl. BGH, Urt. v. 18. 12. 1962 i. VersR 1963, 337 u. Urt. v. 20. 9. 1966 i. VersR 1966, 1074, 1078; OLG Düsseldorf, Urt. v. 23. 2. 1970 i. DAR 1970, 271; OLG Celle, Urt. v. 20. 5. 1976 i. VersR 1978, 94 L; AG Schweinfurt, Urt. v. 11. 1. 1980 i. VersR 1980, 880; *Küppersbusch* i. VGT 1976, 194, 204). Stößt ein Kraftfahrer mit einer **Eisenbahn** auf einem ordnungsgemäß gesicherten **Übergang** zusammen, hat er den ersten Anschein gegen sich, den Zusammenstoß verschuldet zu haben (OLG Stuttgart, Urt. v. 26. 2. 1959 i. VersR 1959, 938; OLG Oldenburg, Urt. v. 22. 10. 1963 i. VersR 1964, 670 L = DAR 1964, 111).

215 Kollidiert eine Straßenbahn mit einem Kraftfahrzeug, das sich im näheren Schienenbereich befindet, so daß eine Verletzung eines **Vorrechtes** der **Straßenbahn** nach der StVO (vgl. Rdz. 212) in Betracht zu ziehen ist, kann hieraus allein noch kein Beweis des ersten Anscheins zu Lasten des Kraftfahrers hergeleitet werden. Vielmehr ist zu unterscheiden: Stand dem Straßenbahnfahrer nur ein **eingeschränktes Vorrecht** zu (§§ 2 Abs. 3 u. 9 Abs. 1 Satz 3 StVO: „soweit möglich"), weist der Geschehensablauf **nicht** typischerweise auf ein Verschulden des Kraftfahrers hin; ebenso naheliegend ist nämlich die Annahme, daß der Kraftfahrer den Schienenraum aus verkehrlichen Gründen benutzen durfte, weil z. B. der Straßenraum dies nicht anders zuließ oder die Straßenbahn noch nicht in Sicht war, als der Schienenraum in Anspruch genommen wurde. War dagegen der Straßenbahnfahrer **uneingeschränkt berechtigt,** ungehindert durchzufahren (§§ 9 Abs. 3 Satz 1, 36 Abs. 2 Nr. 1 Satz 4 u. 37 Abs. 2 Nr. 1 Satz 2 StVO), ist der Unfall mit großer Wahrscheinlichkeit auf eine **schuldhafte** Verletzung dieses Rechtes zurückzuführen. Ebenso wie bei Unfällen zwischen Linksabbiegern und Geradeausfahrenden (vgl. Rdz. 214) spricht deshalb ein Anscheinsbeweis für ein solches Verschulden (vgl. a. *Küppersbusch* i. VGT 1966, 194, 205).

3. Fußgänger, Fahrgast

216 Wird ein **Fußgänger** von einem Kfz oder einer Straßenbahn auf der **rechten** Seite der Fahrbahn **angefahren,** spricht ein Anscheinsbeweis für ein Verschulden des Fußgängers (BGH, Urt. v. 13. 4. 1953 i. VRS 5, 329 = DAR 1953, 113 = NJW 1953, 1066; OLG Neustadt, Urt. v. 16. 5. 1955 i. VRS 9, 174; OLG München, Urt. v. 1. 4. 1966 i. VersR 1966, 620; *Küppersbusch* i. VGT 1976, 194, 199; einschr. BGH, Urt. v. 24. 6. 1958 i. VersR 1958, 550). Kommt ein Fußgänger beim Überschreiten der Fahr-

bahn zu Fall, weil ihn das Herannahen eines Kfz. **erschreckt** hat, ist prima-facie davon auszugehen, daß er unaufmerksam war und hierdurch den Unfall zumindest mitverschuldet hat (BGH, Urt. v. 23. 10. 1973 i. VersR 1974, 196, 197). Wird ein Fußgänger von einem von **rechts** kommendem Kfz angefahren, nachdem er beim Überqueren einer breiten Straße schon mehr als die Hälfte zurückgelegt hat, besteht **kein** Anscheinsbeweis für ein Verschulden des Fußgängers (BGH, Urt. v. 4. 10. 1960 i. VersR 1961, 84 = VRS 19, 401).

217 Hat eine Straßenbahn – entgegen § 15 Abs. 4 StVO a. F. (jetzt: § 12 Abs. 1 Nr. 4 StVO) – in einem Haltestellenbereich so angehalten, daß das Ende des Zuges einen Teil des Fußgängerüberweges versperrt und ein Kind, das hinter der haltenden Straßenbahn den Fußgängerüberweg betreten hat, infolge der Sichtbehinderung von einem entgegenkommenden Straßenbahnzug erfaßt wird, ist nach den Regeln über den Beweis des ersten Anscheins davon auszugehen, daß der Verstoß gegen die **Vorschrift** (Schutzgesetz) für den Eintritt des Schadens **ursächlich** war (BGH, Urt. v. 29. 6. 1975 i. VersR 1975, 1007, 1008 = VRS 49, 243, 247; vgl. a. Rdz. 222). Wird jemand auf dem **Überweg** einer eingleisigen Bahnstrecke trotz rechtzeitig **geschlossener Schranken** von einem Zug erfaßt, spricht der erste Anschein dafür, daß sich der Unfall durch sein Verschulden ereignet hat (BGH, Urt. v. 28. 9. 1955 i. VersR 1955, 757). Kommt ein **Betrunkener** (2,37‰ Blutalkoholgehalt) an einer gefährlichen Stelle, an der er nichts zu suchen hat – **Bahngleise** –, ohne festgestellte weitere Umstände durch Überfahren zu Tode, besteht ein Beweis des ersten Anscheins dafür, daß die Trunkenheit für den Unfall ursächlich war und dieser von dem Verunglückten verschuldet wurde (BGH, Urt. v. 7. 3. 1961 i. VersR 1961, 796 = VRS 20, 354).

218 **Stürzt** ein **Fahrgast** aus einem **fahrenden Zug** oder beim Aussteigen aus einem **haltenden Zug,** sind verschiedene Möglichkeiten denkbar, daß dies ohne Verschulden des Fahrgastes geschehen ist, etwa durch Mängel in den betrieblichen Einrichtungen (z. B. des Türverschlusses oder des Trittbretts) oder (beim Aussteigen) durch einen Stoß nachdrängender Fahrgäste. Es ist deshalb zu Recht abgelehnt worden, auf diese Unfälle einen Beweis des ersten Anscheins für ein Verschulden des Fahrgastes anzuwenden (vgl. RG, Urt. v. 22. 4. 1926 i. EE 44, 234 u. Urt. v. 7. 10. 1930 i. EE 50, 308; BGH, Urt. v. 3. 7. 1954 i. VersR 1954, 495 = VRS 7, 260, 261, Urt. v. 24. 1. 1956 i. VersR 1956, 194 u. Urt. v. 21. 9. 1956 i. VersR 1956, 710, 711; OLG München, Urt. v. 9. 7. 1957 i. VersR 1958, 630 m. zust. Anm. v. *Böhmer* i. VersR 1959, 817; *Böhmer* i. MDR 1959, 82; vgl. a. BGH, Urt. v. 16. 1. 1962 i. VersR 1962, 325; a. A. OLG Düsseldorf, Urt. v. 29. 12. 1951 i. VkBl. 1953, 269; LG Hanau, Urt. v. 23. 3. 1972 i. VersR 1973, 971; abl. a. für Sturz eines Fahrgastes aus Samba-Zug BGH, Urt. v. 20. 6. 1961 i. VersR 1961, 756, 757 = VRS 21, 188). Verunglückt ein Fahrgast beim **Einsteigen** in ein **haltendes Schienenfahrzeug,** weist dies ebenfalls nicht zwingend auf ein Verschulden des Verletzten hin (a. A. LG Düsseldorf, Urt. v. 23. 11. 1978 i. VersR 1979, 166). **Stürzt** ein **Fahrgast** im Fahrzeuginnern infolge einer **scharfen Bremsung,** begründet dies **keinen** Beweis des ersten Anscheins für die Annahme, der Fahrgast habe es schuldhaft unterlassen, sich im Fahrzeug einen **festen Halt** zu verschaffen (vgl. Rdz. 32ff. zu § 4). Die bei einer solchen Bremsung auftretenden Kräfte können so stark sein und so plötzlich auftreten, daß auch Personen, die sich ordnungsgemäß festgehalten haben, den Halt verlieren (BGH, Urt. v. 11. 5. 1976 i. VersR 1976, 932, 933 = VRS 51, 337 = DAR 1976, 271). Abzulehnen ist ein Erfahrungssatz, daß ein **beingeschädigter** Verletzter bei Benutzung eines **Stocks** nicht durch Gedränge vor einem einfahrenden Zug auf die Gleise geraten wäre (BGH, Urt. v. 29. 4. 1958 i. VersR 1958, 593).

4. Alkohol, Übermüdung

219 Wird ein auf der Fahrbahn liegender Fußgänger angefahren und war dieser **alkoholbedingt** in hohem Maße verkehrsunsicher (1,8‰ Blutalkoholgehalt), drängt sich die Annahme auf, daß er wegen dieses Zustandes zu Fall gekommen ist und auf der Fahrbahn lag und hierdurch den Unfall verschuldet hat (BGH, Urt. v. 24. 2. 1976 i. VersR 1976, 729). Ebenso besteht ein Anscheinsbeweis für ein Alleinverschulden eines volltrunkenen Eisenbahnfahrgastes (2,37 ‰ Blutalkoholgehalt), der auf ungeklärte Weise auf den **Schienen** eines Bahnsteiggleises überfahren und getötet worden ist (BGH, Urt. v. 7. 3. 1961 i. VersR 1961, 796 = VRS 20, 354). Ein Anscheinsbeweis für die Ursächlichkeit der Trunkenheit ist jedoch nicht begründet, wenn Umstände zu dem Unfall geführt haben, die auch ein **Nüchterner nicht** hätte meistern können (vgl. BGH, Urt. v. 24. 1. 1956 i. VersR 1956, 195 = VRS 10, 245 u. Urt. v. 20. 10. 1961 i. VersR 1962, 132). Hat sich der Unfall infolge **Übermüdung** des Fahrers ereignet, spricht der erste Anschein dafür, daß der Fahrer die Übermüdung bei der stets erforderlichen Selbstkontrolle hätte erkennen und sich entsprechend hätte verhalten können (BGH, Urt. v. 16. 1. 1959 i. VRS 16, 250, 251 = DAR 1959, 125).

5. Brand, Explosion, technische Mängel

220 Die Regeln des Anscheinsbeweises greifen nicht ein, wenn ein **Waldbrand** außer durch **Funkenflug** aus einer Lok auch aus anderen Ursachen entstanden sein kann (BGH, Urt. v. 25. 3. 1969 i. VersR 1969, 637). Wird ein **elektrisches Kabel** so **unsachgemäß verlegt,** daß dies geeignet erscheint, einen Isolationsfehler hervorzurufen, und bricht dann später in diesem Bereich ein Brand aus, ist davon auszugehen, daß der Brand auf die unsachgemäße Verlegung zurückzuführen ist (BGH, Urt. v. 28. 10. 1969 i. VersR 1970, 61; anderenfalls hat der Geschädigte den ursächlichen Zusammenhang zwischen dem Fehler des Gerätes und dem Ausbruch des Brandes zu beweisen, vgl. BGH, Urt. v. 29. 9. 1981 i. VersR 1981, 1181). Es besteht ein Beweis des ersten Anscheins, daß eine **undichte Gewindemuffe** an einem **Gasrohr** zum Ausströmen von Gas und dieses zu einer Explosion geführt hat (BGH, Urt. v. 9. 1. 1980 i. VersR 1980, 355, 357ff.). Wenn eine **Wasserleitung** dort **bricht,** wo sie **nicht intakt** ist, spricht ein Beweis des ersten Anscheins dafür, daß der Mangel den Bruch zumindest mitverursacht hat (OLG Karlsruhe, Urt. v. 14. 3. 1957 i. VersR 1957, 539 L = MDR 1957, 418). Ein **Verstoß gegen** die **Verpackungsvorschriften** bei der Eisenbahnbeförderung feuergefährlicher Güter begründet in Verbindung mit entsprechenden ungünstigen atmo-

sphärischen Bedingungen einen Anscheinsbeweis für die Verursachung eines in dem **Eisenbahnwagen** ausgebrochenen **Brandes** (BGH, Urt. v. 4. 6. 1962 i. VersR 1962, 121).

221 Verunglückt jemand gerade **an der Stelle** oder in **unmittelbarer Nähe der Stelle,** die eindeutig **verkehrswidrig** ist, spricht ein Beweis des ersten Anscheins dafür, daß sie für den Unfall ursächlich war (BGH, Urt. v. 20. 1. 1961 i. VersR 1961, 236: Unfall eines Krades durch schlecht erkennbare Vertiefung unmittelbar neben Straßenbahnschienen; Urt. v. 13. 2. 1962 i. VRS 22, 417, 418: Sturz von Fußgängern auf schadhaften Bohlen eines Eisenbahnübergangs; vgl. a. Urt. v. 23. 3. 1954 i. LM C Nr. 17 zu § 286 ZPO u. Urt. v. 26. 4. 1954 i. VersR 1954, 401; OLG Düsseldorf, Urt. v. 10. 3. 1980 i. VersR 1981, 387).

6. Verletzung von Vorschriften

222 Tritt ein Schaden ein, dessen Verhinderung oder Ausschaltung ein **Schutzgesetz** bezweckt (vgl. Rdz. 67f.), ist prima-facie bewiesen, daß zwischen der Verletzung des Schutzgesetzes und dem Eintreten des Schadens ein **kausaler Zusammenhang** besteht (BGH, Urt. v. 9. 5. 1961 i. VersR 1961, 824, Urt. v. 25. 2. 1964 i. VersR 1964, 621, Urt. v. 30. 6. 1964 i. VersR 1964, 1082, 1083 u. Urt. v. 27. 6. 1975 i. VersR 1975, 1007, 1008 = VRS 49, 243; vgl. a. Rdz. 70). Fährt z. B. ein Fahrzeug in der Dunkelheit auf ein anderes Fahrzeug auf, dessen Rückseite nicht vorschriftsmäßig **beleuchtet** war, spricht ein Anscheinsbeweis dafür, daß der Verstoß gegen die Beleuchtungsvorschriften für den Zusammenstoß ursächlich war (BGH, Urt. v. 22. 10. 1955 i. VersR 1955, 760 = VRS 9, 427 u. Urt. v. 30. 6. 1964 aaO.). Wird ein **Verkehrszeichen** nicht beachtet, ist nach der Lebenserfahrung davon auszugehen, daß es fahrlässig übersehen wurde. Unterläßt ein Lokführer bei Annäherung an einen unbeschrankten Bahnübergang ein nach der **Signalordnung** der Bundesbahn vorgeschriebenes **Pfeifsignal** und ereignet sich an der Gefahrenstelle ein Unfall, ist prima-facie anzunehmen, daß dieser Verstoß gegen die Signalordnung zumindest mitursächlich zur Entstehung des Unfalls beigetragen hat. Der Anscheinsbeweis ist jedoch entkräftet, wenn Panzerlärm die Wahrnehmbarkeit des Signals – wäre es abgegeben worden – beeinträchtigt hätte (BGH, Urt. v. 18. 10. 1957 i. VersR 1957, 800 = VRS 14, 16).

223 Werden **Unfallverhütungsvorschriften** nicht beachtet und tritt an der Gefahrenstelle ein Unfall ein, ist die Ursächlichkeit des Verstoßes für den Unfall nach dem ersten Anschein als erwiesen anzusehen (BGH, Urt. v. 13. 7. 1965 i. VersR 1965, 1055).

Mehrere Haftpflichtige

13 (1) [1] **Sind nach den §§ 1, 2 mehrere einem Dritten zum Schadensersatz verpflichtet, so hängt im Verhältnis der Ersatzpflichtigen untereinander Pflicht und Umfang zum Ersatz von den Umständen, insbesondere davon ab, wie weit der Schaden überwiegend von dem einen oder dem anderen verursacht worden ist.** [2] **Dasselbe gilt, wenn**

der Schaden einem der Ersatzpflichtigen entstanden ist, von der Haftpflicht, die einen anderen von ihnen trifft.

(2) **Abs. 1 gilt entsprechend, wenn neben den nach §§ 1, 2 Ersatzpflichtigen ein anderer für den Schaden kraft Gesetzes verantwortlich ist.**

Übersicht

Schrifttum: *Böhmer,* Welchen Einfluß hat der Haftungsverzicht des Kfz-Insassen auf den Schadensausgleich nach § 17 StVG?, NJW 1956, 1018; Zur Frage der Schadensberechnung nach § 17 Abs. 1 Satz 2 StVG, JR 1957, 373; Zur Haftungsbeschränkung bei Gemeinschaften, NJW 1959, 1713; Zur Frage der Anwendung des § 1359 BGB bei Kraftfahrzeugunfällen, MDR 1963, 885; *Dunz,* Abwägungskriterien bei der Schadensausgleichung, NJW 1964, 2133; Zum Mitverschuldensausgleich gegenüber Mehreren, JZ 1959, 552; *Gamillscheg, Hanau,* Auswirkungen von Haftungseinschränkungen, VersR 1967, 513; *Gelhaar,* Schadensausgleich bei Kraftfahrzeugunfällen, DAR 1954, 265; *Hartung,* Zur Höhe der Ausgleichsforderung unter Gesamtschuldnern – Anmerkung zur „Gesamtabwägung aus der Gesamtschau", VersR 1980, 797; *Hoffmann,* Die Fragwürdigkeit der Haftung für diligentia quam in suis, NJW 1967, 1207; *Klimke,* Ausgleichsansprüche bei Abrechnung nach Teilungsabkommen im Falle der Beteiligung von Kraftfahrzeugen, VersR 1972, 414; *Medicus,* Haftungsbefreiung und Gesamtschuldnerausgleich, JZ 1967, 398; *Rauschert,* Die Schadensausgleichung nach § 17 StVG, NJW 1954, 704; *Sieg,* Kritische Betrachtung zur Regreßverdrängung, VersR 1973, 194.

A. Entstehung und Bedeutung der Vorschrift

1 § 13 regelt das Verhältnis zwischen **mehreren Haftpflichtigen,** wenn ein **Dritter** geschädigt wird (Innenverhältnis) oder einer der **Haftpflichtigen selbst** (Außenverhältnis). Für den Ausgleich der Haftung im Innenverhältnis zwischen mehreren Schädigern wird der Grundsatz des § 426 Abs. 1 Satz 1 BGB, daß Gesamtschuldner im Zweifelsfall zu gleichen Anteilen verpflichtet sind, durch den in § 254 BGB enthaltenen Grundge-

danken ersetzt, daß sich der Ausgleich nach dem **Maß der Verursachung** des Schadens richtet. Die Vorschrift entspricht inhaltlich §§ 17 StVG und 41 LVG. Sie erstreckt die bisherigen Teilregelungen des § 9 RHG für die Anlagenhaftung (vgl. Anh. 1) und des § 8 SHG für die Sachschädenhaftung der Eisenbahnen (vgl. Anh. 2) auf alle Gefährdungstatbestände und damit erstmalig auch auf die Bahnhaftung für Personenschäden (vgl. amtl. Begr. i. BT-Drucks. 8/108, 14; für entspr. Anwendung schon im Rahmen des RHG OLG Hamm, Urt. v. 13. 7. 1957 i. NJW 1958, 346, 347). Nicht betroffen ist die Haftung nach § 3.

B. Anwendungsbereich

2 Sind **mehrere** nach §§ 1, 2 einem **Dritten** zum Schadenersatz verpflichtet, haften sie dem Dritten **nach außen,** soweit sich ihre Schadenersatzpflicht gegenständlich deckt, als **Gesamtschuldner** (§ 840 Abs. 1 BGB). Das bedeutet, daß jeder verpflichtet ist, die gesamte Schadenersatzleistung zu bewirken, und der Ersatzberechtigte von jedem nach seinem Belieben ganz oder teilweise Ersatz fordern kann (§ 421 Abs. 1 Satz 1 BGB). § 13 Abs. 1 Satz 1 schließt für das **Innenverhältnis** die Ausgleichung nach Kopfteilen, wie sie § 426 Abs. 1 Satz 1 BGB vorsieht, aus und bestimmt statt dessen, daß die Verpflichtung und der Umfang zum Ersatz „von den Umständen, insbesondere davon" abhängen, „wie weit der Schaden überwiegend von dem einen oder dem anderen Teil **verursacht** worden ist." Dies gilt nach Abs. 1 Satz 2 sinngemäß auch für das **Außenverhältnis** zwischen mehreren nach §§ 1, 2 Haftpflichtigen, wenn **einem** oder **mehreren** von ihnen ein Schadenersatzanspruch erwachsen ist. Beide Regelungen gelten entsprechend, wenn neben dem nach §§ 1, 2 Ersatzpflichtigen ein **anderer** kraft Gesetzes für den Schaden verantwortlich ist, z. B. ein Tierhalter nach § 833 BGB (vgl. Rdz. 190ff. zu § 12). Es handelt sich somit um **vier verschiedene Anwendungsfälle.** Wird der Schaden durch einen nach §§ 1, 2 Haftpflichtigen und einen Kfz-Halter verursacht, kommen sowohl § 17 Abs. 2 StVG als auch § 13 Abs. 2 HG zur Anwendung; es können also **beide** Vorschriften zitiert werden (a. A. *Full,* Zivilr. Haftung, Rdz. 2 zu § 13 HG m. w. Nachw., der annimmt, § 17 Abs. 2 StVG schalte § 13 Abs. 2 HG als die speziellere Vorschrift aus; vgl. a. Rdz. 3 u. 21 zu § 4).

C. Innenverhältnis zwischen mehreren Haftpflichtigen bei Schädigung eines Dritten

I. Voraussetzungen der Ausgleichspflicht

3 Haften mehrere nach §§ 1, 2, z. B. mehrere Betriebsunternehmer von Bahnen, mehrere Inhaber von Anlagen i. S. v. § 2 oder ein Betriebsunternehmer einer Bahn und ein Inhaber einer Anlage i. S. v. § 2 einem **Dritten,** so kann dies im Verhältnis der Gesamtschuldner untereinander eine Verpflichtung begründen, den Schaden **auszugleichen** (Abs. 1 Satz 2 u.

Abs. 2). Ausgleichspflichtig ist nur, wer **auch haftpflichtig** ist (RG, Urt. v. 7. 6. 1915 i. RG 87, 64, 66 u. Urt. v. 26. 5. 1930 i. RG 129, 132; BGH, Urt. v. 31. 11. 1953 i. BGH 11, 170, 174 = VRS 6, 123, 125, Urt. v. 18. 5. 1956 i. VersR 1956, 518 u. Urt. v. 4. 5. 1962 i. VRS 23, 194, 197; *Böhmer* i. JR 1962, 297; *Biermann,* RHG, Anm. III zu § 9b; *Rauschert* i. NJW 1954, 704, 705). § 13 selbst begründet **keinen Ersatzanspruch.** Er setzt vielmehr einen solchen Anspruch voraus. Gefordert wird eine **gesetzliche** Haftung (vgl. RG, Urt. v. 30. 4. 1914 i. RG 84, 415, 421 u. Urt. v. 7. 6. 1915 aaO.). Diese Voraussetzung erfüllt auch eine Haftung wegen Verletzung beförderungsvertraglicher Pflichten (vgl. RG, Urt. v. 30. 4. 1914 aaO. S. 430). Es kommt nicht darauf an, auf **welcher Gesetzesvorschrift** die Haftung beruht und ob auf einer Seite ein oder **mehrere Haftungsgründe** zu vertreten sind (BGH, Urt. v. 16. 1. 1953 i. VersR 1953, 148 = VRS 5, 163, Urt. v. 26. 3. 1956 i. VersR 1965, 409, 410, Urt. v. 16. 6. 1956 i. VersR 1956, 732, 733 = NJW 1957, 99, Urt. v. 22. 3. 1960 i. VersR 1960, 609, 610 u. Urt. v. 4. 5. 1962 i. VersR 1962, 757, 758 = VRS 23, 194, 195).

4 Eine Ausgleichspflicht ist nicht gegeben, wenn ein beteiligter Kfz-Halter den Unabwendbarkeitsbeweis nicht führen kann, die Gefährdungshaftung nach § 7 StVG jedoch nicht in Betracht kommt, weil die **Ausnahmeregelungen** der §§ 8, 8a StVG eingreifen, z. B. ein Kfz-Insasse verletzt wurde und ein Verschulden nicht nachzuweisen ist (vgl. BGH, Urt. v. 9. 1. 1959 i. VersR 1959, 238, 239 = VRS 16, 180, 181 u. Urt. v. 11. 6. 1965 i. VersR 1965, 811; *Böhmer* i. MDR 1960, 737; wegen Beschränkungen nach Art und Höhe des Schadens vgl. Rdz. 15). Ist ein Haftpflichtversicherer einem SVT aufgrund eines **Teilungsabkommens** (vgl. Rdz. 150ff. zu § 12) leistungspflichtig, obwohl er nach der Rechtslage nicht zu haften hat, liegt **kein Gesamtschuldverhältnis** mit dem Zweitschädiger vor; dieser kann allenfalls aus § 812 BGB in Anspruch genommen werden (vgl. BGH, Urt. v. 29. 9. 1970 i. VersR 1970, 1018; krit. *Sieg* i. VersR 1973, 194, vgl. a. *Klimke* i. VersR 1972, 414). Dies gilt auch, wenn zwei Haftpflichtversicherer mit demselben Sozialversicherungsträger (SVT) unabhängig voneinander Teilungsabkommen geschlossen haben und nur einer von ihnen nach der Rechtslage einzutreten hat (vgl. BGH, Urt. v. 14. 7. 1978 i. VersR 1978, 843 = VRS 52, 10; *Sieg,* aaO.).

II. Wesen der Ausgleichspflicht

5 Die **Ausgleichspflicht** wurzelt in dem **inneren Schuldverhältnis,** das zwischen den Gesamtschuldnern besteht. Es entsteht nicht erst mit der Befriedigung des Geschädigten durch einen Gesamtschuldner, sondern schon in dem Augenblick, in dem mehrere Ersatzpflichtige dem Geschädigten haftpflichtig werden, also normalerweise im **Zeitpunkt** des **Unfalls** (RG, Urt. v. 24. 1. 1929 i. RG 123, 164, 165, Urt. v. 29. 11. 1934 i. RG 146, 97, 102 u. Urt. v. 1. 4. 1939 i. RG 160, 148, 151; BGH, Urt. v. 21. 11. 1953 i. VersR 1954, 60 = VRS 6, 123, 125). Jeder Haftpflichtige kann von dem anderen Haftpflichtigen die Ausgleichung schon **vor** der

Befriedigung des Ersatzberechtigten (als Befreiungsanspruch) verlangen. Die **Selbständigkeit** des Ausgleichsanspruchs hat zur Folge, daß die Bestimmungen, die für den Haftpflichtanspruch gelten, auf ihn keine Anwendung finden. So bleibt der Anspruch unberührt davon, daß der Haftpflichtanspruch **verjährt** ist oder wegen Nichtwahrnehmung einer **Frist** nicht mehr geltend gemacht werden kann (vgl. BGH, Urt. v. 21. 11. 1953 aaO. u. Urt. v. 17. 5. 1979 i. VersR 1979, 741 = NJW 1979, 2039, 2040; der Ausgleichsanspruch verjährt nach § 195 BGB in dreißig Jahren, vgl. Rdz. 3 zu § 11). Wird ein Haftpflichtiger rechtskräftig **verurteilt** oder gegen ihn eine Klage rechtskräftig **abgewiesen,** berührt dies die Ausgleichspflicht nicht (RG, Urt. v. 16. 11. 1908 i. RG 69, 422, 425 u. Urt. v. 29. 11. 1934 aaO.; BGH, Urt. v. 22. 9. 1969 i. VersR 1969, 1039). Der Ausgleichsanspruch erlischt auch nicht dadurch, daß der Verletzte nach Eintritt des Ereignisses, das die Schadenersatzpflicht begründet hat, einem der Haftpflichtigen die Ersatzpflicht ganz oder teilweise **erläßt,** weil der Verletzte über den Ausgleichsanspruch des anderen Haftpflichtigen nicht verfügen kann (RG, Urt. v. 20. 11. 1933 i. JW 1934, 412; vgl. a. BGH, Urt. v. 3. 2. 1954 i. VersR 1954, 189 = NJW 1954, 875).

III. Haftungsausschlüsse und -beschränkungen

6 **Haftungsausschlüsse** und **-beschränkungen** haben den Zweck, die Ersatzpflicht des Schädigers **von vornherein** auszuschließen oder zu mindern. Dieser Zweck wird verfehlt, wenn der hierdurch begünstigte Schädiger dennoch von einem anderen Ersatzpflichtigen voll auf Ausgleich in Anspruch genommen werden kann. Das führt zu der Frage, wie sich Haftungsausschlüsse und -beschränkungen auf die **Ausgleichspflicht** des Schädigers auswirken.

1. Vertragliche Regelungen

7 Nach der in der Rechtsprechung vorherrschenden Auffassung hat eine **vertragliche Vereinbarung** über einen Haftungsverzicht oder eine Haftungseinschränkung nur Wirkung zwischen den Vertragspartnern und läßt das Gemeinschaftsverhältnis zwischen den Gesamtschuldnern **unberührt** (BGH, Urt. v. 3. 2. 1954 i. VersR 1954, 189 = NJW 1954, 875 m. abl. Anm. v. *G.* u. *D. Reinicke* i. NJW 1954, 1641, Urt. v. 27. 6. 1961 i. VersR 1961, 918 = NJW 1961, 1966 u. Urt. v. 9. 3. 1972 i. VersR 1972, 587 = NJW 1972, 942). Übereinstimmung besteht darin, daß die Haftungsfreistellung nicht zu Lasten des unbeteiligten Zweitschädigers gehen darf. Andererseits ist es als unbefriedigend anzusehen, daß sich derjenige, dem die Haftungsfreistellung oder -minderung vertraglich eingeräumt wurde, u. U. bei alleiniger Haftung günstiger steht, als wenn er für den Schaden mit einem anderen gemeinsam verantwortlich ist. Diesen Nachteil vermeidet die überwiegend im Schrifttum vertretene Auffassung (vgl. z. B. *Hanau* i. VersR 1967, 516; *Medicus* i. JZ 1967, 398; *Palandt/Heinrichs,* BGB, Anm. 5b zu § 426; *Prölls,* Anm. z. Urt. des BGH

v. 10. 1. 1967 i. VersR 1967, 678; *G. u. D. Reinicke* aaO.; a. A. *Münch-Komm.-Selb,* Rdz. 18 zu § 426 BGB), die eine sachgerechte Lösung des Interessenstreits dadurch erreicht, daß sie annimmt, daß sich der Anspruch des Geschädigten an den an der Abrede nicht beteiligten Dritten von vornherein auf das **verkürzt,** was dieser ohne Haftungsvereinbarung **im Verhältnis zu dem aus der Abrede Begünstigten zu tragen hätte.** Ein **Ausgleich** zwischen den Gesamtschuldnern kommt dann **nicht** mehr in Betracht. Haften z. B. der Unternehmer einer Straßenbahn und der Halter eines Kfz für die Verletzungen eines bei dem Zusammenstoß beider Fahrzeuge verletzten Kfz-Insassen im Innenverhältnis je zur Hälfte, so **beschränkt** sich im **Außenverhältnis** der Ersatzanspruch des Verletzten gegen den Straßenbahnunternehmer auf diese **Haftungsquote,** wenn zwischen ihm und dem Kfz-Halter ein gültiger Haftungsausschluß vereinbart worden war. Eine Ausgleichung zwischen dem Straßenbahnunternehmer und dem Halter findet nicht mehr statt. Führt z. B. die Schadensabwägung zu dem Ergebnis, daß der Kfz-Halter im Innenverhältnis **allein** zu haften hat, steht dem Geschädigten gegenüber dem Straßenbahnunternehmer **kein** Ersatzanspruch mehr zu.

2. Gesetzliche Regelungen

8 Die vorstehend (Rdz. 7) dargestellte Lösung greift auch nach der Auffassung der herrschenden Rechtsprechung in den Fällen ein, in denen die Haftung des Geschädigten **gesetzlich** ausgeschlossen oder gemindert ist. Der Hauptanwendungsfall ist der, daß bei einem **Arbeits-** oder **Dienstunfall** die Haftung des **Arbeitgebers** (Dienstherrn) oder des **Arbeitskollegen** des Geschädigten von vornherein gesetzlich ausgeschlossen ist (vgl. hierzu Rdz. 228ff. zu § 1 u. Rdz. 166 zu § 12). Haftet neben dem von der Haftung Freigestellten ein **Dritter,** beschränkt sich der Haftungsanspruch des Verletzten (oder des SVT, auf den die Ansprüche nach § 1542 RVO übergegangen sind, vgl. Rdz. 38f. u. 52 zu § 5) gegen den Zweitschädiger auf den Umfang, in dem dieser zur Ausgleichung verpflichtet ist (Urt. v. 29. 10. 1968 i. VersR 1969, 34 = NJW 1969, 236 = JZ 1969, 263 m. Anm. v. *Sieg,* Urt. v. 10. 11. 1970 i. VersR 1971, 223, Urt. v. 2. 5. 1972 i. VersR 1972, 828 = NJW 1972, 1577, Urt. v. 12. 6. 1973 i. VersR 1973, 836 = NJW 1973, 1648 u. Urt. v. 2. 4. 1974 i. VersR 1974, 888; OLG Celle, Urt. v. 1. 11. 1973 i. VersR 1974, 484 u. Urt. v. 7. 12. 1978 i. VersR 1980, 632; vgl. a. BGH, Urt. v. 14. 6. 1976 i. VersR 1976, 991 = NJW 1976, 1975: keine Einschränkung des Anspruchs des Dritten, wenn Arbeitnehmer im Innenverhältnis nicht einzutreten hat).

9 Nach § 67 Abs. 2 VVG ist es dem Versicherer verwehrt, bei Schäden, die von einem mit dem Geschädigten in **häuslicher Gemeinschaft lebenden Angehörigen** verursacht worden sind, Regreß zu nehmen, weil der Familiengemeinschaft als **Wirtschaftseinheit** die Versicherungsleistungen erhalten bleiben sollen und der **Familienfrieden** gesichert werden soll. Dieses Regreßverbot, das einem Haftungsausschluß gleich kommt, gilt als Ausdruck eines **allgemeinen Rechtsgedankens** auch im Verhältnis zwischen dem **Sozialversicherungsträger** (SVT) und dem Versicherten. Das hat zur Folge, daß der Ersatzanspruch gegen den Zweitschädiger auf

den SVT nur übergeht, wenn und soweit der Zweitschädiger im Innenverhältnis zu dem mithaftenden Familienangehörigen **endgültig belastet** bleibt (BGH, Urt. v. 11. 2. 1964 i. VersR 1964, 391, Urt. v. 8. 1. 1965 i. VersR 1965, 386, Urt. v. 14. 7. 1970 i. VersR 1970, 950 = NJW 1970, 1844, Urt. v. 30. 6. 1971 i. VersR 1971, 901, Urt. v. 25. 11. 1975 i. VersR 1976, 289 u. Urt. v. 5. 12. 1978 i. VersR 1979, 256 = VRS 56, 267 = NJW 1979, 989; OLG Celle, Urt. v. 16. 4. 1970 i. VersR 1970, 1016; OLG Hamm, Urt. v. 6. 6. 1969 i. VersR 1970, 321 u. Urt. v. 17. 1. 1975 i. VersR 1975, 912). Der gleiche Grundsatz gilt für den Haftungsanspruch eines **Arbeitgebers** gegen einen Zweitschädiger, wenn der an sich haftende **Arbeitnehmer** von der Haftung freigestellt ist, weil es zu der Schädigung im Rahmen einer **haftungsprivilegierten Tätigkeit** gekommen ist (OLG Karlsruhe, Urt. v. 13. 12. 1968 i. OLG 1969, 157; *Münch-Komm.-Selb* Rdz. 20, zu § 426 BGB; vgl. a. Rdz. 164f. zu § 12) und für den Haftungsanspruch gegen einen Dritten (z. B. einen Subunternehmer), wenn die Mithaftung eines **VU** nach den **AVB** (vgl. Rdz. 136ff. zu § 12) ausgeschlossen oder eingeschränkt ist (vgl. Taupitz i. VersR 1982, 315, 321f.).

10 Umstritten ist, wie die Fälle zu behandeln sind, in denen der Haftende wegen eines **geringeren Sorgfaltsmaßstabes** privilegiert ist (vgl. z. B. §§ 708, 1359, 1664 BGB; vgl. a. Rdz. 14 zu § 12). Der BGH (Urt. v. 27. 6. 1961 i. VersR 1961, 672 = NJW 1961, 1966) hat zunächst offen gelassen, ob die Haftungserleichterung durchgreift, und entschieden, daß sie in jedem Falle nur im Innenverhältnis zur Wirkung komme und den Ausgleichsanspruch des Zweitschädigers nicht berühre, soweit es sich um eine Beteiligung am Straßenverkehr handelt. Dabei hat er zu erkennen gegeben, daß dies wohl überhaupt gelten soll, wenn der Haftungsprivilegierte **allgemeine Rechtspflichten** verletzt (vgl. zu § 1359 BGB Urt. v. 11. 3. 1970 i. NJW 1970, 1271; zu § 708 BGB Urt. v. 20. 12. 1966 i. VersR 1967, 233 = NJW 1967, 558, anders noch Urt. v. 17. 5. 1960 i. VersR 1960, 802; zu § 1664 BGB OLG Düsseldorf, Urt. v. 10. 1. 1978 i. NJW 1978, 891; ebenso *Böhmer* i. NJW 1959, 1713, i. MDR 1963, 865 u. i. MDR 1965, 712; *Hoffmann* i. NJW 1967, 1207). Soweit die Haftungserleichterung trotz dieser erheblichen Einschränkung noch durchgreift, ist auch hier eine Lösung im Sinne einer **Verkürzung** des Ersatzanspruches zu bevorzugen (*Palandt/Heinrichs,* BGB, Anm. 5b dd zu § 426).

IV. Haftungseinheit

11 Haften **mehrere Schädiger aus derselben Unfallursache,** z. B. bei einem Fahrgastunfall durch einen Zusammenstoß zwischen einer Straßenbahn und einem Kfz einerseits der Straßenbahnunternehmer und der Straßenbahnfahrer und andererseits der Kfz-Halter und der Kraftfahrer, so bilden die genannten Personengruppen jeweils eine **Haftungseinheit** mit der Folge, daß innerhalb der Einheit quotenmäßig nicht zu differenzieren, sondern eine gemeinsame Quote zu bilden ist (Näheres hierzu Rdz. 75 zu § 4).

V. Durchführung des Schadensausgleichs

1. Schadensverteilung

a) Allgemeines

12 Ob und in welchem Ausmaß der Haftpflichtige zur Schadenausgleichung verpflichtet ist, hängt von den **Umständen,** insbesondere davon ab, inwieweit der Schaden vorwiegend von dem einen oder dem anderen Teil **verursacht** worden ist. Es handelt sich um die Anwendung des in **§ 254 BGB** verwirklichten Grundsatzes (vgl. BGH, Urt. v. 26. 3. 1956 i. VersR 1956, 409, 410; *Gelhaar* i. DAR 1954, 265, 266), so daß auf die Ausführungen zu § 4 (vgl. insbes. Rdz. 18ff.) verwiesen werden kann. Entscheidend ist in erster Linie die **Schadenverursachung.** Dabei sind die **allgemeine Betriebsgefahr** und die Umstände, die die Betriebsgefahr objektiv oder subjektiv (Anrechnung eines Verschuldens) **erhöht** haben, zu berücksichtigen. Soweit ein **Verschulden** vorliegt, ist auch der Verschuldensgrad erheblich. Es darf nur von den **feststehenden, konkreten** Umständen ausgegangen werden. Ein nur **vermutetes Verschulden** reicht nicht aus. Die Frage, ob es dem Geschäftsherr nach § 831 Abs. 1 Satz 2 BGB möglich ist, sich zu entlasten (vgl. Rdz. 78ff. zu § 12), kann zwar für die Feststellung erheblich sein, **ob überhaupt** eine Schadensausgleichung in Betracht kommt, nicht jedoch dafür, **wie** auszugleichen ist (vgl. BGH, Urt. v. 16. 10. 1956 i. VersR 1956, 732, 733 u. Urt. v. 22. 12. 1964 i. VersR 1965, 362, 363). Umgekehrt muß sich ein Geschäftsherr im Rahmen einer bestehenden Haftung ein **tatsächliches Verschulden** des Verrichtungsgehilfen auch dann anrechnen lassen, wenn er den Entlastungsbeweis führen kann (BGH, Urt. v. 23. 4. 1965 i. VersR 1965, 712 = VRS 29, 417). Die Abwägung kann auch zu dem Ergebnis führen, daß einer der Beteiligten den Schaden **allein** zu tragen hat (vgl. Rdz. 29f. zu § 4).

b) Einzelfälle

13 Wird ein **Kfz-Insasse** bei einem **Zusammenstoß** zwischen dem **Kfz** und einem **Zug** auf einem Bahnübergang verletzt, ist der Bahnbetriebsunternehmer in Höhe eines Fünftels zur Ausgleichung verpflichtet, wenn gegenüber der erhöhten Betriebsgefahr der Eisenbahn (Fehlen von Schranken und Warnanlagen) die durch das grobe Verschulden des Kraftfahrers erhöhte Betriebsgefahr des Kfz (Verletzung des Vorrangs der Bahn) abzuwägen ist (BGH, Urt. v. 18. 10. 1957 i. VersR 1957, 800). Eine Ausgleichung kann nicht verlangt werden, soweit ein **Gesamtschuldverhältnis nicht** besteht. Ist für den Unfall eines Kfz mit einem Zug auf einem Bahnübergang auch das Land nach § 839 BGB, Art. 34 GG (vgl. Rdz. 168 zu § 12) verantwortlich, kann die Bahn, die im Verhältnis zu dem Kfz-Halter über die Betriebsgefahr ein Drittel des Schadens zu tragen hat, in dieser Höhe nicht noch einmal einen Ausgleichsanspruch geltend machen, weil andernfalls das Haftungsprivileg des Landes (§ 839 Abs. 1 Satz 2 BGB) verloren ginge (BGH, Urt. v. 8. 11. 1973 i. VersR 1974, 288, 290; vgl. jedoch zur jetzigen Rechtslage Rdz. 171 zu § 12). Handelt es sich bei einem verletzten Kfz-Insassen um

die Ehefrau und Halterin des bei dem Unfall mit der Bahn getöteten Kfz-Halters, kann die Bahn gegenüber den Ersatzansprüchen der Verletzten mit ihrem **Ausgleichsanspruch aufrechnen** (BGH, Urt. v. 27. 6. 1961 i. VersR 1961, 918, 920).

14 Ein **Kfz-Halter** ist z. B. dem **Inhaber** einer **Anlage** i. S. v. § 2 zum Ausgleich verpflichtet, wenn er einen durch das Herabfallen einer Stromleitung bewirkten Stromschaden eines Dritten dadurch herbeigeführt hatte, daß er von der Straße abgekommen und gegen den Stromleitungsmast gefahren war (vgl. *Rumpf* i. ElWirtsch 1943, 319, 323). Ebenso kann eine haftungsrechtliche Mitverantwortung für den Halter eines **Luftfahrzeuges** bestehen, das eine Hochspannungsleitung zerstört und hierdurch die Schädigung eines Dritten ausgelöst hat (vgl. *Rumpf* aaO.). Stürzt der angefaulte Mast einer Fernmeldeleitung um und geraten die Drähte durch die Berührung mit der Starkstromleitung eines EVU unter Strom, haften die Bundespost und das EVU für den Schaden eines Dritten (Tötung und Verletzung von Pferden) je zur Hälfte, wenn jeder Seite ein Verschulden angelastet werden kann (OLG Köln, Urt. v. 14. 4. 1954 i. ArchPF 1954, 606 m. abl. Anm. v. *Aubert* S. 607).

2. Umfang der Ausgleichspflicht

15 Die Ausgleichung umfaßt nicht Schadensersatzleistungen, für die nur **einer** der Gesamtschuldner haftet. Schuldet z. B. nur einer aus **deliktischer** Haftung Schmerzensgeld, kann er von dem anderen hierfür keinen Ausgleich verlangen (OLG Neustadt, Urt. v. 23. 1. 1953 i. NJW 1953, 1264). Haftet einer der Schädiger nur im Rahmen der **Höchstbeträge** nach § 12 StVG oder nach §§ 9, 10 HG, der andere jedoch aus deliktischer Haftung unbeschränkt, darf der erste Schädiger nicht über die Höchstbeträge hinaus in Anspruch genommen werden (vgl. Rdz. 4 u. § 9 Rdz. 8). Zu den Leistungen, auf die sich der Ausgleich bezieht, gehören nicht die **Prozeßkosten,** die in dem Rechtsstreit des Geschädigten gegen einen der Schädiger entstanden sind, weil die Kosten nicht Bestandteil des Schadens sind, den der Verletzte erlitten hat (RG, Urt. v. 24. 1. 1918 i. RG 92, 143, 148; BGH, Urt. v. 7. 12. 1955 i. VersR 1956, 160, 161, Urt. v. 18. 10. 1957 i. VersR 1957, 800, Urt. v. 16. 2. 1971 i. VersR 1971, 478 = NJW 1971, 884 u. Urt. v. 3. 5. 1977 i. VersR 1977, 960 = VRS 54, 335, 336; OLG Neustadt, Urt. v. 27. 11. 1962 i. NJW 1963, 494). Ausnahmsweise kann jedoch die Erstattung von Prozeßkosten gefordert werden, wenn der andere Haftpflichtige bei der Mitwirkung in Verzug geraten ist (BGH, Urt. v. 16. 2. 1971 aaO.; OLG Neustadt, Urt. v. 27. 11. 1962 aaO.) oder wenn der zunächst verklagte Haftpflichtige die Kosten in einem gerichtlichen Vergleich übernommen und dies den Geschädigten veranlaßt hat, in diesem Umfange auf einen berechtigten Teil seiner Forderung zu verzichten (BGH, Urt. v. 16. 2. 1971 aaO.).

D. Außenverhältnis zwischen mehreren Haftpflichtigen bei Schädigung eines Haftpflichtigen

I. Allgemeines

16 Nach Abs. 1 Satz 2 gilt die unter C. (Rdz. 3ff.) dargestellte Regelung des Abs. 1 Satz 1 auch, wenn der Schaden **einem** der nach §§ 1, 2 **Ersatzpflichtigen** entstanden ist, für die Haftung des **anderen.** Durch Abs. 2 wird dies auf die Fälle ausgedehnt, in denen neben den nach §§ 1, 2 Haftpflichtigen ein **anderer kraft Gesetzes** haftet. Die angeführten Vorschriften begründen **keine Haftung,** sondern gehen von deren Bestehen aus. Es wird vorausgesetzt, daß der Geschädigte ersatzpflichtig sein würde, wenn an seiner Stelle ein Dritter geschädigt worden wäre (sog. hypothetische Haftung, vgl. Rdz. 3).

17 Sind dem Geschädigten **mehrere ersatzpflichtig,** ist seine Mitwirkung gegenüber jedem Geschädigten **gesondert abzuwägen.** Zusammen ist jedoch den Schädigern nur derjenige Betrag aufzuerlegen, der bei einer **Gesamtschau** des Unfallgeschehens dem Anteil entspricht, den sie im Verhältnis zur Mitverantwortung des Geschädigten insgesamt tragen (vgl. Rdz. 73 zu § 4). Haften die Schädiger aus derselben Schadenursache, stehen sie dem Geschädigten als **Haftungseinheit** wie ein Schädiger gegenüber (vgl. Rdz. 75 zu § 4 u. Rdz. 11).

II. Schadensverteilung

18 Die **Schadensverteilung** richtet sich nach den zu § 4 dargestellten Grundsätzen. Auf die dort gemachten Ausführungen (vgl. insbes. Rdz. 18ff.) kann deshalb verwiesen werden.

19 **Wechselseitige** Ansprüche mehrerer Geschädigter stehen sich **selbständig** gegenüber und sind nicht bloße Rechnungsposten eines Gesamtschadens. Deshalb sind an beiden Forderungen die dem Quotenverhältnis entsprechenden Kürzungen vorzunehmen. Erst dann steht aufgrund der **Verrechnung** fest, wer dem anderen ersatzpflichtig ist (h. A.; vgl. BGH, Urt. v. 27. 10. 1954 i. VersR 1955, 25 = VRS 8, 30, 31, Urt. v. 14. 3. 1956 i. VersR 1956, 515, 516 = VRS 11, 107 u. Urt. v. 31. 12. 1956 i. VRS 12, 253; OLG Oldenburg, Urt. v. 1. 4. 1953 i. NJW 1953, 1514, 1515 m. abl. Anm. v. *Goltermann* = VRS 5, 335; *Gelhaar* i. DAR 1954, 265, 274).

E. Beweis

20 Derjenige, der einwendet, der Haftungsumfang sei, z. B. durch ein Mitverschulden oder durch die Anrechnung der Betriebsgefahr eines Kfz, gemindert, hat die tatsächlichen Voraussetzungen **nachzuweisen,** so z. B. bei Beteiligung eines Kfz die Haltereigenschaft des Geschädigten. Ist im letzteren Falle dieser Beweis erbracht, kann sich der Geschädigte durch Führung des **Entlastungsbeweises** nach § 7 Abs. 2 StVG von sei-

ner Mitverantwortung befreien (vgl. RG, Urt. v. 10. 6. 1926 i. RG 144, 73, 76; BGH, Urt. v. 13. 1. 1956 i. VersR 1957, 178, 179 u. Urt. v. 28. 4. 1964 i. VersR 1964, 753). Steht die grundsätzliche Anrechnung fest, ist z. B. ein Verschulden des Geschädigten oder die Mitwirkung der Betriebsgefahr nachgewiesen, hat jeder die **Umstände** darzulegen und nachzuweisen, die für eine **stärkere Beteiligung** des anderen sprechen, z. B. für eine objektive Erhöhung der Betriebsgefahr oder für ein besonders schweres Mitverschulden u. dergl. (RG, Urt. v. 10. 6. 1926 aaO., Urt. v. 21. 6. 1938 i. VAE 6, 358 L, Urt. v. 7. 10. 1939 i. VAE 9, 30; BGH, Urt. v. 16. 10. 1956 i. VersR 1956, 732, 733 = VRS 12, 17, 19, Urt. v. 22. 12. 1960 i. VersR 1961, 69, 70 = VRS 20, 21, 23; OLG Köln, Urt. v. 27. 1. 1956 i. VersR 1956, 244; *Wussow,* UHR, Tz. 592; *Möring* i. VersR 1957, 76). Im übrigen dürfen der Abwägung nur **erwiesene** Tatsachen zu Grunde gelegt werden; ein bloßes **vermutetes** Verschulden hat außer Betracht zu bleiben (vgl. Rdz. 12). Die vorstehend angeführten Grundsätze gelten für den Nachweis einer **Ausgleichsforderung** nach Abs. 1 Satz 1 u. Abs. 2 entsprechend.

Örtliche Zuständigkeit

14 Für Klagen, die auf Grund dieses Gesetzes erhoben werden, ist auch das Gericht zuständig, in dessen Bezirk das schädigende Ereignis stattgefunden hat.

1 Die Vorschrift begründet einen **besonderen** Gerichtsstand für Klagen, die auf Grund des HG erhoben werden. Sie ist § 11 SHG (vgl. Anh. 2) nachgebildet (vgl. a. § 20 StVG u. § 56 Abs. 1 LVG) und erstreckt diese Regelung auf **alle** Ansprüche nach dem HG. Eine sachliche Änderung bedeutet dies nicht, weil dieses Ergebnis schon dadurch erreicht war, daß die Rechtsprechung die Haftpflichttatbestände des RHG (vgl. Anh. 1) als ,,unerlaubte Handlungen" i. S. v. § 32 ZPO wertete (vgl. RG, Urt. v. 24. 11. 1902 i. RG 53, 114, 120 u. Urt. v. 20. 3. 1905 i. RG 60, 300, 305).

2 § 14 läßt die Gerichtsstandregelungen nach §§ 12ff. ZPO unberührt. **Konkurrieren** diese Gerichtsstände mit dem des § 14 – in Betracht kommen insbesondere der allgemeine Gerichtsstand des Wohnsitzes des Beklagten (§ 12 ZPO) und der besondere Gerichtsstand der unerlaubten Handlung (§ 32 ZPO) –, hat der Kläger die Wahl (§ 35 ZPO). Das schädigende Ereignis kann sich in den Bezirken **mehrerer** Gerichte zugetragen haben (vgl. RG, B. v. 18. 10. 1909 i. RG 72, 41). In diesem Falle steht es dem Geschädigten frei, bei welchem Gericht er den Schädiger verklagen will. Der Ort, an dem ausschließlich die **Schadensfolgen** eingetreten sind, begründet weder nach § 15 noch nach § 32 ZPO einen Gerichtsstand (OLG Karlsruhe, Urt. v. 23. 4. 1959 i. MDR 1960, 56, 57; *Full,* Zivilr. Haft., Rdz. 4 zu § 20 StVG). Soweit eine Haftung nach anderen Vorschriften begründet ist (§ 12), ergeben sich aus diesen z. T. besondere Gerichtsstandsregelungen (vgl. z. B. § 36 PAB i. Anh. 3, § 17 ABB i. Anh. 5 u. § 34 AVB).

Anhang 1

Gesetz betreffend die Verbindlichkeit zum Schadenersatz für die bei dem Betriebe von Eisenbahnen, Bergwerken usw. herbeigeführten Tötungen und Körperverletzungen (RHG)

Vom 7. Juni 1871 (RGBl. 207) i. d. F. d. G v. 15. 3. 1943 (RGBl. I, 489)

§ 1

Wenn bei dem Betriebe einer Eisenbahn ein Mensch getötet oder körperlich verletzt wird, so haftet der Betriebsunternehmer für den dadurch entstandenen Schaden, sofern er nicht beweist, daß der Unfall durch höhere Gewalt oder durch eigenes Verschulden des Getöteten oder Verletzten verursacht ist.

§ 1a

(1) Ist ein Unfall, der den Tod oder die Gesundheitsschädigung eines Menschen oder eine Sachbeschädigung zur Folge hat, auf die Wirkungen der Elektrizität oder des Gases zurückzuführen, die von einer Anlage zur Fortleitung oder Abgabe von Elektrizität oder Gas ausgehen, so ist der Inhaber der Anlage verpflichtet, den Schaden zu ersetzen. Das gleiche gilt, wenn der Schaden, ohne auf den Wirkungen der Elektrizität oder des Gases zu beruhen, auf das Vorhandensein einer solchen Anlage zurückzuführen ist, es sei denn, daß sich diese zur Zeit des Unfalls in ordnungsmäßigem Zustand befand. Ordnungsmäßig ist eine Anlage, solange sie den anerkannten Regeln der Technik entspricht und unversehrt ist.

(2) Absatz 1 gilt nicht für Anlagen, die lediglich der Übertragung von Zeichen oder Lauten dienen.

(3) Die Ersatzpflicht nach Absatz 1 ist ausgeschlossen,

1. wenn der Schaden innerhalb eines Gebäudes entstanden und auf eine darin befindliche Anlage (Absatz 1) zurückzuführen oder wenn er innerhalb eines im Besitz des Inhabers der Anlage stehenden befriedeten Grundstücks entstanden ist;
2. wenn ein Energieverbrauchsgerät beschädigt oder durch ein solches Gerät ein Schaden verursacht worden ist;
3. wenn der Schaden durch höhere Gewalt verursacht worden ist, es sei denn, daß er auf das Herabfallen von Leitungsdrähten zurückzuführen ist.

(4) Hat bei der Entstehung des Schadens ein Verschulden des Geschädigten mitgewirkt, so gilt § 254 des Bürgerlichen Gesetzbuchs; bei Beschädigung einer Sache steht das Verschulden desjenigen, der die tatsächliche Gewalt über die Sache ausübt, dem Verschulden des Geschädigten gleich.

§ 2

Wer ein Bergwerk, einen Steinbruch, eine Gräberei (Grube) oder eine Fabrik betreibt, haftet, wenn ein Bevollmächtigter oder ein Repräsentant oder eine zur Leitung oder Beaufsichtigung des Betriebes oder der Arbeiter angenommene Person durch ein Verschulden in Ausführung der Dienstverrichtungen den Tod oder die Körperverletzung eines Menschen herbeigeführt hat, für den dadurch entstandenen Schaden.

§ 3

(1) Im Falle der Tötung ist der Schadenersatz (§§ 1, 1a und 2) durch Ersatz der Kosten einer versuchten Heilung sowie des Vermögensnachteils zu leisten, den der Getötete dadurch erlitten hat, daß während der Krankheit seine Erwerbsfähigkeit aufgehoben oder gemindert oder eine Vermehrung seiner Bedürfnisse eingetreten war. Der Ersatzpflichtige hat außerdem die Kosten der Beerdigung demjenigen zu ersetzen, dem die Verpflichtung obliegt, diese Kosten zu tragen.

(2) Stand der Getötete zur Zeit der Verletzung zu einem Dritten in einem Verhältnisse, vermöge dessen er diesem gegenüber kraft Gesetzes unterhaltspflichtig war oder unterhaltspflichtig werden konnte, und ist dem Dritten infolge der Tötung das Recht auf den Unterhalt entzogen, so hat der Ersatzpflichtige dem Dritten insoweit Schadenersatz zu leisten, als der Getötete während der mutmaßlichen Dauer seines Lebens zur Gewährung des Unterhalts verpflichtet gewesen sein würde. Die Ersatzpflicht tritt auch dann ein, wenn der Dritte zur Zeit der Verletzung erzeugt, aber noch nicht geboren war.

§ 3a

Im Falle einer Körperverletzung ist der Schadenersatz (§§ 1, 1a und 2) durch Ersatz der Kosten der Heilung sowie des Vermögensnachteils zu leisten, den der Verletzte dadurch erleidet, daß infolge der Verletzung zeitweise oder dauernd seine Erwerbsfähigkeit aufgehoben oder gemindert oder eine Vermehrung seiner Bedürfnisse eingetreten ist.

§ 4

War der Getötete oder Verletzte unter Mitleistung von Prämien oder anderen Beiträgen durch den Betriebsunternehmer oder den in § 1a bezeichneten Inhaber der Anlage bei einer Versicherungsanstalt, Knappschafts-, Unterstützungs-, Kranken- oder ähnlichen Kasse gegen den Unfall versichert, so ist die Leistung der letzten an den Ersatzberechtigten auf die Entschädigung einzurechnen, wenn die Mitleistung des Betriebsunternehmers oder des in § 1a bezeichneten Inhabers der Anlage nicht unter einem Drittel der Gesamtleistung beträgt.

§ 5

(1) Die in den §§ 1 und 2 bezeichneten Unternehmer und der in § 1a bezeichnete Inhaber der Anlage sind nicht befugt, die Anwendung der in den §§ 1 bis 3a enthaltenen Bestimmungen zu ihrem Vorteil durch Verträge (mittelst Reglements oder durch besondere Übereinkunft) im voraus auszuschließen oder zu beschränken.

(2) Vertragsbestimmungen, welche dieser Vorschrift entgegenstehen, haben keine rechtliche Wirkung.

§ 6 (aufgehoben)

§ 7

(1) Der Schadenersatz wegen Aufhebung oder Minderung der Erwerbsfähigkeit und wegen Vermehrung der Bedürfnisse des Verletzten sowie der nach § 3 Abs. 2 einem Dritten zu gewährende Schadenersatz ist für die Zukunft durch Entrichtung einer Geldrente zu leisten.

(2) Die Vorschriften des § 843 Abs. 2 bis 4 des Bürgerlichen Gesetzbuchs und des § 648 Nr. 6 der Zivilprozeßordnung finden entsprechende Anwendung. Das gleiche gilt für die dem Verletzten zu entrichtende Geldrente von der Vorschrift des § 850 Abs. 3 und für die dem Dritten zu entrichtende Geldrente von der Vorschrift des § 850 Abs. 1 Nr. 2 der Zivilprozeßordnung.

(3) Ist bei der Verurteilung des Verpflichteten zur Entrichtung einer Geldrente nicht auf Sicherheitsleistung erkannt worden, so kann der Berechtigte gleichwohl Sicherheitsleistung verlangen, wenn die Vermögensverhältnisse des Verpflichteten sich erheblich verschlechtert haben; unter der gleichen Voraussetzung kann er eine Erhöhung der in dem Urteile bestimmten Sicherheit verlangen.

§ 7a

Der Unternehmer oder der in § 1a bezeichnete Inhaber der Anlage haftet im Falle des § 7 Abs. 1 nur bis zu einer Jahresrente von fünfzehntausend Deutsche Mark.

§ 7b

(1) Im Falle des § 1a haftet der Inhaber der Anlage für Sachschaden nur bis zum Betrag von fünfundzwanzigtausend Deutsche Mark, auch wenn durch dasselbe Ereignis mehrere Sachen beschädigt werden.

(2) Sind auf Grund desselben Ereignisses an mehrere Personen Entschädigungen zu leisten, die insgesamt den Höchstbetrag von fünfundzwanzigtausend Deutsche Mark übersteigen, so verringern sich die einzelnen Entschädigungen in dem Verhältnis, in dem ihr Gesamtbetrag zu dem Höchstbetrag steht.

(3) Die Absätze 1 und 2 gelten nicht für die Beschädigung von Grundstücken.

§ 8

Die Forderungen auf Schadenersatz (§§ 1 bis 3a) verjähren in zwei Jahren von dem Unfall an. Gegen denjenigen, welchem der Getötete Unterhalt zu gewähren hatte (§ 3 Abs. 2), beginnt die Verjährung mit dem Tode. Im übrigen finden die Vorschriften des Bürgerlichen Gesetzbuches über die Verjährung Anwendung.

§ 9

Die gesetzlichen Vorschriften, nach welchen außer den in diesem Gesetze vorgesehenen Fällen der Unternehmer einer in den §§ 1 und 2 bezeichneten Anlage oder eine andere Person, insbesondere wegen eines eigenen Verschuldens, für den bei dem Betriebe der Anlage durch Tötung oder Körperverletzung eines Menschen entstandenen Schaden haftet, bleiben unberührt.

§ 9a

Unberührt bleiben die *reichsgesetzlichen* Vorschriften, wonach der in § 1a bezeichnete Inhaber der Anlage für den Schaden in weiterem Umfang haftet oder die Haftung eines anderen begründet ist.

§ 9b

(1) Ist der Schaden durch mehrere in § 1a bezeichnete Anlagen verursacht worden und sind die Inhaber der Anlagen einem Dritten kraft Gesetzes zum Ersatz des Schadens verpflichtet, so hängt im Verhältnis der Inhaber zueinan-

der die Verpflichtung zum Ersatz sowie der Umfang des zu leistenden Ersatzes von den Umständen, insbesondere davon ab, inwieweit der Schaden überwiegend durch die eine oder andere Anlage verursacht worden ist. Das gleiche gilt, wenn der Schaden einem der Inhaber entstanden ist, von der Haftpflicht, die einen anderen von ihnen trifft.

(2) Absatz 1 gilt entsprechend, wenn neben der Haftung des Inhabers der Anlage die Haftung eines anderen für den Schaden durch Gesetz bestimmt ist.

Anhang 2

Gesetz über die Haftpflicht der Eisenbahnen und Straßenbahnen für Sachschaden (SHE)

Vom 29. April 1940 (RGBl. I, 691)

§ 1

Wird bei dem Betrieb einer Eisenbahn oder einer Straßenbahn eine Sache beschädigt, so ist der Betriebsunternehmer verpflichtet, den Schaden zu ersetzen.

§ 2

Die Ersatzpflicht ist ausgeschlossen, wenn der Schaden durch höhere Gewalt oder, soweit die Eisenbahn oder die Straßenbahn innerhalb des Verkehrsraums einer öffentlichen Straße liegt, durch ein unabwendbares Ereignis verursacht ist, das weder auf einem Fehler in der Beschaffenheit der Fahrzeuge oder der Anlagen der Eisenbahn oder der Straßenbahn noch auf einem Versagen ihrer Verrichtungen beruht.

§ 3

Hat bei der Entstehung des Schadens ein Verschulden des Geschädigten oder desjenigen, der die tatsächliche Gewalt über die Sache ausübt, mitgewirkt, so gilt § 254 des Bürgerlichen Gesetzbuchs.

§ 4

(1) Der Betriebsunternehmer haftet, auch wenn durch dasselbe Ereignis mehrere Sachen beschädigt werden, nur bis zum Betrage von fünfundzwanzigtausend Deutsche Mark.

(2) Sind auf Grund desselben Ereignisses an mehrere Personen Entschädigungen zu leisten, die insgesamt den Höchstbetrag von fünfundzwanzigtausend Deutsche Mark übersteigen, so verringern sich die einzelnen Entschädigungen in dem Verhältnis, in dem ihr Gesamtbetrag zu dem Höchstbetrag steht.

(3) Die Absätze 1 und 2 gelten nicht für die Beschädigung von Grundstücken.

§ 5

Der Ersatzberechtigte verliert den Ersatzanspruch, wenn er nicht innerhalb von drei Monaten, nachdem er von dem Schaden Kenntnis erlangt hat, dem Ersatzpflichtigen den Unfall anzeigt. Der Rechtsverlust tritt nicht ein, wenn die Anzeige infolge eines Umstandes unterblieben ist, den der Ersatzberechtigte nicht zu vertreten hat, oder wenn der Ersatzpflichtige innerhalb der Frist auf andere Weise von dem Schaden Kenntnis erhalten hat.

§ 6

(1) Der Ersatzanspruch verjährt in zwei Jahren von dem Zeitpunkt an, in dem der Ersatzberechtigte von dem Schaden Kenntnis erhalten hat.

(2) Schweben zwischen dem Ersatzpflichtigen und dem Ersatzberechtigten Verhandlungen über den Schadenersatz, so ist die Verjährung gehemmt, bis ein Teil die Fortsetzung der Verhandlungen verweigert.

(3) Im übrigen richtet sich die Verjährung nach den allgemeinen Vorschriften.

§ 7

Unberührt bleiben die *reichsgesetzlichen* Vorschriften, wonach der Betriebsunternehmer für den Schaden in weiterem Umfang haftet oder die Haftung eines anderen begründet ist.

§ 8

(1) Wird ein Schaden durch mehrere Eisenbahnen oder Straßenbahnen verursacht und sind die Betriebsunternehmer einem Dritten kraft Gesetzes zum Schadenersatz verpflichtet, so hängt im Verhältnis der Betriebsunternehmer zueinander die Verpflichtung zum Ersatz sowie der Umfang des zu leistenden Ersatzes von den Umständen, insbesondere davon ab, inwieweit der Schaden überwiegend von dem einen oder dem anderen Teil verursacht worden ist. Das gleiche gilt, wenn der Schaden einem der Betriebsunternehmer entstanden ist, von der Haftpflicht des einen gegenüber dem anderen.

(2) Absatz 1 gilt entsprechend, wenn neben dem Betriebsunternehmer ein anderer kraft Gesetzes für den Schaden haftet.

§ 9

Das Gesetz findet keine Anwendung auf Schäden, die durch Einwirkungen der in § 906 des Bürgerlichen Gesetzbuchs genannten Art verursacht worden sind.

§ 10

(1) Das Gesetz findet keine Anwendung auf die Beschädigung von Sachen, die die Eisenbahn oder die Straßenbahn zur Beförderung oder zur Aufbewahrung angenommen hat.

(2) Das Gesetz findet auch keine Anwendung auf die Beschädigung von Sendungen, die dritte Personen bei der *Reichspost* aufgeben und die von der Eisenbahn oder der Straßenbahn befördert werden.

§ 11

Für Klagen, die auf Grund dieses Gesetzes erhoben werden, ist auch das Gericht zuständig, in dessen Bezirk das schädigende Ereignis stattgefunden hat.

§ 12

(1) Dieses Gesetz tritt mit Wirkung vom 1. April 1940 in Kraft. Es findet auf Schadenfälle, die vorher eingetreten sind, keine Anwendung; für diese Fälle bleiben die bisher geltenden Vorschriften maßgebend.

(2) . . .

§ 13

Der *Reichsminister der Justiz* erläßt die zur Durchführung und Ergänzung dieses Gesetzes erforderlichen Vorschriften.

Verordnung zur Ergänzung des Gesetzes über die Haftpflicht der Eisenbahnen und Straßenbahnen für Sachschaden

Vom 6. Mai 1941 (RGBl. I, 252)

Auf Grund des § 13 des Gesetzes über die Haftpflicht der Eisenbahnen und Straßenbahnen für Sachschaden vom 29. April 1940 (Reichsgesetzbl. I S. 691) wird verordnet:

§ 1

(1) Wird beim Betrieb einer Straßenbahn oder einer Eisenbahn, für welche die Eisenbahn-Verkehrsordnung nicht gilt, eine Sache beschädigt, die ein Fahrgast an sich trägt oder mit sich führt, so finden die §§ 1 bis 8, 11 des Gesetzes über die Haftpflicht der Eisenbahnen und Straßenbahnen für Sachschaden Anwendung.

(2) Die Vorschrift des § 21 Abs. 5 Satz 3 der Eisenbahn-Verkehrsordnung vom 8. September 1938 in der Fassung des Artikels 1 Nr. 1 der Verordnung vom 21. Dezember 1940 (Reichsgesetzbl. 1941 II S. 1) bleibt unberührt.

§ 2

Diese Verordnung tritt am 1. Juni 1941 in Kraft.

Anhang 3

Allgemeine Bedingungen für Privatanschlußgleise (PAB)

vom 1. Januar 1955 in der Fassung vom 1. Juli 1973 (Auszug)

Diese Bedingungen bilden die Grundlage für die Rechtsverhältnisse zwischen der Deutschen Bundesbahn (Bundesbahn) und den Inhabern von Privatgleisanschlüssen (Anschließer). Sie sollen als Bestandteil der Gleisanschlußverträge vereinbart werden.

§ 26 Haftpflicht

(1) Für alle durch den Anschlußbetrieb verursachten Personen- oder Sachschäden hat im Verhältnis zwischen Anschließer und Bundesbahn der Anschließer aufzukommen, außer wenn es sich um Schäden handelt, die die Bundesbahn oder einer ihrer Bediensteten verschuldet hat.

Die gesetzlichen Bestimmungen über Schadenausgleich bleiben unberührt.

Führt die Bundesbahn den Betrieb auf dem Anschluß, und erleiden ihre dabei eingesetzten Bediensteten durch Unfall einen Schaden, so hat der Anschließer dafür nur aufzukommen, wenn er den Unfall schuldhaft verursacht hat.

Beide Vertragspartner haben das Verschulden ihrer Leute wie eigenes Verschulden zu vertreten. Verwendet ein Vertragspartner für seine Verrichtungen Leute des anderen, so gelten sie als seine eigenen.

(2) Haben mehrere Anschließer bei gemeinsamer Benutzung des Anschlusses der Bundesbahn gegenüber für einen Schaden aufzukommen, so haften sie als Gesamtschuldner.

(3) Ein dem Anschließer etwa zustehendes Rückgriffsrecht gegen Bundesbahnbedienstete übt die Bundesbahn nach ihren Bestimmungen für den Anschließer aus.

§ 27 Haftung für Beschädigungen der Wagen

(1) Der Anschließer haftet für Beschädigungen der Wagen im Anschluß. Wird eine Beschädigung bei Rückgabe eines Wagens festgestellt, so wird vermutet, daß sie während des Aufenthaltes im Anschluß entstanden ist, sofern der Schaden nicht schon bei oder unverzüglich nach der Übergabe der Bundesbahn gemeldet und von ihr schriftlich oder durch entsprechende Bezettlung anerkannt worden ist. Der Anschließer haftet nicht, wenn er nachweist, daß der Schaden bereits bei der Zuführung des Wagens bestanden hat oder auf einen Mangel am Wagen zurückzuführen ist, der bei der Zuführung bereits vorhanden war.

(2) Der Schadenersatz umfaßt neben den Kosten für die Wiederherstellung (vgl. Anlage 1) Lade- und Umladegebühren (nach dem Nebengebührentarif zum Deutschen Eisenbahn-Gütertarif) sowie die Kosten einer Aufgleisung und der Beförderung zur Werkstatt.

Wird der Wert eines Wagens durch die Wiederherstellung um mehr als 100,– DM erhöht, so kann der Anschließer einen entsprechenden Ausgleich verlangen.

§ 35 Verjährung

Ansprüche aus dem Gleisanschlußvertrag verjähren in zwei Jahren. Für Rückgriffansprüche der Bundesbahn aus § 26 gilt jedoch die gesetzliche Verjährung.

§ 36 Gerichtsstand

Gerichtsstand für alle Rechtsstreitigkeiten aus dem Gleisanschlußvertrag ist der Sitz der Bundesbahndirektion, zu deren Geschäftsbereich der Anschluß gehört.

Anhang 4

Richtlinien für die Einführung öffentlicher Eisenbahnen in Bahnhöfe einer anderen Verwaltung (Einführungsrichtlinien)

vom 1. 10./10. 11. 1970 (Auszug)

Die Deutsche Bundesbahn (DB), vertreten durch den Vorstand,

und

der Bundesverband Deutscher Eisenbahnen e. V. (BDE), vertreten durch den Vorstand,

haben für die Einführung von Strecken öffentlicher nichtbundeseigener Eisenbahnen (im folgenden kurz „NE" genannt) in Bahnhöfe der DB und für die

Einführung von Strecken der DB in Bahnhöfe nichtbundeseigener Eisenbahnen die nachstehenden Richtlinien vereinbart:

1. **Anwendungsbereich**

1.1 Den Verträgen über die Einführung von Strecken der NE (Einführungsverträgen) in Bahnhöfe und sonstige Anlagen der Deutschen Bundesbahn und umgekehrt sind die nachstehenden Richtlinien zugrunde zu legen.

18. **Haftung der Eisenbahnverwaltungen untereinander**

18.1 Im Güterzugverkehr trägt die übergebende Verwaltung alle Schäden, die bis zur Bereitstellung des Wagens im Übergabegleis eintreten. Alle Schäden, die danach eintreten, trägt die übernehmende Verwaltung.

18.2 Im Reisezugverkehr trägt die übergebende Verwaltung alle Schäden, die bis zum Halt des Zuges am Bahnsteig des Einführungsbahnhofs eintreten. Alle Schäden danach gehen zu Lasten der übernehmenden Verwaltung.
Die übergebende Eisenbahnverwaltung haftet jedoch auch für Schäden, die ein Reisender, der nicht Fahrgast der übernehmenden Eisenbahnverwaltung ist, nach dem Halt des Zuges erleidet.

18.3 Bei Betriebsabläufen, die nicht unter Ziff. 18.1 und 18.2 fallen, tritt für einen Schaden die Eisenbahnverwaltung ein, deren Aufgaben bei der Schadensverursachung besorgt worden sind.
Sind bei der Schadensverursachung zugleich Aufgaben der Bundesbahn und der NE besorgt worden, oder ist nicht festzustellen, für welche der beiden Verwaltungen die Aufgaben besorgt worden sind, so tragen die Bundesbahn und die NE den Schaden je zur Hälfte.

18.4 Tritt ein Schaden infolge von Mängeln an Anlagen, Einrichtungen, Geräten oder Fahrzeugen ein, so trägt ihn die Verwaltung, die die Anlagen, Einrichtungen, Geräte oder Fahrzeuge unterhält.

18.5 Entschädigung ist zu leisten für Sachschäden der anderen Eisenbahnverwaltung und für deren Aufwendungen zur Erfüllung haftpflichtrechtlicher Ansprüche dritter Personen; ebenso ist Entschädigung zu leisten für Aufwendungen bei Schadensbeseitigungsmaßnahmen und zur Erfüllung von Schadenersatzverpflichtungen im Zusammenhang mit dem Wasserhaushaltsgesetz.

Anhang 5

Verordnung über die Allgemeinen Beförderungsbedingungen für den Straßenbahn- und Obusverkehr sowie den Linienverkehr mit Kraftfahrzeugen (ABB)

vom 27. Februar 1970

(BGBl. I, 230) i. d. F. der VO zur Änderung personenbeförderungsrechtlicher Vorschriften v. 13. Mai 1981 (BGBl. I, 428) (Auszug)

§ 1 Geltungsbereich

(1) Die Allgemeinen Beförderungsbedingungen gelten für die Beförderung im Straßenbahn- und Obusverkehr sowie im Linienverkehr mit Kraftfahrzeugen. Die zuständige Genehmigungsbehörde kann in Berücksichtigung beson-

derer Verhältnisse Anträgen auf Abweichungen von den Bestimmungen dieser Verordnung zustimmen (Besondere Beförderungsbedingungen).

(2) Für die Festsetzung der Beförderungsbedingungen der Deutschen Bundespost und der Deutschen Bundesbahn gilt § 45 Abs. 2 des Personenbeförderungsgesetzes.

§ 4 Verhalten der Fahrgäste

(1) Fahrgäste haben sich bei Benutzung der Betriebsanlagen und Fahrzeuge so zu verhalten, wie es die Sicherheit und Ordnung des Betriebes, ihre eigene Sicherheit und die Rücksicht auf andere Personen gebieten. Anweisungen des Betriebspersonals ist zu folgen.

(2) Fahrgästen ist insbesondere untersagt,

1. sich mit dem Fahrzeugführer während der Fahrt zu unterhalten,
2. die Türen während der Fahrt eigenmächtig zu öffnen,
3. Gegenstände aus den Fahrzeugen zu werfen oder hinausragen zu lassen,
4. während der Fahrt auf- oder abzuspringen,
5. ein als besetzt bezeichnetes Fahrzeug zu betreten,
6. die Benutzbarkeit der Betriebseinrichtungen, der Durchgänge und der Ein- und Ausstiege durch sperrige Gegenstände zu beeinträchtigen,
7. in nicht hierfür besonders gekennzeichneten Fahrzeugen zu rauchen,
8. Tonwiedergabegeräte oder Tonrundfunkempfänger zu benutzen.

(3) Die Fahrgäste dürfen die Fahrzeuge nur an den Haltestellen betreten und verlassen; Ausnahmen bedürfen der Zustimmung des Betriebspersonals. Soweit besonders gekennzeichnete Eingänge oder Ausgänge vorhanden sind, sind diese beim Betreten oder Verlassen der Fahrzeuge zu benutzen. Es ist zügig ein- und auszusteigen sowie in das Wageninnere aufzurücken. Wird die bevorstehende Abfahrt angekündigt oder schließt sich eine Tür, darf das Fahrzeug nicht mehr betreten oder verlassen werden. Jeder Fahrgast ist verpflichtet, sich im Fahrzeug stets einen festen Halt zu verschaffen.

(4) Die Beaufsichtigung von Kindern obliegt den Begleitern. Sie haben insbesondere dafür zu sorgen, daß Kinder nicht auf den Sitzplätzen knien oder stehen.

(5) Verletzt ein Fahrgast trotz Ermahnung die ihm obliegenden Pflichten nach den Absätzen 1 bis 4, so kann er von der Beförderung ausgeschlossen werden.

(6) Bei Verunreinigung von Fahrzeugen oder Betriebsanlagen werden vom Unternehmer festgesetzte Reinigungskosten erhoben; weitergehende Ansprüche bleiben unberührt.

(7) Beschwerden sind – außer in den Fällen des § 6 Abs. 7 und des § 7 Abs. 3 – nicht an das Fahr-, sondern an das Aufsichtspersonal zu richten. Soweit die Beschwerden nicht durch das Aufsichtspersonal erledigt werden können, sind sie unter Angabe von Datum, Uhrzeit, Wagen- und Linienbezeichnung sowie möglichst unter Beifügung des Fahrausweises an die Verwaltung des Unternehmers zu richten.

(8) Wer mißbräuchlich die Notbremse oder andere Sicherungseinrichtungen betätigt, hat – unbeschadet einer Verfolgung im Straf- oder Bußgeldverfahren und weitergehender zivilrechtlicher Ansprüche – einen Betrag von 30 DM zu zahlen.

§ 14 Haftung

Der Unternehmer haftet für die Tötung oder Verletzung eines Fahrgastes und für Schäden an Sachen, die der Fahrgast an sich trägt oder mit sich führt, nach den allgemein geltenden Bestimmungen. Für Sachschäden haftet der Unternehmer gegenüber jeder beförderten Person nur bis zum Höchstbetrag von DM 2000,–; die Begrenzung der Haftung gilt nicht, wenn die Sachschäden auf Vorsatz oder grobe Fahrlässigkeit zurückzuführen sind.

§ 15 Verjährung

(1) Ansprüche aus dem Beförderungsvertrag verjähren in 2 Jahren. Die Verjährung beginnt mit der Entstehung des Anspruchs.

(2) Im übrigen richtet sich die Verjährung nach den allgemeinen Vorschriften.

§ 16 Ausschluß von Ersatzansprüchen

Abweichungen von Fahrplänen durch Verkehrsbehinderungen, Betriebsstörungen oder -unterbrechungen sowie Platzmangel begründen keine Ersatzansprüche; insoweit wird auch keine Gewähr für das Einhalten von Anschlüssen übernommen.

§ 17 Gerichtsstand

Der Gerichtsstand für alle Streitigkeiten, die sich aus dem Beförderungsvertrag ergeben, ist der Sitz des Unternehmers.

Anhang 6

Gesetz über Maßnahmen auf dem Gebiete des Verkehrsrechts und Verkehrshaftpflichtrechts (Maßnahmengesetz)

vom 16. Juli 1957

(BGBl. I, 710) (Auszug)

Artikel 6

Die in Artikel 1 Nr. 5 und in den Artikeln 2 und 4 bestimmten Beträge gelten vorbehaltlich des Artikels 7 nur, wenn das schädigende Ereignis nach dem Inkrafttreten dieses Gesetzes eingetreten ist.

Artikel 7

(1) Ist nach den Vorschriften des Straßenverkehrsgesetzes wegen der Tötung oder Verletzung eines Menschen Schadensersatz zu leisten, so kann der Ersatzberechtigte, soweit es nach seinen Verhältnissen aus Billigkeitsgründen erforderlich ist und dem Ersatzpflichtigen zugemutet werden kann, Schadensersatz bis zur Höhe der in Artikel 1 Nr. 5 bestimmten Beträge auch dann verlangen, wenn das schädigende Ereignis vor dem Inkrafttreten dieses Gesetzes eingetreten ist. Soweit der Schadensersatz durch Entrichtung einer Geldrente zu leisten ist, gilt dies nur für diejenigen Rentenbeträge, die nach dem Inkrafttreten dieses Gesetzes fällig werden.

(2) Absatz 1 ist auch anzuwenden, wenn der Ersatzpflichtige und der Ersatzberechtigte sich vor dem Inkrafttreten dieses Gesetzes dahin geeinigt haben, daß der Ersatz durch Entrichtung einer Geldrente zu leisten ist; dies gilt nicht, wenn und soweit die bisherigen Haftungshöchstbeträge für die Bestim-

mung der Höhe der Rentenbeträge nicht maßgebend waren oder wenn sich aus den Vereinbarungen der Beteiligten etwas anderes ergibt.

(3) Absatz 1 gilt nicht,

1. wenn vor dem Inkrafttreten dieses Gesetzes dem Ersatzberechtigten durch rechtskräftiges Urteil statt einer Geldrente ein Kapitalbetrag auf Grund der bisher geltenden Vorschriften zuerkannt worden ist,
   oder
2. wenn der Ersatzpflichtige und der Ersatzberechtigte sich vor dem Inkrafttreten dieses Gesetzes dahin geeinigt haben, daß als Schadensersatz für die Zukunft ein Kapitalbetrag zu entrichten ist,
   oder
3. wenn und soweit die Ersatzansprüche auf einen anderen übergegangen sind.

(4) Ist durch rechtskräftiges Urteil auf Entrichtung einer Geldrente erkannt oder ist eine Verpflichtung zur Zahlung einer Geldrente in einem gerichtlichen Vergleich oder in einer vollstreckbaren Urkunde (§ 794 Nr. 1 und 5 der Zivilprozeßordnung) übernommen, so kann der Ersatzberechtigte im Wege der Klage eine den vorstehenden Vorschriften entsprechende Abänderung verlangen; die Vorschriften des § 323 Abs. 2 und 3 der Zivilprozeßordnung sind entsprechend anzuwenden.

(5) Der sich aus Absatz 1 ergebende Anspruch verjährt in zwei Jahren von dem Zeitpunkt an, in welchem der Ersatzberechtigte Kenntnis von den Umständen erlangt, aus denen sich der Anspruch ergibt, jedoch frühestens vom Inkrafttreten dieses Gesetzes an. Im übrigen gelten für die Verjährung die Vorschriften des § 14 Abs. 2, 3 des Straßenverkehrsgesetzes entsprechend.

(6) Der in Absatz 1 bestimmte Anspruch kann insoweit nicht geltend gemacht werden, als auf dem Straßenverkehrsgesetz beruhende Schadensersatzansprüche gemäß §§ 14, 15 des Straßenverkehrsgesetzes nicht geltend gemacht werden können.

Anhang 7

Haftungsregelungen der Allgemeinen Versorgungsbedingungen (AVB)

VO über Allgemeine Bedingungen für die Elektrizitätsversorgung von Tarifkunden (AVBEltV)

vom 21. Juni 1979
(BGBl. I, 684)
Auszug: §§ 6 und 7

§ 6 Haftung bei Versorgungsstörungen

(1) Für Schäden, die ein Kunde durch Unterbrechung der Elektrizitätsversorgung oder durch Unregelmäßigkeiten in der Elektrizitätsbelieferung erleidet, haftet das ihn beliefernde Elektrizitätsversorgungsunternehmen aus Vertrag oder unerlaubter Handlung im Falle

1. der Tötung oder Verletzung des Körpers oder der Gesundheit des Kunden, es sei denn, daß der Schaden von dem Unternehmen oder einem Erfüllungs- oder Verrichtungsgehilfen weder vorsätzlich noch fahrlässig verursacht worden ist,

2. der Beschädigung einer Sache, es sei denn, daß der Schaden weder durch Vorsatz noch durch grobe Fahrlässigkeit des Unternehmens oder eines Erfüllungs- oder Verrichtungsgehilfen verursacht worden ist,
3. eines Vermögensschadens, sei es denn, daß dieser weder durch Vorsatz noch durch grobe Fahrlässigkeit des Inhabers des Unternehmens oder eines vertretungsberechtigten Organs oder Gesellschafters verursacht worden ist.

§ 831 Abs. 1 Satz 2 des Bürgerlichen Gesetzbuches ist nur bei vorsätzlichem Handeln von Verrichtungsgehilfen anzuwenden.

(2) Bei grobfahrlässig verursachten Sach- und Vermögensschäden ist die Haftung des Elektrizitätsversorgungsunternehmens gegenüber seinen Tarifkunden auf jeweils 5000,– Deutsche Mark begrenzt. Die Haftung für Sach- und Vermögensschäden ist je Schadensereignis insgesamt begrenzt auf

5 000 000 Deutsche Mark bei einer Versorgung bis zu 100 000 Abnehmern
10 000 000 Deutsche Mark bei einer Versorgung bis zu 200 000 Abnehmern
15 000 000 Deutsche Mark bei einer Versorgung bis zu einer Million Abnehmern
20 000 000 Deutsche Mark bei einer Versorgung von mehr als einer Million Abnehmern.

In diese Höchstgrenzen können auch Schäden der Sonderkunden einbezogen werden, wenn dies vereinbart und die Haftung im Einzelfall auf 5000 Deutsche Mark begrenzt ist. Abnehmer im Sinne des Satzes 2 sind auch Sonderkunden.

(3) Die Absätze 1 und 2 Satz 1 sind auch auf Ansprüche von Kunden anzuwenden, die diese gegen ein drittes Elektrizitätsversorgungsunternehmen aus unerlaubter Handlung geltend machen. Die Haftung dritter Unternehmen ist je Schadensereignis insgesamt begrenzt

1. bei Unternehmen, die bis zu 50 000 Abnehmern versorgen, auf das Dreifache,
2. bei allen übrigen Unternehmen auf das Zehnfache

des Höchstbetrages, für den sie nach Absatz 2 Satz 2 eigenen Tarifkunden gegenüber haften. Versorgt das dritte Unternehmen keine eigenen Tarifkunden, so ist die Haftung auf 100 Millionen Deutsche Mark begrenzt. Aus dem Höchstbetrag können auch Schadensersatzansprüche von Sonderkunden gedeckt werden, die diese gegen das dritte Unternehmen aus unerlaubter Handlung geltend machen, wenn dies vereinbart ist und die Ansprüche im Einzelfall auf 5000 Deutsche Mark begrenzt sind. Das Elektrizitätsversorgungsunternehmen ist verpflichtet, seinen Kunden auf Verlangen über die mit der Schadensverursachung durch ein drittes Unternehmen zusammenhängenden Tatsachen insoweit Auskunft zu geben, als sie ihm bekannt sind oder von ihm in zumutbarer Weise aufgeklärt werden können und ihre Kenntnis zur Geltendmachung des Schadensersatzes erforderlich ist.

(4) Übersteigt die Summe der Einzelschäden die jeweilige Höchstgrenze, so wird der Schadensersatz in dem Verhältnis gekürzt, in dem die Summe aller Schadensersatzansprüche zur Höchstgrenze steht. Sind die Schäden von Sonderkunden in die Höchstgrenze einbezogen worden, so sind sie bei der Kürzung zu berücksichtigen. Bei Ansprüchen nach Absatz 3 darf die Schadensersatzquote nicht höher sein als die Quote der Kunden des dritten Elektrizitätsversorgungsunternehmens.

(5) Die Ersatzpflicht entfällt für Schäden unter 30 Deutsche Mark.

(6) Der Geschädigte hat den Schaden unverzüglich dem ihn beliefernden Elektrizitätsversorgungsunternehmen oder, wenn dieses feststeht, dem ersatzpflichtigen Unternehmen mitzuteilen.

§ 7 Verjährung

(1) Schadensersatzansprüche der in § 6 bezeichneten Art verjähren in einem Jahr von dem Zeitpunkt an, in welchem der Ersatzberechtigte von dem Schaden, von den Umständen, aus denen sich seine Anspruchsberechtigung ergibt, und von dem ersatzpflichtigen Elektrizitätsversorgungsunternehmen Kenntnis erlangt, ohne Rücksicht auf diese Kenntnis in zwei Jahren von dem schädigenden Ereignis an.

(2) Schweben zwischen dem Ersatzpflichtigen und dem Ersatzberechtigten Verhandlungen über den zu leistenden Schadensersatz, so ist die Verjährung gehemmt, bis der eine oder der andere Teil die Fortsetzung der Verhandlungen verweigert

VO über allgemeine Bedingungen für die Gasversorgung von Tarifkunden (AVBGasV)

vom 21. Juni 1979
(BGBl. I, 676)
Auszug: §§ 6 und 7

§ 6 Haftung bei Versorgungsstörungen

(1) Für Schäden, die ein Kunde durch Unterbrechung der Gasversorgung oder durch Unregelmäßigkeiten in der Gasbelieferung erleidet, haftet das ihn beliefernde Gasversorgungsunternehmen aus Vertrag oder unerlaubter Handlung im Falle

1. der Tötung oder Verletzung des Körpers oder der Gesundheit des Kunden, es sei denn, daß der Schaden von dem Unternehmen oder einem Erfüllungs- oder Verrichtungsgehilfen weder vorsätzlich noch fahrlässig verursacht worden ist,
2. der Beschädigung einer Sache, es sei denn, daß der Schaden weder durch Vorsatz noch durch grobe Fahrlässigkeit des Unternehmens oder eines Erfüllungs- oder Verrichtungsgehilfen verursacht worden ist,
3. eines Vermögensschadens, es sei denn, daß dieser weder durch Vorsatz noch durch grobe Fahrlässigkeit des Inhabers des Unternehmens oder eines vertretungsberechtigten Organs oder Gesellschafters verursacht worden ist.

§ 831 Abs. 1 Satz 2 des Bürgerlichen Gesetzbuches ist nur bei vorsätzlichem Handeln von Verrichtungsgehilfen anzuwenden.

(2) Bei grobfahrlässig verursachten Sach- und Vermögensschäden ist die Haftung des Gasversorgungsunternehmens gegenüber seinen Tarifkunden auf jeweils 5000 Deutsche Mark begrenzt. Die Haftung für Sach- und Vermögensschäden ist je Schadensereignis insgesamt begrenzt auf

5000000 Deutsche Mark bei einer Versorgung bis zu 50000 Abnehmern
10000000 Deutsche Mark bei einer Versorgung bis zu 200000 Abnehmern
15000000 Deutsche Mark bei einer Versorgung von mehr als 200000 Abnehmern.

In diese Höchstgrenzen können auch Schäden der Sonderkunden einbezogen werden, wenn dies vereinbart und die Haftung im Einzelfall auf 5000 Deutsche Mark begrenzt ist. Abnehmer im Sinne des Satzes 2 sind auch Sonderkunden.

(3) Die Absätze 1 und 2 Satz 1 sind auch auf Ansprüche von Kunden anzuwenden, die diese gegen ein drittes Gasversorgungsunternehmen aus unerlaubter Handlung geltend machen. Die Haftung dritter Unternehmen ist je Schadensereignis insgesamt begrenzt

1. bei Unternehmen, die bis zu 50000 Abnehmer versorgen, auf das Dreifache,
2. bei allen übrigen Unternehmen auf das Zehnfache

des Höchstbetrages, für den sie nach Absatz 2 Satz 2 eigenen Tarifkunden gegenüber haften. Versorgt das dritte Unternehmen keine eigenen Tarifkunden, so ist die Haftung auf 100 Millionen Deutsche Mark begrenzt. Aus dem Höchstbetrag können auch Schadensersatzansprüche von Sonderkunden gedeckt werden, die diese gegen das dritte Unternehmen aus unerlaubter Handlung geltend machen, wenn dies vereinbart ist und die Ansprüche im Einzelfall auf 5000 Deutsche Mark begrenzt sind. Das Gasversorgungsunternehmen ist verpflichtet, seinen Kunden auf Verlangen über die mit der Schadensverursachung durch ein drittes Unternehmen zusammenhängenden Tatsachen insoweit Auskunft zu geben, als sie ihm bekannt sind oder von ihm in zumutbarer Weise aufgeklärt werden können und ihre Kenntnis zur Geltendmachung des Schadensersatzes erforderlich ist.

(4) Übersteigt die Summe der Einzelschäden die jeweilige Höchstgrenze, so wird der Schadensersatz in dem Verhältnis gekürzt, in dem die Summe aller Schadensersatzansprüche zur Höchstgrenze steht. Sind die Schäden von Sonderkunden in die Höchstgrenze einbezogen worden, so sind sie bei der Kürzung zu berücksichtigen. Bei Ansprüchen nach Absatz 3 darf die Schadensersatzquote nicht höher sein als die Quote der Kunden des dritten Gasversorgungsunternehmens.

(5) Die Ersatzpflicht entfällt für Schäden unter 30 Deutsche Mark.

(6) Der Geschädigte hat den Schaden unverzüglich dem ihn beliefernden Gasversorgungsunternehmen oder, wenn dieses feststeht, dem ersatzpflichtigen Unternehmen mitzuteilen.

§ 7 Verjährung

(1) Schadensersatzansprüche der in § 6 bezeichneten Art verjähren in einem Jahr von dem Zeitpunkt an, in welchem der Ersatzberechtigte von dem Schaden, von den Umständen, aus denen sich seine Anspruchsberechtigung ergibt, und von dem ersatzpflichtigen Gasversorgungsunternehmen Kenntnis erlangt, ohne Rücksicht auf diese Kenntnis in zwei Jahren von dem schädigenden Ereignis an.

(2) Schweben zwischen dem Ersatzpflichtigen und dem Ersatzberechtigten Verhandlungen über den zu leistenden Schadensersatz, so ist die Verjährung gehemmt, bis der eine oder der andere Teil die Fortsetzung der Verhandlungen verweigert.

VO über Allgemeine Bedingungen für die Versorgung mit Fernwärme (AVBFernwärmeV)

vom 20. Juni 1980
(BGBl. I, 742)
Auszug: §§ 6 und 7

§ 6 Haftung bei Versorgungsstörungen

(1) Für Schäden, die ein Kunde durch Unterbrechung der Fernwärmeversorgung oder durch Unregelmäßigkeiten in der Belieferung erleidet, haftet das ihn beliefernde Fernwärmeversorgungsunternehmen aus Vertrag oder unerlaubter Handlung im Falle

1. der Tötung oder Verletzung des Körpers oder der Gesundheit des Kunden, es sei denn, daß der Schaden von dem Unternehmen oder einem Erfüllungs- oder Verrichtungsgehilfen weder vorsätzlich noch fahrlässig verursacht worden ist,
2. der Beschädigung einer Sache, es sei denn, daß der Schaden weder durch Vorsatz noch durch grobe Fahrlässigkeit des Unternehmens oder eines Erfüllungs- oder Verrichtungsgehilfen verursacht worden ist,
3. eines Vermögensschadens, es sei denn, daß dieser weder durch Vorsatz noch durch grobe Fahrlässigkeit des Inhabers des Unternehmens oder eines vertretungsberechtigten Organs oder Gesellschafters verursacht worden ist.

§ 831 Abs. 1 Satz 2 des Bürgerlichen Gesetzbuches ist nur bei vorsätzlichem Handeln von Verrichtungsgehilfen anzuwenden.

(2) Absatz 1 ist auch auf Ansprüche von Kunden anzuwenden, die diese gegen ein drittes Fernwärmeversorgungsunternehmen aus unerlaubter Handlung geltend machen. Das Fernwärmeversorgungsunternehmen ist verpflichtet, seinen Kunden auf Verlangen über die mit der Schadensverursachung durch ein drittes Unternehmen zusammenhängenden Tatsachen insoweit Auskunft zu geben, als sie ihm bekannt sind oder von ihm in zumutbarer Weise aufgeklärt werden können und ihre Kenntnis zur Geltendmachung des Schadensersatzes erforderlich ist.

(3) Die Ersatzpflicht entfällt für Schäden unter 30 Deutsche Mark.

(4) Ist der Kunde berechtigt, die gelieferte Wärme an einen Dritten weiterzuleiten, und erleidet dieser durch Unterbrechung der Fernwärmeversorgung oder durch Unregelmäßigkeiten in der Belieferung einen Schaden, so haftet das Fernwärmeversorgungsunternehmen dem Dritten gegenüber in demselben Umfange wie dem Kunden aus dem Versorgungsvertrag.

(5) Leitet der Kunde die gelieferte Wärme an einen Dritten weiter, so hat er im Rahmen seiner rechtlichen Möglichkeiten sicherzustellen, daß dieser aus unerlaubter Handlung keine weitergehenden Schadensersatzansprüche erheben kann, als sie in den Absätzen 1 bis 3 vorgesehen sind. Das Fernwärmeversorgungsunternehmen hat den Kunden hierauf bei Abschluß des Vertrages besonders hinzuweisen.

(6) Der Kunde hat den Schaden unverzüglich dem ihn beliefernden Fernwärmeversorgungsunternehmen oder, wenn dieses feststeht, dem ersatzpflichtigen Unternehmen mitzuteilen. Leitet der Kunde die gelieferte Wärme an einen Dritten weiter, so hat er diese Verpflichtung auch dem Dritten aufzuerlegen.

§ 7 Verjährung

(1) Schadensersatzansprüche der in § 6 bezeichneten Art verjähren in drei Jahren von dem Zeitpunkt an, in welchem der Ersatzberechtigte von dem Schaden, von den Umständen, aus denen sich seine Anspruchsberechtigung ergibt, und von dem ersatzpflichtigen Fernwärmeversorgungsunternehmen Kenntnis erlangt, ohne Rücksicht auf diese Kenntnis in fünf Jahren von dem schädigenden Ereignis an.

(2) Schweben zwischen dem Ersatzpflichtigen und dem Ersatzberechtigten Verhandlungen über den zu leistenden Schadensersatz, so ist die Verjährung gehemmt, bis der eine oder der andere Teil die Fortsetzung der Verhandlungen verweigert.

(3) § 6 Abs. 5 gilt entsprechend.

VO über Allgemeine Bedingungen für die Versorgung mit Wasser (AVBWasserV)

vom 20. Juni 1980
(BGBl. I, 750)
Auszug: §§ 6 und 7

§ 6 Haftung bei Versorgungsstörungen

(1) Für Schäden, die ein Kunde durch Unterbrechung der Wasserversorgung oder durch Unregelmäßigkeiten in der Belieferung erleidet, haftet das ihn beliefernde Wasserversorgungsunternehmen aus Vertrag oder unerlaubter Handlung im Falle

1. der Tötung oder Verletzung des Körpers oder der Gesundheit des Kunden, es sei denn, daß der Schaden von dem Unternehmen oder einem Erfüllungs- oder Verrichtungsgehilfen weder vorsätzlich noch fahrlässig verursacht worden ist,
2. der Beschädigung einer Sache, es sei denn, daß der Schaden weder durch Vorsatz noch durch grobe Fahrlässigkeit des Unternehmens oder eines Erfüllungs- oder Verrichtungsgehilfen verursacht worden ist,
3. eines Vermögensschadens, es sei denn, daß dieser weder durch Vorsatz noch durch grobe Fahrlässigkeit des Inhabers des Unternehmens oder eines vertretungsberechtigten Organs oder Gesellschafters verursacht worden ist.

§ 831 Abs. 1 Satz 2 des Bürgerlichen Gesetzbuches ist nur bei vorsätzlichem Handeln von Verrichtungsgehilfen anzuwenden.

(2) Absatz 1 ist auch auf Ansprüche von Kunden anzuwenden, die diese gegen ein drittes Wasserversorgungsunternehmen aus unerlaubter Handlung geltend machen. Das Wasserversorgungsunternehmen ist verpflichtet, seinen Kunden auf Verlangen über die mit der Schadensverursachung durch ein drittes Unternehmen zusammenhängenden Tatsachen insoweit Auskunft zu geben, als sie ihm bekannt sind oder von ihm in zumutbarer Weise aufgeklärt werden können und ihre Kenntnis zur Geltendmachung des Schadensersatzes erforderlich ist.

(3) Die Ersatzpflicht entfällt für Schäden unter 30 Deutsche Mark.

(4) Ist der Kunde berechtigt, das gelieferte Wasser an einen Dritten weiterzuleiten, und erleidet dieser durch Unterbrechung der Wasserversorgung oder

durch Unregelmäßigkeiten in der Belieferung einen Schaden, so haftet das Wasserversorgungsunternehmen dem Dritten gegenüber in demselben Umfange wie dem Kunden aus dem Versorgungsvertrag.

(5) Leitet der Kunde das gelieferte Wasser an einen Dritten weiter, so hat er im Rahmen seiner rechtlichen Möglichkeiten sicherzustellen, daß dieser aus unerlaubter Handlung keine weitergehenden Schadensersatzansprüche erheben kann, als sie in den Absätzen 1 bis 3 vorgesehen sind. Das Wasserversorgungsunternehmen hat den Kunden hierauf bei Abschluß des Vertrages besonders hinzuweisen.

(6) Der Kunde hat den Schaden unverzüglich dem ihn beliefernden Wasserversorgungsunternehmen oder, wenn dieses feststeht, dem ersatzpflichtigen Unternehmen mitzuteilen. Leitet der Kunde das gelieferte Wasser an einen Dritten weiter, so hat er diese Verpflichtung auch dem Dritten aufzuerlegen.

§ 7 Verjährung

(1) Schadensersatzansprüche der in § 6 bezeichneten Art verjähren in drei Jahren von dem Zeitpunkt an, in welchem der Ersatzberechtigte von dem Schaden, von den Umständen, aus denen sich seine Anspruchsberechtigung ergibt, und von dem ersatzpflichtigen Wasserversorgungsunternehmen Kenntnis erlangt, ohne Rücksicht auf diese Kenntnis in fünf Jahren von dem schädigenden Ereignis an.

(2) Schweben zwischen dem Ersatzpflichtigen und dem Ersatzberechtigten Verhandlungen über den zu leistenden Schadensersatz, so ist die Verjährung gehemmt, bis der eine oder der andere Teil die Fortsetzung der Verhandlungen verweigert.

(3) § 6 Abs. 5 gilt entsprechend.

Anhang 8

Zusatzübereinkommen (ZÜ)

zum Internationalen Übereinkommen über den Eisenbahn-Personen- und -Gepäckverkehr (CIV) vom 25. Februar 1961

über die Haftung der Eisenbahn
für Tötung und Verletzung von Reisenden
(BGBl. 1974, II, 361)
(amtliche Übersetzung)

DIE UNTERZEICHNETEN BEVOLLMÄCHTIGTEN,

in der Erkenntnis der Vorteile einer einheitlichen Regelung der Haftung der Eisenbahn für Schäden, die während einer internationalen Beförderung durch Tötung, Verletzung oder sonstige Beeinträchtigung der körperlichen oder der geistigen Gesundheit eines Reisenden sowie durch Beschädigung oder Verlust der von ihm mitgeführten Sachen entstehen,

haben beschlossen, in Ergänzung des Internationalen Übereinkommens über den Eisenbahn- Personen- und -Gepäckverkehr (CIV) vom 25. Februar 1961 ein Zusatzübereinkommen abzuschließen,

und sind über folgende Artikel übereingekommen:

Artikel 1. Geltungsbereich.

§ 1. – Dieses Übereinkommen regelt die Haftung der Eisenbahn für Schäden, die Reisende durch Unfall auf dem Gebiet eines Vertragsstaates dieses Übereinkommens erlitten haben. Reisende im Sinne dieses Übereinkommens sind:

a) Reisende, die auf Grund des Internationalen Übereinkommens über den Eisenbahn-Personen- und -Gepäckverkehr (CIV) vom 25. Februar 1961 befördert werden,

b) Begleiter von Sendungen, die auf Grund des Internationalen Übereinkommens über den Eisenbahnfrachtverkehr (CIM) vom 25. Februar 1961 befördert werden.

§ 2. – Jeder Vertragsstaat kann bei der Unterzeichnung dieses Übereinkommens oder bei der Hinterlegung seiner Ratifikationsurkunde oder seiner Beitrittsurkunde erklären, daß er sich das Recht vorbehält, dieses Übereinkommen nicht anzuwenden, wenn sich der Unfall auf seinem Gebiet ereignet hat und der Reisende Angehöriger dieses Staates ist oder in diesem Staat seinen gewöhnlichen Aufenthalt hat.

Artikel 2. Umfang der Haftung.

§ 1. – Die Eisenbahn haftet für den Schaden, der dadurch entsteht, daß ein Reisender durch Unfall im Zusammenhang mit dem Eisenbahnbetrieb während seines Aufenthaltes in den Fahrzeugen oder beim Ein- oder Aussteigen getötet, verletzt oder sonst in seiner körperlichen oder seiner geistigen Gesundheit beeinträchtigt wird.

Die Eisenbahn haftet ferner für den Schaden, der durch Beschädigung oder gänzlichen oder teilweisen Verlust von Sachen entsteht, die der durch einen solchen Unfall betroffene Reisende an sich trägt oder als Handgepäck mit sich führt; dies gilt auch für Tiere, die der Reisende mit sich führt.

§ 2. – Die Eisenbahn ist von dieser Haftung befreit, wenn der Unfall durch außerhalb des Betriebes gelegene Umstände verursacht worden ist und die Eisenbahn diese Umstände trotz Anwendung der nach Lage des Falles gebotenen Sorgfalt nicht vermeiden und deren Folgen nicht abwenden konnte.

§ 3. – Die Eisenbahn ist von dieser Haftung ganz oder teilweise in dem Maße befreit, in welchem der Unfall auf ein Verschulden des Reisenden oder auf ein Verhalten des Reisenden zurückzuführen ist, das nicht dem normalen Verhalten von Reisenden entspricht.

§ 4. – Die Eisenbahn ist von dieser Haftung befreit, wenn der Unfall auf das Verhalten eines Dritten zurückzuführen ist und die Eisenbahn dieses Verhalten trotz Anwendung der nach Lage des Falles gebotenen Sorgfalt nicht vermeiden und dessen Folgen nicht abwenden konnte.

Ist die Haftung der Eisenbahn gemäß dem vorstehenden Absatz nicht ausgeschlossen, so haftet sie unter den Beschränkungen dieses Übereinkommens für das Ganze, unbeschadet ihres etwaigen Rückgriffes gegen den Dritten.

§ 5. – Eine etwaige Haftung der Eisenbahn in den in § 1 nicht vorgesehenen Fällen wird durch dieses Übereinkommen nicht berührt.

§ 6. – Die „haftbare Eisenbahn" im Sinne dieses Übereinkommens ist diejenige Eisenbahn, die nach der in Artikel 59 CIV vorgesehenen Streckenliste die Strecke betreibt, auf der sich der Unfall ereignet hat. Besteht nach der Streckenliste gemeinsamer Betrieb zweier Eisenbahnen, so ist jede von ihnen haftbar.

Artikel 3. Schadenersatz bei Tötung des Reisenden.

§ 1. – Bei Tötung des Reisenden umfaßt der Schadenersatz:

a) die infolge des Todes des Reisenden entstandenen notwendigen Kosten, insbesondere für die Leichenbeförderung und die Erd- oder die Feuerbestattung;

b) bei nicht sofortigem Eintritt des Todes den in Artikel 4 vorgesehenen Schadenersatz.

§ 2. – Haben durch den Tod des Reisenden Personen, denen gegenüber er kraft Gesetzes unterhaltspflichtig war oder zukünftig unterhaltspflichtig geworden wäre, den Versorger verloren, so ist auch für diesen Verlust Ersatz zu leisten. Der Schadenersatzanspruch von Personen, denen der Reisende ohne gesetzliche Verpflichtung Unterhalt gewährt hat, richtet sich nach dem Landesrecht.

Artikel 4. Schadenersatz bei Verletzung des Reisenden.

Bei Verletzung oder sonstiger Beeinträchtigung der körperlichen oder der geistigen Gesundheit des Reisenden umfaßt der Schadenersatz:

a) die notwendigen Kosten, insbesondere für Heilung und Pflege sowie für die Beförderung;

b) den Vermögensnachteil, den der Reisende durch gänzliche oder teilweise Arbeitsunfähigkeit oder durch eine Vermehrung seiner Bedürfnisse erleidet.

Artikel 5. Ersatz anderer Schäden.

Ob und inwieweit die Eisenbahn für andere als die in den Artikeln 3 und 4 vorgesehenen Schäden Ersatz zu leisten hat, insbesondere für körperliche und seelische Unbill (pretium doloris) und für ästhetische Nachteile, richtet sich nach dem Landesrecht.

Artikel 6. Form und Beschränkung des Schadenersatzes bei Tötung oder Verletzung des Reisenden.

§ 1. – Der in Artikel 3 § 2 und in Artikel 1 lit. b) vorgesehene Schadenersatz ist in Form eines Kapitalbetrages zu leisten. Ist jedoch nach Landesrecht die Zuerkennung einer Rente zulässig, so wird der Schadenersatz in dieser Form geleistet, wenn der verletzte Reisende oder die nach Artikel 3 § 2 Anspruchsberechtigten die Zahlung einer Rente verlangen.

§ 2. – Die Höhe des nach § 1 zu leistenden Schadenersatzes bemißt sich nach dem Landesrecht. Bei Anwendung dieses Übereinkommens gilt jedoch für jeden Reisenden eine Höchstgrenze von 200000 Franken für den Kapitalbetrag oder eine diesem Betrag entsprechende Jahresrente, sofern das Landesrecht eine niedrigere Höchstgrenze vorsieht.

Artikel 7. Beschränkung des Schadenersatzes bei Beschädigung oder Verlust von Sachen.

Hat die Eisenbahn auf Grund der Bestimmungen dieses Übereinkommens Schadenersatz zu leisten für Beschädigung oder gänzlichen oder teilweisen Verlust von Sachen, die der getötete oder verletzte Reisende an sich getragen oder als Handgepäck (Tiere inbegriffen) mit sich geführt hat, so kann Ersatz dieses Schadens bis zur Höchstgrenze von 2000 Franken je Reisenden beansprucht werden.

Artikel 8. Höhe des Schadenersatzes bei Vorsatz oder grober Fahrlässigkeit.

Die Bestimmungen der Artikel 6 und 7 dieses Übereinkommens sowie die Bestimmungen des Landesrechtes, die den Schadenersatz auf einen festen Betrag beschränken, finden keine Anwendung, wenn der Schaden auf Vorsatz oder grobe Fahrlässigkeit der Eisenbahn zurückzuführen ist.

Artikel 9. Verzinsung und Rückzahlung der Entschädigung.

§ 1. – Der Berechtigte kann auf die Entschädigung Zinsen in Höhe von 5% jährlich verlangen. Die Zinsen laufen vom Tage der Reklamation oder, wenn keine solche vorausging, vom Tage der Klageerhebung an. Für Entschädigungen nach den Artikeln 3 und 4 laufen jedoch die Zinsen erst von dem Tage an, an dem die für die Bemessung des Schadenersatzes maßgebenden Umstände eingetreten sind, wenn dieser Tag später liegt als derjenige der Reklamation oder der Klageerhebung.

§ 2. – Eine zu Unrecht empfangene Entschädigung ist zurückzuzahlen.

Artikel 10. Verbot von Haftungsbeschränkungen.

Tarifbestimmungen und Sonderabmachungen zwischen der Eisenbahn und dem Reisenden, durch welche die Haftung der Eisenbahn auf Grund dieses Übereinkommens im voraus ganz oder teilweise ausgeschlossen werden soll, die der Eisenbahn obliegende Beweislast umgekehrt wird oder niedrigere als die in Artikel 6 § 2 und in Artikel 7 vorgesehenen Höchstgrenzen festgelegt werden, sind nichtig. Diese Nichtigkeit hat jedoch nicht die Nichtigkeit des Beförderungsvertrages zur Folge; dieser bleibt den Bestimmungen der CIV und dieses Übereinkommens unterstellt.

Artikel 11. Haftung der Eisenbahn für ihre Leute.

Die Eisenbahn haftet für ihre Bediensteten und für andere Personen, deren sie sich bei der Ausführung der Beförderung bedient.

Wenn jedoch Eisenbahnbedienstete auf Verlangen eines Reisenden der Eisenbahn nicht obliegende Verrichtungen besorgen, gelten sie als Beauftragte des Reisenden, für den sie tätig sind.

Artikel 12. Geltendmachung von in diesem Übereinkommen nicht vorgesehenen Ansprüchen.

In den Fällen des Artikels 2 § 1 kann gegen die Eisenbahn ein Anspruch auf Schadenersatz, auf welchem Rechtsgrund er auch beruht, nur unter den Voraussetzungen und Beschränkungen geltend gemacht werden, die in diesem Übereinkommen vorgesehen sind.

Das gleiche gilt für Ansprüche gegen die Personen, für welche die Eisenbahn nach Artikel 11 haftet.

Artikel 13. Reklamationen.

§ 1. – Den Berechtigten steht es frei, Schadenersatzansprüche auf Grund dieses Übereinkommens durch Reklamation geltend zu machen. Die Reklamation kann bei einer der nachstehend genannten Eisenbahnen eingereicht werden, sofern diese Eisenbahn ihren Sitz auf dem Gebiet eines Vertragsstaates dieses Übereinkommens hat:

1. bei der haftbaren Eisenbahn; falls nach Artikel 2 § 6 zwei Eisenbahnen haftbar sind, bei einer von ihnen;
2. bei der Abgangsbahn;

3. bei der Bestimmungsbahn;
4. bei der Eisenbahn am Wohnsitz oder am gewöhnlichen Aufenthaltsort des Reisenden.

§ 2. – Reklamationen sind schriftlich einzureichen. Belege, die der Berechtigte seiner Reklamation beifügen will, sind im Original oder in Abschrift vorzulegen, Abschriften auf Verlangen der Eisenbahn in gehörig beglaubigter Form.

Artikel 14. Eisenbahnen, gegen welche Ansprüche gerichtlich geltend gemacht werden können.

Schadenersatzansprüche auf Grund dieses Übereinkommens können nur gegen die haftbare Eisenbahn gerichtlich geltend gemacht werden.

Bei gemeinsamem Betrieb zweier Eisenbahnen hat der Kläger die Wahl zwischen diesen Eisenbahnen. Das Wahlrecht erlischt, sobald die Klage gegen eine dieser Eisenbahnen eingereicht ist.

Artikel 15. Zuständigkeit.

Wenn in Staatsverträgen oder Konzessionen nichts anderes bestimmt ist, können auf dieses Übereinkommen gegründete Ansprüche nur vor den Gerichten des Staates geltend gemacht werden, auf dessen Gebiet sich der Unfall des Reisenden ereignet hat.

Artikel 16. Erlöschen der Ansprüche.

§ 1. – Der Berechtigte verliert seine Ansprüche, wenn er den Unfall des Reisenden nicht spätestens drei Monate, nachdem er vom Schaden Kenntnis erlangt hat, einer der Eisenbahnen anzeigt, bei denen die Reklamation nach Artikel 13 eingereicht werden kann.

Zeigt der Berechtigte den Unfall mündlich der Eisenbahn an, so hat diese ihm über die mündliche Anzeige eine Bestätigung auszustellen.

§ 2. – Die Ansprüche erlöschen jedoch nicht:

a) wenn der Berechtigte innerhalb der in § 1 vorgesehenen Frist seine Ansprüche gegenüber einer der in Artikel 13 § 1 genannten Eisenbahnen geltend gemacht hat;

b) wenn der Berechtigte nachweist, daß der Unfall durch ein Verschulden der Eisenbahn verursacht worden ist;

c) wenn infolge von Umständen, die dem Berechtigten nicht zuzurechnen sind, der Unfall nicht oder nicht rechtzeitig angezeigt worden ist;

d) wenn die haftbare Eisenbahn – oder, falls nach Artikel 2 § 6 zwei Eisenbahnen haftbar sind, eine von ihnen – innerhalb der in § 1 vorgesehenen Frist auf andere Weise vom Unfall des Reisenden Kenntnis erhalten hat.

Artikel 17. Verjährung der Ansprüche.

§ 1. – Schadenersatzansprüche auf Grund dieses Übereinkommens verjähren:

a) Ansprüche des Reisenden in drei Jahren, gerechnet vom ersten Tag nach dem Unfall;

b) Ansprüche der anderen Berechtigten in drei Jahren, gerechnet vom ersten Tage nach dem Tode des Reisenden, spätestens aber in fünf Jahren, gerechnet vom ersten Tage nach dem Unfall.

§ 2. – Wenn der Berechtigte eine Reklamation nach Artikel 13 bei der Eisenbahn einreicht, wird der Lauf der drei in § 1 genannten Verjährungsfristen bis zu dem Tage gehemmt, an dem die Eisenbahn die Reklamation durch schriftlichen Bescheid zurückweist und die der Reklamation beigefügten Belege zurückgibt. Wird der Reklamation teilweise stattgegeben, so beginnt die Verjährung für den noch streitigen Teil der Reklamation weiterzulaufen. Wer sich auf die Einreichung einer Reklamation, auf die Erteilung eines Bescheides oder auf die Rückgabe von Belegen beruft, hat dies zu beweisen.

Weitere Reklamationen, die denselben Anspruch betreffen, hemmen die Verjährung nicht.

§ 3. – Ansprüche, die verjährt sind, können auch nicht im Wege der Widerklage oder der Einrede geltend gemacht werden.

§ 4. – Vorbehaltlich vorstehender Bestimmungen gilt für die Verjährung das Landesrecht.

Artikel 18. Landesrecht.

§ 1. – Soweit in diesem Übereinkommen keine Bestimmungen getroffen sind, gilt das Landesrecht.

§ 2. – für die Anwendung dieses Übereinkommens versteht man unter „Landesrecht" das Recht des Staates, auf dessen Gebiet sich der Unfall des Reisenden ereignet hat, einschließlich der Kollisionsnormen.

Artikel 19. Allgemeine Verfahrensvorschriften.

In allen Rechtsstreitigkeiten über Ansprüche aus diesem Übereinkommen richtet sich das Verfahren nach dem Rechte des zuständigen Gerichtes, soweit nicht durch dieses Übereinkommen andere Bestimmungen getroffen sind.

Artikel 20. Vollstreckbarkeit der Urteile. Sicherheitsleistung.

§ 1. – Urteile, auch Versäumnisurteile, die auf Grund der Bestimmungen dieses Übereinkommens von dem zuständigen Gericht erlassen und nach den für das urteilende Gericht maßgebenden Gesetzen vollstreckbar geworden sind, sind in jedem anderen Vertragsstaat vollstreckbar, sobald die in dem betreffenden Staate vorgeschriebenen Förmlichkeiten erfüllt sind. Eine sachliche Nachprüfung des Inhaltes ist nicht zulässig.

Auf nur vorläufig vollstreckbare Urteile findet diese Vorschrift keine Anwendung, ebensowenig auf solche Bestimmungen eines Urteils, die dem im Rechtsstreit unterlegenen Kläger außer den Kosten eine Entschädigung auferlegen.

Vergleiche, die zwischen den Parteien zur Beilegung eines Rechtsstreites vor dem zuständigen Gericht abgeschlossen und zu gerichtlichem Protokoll genommen worden sind, stehen Urteilen gleich.

§ 2. – Eine Sicherheitsleistung für die Kosten des Rechtsstreites kann bei den auf Grund dieses Übereinkommens erhobenen Klagen nicht gefordert werden.

Artikel 21. Währung.

Als Franken im Sinne dieses Übereinkommens gelten Goldfranken im Gewicht von 10/31 Gramm und 0,900 Feingehalt.

Artikel 22. Gemischte Beförderungen.

§ 1. – Dieses Übereinkommen ist, vorbehaltlich des § 2, auf Schäden nicht anzuwenden, die während der Beförderung auf einer in der Streckenliste nach Artikel 59 CIV eingetragenen Kraftwagen- oder Schiffahrtslinie entstehen.

§ 2. – Werden jedoch Eisenbahnwagen auf einem Fährschiff befördert, so ist dieses Übereinkommen auf die durch Artikel 2 § 1 erfaßten Schäden anzuwenden, die der Reisende durch Unfall im Zusammenhang mit dem Eisenbahnbetrieb während seines Aufenthaltes in diesen Wagen, beim Einsteigen in die Wagen oder beim Aussteigen aus den Wagen erleidet.

Für die Anwendung des vorstehenden Absatzes ist unter dem „Staat, auf dessen Gebiet sich der Unfall des Reisenden ereignet hat", der Staat zu verstehen, dessen Flagge das Fährschiff führt.

§ 3. – Wenn die Eisenbahn infolge außerordentlicher Umstände genötigt ist, ihren Betrieb vorübergehend zu unterbrechen, und die Reisenden mit einem anderen Beförderungsmittel befördert oder befördern läßt, so haftet sie nach dem für dieses Beförderungsmittel geltenden Recht. Die Bestimmungen der Artikel 13 bis 17, 18 § 2, 19 und 20 dieses Übereinkommens bleiben jedoch anwendbar.

Artikel 23. Haftung für die Folgen nuklearer Ereignisse.

Die Eisenbahn ist von der ihr nach diesem Übereinkommen obliegenden Haftung befreit, wenn der Schaden durch ein nukleares Ereignis verursacht ist und wenn nach den besonderen, in einem Vertragsstaat geltenden Vorschriften über die Haftung auf dem Gebiet der Kernenergie der Inhaber einer Atomanlage oder eine ihm gleichgestellte Person für diesen Schaden haftet.

Artikel 24. Unterzeichnung.

Dieses Übereinkommen liegt bis zum 1. Juli 1966 zur Unterzeichnung durch die Staaten auf, die eingeladen wurden, sich an der vom 21. bis 26. Februar 1966 in Bern abgehaltenen Konferenz vertreten zu lassen.

Artikel 25. Ratifikation und Inkraftsetzung.

Dieses Übereinkommen bedarf der Ratifikation; die Ratifikationsurkunden sind so bald wie möglich bei der schweizerischen Regierung zu hinterlegen.

Sobald dieses Übereinkommen von fünfzehn Staaten ratifiziert ist, setzt sich die schweizerische Regierung mit den beteiligten Regierungen in Verbindung, um mit ihnen den Zeitpunkt des Inkrafttretens zu bestimmen.

Artikel 26. Beitritt.

Will ein Staat, der am Internationalen Übereinkommen über den Eisenbahn-Personen- und -Gepäckverkehr (CIV) vom 25. Februar 1961 beteiligt ist, das vorliegende Übereinkommen jedoch nicht unterzeichnet hat, diesem beitreten, so teilt er dies der schweizerischen Regierung mit, die davon allen Vertragsstaaten Kenntnis gibt.

Der Beitritt wird einen Monat nach dem Tage wirksam, an dem die schweizerische Regierung den Vertragsstaaten von der Beitrittserklärung Kenntnis gegeben hat.

Artikel 27. Geltungsdauer und Revision.

Dieses Übereinkommen hat die gleiche Geltungsdauer wie das Internationale Übereinkommen über den Eisenbahn-Personen- und -Gepäckverkehr (CIV) vom 25. Februar 1961; es kann nach dem in Artikel 68 § 1 der CIV vorgesehenen Verfahren revidiert und gegebenenfalls in diese eingefügt werden.

Artikel 28. Wortlaut des Übereinkommens. Amtliche Übersetzungen.

Dieses Übereinkommen ist dem diplomatischen Gebrauch entsprechend in französischer Sprache abgeschlossen und unterzeichnet.

Dem französischen Wortlaut sind ein deutscher, ein englischer und ein italienischer Wortlaut beigefügt, die als amtliche Übersetzungen gelten.
Bei Nichtübereinstimmung ist der französische Wortlaut maßgebend.

Zu Urkund dessen haben die nachstehenden Bevollmächtigten, deren Vollmachten in guter und gehöriger Form befunden wurden, das vorliegende Übereinkommen unterzeichnet.

Geschehen zu Bern am sechsundzwanzigsten Februar neunzehnhundertsechsundsechzig in einer Urschrift, die im Archiv der Schweizerischen Eidgenossenschaft hinterlegt und von der jedem Vertragsstaat eine amtliche Ausfertigung zugestellt wird.

Sachverzeichnis

Fette Zahlen verweisen auf Paragraphen, magere Zahlen auf Randziffern